U0693032

中国近代
思想家文库

◎

欧阳哲生 编

傅斯年卷

中国人民大学出版社
·北京·

总　序

　　对于近代的理解，虽不见得所有人都是一致的，但总的说来，对于近代这个词所涵的基本意义，人们还是有共识的。一个国家、一个民族走入近代，就意味着以工业化为主导的经济取代了以地主经济、领主经济或自然经济为主导的中世纪的经济形态，也还意味着，它不再是孤立的或是封闭与半封闭的，而是以某种形式加入到世界总的发展进程。尤其重要的是，它以某种形式的民主制度取代君主专制或其他不同形式的专制制度。中国是个幅员广大、人口众多、历史悠久的多民族国家，由于长期历史发展是自成一体的，与外界的交往比较有限，其生产方式的代谢迟缓了一些。如果说，世界的近代是从 17 世纪开始的，那么中国的近代则是从 19 世纪中期才开始的。现在国内学界比较一致的认识，是把 1840 年到 1949 年视为中国的近代。

　　中国的近代起始的标志是 1840 年的鸦片战争。原来相对封闭的国门被拥有近代种种优势的英帝国以军舰、大炮再加上种种卑鄙的欺诈打开了。从此，中国不情愿地加入到世界秩序中，沦为半殖民地。原来独立的大一统的中央集权的君主专制国家，如今独立已经极大地被限制，大一统也逐渐残缺不全，中央集权因列强的侵夺也不完全名实相符了。后来因太平天国运动，地方军政势力崛起，形成内轻外重的形势，也使中央集权被弱化。经历第二次鸦片战争、中法战争、甲午战争、八国联军入侵的战争以及辛亥革命后的多次内外战争，直至日本全面侵略中国的战争，致使中国的经济、政治、教育、文化，都无法顺利走上近代发展的轨道。古今之间，新旧之间，中外之间，混杂、矛盾、冲突。总之，鸦片战争后的中国，既未能成为近代国家，更不能维持原有的统治秩序。而外患内忧咄咄逼人，人们都有某种程度"国将不国"的忧虑。

　　"天下兴亡，匹夫有责"，读书明理的士大夫，或今所谓知识分子，尤为敏感，在空前的危机与挑战面前，皆思有所献替。于是发生种种救亡图存的思想与主张。有的从所能见及的西方国家发展的经验中借鉴某些东西，形成自己的改革方案；有的从历史回忆中拾取某些智慧，形成某种民族复兴的设想；有的则力图把西方的和中国所固有的一些东西加以调和或结合，形成某种救亡图强的主张。这些方案、设想、主张，从世界上"最先进的"，到"最落后的"，几乎样样都有。就提出这些方案、设想、主张者的初衷而言，绝大多数都含着几分救国的意愿。其先进与落后，是否可行，能否成功，尽可充分讨论，但可不必过为诛心之论。显而易见，既然救国的问题最为紧迫，人们所心营目注者自然是种种与救国的方案直接相关的思想学说，而作为产生这些学说的更基础性的理论，及其他各种知识、思想，则关注者少。

围绕着救国、强国的大议题，知识精英们参考世界上种种思想学说，加以研究、选择，认为其中比较适用的思想学说，拿来向国人宣传，并赢得一部分人的认可。于是互相推引，互相激励，更加发挥，演而成潮。在近代中国，曾经得到比较广泛的传播的思想学说，或者够得上思潮的，主要有以下几种：

（一）进化论。近代西方思想较早被引介到中国，而又发生绝大影响的，要属进化论。中国人逐渐相信，进化是宇宙之铁则，不进化就必遭淘汰。以此思想警醒国人，颇曾有助于振作民族精神。但随后不久，社会达尔文主义伴随而来，不免发生一些负面的影响。人们对进化的了解，也存在某些片面性，有时把进化理解为一条简单的直线。辩证法思想帮助人们形成内容更丰富和更加符合实际的发展观念，减少或避免片面性的进化观念的某些负面影响。

（二）民族主义。中国古代的民族主义思想，其核心是"非我族类，其心必异"，所以最重"华夷之辨"。鸦片战争前后一段时期，中国人的民族思想，大体仍是如此。后来渐渐认识到"今之夷狄，非古之夷狄"，"西人治国有法度，不得以古旧之夷狄视之"。但当时中国正遭受西方列强的侵略和掠夺，追求民族独立是民族主义之第一义。20世纪初，中国知识精英开始有了"中华民族"的概念。于是，渐渐形成以建立近代民族国家为核心的近代民族主义。结束清朝君主专制，创立中华民国，是这一思想的初步实现。

第一次世界大战爆发，中国加入"协约国"，第一次以主动的姿态参与世界事务，接着俄国十月革命爆发，这两件事对近代中国的发展历程造成绝大影响。同时也将中国人的民族主义提升到一个新的层次，即与国际主义（或世界主义）发生紧密联系。也可以说，中国人更加自觉地用世界的眼光来观察中国的问题。新生的中国共产党和改组后的国民党都是如此。民族主义成为中国的知识精英用来应对近代中国所面临的种种危机和种种挑战的一个重要的思想武器。

（三）社会主义。社会主义作为一种模糊的理想是早在古代就有的，而且不论东方和西方都曾有过。但作为近代思潮，它是于 19 世纪在批判近代资本主义的基础上产生的。起初仍带有空想的性质，直到马克思和恩格斯才创立起科学社会主义。20 世纪初期，社会主义开始传入中国。当时的传播者不太了解科学社会主义与以往的社会主义学说的本质区别。有一部分人，明显地受到无政府主义的强烈影响，更远离科学社会主义。直到五四新文化运动兴起之后，中国人始较严格地引介、宣传科学社会主义。但有一段时间，无政府主义仍是一股很大的思想潮流。中国共产党的成立，从思想上说，是战胜无政府主义的结果。中国共产党把在中国实现社会主义乃至共产主义作为自己的奋斗目标。此后，社会主义者，多次同各种非科学社会主义思想的信仰者进行论争并不断克服种种非科学社会主义思想的影响。

（四）自由主义。自由主义也是从清末就被介绍到中国来，只是信从者一直寥寥。直到五四新文化运动兴起，具有欧美教育背景的知识精英的数量渐渐多来，自由主义始渐渐形成一股思想潮流。自由主义强调个性解放、意志自由和自己承担责任，在政治上反对一切专制主义。在中国的社会条件下，自由主义缺乏社会基础。在政治激烈动荡的时候，自由主义者很难凝聚成一股有组织的力量；在稍稍平和的时候，他们往往更多沉浸在自己的专业中。所以，在中国近代史上，自由主义不曾有，也不可能有大的作为。

（五）激进主义与保守主义。处于转型期的社会，旧的东西尚未完全退出舞台，新的东西也还未能巩固地树立起来，新旧冲突往往要持续很长的时间，有时甚至达到很激烈的程度。凡助推新东西成长的，人们便视为进步的；凡帮助旧东西排斥新东西的，人们便视为保守的。其实，与保守主义对应的，应是进步主义；与顽固主义相对的则应是激进主义。不过在通常话语环境中人们不太严格加以区分。

中国历史悠久，特别是君主专制制度持续两千余年，旧东西积累异常丰富，社会转型极其不易。而世界的发展却进步甚速。中国的一部分精英分子往往特别急切地想改造中国社会，总想找出最厉害的手段，选一条最捷近的路，以最快的速度实现全盘改造。这类思想、主张及其采取的行动，皆属激进主义。在中共党史上，它表现为"左"倾或极左的机会主义。从极端的激进主义到极端的顽固主义，中间有着各种程度的进步与保守的流派。社会的稳定，或社会和平改革的成功，都依赖有一个实力雄厚的中间力量。但因种种原因，中国社会的中间力量一直未能成长到足够的程度。进步主义与保守主义，以及激进主义与顽固主义，不断进行斗争，而实际所获进步不大。

（六）革命与和平改革。中国近代史上，革命运动与和平改革运动交替进行，有时又是平行发展。两者的宗旨都是为改变原有的君主专制制度而代之以某种形式的近代民主制度。有很长一个时期，有两种错误的观念，一是把革命理解为仅仅是指以暴力取得政权的行动，二是与此相关联，把暴力革命与和平改革对立起来，认为革命是推动历史进步的，而改革是维护旧有统治秩序的。这两种论调既无理论根据，也不合历史实际。凡是有助于改变君主专制制度的探索，无论暴力的或和平的改革都是应予肯定的。

中国近代揭幕之时，西方列强正在疯狂地侵略与掠夺殖民地和半殖民地，中国是它们互相争夺的最后一块、也是最大的资源地。而这时的中国，沿袭了两千年的君主专制制度已到了奄奄一息的末日，统治当局腐朽无能，对外不足以御侮，对内不足以言治，其统治的合法性和统治的能力均招致怀疑。革命运动与改革的呼声，以及自发的民变接连不断。国家、民族的命运真的到了千钧一发之际，危机极端紧迫。先觉分子救国之心切，每遇稍具新意义的思想学说便急不可待地学习引介。于是西方思想学说纷纷涌进中国，各阶层、各领域，凡能读书读报者，受其影响，各依其家庭、职业、教育之不同背景而选择自以为不错的一种，接受之，信仰之，传播之。于是西方几百年里相继风行的思想学说，在短时期内纷纷涌进中国。在清末最后的十几年里是这样，五四时期在较高的水准上重复出现这种情况。

这种情况直接造成两个重要的历史现象：一个是中国社会的实际代谢过程（亦即社会转型过程）相对迟缓，而思想的代谢过程却来得格外神速。另一个是在西方原是差不多三百年的历史中渐次出现的各种思想学说，集中在几年或十几年的时间里狂泻而来，人们不及深入研究、审慎抉择，便匆忙引介、传播，引介者、传播者、听闻者，都难免有些消化不良。其实，这种情况在清末，在五四时期，都已有人觉察。我们现在指出这些问题并非苛求前人，而是要引为教训。

同时我们也看到，中国近代思想无比的多样性与复杂性呈现出绚丽多彩的姿态，各种思想持续不断地展开论争，这又构成中国近代思想史的一个突出特点。有些论争为我们留下了非常丰富的思想资料，如兴洋务与反洋务之争，变法与反变法之争，革命与改良之争，共和与立宪之争，东西文化之争，文言与白话之争，新旧伦理之争，科学与人生观之争，中国社会性质的论争，社会史的论争，人权与约法之争，全盘西化与本位文化之争，民主与独裁之争，等等。这些争论都不同程度地关联着一直影响甚至困扰着中国人的几个核心问题，即所谓中西问题、古今问题与心物关系问题。

中国近代思想的光谱虽比较齐全，但各种思想的存在状态及其影响力是很不平衡的。有些思想信从者多，言论著作亦多，且略成系统；有些可能只有很少的人做过介绍或略加研究；有的还可能因种种原因，只存在私人载记中，当时未及面世。然这些思想，其中有很多并不因时间久远而失去其价值。因为就总的情况说，我们还没有完成社会的近代转型，所以先贤们对某些问题的思考，在今天对我们仍有参考借鉴的价值。我们编辑这套《中国近代思想家文库》，希望尽可能全面地、系统地整理出近代中国思想家的思想成果，一则借以保存这份珍贵遗产，再则为研究思想史提供方便，三则为有心于中国思想文化建设者提供参考借鉴的便利。

考虑到中国近代思想的上述诸特点，我们编辑本《文库》时，对于思想家不取太严格的界定，凡在某一学科、某一领域，有其独立思考、提出特别见解和主张者，都尽量收入。

虽然其中有些主张与表述有时代和个人的局限，但为反映近代思想发展的轨迹，以供今人参考，我们亦保留其原貌。

所以本《文库》实为"中国近代思想集成"。

本《文库》入选的思想家，主要是活跃在 1840 年至 1949 年之间的思想人物。但中共领袖人物，因有较为丰富的研究著述，本《文库》则未收入。

编辑如此规模的《文库》，对象范围的确定，材料的搜集，版本的比勘，体例的斟酌，在在皆非易事。限于我们的水平，容有瑕疵，敬请方家指正。

《中国近代思想家文库》编纂委员会

目　　录

卷二　历史学

卷三　时评政论

卷四　教育

导　言

　　近代中国是一个急剧变动、迅速转型的时代。在近代中国的思想星空，依据知识人与思想的关系，我们大致可以将他们分为三种类型。第一类是对理论建构表现了浓厚的兴趣，或建造自身的理论体系（如康有为、孙中山、毛泽东），或输入外来思想理论（如严复、胡适），为时代的理论建树做出了自己独到的贡献。现有的中国近代思想史研究论著大都以这类人物为研究对象或研究题材。第二类是活跃在社会政治舞台或文化学术领域，对时代的公共话题，发表自己的意见或主张，成为公共空间的重要发言人。相对来说，他们的思想缺乏原创性，只是某种舆论的代言人。第三类是基本恪守在自己工作的专业领域，不轻易对非专业领域的变动发表言论或看法，思想具有较强的本专业学理性质。如就对时代的思想影响而言，傅斯年介乎第二、三类。故在通论性的中国近代思想史著作里，我们常常找不到有关专门论述他的思想的章节。

　　但傅斯年绝不是一个能被人轻易忽略的历史人物。傅斯年从早年进入北京大学苦读六年，到负笈留学英、德七载，从创设中央研究院第一大所——历史语言研究所，到担任北京大学代理校长、台湾大学校长，他都身处知识圈的高层，身负重任，运筹帷幄，是圈内的核心人物之一。傅斯年富有个性、极具主张、敢于陈词，这使他的言论具有代表性和冲刺力。傅斯年是留学欧美知识精英的代表，是中西文化融会的精粹。在近代文化思想界，他是中国文化"西化"倾向的代言人，是中国历史学、语言学、考古学"科学化"的大力推动者，是社会民主主义的提倡者。他虽没有鸿篇巨制的理论著述，只有表述个人思想主张的若干言论文字，但就是这些数量不多的文章所表现的坚定立场和明确取向，足以使其成为某种思想选择的代表，从而进入中国近代思想史研究的视野。

一、思想主题的初步展开：文化重建与社会重建

傅斯年思想的第一次喷发是在五四时期。正如戊戌维新运动和辛亥革命为上一代甚至上两代的知识精英提供了表现思想的舞台一样，五四运动为年轻一代创造思想提供了更为广阔的新天地。傅斯年在北京大学预科、本科（1913—1919 年）的六年时光，正是北大积聚全国人材的重要发展时期。京师大学堂遗留的桐城派，民国初年北上的章太炎一系，镀金镀银的"海归"汇聚北大，使北大成为各个流派、各种外来知识来源的荟萃之地。这里积聚各种力量，同时各种力量在这里寻机较量，政治、文化充满变数，新思想的力量努力寻找自己的突破口。蔡元培主长北大，陈独秀执掌文科学长，《新青年》搬入北大，胡适为代表的一批具有革新倾向的"海归"进入北大任教，1917 年出现的这一系列变动，终于在这里实现了新思想、新文化的聚集，新的思想潮流在急剧酝酿之中，蓄势喷发。

傅斯年是率先向《新青年》投稿的北大学生，他先后在该刊发表《文学革新申义》、《文言合一草议》、《戏剧改良各面观》、《再论戏剧改良》等文，步胡适、陈独秀之后，继续猛烈抨击占据晚清文坛的桐城末流"最不足观"，盛推"新文学之伟大精神"，"明确而非含糊，即与骈文根本上不能相容"①。同时将视角由"破坏"转向"建设"，从"文言合一"、"戏剧改良"方面对新文学提出更为具体、切实的建设性意见，这使他成为北大学生在新文学阵营的排头兵。这些文章见解之成熟、文字之练达，不让于他的老师。对于正在推进的白话文运动，傅斯年表达了一些在后世看来颇带"形式主义"色彩的激进意见，如提出写作白话文可"直用西洋词法"，"中国语受欧化，本是件免不了的事情。十年以后，定有欧化的国语文学"②。指陈中国文艺界之病根在于"为士人所专"，"状况山川为高，与人事切合者尤少也"，改进之途："第一，宜取普及，不可限于少数人。第二，宜切合人生，不可徒作旷远超脱之境。"③《新青年》曾就汉语是否可改用拼音文字展开讨论，此问题首因《新青年》四卷一号刊发钱玄同《论注音字母》一文而起，一向言论偏

---

① 傅斯年：《文学革新申义》，载 1918 年 1 月 15 日《新青年》第 4 卷第 1 号。
② 傅斯年：《怎样做白话文？》，载 1919 年 2 月 1 日《新潮》第 1 卷第 2 号。
③ 傅斯年：《中国文艺界之病根》，载 1919 年 2 月 1 日《新潮》第 1 卷第 2 号。

激的吴稚晖却回复钱玄同与之商榷。① 在《汉语改用拼音文字的初步谈》这篇"急就章"里，傅斯年明确回答了当时引起争议的几个问题："（1）汉字应当用拼音文字替代否？答：绝对的应当。（2）汉语能用拼音文字表达否？答：绝对的可能。（3）汉字能无须改造用别种方法补救否？答：绝对的不可能。……（5）汉语的拼音字如何施行？答：先从制作拼音文字字典做起。"② 这篇文字在读者群中产生了强烈反响，它被当作主张用拼音文字代替汉字的代表作，常为后来的论者所诟病。实际上，这场讨论蕴藏着某种有意偏激的策略运用，诚如鲁迅后来所指出："中国人的性情是总喜欢调和、折中的。譬如你说，这屋子太暗，须在这里开一个窗，大家一定不允许的。但如果你主张拆掉屋顶，他们就会来调和，愿意开窗了。没有更激烈的主张，他们总连平和的改革也不肯行。那时白话文之得以通行，就因为有废掉中国字而用罗马字母的议论的缘故。"③ 在新文化阵营里，傅斯年与胡适、周作人这些"新生代"代表的共同话语越来越多，有时甚至成了他们的"代言人"，发出他们不便发表的更为激进的声音。

傅斯年在北大读书期间，本专业虽是国文，但其涉猎范围却文、史、哲兼收，具有"通才"的素养，这是一个大家的雏形。在文学语言方面，他发表了《中国文学史分期之研究》、书评《王国维著〈宋元戏曲史〉》、《〈乐府诗集〉一百卷》、《宋朱熹的〈诗经集传〉和〈诗序辨〉》；在史学方面，他发表了《中国历史分期之研究》、书评《史记志疑》；在哲学方面，他发表了《致蔡元培：论哲学门隶属文科之流弊》、书评《论理学讲义》、《失勒博士的〈形式逻辑〉》、《对于中国今日谈哲学之感念》，这些文字并非浮泛之论，而是具有专业的水准。请看他推荐王国维《宋元戏曲史》的理由，完全是一种全新的文学见解。

> 研治中国文学，而不解外国文学；撰述中国文学史，而未读外国文学者，将永无得真之一日。以旧法著中国文学史，为文人列传可也，为类书可也，为杂抄可也，为辛文房《唐才子传》体可也，

---

① 参见吴敬恒：《致钱玄同先生论注音字母书》，载 1918 年 5 月 15 日《新青年》第 4 卷第 5 号。

② 傅斯年：《汉语改用拼音文字的初步谈》，载 1919 年 3 月 1 日《新潮》第 1 卷第 3 号。

③ 《三闲集·无声的中国》，见《鲁迅全集》第 4 卷，13～14 页，北京，人民文学出版社，1981。

或变黄、全二君"学案体"以为"文案体"可也，或竟成《世说新语》可也；欲为近代科学的文学史，不可也。文学史有其职司，更具特殊之体制；若不能尽此职司，而从此体制，必为无意义之作。王君此作，固不可谓尽美无缺，然体裁总不差也。[1]

再看他对梁玉绳《史记志疑》一书的评论，全力提倡一种"与其过而信之也，毋宁过而疑之"的疑古精神：

> 是书之长，在于敢于疑古，详于辨证。其短则浮词充盈，有甚无谓者，又见其细不见其大，能逐条疑之，不能括全体为言。盖于《史记》删改之迹，犹不能直探其本也。崔怀琴之《史记探源》视此进一等矣。[2]

再看他对哲学的理解，完全是以近代科学为基准：

> 所谓哲学的正经轨道，决不会指初民的国民思想，决不会指往古的不能成全备系统的哲学，定是指近代的哲学；更严格的说起来，应当指最近三四十年中的新哲学——因为旧哲学的各种系统，经过一番科学大进步以后，很少可以存在的，只有应时而起的新系统，可以希望发展。……近半世纪里，哲学的惟一彩色是受科学的洗礼，其先是受自然科学的洗礼，后来是受人事科学（Social Science）的洗礼。[3]

这些观点显然是傅斯年接受西方近代科学影响的明证。他对西方学术知识有着直接寻求的欲望，在大学时期即已养成阅读英文专业书籍的习惯，同窗罗家伦说他"浏览英文的能力很强"[4]，在他的藏书里，人们可找到一些1918年前购买的英文原版书，如文德尔班的《哲学史》、罗素的《哲学的科学方法》、杜威等编的《创造性思维：实验主义论文集》。[5] 傅斯年这种泛人文倾向与他追慕的偶像胡适的影响有一定关系。

---

[1]　傅斯年：《出版界评·王国维著〈宋元戏曲史〉》，载1919年1月1日《新潮》第1卷第1号。

[2]　傅斯年：《故书新评·〈史记志疑〉三十六卷》，载1919年1月1日《新潮》第1卷第1号。

[3]　傅斯年：《对于中国今日谈哲学者之感念》，载1919年5月1日《新潮》第1卷第5号。

[4]　罗家伦：《元气淋漓的傅孟真》，载1950年12月31日台北《中央日报》。

[5]　参见王汎森：《傅斯年：中国近代历史与政治中的个体生命》，26页，北京，生活·读书·新知三联书店，2012。

　　傅斯年的学术早熟在他的学术评论中得到了淋漓尽致的表现。他全面反思中国传统学术，指责其所存七大基本误谬：（1）"以学为单位者至少，以人为单位者转多。前者谓之科学，后者谓之家学。"（2）"不以个性之存在，而以为人奴隶为其神圣之天职。"（3）"不认时间之存在，不察形势之转移。"（4）"每不解计学上分工原理（Division of Labour），'各思以其道易天下'。"（5）"好谈致用，其结果乃至一无所用。"（6）"凡治学术，必有用以为学之器。学之得失，惟器之良劣是赖。""名家之学，中土绝少。"（7）"吾又见中国学术思想界中，实有一种无形而有形之空洞间架，到处应用。"① 他对传统学术思想进行全面清算。以为"惟此基本误谬为中国思想不良之物质，又为最有势力之特质，则欲澄清中国思想界，宜自去此基本误谬始。且惟此基本误谬分别中西思想之根本精神，则欲收容西洋学术思想以为我用，宜先去此基本误谬，然后有以不相左矣"②。傅斯年明晰中西学术之优劣，表达了接受西方学术的强烈意愿。

　　傅斯年对当时学界诸多名家的批评，表现了不凡的学术探索精神和思想锐气，从北大流传他指摘章太炎弟子朱蓬仙教授《文心雕龙》讲义稿错误的故事，到他被同学拉去听胡适的"中国哲学史大纲"一课，以鉴别胡适学问的高低。傅斯年俨然成为一位学生推戴的"学监"或学术警察。从他批评马叙伦著《庄子札记》，"先生之书，有自居创获之见，实则攘自他人，而不言所自来者"③，到借评论蒋维乔编译《论理学讲义》一书对教科书所发的一番议论；从他对严译的酷评，"严几道翻译西洋书用子书的笔法，策论的笔法，八股的笔法……替外国学者穿中国学究衣服，真可说是把我之短，补人之长"④，到他对当时在北大占主流地位的章太炎派发出不屑的轻蔑，"国粹不成一个名词（请问国而且粹的有几），实在不如国故妥协。至于保存国粹，尤其可笑"。"研究国故必须用科学的主义和方法，决不是'抱残守缺'的人所能办到的。"⑤这些学术评论表现了傅斯年为代表的新青年追求科学的取向，在这些批评言词的背后，人们可以感受到"西学输入"带来的新学术规范正在改

---

　　①② 傅斯年：《中国学术思想界之基本误谬》，载1918年4月15日《新青年》第4卷第4号。

　　③ 傅斯年：《马叙伦著〈庄子札记〉》，载1919年1月1日《新潮》第1卷第1号。

　　④ 傅斯年：《怎样做白话文？》，载1919年2月1日《新潮》第1卷第2号。

　　⑤ 傅斯年：《毛子水〈国故和科学的精神〉识语》，载1919年5月1日《新潮》第1卷第5号。

变学术的评价规则。胡适"惊异孟真中国学问之博与精，和他一接受以科学方法整理旧学以后的创获之多与深"①。年轻一代经过新思潮的洗礼，长江后浪推前浪，显现超越师辈、后来居上的势头。

中日甲午战争以后，日本"东学"乘势在中国传播开来。日本著名学者桑原隲藏在其著《支那史要》一书中，将中国历史分为上古的汉族缔造时代、中古的汉族极盛时代、近古的蒙古族代兴时代、近世欧人东渐时代四期。其说因该著译为汉文，在国内学界甚为流行，所谓"近年出版历史教科书，概以桑原氏为准，未见有变更纲者"。傅斯年不同意其说。他从"分期标准之不一"、"误认为在历来所谓汉族者为古今一贯"两方面加以批驳，以为"今桑原氏之分期法，始以汉族升降为别，后又为东西交通为判，所据以为本者不能上下一贯，其弊一也"。"取西洋历史以为喻，汉世犹之罗马帝国，隋唐犹之察里曼后之罗马帝国，名号相衍，统绪相传，而实质大异。今桑原氏泯其代谢之迹，强合一致，名曰'汉族极盛时代'，是为巨谬，其弊二也。"② 从西方直接获取学术资源的五四学人开始与"东学"明争暗战，中日之间由此开启一场"学战"。

傅斯年是《新潮》的灵魂人物。他不仅撰写了《〈新潮〉发刊旨趣书》，而且在该刊发表了大量作品。前几期甚至于有"包揽"之嫌，成为该刊最引人注目的"急先锋"。胡适曾盛推《新潮》："在内容和见解两方面，都比他们的先生们办的《新青年》还成熟得多，内容也丰富得多，见解也成熟得多。"③ 在五四时期的个性解放运动中，傅斯年将思想锋芒伸向了社会，表现了对社会、对人生探究的兴趣。从清末以来，追求进步的学人将思想探索的目光聚焦在两大问题：一是如何使个人的能力得到发挥，对这一问题的探讨将人们引向个性解放、个人主义；一是如何将民族、国家、社会整合成一个有序、协调、有机的整体，建构一个现代意义上的民族国家，人们对民族主义、国家主义、军国主义、社会主义的思考反映了这方面的探寻。对这两大问题的思考实为对传统儒家伦理"修身、齐家、治国、平天下"理念的突破。

什么是阻碍个性发展的最大势力？傅斯年的回答是"中国的家庭"。

---

① 罗家伦：《元气淋漓的傅孟真》，载 1950 年 12 月 31 日台北《中央日报》。

② 傅斯年：《中国历史分期之研究》，载 1918 年 4 月 17 日至 23 日《北京大学日刊》。

③ 胡适：《中国文艺复兴运动》，见《胡适作品集》第 24 册，179 页，台北，远流出版公司，1988。

"中国人对于家庭负累的重大，更可以使他所有事业，完全乌有，并且一层一层的向不道德的中心去。"他视腐败的旧家庭为"万恶之原"，"希望其改选成新式"，但不主张像无政府主义那样废除家庭制度。① 傅斯年对个性的追求可从他对"疯子"的赞扬可见："在现在的社会里求'超人'，只有疯子当得起，疯子的思想，总比我们超过一层；疯子的感情，总比我们来得真挚，疯子的行事，便是可望而不可即的。疯子对于社会有一个透彻的见解，因而对于人生有一个透彻的觉悟，因而行事决绝，不受世间习俗的拘束。"② 这里所谓的"疯子"与鲁迅《狂人日记》中的"狂人"同类。傅斯年与鲁迅一样，也受到尼采式"超人"思想影响。③

傅斯年更为关注的是"社会"的建设，这是他五四时期社会政治思想的最大特色。"中国社会形质极为奇异，西人观察者恒谓中国有群众无社会，又谓中国社会为二千年前之初民宗法社会，不适于今日。寻其实际，此言是矣。盖中国人本无生活可言，更有何社会真义可说？"④ 创刊《新潮》时他即一针见血地指出这一点，故《新潮》以重建社会为其四大责任之一。傅斯年批判在中国流行的"左道"人生观念，即"达生观"、"出世观"、"物质主义"、"遗传的伦理观念"的四大表现后，提出"为公众的福利自由发展个人"⑤。显然，他所崇尚的人生观是与"公众的福利"联系在一起。在傅斯年看来，"中国一般的社会，有社会实质的绝少；大多数的社会，不过是群众罢了。凡名称其实的社会——有能力的社会，有机体的社会——总要有个密细的组织，健全的活动力。若要仅仅散沙一盘，只好说是'乌合之众'"。他区别了两个与此相关的概念："社会上之秩序"与"社会内之秩序"。"前者谓社会表面上的安宁，后者谓社会组织上的系统。"中国社会内部秩序"实在是七岔八乱"，"中国社会的内部，不是有条理的，易词言之，是大半不就轨道的"⑥。为了重建社会，傅斯年提出"社会的信条"，他强调"我们必须

① 傅斯年：《万恶之原（一）》，载1919年1月1日《新潮》第1卷第1号。
② 傅斯年：《一段疯话》，载1919年4月1日《新潮》第1卷第4号。
③ 傅斯年与鲁迅通信讨论过《狂人日记》，参见《对于〈新潮〉一部分的意见》，载1919年5月1日《新潮》第1卷第5号。
④ 傅斯年：《〈新潮〉发刊旨趣书》，载1919年1月1日《新潮》第1卷第1号。
⑤ 傅斯年：《人生问题发端》，载1919年1月1日《新潮》第1卷第1号。
⑥ 傅斯年：《社会——群众》，载1919年2月1日《新潮》第1卷第2号。

建设合理性的新信条，同时破除不适时的旧信条"①。与胡适对"主义"的蔑视不同，傅斯年对"主义"非常重视，"人总是要有主义的"，"没有主义的不是人，因为人总应有主义的"。"没主义的人不能做事"，"没主义的人，不配发议论"。他将"主义"的问题与国民性问题联系在一起，"中国人所以这样没主义，仍然是心气薄弱的缘故"②。他认为五四运动的进步之处表现在对"社会性"的责任心的培养："我对五四运动所以重视的，为它的出发点是直接行动，是唤起公众责任心的运动。我是绝不主张国家主义的人；然而人类生活的发挥，全以责任心为基础，所以五四运动自是今后偌大的一个平民运动的最先一步。"③ 他甚至认为，"从五月四日以后，中国算有了'社会'了"④。这种重视"社会"的思想很可能是他接近"俄国社会革命"的基因，他期待"从此法国式的革命——政治革命——大半成了过往的事；俄国式的革命——社会革命——要到处散布了"⑤。他甚至作过一次农村社会调查——《山东底一部分的农民状况大略记》，表达他对农民疾苦的关切之情。

胡适提倡个人主义，周作人提倡"新村主义"，他俩曾就各自的思想选择表达诉求并展开争论。以傅斯年与胡适的私人关系而论，他似应站在胡适一边，事实上，在这场争论面前他却显得无所适从。"近中蓄积之问题良多，而毫无解决之法。即如近中胡、周二先生所争之个人生活或社会生活，又如组织所供献之 Efficiency 与自由所供献的 Intelligence，其比较之量如何，又如个人或社会的关系，等等，很难决的问题。对待的两方面，同时在我心识界里各占地盘，一人心识，分成两片，非特本人大苦，而且容易成一种心理上的疾病，因此还只好请学问的救济罢。"⑥ 这表现了他对胡适思想的某种保留。

傅斯年的"社会"思想与陈独秀、李大钊的影响有着直接的关系。傅斯年自述在北大读书时，"守常的那间房子，在当时几乎是我们一群朋友的俱乐部，在那边无话不谈"⑦。可见，李大钊当时与傅斯年这群

① 傅斯年：《社会的信条》，载 1919 年 2 月 1 日《新潮》第 1 卷第 2 号。
② 傅斯年：《心气薄弱之中国人》，载 1919 年 2 月 1 日《新潮》第 1 卷第 2 号。
③ 傅斯年：《中国狗和中国人》，载 1919 年 11 月 1 日《新青年》第 6 卷第 6 号。
④ 傅斯年：《时代与曙光与危机》，载 1996 年 12 月《中国文化》第 14 期。
⑤ 傅斯年：《社会革命——俄式的革命》，载 1919 年 1 月 1 日《新潮》第 1 卷第 1 号。
⑥ 吴稚晖、傅斯年：《国内与国外求学问题》，载 1920 年《新教育》第 3 卷第 4 期。
⑦ 傅斯年：《追忆王光祈先生》，见《王光祈先生纪念册》，收入欧阳哲生主编：《傅斯年全集》第 4 册，487 页，长沙，湖南教育出版社，2003。

青年学生亲密无间的关系。傅斯年一直维持与陈独秀的情谊，上世纪
30 年代陈独秀被捕下狱时，他曾撰《陈独秀案》一文为之辩护。抗战
时期，陈独秀搬到四川江津时，傅又前往探望，并欲聘请陈氏到史语所
来做研究员，可谓极尽学生之礼。

　　离开北大校园，傅斯年远渡重洋，负笈欧洲求学。在留学英国伦敦
大学、德国柏林大学的六七年间，傅斯年似变得无所适从。他的兴趣太
多，求知欲过强，自我期盼过高，这使他在茫茫学海里有一种漂泊感。
在伦敦大学他想学心理学，到了柏林大学，几无专业，选修课程显得杂
乱无章。1926 年秋，当胡适在巴黎与他会面时，对他有一种"颇颓放"
的异样感。傅斯年也以"懒"字检讨自己。但在欧洲的留学，毕竟使他
接触到一个完全与中学不同的文化世界，虽然他在国内已是新文化的一
分子，对西学亦有接触，但毕竟那是二手的、肤浅的，那时的思想也是
缺乏逻辑和理论底蕴的。在伦敦，他与著名作家韦尔斯（H. G.
Wells）多有接触，韦氏《世界史纲》中的汉唐部分多得傅斯年之助。①
在柏林大学他选修过藏学家弗兰克（Herman Frank，1870—1930）的
课程，对欧洲的东方学之精髓有真实体验。这些因素使他区别于自己的
同学顾颉刚，甚至于老师胡适。中国新史学之成长，外部资源有二途：
一是日本之东洋学，王国维受之影响极大，未曾有留学经历的顾颉刚亦
从王氏处间接受益；一是欧洲之东方学（包括汉学），陈寅恪、傅斯年
取径此路。毕竟欧洲汉学在当时居世界领先地位，而日本东洋学之诞
生，实得欧洲东方学之启发，陈、傅能后来居上，究其原因正在于此。

　　留欧时期的傅斯年，对留学问题特别关注，这方面的材料，我们过
去不甚措意。初到英国的傅斯年发现，"留学是一个教育问题，同时是
一个社会问题，所以相连的范围极大，从教育方针到国民经济的统计，
都要着想的"。他对当时各种留学途径（教育部官费、各省津贴费、各
衙署津贴费、俭学生、勤工俭学生、非俭学的自费生）加以讨论，在通
盘考察留学现状的基础上，傅斯年得出三点批评意见："第一，我以为
留学界中团体的精神与组织太少了，凡事都是各人干各人的。""第二，
我觉得在国外求学的人，应该对于国内的事有清白的知识。""第三，我
以为留学界中应该借重留学界以外停留欧美的中国学者的感化。"这些

---

　　①　Wells，H. G.，*The Outline of History*：*Being a Plain History of Life and Man-
kind*，New York：The Macmillan Company，1921，pp. 632 - 633.

意见表现出傅斯年并不以留学为傲，而是以平常心对待："当这容受欧化的时候，往西洋留学，只要机会容许，是人人应尽的义务，决不能自恃太奢。"① 在《留英纪行》中，傅斯年向徐彦之报告了自己赴英时沿途风景和所入伦敦大学的情形。初到英国的"第一层感想是：物质上不如在中国所想像的那个高法，精神是不如在中国所想像的那个低法"。他的思想随着进入英国社会也起了一层变化，"一年以前，我的意气极盛；不好的地方，是意气陷我许多错谬。好的地方是他很能鼓励我、催促我，现在觉得比以前平静得许多，没有从前自信的强了。这不能说是不好，但天地间的道理处处对着迟疑，因此心志上觉得很懒怠，这是不得了的。考虑的心思周密，施行的强度减少，这要寻个救济的法子"②。在《要留学英国的人最先要知道的事》一文中，傅斯年极尽所能，向那些欲走出国门，去英国求学的年轻学人介绍留学英国之预备（包括经费、身体、语言等）、英国大学情形、入学考试和生活日用品之准备等，其介绍之详，反映了傅斯年心思之周密的一面。③ 在致信蔡元培就留学问题讨论时，傅斯年直言不讳地批评："北大此刻之讲学风气，从严格上说去，仍是议论的风气，而非讲学的风气。就是说，大学供给舆论者颇多，而供给学术者颇少。"对于留学，他提出两点意见："第一是移家留学，我对此怀疑之点很多，存生 Existence、生活 life 与就学三件事，决不一样。"并表示"我很相信改良社会的原则，是以比较的最自然的方法，而谋最大量的效果"。"第二是留学的发达，似应与国内教育平行。若专为跛形的发达，收效颇不大。"他强调："第一国内若无学术之高洁空气，虽国外有，但一经转回国内，易就沉沦。第二教育不是教育各个人，乃是教育各个人而及众。在国（外）的地势便不如在国内了。此刻在北大读书，和在巴黎流荡，比起来，还是上一顶好罢。"他特别推荐李四光、丁燮林这两位"留英的精粹"，希望北大能聘请他们。④以李、丁后来的成就看，足见傅斯年有知人之明。留学问题是中国近代教育转型中的重要问题，身处异域的傅斯年根据切身的经验，对这一问题进行反省和思考，表明他的思想步入一个新的境界。

综揽傅斯年五四前后发表的文字，他既有提倡新文学的激昂文字，

---

① 傅斯年：《留学问题谈》，载 1920 年 6 月 9—12 日《晨报》。
② 傅斯年：《留英纪行》，载 1920 年 8 月 6、7 日《晨报》。
③ 参见傅斯年：《要留学英国的人最先要知道的事》，载 1920 年 8 月 12—15 日《晨报》。
④ 参见吴稚晖、傅斯年：《国内与国外求学问题》，载 1920 年《新教育》第 3 卷第 4 期。

又有精细入微的学术批评；既有响应时代风潮的社会政治评论，又有强烈的自我反省意识和民族文化批判意识。新文化运动给傅斯年提供了自我表现的舞台，《新青年》使他崭露头角，《新潮》让他大展身手，成为同龄人中之翘楚，五四运动使他成为学生领袖，这一切促使了他的早熟。五四时期的傅斯年已显露出某些基本的思想特质，他是批评型的思想者，这是"五四人"典型的精神气质；他是通才型的学人，这一素养使他日后有成为学术领袖的可能；他对社会政治问题的探究兴趣来自于强烈的社会责任心，这一倾向导致他有可能并入社会政治的主流，他后来与国民党的合作与他的公益关怀有着某种联系；他是个性解放浪潮的弄潮儿，但他的思想不宜以个人主义来限定，至少他与胡适所信奉的自由主义政治哲学有相当区别。历史选择了他，他注定要成为创造历史的人。

二、中流砥柱：在学术与政治两栖作战

1926 年冬，傅斯年应时任中山大学校务委员朱家骅之召回国。中山大学为国民党一手创办并主导，此时成了进步知识分子聚集的大本营。1927 年春，年仅三十二岁的傅斯年被任命为文学院院长及历史、中文两系主任。此前，傅斯年与国民党已建立了密切关系，国民党元老蔡元培任北大校长时就有意栽培傅斯年，双方建立了非常默契的师生关系。另一名国民党元老吴稚晖曾与傅斯年就留学问题在英国伦敦促膝长谈。[①] 实际负责中山大学校务的朱家骅曾于 1920—1923 年在柏林大学地质系留学，那时傅斯年即与他相识。据朱家骅回忆："到了民国十五年，我在中山大学为了充实文学院，要找一位对新文学有创造力，并对治新史学负有时名的学者来主持国文系和史学史，和戴季陶、顾孟余两先生商量，聘请他来担任院长兼两系主任。"[②] 朱氏对傅斯年颇为倚重，深通内情的邓广铭先生对此有所析论："倘无朱氏的大力相助，傅先生在回国初年，在其才能、智力、学术思想的发挥等方面，可能完全是另一种情况的。"[③] 与傅斯年在北京大学、柏林大学的同窗密友罗家伦从德国归国后，更是投身北伐，身披戎装，很快赴任国立清华大学校长。

---

　① 参见吴稚晖、傅斯年：《国内与国外求学问题》，载 1920 年《新教育》第 3 卷第 4 期。
　② 朱家骅：《悼亡友傅孟真先生》，载 1950 年 12 月 31 日台北《中央日报》。
　③ 邓广铭：《怀念我的恩师傅斯年先生》，载《台大历史学报》第二十辑《傅故校长孟真先生百龄纪念论文集》，台北：1996 年 11 月，第 17 页。

1927 年国民党"清党"时，傅斯年明确站在国民党一边。① 北大高材生、五四运动学生领袖、留欧背景这些耀眼的光环，使傅斯年、罗家伦这些青年才俊迅速跃升为学界的权势人物。1928 年中央研究院成立，傅斯年被任命为该院第一大所历史语言研究所所长。从此，史语所成为他精心经营的学术"企业"。

朱家骅的重用，蔡元培的提拔，显示了大家有意让傅斯年担负起振兴文史学科的重任。的确，傅斯年不负众望，在学术思想上自成理路，有其前瞻性的规划。在学术上傅斯年力图打开一个新局面。他主长中山大学文科，创建史语所，中兴北大，无不表现了自己的这一抱负——创建新的学术机关，为新学术的成长创造条件。

在中山大学创建语言历史研究所，为该所《周刊》致发刊词时，傅斯年就提出了明确的学术目标："我们要实地搜罗材料，到民众中寻方言，到古文化的遗址去发掘，到各种的人间社会去采风问俗，建设许多的新学问！我们要使中国的语言学者和历史学者的造诣达到现代学术界的水平线上，和全世界的学者通力合作！"这是一个悬得很高的目标。在为《历史语言研究所集刊》所撰《历史语言研究所工作之旨趣》时，傅斯年将此前在《周刊》所阐发的学术观念衍为长篇大论，他的学术思想进而得以更为通透、明晰的展现。

《历史语言研究所工作之旨趣》从讨论西方语言学、历史学为何在近世发达，而曾经发达的中国语言学、历史学反而在近代落后入手，提出学术发展的三条标准。第一，"凡能直接研究材料，便进步。凡间接的研究前人所研究或前人所创造之系统，而不繁丰细密的参照所包含的事实，便退步"。第二，"凡一种学问能扩张他研究的材料便进步，不能的便退步"。傅斯年在此提到西方汉学研究的两个强项：一是研究四裔问题的"虏学"，如匈奴、鲜卑、突厥、回纥、契丹、女真、蒙古、满洲等问题。二是善于利用和发掘神祇崇拜、歌谣、民俗等材料。他特别

---

① 参见傅斯年：《"清党"中之"五卅"》，载《政治训育》1927 年第 14 期。《我对于日本出兵山东的感想》，载《政治训育》1927 年第 15 期。这两篇文章系新近发现。过去因材料缺乏，人们几乎不提傅斯年在国共分裂时的政治表现，这两文反映了他当时既反帝，又反共的立场。从后一文使用的"我们国民党"行文口气看，傅斯年当时可能加入了国民党。何思源曾回忆是他将国民党党证交给傅斯年（参见何兹全：《忆傅孟真师》，载 1992 年 1 月台北《传记文学》第 60 卷第 2 期）。紧随前一文之后正是何思源《"五卅"二周年纪念感言》。傅、何两人在国民党党刊《政治训育》上发表文章，应是他们政治身份的确证。傅斯年后来似从这一政治身份"淡出"，以至人们误认为他为无党派人士。

提到值得利用的新材料，诸如金文、汉简、敦煌石藏、内阁档案、摩尼经典等。第三，"凡一种学问能扩充他作研究时应用的工具的，则进步，不能的，则退步"。这里的所谓"工具"不是仅指科学方法，而是包括各种科学技术手段、方法，"现代的历史学研究，已经成了一个各种科学的方法之汇集。地质、地理、考古、生物、气象、天文等学，无一不供给研究历史问题者之工具"。这三条对历史学者来说，其实是常规要求。如就发掘新材料，拓展新领域而言，王国维治史、顾颉刚的"古史辨"都已有相当自觉的意识。傅斯年此篇《旨趣》的亮点在于，他有明确的超越意识。他反对当时盛行的"国故"观念，从而使历史学研究突破传统的"国学"藩篱，朝着科学化的方向发展。他强调处理材料的做法是"存而不补"、"证而不疏"。在具体开展的研究工作方面，傅斯年列举历史组的工作包括：第一，文籍考订；第二，史料征集；第三，考古；第四，人类及民物；第五，比较艺术。其中第二至五项均具开拓性的意义。语言组有：第六，汉语；第七，西南语；第八，中央亚细亚语；第九，语言学。第七至九项明显与西来学风的影响有关。作为国家学术机关，傅斯年意识到学术研究不应再是"由个人作孤立的研究"，而是"大家补其所不能，互相引会，互相订正"，史语所正是承担这样一个"集众"的载体。在《旨趣》的最后，傅斯年高呼："一、把些传统的或自造的'仁义礼智'和其他主观，同历史学和语言学混到一气的人，绝对不是我们的同志！二、要把历史学语言学建设得和生物学地质学等同等样，乃是我们的同志。三、我们要科学的东方学之正统在中国！"第一条实为与传统史学划清界限；第二条指明历史学、语言学发展的科学化方向；第三条标明中国历史学、语言学的追超对象是欧洲的东方学。《旨趣》完全是一篇宣言书，一篇向传统学术和西方东方学挑战的宣言书。因此，在近代学术史上，它具有里程碑的意义。[①]

　　如果没有史语所同仁后来学术工作的跟进，这篇宣言式的《旨趣》可能就会成为笑柄，遗为对手讥笑。但这篇《旨趣》所表达的思想并不是傅斯年个人的豪言壮语，实为一个正在崛起的学术群体的共同意愿和他们的理想追求。从 1928 年到 1937 年这十年间，史语所迅速成长为一个世界著名的研究中国历史、考古、语言的重镇。中国历史学、考古

---

　　① 　有关此文的详细评述，参见拙作《〈傅斯年全集〉序言》，23～36 页，长沙，湖南教育出版社，2003。

学、语言学研究开始与西方同行交流、对话，步入"现代化"的快车道。

除了担负史语所繁重的领导、组织工作外，傅斯年本人在学术上也试图树立典范，开出一条新路，这主要表现在他对上古史的重建和对思想史的探究之中，为此，他的研究工作主要是在两个方面展开：一是围绕"民族与古代中国史"这一主题撰写系列论文；二是撰著《性命古训辨证》。后来傅斯年申报中研院第一届院士所提供的代表作正是这两方面作品。傅斯年治中国古代史，善于将文字、器物、考古材料相互印证，着重民族、语言两大要素考察，实得欧洲东方学之精髓，这有力地拓展了中国史的研究视野。此外，为了应对在中山大学、北京大学的教学工作，他曾开设过"中国古代文学史"、"史学方法导论"等课程，留有《中国古代文学史讲义》、《〈诗经〉讲义稿》、《战国子家叙论》、《史学方法导论》等文稿。"九一八"事变后，日寇侵占我国东北，策划成立了伪"满洲国"，为驳斥日本学者矢野仁一鼓吹"满蒙藏非中国本来领土"的无耻谰言，证明东北是中国的固有领土，他带头撰写《东北史纲》。七七事变后，傅斯年打算撰写一部《中华民族革命史》，惜未完稿，只成第一章《界说与断限》、第四章《金元之祸及中国人之抵抗》，文中表现了强烈的民族意识，反映了傅斯年讲究民族气节的一面。①

上世纪 30 年代的中国是一个内忧外患频仍的时期，作为一个对国家、对民族有责任心、有使命感的知识精英，忧国忧民自然是不可推卸的责任。傅斯年利用《独立评论》、《大公报》等报刊作为自己参与社会政治的阵地，成为著名的公共知识分子。

《独立评论》是胡适、丁文江、傅斯年、蒋廷黻等八九个朋友创办的刊物。它标榜"不倚傍任何党派，不迷信任何成见，用负责任的言论来发表我们各人思考的结果"。傅斯年是独立评论社中活跃的一员。这个同人圈子发起了几个重要议题的讨论，事关政府的决策和国家的前途。

一是民主与独裁问题的讨论，以胡适为代表的民主派与以丁文江、蒋廷黻为代表的新式独裁论或开明专制派展开论争，两方各执己见。傅斯年发表的《中国现在要有政府》一文，表现了他的意见，也就是对现

① 相关论述参见傅乐成：《傅孟真先生的民族思想》，原载 1963 年 5、6 月台北《传记文学》第 2 卷第 5、6 期。

有政府的维护。在他看来，当时的形势下，"虽有一个最好的政府，中国未必不亡；若根本没有了政府，必成亡种之亡"。而"此时的中国政治若离了国民党便没有了政府"，"此时国民党之中心人物，能负国家之责任者，已经很少了"。"今日国民党的领袖，曰胡、曰汪、曰蒋。他们三人之有领袖地位，自然不是无因的。"① 显然，傅斯年是倾向于有政府，拥护中央政府。这种思想倾向表现在西安事变的风口浪尖中，傅斯年在《中央日报》公开发表《论张贼叛变》、《讨贼中之大路》两文，明确地表明他拥蒋反张的立场，其用意自然是支持中央政府。傅斯年在西安事变的这一表现，显然赢得了蒋介石的信任，1937 年七七事变后，他应蒋介石之邀参加庐山谈话会，接着又前往南京出席国防参议会。1938 年国民参政会成立，再被举为参政员，傅虽推辞，但蒋在幕后仍大力推荐。②

　　傅斯年拥戴政府的态度是与他对"国家统一"的立场相联。他对中华民族有一基本看法，他认为"中华民族是整个的"："我们中华民族，说一种话，写一种字，据同一的文化，行同一伦理，俨然是一个家族。也有凭附在这个民族上的少数民族，但我们中华民族自古有一种美德，便是无歧视小民族的偏见，而有四海一家之风度。"傅斯年对中华民族的这一看法，甚至影响到他对民族研究的态度，抗战时期，吴文藻、费孝通试图从人类学、民族学角度调查西南少数民族，证明"中华民族不能说是一个"之说，西南苗、瑶、猓猡皆是民族，傅斯年不同意这样处理，以为对"边疆"、"民族"等具"刺激性之名词"须慎重使用。③ 在新近发现的一篇以"四川与中国"为题的讲演中，傅斯年总结四川正反

---

　　①　傅斯年：《中国现在要有政府》，载 1932 年 6 月 19 日《独立评论》第 5 号。

　　②　参见"中研院"史语所"傅档"所藏《朱家骅致傅斯年》（未刊，1938 年 5 月 4 日）。朱信中称："吾兄业已为山东推出之（参政员）候选人，兄虽不愿，恐难摆脱。介公星期会谈，亦嘱特约参加，且时时提及兄之近况。"此信可证蒋介石对傅斯年出任参政员有特别关照。傅斯年系"依照《国民参政会组织条例》第三条（丁）项遴选者"。按此条规定："由曾在各重要文化团体或经济团体服务三年以上，著有信望，或努力国事信望久著之人员中，选任五十名。"另据邹韬奋《〈来宾〉中的各党派人物》一文，傅斯年被列为参政员"教授派"成员。参见孟广涵主编：《国民参政会纪实》上卷，68、46、72 页，重庆，重庆出版社，1985。1942 年 7 月 27 日国民政府公布《第三届国民参政会参政员名单》、1945 年 4 月 23 日国民政府公布《第四届国民参政会参政员名单》，傅斯年改为由山东省遴选。参见孟广涵主编：《国民参政会纪实》下卷，1057、1423 页。从文化团体的代表调到山东省的代表，这微妙地透现出傅斯年与当政者更为密切的合作关系。

　　③　参见傅乐成：《傅孟真先生的民族思想》，载 1963 年 5、6 月台北《传记文学》第 2 卷第 5、6 期。文中"三、民族问题的讨论"对此有专门讨论。

两方面的历史经验，殷殷相告："以地理而论，四川的物产丰富，土地肥沃，所谓天府之国。以历史而论，'汉人'这个名字，是由于四川——汉中这个地方得来的，四川和整个的民族是有特殊的关系。我们可以说，四川是有良好的地利，光荣的历史，但是，我们要善于运用这良好的地利，以巩固民族复兴的根据地，决不当使这个肥美的处所作为野心家出没的营寨；同时，我们更要继续发扬四川光荣的史迹，以奠定国家统一的基础，决不当使这个富有历史意味的地方，随那些部落思想的人们而失其伟大。"① 为巩固四川这块大后方根据地，傅斯年提醒人们谨防割据势力可能对抗战带来的不利隐患。

傅斯年政治思想的基础或者底线是"国家统一"。他对民国政治情形的看法颇能反映他的这一心态：

> 中国经辛亥年的革命，由帝制进为共和，一统的江山俨然不改。只可惜政治上不得领袖，被袁世凯遗留下些冤孽恶魔。北廷则打进打出速度赛过五季，四方则率土分崩，复杂超于十国。中山先生执大义以励国民，国民赴之，如水之就下。民国十五六年以来，以北方军阀之恶贯满盈，全国居然统一。平情而论，统一后之施政，何曾全是朝气；统一后之两次大战，尤其斫丧国家之元气。中年失望，自甘于颓废；青年失望，极端的左倾。即以我个人论，也是失望已极之人，逃身于不关世务之学，以求不闻不见者。然而在如此情势之下，仍然统一，在如此施政之下，全国之善良国民，仍然拥护中央政府者，岂不因为中华民族本是一体，前者以临时的阻力，偶呈极不自然的分裂现象，一朝水到渠成，谁能御之？所以这些年以来，我们老百姓的第一愿望是统一，第一要求是统一，最大的恐惧是不统一，最大的怨恨是对于破坏统一者。②

傅氏把"国家统一"置于最高的民族利益，希望统合四分五裂、"五代十国"式的民国。

二是东西文化论战，以胡适、陈序经为代表的西化派与十教授为代表的"中国本位文化建设"论者展开论争。如果说在政治抉择上，《独

---

① 傅斯年：《四川与中国》，载 1937 年 6 月 19 日《统一评论》第 3 卷第 24 期。又载 1937 年《中央周报》第 473 期、1937 年《西北导报》第 3 卷第 1 期。此文系据傅斯年在成都军分校讲演录整理而成。

② 傅斯年：《中华民族是整个的》，载 1935 年 12 月 15 日《独立评论》第 181 号。

立评论》同人存有极大分歧，那么在中西文化关系上，他们的选择则较为一致地倾向"西化"。从傅斯年在《所谓"国医"》、《再论所谓"国医"》两文所表达的对中医的严厉批评态度，人们可以看出他的中西文化观的端倪。上世纪 30 年代的中西医之争实在是中西文化论战的缩影。"中国现在最无耻、最可恨、最可使人短气的事……是所谓西医、中医之争。""只有中医、西医之争，真把中国人的劣根性暴露得无所不至！""我是宁死不请教中医的，因为我觉得若不如此便对不住我所受的教育。"① 对中医如此偏激的批评，除傅斯年以外，也许殆无第二人。正因为如此，傅斯年几成为中医界的众矢之的。② 丁文江去世时，傅斯年曾如是表彰他的这位亡友："他是欧化中国过程中产生的最高的菁华，他是用科学知识作燃料的大马力机器。"③ 其实这也是他为自己所撰写的墓志铭。

　　就其本质来说，当时"西化"派的主张是对现代化的一次强烈诉求。在"现代化"一词尚未在中国流行开来之前，"西化"一词其实就是"现代化"的代名。抱持"西化"主张的代表人物（如胡适、傅斯年、陈序经等）并非不了解或不尊重中国的传统文化，而是根据他们对世界趋势的了解，坚持"西化"（现代化）这一大方向。他们在表述这一主张时可能因"知识的傲慢"而招致国人的不满和抵触，但它确是新文化当时最有力量的表现。傅斯年的文化观在三篇未刊的《中国三百年来对外来文化之反应》、《文明的估价》、《现代文化与现代精神》（未完稿）文稿中得到了较为系统、深入的阐述。傅斯年将近三百年来中国对外来文化之反应分为三个阶段：第一阶段从明末到清初的八十年间，主要是西洋天主教的输入；第二阶段从康熙以后到道光、光绪年间，以曾国藩、李鸿章为代表的洋务派主张学习的科学、文教；第三阶段是从清末到民国。傅斯年以为受到"中体西用"观的影响，国人重应用轻理论，故近代科学在中国不能发达。④ 关于"文明的估价"，傅斯年提出了三点认识："第一，两个民族接触，便发生了文化交流，如果甲民族

---

　　① 傅斯年：《再论所谓"国医"》，载 1934 年 8 月 26 日、9 月 16 日《独立评论》第 115、118 号。

　　② 参见赵寒松：《再评傅孟真〈再论所谓国医〉》，载 1934 年《国医正言》第 6、7 期。王合三：《异哉傅孟真"所谓国医"》。载 1934 年《现代中医》第 1 卷第 9 期。

　　③ 傅斯年：《我所认识的丁文江先生》，载 1936 年 2 月 16 日《独立评论》第 188 号。

　　④ 傅斯年：《中国三百年来对外来文化之反应》，台北，"中研院"史语所"傅档"I—708。

文化受乙民族文化的影响，而乙民族文化不受甲民族文化的影响时，那么能影响别人的乙文化自然较为高超，不能影响别人而反为别人所影响的甲文化自然比较低下，这是对文化估价的一个标准。但是这个标准往往有例外的地方，一个好懒的民族即使文化较低，也不容易受外来优秀文化的影响。"傅斯年以古代中印文化交流说明了这一情形。"第二，凡是一种民族文化，对于那个民族的生存帮助大的价值较高；反之，对于那个民族的生存没有什么帮助的价值较低。中国历史上每一个朝代，凡是社会繁荣达到极高峰的时候，往往跟着就是外族侵略最惨痛的时候，这实在不能不说是文化的一个弱点。""第三，如果单能据上述第二点的标准，往往就很容易会将专讲生存、专讲力量的文明看得极高。自从十九世纪乌托邦思想盛行以来，有一个很大的进展，就是认为一切事物，都应该以大多数人的福利为前提。这样说来，那么在一个文明之中，大多数人的生活能够有意义的，这种文明的价值就高，大多数人的生活没有什么意义的，这种文明的价值就低。"傅斯年以纳粹国家"都被一些英雄主义者所支配，完全丧失了他们的人生意义"为例说明这一点。①如何造就现代文化或现代精神？傅斯年认为，"造成现代我们生存在内的文化，造成现代精神之为矛盾的大都只能有三件事情：第一件是科学特别是科学之应用，第二件是资本发展，第三件是民族意识。这三件东西相互反应成就了现在的广博伟业而矛盾悲惨的世界"②。将"民族意识"视为铸造现代文化的要件，这是我们评估傅斯年中西文化观时不能忽视的一项内容。这三篇新发现的文稿，为我们了解傅斯年的文化观提供了新的重要参考材料。

三是对日关系问题，这是独立评论社同人极为重视，也是意见分歧的一个问题。大敌当前，东北沦亡，华北危机，傅斯年当然将这一问题置于思考的重点。在独立评论社同人中，围绕对日政策的取舍有两种意见：一派以蒋廷黻、胡适、丁文江为代表的主和派，他们希望通过推迟中日全面战争的发生，为中国赢得必要的战备时间和国际上的支持。蒋廷黻曾如是谈及这一派的意见："大体说来，当时评论社的朋友们没有一个是极端主张战的。大家都主和，不过在程度上及条件上有不同而已，主和最彻底的莫过于在君，其次要算适之和我，孟和好像稍微激昂

---

① 傅斯年：《文明的估价》，台北，"中研院"史语所"傅档"Ⅰ—706。
② 傅斯年：《现代文化与现代精神》（未完稿），台北，"中研院"史语所"傅档"Ⅰ—778。

一点。"① 一派是以傅斯年为代表的强硬派。30 年代曾在北大历史系读书的吴相湘对傅的立场有详细评说：

> 自"九一八"以后，傅斯年为唤起国魂抵抗侵略，时在《独立评论》及《大公报》撰文，表现异常积极抗日态度。民国二十一年十月，北大教授马衡等企图划北平为中立的"文化城"以苟且偷安。傅斯年闻讯曾加劝阻，不听，乃寄信蔡元培院长表示反对："斯年实为中国读书人惭愧！"民国二十二年五月，《塘沽停战协定》签订，傅斯年极表反对。六月四日，胡适在《独立评论》发表《保全华北的重要》专文，认为当局一时无力收复失地，赞成华北停战。傅斯年接阅此文大怒，要求退出独立评论社，严正表现爱真理甚于爱吾师。胡适为此非常伤感。嗣经丁文江寄长信劝解，傅始打消退社原意。然积极抗日主张则持之益坚，力言退让应有限度。民国二十四年冬，日本策动"华北特殊化"。冀察政务委员会萧振瀛招待北平教育界，企图劝说就范。傅斯年闻萧言即挺身而起，当面斥责萧，表示坚决反对态度、誓死不屈精神。于是北平整个混沌空气为之一变。②

傅斯年并不是左派，但他对日所持坚决抵抗的态度，使其成为北平抗战知识分子的中流砥柱。为表达其抗日意志之坚定，傅斯年用唐代赴朝抗倭名将刘仁轨之名命其新诞生的儿子以喻其志。在独立评论社同人中，傅斯年的对日态度有点"特立独行"的味道，的确表现了他极为强硬的民族主义者个性。几乎在 30 年代国际形势每个重大转折关头，傅斯年都有异乎寻常的言论表现。

伪"满洲国"成立时，傅斯年特撰写《满洲傀儡剧主人公溥仪》一文，戳穿这场傀儡剧的把戏。③ "九一八"事变发生一周年之际，傅斯年即认定这是与第一次世界大战和俄国革命并列的"二十世纪世界史上三件最大事件之一"。他分析了当前的国内外形势。"浅看来是绝望，深看是大有希望。"所谓"失望"者的表现：一是"在如此严重的国难之下，统治中国者自身竟弄不出一个办法来"；二是"人民仍在苟安的梦

---

① 蒋廷黻：《我所记得的丁在君》，载 1956 年 12 月台北《"中央研究院"院刊》第三辑。
② 吴相湘：《傅斯年学行并茂》，见氏著：《民国百人传》第一册，224 页，台北，传记文学出版社，1982。
③ 孟真：《满洲傀儡剧主人公溥仪》，载 1932 年《良友》第 65 期。此文系笔者新近发现。从文章的内容和笔调看，"孟真"应是傅斯年的署名，而大不可能是另一个"孟真"。

中而毫无振作的气象";三是"世界上对此事件反应之麻木,中国人自己的事,而想到别人反应的态度,诚然是可耻的";四是"中国的政治似乎竟没有出路"。"希望"之处在于:一是"东北是亡不了的",此地在民族上永为中国人;二是"只要军队稍有纪律,地方便可以平安,只要政府能够维持最低限度的秩序,人民便可以猛烈的进步";三是"东北之大变关系世界大局者过于巴尔干,日本既以作鲸吞亚澳的发动,迟早必横生纠纷";四是"中国人不是一个可以灭亡的民族"①。李顿调查团报告发表以后,国内外舆论纷扰,傅斯年认可其为"含糊之杰作"。不过,他以为"中国政府既不可抹杀此报告,以分日本之谤,也不便绝无说明不附条件的欣然承认,以陷自己之地位,只好加之以严重之保留,副之以详尽之宣言,而接受之"②。傅斯年对国际形势观察的重点:一是国联的动向与欧美国家对华局势演变的态度,这方面他发表了《这次的国联大会》、《国联态度转变之推测》、《国联与中国》、《国联之沦落与复兴》、《国联组织与世界和平》。二是欧洲形势与日本对华政策之关联。这方面他有《法德问题之一勺》、《今天和一九一四》、《日俄冲突之可能》、《一喜一惧的国际局面》、《欧洲两集团对峙之再起》等。三是日本对华侵略政策及其进展,如《日寇与热河平津》、《不懂得日本的情形!》、《溥逆窃号与外部态度》、《中日亲善??!!》等。傅斯年在当时似扮演了一个业余国际形势"观察员"或评论家的角色。

国民政府可能赋予傅斯年观察国际局势的使命。如果说傅斯年对内政的主张带有"谏"的因素,那么他的对外言论则带有"谋"的元素。在史语所档案中,留有傅斯年的一篇未刊长文《欧美形势与中国》目录,全文分十二节:1. 生存在均势上的中国;2. 均势之破裂;3. 英国远东政策之传统;4. 美国远东政策之升降;5. 国联与欧洲和平;6. 苏联与远东;7. 八年来英国之威望;8. 中国与倭之不能妥协性;9. 倭寇大举之最近原因;10. 最近的欧洲复兴;11. 前途;12. 我们努力的几个方向。惜只留有小引和第一、二节文稿。显然,傅斯年是有心对当时纷繁复杂的国际形势作一全面、系统分析的,此文不像是一篇欲公开发表的时评政论,而可能是为国民政府条陈的意见,与史语所"傅档"收藏的《谨陈对德态度之意见》和《关于九国公约会议之意见》相仿。

---

① 傅斯年:《"九一八"一年了》,载 1932 年 9 月 18 日《独立评论》第 18 号。

② 傅斯年:《国联调查团报告书一瞥》,载 1932 年 10 月 16 日《独立评论》第 22 号。

　　"九一八"事变发生时，北平图书馆召开了一次讨论时局的会议。傅斯年在会上慷慨陈词，提出"师生何以报国"的问题。可见在这位怀抱现代理念的知识精英心中，仍承受着数千年来传承不断的士大夫忧怀。现代与传统如此奇妙地集于一身。在那个纷纷攘攘、激烈动荡的年代，傅斯年纵横驰骋于公共论坛的身姿与"天下兴亡、匹夫有责"的清流并无二致，其言论举止称得上是一个比较纯净的知识分子。对国家、对民族、对专业，他都尽到了一个知识分子的应有责任。

　　三、后期思想的问题意识：战争、国家与世界前途

　　从 1927 年到 1937 年这十年间，是傅斯年一生最为忙碌，也是他盛产成果的一段时光。1937 年卢沟桥事变爆发后，战争的烽火打断了现代化进程，扰乱了正常的生活秩序。抗战八年，傅斯年为人事、公事、国事所累，恶劣的生活、工作环境使其身心不支，在学术上惟有一部《性命古训辨证》可以塞责，这部著作其实在战前已基本完成。随后又是国共内战，美苏冷战，国内国际形势变幻莫测，整个国家为战争所困扰，傅斯年的后期生活可以说是为战争的阴影所笼罩，战争自然成了他挥之不去的思想主题。

　　抗战时期，傅斯年实际涉足政治，以无党派身份参加国民参政会。国民参政会作为战时的议政机构，具有极大的影响力，他在参政会的一个大动作是炮轰行政院长孔祥熙，将孔拉下台。[①] 不过他内心真正牵挂的还是战局。他借翻译丘吉尔的《日本的军事冒险》一文，向人们展现有利中国的世界形势，并预测日本最终失败的命运，以鼓励国人的抗战意志。[②] 陈之迈说："当代文人中懂得军事的有三人最为出色：一为张季鸾先生，一为丁文江先生，一为傅孟真先生。从他们的著作及言论中我学到了许多军事常识，这是在欧美留学所绝对学不到的。"[③] 体现傅斯年军事素养的大概要推《地利与胜利》、《抗战两年之回顾》、《"第二战场"的前瞻》这三篇文章，试看他对日寇在抗战初期使用战术的精辟分析：

---

　　① 参见杨天石：《傅斯年攻倒孔祥熙》、《蒋孔关系探微》，见氏著：《海外访史录》，528～555 页，北京，社科文献出版社，2002。
　　② 傅斯年译：《日本的军事冒险》，载 1938 年《政论旬刊》第 1 卷第 114 期。据傅斯年在文前称，丘吉尔原作载 1938 年 5 月 26 日《伦敦每日电闻》及《晨邮报》。
　　③ 陈之迈：《关于傅孟真先生的几件事》，载 1976 年 3 月台北《传记文学》第 28 卷第 3 期。

从倭贼在芦沟桥寻衅起，到现在二十二个月的中间，我们根据经验，可以判定倭贼作战的总策略是这样的：用他认为最相应的代价，换取我们最重要的交通枢纽，而且在一处呈胶滞状态时，另从侧面袭攻，或在距争夺处甚远之另一区域进攻，使得我们感觉着调动上之困难。倭贼用这个方法侵略我们，自始至今没有例外。

倭贼之终必归于全败，也就要在这个战略上决定了。在德国，乃至在全部欧洲，除苏联外，所发达的这样战略，都是为国家较小，交通发达，工业繁盛，易于速战速决的地方而适用的。倭贼用这法子而不能决，更谈不到速决，则其失败的运命，便算注定了。①

根据日本的战略战术，傅斯年提出我方依恃江南地利制敌三术："第一，我们要充分发挥江南山地中地形的便利，使得倭贼沿江的深入失其重要。""第二，因为倭贼的战略，是没有变化的，我们大致可以料定，他在每下一步的攻击地是何处，而预谋对付。""第三，我们用作抗战复兴的根据的川滇黔桂四省，固有其地形地利上之绝大优点，亦有其缺点，发挥其优点，补救其缺点，是现在当务之急，亦是后方军民应日夜不息，合作进行之事。"② 1944 年美、英开辟第二战场以后，傅斯年对此后的形势分四段加以推演：（1）登陆，（2）扩充混合为大战线，（3）决战，（4）德虏无条件投降。他预估形势的进展，"英美的海空军优势，兼以德虏这次仍旧受他历来最恐惧而也最免不了的'两面战场'之拘束，盟方陆海空军三方面之高度配合，造成了革命的新战术，就是在西欧登陆。以后的进展必然节节胜利，而且每段胜利必付重大代价的。其所以必然节节胜利者，以实力优越之故，最大的难题就是登陆，而登陆业已试验的成功；其所以必付重大代价者，以在这些地方打仗，在德虏是拿手好戏"③。傅斯年对军事形势的评论，确实达到了行家的水平。

傅斯年运用自己擅长的心理分析和丰富的历史知识发表了一些极具宣传冲击效应的政论：《汪贼与倭寇——一个心理的分解》、《盛世危言》、《天朝——洋奴——万邦协和》、《我替倭奴占了一卦》等文，警示国民政府、鞭挞汉奸汪伪、抨击日倭侵略。在抗战的最后两年，傅斯年

---

① ② 傅斯年：《地利与胜利》，载 1939 年 4 月昆明《大公报》。
③ 傅斯年：《"第二战场"的前瞻》，载 1944 年 7 月 12 日重庆《大公报》星期论文。

有两篇纪念五四的文字——《"五四"偶谈》（1943 年 5 月 4 日）、《"五四"二十五年》（1944 年 5 月 4 日），表现出他思想的某些微妙变化。在《"五四"偶谈》中，傅斯年强调五四运动在"文化积累"中的特殊作用："'五四'未尝不为'文化的积累'留下一个永久的崖层。因今日文化之超于原人时代之文化者，以其积累之厚者。积累文化犹如积山，必不除原有者，而于其上更加一层，然后可以后来居上，愈久愈高。""五四之遗物自带着法兰西革命之色泽，而包括开明时代之成分。"五四以后，"学自然科学人文科学者之增加，以学问为事业之增加，遂开民二十以后各种科学各有根基之局，似与'五四'不无关系吧？即在今天说'科学与民主'，也不算是过时罢？"文末，傅斯年罕见地（也许是首次）公开将苏俄的布尔什维克主义者与德国的纳粹主义者并列为批评对象，称这"两种人要把自原人石器时代的文化起点，一齐拆去，重新盖起来，尽抹杀以前的累积"①。

1944 年是五四运动的二十五周年，回顾历史，傅斯年感慨万端：

> "五四"的积极口号是"民主"与"科学"。在这口号中，检讨二十五年的成绩，真正可叹得很。……注意科学不是"五四"的新发明，今天的自然科学家，很多立志就学远在"五四"以前的。不过，科学成了青年的一般口号，自"五四"始，这口号很发生了他的作用，集体的自觉总比个人的嗜好力量大。所以若干研究组织之成立，若干青年科学家之成就，不能不说受这个口号的刺激。在抗战的前夕，若干自然科学在中国已经站稳了脚，例如地质、物理、生理、生物化学，而人文社会科学之客观研究，也有很速的进展。若不是倭鬼来扰，则以抗战前五年的速度论，中国今天可以有几个科学中心，可以有几种科学很像个样子了。②

考察科学发展的历史，傅斯年认定学术自由、思想解放、追求真理是科学进步的真正途径，"为科学而科学"是科学的"清净法门"。显然，傅斯年真正关心的还是科学在中国如何生根的问题，他语重心长地说：

> 全部科学史告诉我们，若没有所谓学院自由（Academic Free-

---

①　傅斯年：《"五四"偶谈》，载 1943 年 5 月 4 日重庆《中央日报》。
②　傅斯年：《"五四"二十五年》，载 1944 年 5 月 4 日重庆《大公报》星期论文。

dom），科学的进步是不可能的。全部科学史告诉我们，近代科学是从教条、学院哲学（Scholasticism）、推测哲学（Speculative Philosophy）、社会成见中解放出来的，不是反过来向这些东西倒上去的。全部科学史又告诉我们，大科学家自然也有好人，有坏人，原来好坏本自难分，有好近名的，有好小利的，原来这也情有可原，但决没有乱说谎话的，作夸大狂的，强不知以为知的。……所以今日提倡科学的方法极简单，建设几个真正可以作工作的所在，就是说，有适宜设备的所在，而容纳真正可以作科学工作的若干人于其中就够了。……工作的环境可以培植科学家，宣传与运动是制造不出科学家来的。[1]

抗战胜利以后，国际国内局势很快逆转，一切朝着与人们所期盼的相反方向发展。国际上美苏对峙，冷战局面降临。国内陷入内战，国共两党反目为仇，整个社会的精神生活迅速呈现两极对立状态。在这样一种新形势下，被蒋介石任命为北大代理校长的傅斯年，抱持"精忠报国"的传统观念，为国民政府撑面子，做政府的"诤友"。1946年春蒋介石赴北平视察，两人同游文天祥祠，在"万古纲常"匾额下留影，显示两者建立起"君臣"般的亲密合作关系。

面对风云变幻的国际形势，傅斯年频频发声，显示了他对国际局势异乎寻常的关注。傅斯年敏锐地观察到东北所处地缘政治的敏感性。他领衔发表《我们对于雅尔达秘密协定的抗议》，撰写时论《中国要和东北共存亡》，表达对美、英、苏三国背着中国签订《雅尔达协定》，出卖中国东北主权的严重抗议。"中国的东北（'满洲'），诚然是近代战史中最炫耀的因素。为它，起了日俄战争，而日俄战争是第一次世界大战的前奏。为它，起了'九一八'沈阳事变，而沈阳事变就是第二次世界大战逻辑的开始。"为防止东北再次重演"特殊化"、"倾外化"、"分割化"的局面，傅斯年提出建议："一、东北的经济必须中国本位化、和平化、均沾化。""二、东北的政治必须统一化、无党化。"[2] 在当时这是一相情愿、自相矛盾的构想。国共两党均视东北为首要必争之地，内战的战火最先就是在这里燃起。后来的朝鲜战争也是发生在东北亚，可见这一区域在冷战中的特殊地位。

---

① 傅斯年：《"五四"二十五年》，载1944年5月4日重庆《大公报》星期论文。
② 傅斯年：《中国要和东北共存亡》，载1946年3月3日重庆《大公报》星期论文。

在与德、日法西斯国家和苏联社会主义制度的对抗、竞争中，美、英做出自身的调整。傅斯年注意到美、英出现的"新自由主义"这一国际新动向。他借《罗斯福与新自由主义》一文，对罗斯福"新政"作了积极、正面评价："他给自由主义一个新动向、新生命，并且以事实指证明白，这个改造的、积极的新自由主义有领导世界和平与人类进步的资格。"傅斯年欣赏卢梭的政治、教育哲学，认为他"激动了新兴的第三阶级"，"于是对封建宗教的势力之统治者发生革命，以自由为号召，以解放为归宿"。不幸的是，19 世纪自由主义因与资本主义结合，失去了其本有的人道主义色彩。"自由主义本是一种人道主义，只缘与资本主义结合而失其灵魂，今若恢复灵魂，只有反对发达的资本主义"。罗斯福"新政"正是对自由主义"配合"资本主义倾向的一次修正，一次新的修复。他"虽不搞社会主义之名，也并不是强烈性的社会主义，却是一个运用常识适合国情的资本主义现状之严重修正案，其中实在包含着不少温和的社会主义成分"。傅斯年高度赞扬罗斯福总统 1941 年 1 月 6 日在国会宣布的"四大自由"，即言论自由、宗教信仰自由、免于匮乏的自由、免于恐惧的自由。后两项纳入"自由"的权利，"可知他的自由论含有一半是新成分，以此新成分补充旧有者，而自由主义之整个立场为之改变，消极的变为积极的，面子的变为充实的，散漫的变为计划的，国际竞争的变为国际合作的。原来的自由主义与资本主义结合，实有助长帝国主义之咎，他的第三原则——免于匮乏——不特净化原来者，且正反其道而行之"。他呼吁自由、平等两不舍，两者应该均衡发展。他所理想的新自由主义是："利用物质的进步（即科学与经济）和精神的进步（即人之相爱心而非相恨心），以促成人类之自由平等，这是新自由主义的使命。"①

傅斯年以《评英国大选》为题，说明工党之胜实在是英国人民对"温和的社会主义"的选择。工党参加竞选，"拿出了一个明晰的、具体的社会经济方案，这方案比罗故总统的新政更多好几倍的包含了社会主义，例如矿产国有、钢铁国有、内地交通国有、土地国管、银行国管、物资继续实行管制分配制等等，毫不含糊的是一个温和社会主义制度。工党的社会主义，是不革命性的，因为工党是个宪政党，不是革命党"。傅斯年认为，"在老牌资本主义的英国，有这样一个明显的国有国营经

① 傅斯年：《罗斯福与新自由主义》，载 1945 年 4 月 29 日重庆《大公报》。

济政纲，而以大多数当选，不能不算世界上头等的大事，这中间，可以象征英国人之有朝气，老大帝国人民之有觉悟"。中英两国国情不同，英国的问题在工业，中国的问题是在农民，"而其为温和社会主义的方案则同"。"国父孙中山之民生主义，实在是温和的，合于中国现状的社会主义。"故国民党与英国工党（特别是开明左翼分子），"在理论上很有共同点"，可以合作。傅斯年鼓励国民党"看看世界大势"，走英国工党之路。他直白地宣称："我平生的理想国，是社会主义与自由并发达的国土，有社会主义而无自由，我住不下去；有自由而无社会主义，我也不要住。所以我极其希望英美能作成一个新榜样，即自由与社会主义之融合，所以我才对此大选发生兴趣。"① 这样一种将自由与社会主义调和起来的想法，实际上是社会民主主义或民主社会主义，这正是英国工党持有的理论。所以，傅斯年与胡适的理论认同明显有些差异，胡适的自由主义思想几不提"平等"，因而也缺乏社会主义的因素。在第二次世界大战结束之际，傅斯年借探讨美、英之动向，表明自己的社会理想，这对国人自然是一次思想的劝导，对重返故都、即将执政的国民党其实也是一个严正的警示。

第二次世界大战落下帷幕不久，国际上很快出现美苏对峙的冷战局面。针对这一形势，人们对美苏之优长、苏联的性质等问题纷纷发出疑问。许多人认为美国有自由，苏联有平等，自由与平等不能两立。对于时人争议最多的"自由"与"平等"关系，傅斯年认为："没有经济平等，固然不能达到真面（正）的政治自由，但是没有政治自由，也决不能达到社会平等。"主张自由与平等并重。但如果二者之间的关系不能维持平衡，即"在'自由'、'平等'不能理想地达到之前，与其要求绝对的'平等'而受了骗，毋宁保持着相当大量的'自由'，而暂时放弃一部分的经济平等。这样，将来还有奋斗的余地"②。这种偏向"自由"的选择，也许正是傅斯年与左翼知识分子的区隔所在。傅斯年视苏俄为"独占式的国家资本主义"、"选拔式的封建主义"、"唯物论的东正教会"三位一体的国家，他回顾中国的历史，"在中国历史上我们的边患多来自北方，北方常有一些野蛮的民族在威胁我们的生存。旧俄罗斯的帝国主义，苏联的新野蛮主义，正是横在我们眼前最大的危机，也是我民族

---

① 傅斯年：《评英国大选》，载 1945 年 7 月 30 日重庆《大公报》。
② 傅斯年：《自由与平等》，载 1949 年 11 月 20 日《自由中国》第 1 卷第 1 期。

生存最大的威胁"①。在其反苏立场的背后，仍然有着强有力的民族主义动因。与那些撤退到台湾的国民党人是出于对三民主义的忠诚不同，傅斯年在大变局中更是基于对世界前途的思考而做出自己的选择。

傅斯年后期陷身更深的人事纠纷之中。他在大学时代脱离章太炎派，组建史语所时与顾颉刚之争，在独立评论社中与蒋廷黻等的矛盾，这些都不过是学人之间的不同意见而已。傅斯年后期卷入真正的政争，抗战时期，他搜集证据，在国民参政会拍案而起，攻倒孔祥熙。抗战胜利后，他坚持原则，不徇私情，严惩汉奸敌伪人员，为此得罪了一些为之说情的"好好先生"。内战之初，他在《观察》、《世纪评论》发表《论豪门资本之必须铲除》、《这个样子的宋子文非走开不可》、《宋子文的失败》，发出狮子般的吼声，举国为之震撼，他是朝野清流派的代言人。1949 年政权交替之前，蒋介石预先将他安排到台湾大学任校长，他身不由己、别无选择地离开了大陆。在处理人事关系上，傅斯年晚年可谓心力交瘁，以致最后倒在台大校长这一工作岗位上，兑现了他自己"归骨于田横之岛"的悲壮遗言。

结语

傅斯年一生处在中国近代思想的激流之中，为个人的学业、社会的理想、国家的前途，他一生都在努力而艰难的探索。通过解析他一生走过的思想历程，我们可以获致如下认识：第一，傅斯年一生奔走于学术与政治两栖，学术志趣与政治情怀并存。他的学术思想清晰而富有条理，得到了较为系统的表达，这主要体现在《历史语言研究所工作之旨趣》。他的社会政治思想缺乏理论底蕴，他对许多问题的看法是片断的、零碎的，有时甚至是矛盾的。他对个性的张扬和对社会重建的关怀，他的"西化"倾向与民族主义的立场，他试图将自由与社会主义调和的意图，都表现出"求全"而"两难"的矛盾境遇。傅斯年的思想呈现出学术与社会政治二元分离的状态，表现了学术与政治的紧张。在中国近代思想史上，思想家们几乎无一例外地陷入各种思想矛盾，这是个体生命与时代巨潮相互碰撞的反映。思想家们被时代的大潮所裹挟，其命运起伏不定，与变幻莫测的时代风云一样充满了变数。傅斯年的人生轨迹正是近代中国这个大时代的一个缩影。第二，傅斯年的思想在"科学"上

---

① 傅斯年：《苏联究竟是一个什么国家？》，载 1949 年 12 月 20 日《自由中国》第 1 卷第 3 期。

贡献良多，于"民主"下笔较少，这是他作为一个五四知识人的内在限制。五四时期，陈独秀提出以"民主"和"科学"为现代化的基本内涵和两大目标，这一主张遂成为新文化群体的共同理想。科学发展须以民主建设为前提，民主与科学在互动中相互推进。民国政治体制与现代民主政治要求虽有一定距离，但它毕竟提供了形式上的基本要件，这就为科学发展铺垫了重要基础。中央研究院的建立标志着学术研究纳入国家体制的范围，这为科学发展提供了重要保障。傅斯年炮轰孔、宋豪门家族，却不触动国民党的"党国"体制；晚年虽也标举新自由主义，试图修正国民党的"三民主义"意识形态，这与胡适坚持提倡人权、民主、自由，构成对国民党"党国"体制的挑战有明显差异。或许这并非是傅斯年不愿，而是其不能。第三，作为公共知识分子，傅斯年虽有影响舆论和当局的功能，但不能起到聚合社会力量的作用。五四以后的中国，支配社会政治运动的真正力量来自于国共两大政党，国共两党有着各自的意识形态，保持独立人格或自由意志的知识精英如不与国共两党发生关系或密切联系，其实际作用力可能就很有限，这是知识精英难以避免的悲剧命运。傅斯年的特殊之处也许在于他利用民国新拓的公共空间，以"诤友"这样一种方式处理与国民党的合作关系，这一身份定位既为他赢得了一定的社会地位和影响力，也预示着他的人生最终以悲剧落幕。

本书选文拟分为四卷，各卷收录文字内容依次为：卷一为五四时期的代表作，卷二为史学思想与史学方法的论述，卷三为三四十年代的时评政论，卷四为教育方面的文字。这样的设计大体反映了傅斯年在各方面的思想。因篇幅限制，所收文章不免存有这样那样的遗漏，如其史学代表作"民族与古代中国史"系列论文，讨论中西文化关系的文稿和晚年的一些政论、教育文字未收入，选文或有不尽如人意之处，敬请读者谅解。

2013 年 11 月 12 日于海淀水清木华园

卷一 早年文存

文学革新申义

中国文学之革新，酝酿已十余年。去冬胡适之先生草具其旨，揭于《新青年》，而陈独秀先生和之。时会所演，从风者多矣。蒙以为此个问题，含有两面。其一，对于过去文学之信仰心，加以破坏。其二，对于未来文学之建设，加以精密之研究。过去文学，乃历史上之出产品。其不全容于今日，自不待智者而后明。故破坏一端，在今日似成过去，但于建设上讨论而已。然以愚近中所接触者言之，国人于此抱怀疑之念者至多。恶之深者，斥为邪说；稍能容者，亦以为异说高论，而不知其为时势所造成之必然事实。国人狃于习俗，此类恒情，原无足怪。然欲求新说之推行，自必于旧者之不合时宜处，重申详绎，方可奏功。然则破坏一端，尚未完全过去。此篇所说，原无宏旨，不过反复言之，期于共喻而已。

本篇所陈，纷杂无次，综其大旨，不外三端。一、为理论上之研究。就文学性质上以立论，而证其本为不佳者。二、为历史上之研究。泛察中国文学升降之历史，而知变古者恒居上乘，循古者必成文弊。三、为时势上之研究。今日时势，异乎往者［昔］。文学一道，亦应有新陈代谢作用为时势所促，生于兹时也。此外偶有所涉，皆为附属之义。

今试作文学之界说曰："文学者，群类精神上之出产品，而表以文字者也。"此界说中有"群类精神"上出产品之总（Genus）与"表以文字"之差（Difference）。历以论理形式，尚无舛谬。文学之内情本为精神上之出产品，其寄托之外形本为文字。故就质料言之，此界说亦能成立。既认此界说为成立，则文学之宜革不宜守，不待深思而解矣。文学特精神上出产品之一耳（Genus 必为复数）。它若政治、社会、风俗、学术等，皆群类精神上出产品也。以群类精神为总纲，而文学与政治、社会、风俗、学术等为其支流。以群类精神为原因，而文学与政治、社会、风俗、学术等为其结果。文学既与政治、社会、风俗、学术等同探本于一源，则文学必与政治、社会、风俗、学术等交互之间有相联之关系。易言之，即政治、社会、风俗、学术等之性质皆为可变者，文学亦应为可变者。政治、社会、风俗、学术等为时势所迫概行变迁，则文学亦应随之以变迁，不容独自保守也。今知政治、社会、风俗、学术等性质本为变迁者，则文学可因旁证以审其必为变迁者。今日中国之政治、社会、风俗、学术等皆为时势所挟大经变化，则文学一物，不容不变。更就具体方面举例言之，中国今日革君主而定共和，则昔日文学中与君主政体有关系之点，若颂扬铺陈之类，理宜废除。中国今日除闭关而取开放，欧洲文化输入东土，则欧洲文学中优点为中土所无者，理宜采纳。中国今日理古的学术已成过去，开后的学术将次发展，则于重记忆的古典文字，理宜洗濯；尚思想的益智文学，理宜挈衍。且文学之用，在所以宣达心意。心意者，一人对于政治、社会、风俗、学术等一切心外景象所起之心识作用也。政治、社会、风俗、学术等一切心外景象俱随时变迁，则今人之心意，自不能与古人同。而以古人之文学达之，其应必至于穷。无可疑者。知政治、社会、风俗、学术等应为今日的而非历史的，则文学亦应为今日的而非历史。晚周有晚周特殊之政俗，遂有晚周特殊之文学；两汉有两汉特殊之政俗，遂有两汉特殊之文学；南朝有南朝特殊之风［政］俗，遂有南朝特殊之文学。降及后代，莫不如此。此理至明也。

且精神上之出产品，不一其类，而皆为可变者。固由其所从出之精神，性质变动，迁流不居。子生于母，自应具其特质。精神生活本有创造之力。故其现于文学而为文学之精神也，则为不居的而非常住的，无尽的而非有止的，创造的而非继续的。今吾党所以深信文学之必趋革新，而又极望其革新者，正所以尊崇吾国之文学，爱护吾国之文学，推本文学之性质，可冀其辉光日新也。或者竟欲保持旧观，以往古之文学，达今日之政俗学问。一闻革新之论，实不能容。揆彼心理，诚谓今日以往之文学，造乎其极，蔑以加矣。夫造乎其极，蔑以加者，止境也，即死境也。口持保存国粹之言，乃竟以文学末日待之。何不肖不祥至于斯也？保存国粹之念，谁则让人。惟其有保存国粹之念，而思所以保存之道，然后有文学革新之谈。犹之欲保存中国，然后扑满清政府而建共和耳。

中夏文学之殷盛，肇自六诗，踔于楚辞（此就屈、宋、景言，不包汉世楚辞）。全本性情，直抒胸臆，不为词限，不因物拘。虽敷陈政教，褒刺有殊，悲时悯身，大小有异，要皆"因情生文"，而情不为文制也。惟其以感慨为主，不牵词句，不矜事类，故能吐辞天成，情意备至。而屈、宋之文，遂能"决乎若翔风之运轻辄，洒乎若元泉之出乎蓬莱而注渤澥"。降及汉世，政教失而学术息，章句兴而性灵蔽。武功方张，吐辞流于夸诞。小学深修，奇字多入赋篇。独夫在上，谀声大作。心灵不起，浮泛成文。故能义贫而词富，情寡而文繁，炫耀博学，夸张声势，大而无当，放而无归，瓠落而无所容。于是六义大国，夷为三仓附庸；抒情之文，变作隶胥之录。相如唱之，杨雄和之，犹然天下从风，斯文敝之始也。东京以还，此道更盛。京都之制，全无性灵。堆积为工，诞夸成性。而性灵亦为文词所拘，末由发展。建安黄初之间，曹、王特出。子建之诗，直追枚、李。仲宣之赋，大革汉风。浮词去而气质尚，上跻乎变风变雅之间，非舍本逐末之赋家所能比拟。诚文学界中一大革新，亦是文学一大进化。无如狂澜方挽，迷途又生。渡江而后，"诗必柱下之旨归，赋乃漆园之义疏"。文学依附玄家，不能自立。谢容易以光景之文，斯足美矣。而乃"启心闲绎，托辞华瞻，巧倚迂回"，"晦涩费解"。以贵族之习气，合山林之幽阻，不谓为文弊不可也。则有吟咏性情，反贵用事。天才短谢，物类乃崇。"崎岖牵引"，"拘挛补衲"，"惟睹事类，顿失精采"，"大明太始中，文章殆同书案"矣。又如沈约制韵，"使文徒多拘忌，伤其真美"。性灵汩没，不知其几何也。简文变古，淫艳当途。声色使人目悬〔眩〕，荡情致人心乱。岂仅害于文章，亦大伤于世道。徐、庾承其流化，辞重情轻之倒置，积重难返矣。其于六代之中，"前不见古人，后不见来者"，独辟致远之境，不染斫辞之病，起江东之独秀者，则陶潜其人也（以上略本钟嵘、刘勰二家言及五代诸史传论）。隋唐之间，清风乃振。炀帝、太宗皆有变古之才。而开元之间，李、杜挺起，除六朝之文弊，启文囿之封疆，性灵大宏矣。降及元和，微之宫词，妇人能解；香山乐府，全写民情。革险阻而趋平易，舍小己以入群伦。又有昌黎、柳州，作范其间，除人造之俪辞，反天然之散体。论其造诣所及，柳则大启后世小说家刺时之旨（唐代小说本盛，然柳州之旨，却与当时芜滥卑劣者不同），又为持论者示精确之准的。韩则论文论学，皆启有宋一代之风化（别有详论）。于骈体横被一世之际，独不惜人之"大怪"。于是开元、元和之间，诗文俱革旧观。言乎文情，靡靡者易为积健，拘文者易为直抒，辞重者易为情重。体渐通俗，市语入文。况述社会，略见端倪。言乎文体，又多有创作。七言长风，至李、杜始成体制，至香山乃能纪事。七律排律虽不始于此时，而创作奇格，实出杜公。太白古乐府，尤复一篇一格，句法长短参差，竟空前而绝后。又汉乐府之遗意，久已乖亡。晋宋以降，庙堂之制，则摹古不通；燕寝之作，则轻艳浮浅。唐世词张而乐离，乐府之为用已不可存。太白、香山独创新声以应之，后世名之曰词，遂成宋、金、元、明新文学之前驱，斯又足贵也。然则开元、元和之间，又为文学界中一大革新，亦是文学一大进化。旷观此千年中，变古者大开风流，循旧者每况愈下。文学不贵师古，不难一言断定也。历观楚汉至今二千年中文学升降之迹，则有因循前修，逐其末流，而变本加厉者。若扬、马之承屈、景，南朝之承魏晋，北宋吴蜀六士之承韩公。皆于古人已具之病，益之使深，终以成文弊。又有不辟新境，全摹古人，若明清二代诸家之复古，极其能事，不过"优孟衣冠"，而其自身已无存在之价值，更何论乎性情之发展。别有挟古人之糟粕，当风化之已沫，斫成新体，专刻皮鞯。如樊南之四六，欧王之宋骈，内心疲苶不存，岂有不枯薄者耶？至为曹、王变古，独开宗风。李、杜、韩、柳，俱启新境。宋词、元曲，尤多作之自我。惟其不袭古人，故能独标后代也。凡此四格，因革各异，良劣有殊。宏治嘉靖复古之风，至今未斩。虽所托因人不同，其舍己则一。不以摹拟为门径，竟以摹拟为归宿。纵能希抗古人，亦仅为其奴隶（词、曲本宋元新文学，自明清复古家作之，亦复同流合污），斯乘之最下者也。若夫刻其皮鞯，逐其末流，一则徒辨乎体貌，一则流连而忘归，亦非宏宝之途也。此三者均未脱离古人，其能附骥尾而行以传于后者，幸也。明清复古之文，尤少谈之者。既无特殊之点，既〔更〕无特殊之位置。而今之惑人犹复以步趋古人为名高，岂非大左乎？革新诸家，亦多诡词复古。故太白则曰"圣代复远古，垂衣贵清真"。昌黎则曰"非两汉之书不敢观"。词、曲不袭前人矣，犹装其门面曰"古乐府之遗"。斯由贵古贱今，华人恒性。语人自作古始，听者将掩耳而走，何如因利乘便，诡辞以为名高乎？且所谓变古者，非继祖龙以肆虐，束文籍而不观。贤者识其大者，不贤者识其小者。尽可取为我用。但能以"我"为本，而用古人，终不为古人所用，则正义几矣。《易》曰"革之时义大矣哉"，变动不居，推陈出新。今虽无人提倡文学革命，而时势要求，终不能自已也。

古典文学所由成立之历史，殊不足观也。周秦诸子动引古人，凡所持论，必谓古之道术有在于是者。此则求征以信人，取喻以足理。庄子所谓重言，与后世之古典文学渺不相涉者也。自西汉景、武以降，辞赋家盛起。虽具瑰玮之才，而乏精密之思。欲为无尽之言，必敷枝叶之辞。义少文多，自当取贵于事类。事类客也，今则变为主。所以足言也，今则言足犹取事类。壅肿不治、尾大不掉之病，此其肇端也。又词赋家之意旨，原不剀切。取用于质言，将每至于词穷，幸能免于词穷，亦未足以动人。故利用事类之含糊，以为进退申[伸]缩之地；利用事类之炜烨，以为引人入迷之方。此古典文学所由成立之第一因也。两汉章句之儒，博于记诵，贫于性情。发为文章，自必炫其所长，藏其所短。引古人之言以为重，取古人之事以相成，当其能事于事古，其流乃成堆砌之体。斯风流传，久而不沫。于是书案之文，字林之赋，充斥于文苑。京都之作，人且以方物志待之矣，此古典文学所由成立之第二因也。魏晋以降，浮夸流为妄言。禹域未一，而曰"肃慎贡矢，夜郎请职"。克敌未竟，而曰"斩俘部众，以万万计"。但取材于成言，初无顾于事实。则直为古人所用，而不能用古人矣。斯习所被，遂成不作直言，全以古事代替之风。此古典文学所由成立之第三因也。降及齐梁，声律对偶，刻削至严。取事取类，工细已深。概以故事代今事。不容质说。古典文学之体于是大定。自斯而后，众家体制，为古典主义所范者多矣。寻其流弊，则意旨为古典所限，而莫能尽情；文词[辞]为古典所蔽，而莫由得真；发展性灵之力，为记忆古典所夺，而莫能尽性；文以足言之用，全失其效，且反为言害矣。故综此四端，可一言以蔽之，曰舍本逐末而已。今文学所以急待改革者，正求置末务本。于此舍本逐末之古典文学，理宜加以掊击。然用古典能得足志足言之效者，即不可与古典文学同在废置之例。古典原非绝对不可用，所恶于古典文学者，为其专用古典而忘本也。陈仲甫先生曰："行文本不必禁止用典，惟彼古典主义，乃为典所用，而非用典也，是以薄之耳。"诚深得其情之言也。

欲知今后文言之宜合，当先知上古文言何由分判。太古文言，固合而不离也。周诰殷盘，诘屈聱牙，正由以语入文，古今语异，乃不可解耳（今人恶白话以为不古，而中国第一部书即以白话为之。托词名高者，其可以已乎）。古人竹简繁重，流传端赖口耳。欲口耳之易传，必巧饰其词，杂以骈句，润以声节。浸成修整之文，渐远天然之语。不观《尚书》之多韵语、偶辞乎，斯文言分离第一步也。周承二代之后，郁乎其文。大夫行人，多闻博古，自能吐辞温润，动引故言。孔子谓诵《诗》可以专对，专对之尚文可知也。《左传》载行人之语多有雷同者，其刻画可知也。士夫之言日美，遂为文章之宗；农牧之言仍质，乃成市语之体。斯文言分离第二步也。秦汉以还，动多师古，不敢如晚周之世，以当时语言为文章（诸子之中，自荀子等数家外，多用当时通用之语著之竹帛，即《论语》亦然也）。而文言分离之象大定。斯其第三步也。然汉魏六朝之文，内情终不远离于语言。《史记》、《汉书》多载彼时市语，学者诂经，好引当代方言。二陆往来之书，竟通篇为白话焉。魏晋以降，文章典丽，语言称是。《晋书》、《博物志》、《世说新语》等所载当时口语，少因笔削，概由直录。齐梁韵学入文，亦入于语。周徒颙之，双声叠韵，铿锵其话言。至于隋唐，此风不替。李密隔河数字文化及罪，化及不解，曰"何须作书语耶"。化及粗顽，自不解书语，然密既腾诸口说，必彼时上流用之也。循上所言之事实以观察之，可得四间。第一，中国语文之分离，强半为贵族政体所造成。贵族之性，端好修饰，吐辞成章，亦复如是。今苟不以高华典贵为文章之正宗，即应多取质言。且贵族之政，学不下庶人，文言分离，无害于事也。今等差已泯，群政艾兴。既有文言通用于士流，复有俗语传行于市民，俗语著之纸墨，别为白话文体。于是一群之中，差异其词。言语文章之用，固所以宣情，今则反为隔阂情意之具。与其樊然淆乱，难知其辨，何若取而齐之，以归于一乎？第二，语文体貌虽异，而性情相关。一代文辞之风气，必随一代语言以为转变。今世有今世之语，自应有今世之文以应之，不容借用古者。与其于今世语言之外，别造今世之文辞，劳而无功，又为普及智慧之阻，何如即以今世语言为本，加以改良，而成文言合一之器乎？第三，《论语》所用虚字，全与《尚书》违。屈、景所用，若"羌"、"些"者，又为他国所无。彼所以勇于作古者，良由声气之宣，非已死虚字所能为。故不以时语为俚，不以方言为狭。惟其用当时之活虚字，乃能曲肖神情，此白话优于文言一巨点也。第四，《史记》、《汉书》以下，何以必杂当代白话，二陆书简，何以必用市语。岂非由白话近真，文言易于失旨乎？《史记》云，诸君必以为便国家，《汉书》易为文言，朵气极矣。且宋人语录，全以白话为之。议者将曰，理学家不重文章也，从事文辞，劳费精神，有妨于研理也，玩物而丧志也。此皆浅言也。文不尽言，言不尽意。言语本为思想之利器，用之以宣达者。无如思想之体，原无涯略，言语之用，时有困穷。自思想转为言语，经一度之翻译，思想之失者，不知其几何矣。文辞本以代言语，其用乃不能恰如言语之情。自言语专〔转〕为文辞，经二度之翻译，思想之失者，更不知其几何矣。苟以存真为贵，即应以言代文。一转所失犹少，再转所失遂巨也。且唐宋诗人，多用市语，词曲之体，几尽白话，固为其切合人情。以之形容，恰得其宜；以之达意，毕肖心情。今犹有卑视白话者，岂非大惑乎？

今世流行之文派，得失可略得言。桐城家者，最不足观，循其义法，无适而可。言理则但见其庸讷而不畅微旨也；达情则但见其陈死而不移人情也；纪事则故意颠倒天然之次叙，以为波澜，匿其实相，造作虚辞，曰不如是不足以动人也。故析理之文，桐城家不能为，则饰之曰，文学家固有异夫理学也；疏证之文，桐城家不能为，则饰之曰，文章家固有异夫朴学也；抒感之文，桐城家不能为，则饰之曰，古文家固有异夫骈体也。举文学范围内事，皆不能为，而忝颜曰文学家。其所谓文学之价值，可想而知。故学人一经瓣香桐城，富于思想者，思力不可见；博于学问者，学问无由彰；长于情感者，情感无所用；精于条理者，条理不能常。由桐城家之言，则奇思不可为训，学问反足为累。不崇思力，而性灵终归泯灭。不尚学问，而智识日益空疏。托辞曰，"庸言之谨"，实则戕贼性灵以为文章耳。桐城嫡派无论矣，若其别支，则恽子居异才，曾涤生宏才，所成就者如此其微，固由于桎梏拘束，莫由自拔。钱玄同先生以为"谬种"，盖非过情之言也。世有为桐城辨者，谓桐城义法，去泰去甚。明季末流文弊，一括而去之。余则应之曰，桐城遵循矩矱，自非张狂纷乱者所可呵责。然吾不知桐城之矩矱果何矩矱也。其为荡荡平平之矩矱，后人当遵之弗畔。若其为桎梏心灵戕贼性情之矩矱，岂不宜首先斩除乎？

中国本为单音之语文，故独有骈文之出产品。论其外观，修饬华丽，精美绝伦。用为流连光景、凭吊物情之具，未尝无独到之长也。然此种文章，实难能而非可贵，又不适用于社会。将来文学趋势大迁，只有退居于"历史上艺术"之地位，等于鼎彝，供人玩好而已。且骈文有一大病根存，即导人伪言是也。模棱之词，含糊之言，以骈文达之，恰充其量。告言之文，多用骈体，利其情之易于伸缩，进退皆可也。今新文学之伟大精神，即在篇篇有明确之思想，句句有明确之义蕴，字字有明确之概念，明确而非含糊，即与骈文根本上不能相容。尚旨而不缛辞，又与骈文性质上渺不相涉。况含糊模棱，无信之词也。专用譬况，遁辞之常也。骈文之于人也，教之矜伐，诲之严饰，启其意气，泯其懿德。学之而情为所移，便将与鸟兽、草木、虫鱼不［为］群，而不与斯人之徒相与。欲其有济于民生，作辅于社会，诚万不可能之事。而况六朝文人，多是薄行，鲜有令终。诵其诗，读其文，与之俱化。上焉者，发为游仙之想；中焉者，流成颓唐之气；下焉者，浸变淫哇之风。今欲崇诚信而益民德，写人生以济群类，将何用此骈体为也？

龚定庵久与汪容甫、魏默深号称三家，今更磅礴海内，寻其独立不羁，自作古始，曷尝不堪服膺？生逢桐城滑泽文学盛行之日，又当试帖四六混合体之骈文家角立之时，独能希抗诸子，高振风骨，可以为难矣。然而佶屈聱牙，不堪入口，既乖"字妖"之条，又违"易造难识"之戒。故为惊众之言，实非高人之论，多施僻隐之字，又岂达者之为？用辞含糊，等于骈体，庞然自大，类于古文。文章本以宣意，何必深其壁垒乎？张皋文等好作难解之文，固可与龚氏齐视。余尝读其《赋钞序》、《黄山赋》诸篇，几乎不能句读。穷日夜力以释之，及乎既解，则又卑之无甚高论，果何用此貌似深奥者为也。故龚氏之变当时文体则是矣，惜其所变者未当。彼龚氏者，文学界中不中用之怪杰也。

自汪容甫、李申耆标举三国晋宋之文，创作骈散交错之体，流风所及，于今为盛。章太炎先生其挺出者也。盖汉人制文，每牵于章句。梁后俪体，专务乎雕琢。唐宋不免于粗犷。清代尽附于科举（散文与八比合，骈文与试帖、诗赋合）。以三国晋宋疏通致远之文当之，则皆望风不及。苟非物换时移，以成今日之世代者，虽持而勿坠可也。无若时势之要求，风化之浸变，陈词故谊，将不适用于今日。魏晋持论，固多精审，然以视西土逻辑家言，尚嫌牵滞句文，差有浮辞。其达情之文，专尚"风容色泽放旷精清"，衡以西土表象写实之文，更觉舍本务末，不切群情。故论其精神，则"意度格力，固无取焉"。论其体式，则"简慢舒徐，斯为病矣"。况文学本逐风尚为转移，今不能以《世说新语》为今后之风俗史，即不能以三国晋宋文体为今后之正宗，理至显也。

西方学者有言，"科学盛而文学衰"。此所谓文学者，古典文学也。人之精力有限，既用其精力于科学，又焉能分神于古典，故科学盛而文学衰者，势也。今后文学既非古典主义，则不但不与科学作反比例，且可与科学作同一方向之消长焉。写实表象诸派，每利用科学之理，以造其文学，故其精神上之价值有迥非古典文学所能望其肩背者。方今科学输入中国，违反科学之文学，势不能容；利用科学之文学，理必挚育。此则天演公理，非人力所能逆从者矣。

平情论之，纵使今日中国犹在闭关之时，欧土文化犹未输入，民俗未丕变，政体未革新。而乡愿之桐城，淫哇之南社，死灰之闽派，横塞域中。独不当起而剪除，为末流文弊进一解乎！而况文体革迁，已十余年，辛壬之间，风气大变。此蕴酿已久之文学革命主义，一经有人道破，当无有间言。此本时势迫而出之，非空前之发明，非惊天之创作。始为文学革命论者，苟不能制作模范，发为新文，仅至于持论而止，则其本身亦无何等重大价值，而吾辈之闻风斯起者，更无论焉。若于此犹存怀疑，非拘墟于情感，即缺乏于长识。此篇所言，全无妙义，又多盈辞，实已等于赘旒。今后但当从建设的方面有所抒写。至于破坏既往，已成定论，不待烦言矣。

（原载 1918 年 1 月 15 日《新青年》第四卷第一号）

文言合一草议

　　文辞远违人情，语言切中事隐，月前著文，抒其梗概，今即不复赘言。废文词而用白话，余所深信而不疑也。虽然，废文词者，非举文词之用一括而尽之谓也。用白话者，非即以当今市语为已足，不加修饰，率尔用之也。文言分离之后，文词经二千年之进化，虽深芜庞杂，已成陈死，要不可谓所容不富。白话经二千年之退化，虽行于当世，恰合人情，要不可谓所蓄非贫。以白话为本，而取文词所特有者，补苴罅漏，以成统一之器，乃吾所谓用白话也。正其名实，与其谓"废文词用白话"，毋宁谓"文言合一"，较为惬允。

　　文言果由何道以合一乎？欲答此题，宜先辨文词与言语之特质，即其特质，别为优劣，取其优而弃其劣，夫然后归于合一也。切合今世，语言（下文或作语言，或作白话，或作俗语，同是一词）之优点，其劣点乃在用时有不足之感。富满充盈，文词之优点，其劣点乃在已成过往。故取材于语言者，取其质，取其简，取其切合近世人情，取其活泼饶有生趣。取材于文词者，取其文，取其繁，取其名词剖析毫厘，取其静状充盈物量。本此原则，制为若干规条，将来制作文言合一之文，应用此规条而弗畔，庶几预于事前，不至陷咎于事后也。

　　难者曰：文言合一，自然之趋向，不需人为的指导，尤不待人为的拘束。故作为文言合一之词，但存心乎以白话为素质，而以文词上之名词等补其阙失，斯已足矣。制为规条，诚无所用之也。予告之曰：文言合一之业，前此所未有，是创作也。凡创作者，必慎之于事前。率尔操觚，动辄得咎。苟先有成算，则取舍有方，斯不至于取文词所不当取，而舍其不当舍；舍白话所不当舍，而取其不当取。文言合一，亦不易言矣。何取何舍，未可一言断定。与其浑然不辨，孰若详制规条，俾取舍有所遵率。精于方者成于终，易于始者蹶于后。谓此类规条为无用，犹之斥世间不应有修词业也。

此类规条，说之良非易易。以蒙孤陋，于此安所容喙。虽然，一得之愚，容有一二可采，姑拉杂写成一时所见到者，求正于高明也。

（一）代名词全用白话。"吾"、"尔"、"汝"、"若"等字，今人口中不用为常言，行于文章，自不若"你"、"我"、"他"等之亲切，此不待烦言者也。

（二）介词、位词全用白话。此类字在白话中无不足之感（代词亦然），自不当舍活字而用死字。

（三）感叹词宜全取白话，此类原用以宣达心情，与代表语气。一个感叹词，重量乃等于一句或数句。以古人之词，表今人之心情与语气，隔膜至多，必至不能充满其量，而感叹之效用，于以丧失。如曰"呜呼"，不学者不解其何谓也；学者解之，要不亲切。不能直宣声气，犹待翻译，一经翻译，效用失矣。"哀呀"虽不可与道古，用于当今，差胜于"呜呼"。一切感词，皆如是观，不待一一举列。

（四）助词全取白话。盖助词所以宣声气，犹之感叹。以宣古人声气者宣今人，必不切合。"焉"、"哉"、"乎"、"也"等，全应废弃，宜以"拉"、"了"、"么"、"呀"等字代之。

（五）一切名静动状，以白话达之，质量未减，亦未增者，即用白话。曰"食"不如曰"吃"，曰"饮"不如曰"喝"，曰"嬉"不如曰"玩"也。俗语少小所习，入人者深。文辞后来所益，入人者浅。故吾人聆一俗语，较之聆一同义之文言，心象中较为清楚。谈书时不能得明确之意象，聆人言语即不然，亦此理也。此语言之特长，应保持勿失者也。

（六）文词所独具，白话所未有，文词能分别，白话所含混者，即不能曲徇白话，不采文言。"今言道义，其旨固殊也。农牧之言'道'（即白话）则曰'道理'，其言'义'亦曰'道理'。今言'仁人'、'善人'，其旨亦有辨也。农牧之言'仁人'则曰'好人'，其言'善人'亦曰'好人'。更文籍而从之，当何以为别。里闾恒言，大体不具也。"（章太炎先生《訄书·正名杂义》）

世有执"大体不具"之说菲薄白话者。白话之不足应用，何能讳言。不思所以补苴，并其优点亦悍然斥废，因噎废食之方耳。文言合一，所以优于专用白话者，即在能以文词之长，补白话之缺。缺原可补，又焉能执其缺以为废弃之口实也。

（七）白话之不足用，在于名词，前条举其例矣。至于动静疏状，亦复有然。不足，斯以文词益之，无待蹰躇也。例如状况物象之词，用文词较用俗语为有力者，便用文词。如"高明"、"博大"、"庄严"等，倘用俗语以代之，意蕴所存，必然锐减。盖中国今日之白话，朴素已极。此类状况之词，必含美或高之德性，非素质者所蓄有。一经俗语代替，便大减色也。

（八）在白话用一字，而文词用二字者，从文词。在文词用一字，白话用二字者，从白话。但引用成语，不拘此例。

中国文字，一字一音，一音一义，而同音之字又多。同音多者，几达百数。因同音字多之故，口说出来，每不易于领会，更加一字以助之，听者易解矣。如唐曰"有唐"，夏曰"有夏"，邾曰"邾娄"，吴曰"句吴"，皆以虚字助之，使听者易解也。三代秦汉，多用双声叠韵之字，又有重词、骈词。尽可以一字表之，乃必析为二者，独音故也。然则复词之多，单词之少，出于自然，不因人之好恶。今糅合白话文词，以为一体，因求于口说手写两方，尽属便利。易词言之，手写出来而人能解，口说出来而人能会。如此，则单词必求其少，复词必求其多，方能于诵说之时，使人分晓。故白话用一字，文词用二字者，从文词。白话用二字，文词用一字者，从白话。如文词曰"今"，白话曰"现在"，舍"今"而用"现在"；文词曰"往"，白话曰"过去"，舍"往"而用"过去"。"今"、"往"一音之字，听者易混。"现在"、"过去"二音之词，听者难淆。此孙卿所谓"单不足以喻则兼"也。然引用成语，不拘此例。如曰"往事已非"，不必改"往"以就"过去"。既是成语，听者夙知，又有他字助之，更不易淆也。

（九）凡直肖物情之俗语，宜尽量收容。此种词最能肖物，故最有力量。《文心雕龙》云，"灼灼状桃花之鲜，依依尽杨柳之貌，杲杲为出日之容，瀌瀌拟雨雪之状，喈喈逐黄鸟之声，喓喓学草虫之韵，皎日嘒星，一言穷理，参差沃若，两字穷形"。此均直有物情之字。《诗经》之文所以独贵者，善用斯品，即其一因。"灼灼"等在今日为文言，在彼时为白话。以古例今，凡俗语中具此性质者，宜不避俚倍［俗］，一概收容。例如"乒乓"、"叮当"、"飘飘"、"遥遥"之类，无论雅俗，皆不可捐。又如"软"、"硬"、"快"、"慢"、"粗"、"细"等，其声亦有物情。"软"字发声较柔，"硬"字发声较刚，"快"字发声疾，"慢"字发声迟，"粗"字发声粗，"细"字发声微，此种直效物情之字，最为精美（此所举列数字，以言语文字学之眼光观其变迁之迹，各有其转化之历史。今俱存而不论，但就今人口中发音之情形论之，无庸执诂训以衡吾言也）。万不可以相当之文言代之。若"依依"等字，今世俗言虽已不用，而酷肖物情，蔑以复加，偶一采纳，固不患人之不解也。

（十）文繁话简，而量无殊者，即用白话。文词白话文法有殊者，即从白话。出词贵简，简则听者读者用力少，用力少故生效大。又贵次叙天然，次叙天然则听者或读者用力少，用力少故生效大。人心之力用于聆读时，为量有限。先之以繁言紊叙，彼将用其心于解释文句，又焉能分费精神，会其概观。文简语繁之时，何所取舍，此条中姑不置论。若当文繁语简之际，自宜从语会文。又文词中之文法，在古人原为自然，在今人已成过往，反似人造，不如语言中之文法，切合今世人情。故舍彼就此。

以上所举乃一时率尔想到。不尽不详，尤恐不当，更不合论理的排列。将来续有所悟，再补益之也。

凡各条例，原本于一，即取白话为素质，而以文词所特有者补其未有，是也。此语言之极易，行之甚难。本篇略举数端，以见百一。苟为条贯之研究，充盈其量，可成一部文言合一的修词学。

此外尚有八事，愿与谈文言合一与制定国语者一榷商之。

第一，文言合一，趋向由于天成，设施亦缘人力。故将来合一后之语文，与其称之曰天然，毋宁号之以人造也。有人造之迹，斯不妨以最近修辞学、言语学上所发明要理加之使入，以成意匠之文。夫然后有尚之价值，视今之文辞、白话二端，均有特出者（此言其可加入。若有与中国文法不能相容之处，不可勉强以成文离之象）。

第二，文言合一者，归于同之谓也，同中而异寓焉。作为论学、论理之文，不能与小说戏曲同其糅合文词白话之量。易词言之，论学论理，取资于白话者较多，小说戏曲较少。有其异，不害其为同；有其同，不应泯其异。然则合一后遣词之方，亦应随其文体以制宜。论者似未可执一道而强合之也。

第三，钱玄同先生分［曰］，"选字皆取普通常用者，约以五千字为度"。所谓选字，蒙意以为似不紧要。逐一选择，其道至难。纵使竟成，作者未必尽量率由，不或离畔，是用力多，生效少也。但求行文之时，不从僻，不好奇，不徇古。悬之以为严规，万无违于通俗之理。陈其方而已，无待举数也。

第四，采用各地语言，制成标准之国语，宜取决于多数。如少者优于劣者，亦不妨稍加变通，要须以言语学、修辞学上之原则为断，不容稍加感情于其间。

第五，将来制定标准国语，宜避殊方所用之习语成辞。今所通行之官话，无论北京、杭州，优点均在逐字逐句之连成，全凭心意上自由结合，绝少固定之习语成词渗杂其间。返观方言，习语最多，其弊有四。学之甚难，一也。难则不能求其迅速普及，二也。各地有其成词习语，不能相下，三也。思想为成语所限，宣达不易自由，较之为古典故事与一切文学上之习用辞所限制者，厥弊惟均，四也。广东人到北京，学语三四个月，便可上口。北人至广东，虽三四年不能言也。此盖社会上通用之官话（此与通行于北京土著之北京语有别。北京语仍是方言，多用习语，吾等自外省来北京，于此不刻意摹仿，另操一种南北可以互喻之语。此种互喻之语，不专取材于一城一市，乃杂合各地平易之语以成。虽有偏重北方之质，要其混合的性质可采。此吾所谓社会上通用之官话。——其性质另有详论），原为各省人士混合以成。乃言语之粉地，绝少习语成词，故学之甚易。此为统一行远语言之特质，将来制为国语，此点不可忽也。

第六，制定国语之先，制定音读，尤为重要。音读一经统一，自有统一之国语发生，初不劳大费精神。今使荆、蜀、滇、黔之士，操其普通用语与北人谈，有可喻者，有不可喻者，令其写出，无不解会。可知殊方言语之殊，殊在质料者极少，殊在音读者转〔较〕多（闽粤等当别论）。又音读划一，稍事取舍，便成统一之国语。又制定统一音读，尚非至难。所应集思筹策者，将由何法使殊方之人，弃其旧贯，而遵此人为之统一音读也。

第七，统一音读，只论今世，不可与沿革上之音读混为一谈。顾亭林云："圣人复起，必举今日之音而反之淳古。"是岂可行之事。章太炎先生谓："统一语言，于'侵'、'谈'闭口音，宜取广东音补苴之。"此种闭口音，自广东外，无能发者。令廿一省人徇一省，无论理有未惬，即于势亦有所不能行。故在古人为正音，在今人为方音者，宜径以为方音，不以入于国语。

第八，较易统一者，国语之质料耳（即有形象辞之语）。若夫国语之音态（即无形象之声气），全随民俗心理为转移，樊然淆乱，差异尤甚于质料，一难也。质料制定，尚易遵循，至于语气，出之自然，虽加人为的制限，即不易得人为的齐一，二难也。就现在异地方言之意态论之，蓟北（北京永平以东）语气锐利，其弊哀嘶。中原（直隶南部及黄河沿岸）语气凝重，其弊钝迟。吴会风气流丽，其弊靡弱。闽粤语气复繁，其弊结屈。此不过略举数端，悉言乃不可胜数。今强之趋于一统，理势恐有未能。即其未能而安之，则作为文词，所用虚字，随方而异，又与统一国语之原旨违矣。果由何道生其殊点，愿持制作标准语之论者加之意也。

上来所说，乃一时兴到之言，率尔草就于一夜。咎谬良多，更何待言。尚祈明达进而教之。

（原载 1918 年 2 月 15 日《新青年》第四卷第二号）

中国学术思想界之基本误谬

三年以前，英国杂志名《十九世纪与其后》者（The Nineteenth Century and after），载一推论东方民性之文。作者姓名，与其标题，今俱不能记忆。末节厚非东方文明，印吾心识上者，历久不灭。今举其词，大旨谓：

> 东方学术，病疴生于根本；衡以亚利安人之文明，则前者为无机，后者为有机；前者为收敛，后者为进化。质言之，东方学术，自其胎性上言之，不能充量发展。觥喀郎（Châlons）之役，都尔（Tours）之军，条顿罗甸败北，匈奴或大食胜者，欧洲荣誉之历史，将随罗马帝国以覆亡。东方强族，篡承统绪，断不能若日耳曼人，仪型先民，与之俱进。所谓近世文明者，永无望其出于亚细亚人之手；世间之上，更不能有优于希腊、超于罗马之政化。故亚利安族战胜异族，文明之战胜野蛮也，适宜文明战胜不适文明也。

逐录此言，以启斯篇。当日拘于情感，深愤其狂悖，及今思之，东方思想界病中根本之说，昭信不诬。缩东方之范围，但就中国立论：西洋学术，何尝不多小误，要不如中国之远离根本，弥漫皆是。在西洋谬义日就减削，伐谬义之真理，日兴不已。在中国则因仍往贯，未见斩除；就令稍有斩除，新误谬又将代兴于无穷。可知中国学术，一切误谬之上，必有基本误谬，为其创造者。凡一切误谬所由生成，实此基本误谬为之潜率，而一切误谬不能日就减削，亦惟此基本误谬为之保持也。今欲起中国学术思想界于较高之境，惟有先除此谬，然后从此基本误谬以生一切误谬，可以"神遇而不以目视"，欲探西洋学术思想界之真域，亦惟有先除此谬，然后有以相容，不致隔越。欲知历来以及现在中国学术思想界之状况何若，亦惟有深察此弊之安在，然后得其实相也。

至于此种误谬，果为何物，非作者之陋所能尽量举答。姑就一时觉察所及，说谈数端，与同趣者共商榷焉。

一、中国学术，以学为单位者至少，以人为单位者转多。前者谓之科学，后者谓之家学。家学者，所以学人，非所以学学也。历来号称学派者，无虑数百：其名其实，皆以人为基本，绝少以学科之分别而分宗派者。纵有以学科不同而立宗派，犹是以人为本，以学隶之，未尝以学为本，以人隶之。弟子之于师，私淑者之于前修，必尽其师或前修之所学，求其具体。师所不学，弟子亦不学；师学数科，弟子亦学数科；师学文学，则但就师所习之文学而学之，师外之文学不学也；师学玄学，则但就师所习之玄学而学之，师外之玄学不学也。无论何种学派，数传之后，必至黯然寡色，枯槁以死。诚以人为单位之学术，人存学举，人亡学息，万不能孳衍发展，求其进步。学术所以能致其深微者，端在分疆之清；分疆严明，然后造诣有独至。西洋近代学术，全以学科为单位，苟中国人本其"学人"之成心以习之，必若柄〔枘〕凿之不相容也。

二、中国学人，不认个性之存在，而以为人奴隶为其神圣之天职。每当辩论之会，辄引前代名家之言，以自矜重，以骇庸众，初不顾事理相违，言不相涉。西洋学术发展至今日地位者，全在折衷于良心，胸中独制标准；而以妄信古人依附前修为思想界莫大罪恶。中国历来学术思想界之主宰，概与此道相反。治理学则曰，"纂承道统"、"辅翼圣哲"；治文学则曰，"惧斯文之将坠，宣风声于不泯"；治朴学则曰，"功莫大于存古"。是其所学之目的，全在理古，理古之外，更无取于开新；全在依人，依人之外，更无许乎独断。于是陈陈相因，非非相衍，谬种流传，于今不沫。现于文学，则以仰纂古人为归宿；现于哲学，则以保持道统为职业；现于伦理，则忠为君奴，孝为亲奴，节为夫奴，亲亲为家族之奴。质而言之，中国学术思想界，不认有小己之存在，不许为个性之发展；但为地下陈死之人多造送葬之"俑"，更广为招致孝子贤孙，勉以"无改于父之道"。取物以譬之，犹之地下之隧宫，亦犹之地上之享庙，阴气森森，毫无生趣；导人于此黑暗世界，欲其自放光明，讵可得耶？

三、中国学人，不认时间之存在，不察形势之转移。每立一说，必谓行于百世，通于古今。持论不同，望空而谈，思想不宜放之无涯之域。欲言之有当，思之由轨，理宜深察四周之情形，详审时代之关系。

与事实好合无间，亲切著明，然后免于漫汗之谈，诏人而信己。故学说愈真实者，所施之范围愈狭，所合之时代愈短。中国学者，专以"被之四海"、"放之古今"为贵，殊不知世上不能有此类广被久延之学说，更不知为此学说之人，导人浮浅，贻害无穷也。

四、中国学人，每不解计学上分工原理（Division of labour），"各思以其道易天下"。殊类学术，皆一群之中，所不可少，交相为用，不容相非。自中国多数学人眼光中观之，惟有己之所肄，卓尔高标，自余艺学，举无足采。宋儒谈伦理，清儒谈名物，以范围言，则不相侵凌；以关系言，则交互为用，宜乎各作各事，不相议讥。而世之号称汉学者，必斥宋学于学术之外，然后快意；为宋学者，反其道以待汉学。壹若世上学术，仅此一家，惟此一家可易天下者。分工之理不明，流毒无有纪［际］涯。举其荦著者言之：则学人心境，造成褊浅之量，不容殊己，贱视异学。庄子谓之"各思以其道易天下"。究之：天下终不可易，而学术从此支离。此一端也。其才气大者，不知生有涯而知无涯，以为举天下之学术，皆吾分内所应知，"一事不知，以为深耻"。所学之范围愈广，所肄之程度愈薄，求与日月合其明，其结果乃不能与爝火争光。清代学者，每有此妄作。惠栋、钱大昕诸人，造诣所及，诚不能泯灭，独其无书不读，无学不肄，真无意识之尤。倘缩其范围，所发明者，必远倍于当日。此又一端也。凡此两者，一褊狭而一庞大，要皆归于无当；不知分工之理，误人诚不浅也。

五、中国学人，好谈致用，其结果乃至一无所用。学术之用，非必施于有政，然后谓之用。凡所以博物广闻，利用成器，启迪智慧，熔陶德性，学术之真用存焉。中国学人，每以此类之大用为无用，而别求其用于政治之中。举例言之，绅绎封建之理，评其得失，固史学家当务之急，若求封建之行于后世，则谬安矣。发明古音，亦文学界之要举，若谓"圣人复起，必举今日之音反之醇古"，则不可通矣。历来所谓读书致用，每多此类拘滞之谈。既强执不能用者而用之，其能用者，又无术以用之，亦终归于不能用。盖汗漫之病，深入肌髓，一经论及致用之方，便不剀切，势必流入浮泛。他姑不论，但就政学言之，政学固全在乎致用者。历来谈政之士，多为庞大之词，绝少切时之论；宋之陈同甫、叶水心，清之龚定庵、魏默深，皆大言炎炎，凭空发抒，不问其果能见诸行事否也。今日最不可忽者：第一，宜知学问之用，强半不在见于行事，而施于有政者尤希；第二，宜于致用之道，审之周详，勿复汗漫言之，变有用为无用也。

六、凡治学术，必有用以为学之器。学之得失，惟器之良劣足赖。西洋近世学术，发展至今日地步者，诚以逻辑家言，诣精致远，学术思想界为其率导，乃不流于左道也。名家之学，中土绝少，魏晋以后，全无言者；即当晚周之世，名家当途，造诣所及，远不能比德于大秦，更无论于近世欧洲。中国学术思想界之沉沦，此其一大原因。举事实以言之：墨家名学"本之于古者圣王之事"，引古人之言以为重，逻辑所不许者。墨子立"辩"，意在信人，而间执反对者之口，故有取于此，立为"第一表"。用于辩论则可，用于求真理之所在，真理或为往古所囿。魏晋以后，印度因明之学入中国，宜乎为中国学术之助矣。然因明主旨，在护法，不在求知。所谓"世间相违"、"自教相违"者，逻辑不以为非，而因明悬为厉禁。旧义不许自破，世间不许相违，执此以求新知识，讵有得者？谈名学者，语焉不精，已至于此，若全不解名学之人，持论之无当，更无论矣。余尝谓中国学者之言，联想多而思想少，想像多而实验少，比喻多而推理少。持论之时，合于三段论法者绝鲜，出之于比喻者转繁。比喻之在中国，自成一种推理式。如曰："天无二日，民无二王。"前辞为前提，后辞为结论。比喻乃其前提，心中所欲言乃其结论。天之二日，与民之二王，有何关系？说者之心，欲明民之无二王，而又无术以证之。遂取天之一日，以为譬况；壹若民之所以无二王者，为天之无二日故也。此种"比喻代推理"，宜若不出于学者之口，而晚周子家持论，每有似此者。孟子与告子辩"生之为性"，而取喻于"白羽"、"白雪"之"白"，径执"白"之不为"白"，以断"生"之不为"性"，此其曲折旋转，虽与"天无二日"之直下者不同，而其借成于比喻，并无二道。操此术以为推理之具，终古与逻辑相违，学术思想，更从何道以求发展。后代论玄学者、论文学者、论政治者，以至乎论艺术者，无不远离名学，任意牵合，词穷则继之以联想，而词不可尽；理穷则济之以比喻，而理无际涯。凡操觚之士，洋洋洒洒，动成数千言者，皆应用此类全违名学之具，为其修学致思之术，以成其说，以立其身，以树其名。此真所谓病疴生于心脾，厉气遍于骨髓者。形容其心识思想界，直一不合实际，不成系统，汗漫支离，恍惚窈冥之浑沌体而已。

七、吾又见中国学术思想界中，实有一种无形而有形之空洞间架，到处应用。在政治上，固此空洞架子也；在学问上，犹此空洞架子也；

在文学上，犹此空洞架子也；在宗教上，犹此空洞架子也；在艺术上，犹此空洞架子也。于是千篇一面，一同而无不同；惟其到处可合，故无处能切合也。此病所中，重形式而不管精神，有排场不顾实在；中国人所想所行，皆此类矣。

上来所说，中国学术思想界根本上受病诸端，乃一时感觉所及，率尔写出，未遑为系统之研究，举一遗万，在所不免。然余有敢于自信者，则此类病疴，确为中国学术界所具有，非余轻薄旧遗，醉心殊学，妄立恶名，以厚诬之者。余尤深察此种病魔之势力，实足以主宰思想界，而主宰之结果，则贻害于无穷。余尝谥中国政治、宗教、学术、文学以恶号，闻者多怒其狂悖。就余良心裁判，虽不免措词稍激，要非全无所谓。请道其谥，兼陈其旨，则"教皇政治"、"方士宗教"、"阴阳学术"、"偈咒文学"是也。

何谓教皇政治？独夫高居于上，用神秘之幻术，自卫其身，而氓氓者流，还以神秘待之。政治神秘，如一词然，不可分解。曾无人揭迷发覆，破此神秘，任其称天而行，制人行为，兼梏人心理，如教皇然。于是一治一乱，互为因果，相衍于无穷，历史黯然寡色。自秦以还，二千年间，尽可缩为一日也。

何谓方士宗教？中国宗教，原非一宗，然任执一派，无不含有方士（即今之道士）浑沌支离恶浊之气。佛教来自外国，宜与方士不侔，学者所谈，固远非道士之义；而中流以下，社会所信仰之佛教，无不与方士教义相糅，臭味相杂。自普通社会观之，二教固无差别，但存名称之异；自学者断之，同为浑浑噩噩初民之宗教，教义互窃互杂，由来已久。今为之总称，惟有谥为方士的宗教，庶几名实相称也。

何谓阴阳学术？中国历来谈学术者，多含神秘之作用。阴阳消息之语，五行生克之论，不绝于口。举其著者言之，郑玄为汉朝学术之代表，朱熹为宋朝学术之代表，郑氏深受纬书之化，朱氏坚信邵雍之言。自吾党观之，谈学术至京、焦、虞氏《易说》，《皇极经世》，《潜虚》诸书，可谓一文不值，全同梦呓。而历来学者，每于此大嚼不厌：哲学、伦理、政治（如"五帝德"、"三统循环"之说是）、文学（如曾氏古文四象是），及夫一切学术，皆与五行家言，相为杂糅。于是堪舆星命之人，皆被学者儒士之号，而学者亦必用术士之具，以成其学术，以文其浅陋，以自致于无声无臭之境。世固有卓尔自立，不为世风所惑者，而历来相衍，惟阴阳之学术为盛也。

何谓偈咒文学？中国文人，每置文章根本之义于不论，但求之于语言文字之末；又不肯以切合人情之法求之，但出之以吊诡，骈文之涩晦者，声韵神情，更与和尚所诵偈辞咒语，全无分别。为碑志者，末缀四言韵语，为赞颂者亦然。其四言之作法，直可谓与偈辞咒语，异曲同工。又如当今某大名士之文，好为骈体，四字成言，字艰意晦，生趣消乏，真偈咒之上选也。吾辈诚不宜执一派之文章，强加恶谥于中国文学。然中国文学中固有此一派，此一派又强有势力，则上荐高号，亦有由矣（又如孔子、老子、子思，世所谓圣人也。而《易·系》、《老子》、《中庸》三书，文辞浑沌，一句可作数种解法。《易·系》、《中庸》姑不具论，《老子》之书，使后人每托之以自树义，汉之"黄老"托之，晋之"老庄"托之，方士托之，浮屠亦托之以为"化胡"之说，又有全不相干大野氏之子孙，"戏"谥为"元玄皇帝"。此固后人之不是，要亦《老子》之文，恍惚迷离，不可捉摸，有自取之咎也）。凡此所说，焉能穷丑相于万一。又有心中欲言，口中不能者；举一反三，可以推知受病之深矣。今试问果以何因受病至此，吾固将答曰：学术思想界中，基本误谬，运用潜行，陷于支离而不觉也。

今日修明中国学术之急务，非收容西洋思想界之精神乎？中国与西人交通以来，中西学术，固交战矣；战争结果，西土学术胜，而中国学术败矣。然惑古之徒，抱残守缺犹如彼，西来艺学，无济于中国又如此，推察其原，然后知中国思想界中，基本误谬，运用潜伏。本此误谬而行之，自与西洋思想扞格不入也。每见不求甚解之人，一方未能脱除中国思想界浑沌之劣质，一方勉强容纳西洋学说，而未能消化。二义相荡，势必至不能自身成统系，但及惝恍迷离之境，未臻亲切著明之域。有所持论，论至中间，即不解所谓，但闻不相联属之西洋人名、学名，诘屈聱牙，自其口出，放之至于无穷，而辩论终妇［归］于无结果。此其致弊之由，岂非因中国思想界之病根，入于肌髓，牢不可破；浑沌之性，偕以具成，浮泛之论，因之以生衍。此病不除，无论抱残守缺，全无是处，即托身西洋学术，亦复百无一当。操中国思想界之基本误谬，以研西土近世之科学、哲学、文学，则西方学理，顿为东方误谬所同化。数年以来，"甚嚣尘上"之政论，无不借重于泰西学者之言。严格衡之，自少数明达积学者外，能解西洋学说真趣者几希。是其所思所言，与其所以腾诸简墨者，犹是帖括之遗腔，策论之思想，质而言之，犹是笼统之旧脑筋也。此笼统旧脑筋者，若干基本误谬活动之结果。凡此基本误谬，造成中国思想界之所以为中国思想界者也，亦所以区别中国思想界与西洋思想界者也。惟此基本误谬为中国思想界不良之特质，又为最有势力之特质，则欲澄清中国思想界，宜自去此基本误谬始。且惟此基本误谬分别中西思想界之根本精神，则欲收容西洋学术思想以为我用，宜先去此基本误谬，然后有以不相左耳。

（原载 1918 年 4 月 15 日《新青年》第四卷第四号）

戏剧改良各面观

这篇《戏剧改良各面观》的意见，是我一年以来时时向朋友谈到的，然而总没写成篇章。十日前，同学张镠子君和胡适之先生辩论废唱问题，我见了，就情不自禁了。但是我在开宗明义之前，有两件情形，要预先声明的：

第一，我对于社会上所谓旧戏、新戏，都是门外汉；

第二，我对于中国固有的音乐和歌曲，都是门外汉。

既然都是门外汉，如何还要开口呢？据我个人观察而论，中国人熟于戏剧、音乐一道的，什么是思想牢固的了，不客气说来，就是陷溺深的了，和这些"门内汉"讨论"改良"、"创造"，绝对不肯容纳的。我这门外汉，却是不曾陷溺的人。我这篇文章，就以耳目所及为材料，以直觉为判断；既不是"随其成心而师之"，也就不能说我不配开口。

我以为改良旧戏和创造新戏，是两个问题（理论详第四节）；应否改良创造的理论和怎样改良创造的方法，又是两个问题，我们但凡把眼光放大些，可就觉得现在戏剧的情形不容不改良，真正的新剧不容不创造。现在止当讨论怎样改良创造的方法，应否改良创造的理论，不成问题了——若是还把极可宝爱的时光，耗费在讨论这个上，就是中国人思想处处落在人后的证据。然而就中国社会可怜的情形而论，却不能不供出思想处处落在人后的证据。我们若径然讨论方法，便有大多数人根本反对道："何必要改良？"无可如何，只好先把旧戏的情形，作一具体的评判。我还要自己承认，这个评判，是不得已而出的"费话"。

一　旧戏的研究

我们对于旧戏的形式和材料不表同情。原不消说，然而仅仅漫骂，也不能折人之心。照我意思，先就戏剧进化的阶级为标准，看看现在戏界进化到何等地步，更就中国戏剧和中国社会同［相］用的关系，判断现在戏界的真正价值如何。易词说来，前者以戏剧历史为观察点，后者是个社会问题。二者并用，似乎可得个概括的论断。

现在中国各种戏剧，无论"昆曲"、"高腔"、"皮簧"、"梆子"，总是"鳖血龟水，分不清白"，在一条水平线上。不仅这样，这般高等戏，和那些下等的"碰碰戏"、"秧歌戏"、"高翘戏"，也在一个水平线上。虽然词句雅俗，情节繁简，衣饰奢俭，有绝大的分别。若就他组成的分子而论，却是同在一个阶级，没高下之别的。真正的戏剧纯是人生动作和精神的表象（Representation of human action and spirit），不是各种把戏的集合品。可怜中国戏剧界，自从宋朝到了现在，经七八百年的进化，还没有真正戏剧，还把那"百衲体"的把戏当做戏剧正宗！中国戏剧，全以不近人情为贵，近于人情，反说无味。请问戏剧本是描写人事的，何以专要不近人情？纯粹戏剧，不能不近人情。百衲体的把戏，虽欲近人情而不能组成纯粹戏剧的分子，总不外动作和言语。动作是人生通常的动作，言语是人生通常的言语。百般把戏，无不合有竞技游戏的意味。竞技游戏的动作言语，却万万不能是人生通常的动作言语——所以就不近人情，就不能近人情了。譬如打脸，是不近人情的。何以有打脸？同为有脚色，何以有脚色？因为是下等把戏的遗传。譬如"行头"，总不是人穿的衣服。何以要穿不是人穿的衣服？因为竞技游戏，不能不穿离奇的衣服。譬如花脸，总做出人不能有的粗暴像。何以要做出人不能有的粗暴像？因为玩把戏不能不这样。譬如打把子、翻筋斗，更是岂有此理了，更可以见得是竞技的遗传了。平情而论，演事实和玩把戏，根本上不能融化；一个重摹仿，一个重自出；一个要像，一个无的可像；一个重情节，一个要花鞘，简直是完全矛盾。中国人却不以完全矛盾见怪，反以"兼容并包"为美。那些下等戏，像上文所举的"碰碰"、"秧歌"、"高翘"……之类，虽然没有这些上等戏兼容并包的大量，却同是不离乎把戏的精神。在西洋戏剧是人类精神的表现（Interpretation of human spirit），在中国是非人类精神的表现（Interpretation of inhuman spirit）。既然要和把戏合，就不能不和人生之真拆开。所以我以为中国的上等戏、下等戏在一条水平线上，是就戏剧演进的阶级诊断定了的，是就他们组成的原素，分析比较过的。好比猴子，进化到毛人，就停住了，再也不能变人了。中国的戏，到了元朝，成了"杂剧"、"南戏"的体裁，就停住了，再也不能脱开把戏了。

唱工一层，旧戏的"护法使者"，最要拿来自豪。唱工应废不应废，别是一个问题（解详第四节）。纵使唱工不废，"京调"中所唱的词句，也是绝对要不得。歌唱一种东西，虽不能全合语言的神味，然而总以不大离乎语言者近是。且是曲折多、变化多、词句参差、声调抑扬，才便于唱。若用木强的调调儿，总是不宜。"京调"不能救治的毛病，就在调头不好——不是七字句，就是两三加一四的十字句。任凭他是绝妙的言语，一经填在这个死板里，当时麻木不仁，索然无味起来。这个点金成铁的缘故，全是因为调头不是——不合言语的自然，所以活泼泼的妙文，登时变成死言语，不合歌曲的自然，所以必须添上许多"助声"、"转声"。我们说话，不是定要七字、十字，唱曲何必定要七字、十字。从四言、五言乐府，变成七言乐府，是文学的进化，因为七言较比五言近于语言了。从七言乐府，变成词，是文学的进化，因为词更近于语言了。从稍嫌整齐的词，变成通体参差的曲，是文学的进化，因为曲尤近于语言了。可是整齐的"京调"，代不整齐的"昆弋"而起，是戏曲的退化，因为去语言之真愈远了。现在把一部《乐府诗集》和一部《元曲选》比较一看，觉得《元曲选》里的词调好得多。使我们起这种感觉，固然不止一个原因，然而主要原因，总因为乐府整齐，所以笨拙；元曲参差，所以灵活。再把一部《元曲选》和十几本戏考比较一看，又要觉得生存的"京调"，尚且不如死了五百年的元曲，也是这个道理。所以我敢断言道，"京调"根本要不得，那些"转声"、"助声"，正见其"黔驴技穷"，和八代乐府没奈何时，加上些"妃"、"豨"，是一样的把戏。"京调"的来源，全是俗声，下等人的歌谣，原来整齐句多，长短句少——这是因为没有运用长短句的本领——"京调"所取裁，就是这下等人歌唱的款式。七字句本是中国不分上下今古最通行的，十字句是三字句、四字句集合而成，三字句、四字句更是下等歌谣的句调。总而言之，"京调"的调，是不成调，是退化调。就此点而论，"京调"的上等戏，又和那些下等戏在一条水平线上了。照这看来，中国现在的戏界，不特没有进化到纯粹的戏剧，并把真正歌曲的境界也退化出去了。

我再把中国戏剧和中国社会相用的关系，说个大概。有人说道，中国戏剧，最是助长中国人淫杀的心理。仔细看来，有这样社会的心理，就有这样戏剧的思想；有这样戏剧的思想，更促成这样社会的心理。两事是交相为用，互成因果。西洋名剧，总要有精神上的寄托，中国戏曲，全不离物质上的情欲。同学汪缉斋对我说，中国社会的心理，是极端的"为我主义"；我要加上几个字道，是极端的"物质的为我主义"。这种主义的表现，最易从戏曲里观察出来。总而言之，中国戏剧里的观念，是和现代生活根本矛盾的，所以受中国戏剧感化的中国社会，也是和现代生活根本矛盾的。

二　改革旧戏所以必要

照上文所说，中国戏剧，既然这样下等，应当改革的道理，可就不必多说了。但是关于旧戏的技术文学各方面，还有批评未到的地方，现在再论一番，作为改革旧戏所以必要的根据。

就技术而论，中国旧戏，实在毫无美学的价值。举其最显著的缺点：第一，是违背美学上的均比律（law of proportion）。譬如一架黄包车，安上十多支电灯，最使人起一种不美不快的感觉，这是因为十几支电灯的强度，和个区区的黄包车，不能均比。中国戏剧，却专以这种违背均比律的手段为高妙。《红鸾喜》上的金玉奴，也要满头珠翠；监狱里的囚犯，也要满身绸帛。不能彼此照顾，互相陪衬，处处给人个矛盾的、不能配合的现象，那能不起反感？第二，是刺激性过强。凡是声色一类，刺激甚易的，用来总要有节制。因为人类官能，容易疲乏，一经疲乏，便要渐渐麻木不仁，失了本来的功用了。更进一层，人类的情绪，不可促动太高，若是使人心境顿起变化，有不容呼吸的形势，就大大违背"美术调节心情"的宗旨。旧戏里头，声音是再要激烈没有的，衣饰是再要花鞘没有的；曲终歌罢，总少觉"余音绕梁"的余韵，只有了头昏眼花的痛苦。眼帘耳鼓，都刺激疲乏不堪了，请问算美不算美？至于刺激心境，尤其利害，总将生死关头形容的刻不容发，让人悬心吊胆，好半天不舒服。这种做法，总和美学原理，根本不相容。第三，是形式太嫌固定。中国文学和中国美术，无不含有"形式主义"（formalism）。在于戏剧，尤其显著。据我们看来，"形式主义"是个坏根性，用到那里那里糟。因为无论什么事件，一经成了固定形式，便不自然了，便成了矫揉造作的了。何况戏剧一种东西，原写人生动作的自然，不是固定形式能够限制的。然而中国戏里，"板"有一定，"角色"有一定，动作言语有一定，"千部一腔，千篇一面"，不是拿角色来合人类的动作，是拿人类的动作来合角色。这不是演动作，只是演角色。犹之失勒博士（Dr. F. C. S. Schiller）批评"形式逻辑"道："'形式逻辑'不是论真伪，是论假定的真伪。"（此处似觉拟于不伦。然失勒之批评"形式逻辑"，乃直将一切"形式主义"之乖谬而论辩之，其意于此甚近，但文中不便详引耳。）西洋有一家学者道："齐一即是丑。"（Uniformity means ugliness.）谈美学的，时常引用这句话。就这个论点，衡量中国戏剧，没价值的地方，可就不难晓得了。第四是意态动作的粗鄙。唱戏人的举动，固然聪明的人，也能处处用心。若就大多数而论，可就粗率非常，全不脱下等人的贱样。美术的技艺，是谈不到的。看他四周围的神气，尤其恶浊鄙陋，全无刻意求精，情态超逸的气概，这总是下等人心理的暴露，平素没有美术上训练的缘故。第五是音乐轻躁。胡琴一种东西，在音乐上，竟毫无价值可言，"躁音浮响，乱人心脾"，全没庄严流润的态度。虽然转折很多，很肖物音，然而太不蕴藉，也就不能动人美感了。旧戏的音乐，胡琴是头脑，然而胡琴竟是如此不堪，所以专就音乐一道评判旧戏，也是要改良的。——上来所说五样，原不能尽，但是总可据以断定美术的戏剧，戏剧的美术，在中国现在，尚且是没有产生。

再就文学而论，现在流行的旧戏，颇难当得起文学两字。我先论词句。凡做戏文，总要本色，说出来的话，不能变成了做戏人的话，也不能变成唱戏人的话，须要恰是戏中人的话，恰合他的身分心理，才能算好，才能称得起"当行"。所以戏文一道，是要客观，不是要主观；是要实写的，不是给文人卖弄笔墨的。"昆曲"的词句，尚且在文学范围之内，然而卖弄笔墨的地方，真太利害了，把元"杂剧"、明"南曲"自然的本色，全忘干净了，所以渐渐不受人欢迎了。"京调"却又太不卖弄笔墨了，翻开十几本《戏考》，竟没一句好文章，全是信口溜下去，绝不见刻意形容、选择词句的工夫。这是因声造文，不是因文造声；是强文就声，不是合声于文。一言以蔽之，京调的文章，只是浑沌，无论甚人，都是那样调头儿。若必须分析起来，也不过一种角色，一种说话法，同在一个角色里头，却不因时、因地，变化言辞。这样的"不知乌之雌雄"，还有什么文学的技艺可说？我再论结构。中国文章不讲结构，原不止一端，不过戏文的结构，尤其不讲究。总是"其直如矢，其平如底"，全没有曲折含蓄的意味。无数戏剧，只像是一个模磕下来的——有一个到处应用的公式。若是叙到心境的地方，绝不肯用寓情于事，推彼知此的方法，总以一唱完之大吉。这样办法，固然省事，然而兴味总要索然了。我再论体裁。旧戏的人物，不是失之太多，就要失之太少。太多时七错八乱，头绪全分不清楚了；太少时一人独唱，更不能布置情节。文学的妙用，组织的工夫，全无用武之地了。譬如"昆曲"里的《思凡》，文词意思，我都狠恭惟他，但是这样不成戏剧的歌曲，只可归到广义的诗里，算一类，没法用戏剧的法子，去批评他。戏里这样一人独唱的，固是绝无仅有，然而举此倒〔例〕彼，那些不讲究的体裁，正是多着呢。——照这看来，中国的戏剧文学，总算有点惭愧。

论到运用文笔的思想，更该长叹。中国的戏文，不仅到了现在，毫无价值，就当他的"奥古斯都期"，也没什么高尚的寄托。好文章是有的〔如元（北曲）、明（南曲）之自然文笔〕，好意思是没有的；文章的外面是有的，文章里头的哲学是没有的，所以仅可当得玩弄之具，不配第一流文学。就以《桃花扇》而论，题目那么大，材料那么多，时势那么重要，大可以加入哲学的见解了；然而不过写了些芳草斜阳的情景，凄凉惨淡的感慨。就是史可法临死的时候，也没什么人生的觉悟。非特结构太松，思想里也正少高尚的观念。就是美术上、文学上做得到家，没有这个主旨，也算不得什么。大前年我读莎士比亚的 Merchant of Venice，觉得"To bait fish withal……"一段，说人生而平等，何等透彻。只是"卢梭以前的《民约论》"，在我们《元曲选》上，和现在的"昆弋"、"京调"里，总找不出。我狠盼望以后作新戏的人，在文学的技术而外，有个哲学的见解，来做头脑。那种美术派（Aesthetical School）的极端主张，是不中用的。

再把改良戏剧当作社会问题讨论一番。旧社会的穷凶极恶，更是无可讳言；旧戏是旧社会的照相，也不消说；当今之时，总要有创造新社会的戏剧，不当保持旧社会创造的戏剧。旧社会的状况，只是群众，不算社会，并且没有生活可言。这话说来狠长，不是这篇文章里能够全说的。约举其词，中国社会的里面，只是散沙一盘，没有精密的组织、健全的活动力，差不多等于无机体；中国人却喜欢这样群众的生活，不喜欢社会的生活——这不就简直可说是没有生活吗？就是勉强说他算有生活，也只好说是无意识的生活，你问他人生真义是怎样，他是不知道；你问他为什么我教做我，他是不知道。他是阮嗣宗所说大人先生裤裆里的虱子，自己莫名其妙的；他不懂得人怎样讲；他觉得戕贼人性以为仁义，犹之乎戕贼杞柳以为桮棬；他不觉得人情有个自然、有个自由的意志；他在樊笼里，却很能过活得，并且忘了是在樊笼里了。——这是中国人最可怜的情形。将来中国的运命和中国人的幸福，全在乎推翻这个，另造个新的。使得中国人有贯彻的觉悟，总要借重戏剧的力量。所以旧戏不能不推翻，新戏不能不创造。换一句话说来，旧社会的教育机关不能不推翻，新社会的急先锋不能不创造。

上来说的，都是新剧所以必要的根据。我还要声明一句，对于有知觉的人，这都算费话。

三　新剧能为现在社会所容受否？

戏剧应当改良的理论，纵然十分充足，若是社会全无容受的地步，也不过空论罢了。所以我们要考察现在社会的情形，能容新剧发生否。说到中国戏剧界，真令人悲观的很。一般"戏迷"，正在那里讲究唱工、做工、胡琴的手段，打板的神通，新剧的精神，做梦还没梦到呢。记得一家报纸上说："布景本不必要，你看老谭唱时，从没有布景，不过把一张桌子，几把椅子，搬来搬去，就显出地位不同来。西洋人唱做不到家，所以才要布景。"这种孩子话，竟能代表许多人，想在这样社会里造出新剧来，如何不难？但是细细考察起来，新剧的发生，尚不是完全无望。专就北京一部而论——其实到处都是这样——听戏的人，大别分为两种。第一种人是自以为狠得戏的三昧——其实是中毒最深的——听到旧戏要改良的话，便如同大逆不道一样。所以梅兰芳唱了几出新做的旧式戏，还有人不以为然，说："固有的戏，尽够唱的，要来另作，一定是旧的唱不好了，才来遮丑。"你想和这种人还有什么理论——然而娴熟旧戏的人，差不多总是这样思想。第二种人在戏剧一道，原不曾讲究，不过为声色的冲动力所驱使，跑到戏园里，"顾而乐之"。这种人在戏界里虽没势力，在社会上却占大多数，普通听戏的人，差不多总是这样。现在北京有一种"过渡戏"出现，却是为这一般人而作。所谓"过渡戏"者，北京通称新戏，但是虽然和旧戏不同，到底不能算到了新戏的地步。那些摆场做法，从旧的很多，唱还没有去了。有一个作戏评的人，造了这个名词，我且从他。社会上欢迎这种戏的程度，竟比旧戏深得多。奎德社里一般没价值的人，却仗这个来赚钱。我有一天在三庆园听梅兰芳的《一缕麻》，几乎挤坏了，出来见大栅栏一带，人山人海，交通断绝了，便高兴的了不得。觉得社会上欢迎"过渡戏"，确是戏剧改良的动机。在现在新戏没有发展的时候，这样"过渡戏"，也算慰情聊胜无了。既然社会上欢迎"过渡戏"比旧戏更很，就可凭这一线生机，去改良戏剧了。

说到新思想一层，社会上也不是全不能容受。我在旧戏里想找出个和新思想即合的来，竟找不出。只有"昆曲"里的《思凡》还算好的，看起来竟是一篇宗教革命的文章，把尼姑无意识的生活，尽量形容出来。这篇《思凡》本是《孽海记》的一出，就《孽海记》全体而论，也没甚道理可说，我这番见解，总算断章取义罢了。一个女孩儿，因为父母信佛，便送到庵里去，自己于佛书并未学过，佛家的宗旨，既然不知道，出家的道理，更是不消说，却因在那里，如同入了隧宫一般，念那些全不懂得半梵半汉的佛经。什么思凡不思凡，犹可置而不论，只这无意识的生活，是最不能容忍的。跑下山去，也不过别寻一个有意识的生活罢了（"只因俺父好念经"一段，下至"怎知俺感叹多"，把这个意思，形容尽致）。所以就这篇曲子的思想而论，总算极激烈的。但是一人独唱，全没情节，听戏的人，不能懂得这个意思，却无从照着社会上欢迎这篇戏的程度，来判断新思想的容受。我后来又找出"过渡戏"《一缕麻》是有道理的，这篇戏竟有"问题戏"的意味。细分起来，有几层意思可说。

（一）婚姻不由自主，而由父母主之，其是非怎样？

（二）父母主婚姻，不为儿女打算，却为自己打算，其是非怎样？

（三）订婚以后，只因为体面习惯的关系，无论如何情形，不能解约；明知火坑，终要投入，其是非怎样？

（四）忽而有名无实的丈夫，因极离奇的情节死掉了。他的妻以后的生活，应当怎样自处？在现在社会习惯之内，处处觉得压迫的力量，总要弄到死而后已。

（五）父、母、庶母、女儿间的关系，中表兄妹的关系——就是中国人家庭的状况——可以借此表见。

总而言之，这戏的主旨，是对于现在的婚姻制度，极抱不平了。在作原文的包天笑未必同我这见解一样，在演成戏剧的人，和唱这戏的人，未必有极透彻的觉悟，然而就凭这不甚精透的组织，竟然狠动人感情了。我第一次同同学去看，我的同学，当然受很大的刺激。后来又和亲戚家几位老太太去看，回来我问他们道："觉得怎样？"他们说："这样订婚，真是没道理。"咳！这没道理一句话，我想听的人心里，总有这样觉悟。这点觉悟，就是社会上能容纳新思想的铁证。虽然中国人的思想，多半是麻木性的——不肯轻意因为没道理——就来打破这没道理，若使有人把这没道理说的透彻了，用法子刺激利害了，也就不由的要打破这没道理了。凭这一点不曾枯亡尽的"夜气"，"扩而充之"，不怕不能容受新思想。所以说到改良戏剧的骨子，还不算是绝望。

至于做法场面，一律改革，尤当受人欢迎。因为旧法子处处板滞，处处没趣，在不常听戏的人看来，竟不能分青红皂白，一经改了新式，便能活泼的紧。现在人唱戏，有时把旧戏里一枝一节，改变法子，成个新样，听戏的人，总觉分外受用；若是完全改了，死的变成活的了，如何不尤其讨人好？譬如梅兰芳唱《狮吼记》，原是古装，怕婆子一场，忽然变成时装了。这样办法，真是矛盾，然而形容怕婆子，总不是古装能做出来的，用时装反觉得格外亲切。衣服尚且如此，何况做法排场呢？

至于音乐歌唱一层，就原理而论，戏剧里有歌唱，仍是歌曲的遗传，仍不脱"百衲"的本质，和专效动作的真戏剧根本矛盾。就一般妇孺以及不常听戏的男子而论，歌唱原无所用。然而在街巷里，总听见人顺嘴胡唱，在朋友处，常听见他唱几嗓子，这是为何呢？据我看来，喜欢音乐歌唱，是人性的自然，所不幸者：（一）中国可唱的没通俗诗词曲子；（二）歌谣太少了；（三）学校家庭，又全不管音乐；（四）再加上乐器缺乏。有这许多原因，几乎使得中国人和乐曲断绝关系。却又为本能所迫，情不自禁，可就侵犯别处，大嚼戏里的唱了。我以为将来新剧废唱，是绝对的可能——因为戏里原不能要唱，看戏的人，原不注意在唱。现在所以注重在唱是一时变态，是别种情形压迫的——但是这四层缺陷，总是要尽力弥补。若不弥补，虽然可能，不过是少量的可能，不能风行一世。不能把大多数的戏，都变成废唱，不能使得人人知道，演剧和唱曲，是不能融合的两件事。

照上文所说，废唱已经比较别种情形为难办，再加上剧本的缺乏，剧才的缺乏，剧场的缺乏，改革戏剧一种事业也是不易做的。虽然不易做，却又是不能不做的急务。好在改革的动机和社会的容受情形，很有可以乐观的地方，只好请有心人勉为其难了。——就乐观的地方看来是那样，就困难的地方看来是这样，所以我以为新剧发生，绝对可能。但总要少需时日，早则三年，迟则五岁。现在是在胚胎期，应当做预备的事业。

四　旧戏改良

未来的新剧，唱工废了，做法一概变了，完全是模仿人生真动作，没有玩把戏的意味了——拿来和旧戏比较，简直是两件事。所以说旧戏改良，变成新剧，是句不通的话，我们只能说创造新剧。但是在这新剧未登舞台以前——在这预备时代——难道就容那些不堪的旧戏，仍旧引诱社会吗？照我意思，这预备时代的事业，应当分两途做去：为将来新剧打算，是要编制剧本，培植剧才，供给社会剧学的常识；为现在戏界打算，还要改演"过渡戏"，才可以导引现在的社会，从极端的旧戏观念，到纯粹的新戏观念上头去。这有三种理由：

（一）现在唱戏的人，十之九不是新剧才，教他做纯粹新戏，绝对的不可能。若是另由别人演做新戏，一时又办不到。在这过渡时代的办法，不妨降格迁就，请这些人多唱"过渡戏"。"过渡戏"虽然不好，总比旧戏高了，总可作将来新戏的引子。

（二）音乐歌曲，放在戏剧里，固是不通，但是当现在他种音乐极不发达的时代，若把戏里歌乐除去了，一般人对于戏剧，便顿然冷淡了许多。若暂且不废歌乐，正可借这歌乐的力量，引导一般人，到新戏观念和新思想上来。——歌乐和情节，是旧戏的两种原素，旧戏对于情节一层，却极不修饰。"过渡戏"若果注意这件，改造好了，听戏人心里，就要从注重歌乐一方面，转到专重情节，忘却歌乐一方面。这是用音乐的效用，导引他来听"过渡戏"。一转之间，又用"过渡戏"的情节，导引他来容受废唱的纯粹新戏。这样做法，看起来似乎曲折，事实上必能很见功效。

（三）创造新戏，比创造新体文学，难好几倍，都因为后者可以孤行己意，不必管社会容受的情形，前者却不能对于社会宣告独立。登台说法，总要有人来听，如果没人理，一番事业，无从措手了。为这缘故，有不能不体察社会情形的形势。我们并不是服从社会，是用迁就社会的手段，来征服社会。

我这主张，不过因为过渡时代，不能不有过渡的办法。等到新剧预备圆满了，我便要主张废除"过渡戏"，犹之乎现在主张废除旧剧了。——这"过渡戏"的功用，不过像个过得的桥罢了。我还要劝告演唱"过渡戏"的人，对于思想上、情节上，多多留神，破除旧套，这样才能显出"过渡戏"的过渡效用呢！到了新剧发生、"过渡戏"消灭的时候，中国式的戏曲，就从此告终吗？我想旧戏到了这时代，总要改变体式，另成一宗；就是从戏剧的位置，退到歌曲的地步。易词说来，从音乐、歌唱、情节三种混合品，离开情节退到纯粹的音乐度曲。这个极小的范围，是旧戏退一步保守得住的。何以见得？

一、新戏里绝对不容唱的存留，容或有人觉得枯寂。有这样歌曲，可以在演剧之先，或者演剧之后，点缀一下，以为余兴。西洋舞台上，每当戏剧开幕以前，或两幕之间，总有音乐，正是这个意思。

二、歌曲也是优美的文学，存留着他，可借这体裁，造出许多好文章。

三、戏剧歌曲进化的阶级，大略四层：（一）各样把戏和歌曲独立并存；（二）歌曲里容的把戏的材料，再略带上些演故事；（三）成了戏曲的体裁，故事重了，歌曲反轻了；（四）纯粹戏剧成立，歌曲又退出来，去独立了。这个情形，西洋如此，日本如此。中国已到了第三级，想来第四级也必如此。

但是我要保存的独立歌曲一小部，也不是不待改良的。改良之点有两件：

一、造曲。中国乐歌里，实在曲牌太少，还有许多不适用的。总要不为古人所限，自造若干，才能便于使用。歌唱一道，本极复杂，照着数学上 Combination 和 Permutation 的道理，再造百倍、二百倍多的曲调，也不穷尽。

二、改乐。胡琴是件最坏的东西，梆子、锣鼓，更不必说。若求美学的价值，不能不去。笛子却好，月琴也可将就。古乐里的琵琶，不妨再用。若果能采取西洋乐器，像短笛、钢琴、"外鄂林"之类，尤其好了。

五　新剧创造

我在上文说过，今年今日，尚不是新剧发生时候，现在还在预备期中。将来发生时一切设施，有许多不便揣拟的，姑且存而不论。我暂把预备时代的预备事业，举出几条，奉请有心此道的人做起来。

第一是编剧问题。我起初想来，中国现在尚没独立的新文学发生，编制剧本，恐怕办不好，爽性把西洋剧本翻译出来，用到剧台上，文笔思想，都极妥当，岂不省事？后来转念道，西洋剧本是用西洋社会做材料，中国社会却和西洋社会隔膜的紧。在中国剧台上排演直译的西洋戏剧，看的人不知所云，岂不糟了？这样说来，还要自己编制，但是不妨用西洋剧本做材料，采取他的精神，弄来和中国人情合拍了，就可应用了。换一句话说来，直译的剧本，不能适用；变化形式，存留精神的改造本，却是大好。至于做独立的编制，更要在选择材料上，格外谨慎。旧戏最没道理的地方，就是专拿那些极不堪的小说作来源；新戏要有新精神，所以这一点万不可再蹈覆辙。材料总要在当今社会里取出，更要对于现在社会，有了内心的观察，透彻的见地，才可以运用材料，不至于变成"无意识"。我希望将来的戏剧是批评社会的戏剧，不是专形容社会的戏剧；是主观为意思、客观为文笔的戏剧，不是纯粹客观的戏剧。

将来新剧本，尤要力避文笔粗率。这个毛病，是中国文人的通病，我恐怕将来的新剧作家免不了这样。剧中人的心情，总不可爽爽快快自己道出来。在旧戏里一唱了之，真弄得索然兴尽，新戏虽没有唱，却可以造出一个对面人，来说白一番。这样固然省事，价值可算没一点了。拿小说作比喻，《水浒》里的宋江、《红楼梦》里的刘姥姥，骨子里何等诈变，外面却专避诈变，却又使得读书的人处处觉出诈变。这种笔法，精细极了。曹雪芹常常替贾宝玉、林黛玉说出心里的层次，有人说道："这两人的心理太曲折，不能'曲喻'。"我说："若是曹雪芹文笔更好一层，可就能'曲喻'了。"我希望将来新剧本，全用"曲喻"，不用"直陈"。就引动观者兴趣而论，就文学的价值而论，是不得不然的。

第二是新剧主义的鼓吹。现在一般的人，对于新剧的观念，全不曾有，忽然新剧发生，容受上总要困难的。所以应当有个鼓吹新剧主义的机关，把旧戏所以不能存在的道理，尽量传布。一面作概括的讨论，通论旧戏的情形；一面作分别的批评，就每出戏批评去，再把新剧的组织、新剧的思想、新剧的精神，张旗擂鼓的道来，使得社会知道新剧是个什么东西，可就便于发展了。等到将来新剧发生，这种机关，也是要的，因为新剧组织，总要精密，寓意总要深切；在薄于思想力的中国人看起来，恐怕有许多误会——就是不懂——非来"面命"、"耳提"不可。我觉得中国人看西洋的问题戏，不但不能用批评的眼光来解答这问题，并且不知道戏里有什么问题——这都因为脑筋浑沌。所以在新剧没发生时，这个机关是"宣教师"、"急先锋"，在发生以后，是"良师"、

"诤友"。

六　评戏问题

戏评对于戏界影响的大，原不消说，但是看到现在北京的戏评界——中国的戏评界——真教人无限感叹。姑且举几件最不满意的情形：第一是不批评。这是中国人的通信〔性〕，只会恭维人、骂人，却不会批评人。说他好，就满纸堆砌上许多好字眼，说他不好，就满纸堆砌上许多坏字眼，只有形容——不称实的形容——没有批评。批评原不是容易做的，总要有精密的思想力才可，否则空空洞洞、浮浮泛泛，焉得不说些支吾铺张的话——支吾、铺张，就是不批评。第二是不在大处批评。每天报上登的戏评，不是说"某某身段好"，就是说"某某做工好"，再不就是说"某句反二簧唱得好"，"某句西皮唱得好"，从来少见过论到戏里情节通不通、思想是不是、言语合不合的。这样专在小地方做工夫，忘了根本，如何能使得戏剧进化？第三是评伶和评妓一样。以前的人，都以为优倡一类（文人也夹在里头），就新人生观念说来，倡妓是没有人格的，优伶却是一种正当职业，不特是正当职业，并且做好了是美术文学的化神，培植社会的导师。所以古代的莎士比亚、近代的易卜生都曾经现身说法；更有许多女伶，被人崇拜为艺术大家。然而中国人依然用亵视人格的办法，去评戏子，恭维旦角，竟和恭维婊子一样，请问是恭维他还是骂他？——凡亵视别人的人格，就是亵视自己的人格。待别人当婊子，就是先以婊子自待，然则婊子评戏，还有甚话可说？第四是党见。党见闹深了，是非全不论了，评戏变成捧角了。这样情形，或者因为个人嗜好乖谬，或者因为怀抱接交之心，或者竟为金钱所使——总而言之，是不堪问的。北京的剧评家，差不多总要时时刻刻犯这些毛病。我只见有署名春柳旧主者，还偶然评到戏的情节上去，并把现在所谓新戏，叫做"过渡戏"，这也算是难得了。缪子君也常有很聪明的说话。痛快说来，要想改良戏剧，不先改良剧评，才是缪子君说的"空口说白话"呢。所以我希望缪子君和他同好的人〈努力〉。将来的事业，正是多着呢！

七年九月五—六日

（原载 1918 年 10 月 15 日《新青年》第五卷第四号）

再论戏剧改良

一 答张豂子论旧戏

上月我做了一篇《戏剧改良各面观》交给胡适之先生。过了几天，胡先生说，同学张豂子君也做了一篇文章，替旧戏辩护。我急速取来一看。同时我在《晨钟报》上，看见豂子君的《戏园的改良谈》。又有位朋友，把《讼报》上登载的欧阳予倩君所作《予之改良戏剧观》剪寄给我。我对于这几篇文章，颇有所感触，不能自已于言，所以再做这一篇。

欧阳君的文，我看了一遍，不由得狂喜。戏评里有这样文章，戏剧家有这样思想，我起初再也料不到。我的《戏剧改良各面观》和欧阳君说的，竟有许多印合的地方，所以我对于欧阳君的文章，也就不再加以评论。我是剧界的"旁观人"、"门外汉"，我的议论，自然难以得人信服，欧阳君是戏界中人，欧阳君的说话，是从亲身体练得来。反对戏剧改良的人，可不能再说改良戏剧仅仅是理想之谈了。——改良戏剧的呼声，从剧界发出，这番改良的事业，前途更有希望。

豂子君要改良戏园，虽然不关戏剧问题，在现在也算当务之急，也是戏剧改良预备时代应当做的事业。——因为新戏不能入旧剧场。——就请豂子君和有志此道的人，劝那些戏园东家和掌班的做去，这原是一件功德事。

豂子君辩护旧戏的文章，处处和我心里刺谬，窃取"不敢苟同"之义，每条加以讨论。

豂子君把"抽像"、"假像"，混做一谈，其实这两名词，绝不是一件东西。"抽像"对于"具体"而言，"假像"对于"实像"而言，"假像"对于"实像"，是代表的作用（Representation）；"抽像"和"具体"，一个是"总"（Universalis），一个是"单"（Particula）。缪子君当做一件事，看的人就不能明白了。况且"抽像"必须离开"具体"，"体"（Concrete）不曾脱去，如何说得上"抽"（Abstraction）？一拿马鞭子，一跨腿，仍然是"具体"，不是"抽像"；曹操带领几个将官，几个小卒，走来走去，仍然是"具体"，不是"抽像"；拿张蓝布当城墙，两面黄旗当车子，更无一不是"具体"，更无一算做"抽像"。上马是一种具体的像，一拿马鞭子，一跨腿，又是一种具体的像……两件事更没有"总"、"单"的作用。若说这样做法，含有 Symbolic 的意味，所以可贵（张缪子君说的"假像"，据我揣度，或者指 Symbolism，我想不出中文对当名词，暂用原文），其实 Symbolism 的用处，全在"视而可识，察而见意"。中国戏的简便做法，竟弄得"视而不可识，察而不见意"。这不过是历史的遗留，不进化的做法，只好称他粗疏，不能算做假像。

缪子君引用钱稻孙先生的话，觉得太不切题。当时钱君演讲，我原在坐。他的意思，是说：绘画对于实物，含有剪裁、增补、变化的作用，所以较比真的，更为精粹。画中风景，胜于实在，正因为稍带主观，把实物不美不调和的地方去掉，然后显得超于实物以上。这本是极浅近的道理。我们若是把这道理移在戏剧上，就是说：戏剧摹仿人生，要有意匠的经营，倘使每事摹仿起来，不加简［剪］截［裁］，不见构造，就不能够见出美来。我们引用别人的话，总要对于引用的话，有几分把握。若果本来的意思，并不见得明了，引用了来，总觉不妥。鲜令的学说，见于他的 Philosophie der Kunst；鲜勒的学说，见于他给 Göethe 的 Briefeüber die ästhetische Erzilhung d. Meuschheit；斯宾塞的学说，见于他的 Principles of Psycholozy；哈德门（Hartmann）的学说，见于他的 ästhetik。Bosanqnet 的《美学史》上都有记载和批评。若把这原书翻开一看，便晓得和缪子君的"戏剧假像论"全不相干。我们做一篇文字，里头的名词，总要始终一个意思。如果前终不一贯，不但不能自定其说，就是辩驳的人也无从着笔了。张君文的第一节，拿"假像"一词当骨子，然而起头"假像"和"抽像"混了宗，后来张君心里的"假像"和哈氏评画的"假像"同了流，这样还有什么可说？

据我的意思，中国旧戏所以专用视而不可识的"代替法"，也有两个缘故：第一，中国戏本是"百衲体"，所以不要像的；第二，中国剧台极不发达，任凭露天地上、高堂大厅，都可当做剧台（印度也是如此），所以才用"代替法"来迁就。与其说这样办法含有奥妙作用，不如说这办法是迫于不得已。凡事都有个进化；进化的原则，是由简成繁、由粗成细。上海唱戏的人，虽然没价值，上海唱的新戏，虽然不配叫新戏，然而弄些"真刀真枪、真车真马、真山真水、（假山假水）"，对于旧来的浑沌做法，总是比较的进化。一般人看起来，就高兴得多。北京唱戏的人，有时把旧戏的"代替法"改成"摹仿体"，看戏的人，觉得分外有趣。又如《天河配》一出戏，总算没意识到极点了，但是第一台唱他，加上些布景，换上些"摹仿体"，叫坐的力量很大。从这里可以看出旧戏的浑沌式不讨人好，做法越能亲切毕肖，看的人越喜欢。既然缪子君说的"假像"引人不快之感，如何还能说得上"美"呢？

有人说道："如果处处要刻意摹仿，有些不能摹仿的事体，究竟怎样处置？"其实这也并不难办。天地间事，尽有不能供给戏的材料的，只好阙如。犹之乎画图不能包括动象，不能四面全露。譬如武戏，简直是根本不能存在，更何必虑到戏台上不能现打仗的原形？西洋戏剧，到了现在，两军交战的动作，淘汰净了。凡关于战争的事，不过用军卒报告司令官带出来，或者做出一小部分军队，摆布行走，或者做出一队炮兵，驱炮上阵地去。这种办法，推此知彼，举一反三，既不至于遗漏，并且显得精确。比起中国戏来，乱打一阵，全不成摹仿，都变了竞技，真不可以道里计了。总而言之，布景的工夫，中国戏里没有，所以因陋就简，想出这些不伦不类的做法，又因为中国戏不讲体裁，不管什么时候地位，都要弄到戏台上去，所以异想天开，造了些不近人情的手势动作，若果把这些无聊的举动，当做宝贝，反来保存下去，岂不是是非倒置？

缪子君文第二节说，中国戏的好处，因为有一定的规律。杨雄说："断木为棊，挼革为鞠，亦皆有法焉。"又说："围棊击剑，反目眩形，亦皆自然也；由其大者作正道，由其小者作奸道。"我们只能问规律是不是，好不好，不能因为一有规律，就说是好。天地间事，不论大小，那里有全没规律的？若果不管规律是不是，径然把规律固定，作为中国戏的长处，真觉得说不下去。难道西洋戏就不讲规律，我们主张的新戏，就全没规律不成？况且规律成了死板，处处觉得不自然。不论什么戏，都是一样做法，不算"笼统"算甚？缪子君说"习惯成自然"，真是一语破的。凡是习惯成的自然，何曾有真自然。中国戏的规律，仅仅是习惯罢了；既然认为习惯，也就不足宝贵了。

缪子君文第三节，极力称道中国戏里音乐唱工的效用。分析起来，有三种意思：

第一，音乐自身的效用狠大。"新戏废唱论"，并不是墨子的"非乐论"。音乐自身的价值，原不消说，就是说得天花乱坠，又和戏曲不能和音乐分离，有什么相干。戏剧是一件事，音乐又是一件事，戏剧和音乐，原不是相依为命的。中国现在的情形，戏剧、音乐，都不发达，正因为中国戏里重音乐，所以中国戏剧被了音乐的累，再不能到个新境界。又因为中国音乐夹在戏里头，独立的地方狠少，所以中国音乐被了戏剧的累，再不能有变迁演进的情势。这真是陆机说的，"离之则两美，合之则两伤"。戏剧让音乐拘束的极不自由，音乐让戏剧拘束的极不自由。若果中国有 Mozart 一流大人物，正要改乐造曲，使中国音乐的美术地位，更进几层，使中国现在的雏形歌曲（指"京调"）和腐败歌曲（指"昆曲"），变成"近世歌拍拉"式（Modern opera）。然而想要这样办，非先把戏剧、音乐拆开不可。不然，便互相牵制，不能自由发展了。缪子君说，音乐根本是要紧的，我极端极端的赞成，但是因为他要紧，就取消了他的独立，和效动作的戏剧永不分开，实在觉得没甚根据。

第二，歌唱可以补助情节的不工。缪子君说："戏的情节好，伶人的做作好，那么唱工是狠不要紧……但是情节和做作多不好，那唱工就断乎不可废的。"这话说得最痛快、最通达。我仍用这个意思，换句话说道："现在旧戏里情节做作都不好，所以才借重于唱；等到新戏把情节做作研究好了，唱工尽可不要。"这正是缪子君的话，不过上半句、下半句互换地位罢了。可见缪子君这段文章，非特没有证明歌唱不可废，反来替主张新剧废唱的帮了忙。旧戏所以必须改造的缘故，不止一条，不讲情节，不工做作，却是件最重要的。新戏专要弥补这个缺陷，歌唱还有什么用处？《二进宫》一种戏，因为没有主义，没有情节，根本要不得，并不是一旦废唱，改为说白，就要得了。汪优游一般〔流〕人的新戏，除了唱工，添上情节，做作上更加了意，就能使得缪子君说："狠好……我也狠爱看。"可见戏剧感动人，并不靠着歌唱，现在戏剧里用歌唱引人，本因为情节不讲究，发生的一时变态。更进一层说，汪优游一流人的新戏，也没甚道理。西洋近代戏剧，是哲学、文学、美术的"集粹",若果能够参酌仿制,介绍到中国戏台上,我想缪子君的爱看,正不止像现在说的。

第三,歌唱可以补说白的不足。这仍然因为中国戏里不讲情节和做作,所以任凭甚么事,都用歌唱说白了结他——这正是中国戏的粗疏处、不自然处。凡各种心景、各种感情,全拿歌唱形容出来,"简便"固然"简便",其奈不"精细"何?缪子君只见得这样做法,包容一切,又"概括",又"简妙",却不觉得不合人情,不分皂白。西洋名剧,关于表示感情的地方,总要惨淡经营,曲喻旁达;像旧戏这样"一笔了之"的办法,依然是因陋就简罢了。(这道理我在前篇说了许多,现在不再多说,请读者参看。)

缪子君总括三大节,加以论断道:"要说中国旧戏不好,只能说他这几种用得太过分……所以我们只能说中国旧戏用假像的地方太多……只能说他用规律的地方太多……只能说他用音乐的地方太多。"可见旧戏处处用"代替法",处处用固定的规律,处处用音乐,缪子君也狠觉得不然。——然则给旧戏作辩护士,真是不容易事。——缪子君这番意思,虽然和我们的"新剧创造论"不同(我们的改造主张在质,张君的改造主张在量),却也觉得旧戏要改良。就请缪子君设法"去泰去甚",就旧戏,说旧戏,未尝没有小补。

缪子君又说:"中国旧戏是中国历史社会的产物,也是中国文学、美术的结晶。"这上半句全没疑义。但是我还要问到缪子:中国社会是甚么社会,中国历史是甚么历史?如果是极光荣的历史、极良善社会,他的产物当然也是光荣良善的了。可以"完全保存"了。如果不然,只因为是历史、社会的产物,不管历史、社会是怎样的,硬来保存下去,似乎欠妥当些。中国政治,自从秦政到了现在,直可缩短成一天看。人物是独夫、宦官、宫妾、权臣、奸雄、谋士、佞幸;事迹是篡位、争国、割据、吞并、阴谋、宴乐、流离:这就是中国的历史。豪贵鱼肉乡里,盗贼骚扰民间;崇拜的是金钱、势力、官爵;信仰的是妖精、道士、灾祥:这就是中国的社会。这两件不堪的东西写照,就是中国的戏剧。至于说旧剧是中国文学、美术的结晶,真正冤死中国文学、美术了。中国文学,比起西洋近代的,自然有些惭愧,然而何至于下了旧戏的"汤锅"。旧戏的文章,像最通行的京调脚本,何尝有文学的组织和意味?何尝比得上中国的诗歌、小说?中国美术里雕刻、陶器、绘画之类,在世界美术史上,原有颇高的位置。拿因陋就简的"剧工",和全不修饰的戏台，同这些美术品参照，恐怕不能开个比例率。

综合谬子君全篇的意思，仿佛说道："凡是从古遗传下来的，都是好的。"我们固不能说，凡是遗传的，都要不得；但是与其说历史的产品，所以可贵，毋宁说历史的产品，所以要改造。进化的作用，全靠着新陈代谢：旧的不去，新的不来。历史的遗传不去，创造的意匠不来。一时代有一时代的出产品，前一时代的出产品，必然和后一时代不能合拍。中国旧戏，只有一种"杂戏体"，就是我在前篇说的"百衲体"，这是宋元时代的出产品。如果要适用于二十世纪，总当把这体裁拆散了——纯正的"德拉玛"，纯正的"吹拉拍"，纯正的把戏，三件事物，各自独立。况且中国旧戏所以有现在的奇形怪状，都因为是"巫"、"傩"、"傀儡"、"钵头"、"竞技"……的遗传（见王国维《宋元戏曲史》）。如果不把这些遗传扫净，更没法子进步一层。西洋戏剧进化的阶级，可以参证。在英国伊立沙白时代，"杂戏体"本狠流行，只为得有莎士比亚一流人，才把"杂戏"变成"真剧"。例如 Macbeth 开场，一个伤兵上来报告军情，现在的"莎士比亚学者"，用各种方法，证明这几幕不是莎士比亚作的。因为伤兵报告军情，是件不通的事，又给台下人一种反感，最和莎氏平日美术的技术不合。现在的 Macbeth 剧本，所以有这样情形，都由于被当时唱这戏的人，求合当时剧界的习惯，把纯正的新体，加上些杂戏的做法。照这看来，西洋戏剧的进化，全在推陈出新了。又如西洋二十年前，戏剧的做法，仍然有许多不自然的地方。自从易卜生的 A Doll's House 进攻欧洲"剧术"大起革命，说白的自然，时间地位的齐一（Unities of time and place），结场圆满的废除，"自语"（Soliloquy）的不见，都是新加的原质。西洋人日日改造，中国人年年保存。中西人度量相差，何以这样远呢？

我来做文回答谬子并不是专和旧人过不去。谬子给旧戏作辩护士，我却是主张新剧的。旧戏的信仰不打破，新戏没法发生，所以作这不惮烦的事。还要请谬子体谅一切。

我把谬子君文，用心看了几遍，又作了这篇回答的说话，心里起了几种感想，姑且连带说下来。第一，我觉得中国人只懂得"好"、"最好"，不懂得"更好"，总是拿着"好"，当成"最好"，却不知道天地间其实并没"最好"的，也不知道现在的"好"以外，还有未来的"更好"。就戏剧论，中国人觉着旧戏"好"，就以为是"最好"，再不想"更好"的了。第二，中国人对于现状，太为满足，这正是因为不知道

"更好"，所以对于目前情形，总是"安之若素"。纵然一件事改革的动机极熟了，旧状再不能容忍了，也甘心敷衍下去。西洋所以有现在的文化，全靠着人人方寸之间，时时刻刻，有个不满现状的感觉；中国所以有现在的糟糕，也全由于人人方寸之间，时时刻刻，有容受下去的心理。第三，中国人不懂得"理想论"（Idealism）和"理想家"（Idealist）的真义。说到"理想"，便含着些轻薄的意味，觉得"理想"即是"妄想"（Fancy），"理想家"即是"妄人"（Crank）。其实世界的进步，全是几多个"理想家"造就成的。"理想家"有超过现世的见解，力行主义的勇气，带着世界上人，兼程并进。中国最没有的是"理想家"。然而一般的人，每逢有人稍发新鲜议论，便批评道，"理想的狠"。所以这样烦恶理想的缘故，一则由于觉得天地间未曾发生的事，十九是不可能——恰是拿破仑一世所说的反面；二则由于上文说的现状满足。这两种情形，就是弱国国民的铁证。第四，中国人把国别看得太清楚了。就戏剧而论，我们说："美善的戏剧，应当怎样？"一般的人说："中国戏是中国的，必要这样，要是那样，就不是中国的了。"我请问中国戏剧的发生，难道不是摹仿西域北胡吗？（《旧唐书·音乐志》载"拨头戏"，《元史》、《马可保罗游记》多载中国戏仿自外国之证据。）像现在舞台上的"唢呐"、"胡琴"，是中国自造的吗？第五，自从西洋学说进口，中国游谈家多了个护身符，发起议论来，总加上些西洋的学者名、学术名，却不问相干不相干。这仍然是策论家吓人的惯技，不是用来推论证明。若果有西洋人恭惟中国事情，那更高兴的了不得。卫西琴一流人，真是善会人意的乖觉儿。——这五种看起来好像不切本题，但是我觉得中国人常常如此（我并不敢说缪子君是如此），还请看的人仔细理会一番。

二　编剧问题

辩论旧戏的当废和新剧的必要，我在前月做前篇文章时，已经说过都是费［废］话。现在更觉得多费唇舌，真正无聊。旧剧本没一驳的价值；新剧主义，原是"天经地义"，根本上决不待别人匡正的，从此以后破坏的议论可以不发了。我将来若果继续讨论戏剧，总要在建设方面下笔。我想编制剧本是预备时代最要办的，不妨提出这个问题，大家讨论讨论——讨论剧本的体裁，讨论剧本的主义。关于这个问题，我也有几层意思，把他写在下面。

（一）剧本的材料，应当在现在社会里取出，断断不可再做历史剧。

（二）中国剧最通行的款式，是结尾出来个大团圆。这是顶讨厌的事。戏剧做得精致，可以在看的人心里，留下个深切不能忘的感想。可是结尾出了大团圆，就把这些感想和情绪一笔勾销。最好的戏剧，是没结果，其次是不快的结果。这样不特动人感想，还可以引人批评的兴味。拿小说作榜样，中国最好的小说是《水浒》、《红楼梦》。一个没结果，一个结果极不快，所以这两部书才有价值。剧本的《西厢记》本是没结果的，后来妄人硬把他添起足来；并且说，"愿天下有情人，都成眷属"。若果天下有情人都成眷属，天下没有文章了。我狠希望未来的剧本，不要再犯这个通病。

（三）剧本里的事迹，总要是我们每日的生活，纵不是每日的生活，也要是每年的生活。这样才可以亲切；若果不然，便要生几种流弊：第一，引人想入非非，破坏人精密的思想想像力；第二，文学的细致手段，无从运用；第三，可以引起下流人的兴味，不能适合有思想人的心理。

（四）剧本里的人物，总要平常。旧剧里最少的是平常人，好便好得出奇，坏便坏得出奇。——简直是不能有的人，退一步说，也是不常有的人。弄这样人物上台，完全无意义。小孩子喜欢这个，成年人却未必喜欢这个。若说拿这些奇怪人物作教训，作鉴戒，殊不知世上不常有的事，那里能含着教训鉴戒的效用？平常人的行事，好的却真可作教训，坏的却真可作鉴戒。因为平常，所以可以时时刻刻，作个榜样。况且人物奇异，文学的运用，必然粗疏：人物愈平常，文章愈不平庸哩！

（五）中国人恭维戏剧，总是说善恶分明。其实善恶分明，是最没趣味的事。善恶分明了，不容看戏的人加以批评判断了。新剧的制作，总要引起看的人批评判断的兴味，也可以少许救治中国人无所用心的毛病。

（六）旧戏的做法，只可就戏论戏，戏外的意义一概没有的，就是勉强说有，也都浅陋得狠。编制新剧本，应当在这里注意，务必使得看的人觉得戏里的动作言语以外，有一番真切道理做个主宰。

以上六条，都是极浅的说话，并不是不能行的说话。还有我在前篇说过的，不再说了。

十年以前，已经有新剧的萌芽；到了现在被人摧残，没法振作。最大的原因，正为着没有剧本文学作个先导。所以编制剧本，是现在刻不容缓的事业。但是若果编制不好，或者文学的价值虽有，却不能适用在舞台上，可又要被人摧残了。再经一度摧残，新剧的发达，更没望了。我极盼望有心改良戏剧的人，在编剧方法上，格外注意！

民国七年十月二日

（原载 1918 年 10 月 15 日《新青年》第五卷第四号）

《新潮》发刊旨趣书

　　《新潮》者，北京大学学生集合同好，撰辑之月刊杂志也。北京大学之生命已历二十一年，而学生之自动刊物，不幸迟至今日然后出版。向者吾校性质虽取法于外国大学，实与历史上所谓"国学"者一贯，未足列于世界大学之林，今日幸能脱弃旧型入于轨道。向者吾校作用虽曰培植学业，而所成就者要不过一般社会服务之人，与学问之发展无与；今日幸能正其目的，以大学之正义为心。又向者吾校风气不能自别于一般社会，凡所培植皆适于今日社会之人也；今日幸能渐入世界潮流，欲为未来中国社会作之先导。本此精神，循此途径，期之以十年，则今日之大学固来日中国一切新学术之策源地；而大学之思潮未必不可普遍中国，影响无量。同人等学业浅陋，逢此转移之会，虽不敢以此弘业妄自负荷，要当竭尽思力，勉为一二分之赞助：一则以吾校真精神喻于国人，二则为将来之真学者鼓动兴趣。同人等深惭不能自致于真学者之列，特发愿为人作前驱而已，名曰《新潮》，其义可知也。

　　今日出版界之职务，莫先于唤起国人对于本国学术之自觉心。今试问当代思想之潮流如何？中国在此思想潮流中位置如何？国人正复茫然昧然，未辨天之高地之厚也，其敢于自用者竟谓本国学术可以离世界趋势而独立。夫学术原无所谓国别，更不以方土易其质性。今外中国于世界思想潮流，直不旁［啻］自绝于人世。既不于现在有所不满，自不能于未来者努力获求。长此因循，何时达旦？寻其所由，皆缘不辨西土文化之美隆如彼，又不察今日中国学术之枯槁如此；于人于己两无所知，因而不自觉其形秽。同人等以为国人所宜最先知者有四事：第一，今日世界文化至于若何阶级？第二，现代思潮本何趣向而行？第三，中国情状去现代思潮辽阔之度如何？第四，以何方术纳中国于思潮之轨？持此四者刻刻在心，然后可云对于本国学术之地位有自觉心，然后可以渐渐导引此"块然独存"之中国同浴于世界文化之流也。此本志之第一责任也。

中国社会形质极为奇异。西人观察者恒谓中国有群众而无社会，又谓中国社会为二千年前之初民宗法社会，不适于今日。寻其实际，此言是矣。盖中国人本无生活可言，更有何社会真义可说？若干恶劣习俗，若干无灵性的人生规律，桎梏行为，宰割心性，以造成所谓蚩蚩之氓；生活意趣，全无从领略。犹之犬羊，于己身生死、地位、意义，茫然未知。此真今日之大戚也。同人等深愿为不平之鸣，兼谈所以因革之方。虽学浅不足任此弘业，要不忍弃而弗论也。此本志之第二责任也。

群众对于学术无爱好心，其结果不特学术消沉而已，堕落民德为尤巨。不曾研诣学问之人恒昧于因果之关系，审理不瞭而后有苟且之行。又，学术者深入其中，自能率意而行，不为情牵。对于学术负责任，则外物不足萦惑，以学业所得为辛劳疾苦莫大之酬，则一切牺牲尽可得精神上之酬偿。试观吾国宋明之季甚多独行之士，虽风俗堕落、政治沦胥，此若干"阿其所好"之人终不以众浊易其常节。又观西洋"Renaissance"与"Reformation"时代，学者奋力与世界魔力战，辛苦而不辞，死之而不悔。若是者岂真好苦恶乐，异夫人之情耶？彼能于真理真知灼见，故不为社会所征服；又以有学业鼓舞其气，故能称心而行，一往不返。中国群德堕落，苟且之行遍于国中。寻其由来：一则原于因果观念不明，不辨何者为可，何者为不可；二则原于缺乏培植"不破性质"之动力，国人不觉何者谓"称心为好"。此二者又皆本于群众对于学术无爱好心。同人不敏，窃愿鼓动学术上之兴趣。此本志之第三责任也。

本志同人皆今日学生，或两年前曾为学生者，对于今日一般同学，当然怀极厚之同情，挟无量之希望。观察情实，乃觉今日最危险者，无过于青年学生。迩者恶人模型，思想厉鬼，遍于国中，有心人深以为忧。然但能不传谬种，则此辈相将就木之日，即中国进于福利之年。无如若辈专意鼓簧，制造无量恶魔子，子又生孙，孙又生子，长此不匮，真是殷忧。本志发愿协助中等学校之同学，力求精神上脱离此类感化。于修学立身之方法与径途，尽力研求，喻之于众。特辟"出版界评"、"故书新评"两栏，商榷读书之谊（此两栏中就书籍本身之价值批评者甚少，借以讨论读书之方法者甚多），其他更有专文论次。总期海内同学去遗传的科举思想，进于现世的科学思想；去主观的武断思想，进于客观的怀疑思想；为未来社会之人，不为现在社会之人；造成战胜社会之人格，不为社会所战胜之人格。同人浅陋，惟有本此希望奋勉而已。此本志之第四责任也。

本志主张，以为群众不宜消灭个性。故同人意旨，尽不必一致，但挟同一之希望，遵差近之径途，小节出入，所不能免者。若读者以"自相矛盾"见责，则同人不特不讳言之，且将引为荣幸。又本志以批评为精神，不取乎"庸德之行，庸言之谨"。若读者以"不能持平"腾诮，则同人更所乐闻。

既以批评为精神，自不免有时与人立异，读者或易误会，兹声明其旨。立异之目的若仅在于立异而止，则此立异为无谓。如不以立异为心，而在感化他人，但能本"哀矜勿喜"之情，虽言词快意为之，要亦无伤德义。同人等所以不讳讥评者，诚缘有所感动，不能自已于言。见人迷离，理宜促其自觉之心，以启其向上之路，非敢立异以为高。故凡能以学问为心者莫不推诚相与。苟不至于不可救药，决不为不能容受之诮让。然而世有学问流于左道，而伪言、伪旨足以惑人者，斯惟直发其覆，以免他人重堕迷障。同人等皆是不经阅历之学生，气盛性直，但知"称心为好"，既不愿顾此虑彼，尤恨世人多多顾虑者。读者想能体会兹意，鉴其狂简也。

本志虽曰发挥吾校真精神，然读者若竟以同人言论代表大学学生之思潮，又为过当。大学学生二千人，同人则不逾二十，略含私人集合之性质；所有言论由作者自负之，由社员共同负之。苟有急进之词，自是社中主张，断不可误以大学通身当之。

发刊伊始，诸待匡正，如承读者赐以指教，最所欢迎。将特辟通信一栏，专供社外人批评质询焉。

（原载 1919 年 1 月 1 日《新潮》第一卷第一号）

人生问题发端

　　人生问题是个大题目！是个再大没有的题目！照我现在的学问思想而论，决不敢贸贸然解决他。但是这个问题，却不能放在将来解决；因为若不曾解决了他，一切思想，一切议论，一切行事，都觉得没有着落似的。所以不瞒鄙陋，勉强把我近来所见写了出来，作为我的人生观。还要请看的人共同理会这个意思，大家讨论，求出个确切精密的结束。我这篇文章，不过算一种提议罢了，所以题目就叫做人生问题发端。

　　一年以来，我有件最感苦痛的事情：就是每逢和人辩论的时候，有许多话说不出来——对着那种人说不出来——就是说出来了，他依然不管我说，专说他的，我依然不管他说，专说我的，弄来弄去，总是打不清的官司。我既然感着痛苦，就要想出条可以接近的办法，又从这里想到现在所以不能接近的原因。照我考求所得，有两件事是根本问题——是一切问题的根本，是使我们所以为我们，他们所以为他们，使他们不能为我们，我们不能为他们的原动力。第一，是思想式的不同。第二，是人生观念的不同。这两件既然绝然不同，一切事项，都没接近的机缘了。就思想而论，我们说："凡事应当拿是非当标准，不当拿时代当标准。"他们说："从古所有，乌可议废者。"就人生而论，我们说："凡人总当时时刻刻，拿公众的长久福幸，当做解决一切的根本。"他们说，"无念百年，快意今日。"这样的相左，那能够有接近的一天？要是还想使他同我接近，只有把我这根本观念，去化他的根本观念。如若化不来，只好作为罢论；如若化得来，那么就有公同依据的标准了，一切事项可以"迎刃而解"了。什么"文学的革命"、"伦理的革命"、"社会的革命"……虽然是时势所迫，不能自已；然而竟有许多人不肯过来领会的。我们姑且不必请他领会，还请他"少安勿躁"，同我们讨论讨论这根本问题。

这根本问题是两个互相独立的吗？我答道，不但不能说互相独立，简直可以说是一个问题——是一个问题的两面。有这样特殊的思想式，就有这样特殊的人生观；有那样特殊的人生观，就有那样特殊的思想式。两件事竟断不出先后，并且分不出彼此。要是把这两题作为一体，往深奥处研究去，差不多就遮盖了哲学的全部。但是这样研究，作者浅陋，还办不到；而且实际上也没大意思，不如就形质上分作两题，各自讨论。所有思想式一题，等在本志第三号上讨论去。现在把人生观念一题，提出来作个议案罢。

一

我们中国人在这里谈论人生问题，若果不管西洋人研究到甚么地步，可就要枉费上许多精神，而且未必能切近真义。因为人生的各种观念，许多被人家研究过了，尽不必一条一条的寻根彻底；径自把他的成功或失败，作为借鉴，就方便多着了。所以我在评论中国各派人生观念以前，先把西洋人生观念里的各种潮流，约略说说。一章短文里头，原不能说到详细，不过举出纲领罢了。

Ludwig Feuerbach 说："我最初所想的是上帝，后来是理，最后是人。"这句话说的很妙，竟可拿来代表近代人生观念的变化。起先是把上帝的道理，解释人生问题。后来觉着没有凭据，讲不通了，转到理上去。然而理这件东西，"探之茫茫，索之冥冥"，被 Intellectualists 和其他的 Classical philosophers 讲得翻江倒海，终是靠不着边涯。于是乎又变一次，同时受了科学发达的感化，转到人身上去。就是拿着人的自然，解释人生观念——简捷说罢，拿人生解释人生，拿人生的结果解释人生的真义。从此一切左道的人生观念和许多放荡的空议论，全失了根据了。我们考索人生问题，不可不理会这层最精、最新的道理。

人对于自身透彻的觉悟，总当说自达尔文发刊他的《物种由来》和《人所从出》两部书起。这两部书虽然没有哲学上的地位，但是人和自然界、生物界的关系——就是人的外周——说明白了。到了斯宾塞把孔德所提出的社会学研究得有了头绪，更把生物学的原理，应用到社会人生上去，于是乎人和人的关系，又明白个大概。后来心理学又极发达，所有"组织"（Structural）、"机能"（Functional）、"行为"（Behavioristic）各学派，都有极深的研究。人的自身的内部又晓得了。这三种科学——生物学、社会学、心理学——都是发明人之所以为人的。生物学家主张的总是"进化论"（Evolutionism），从此一转，就成了"实际主义"（Pragmatism）。法国出产的"进化论"（Evolution Creatrice）也是从进化论转来。什么 Life Urge 和 Life Spirit，虽然一个说科学解释不了，一个更近于宗教，然而总是受了进化论的影响，并且可以说是进化论的各面。这并不是我专用比傅的手段，硬把不相干的合在一起，其实各派的思想，虽是"分流"，毕竟"同源"。所以 B. Russell 在他的 Scientific Method in Philosophy 里，竟把这些派别归为一类，叫做进化论派。Eucken 在他的 Knowledge and Life 里也常合在一起批评去。我把他合在一起的缘故，是因为都是现代思潮一体的各面，都是就人论人，发明人之所以为人，都不是就"非人"论人。我们受了这种思潮的教训，当然要拿人生解决人生问题了。

但是现在为说明之便，却不能合笼一起讲下去，只得稍稍分析。论到小节，竟是一人一样；论大体，却可作为两大宗。第一，是生物学派；第二，是实际主义派。现在不便详细讲解他，姑且举出他们两派供给于人生观念最要的事实罢了。

生物学派拿自然界做根据，解释人生。他所供给人生观念最切要的，约有以下各条：

（1）使人觉得他在自然界中的位置，因而晓得以己身顺应自然界。

（2）古时候的"万物主恒"之说，没法存在了。晓得各种事物都是随时变化的，晓得人生也在"迁化之流"（A Stream of Becoming）里头，可就同大梦初醒一般，勉力前进。许多可能性（Possibilities）、许多潜伏力（Potentialities），不知不觉发泻出来。现在人类一日的进步，赛过中世纪的一年，都为着人人自觉着这个，所以能这样。

（3）古时哲学家对于人生动作，多半立于旁观批评的地位，没有探本追源，而且鼓励动作的。自从"生存竞争"发明以后，又有了"生存竞争"的别面——"互助"——一正一反，极可以鼓励人生的动作。这个原理仿佛对人生说道："你的第一要义就是努力。"

（4）古时哲学家的人生观念，有时基于形上学，尽可以任意说去，全没着落。生物学派把这些虚物丢掉，拿着人的地位一条发明，尽够弃掉各种"意界"的代价而有余。从此思想中所谓"想像的优胜与独立"（Imaginary Superiority and Independence）不能存在，总须拿人生解释人生问题。这样一转移间，思想的观念变了，人生的观念变了。因为思想从空洞的地方转到人生上，人生的范围内事，多半被思想揭开盖了。

（5）看见人类所由来的历史是那样，就可断定人类所向往的形迹必定也是那样。所以有了尼采的"超人"观（Uebermensch）。尼采的话虽然说的太过度了，但是人类不止于现在的景况，却是天经地义。从此知道天地之间，是"虚而不屈，动而愈出"。人生的真义，就在乎力求这个"更多"，永不把"更多"当作"最多"。

以上都是生物学派所供给的。但是专把生物学解释人生，总不免太偏机械的意味。斯宾塞也曾自己觉着［得］他的生活界说不切事实，说："生活的大部分，不是生理、化学的名词能够表现的。"所以从生物学派更进一层，就是实际主义的说话。现在把这主义供给人生观念最要紧的道理，写在下面：

（1）生物学派的人生观念是机械的，实际主义的人生观念是创造的。

（2）哲姆士说："精神主义的各种，总给人以可期之希望，物质主义却引人到失望的海里去。"（James，Pragmatism，p. 108）生物学派的主张虽然叫人努力，但是极不努力的道理，也可凭藉着生物学家的议论而行。实际学派感觉着这个，把"软性"人和"硬性"人两派哲学外表的相左揭破了，事实上联成一个：一边［方］就人性讲得透彻，不像理想家的不着边涯；一方说"道德生活是精神的，精神是创造的"（Creative Intelligence，p. 408），不像生物学派讲得全由"外铄"。这类的人生观念，是科学哲学的集粹，是昌明时期的理想思潮和十九世纪物质思潮的混合品，是在现代的科学、社会生活、哲学各问题之下必生的结果。

（3）古时哲学家总是拿宇宙观念解释人生问题，总不能很切题了；生物学家也是拿生物原理解释人生问题，每每把人生讲得卑卑的很。实际主义却拿着人生观念解释一切问题，只认定有一个实体——就是人生，不认定有惟一的实体——就是超于人生。所有我们可以知，应当知，以为要紧，应当以为要紧的，都是和人生有关，或者是人生的需要。供给人生的发达与成功的，是有用，有用就是真；损害人生的发达与成功的是无用（包括有害），无用就是假。这样抬高人生观念的位置，不特许多空泛的人生观念一括而清，就是生物学派只晓得人生的周围；不晓得人生的内心的人生观念，也嫌不尽了。所以我们可以说实际主义是生物学派进一层的，是联合着生物学派，发明人之所以为人的。

（4）既然发明人生是制定思想上、道德上一切标准的原料，就可以拿人生的福利（Welfare）和人生的效用（Effects）去解决人生问题。从此人生的意义脱离了失望，到了希望无穷的海；脱离了"一曲"，到了普通的境界；脱离了"常灭"，到了永存的地位。

照这看来，拿人生解释人生，是现在思想潮流的趋势。我们在这里研究人生问题，当然不能离开这条道路呵！

二

然而中国现在最占势力的人生观念和历史上最占势力的人生学说，多半不是就人生解释人生，总是拿"非人生"破坏人生。何以有这样多的"左道"人生观念呢？我想中国历来是个乱国。乱国的人，不容觉悟出人生真义。姑且举出几条驳驳他。

第一是达生观。这种人生观，在历史上和现在都极有势力。发挥这个道理的人，当然以庄周做代表，阮籍的《大人先生传》和《达庄论》也是这道理。这一派大要的意思总是要"齐死生，同去就"，并且以为善恶是平等的，智愚是一样的。看着人生，不过是一切物质的集合，随时变化，没有不灭的精神，所以尧、舜、桀、纣都没差别，"死则腐骨"。照这样人生观念去行，必定造出与世浮沉的人类。既然不分善恶，所以没有不屈的精神；既然没有将来的希望，所以不主张进化；既然以为好不好都是一样，所以改不好以为好只是多事；既然只见得人生外面时时变化，不见得人生里面永远不变，所以看得人生太没价值了。照效果而论，这种达生观已经这样可怕，若果合于真理，尚有可说，无如拿真理解他，他并没立足之地。凡立一种理论，总要应付各种实事，但凡有一处讲不通，这理论就不能成立。我们是人，人有喜有怒，有若干的情绪，有特殊的情操，有意志，有希望，拿这种达生观去应付，一定应付不下的。因为达生观忽略人性，所以处处讲不通了。达生观竟可以说是一种"非人性的人生观"。就以阮籍个人而论，总应该实行这达生观了；但是《晋书·本传》里说："籍子浑……有父风，少慕通达，不饰小节。籍谓曰：'仲容已豫吾此流，汝不得复尔。'"照这样看，阮籍竟不能实行下去。他爱他儿子，他不愿意他儿子学他，可见他这道理是不普遍的。不普遍的道理是不能存在的道理，然而大说特说，真是自欺。

还有一层，照这达生观的道理而论，善恶是一样，一切是平等了；那么"大人先生"和"裤中群虱"是没分别，达生的和不达生的，是没上下，何以偏说"大人先生"好，"裤中群虱"不好？达生的好，不达生的不好呢？既然"一往平等"了，没有是非了，只好"无言"；然而偏来非那些，是这些，骂那些，赞这些，真是自陷。总而言之，解释人生真义，必须拿人性解去，必须把人性研究透彻，然后用来解释。如若不然，总是不遮盖事实的空想了。至于达生观所以在中国流行，也有几条缘故。第一，中国人是只见物质不想精神的。第二，中国人缺乏科学观念，所以这样在科学上讲不通的人生观念，却可以在中国行得通。第三，——这是最要紧的原故——中国的政治，永远是昏乱，在昏乱政治以〔之〕下，并没有人生的乐趣，所以人生的究竟，不可得见。忽然起了反动，就有了达生观了。

第二是出世观。出世的人生观有两种：一、肉体的出世；二、精神的出世。前者是隐遁一流人，后者是一种印度思想。中国历史上最多隐士，都是专制政治的反响。专制政治最能消灭个性，尽有许多有独立思想的人，不肯甘心忍受，没法子办，只有"遁世不见知而不悔"。什么"贤者避世，其次避地"啊！都是在昏乱时候。有时太平时代，也出隐士，看来似乎可怪，其实也是为着社会里、政治里不能相容，然后自己走开。这样本不是一种主义。在实行隐遁的人，也并不希望大家从他。所以有这样情形，尽可说是在一种特殊境况之下发生来的一种特殊变态，我们大可置而不论了。至于那一种印度思想，惑人却是不少。他们以为人生只有罪恶，只有苦痛，所以要超脱人生。揣想他意旨的并不是反对人生，原不过反对苦痛，但是因为人生只有苦痛，所以要破坏人生。照现在文化社会的情形而论，人生只有苦痛一句话说不通了，更加上近代科学哲学的证明，超脱人生的幸福是不可求的。什么"涅槃"（Nirvana）一种东西，是幻想来的。这也是在印度乱国里应有的一种思想，也是受特殊变态的支配，也是拿"非人"论人，不能解释人生的真义。

第三是物质主义。中国人物质主义的人生观，最可痛恨。弄得中国人到了这步田地，都是被了他的害。这种主义在中国最占势力，也有个道理。中国从古是专制政治，因而从古以来，这种主义最发达。专制政治，原不许人有精神上的见解，更教导人专在物质上用工夫。弄到现在，中国一般的人，只会吃，只会穿，只要吃好的，只要穿好的，只要住好的，只知求快乐，只知纵淫欲……离开物质的东西，一点也觉不着，什么精神上的休养、奋发、苦痛、快乐、希望……永不会想到。这样不仅卑下不堪，简直可以说蠢的和猪狗一样。一切罪恶，都从不管精神上的快乐起来。所以不管精神上的快乐，都因为仅仅知道有物质。这种观念，在哲学上并没有丝毫地位，原不值得一驳。我们只要想几千年前人类要是只有这种观念，必定没有我们了。我们要是只有这种观念，必定没有后人了。可见这观念和人生势不两立，那么，当然不能拿他解释人生了。

第四是遗传的伦理观念。有人说，道德为人而生；也有人说，人为道德而生。后一层道理，已经是难讲得很：纵然假定人为道德而生，也应当是为现在的、真实的道德而生，不应当是为已死的、虚矫的道德而生。在现在中国最占势力的人生观念，是遗传的伦理主义。他以为人为道德而生——为圣人制定的道德而生——不许有我，不许我对于遗传下来道德的条文有惑疑，硬拿着全没灵气的人生信条，当作裁判人生的一切标准。中国人多半是为我主义，这却是无我论，何以无我呢？因为有了道德，就无我了；有了道德上指明的"君"、"父"，就无我了；有了制定道德的圣人，就无我了。这道理竟是根本不承认有人生的。他的讲不通，也不必多说了。

这四种都是在中国流行的"左道"人生观念。有人问我，何以这几样都算做"左道"？我答道："因为他们都不是拿人生解释人生问题，都是拿'非人生'破坏人生，都是拿个人的幻想，或一时压迫出来的变态，误当做人生究竟。"其余的"左道"观念尚是很多，一篇文章里不能一一说到。只要把"就人生论人生"一条道理当做标准，不难断定他的是非了。

三

既然"左道"的人生观念都是离开人生说人生。我们"不左道"的人生观念，当然要不离开人生说人生了。但是不离开人生说人生——就人生的性质和效果，断定人生的真义——却也不是容易的事。想这样办，必须考究以下各条事实：

（1）人在生物学上的性质——就是人在自然界的位置。

（2）人把［在］心理学上的性质——就是人的组织、机能、行为、意志各方面的性质。

（3）人在社会学上的性质——这是人和人、个人和社会相互的关系。

（4）人类将来的福利和求得的方法。

（5）生活永存的道理（The Immortality of Life）。〔我这里说生活永存，万万不要误会。我是说"生活的效果（Effects）"永存，"社会的生活"永存，不是说"个人的生活的本身"永存。〕

照这五条研究详细，不是我这"发端"的文章应有的事。况且我学问很浅，也不配仔细述说这些。所以要做这篇文章的缘故，原不过提出这人生问题，请大家注意，请大家去掉"左道"，照正道想法去解决他，并不敢说我已经把他圆满解决了。但是人人都有他自己的哲学，上至大总统，下至叫化子，都有他的人生哲学。我对于人生，不能没有一番见解。这见解现在却切切实实相信得过，也把他写了出来，请大家想想罢。

人生的观念应当是：

为公众的福利，自由发展个人。（我现在做文，常觉着中国语宣达意思，有时不很亲切。在这里也觉这样。我把对待的英文，写出来罢："The free development of the individuals for the Common Welfare"。）

四

我这条人生的观念，看来好像很粗，考究起来实在是就人生论人生，有许多层话可说。怎样叫做自由发展个人？就是充量发挥己身潜蓄的能力，却不遵照固定的线路。怎样叫做公众的福利？就是大家皆有的一份，而且是公共求得的福利。为什么要为公众的福利？就是因为个人的思想行动没有一件不受社会的影响，并且社会是永远不消灭的。怎样能实行了这个人生观念？就是努力。这话不过略说一两面；我这人生观念，决不是两三行文章可以讲圆满了的。但是多说了，看的人要讨厌了，姑且抛开理论，把伪《列子·汤问》篇里一段寓言，取来形容这道理吧。

太行王屋二山，方七百里，高万仞，本在冀州之南，河阳之北。

北山愚公者，年且九十，面山而居。惩山北之塞，出入之迂也。聚室而谋曰:"吾与汝毕力平险。指通豫南,达于汉阴,可乎?"杂然相许。

其妻献疑曰:"以君之力,曾不能损魁父之丘,如大山王屋何?且焉置土石?"杂曰:"投诸渤海之尾、隐土之北。"

遂率子孙,荷担者三夫,叩石垦壤,箕畚运于渤海之尾。邻人京城氏之孀妻,有遗男,始龀,跳往助之。寒暑易节,始一返焉。

河曲智叟笑而止之曰:"甚矣,汝之不慧!以残年余力,曾不能毁山之一毛,其如土石何?"北山愚公长息曰:"汝心之固,固不可彻,曾不若孀妻弱子。虽我之死,其子存焉。子生孙,孙又生子,子又有子,子又有孙,子子孙孙,无穷匮也。而山不加增,何苦而不为乎?"河曲智叟无以应。

操蛇之神闻之,惧其不已也,告之于帝。帝感其诚,命夸娥氏二子负二山,一厝朔东,一厝雍南。自此冀之南、汉之阴,无陇断焉。

这段小说把努力为公两层意思,形容得极明白了。"子子孙孙,无穷匮也,而山不加增,何苦而不为乎?"一句话,尤其好。我们可以从这里透彻的悟到,人类的文化和福利,是一层一层堆积来的,群众是不灭的。不灭的群众力量,可以战胜一切自然界的。末一节话虽荒唐,意思乃是说明努力的报酬。但能群众永远努力做去,没有不"事竟成"的。我们想像人生,总应当从愚公的精神。我的人生观念就是"愚公移山论"。简截说罢,人类的进化,恰合了愚公的办法。人类所以能据有现在的文化和福利,都因为从古以来的人类,不知不觉的慢慢移山上的石头土块,人类不灭,因而渐渐平下去了。然则愚公的移山论,竟是合于人生的真义,断断乎无可疑了。

这篇文章,并没说到仔细。仔细的地方,我还要研究去,奉劝大家都研究去。研究有得再谈罢。

七年十一月十三日

(原载 1919 年 1 月 1 日《新潮》第一卷第一号)

万恶之原（一）

　　读者诸君！请猜我说这万恶之原，是甚么东西呀？我想大家永不会猜到。既然听见我说出这么凶一个题目来，一定往远的地方想去；却不晓得我所说的，就在目前，是我们一秒钟也离不开的，并且是那些冤人的圣贤，教我们从这里成道证果的。我既然胆敢冒犯众怒，还请大家仔细理会一番，想想还是那些骗人的面具是呀，还是我这直觉的裁判是呀。这么才不辜负我了。

　　我请大家不要误会，我并不是受了刺激，才发这样议论。这是我几个月来，读书、观察、思考的结果。

　　我先从反面远远说起。

　　请问"善"是从何而来？我来答道："善"是从"个性"发出来的。没有"个性"就没有了"善"。我们固然不能说，从"个性"发出来的都是"善"，但是离开"个性"，"善"、"恶"都不可说了。所以可以决然断定道，"个性"里面，一部分包罗着"善"，"非个性"里面，却没处去寻"善"去。譬如我们心里要杀人放火，居然就杀人放火去。这虽然是大恶，但是我是从自己心志的命令，对于这事完全负责任的；比起有个人拿刀压在我脖子上，逼着我拿钱助赈，还高明些。因为后一件事，根本与我无干，就是算做好事，也不能说是我做的。——照这样说来，"善"是一时一刻离不开"个性"的。

　　更进一层，必然"个性"发展，"善"才能随着发展。要是根本不许"个性"发展，"善"也成了僵死的，不情的了。僵死的，不情的，永远不会是"善"。所以摧残"个性"，直不啻把这"善"一件东西根本推翻。"善"是定要跟着"个性"来的，所以破坏个性的最大势力就是万恶之原。

然则什么是破坏"个性"的最大势力？

我答道：中国的家庭。

古时有一般哲学家说，人生下来，本是善的。这句话并不难讲。就人的"含蓄能力"（Potentialities）而论，原有许多善的端绪；要能培养得法，"扩而充之"，把那些不善的质素压没了，就可以成个善人。把坏社会里生的幼童，放在好社会里，大了多半成就个好人；把好社会里生的幼童，放在恶社会里，大了多半成就个坏人，都因为这个道理。所以竟有人说：坏事不是个人做的，是社会做的。也有人说：坏事不是为子女的做的，是他父母逼着他做的。可恨中国的家庭，空气恶浊到了一百零一度。从他孩子生下来那一天，就教训他怎样应时，怎样舍己从人，怎样做你爷娘的儿子，决不肯教他做自己的自己。一句话说来，极力的摧残个性。——你看西洋有华盛顿，中国没有；西洋有达尔文，中国没有。难道中国不该有这样天才吗？我说，不是没有，是被中国家庭消灭了。华盛顿小时，把他父亲园里的树砍了几颗。他父亲怒着问他，他就承认是他办的。他父亲便转怒为喜，说道："诚实是最好的，你能够诚实，所以恕了你的过罢。"假使华盛顿和他父亲是中国人，这事就不这样办了：必定可惜这几颗树，把他儿子教训一番；什么诚实不诚实，那有闲工夫管他。如果他儿子会掉个小鬼，弄个小聪明，他才要喜欢着，说是大了不可限量呢。诸位晓得，小孩子最易受大人感化；他父母一举一动，都与他终身有关系。倘如华盛顿的父母这样一办，华盛顿就不是华盛顿了。可见中国的华盛顿都是教中国做父母的埋没了。达尔文小的时候，送他到学堂里，不肯念工课，每日里跑到河边上，摸蛤蟆、捉螺蚌去。弄的没法办了，送到高等学校学医。他又不肯听讲。说教员讲得"是不能受的胡涂"，一个人整日里在城外弄花、弄草、弄虫儿。他要是个中国人，他家庭一定觉得他是个永不堪造就的顽皮孩子，就不想教育他的方法了。简截说罢，西洋家庭教育儿童，尽多是量材设教的；中国人却只有一条办法——教他服从社会，好来赚钱。什么叫做"个性"，他是全不明白。只把这一个法儿施用，成就他那"戕贼人性"的手段罢了。

中国人是为他儿子的缘故造就他儿子吗？我答道：不是的，他还是为他自己。胡适之先生曾有句很妙〈的〉形容语说："我不是我，我是我爹的儿子。"我前年也对一位朋友说过一句发笑的话："中国做父母的给儿子娶亲，并不是为子娶妇，是为自己娶儿媳妇儿。"这虽然近于滑稽，却是中国家庭实在情形。咳！这样的奴隶生活，还有什么埋没不了的？

中国人对于家庭负累的重大，更可以使得他所有事业，完全乌有，并且一层一层的向不道德的中心去。但凡有一个能赚钱的人，那七姑八姨，都粘上了，那族家更不消说。这么一来，让他丝毫不能自由，不能不想尽方法，赚钱养家；不能不屈了自己的人格，服从别人；去连累的他上下前后，寸步不由自己，譬如带上手铐脚镣一般。我模糊记得王而农《读通鉴论》上有一节：论谢朏做了好几朝卿相，都因为他的子弟，逼迫他这样。陶渊明自伤五个儿子不好纸笔，若果五个儿子好纸笔了，老头儿或者不能自洁了。咳！这是中国家庭的效用——逼着供给，弄得神昏气殆；逼着迁就别人，弄得自己不是自己；逼着求衣求食，弄得独立的事业都流到爪哇国去。——《大学》上说："修身然后齐家。"在古时宗法社会，或者这样。若到现在，修身的人，必不能齐家；齐家的人，必不能修身。修身必要"率性"，齐家必要"枉己"，两件是根本不相容的。还有孟子说："人之所以求富贵利达者，其妻妾不羞也，而不相泣者几希。"古时的人，或者这样好法；现在却应当反过来说："人若不求富贵利达，其妻妾不羞也，而不相泣者几希。"咳！家累！家累！家累！这个呼声底下，无量数英雄埋没了。

这两条不过是最大的恶迹，其余若妾的怪现状，姑媳的怪现状，妯娌的怪现状……更不消说。一句话说出来罢，总使得心神不能清白，能力无从发泄，一天一天向"不是人"做去。最好把路得的话，换几个字，去形容他，"想知道中国家族的情形，只有画个猪圈"。

更有那些该死的伦理家，偏讲那些治家格言、齐家要旨。请问整天齐家去，还能做什么事？况且家是齐得来的吗？又有人说，这是名教，不可侵犯。还有人说什么"名教罪人"。"名教罪人"，不可不小心的，其实名教本是罪人，那里有名教的罪人？名教本是杀人的，那里有不杀人的名教？

我们现在已经掉在网里了，没法办了。想个不得已的办法，只有力减家庭的负累，尽力发挥个性。不管父母、兄弟、妻子的责难，总是得一意孤行，服从良心上的支配。其余都可不顾虑，并且可以牺牲的。——这样还可望有点成就，做点事业。

我再说句话完结了罢，奉劝没有掉在网里的人，须理会得独身主义是最高尚、最自由的生活，是最大事业的根本。

还有一种东西，也可算得"万恶之原"，和中国的家庭，不相上下的。欲知端的，且听下回分解。

民国七年十一月四日

孟真附白：

本号中《万恶之原》一文，系前月所作。近见实社《自由录》第二集，亦载一文，名《万恶之原》。所论者亦为家庭。原应另改一题，无如牵动本文，印刷者势不愿拆已成之版。兹特于校对时，加此附白，乞读者体谅。又此两文名同质似，而主张大异，恐读者误以为相蒙，特声明其差别：

一、彼泛指家庭，吾则专就腐败之中国家庭立论，希望其改造成新式，而不认世界上之家庭制度，在现日可以根本废除。

二、吾所谓独身主义，希望特殊人格者用之，以为特殊事业之张本，不敢望尽人如是；彼则谓世上不应有婚姻。

三、吾所谓独身主义，乃极纯洁之生活，非如英后伊利沙白之独身；彼既以不婚责之尽人，自不能与我同旨。

（原载 1919 年 1 月 1 日《新潮》第一卷第一号）

社会革命——俄国式的革命

一年以来，我对于俄国的现状绝不抱悲观。我以为这是现代应当有的事情。将来无穷的希望，都靠着他做引子。今年六月，我的《读书记》里有一段说到他，且把他抄在下面。

> 昨晚又与子骏谈及俄国现在情形，将吾半年以来所怀之意见重说一番。吾于俄国状态绝不抱悲观。以为近世史之精神，全在思想自由。自"文艺复兴"而后，此思想之自由，一现于"宗教改革"：试验之者德意志列邦也。德国为此试验损失至大，数世不竞。然世界竟借此试验之结果，精神上脱离宗教专制，其供献于文化之演进为不少矣。再现于政治革命：试验之者法国也。法国为此试验乱八十年，国势上之损失至巨。然世界竟以此试验之结果重建政府，世谓真国家者，美列邦独立，法国革命以后之新生产，不为虚言。凡此二种运动，皆文明史上应有之阶级：凡为此试验之两国，进化之先锋也。今步此二种运动之后，更待改革者何事乎？社会而已。凡今日之社会，本其历史上之遗传性质组织，多有不适于现在者；或有仅有形式，更无灵性者；或有许多罪恶凭傅之而行者。推翻之另建新者，理想上所有事也。俄国既为此第三度改革之试验，自不能不有绝大牺牲。若俄党人择术不谨，固势逼处此，无足怪者。将来经数十年之试验得一美满结果，人类进化，更进一层矣。吾辈批评时事，犹之批评史事，岂容局于一时耶？又俄国现在情形分崩离析，恰似当年西班牙属地之独立：将来西伯利亚一带必多生若干共和国。与其统于一大专制政府之下，何如分建自治之邦？彼南北美之独立岂不优于在英国、西班牙、葡萄牙之下耶？世恒诉南美以多乱国，吾则以为若南美犹在西班牙政府下者，其乱象当烈于今日，

其人民之疾苦尤甚于今日也。波兰、芬兰本非已有，独立宜也；西伯利亚分建列邦，宜也。将来俄国于文明史上非同等闲。德哲人尼采谓俄独有兼并一切之能力，吾则谓俄之兼并世界将不在土地国权，而在思想也。

现在看来，我这话总算一部分说对了。中欧各国起了社会革命了！俄国式的革命到了德意志了。从此法国式的革命——政治革命——大半成了过往的事，俄国式的革命——社会革命——要到处散布了。但是不知到未来的"一八四八年"还是就在今年呢？还要等到明年呢？

民国〔七年〕十一月十二日

（原载 1919 年 1 月 1 日《新潮》第一卷第一号）

心气薄弱之中国人

当年顾宁人先生曾有句道理极确、形容极妙的话，说"南方之学者，'群居终日，言不及义'；北方之学者，'饱食终日，无所用心'"。到了现在，已经二百多年了，这评语仍然是活泼泼的。

我也从《论语》上找到一句话，可以说是现在一般士流里的刻骨的病，各地方人多半都如此——仔细考究起来，文化开明的地方尤其利害——就是"好行小慧"。

什么是大慧？什么是真聪明？本来是句很难解决的话。照最粗浅的道理说，聪明是一种能力，用来作深邃的、精密的、正确的判断，而又含有一种能力，使这判断"见诸行事"。并不是外表的涂饰，并不是似是而非的伎俩。

但是现在中国士流里的现象是怎样？一般的人，只讲究外表的涂饰，只讲究似是而非的伎俩。论到做事，最关切的是应酬。论到求学，最崇尚的是目录的学问，没道理的议论，油滑的文调。"圆通"、"漂亮"、"干才"……一切名词，是大家心里最羡慕的，时时刻刻想学的。他只会"弄鬼"，不知道用他的人性。他觉着天地间一切事情，都可以"弄鬼"得来。只管目前，不管永远；只要敷衍，不问正当解决法；只要外面光，不要里面实在。到处用偏锋的笔法，到处用浅薄的手段。

本来缺乏作正确判断的能力，又不肯自居于不聪明之列，专作质直的事情，自然要借重"小慧"了。觉得"小慧"可以应付天地间一切事情，无须真聪明，就成了"小慧主义"了。世上所谓聪明人，一百个中，差不多有九十九个是似聪明，似聪明就是"小慧"。惟其似聪明而不是聪明，更不如不聪明的无害了。

何以中国人这样"好行小慧"呢？我自己回答道："小慧"是心气

薄弱的现象。一群人好行小慧，是这群人心气薄弱的证据。中国人心气薄弱，所以"好行小慧"；就他这"好行小慧"，更可断定他心气薄弱。现在世界上进步的事业，那一件不是一日千里！那一件不用真聪明！真毅力！那一件是小慧对付得来的！——可叹这心气薄弱的中国人！

人总要有主义的。没主义，便东风来了西倒，西风来了东倒，南风来了北倒，北风来了南倒。

没主义的不是人，因为人总应有主义的。只有石头、土块、草、木、禽、兽、半兽的野蛮人，是没灵牲，因而没主义的。

没主义的人不能做事。做一桩事，总要定个目的，有个达这目的的路径。没主义的人，已是随风倒、任水飘，如何定这目的？如何找这路径？既没有独立的身格，自然没有独立的事业了。

没主义的人，不配发议论。议论是非，判断取舍，总要照个标准。主义就是他的标准。去掉主义，什么做他的标准？既然没有独立的心思，自然没有独立的见解了。

我有几个问题要问大家：

（1）中国的政治有主义吗？

（2）中国一次一次的革命，是有主义的革命吗？

（3）中国的政党是有主义的吗？

（4）中国人有主义的有多少？

（5）中国人一切的新组织、新结合，有主义的有多少？

任凭他是什么主义，只要有主义，就比没主义好。就是他的主义是辜汤生、梁巨川、张勋……都可以，总比见风倒的好。

中国人所以这样没主义，仍然是心气薄弱的缘故。可叹这心气薄弱的中国人！

七年十二月十五日

（原载 1919 年 2 月 1 日《新潮》第一卷第二号）

中国文艺界之病根

中国美术与文学，最惯脱离人事，而寄情于自然界。故非独哲学多出世之想也，音乐画图，尤富超尘之观。中国自制乐器，若琴、瑟之类，所谱者皆所谓高山流水、明月岳云之属，远与人事不相及。绘画中山水最多最精，鲜有绘人事者，绘之亦不能精。若夫文学更以流连光景、状况山川为高，与人事切合者尤少也。此为中国文学、美术界中最大病根。所以使其至于今日，黯然寡色者，此病根为之厉也。

泛而论之，凡寄托于文学、美术中之感情：第一，宜取普及，不可限于少数人；第二，宜切合人生，不可徒作旷远超脱之境。在于中国，皆反此道。美育一端，竟为士人所专，不取普及。惟不取乎普及，故文学、美术之价值，因之减削。绘画则不能作人物（宋元以来之人物画，非特无寄托之旨，并人之形式，画不周全，劣陋极矣），音乐则不能宣人情（琴瑟之曲，绝远人事；琵琶颇宣人情，正以其来自外国也），文学则小说、戏剧最不发达。今欲去此酷毒，返之正则，惟有刻刻不忘人生二字，然后有以立其本耳。英诗人 Blake 有云：

Great things are done when men and mountains meet,

Nothing is done by jostling in the street.

此为当时英国风气言之。如在中国惟有反其所说：以谓人与山遇，不足成文章；佳好文章，终须得自街市中、生活中也。

（原载 1919 年 2 月 1 日《新潮》第一卷第二号）

自知与终身之事业

希腊七贤中有云，"汝其自知"。此语自解释上言之，颇多义蕴。姑取一端而论，则谓人宜有自知之明也。自知之人，度己之材，恰充其量，无过无不及。不完全者，人之性则然，盈于此者，恒绌于彼。人每有一节之长，而众节无不长者，则殊未有。审己之短，忘己之长，因而自馁者非是。忘己之短，从己之长，因而躬自尊大者，尤为非是。必自知周详，避短就长，然后一生事业，有所托命。否则己之不知，而况于人，而况于物，而况以己身遇事理之至赜乎。

人惟有自知之明，斯宜自度己材，择一适宜之终身之职业。盖终身之事业，必缘终身之职业以生。凡学与术，皆以习久而精。操一业以终其身，与数易其业者，所诣浅深，未可比论。故荀卿云："好稼者众矣，而稷独传者一也……好书者众矣，而仓颉独传者一也。"然世人恒不肯择一职业，终身守之，则亦有故。一为虚荣心所迫，二为侈养心所驱。社会上待遇各项职业，恒有荣卑之差。人不能无动于中，乃舍其素业，以就其向所不习。"夫人幼而学之，壮而欲行之"，乃姑舍己以从人，"吾未见其尊己也"，是之谓虚荣心。职业无尊卑，而所入有差别。所入多者，可以应欲愿之求；举凡衣食寝处，不妨肆意为之。人见而羡之，以为己之所入，不能若人，则姑舍己以从彼，侈养于四体，而薄养于心性，是之谓侈养心。凡此二者，欲解其惑，则亦有说。知职业原属平等，虚荣心斯不足扰，知奉养之俭侈，与心神之局泰无与，侈养心斯无从生。各类职业，原无贵贱之别，苟非不正当之职业，未有不为社会所需要者。惟其皆为社会所需要，自无从判别其尊卑小大。社会上存尊卑之见者，妄也。所入厚者，所需愈多，所累愈重，因之心境常不得安。故欲厚其养，惟有减其心神之安宁，心安则养薄，养厚则心促。以心境与奉养之度相乘，任在何人，其积每为一致。于此可知力求侈养者，"狙之朝四暮三"也。

《韩诗外传》记闵子骞云："出见裘马之肥则好之，入闻夫子之言则又好之。两心交战，故瘠也。"不能择一职业，终身守之，以成终身之事业，能无瘠乎？

（原载 1919 年 2 月 1 日《新潮》第一卷第二号）

社会——群众

中国一般的社会，有社会实质的绝少；大多数的社会，不过是群众罢了。凡名称其实的社会——有能力的社会，有机体的社会——总要有个密细的组织，健全的活动力。若果仅仅散沙一盘，只好说是"乌合之众"。十个中国人所成就的，竟有时不敌一个西洋人。这固然有许多缘故，也因为西洋人所凭托的社会是健全的，所以个人的能力有机会发展；中国人所凭托的社会，只是群众，只是有名无实，所以个人的能力就无从发展。把矿物做比喻，西洋社会，是多边形复式的结晶体；中国社会，是附着在岩石上半沙半石的结合。

先把政治上的社会做个例：一个官署，全是"乌合之众"。所做的事，不过是"照例"的办法，纸篇上的文章，何尝有活动力？何尝有组织？不过是无机体罢咧！至于官署以外，官吏中所组织的团体，除去做些破坏的事情，不生产的事情，不道德的事情，也就没别事做了。只好称他群众了。又如工商界的组织，虽然比政界稍好些，然而同业的人，集成的"行"，多半没能力的。又如近来产生的工商会，比起西洋的来，能力也算薄弱多了——这仍然是社会其名，群众其实。至于乡下的老百姓，更是散沙，更少社会的集合。看起中国农民，全没自治能力，就可知道他们止有群众生活。

说到学生的生活，也是群众的，不是社会的。就以北京各高级学校而论，学生自动的组织，能有几个？有精神的生活，能有多少？整日的光阴，全耗费在"胡思"、"幻想"和"谈天"、"消遣"里边。兼有顾亭林说的南北两派学者之长［病］——"言不及义"、"无所用心"。每天下课的时候，课堂上休息的时候和吃过晚饭以后，总是三五成群，聚成一堆，天上一句，地下一句，用来"遣时"。若是把这废弃的光阴，移在自动的组织上，岂不大好？然而总是不肯的。所以这样的生活，只可算做在群众里边，做散沙的一分子。

总而言之，中国人有群众无社会，并且欢喜群众的生活，不欢喜社会的生活，觉得群众的生活舒服，社会的生活不舒服。

还有一层，"社会上之秩叙［序］"和"社会内之秩叙［序］"，很有分别。前者谓社会表面上的安宁，后者谓社会组织上的系统。二名虽差在一个虚字，却不可把两种秩叙［序］混为一谈呢。一切社会表面上的秩叙［序］，除非当政府昏乱——像一年以来，某派的穷兵黩武——是不容易破坏了的。所以袁世凯当国时代，处处都是死气，大家却还说他能保持社会的秩叙［序］。但是这表面上的秩叙［序］，尚是第二层紧要，比不上社会内的秩叙［序］关系重大。

现在中国社会内部里的秩叙［序］，实在是七岔八乱。一个人今天做买卖，明天做起官来了，去年当工程师，今年当政客了。任凭什么职业，谁都干得来，谁都干不来，给他干就干得来，不给他干就干不来。这是社会组织的系统缺乏秩叙［序］的一端。又如在一种职业以内，譬如在一衙门当差，若是靠着辛辛勤勤，做按部就班的事情，就不免"冯公白首，屈于郎署"。若是不注重自己应办的事，去干些蝇营狗苟，一定能够躁进。又譬如在一家店铺内，稳稳当当的做事，隔几个月加一回薪水的事，是不容易有的，全不给人一个向上的机会，那能长久守着！只好今天改这行，明天改那行，弄得社会就七岔八乱了。这又是不照秩叙［序］的一端。这样事随处可见，也不必多举。总而言之，中国社会的内部，不是有条理的。易词言之，是大半不就轨道的。生出的恶果，也无可数。其最显著、其最祸害的：第一，是使社会上多失职和不称职的人；第二，是使社会不健全了。

（原载 1919 年 2 月 1 日《新潮》第一卷第二号）

社会的信条

一般社会里，总有若干公共遵守的信条。这些信条，说他没用，他竟一文不值；说他有用，他竟有自然律的力量。

中国社会里，自然也有若干信条的。这些信条，是从历史上遗传下的，是有极大力量的，是旧道德所托命的。我们因为今昔时代不同，这些信条不应时，发出许多破坏他的说话，就有许多人很不以为然的。四月间有个朋友和我辨［辩］说——

社会上总要有若干信条，大家遵守，才能维持秩叙［序］，发展公众的福利。要是你也从自由的思想，他也从个人的判断，大家东跑西跑，没有标准的是非，岂不要闹翻了吗？

我回答这说话道：为保持社会上秩叙［序］起见，当然须赖公共的信条。但是信条与信条不同，总要分个是非——辨别他的性质，考察它的效果——不是可以一味盲从的。我且分析说个大概：

（1）社会上的信条，总当出于人情之自然。那些"戕贼人性以为仁义"的宗教、名教的规律，只可说是桎梏，不能拿他当做信条。所以信条的是非，总当以合于人情或不合人情为断。我们若是服从不合人情的信条，必定变做玩戏法的"奇人"了——那些造这信条的人，对于服从信条的人，所有的"功德"，就和玩戏法的对于他的"奇人"一样。

（2）这种信条，总要有意识，总要对于社会或个人有利益。信条的用项，全是为增进社会的幸福起见。若并无利益，或者有害，反来遵守他，也算无灵性了。

（3）信条总应合于现日的社会情形。若是遗传的信条，经过若干年，社会的性质改变了，人生观念不同了，我们反来遵守历史上的信条，岂不同信仰死灵魂，崇拜泥菩萨一样？可是中国现在社会上的信条，一百件中，就有九十九件是死灵魂、泥菩萨。

照这看来，信条一类物，须是应社会上所需要，出于自然，具有意识。若果遵守矫揉造作、不合时宜的信条，就有入地狱的苦痛。现在我举个例，我曾在一本笔记上见过一种福建的特俗，大概说：

> 延平一带地力［方］，未婚妇女，死了定婚的丈夫，便要寻死，这种风气李氏最盛。李氏是那里巨族，曾经出了个所谓名臣名儒的李光地。这位名臣名儒，立了条家法，凡是未婚女子，死了丈夫，须要殉节。若是不肯，别人当助她死，好求旌典。照这家法行了下来，就有不愿死的，家中父母无可奈何，把她绞死，然后请旌。因而李氏一家，受旌最多。乡人见了，羡慕的了不得，一齐学他，就成了风俗。

作笔记的人，把事实写完，便大大赞美一番。看官！这样信条，地狱有他惨酷吗？可是一般社会上人反说是"名教攸关"哩！

诸位切莫疑我举了个极端的例。我不过说个显而易见的，来做证据。那些外面看不出可恶，骨子里却害人到底的信条，正是多着呢！

剪话截说，我们总要做人，不要做"戕贼杞柳而成的杯棬"；总要从心内的判断、自然的性质，不要从社会的强压力。我们必须建设合理性的新信条，同时破除不适时的旧信条！

（以上四［三］条系去年六月中所作笔记。）

（原载 1919 年 2 月 1 日《新潮》第一卷第二号）

破　坏

几个月事〔以〕来，为着暴乱政潮的反响，受了欧战结局的教训，中国的思想言论界，渐渐容受新空气了。什么民本主义，一齐大谈特谈。有几家政党作用的报纸，居然用白话做文，居然主张自由思想，居然登载安那其主义克鲁泡特金的自叙传，这总算难能可贵的，也是可以乐观的。

我今天在一家上海报纸上，看见一条短评说：

> 现在中国的情势，要求新道德、新思想、新文艺的输入，非常之殷，恐怕是没有人不晓得的。
>
> 但是有一班人，他虽是做这输入的事业，然并不是将新文艺、新道德、新思想，多多益善的输入进来，却在那里专门想打破旧文艺、旧道德、旧思想，终日里做了许多驳难痛骂的文章。
>
> 我以为这个样子，与那新陈代谢的道理，颇不相合。譬如一个瓶，藏满了旧空气，如要改为新空气，虽是终日拿这个瓶来摇动，那旧空气依然不出去的。所以我们若认定中国今天既需要新道德、新思想、新文艺，我们就该尽量充分的把他输入，不要与那旧道德、旧思想、旧文艺挑战，因为他自然而然的会消灭的。

这话猛然看见，好像也有道理，仔细一想，竟是不能自完〔圆〕其说。新道德与旧道德，新思想与旧思想，新文艺与旧文艺，同时占据同一空间，不把一种除去，别一种如何进来？若是中国并没旧思想、旧道德、旧文艺，那么只用介绍新的就完了，不必对于旧的打击了。只是中国本来有一种道德、思想、文艺，大家对他信服的很，以为神圣似的。若果不发现了他的不是，不能坠大家对他的信仰心，自然不能容新的，还用什么方法引新的进来？一个空瓶子，里面并没多量的浑水，把清水注进就完了。假使是个浑水满了的瓶子，只得先把浑水倾去，清水才能钻进来。中国是有历史文化的国家：在中国提倡新思想、新文艺、新道德，处处和旧有的冲突，实在有异常的困难，比不得在空无所有的国家容易提倡。所以我们应当一方面从创造新思想、新文艺、新道德着手；一方应当发表破坏旧有的主义。这是势必处此的办法。像这家报纸的议论，竟是似是而非不通的很呀。

但是我们《新潮》的主张，并不是仅仅破坏就可了事。我们对于破坏有几层意见：

（1）长期的破坏，不见建设的事业，要渐渐丧失信用的。

（2）若把长期破坏的精神，留几分用在建设上，成就总比长期破坏多。

（3）发破坏的议论，自然免不了攻击别人，但是必须照着"哀矜勿喜"的心理。现在思想沉沦的人，到处皆是，固然可恶的狠，可也一半是社会造就出的，他们不便自负完全责任。我们对于不同调的，总要给他个"逃杨归儒"的机会，并且用"归斯受之"的待遇。若果不然，一味的快意而谈，可以接近的，也弄得上了千里之外，还能有什么功效？还能化得甚人？须知立异的目的，在乎求人同我，不可以立异为高。现在中国的思想文艺界，实在可怜了，总要存大慈大悲的心境，超脱一个是一个哪！

这一面是这样讲，也还有不得不非薄别人的时候，我们断断乎不可从乡愿态度。我在本志的发刊词上，已经说过了。

十二月十七日

（原载 1919 年 2 月 1 日《新潮》第一卷第二号）

汉语改用拼音文字的初步谈

中国人知识普及的阻碍物多的很，但是最祸害的，只有两条：第一，是死人的话给活人用；第二，是初民笨重的文字保持在现代生活的社会里。这两桩事不特妨害知识的普及，并且阻止文化的进取，因为他俩都是难能而不可贵，许多时间与精力用在学他俩上，自然没有许多余力谋智慧的进取。假使西洋人至今还用埃及、巴庇伦的象形文字，希腊、罗马的古语，断断乎不能有现代西洋的文化。从此可知现在中国的文化不在水平线上，都是他俩的功德了。幸而近一年来，代死文言而兴的白话，发展迅速的很，预计十年以内，国语的文学必有小成。稍后此事的，便是拼音文字的制作。我希望这似是而非的象形文字也在十年后入墓。我这篇文章久已想做了，只是贪懒不曾把笔，到了《新潮》第三期发稿的时候，才来弄这个"急就章"，定是不能满意的。至于这篇文章里意见的大纲，先用问答的话说出，请读者理会：

（1）汉字应当用拼音文字替代否？

答：绝对的应当。

（2）汉语能用拼音文字表达否？

答：绝对的可能。

（3）汉字能无须改造用别种方法补救否？

答：绝对的不可能。

（4）汉语的拼音文字如何制作？

答：我有几条意见，详见下文。

（5）汉语的拼音文字如何施行？

答：先从制作拼音文字字典起。

《新青年》里有许多讨论这问题的通信，又有吴稚晖先生的《补救中国文字之方法若何》一文，都是极痛快、极透彻的文章。但是就道理说，我对于吴先生的汉文决不能改用拼音文字的意见，颇信不过去。朱有畇先生的汉语应当改用拼音文字的主张，我非常赞成，但是不赞成他的信里的感情论调。我这篇文章里也没甚么新意，只因为见了别人说的，引起了我的高兴，随便谈谈罢了。

一

语言是表现思想的器具，文字又是表现语言的器具。惟其都是器具，所以都要求个方便，都不要因陋就简，安于不方便。我们主张废止文言，改用国语，只因为文言代表思想是不方便的，国语是比较的方便的。汉字改用拼音的道理也是如此。中国字的难学，实在在世界上独一无二。中国人住在中国学外国文，几年功夫，总可粗略晓得些；若是外国人学中国文，非到中国来不可，非终身研究不可，而且终身研究的效果还是不可期。凡些须懂得外国文的人，便知道中国文字和英、法、德等国文字的难易，实在不可以道里计。欧文字数虽多，字母只有二十六个（除斯拉夫各族文字）。只要认会这二十六个字母，学明白发音，便可免去记忆、音读的困难。所以欧文的字数虽多，却有个线索可寻，中文的字数虽少，都是个个独立。不特个个独立而已，就形体而论，又是异常的离奇。集合那似是而非的象形，似是而非的指事，似是而非的会意，似是而非的谐声，成就了个一塌糊涂。严格说起来，现在的楷书，还不如二千年前的篆文容易辨认，更不如他有意识。字音既然离字形而独立，字形又弄的不成形，所以青年儿童必须一字一字的牢记字音和字形，必须消耗十年工夫用在求得这器具上。等到这器具取得了，精力也消耗大半了，读书的时期也过去了，如何再求知识上的进取？然则这种可恶文字的效用，不仅妨害大多数的教育普及，并且阻止少数人的智慧发展。况且写他的时候，更要消耗许多时间，远不如拼音文字的简便。在现代复杂的生活之内，断不容许多可爱的时间消耗在书写这种笨极的文字上。总而言之，中国文字的起源是极野蛮，形状是极奇异，认识是极不便，应用是极不经济，真是又笨又粗、牛鬼蛇神的文字，真是天下第一不方便的器具。崇拜他以为神圣似的，是天下第一糊涂人。古时人用石具，现在人用铁具，问他何以不用石具呢？他定回答说石具不便的。独独不把这方便不方便的道理合〔用〕在文字上，真是岂有此理的事。

但是文字的作用仅仅是器具，器具以外，更没有丝毫作用吗？我答道：是的。我实在想不出器具以外的作用。唯其仅仅是器具，所以只要求个方便。一般顽固党定不像我这回答。他们总要说，器具以外，还含着美术的意味。哈哈！这真笑死我了！假使认汉字做美术物，保存起来，还须认中国妇女的缠足，西洋妇女的束腰，澳洲土人的文身做美术物，同样保存起来。这都是违背性灵而成的手艺，这都是只有样式没有意义的作为。凡是一种美术，须得有意义、有标准、有印象。请问书法有什么意义，使人生什么印象？什么是判断他的美恶的标准？——一言以蔽之，什么是他的美？姑且举几个例：碑学家骂帖学家"没气概"，帖学家骂碑学家"没风神"。"乡壁灵〔虚〕造"、丑态百出的《曹子建碑》、《隽修罗碑》，被太平天国的三老"水手游历"的"圣人"引为瑰宝。翻刻的《吊比干文》果真风行一世。颜真卿的书法一方面说是古今正宗，一方面说是"局促如辕下驹，褰若三日新妇"。那种矫揉造作的张廉卿、清道人居然也成书法大师。总而言之，就现在生人的书法而论，上自"水手举人"，下至刘申叔先生（我以为天地间写字随便的人，莫过刘先生了，所以举他，作个极端的例），谁不是一摊黑墨弄到白纸上，有什么意义？使人生什么印象？什么是判断他的美恶的标准？任凭那些"神品"、"妙品"的等级，"龙骧"、"虎视"的比喻，"飞青丽白"的形容，还不是些怪秘的感想，不可理喻的嗜好，逐臭嗜痂的事体吗？所以主张书法和研究书法的人，都是吃饱饭，没事干，闲扯谈。

而且中国文字尤其有缺点的地方，就是野蛮根性太深了。造字的时候，原是极野蛮的世代，造出的文字，岂有不野蛮之理？一直保持到现代的社会里，难道不自惭形秽吗？就以"也"一个字而论，我们整天要写一二百的，假使追溯到他的根原，恐怕有点不好意思写他罢。哼！这是国粹！这要保存！好个万国无双的美备文字！

写到这里，讨论宣告终止了。以后凡是汉字应当废弃的理论，再不多说。因为凡有常识的人，对于汉字断不会满意的。

二

也有一般很有学问见解的人，不主张废汉字。他们不是忘了方便不方便的问题，不是要保存国粹，不是拿书法当做美术。他们知道汉字的当废，还疑惑汉字的能废。他们以为汉语不能用拼音文字，或者径以为不必存汉语，或者以为中国音读不统一，没法造拼音的文字。据我个人鄙陋之见，这三层都不中旨要。何以呢？等我分条答来。

研究汉语的可用拼音文字表示否，须先问汉语的性质。汉文——即是古时的汉语——是不消说了，他断不是能用拼音文字表示的，所以改用拼音文字的结果，只得像吴先生说的，"六经三史当柴火烧，《尔雅》、《说文》糊窗子用"。我们既不是国粹派，对着这情景，也没有什么顾惜的。古书原不是给一般人读，国学在普通人的生活上，并没有影响，所以因为踌躇汉文的废止，便不制作汉语的拼音文字，是怯弱人的事。至于我定要主张汉语改用〈拼音〉文字，无非为现在和将来一般人的便利起见。总而言之，只是便利的缘故，既没有古不古的问题，更不存国不国的观念。换一句话说来，"任凭他"、"歇后"、"点鬼"的好手申申怒骂，汉魏唐宋的文豪哀哀痛哭，我们总得要为一般人谋一种表达语言的方便器具；任凭国家的偶像破除了，中国不国了，我们总得要发展这国语的文学。老实说罢，我近来对于白话文学主义竟是信的狠坚，中国可以不要，中国的语言不可不存。何以呢？因为外国语是极难学的，更不是中国人都能学得的，万一改用外国语当做国语，大多数的中国人登时变成哑子，意见不能发泄，岂不要闷死人呢？一边觉得汉文用起来不方便，一边又觉得外国语用起来不方便，所以把全力注重在汉语上，所以才要替汉语造一个拼音文字。

闲话少说，汉文不能用拼音文字，不成问题；汉语能用拼音文字，我以为也不成问题。汉语虽然是单节，却不是纯粹单音了。我平素以为世界上决没有纯粹单音的语言，因为单音是极不方便的。在古代的汉文里，已经感觉单音的困难。所以"唐"曰"陶唐"，"夏"曰"有夏"，"周"曰"有周"，都是单音充成复音。更有什么"语助词"、"足句词"，也是救正单音的困难的。到了后来，更不消说了。不说"今"了，说"今天"；不说"昨"了，说"昨天"；不说"即"了，说"现在"；不说"昔"了，说"过去"；不说"后"了，说"未来"。不说"宫"了，说"宫殿"；不说"民"了，说"人民"；不说"朝"了，说"朝代"；不说"政"了，说"政治"。甚而至于不说"帽"了，说"帽子"；不说"耳"了，说"耳朵"；不说"杏"了，说"杏儿"。古时有一件事物，便造一个字，打开《说文》便知，到了现在，通用的字不过三千，反没《说文》里的多。这都因为古人单音的话头多，今天单音的话头少。我常戏造了一个英文名词，说这是"dis-monosyllabic Movement"——"破坏单音的运动"。汉语既然仅是单节，不是单音，那么我们便拿词（Word）做单位，不拿字（Character）或音（Syllable）做单位，有何不可呢？汉字固然尽是单音，汉语的词，单音的可是比较少数啊。所以吴稚晖先生找不到"太阳"的同音字，造了个"腿痒"；找不到"什么"的同音字，造了个"石马"。在拼音的汉字里面，"太阳"是一个字，"腿痒"是两个字，"什么"是一个字，"石马"是两个字，并不至于起误会。至于其他音同义异的单音，或复音的词，固是有的，或者竟是不少，但是我们所主张既不是到拼音而止，还要造拼音的文字，自然有若干条例，补救这个困难。

吴先生论中国拼音文字的不能成立，必先假定汉字里面必加上许多欧语原字。我也并不绝对反对欧语原字的加入，在无可奈何的时候，这样事体也不妨偶一为之。但是却不懂得鼓吹这种改革的是何道理。弄得三分中国，七分外国，既不成形，又不好听，还是仍旧不便当，真是吴先生说的"恶狗当路睡，人己两不便"。果真定要造这类玩把戏的拼音文字，诚不若直用一种外国语当国语，免得胡闹。但是中国的拼音文字定要如此吗？定要多嵌外国语吗？哲学定要写 Philosophy，定不要写 Cheshuo，文学定要写 Literature，定不要写 Wenshuo 吗？我主张文学定要写 Wenshuo，定不要写 Literature。哲学定要写 Cheshuo，定不要写 Philosophy。总而言之，一切名词，除非在极困难的所在，非用原音不可的时候，务须先以义译，再拿音拼——这是我的主张。若是笑这话别致，我也可以举个实例。请看德国的文字就明白了。现放着有个拉丁文的 Epistemologie，德国人偏要造个 Erkenntnislehre；现放着有个拉丁文的 Biologie，德国人偏要造个 Lebenskunde。这也因为一般的德国人看了 Epistemologie 不懂；看了 Erkenntnislehre 懂得，看了 Biologie 不懂，看了 Lebenskunde 懂得，所以才有这样"叠床架屋"的造字法。最近的趋向，拉丁根的字渐渐不用了，德意志字渐渐应用在一切上：这固然也含别种作用，可是德意志字适于习惯，用来方便，也是一个重大原因。照这样看来，中国未来的拼音文字里所含的书名词，径用汉语的翻译，不用西文的嵌入，实在是理论上无不可通，而且西洋人有此先例了。

我还有一句话声明：我决不主张径用罗马字母作为我们拼音文字的字母，因为罗马字母不够汉语用的。我更不主张仅仅拼音，我主张必须造全不含混的拼音文字。至于造这文字的办法，总不外乎加入几条与发音无关的条例和若干与发音无关的字母，务必使他一见便觉清白，不必寻上下文然后晓得。胡适之先生说：

> 诗、丝、思、司、私、师等字，在白话里都不成问题。因为白话里这些字差不多全成了复音字，如"蚕丝"、"思想"、"思量"、"司理"、"职司"、"自私"、"私下里"、"师傅"，翻成拼音字，有何妨碍？又如"诗"字虽是单音字，却因上下文的陪衬，也不致误听。例如说："你近来做诗吗?""我写一首诗给你看。"这几句话的"做诗"、"一首诗"，都不致听错的。平常人往往把语言中的字看作一个一个独立的东西，其实这是大错的。言语全是上下文的 Contexual。即如英文的 Rite、Right、Write 三个同音字，从来不会听错，也是因为这个缘故。

这道理固然是极是了，固然说明白汉语可用拼音了，但是"上下文"云云，还是单说拼音，不曾说到拼音文字。要是仅仅拼音而止，"诗"、"思"、"师"等字，可以没分别；要是为制作拼音文字起见，却是非有分别不可。假使一部文学书，叫做"诗的研究"，又有一部心理学书，叫做"思的研究"，同是用拼音文字写来，便须将两 Si 字弄出点分别来。英文的 Rite、Right、Write，在发音上虽然没有分别，在文字上却不能不有分别。文字的用处，不仅让人听得懂而止，还须做得毫无疑义，可以用在法律上、契约上、表簿上、一切极有关系的条文上、一切没有上下文和句读的文字上。文字即是替代语言的，但是他的用处，还有独到的地方。所以必须使用若干条例，弄得"思"、"师"一类的同音字有分别，像英文的 Right、Wright 一样。总而言之，拼音是极容易的，拼音文字是很难的。我们为长久便利起见，不能不避易就难。

说到这里，到了吴先生攻击汉语拼音文字的焦点了。吴先生说，汉语拼出来的文字，必至于"七分重要的与人公共，所剩三分，止有甲记号的'太阳'、乙记号的'腿痒'、丙记号的'什么'、丁记号的'石马'。为这一点与人立异，叫世界上添了一种七分相像，三分不像的拼音文字"。我以为这话尚须斟酌。制造拼音文字只是制造拼音文字，并不是改造汉语。我们主张汉语改用拼音文字，不过把这四四方方的单音字去了，换上以字母集合，横行的拼音文字，丝毫不碍〔与〕汉语相干。汉语和欧化另是一个问题。不过以前写"我说"，现在写"uo shuo"；以前写"这个狗好看"五个大字，现在写"Cheko ko haok'an"

三个大字（此处仍用罗马字母拼音者，因便于辞说起见，姑举一种拼音写法以为例。吾固不主张直用罗马拼音造汉字也。以前做此）。汉语并不和欧语有七分的相同，又何至于代表汉语的拼音文字和西文七分公共。至于"太阳"上有个甲记号，"腿痒"上有个乙记号，姑无论"太阳"是一字，"腿痒"是两字，声音又不严格的相同，就是两字一样，声音全同，又何不可加一种符号的区别，若英文的 Right 多一个 gh，Rite 多一个 e，以显区别吗？不过他们的分别是由于语言历史的蜕化，我们的分别是由自造条例的支配。我们比他更清楚些，一经演成习惯，其效用乃毫无二致。吴先生既然把拼音和拼音文字的两种分别说得极透彻了，那么拼音文字在拼音以外，另有一种质素——就是和发声无关的字母或符号的加入——乃以类相从的道理。若是说这种文字是三分不像的拼音文字，那么天地间只有德文一流的是拼音文字，其余若英文、法文都在三分不像之列了。我们不必争这个像不像，只要问那个方便不方便。就方便而论：英文、法文一流的文字和中文，真是一百和一的比例。而况我们的条例，更要比历史上蜕化的标识有道理些。然则我们又何妨为便利起见，径自造这一种三分不像的拼音文字呢？

说到这里，又有一个疑问发生了。有的人主张用草书代替楷书，因为草书虽然不一致，却可限定使他一致。又因为拼音文字实不易造，不如因陋就简，找个省事的办法。但是这主张据我看来，恐怕不易实行。无论使草书成定形是极难成功的事，就是能成功了，楷书依然去不掉，因为草书的形体太不分晓，只可用在抄写的时候，不能用在印刷书籍上。那么一般的人，还是要认识楷书，不过在楷书以外，再加上和楷书一般多的草书。虽然写的时候可以省点时间，然而学的时候须得加上一倍的困难。所以我敢老老实实说，汉字的形体实在是没法补救的。至于汉字的声音，我也以为是没法补救的。补救汉字的声音的器具，当然要首推注音字母了。定把注音字母骂得一钱不值，而且说有他反而有害，也是朱我农先生感情的论调。他实在能帮助我们容易认识字音，并且可以做下等人看告示互相通问的用，但是这效用实在有限啊！他仅能帮助我们识字音，却不能帮助我们解文字；他仅能供人互相通问的用，却不能使人从他得知识：他原不是登载知识的文字。而且叫他跟汉字永不相离，也是办不到的。人类的性情都愿省事，都不愿费事。他们在不认识汉字的时候，自然乐意得旁边跟着个注音字母；等得认得汉字了，便不管旁边的注音字母了；等到会写汉字了，便不写旁边的注音字母了。人的心理如此，是不能强制的。至于日本人的通俗书报旁边注上假名，却和这不是一种道理。日本人对汉字的观念和中国人完全不同。中国人认汉字有一定的音声，日本人只拿他当辨别汉语的一种符号，没有声音的意味；常常同一汉字两种读法。所以日本文里的汉字和假名关系密切，中国文里的汉字和注音字母关系松散。而且日本文里，汉字不到一半，注上假名，还不很费事。若在汉语，都是用汉字写的，必要一一跟着个注音字母，岂不麻烦死了？更进一步，注音字母并不能使读音统一。注音字母既不能永不和汉字相离，所以在字音的本身上，效力不能大了。纵然有一部标准音字典，实不能限制人定然从他，必至于各本方音，去注注音字母。必有拼音的文字，音读才可以一致；因为拼音文字的声音，是不能变的，汉字旁的注音字母，可以随便更改。我平素最相信的有两件事：第一，必先有国语的文学，才能国语统一；第二，必先有拼音的文字，才能音读统一。注音字母不过是"改良的反切"，此外更少别样作用。一言以蔽之，汉字的形体不能用草书补救，汉字的声音不能用注音字母补救。真是坏到底的东西，只有根本推翻，没法补救。

　　说到这里，又到了别一个问题了。既然舍得忍心决意，把这汉字弃掉，或者"要出流'苏木水'的代价，难道不好加进大同的计划"，径自用 Esperanto 吗？——这是吴先生的主张。我对于 Esperanto 的程度，不过四星期，还是好几年以前的事，所以我不配有反对 Esperanto 的资格。但是 Esperanto 是一事，将来确定的世界语又是一事，将来确定的世界语是人造的语言，或是现在几种重要语言中之一种，又是一件事。世界总有大同的一天，将来总当有一种共同的言语，是无可疑的。所以我决不反对将来的真世界语。但是那世界语究竟是人造的啊，或者是生成的啊，却不敢预定。姑且假定是生成的，是现在自然生成的语言的一种，究竟是英语啊，法语啊，德语啊，俄语啊，也不敢预定。就是承认现在的语言都没有将来做世界语的资格。将来的世界语，必是"大人为"的，那么还是 Esperanto 啊，或者是 Ido 啊，或者是吴先生所谓"五十年后的 Ido"啊，又不敢预定。这不仅我这怀疑 Esperanto 的要怀疑，就是相信 Esperanto 的吴先生、钱玄同先生，也说不定的。钱先生说："现在向柴明华先师脚下跪倒的人，竟将世界语认为他们贵先师的专利品，遇见别人做世界语的，便说是冒牌。这竟是'只此一家，并无分出，请认明柴先师招牌为记，庶不致误；如有假冒，雷殛火焚，天诛地灭'的话头。哈哈，真要教人笑死！"吴先生在《新青年》五卷五号四九二至五〇二页好几大页里，也只证明"世界语之为世界语，终是无恙"。至于世界语是否即是 Esperanto 充当，吴先生也说不定，还说"进了他的门，倘见着不良的，可以改良，是第二希望。真要别创 Ido，把他做个底子，是第三希望"。从此可知吴先生、钱先生都不曾断定现在的 Esperanto 是将来的世界语，那么 Esperanto 还是一个悬案。我们先把汉语不管了，万一将来的世界语不是他，我们岂不要进退失据吗？拿世界语替代汉语，须得这所谓世界语的业经被世人公认了，其中的一切条例固定了，有文学的意义了，用他做的著作充满了，若是看着个飘摇恍惚的不肯罢休，却把原有的实在的掉了，是狠不上算。我好几年来，总以为中国人学 Esperanto，有点近似"饥汉充大肚"，又像"望梅止渴"，实在不能充饥。还有一层，一切外国语，无论他是英、是法、是 Esperanto，都是难学的。陶孟和先生以为中国读书人须得学会英、法、德、俄、义、日六种语言的话，是办不到的。就以我个人而论，我十四岁学英文，到了现在，差不多九年整了，还是糊里糊涂的。只可说是能看书，至于自由使用，尚差着十万八千里。这诚然由于我的资质太笨，再加上用功有间断，再加上生病，再加上学别种文字，所以以至于此。但是必说中国人的天分个个比我好，心思个个比我专，精力个个比我充，也不是近情理的事。现在我的一般同学，差不多都曾学了十多年外国语，但是能自由使用一种外国语的，真是十不抽一。

我也常见几个留学多年的前辈，或者径得过硕士、博士的头衔，听他说起外国话来，总不如母舌顺利。从此可知用外国语替代国语，无论是英、是法、是 Esperanto，总是不可能的空想。天地间不可能的想像，就是第一流的高明，照实际说起来，也要和不高明的见解，在同一水平线上。我们就可能不可能上着想，为方便不方便的缘故，还是保存国语，替他造个方便的拼音文字为是，还是不要取我们用来辞不达意的 Esperanto 或法文代替他，弄得我们成个半哑子。至于提高一般人的外国文的程度，原是我日夜希望的，但是和代替国语的问题毫不相干。更进一层，纵是承认中国语终须用外国语替代，也是远之又远的事情，现在仍然须造汉语的拼音文字。吴先生说，人类再过多少时候，总得要说一种言语，写一种文字，止有早晚的问题，决没有否定的问题。这话诚然不错。但是早晚的问题还须研究哩。三年、四年是个早晚的问题，三四十年也是个早晚的问题，三四百年也是个早晚的问题，甚而至于三四千年也是个早晚的问题。要是三四年以后，这语言大同就实现了，我们尽可不必多此一举，作这过渡的汉语拼音文字。就是三四十年以后，也还可以忍性等着。若是须得好几百年，或者千年开外，便得另作打算，不便像吴先生说的，"向单轨火车发明家预定，将来新建物成功，可用他一飞就赶到的法子"了。现在世界上的大国，没有一国能严格的统一国语的。英、法、德、俄、日本都是这样，就是小国也常如此。瑞士国用三种语言——法、德、意——总没法子齐一。再看中国，更可观了，至少有五百种土白。等中国的国语完全统一，恐怕是一百年开外的事。若是全世界的语言统一，更不是二百年、三百年做到的，或者竟须七八百年开外。从民国八年到民国八百零八年，实在是很长久的一时期，难道一直静等下去吗？如果说中国语言迟早必废，中国的拼音文字止是过渡的作为，我也要说天地间人的一切设施，都是迟早必废，等到人类的末日，没有一件东西不是过渡的作为。如果预定了单轨火车，现在却忍着饥肚，"缓步以当车"；等到过上些年岁，又惝〔恍〕惚捉到一个无轨飞行车的影子，再把单轨火车预定的契约取消，和这无轨飞行车的未来发明家订合同去，恰合常语说的"只想明天，不管今天"，又忘了"明天永不会来了"。总而言之，现在饿着，去预定去，是不妥当的事。预定一个靠不准一定不变的，更是不妥当的事。几百年的时期，用迟早必废一句话了之，不管这早晚是好多长久，尤其是不妥当的事。统而言之，汉语改用拼音文字是长久的事业，不是过渡的作为。再一言以蔽之，改造文字虽然不容易，却不敌改换语言百分之一的艰难。

我在一月以前，把我心里对于汉语拼音文字的感想，对一位朋友说了一遍。这朋友是不赞成我的主张的。他说："必须中国人的音读统一，语言统一，才能造拼音的文字。拼音文字是这些设施的结果，而非原因。"我想，从表面看来，固然似乎如此，其实拼音文字是音读统一和语言统一的原因，而非结果。何以呢？音读统一必不能靠学校的教授，因为读音不是可以强迫的。也必不能靠注音字母，因为注音字母不能和汉字永不相离。就自然方面说呢，音读统一靠着交通的发达。就人为方面说呢，他止靠拼音文字。必有固定的拼音文字，音读才可以约束得一致。不先有拼音的文字，音读自然是随便改换的。至于因为国语不统一，便暂把拼音文字丢开，也是本末倒置的事。国语的统一全靠着国语文学的力量，若是国语的文学用拼音的文字写出，约束既然更严，国语统一的效验更快。而且国语虽未统一，将来统一各地的国语，现在却是已经成形，即是所谓"蓝青官话"的。本着这"蓝青官话"去造拼音文字，没有什么不可，并不必等到国语统一以后呀！

以上我把汉语改用拼音文字的"应当"、"可能"两层说完了，再要说的，就是制作拼音文字的规则了。

三

这制作拼音文字的规则实在是不易谈的。我这篇文章又是"急就章"，更要说不好了。所以一切不完备的地方，还要等将来再谈，一切错误的所在，也要等将来再改。

第一条就是字母选用的问题。为着右行的缘故，书写的简便，形式的清晰，我们必须采用罗马字母一类的，当然不可用我们的篆书蜕化的注音字母，印度的、亚拉伯的、叙里亚的字母。我们又不可采用德国的花字母，因为那种字母实在费人眼力，无意识的很，这问题可以无须讨论。罗马字母已为西洋各国所公认，虽斯拉夫、希腊各国有点出入，大致说起来，也还是哥哥弟弟，将来我们的字母，自然也要是罗马字母的哥哥弟弟的一流。但是我们还是径自抄袭罗马字母呀，或者稍加以变通呀？我是以为须得稍加变通的。何以呢？第一，汉语的声韵比罗马音多，所以为着分析明画起见，罗马字母不够代表汉音的。第二，若是用字母以外的符号辨别声音，不如用字母为妥，因为符号容易混乱。然则少用符号，便须多用字母。我们既止懂得"方便"、"有益"的道理，决不承认文字里面有不可侵犯的质素，那么我们自不必看罗马字母若神圣似的，尽可以随意改变了。所以我敢决然断定道，将来我们的字母，定是罗马字母的哥哥弟弟，定不是罗马字母本身。

有的人说，可以径用"新音标"（Phonetics）。这个我不敢乱谈，因为我只见过几部德文书上用他注音，却不曾丝毫研究他过。假使他是很适用的，我们便当一致采用，乐得省事。假使有不便一致采用的地方，我们便要自己制作了。制作的大纲有几条。

（1）以罗马字母为根据（Phonetics 也是如此）。

（2）凡罗马字母所不能发之音，我们采取希腊、斯拉夫等国字母补足他。

（3）凡一罗马字母发不止一个的声音时，务必分析用之，使一字母表唯一声音，另以他字母表他声音。不足时便用外邦字母补充他。例如："O"有长短两音，我们用"O"表短音，别取希腊字母的"ε"表长音；"p"有清浊两音，我们用"p"表浊音，别取希腊字母的"π"表清音。

（4）凡一声或一韵，罗马字母中不能用一个字母表达，而用多个字母表达者，我们为便利起见，另造简单字母。例如德文中的"sch"一声用了三个字母，太觉不便；新音标中以"ʃ"表他，即是求简便的缘故。又如德文、英文的"ng"（即中国音的"疑"母），用在字尾时很多，不当以两个字母表他，新音标中即节省为"C"。

（5）凡中国所特有，西洋所无有的声或韵，应当仿照欧母的形式，自造一个字母表他，不必用欧母牵合。如"日"母是中国特有的声，不妨自造一个字母表他，不宜强用不相干的欧母代表。

总而言之，以罗马字母为蓝本，再就中国声韵的情形，为清楚简便的缘故，改换他，增加些。

第二项是字音选定的问题。这一条一般人以为困难，其实是不成问题。中国语虽然至不齐一，但是所谓"蓝青官话"已经占了"统一的国语"的地位。拼音文字当然用"蓝青官话"的字音。虽然"蓝青官话"里也有若干的不同，但是什九相差不多。作拼音文字的人，惟有取决多数了。

第三项是文字结构的问题。汉语的拼音文字，不应再是单音文字，我在上文已经说过了。一经废除单音，拼音文字施行的困难去了一大半。因为汉字虽然尽是单音，汉语的词，单音的却是很少。我们既以词（或称言即 Word）为单位，不以字为单位，含混的地方，自然十去八九了。说到这非单音的拼音文字的结构，有几条公例可寻：

（1）凡一个以上的汉字，联合起来，作为一个"词"时，拼音文字里即认为一字。例如：

（a）具体和抽象名词——"人民"、"政府"、"国语"、"统计学"、"限界效用"、"功利主义"、"动作"、"判断"、"美丽"、"仁慈"等；

（b）形容词——"充足"、"满意"、"美丽"、"仁慈"（此所举为形容词，前条所举为抽象名词。字同而词性不同）等；

（c）代名词——"我们"、"他们"、"那些"、"每人"、"每个"、"一个"、"那个"、"他自己"、"甚么"等；

（d）动词——"破坏"、"造就"、"睡觉"、"可以"、"能够"等；

（e）助词——"稀有"、"慢慢"、"赶紧"、"以前"、"那里"、"差不多"、"怎样"、"为甚么"等；

（f）位词——"在于"、"到了"、"除却"等；

（g）介词——"因为"、"所以"、"并且"、"但是"、"或者"、"于是乎"、"如果"等；

（h）感叹词——"啊呀"、"哼哼"等。

都拼成一个字。

（2）数词应当自由集合，像德文样的。我以为将来我们拼音文字的集合和分散，不可太自由了，太自由了，便止是拼音，不成其为文字。也不可太不自由了，太不自由了，便和我们国语的性质相左，而且初造拼音文字的时代，不得不使文字的集合和分散稍须自由些。我们不可学英文，英文的离合太不自由了。我以为莫妙于学德文的款式。德文的离合有固定的规律，但没有限定的字数。例如数字的集合，动词和助词的联结，两个以上名词的联结，都可以照着规律，自由连加，这是很便当的。所以在我们将来的拼音文字里：

（a）无论若干数词，只要是表明一个数，都应当连结成一字。如"五百三十二"应拼成一字。

（b）动词的前后，可以自由加助词。如"前进"、"后退"、"坐下"、"穿上"、"赶出去"等词里"进"、"退"、"上"、"下"、"出去"等助词，须和他们的动词拼成一字。

（c）两个以上的名词，在连用的时候，可以结成一字。如"自然科学"、"国家社会主义"等，皆须连成一字。

（3）一切的语首根（prefix）和语后根（suffix）皆不独立。如"不然"、"不自在"的"不"，"没有"的"没"，"完了"的"了"，"正当的"的"的"，皆不独立成字。

（4）一切简单的惯语，原来虽不是一个字，现在在已经变成一个字时，在拼音文字中，即作为一字。如"吃饭"、"走路"、"打仗"原是一个动词和一个受格，现在受格的意义已去，止剩了动词。又如"一本书"的"一本"，"一颗树"的"一颗"，原来是一个数词和一个名词，现在连合用的惯了，直等于一个形容词。又如"不可以的"、"自然而然的"，现在也只是一个字了，诸如此类，都拼成一字。

以上四条，原不能该括尽了。总而言之，我们力避单音字，努力多造二音以上的字。

以上的三项说完了，我还有两层意思要说。

第一，是拼音文字和文法的关系。汉文本有文法，但是和汉字不发生关系。至于汉语的文法，却是未来的拼音文字所依赖了。一切语助的变化，都是制作拼音文字的人所应当前知的。一句话说来，未来的拼音文字，当是基于文法而制作的，或者那拼音文字上，应当带上几个表示文法上的作用的符号，亦未可知。记者对这有一种感念，只是不曾仔细计较一番，所以暂不说出，等到下次再谈。现在我们总觉着中国语言的文法里，实没有一条不破的例。这不能说是中国语缺短文法，不过是说，中国语的文法，每有例外，不能整严罢了。其所以如此的缘故，是为着没有国语的文学。外国语在上等人嘴里和写在纸上，是有文法的，到了下等人嘴里，就随便了。中国的国语，还是在雏形时代，既没有国语的文学，使他齐一，又不曾在上等人嘴里，造好标准，所以尚是乱杂的很。但是虽说乱杂，其中仍有条理可寻。等这条理寻出，中国语的文法发明了，拼音文字的制作，便不是难事。等这拼音文字制成施行了，中国语的文法，又自然而然的借着文字的力量维持他的整齐。这样看来，拼音文字的造就，靠着国语文法的发明，国语文法的齐一，又靠着拼音文字的效力，两件事是互相为用的了。

第二，是拼音文字和固有汉字的关系。我们制造拼音文字的第一步手续，就是在那几万的汉字之中，挑选出几千常用的字，作为我们的拼音文字的字根。这字根多半是被联合起来，成就复音的字，但是也有独立的地方。连合起来呢，声音相同的复字，自然是少见的。独立的用呢，可就陷于同音的困难了。为分析同音字，使不相混的缘故，自然要制造若干辨别用的符号。我对于这类符号的感想有下列三条。

（1）这符号的形状，似乎仍用字母的形式为相宜，用时即夹在字母里，不可用点画的形状，写在字母的上下左右。照前项的办法，书写方便，形式清楚；照后项的办法，很容易模糊。这类符号，竟可说是"与发声无关的假字母了"。

（2）这符号的造法，我半年前想采取汉字里偏旁的意思，每一种包含许多字的偏旁，成一种符号。后来一想，这办法着实可笑的很。这不简直是变形的汉字吗？现在我还想不出用甚么条理，造这符号。但是照我的揣想而论，总该是"以类相从"，有条理可寻的，决不可是随便支配的。换句话说来，我们把若干字堆在一起找到一种标准，分析他成若干类，每类造一个符号辨别他，并不是随便造出几个符号，随便乱加，使学他、用他的人感觉着纷乱。

（3）这符号不可多了，大约十几个已经能够分别同音字的用处，正无须多造了，使人感觉着麻烦。

这样符号，就性质上论来，差不多可以说是汉字的遗迹（Survival），我们原不愿意有他的。但是照现在汉语的情形而论，这层缺憾实在免不了，就是有人说他是三分不像的拼音文字，也是无可奈何了。好在汉语的将来免不了一场变化，经几度的渐渐改变之后，单音字的字〔遗〕留，更要少了——因为单音字本不适用，要天然淘汰的——到那时节，就不妨把这符号除去，补上这缺憾。就现在的情形而论，我们理想中的拼音文字，还不能和汉字脱离一切关系，止得采这过渡的办法，补救一时了。

说到这里，又想到别种的符号了。四声在拼音文字里，不可没分别的，没分别之后，要生许多疑难，但是他的分别却不能让字母做去——因为字母没那么多——只好用符号分别了。四声的符号用不着有四个。入声本不和平、上、去同类，原要用特殊的母音表他，平声字多，既然上去有符号的，平声可以没有。所以四声的符号，只用两个，一个表上，一个表去，就够了。我此刻想上声的符号可作一小点，去声的符号可作一小横，都要写在主音字母底下。至于何以在拼音文字里定要分四声呢？无非求声音的正确，混淆的减少。吴先生以为注音字母不必问四声，乃由于注音字母并不独立，另有汉字问四声的缘故。拼音文字既是独立的，便免不了问四声了。若是说四声不是一般人懂得的，也是实在话，但是一般人所以不懂得四声的缘故，并不由于四声难懂，实在由于汉字不是拼音，上边不带着四声，大家不注意，又没人教他，所以竟是茫然了。譬如一个仆音、一个主音，拼成一个音，恐怕西洋的六七岁孩子也晓得的。然而中国的受过高等教育的人却有很多不解。这并不是由于拼音难懂，实在是由于汉字里没他，又没人教他。一经改用拼音文字，从小时就学拼音，这样现象都不会有了。

以上一大篇，是我对于汉语的拼音文字的理想。至于做这事业的手续，我以为莫妙于同志的人，集合成一个团体，先把字母的采用取决了，再把制造他的条例商量妥当，就照着这条例制造起来编成一部拼音文字的字典，作为大家使用的标准。新字可以渐渐加入，不妥当的地方应当渐渐修改。但能有条有理的进行，自然有美满的结果。我是无心言语学、文字学的人，对于这事业不能有供献，只盼望别人的成功罢了。

反对拼音文字的人，都说拼音文字若是代替了汉字，便要妨害到中国的文学。这是不必讳言的，我们也承认他。中国历史上的大〔文〕

学，全靠着汉字发挥他的特别采色，一经弃了汉字，直不啻旁［把］他根本推翻。但是我们既已主张国语的文学——未来的新文学——对于已往的文学，还要顾惜吗？拼音文字对于国语文学——未来的新文学——却是非特无害，而且有益的。拼音文字可以帮助我们的国语的齐一，发达推展；更可以帮助我们的国语完全脱离了文言的羁绊，成就一种纯而不杂的、实而不靡的国语。一言以蔽之，拼音文字妨害旧文学的生命，帮助新文学的完成。新文学和新文字，互相依赖的地方很多。西洋中世纪的时候，新文字的发生，恰恰和新文学同时，而且还是一件事情呢。

这篇没有制裁的文章，是在《新潮》第三号发稿前一日勉力写下的。我原来对这问题还有许多意思，只是今天提起笔来再想不起了。写完以后，夜已深了，不及痛痛快快的修改：还要请读者原谅！

民国八年二月十一日

我这篇文章刚作完，一个朋友对我说，汉字改用拼音以后，学术上的名词，要丧失意义，而且容易混淆。我说，这是不然的。意义必须靠着那象形的文字来表，不能靠语言来表，那意义的不足贵，也就不烦多说了。Philology 一个字，西洋人不会误以为"爱学"。可见字面的来源，是无关重轻的了。

（原载 1919 年 3 月 1 日《新潮》第一卷第三号）

对于中国今日谈哲学者之感念

现在中国有高谈哲学的声浪了，有一般人以研究哲学自任，这是件很可乐观的事情。因为一种哲学，对于一个人的效用比他的饭碗问题还要紧，而一种国民哲学对于他的民族的势力远在政治以上。哲学可以引人从卑浅思想的境界爬出，到自觉自成的地位。他可以告诉我们，我们以前所过的日子，都是受武断的偏心所驱使。他给我们个更清洁的空气，更可靠的根据，更活泼的精神。我们必先和他攀上交情了，才可有个世界观；有了世界观，才可有个人生观；有了人生观，才可以比较的懂得什么是我，什么是他们；怎样用我，怎样用他们。

但是中国现在的思想界到了哲学发达的地步了吗？不客气说来，现在以哲学自负的诸公，究竟已入哲学的正经轨道了吗？这话好像大不敬！然而也有不可讳言的所在。所谓哲学的正经轨道，决不会指初民的国民思想，决不会指往古的不能成全备系统的哲学，定是指近代的哲学，更严格的说起来，应当指最近三四十年中的新哲学——因为旧哲学的各种系统，经过一番科学大进步以后，很少可以存在的，只有应时而起的新系统，可以希望发展。一个哲学时期每每跟在一个科学时期以后，近代的欧洲是个好例。五六十年前的哲学，虽然离开中世纪已经很远了，还是受中世纪思想的支配，还未受科学的洗礼，所以虽然迷阵很深，思辨很费神力，终解不脱常言说的，"一个瞎子在一个暗屋子里，说有一个黑帽子在那里哩，其实并没有"。最近近半世纪里，哲学的唯一采色是受科学的洗礼。其先是受自然科学的洗礼，后来是受人事科学（Social Science）的洗礼。机械学发达了，哲学受了个大影响；生物学发达了，他又受个大影响；从生物学里跳出心理学来，他又受个大影响；从心理学里跳出社会学来，他又受个大影响。现代的哲学是被科学陶铸过的，想研究他，必须不和现代的科学立于反背的地位；不特不立于反背的地位，并且必须应用现代的科学中所得作为根据。哲学是一时代学术的会通的总积。若果并没有受当代各类学问的深培养，或者竟不知道当代学问的门径，或者径以为毫不相干，甚者以为可以相反，专凭自己一孔的幻觉，也只好在三家村里自豪，或者在黑人群里上哲学家的雅号，不便在北京某大学里阴阳乾坤的浑沌话着太极图说，或者在著名报纸上谈道体、循环、气数了。

太极图这个玩艺儿，本是妖道造的，然而居然有几位宋儒先生大谈特谈，这是为何呢？我想彼时科学毫不发达，他的宇宙观不能基于科学观念，而又不肯不想像他的宇宙观，所以才有这类的可笑见解。在当时的知识状态之下，这类见解也未尝不可聊备一格；到了现在，与其说他可笑，毋宁说他可怜。至于道体、气数等等名词，都是古人求其解而不得，以浑沌了之的说话。循环一说，在西洋一百年前，还有势力，彼时机械论的缺点还没发觉，到了现在，机械论的位置已经动摇了，用初步而又粗浅的机械论里的话——不是后来进化的机械论——所组织成的循环论，早已死去了。若果抱住这些早经淘汰过去的观念以为宝贝，未免不值。所以研究学问总要认定时代；不可弄后于时势的作为。现在我写出几条最浅近的说话——其实我并不配谈哲学，不过对这一般误以阴阳、道体当做哲学的，无妨进此一解了。

第一，哲学不是离开科学而存在的哲学，是一切科学的总积。几种科学相通的道理（思想）共守的规则，就是哲学。若干科学，所研究的范围不同，因而表面上好像没甚关系，然而骨子里面有一个会通的所在，就是哲学。哲学可以说是一种思想——普通的思想。又可以说是一种知识——基本的知识。他的目的是集合世界和人生的理论，调和成一个儿的，所以他在学问界中包括最大范围，而同时自占最小范围。这道理可就哲学的进化史上看来。最初所谓哲学家的，都是兼容并包，通晓各样学问的贤者；就训诂讲起来，诚然可以当得起"爱智者"的称号。请看希腊古代的学者，各德黎、阿纳次满都、皮塔高拉史、黑拉哥来都、帕门尼得斯、安纳差戈拉、恩培德刻勒、登莫戈里都、齐纳等等，在当时都是无所不学的人。柏拉图、亚里士多德又是这般。到了中世纪，成了神道的哲学，又有圣阿昆纳斯等无所不学，无所不讲。笛卡把博学学派推翻，他自己却是位最博的学者，至于倍根的博学更不必说了。后来的来勃尼次、弗尔夫又是最能包容的学者。从休谟起，才有

"批评哲学"的意味，康德是个完全此派的。这派在近代哲学里很占大部分势力，但是到了现在，已经应时势的要求，站不住脚。最后的胜利，是斯宾塞式的哲学，把康德式的哲学压倒了。我们要知道，比较的更完全的是比较的更好的。那类抽象的知识固然不能说完全要不得，然而总须要知道实体的真确组织，要合于实体的真确组织，仅仅据着几个抽象名词辩论下去，实在无谓。最近的趋向很有点复古的意味，要把一切学问括包在内。其所以与古代不同的，古代所谓哲学，只能在当时所谓学问界中，包括最大范围；最近的哲学趋向，在包括最大范围之外，同时自占最小范围。古代一切学问，十之七八不能独立，所以哲学的名称包括学问界中最大范围。近代以来，许多学问从哲学的本枝上分出，如物理学、机械学、天文学、生物学、心理学、伦理学、社会学等——无心识的心理学（Psychology of the Unconscious），最近亦从哲学里分出，独立成科学——只剩了形上学不独立，这是和古代不同的，这所谓自占小范围。但是每一种科学向深处研究去，向与别种科学会通的地方研究去，便成一种哲学。例如规范的伦理学上有人生哲学，法律学上有法理学，生物学上有生物哲学等；又如冯德研究心理学深了而成哲学家，黑克尔研究生物学深了而成哲学家，奥斯渥研究化学深了而成哲学家等。这是和古代兼容并包的意味同的，这所谓包括最大范围。我们可以称他做哲学上进化的复古观念，因为他虽然复古，却又与古不同。我以为我们对于哲学应有的观念，最好用斯宾塞的毕生著作证明。把《第一义》放在上面，其下有《生物学原理》、《心理学原理》、《社会学原理》、《伦理学原理》等，综合起来，称做"会通哲学"。哲学原是一个会通的系统呵！然则不在近代科学上学植一个好根基，专凭一己的观察，无论不聪明的人没有是处，就是聪明人也是枉然！

第二，我们须要认定"科学有限"一句话是再要不通没有的。我们只能说现日科学的所得有限，不能说科学在性质上是有限的；只能说现日的科学还不很发达，不能说科学的方法有限。我们固不能说科学的方法是唯一的方法，然而离开科学的方法以外，还不曾得更好的方法。我们固不能说现在所有的科学方法是尽善尽美了，然而将来新添的或者改良的方法，也必须是"科学的"，决不会是"非科学的"。绝对的实体不是人所能知，人的精神界的力量只能用实事求是的科学方法，过此而往，就是超人，也就是非人了。启示、默思、顿悟、超脱经验等等见神见鬼的说话，不过利用人类心理上的弱点，加上个诡辩的手段。经验固不能得全体，然而集合各方面的经验，便得一个全体的概念；经验固不可尽凭，然而离经验还有什么可凭呢？凡言科学有限的人，大约可分两类：一是迷信家，二是妄自尊大家。迷信家不必说了，他和科学有根性上的仇气；至于妄自尊大家的不安分，忘了人性，已极可笑了。哲学家要占［站］在巴黎铁塔上看巴黎，不要因在伦敦楼里想伦敦。就事实的经验归纳起来成科学，就科学所得演绎上去成哲学；哲学止能用科学的方法，哲学没有特殊的方法。经验以外加上想像、兴致、意念等等，原是哲学的本务，但是断断乎不可离开经验，专凭想像、兴致、意念等等。哲学诚然有在科学外的东西，但是科学确须包括在内，以科学的方法做根据，不能独立成根据。我们想要有个可以信得过的 Weltan-schauung，自然要晓得世界人生的组织，想用"匠心"去制造我们的 Weltanschauung，自然要把世界人生的真组织做材料。哲学既和科学用一样的方法，那么，不知道科学的方法的，未便谈哲学了。

第三，我们要晓得哲学也不是抽象的学问，他的性质也是具体的。这个毛病诚然是历来哲学家所常犯的；但是抱住一堆蹈空的概念，辨析综合去，建设出先天的知识，组织成空中的楼阁，其实满不是那么一回事，是哲学切戒的啊！总而言之，哲学止可集象，不可离象。

第四，哲学是一个大假定（Hypothesis）——一群假定的集合。因为哲学是个余数（Residuum），这余数包含着许多未经科学解释的问题，所以哲学里边的事务都是假定。既然哲学是个大假定，因而用专断主义（Dogmatism）驾驭哲学，并且把"究竟"、"绝对"、"永久"的根究当做哲学的本职的人，实在是大错了。更有一层，哲学里面既然包含着无数假定了，这些假定有时可以加上一番证明，便成科学。大家对于这些假定每每很有趣味的，因而常把这些假定浸入科学里去受证明（Verification）的洗礼——这是哲学影响科学的所在。认清楚这个！我们切不要专断！

第五，历来的哲学家大概有两种趋向：一、以知识为前提；二、以人生为前提。后一类要是讲的极狭隘了，也有非常的危险，然而确不如前一类的危险大。前一项最明显的危险有二：第一，于实用丝毫无补；第二，可以随意说去，一点也不着实际。况且我们是人，我们有人性，用人性去观察世界，所见的所得的自然免不了一层人性的采色，犹之乎戴上蓝眼镜看东西，没有一件不是蓝的。纯粹的客观是不可能的，因而"唯一的客体"、"唯一的真理"、"绝对"等等名词，不成话说了。智识是一种人的反应，实体是一种生物学上的概念，超过人性的理解是做梦来的。一切的科学都是应生物学上的自然要求而出，一切的知识都是满足人生的手段（Means），一切的行为，都是发挥人生的动机。意机主义战胜智慧主义了，人性主义战胜自然主义了。哲学上业已得了个最后的决战，世上一切设施，极受这决战的影响。我们要度德量力，不要做哲学上的复辟。

以上所说，都是极粗浅的道理，我原不必说。不过还有一般中国人高谈太极图、循环等等，这类浅话，也不妨谈谈了。我们不要忘现代的哲学早已受过科学的洗礼。

（记者久想作这个题目，只是时常生病，不能如愿。现在到了《新潮》第五号发稿的时候，只好勉强成这一篇，病中做文，自然不妥的地方很多。所有未尽的意思，惟有待至下卷里谈了。四月十一日。）

（原载 1919 年 5 月 1 日《新潮》第一卷第五号）

白话文学与心理的改革

自从去年秋天，我心里有一种怀疑，觉得这白话文学的主义，不久定要风行。然而这白话文学主义的真价值，或者为着速效弄糟了——这真可虑的很。凡是一种新主义、新事业，在西洋人手里，胜利未必很快，成功却不是糊里糊涂；一到中国人手里，总是登时结个不熟的果子，登时落了。所以这白话文学发展得越快，我越替他的前途耽心。这不是我一人的私虑，别人也有如此想的。《每周评论》的第十一号里，有仲密先生的一篇《思想革命》，我看了很受点感动，觉得他所说的都是我心里的话。现在把他抄在下面：

近年来文学革命的运动渐见功效……颇有人认为正当……白话在社会上的势力日见盛大，这是很可乐观的事。但我想文学这事，务本合文字与思想两者而成。表现思想的文字不良，固然足以阻碍文学[字]的发达；若思想本质不良，徒有文字，也有什么用处呢？我们反对古文，大半原为他晦涩难解，养成国民笼统的心思，使得表现力与理解力都不发达；但别一方面，实又因为他内中的思想荒谬，于人有害的缘故。这宗儒道合成的不自然的思想，寄寓在古文中间，几千年来，根深蒂固，没有经过廓清，所以这荒谬的思想，与晦涩的古文，几乎容合为一，不能分离。我们随手翻开古文一看，大抵总有一种荒谬思想出现。便是现代的人做一篇古文，既然免不了用几个古典熟语，那种荒谬思想已经渗透了文字里面去了，自然也随着出现。……如今废去古文，将这表现荒谬思想的专用器具撤去，也是一种有效的办法。但他们心里的思想恐怕终于不能一时变过，将来老瘾发时，仍旧胡说乱道的写了出来，不过从前是用古文，此刻用了白话罢了。话虽容易懂了，思想却仍然荒谬，仍然有害。

　　……中国人如不真是革面洗心的改悔，将旧有的荒谬思想弃去，无论用古文或白话文，都说不出好东西来。就是改学了德文或世界语，也未尝不可以拿来做黑幕，讲忠孝节烈，发表他们的荒谬思想……从前的荒谬思想尚是寄寓在晦涩的古文中间，看了，中毒的人还是少数，若变成白话，便通行更广，流毒无穷了。所以我说，文学革命上，文学改革是第一步，思想改革是第二步，却比第一步更为重要。我们不可对于文字一方面过于乐观了，闲却了这一面的重大问题。

　　这篇文章我读过之后，起了若干想念；现在我所做的这文，正所谓有感而作。平情而论，现在的社会里，居然有人相信白话，肯用白话，真所谓难能可贵。不溺流俗的人，我们欢迎之不暇，何必作求全的责备。又一转念，中国人在进化的决赛场上太落后了，我们不得不着急，大家快快的再跳上一步——从白话文学的介壳跳到白话文学的内心，用白话文学的内心造就那个未来的真中华民国。

　　白话文学的介壳，就是那些"什么"、"那个"、"月亮"、"太阳"的字眼儿，连在一起的，就是口里的话写在纸上的。这个的前途定然发展的很宽，成功的很速。白话文学的内心是人生的深切而又著明的表现，是向上生活的兴奋剂，这个的前途就不容乐观了。

　　现在并白话的介壳而亦反对的人，大概可以分做两类：一类是迷顽可怜的老朽，一类是新旧未定家。迷顽可怜的老朽反对我们不会有什么效果，因为有自然先生帮助我们打他们，他们垂死的命运早已判决了。况且他的气力是萎靡的，胆子是老鼠似的，最怕的是势力（这里是说怕势力，不是说崇拜势力，因为崇拜势力，他还不配呢），最爱的是金钱，最发达的是肉欲，最讲究的是门面话，因而最不健全的是他的作为，最没效果的是他的反抗。况且这些人说不懂得道理，却还懂得"趋时"，若用真理征服他，他便以化外自豪，若到大家成了风气之后，他也决不为采薇而食的顽民。况且单就白话的介壳而论，未必有所谓离经叛道的东西。好在他们也是会说白话的，乃祖、乃宗也曾读过白话的高头讲章的，苟不至于如林纾一样，怕白话文风行了，他那古文的小说卖不动了，因而发生饭碗问题，断不至于发恨"拼此残年"反对白话。所以我们爽性不必理他，他久而久之总会变的。若至于我所谓新旧未定家，就是唐俟先生所谓"理想经验双全家，理想经验未定家"。这都是识时务的俊杰！但他们既不会拼命发挥自己的主义，也决不会拼命反对别人的主义——只会看风使舵。他们都是时势造就的儿子，没有一句〔个〕是造就时势的老子；都是被群众征服过的俘虏，没有一个是征服群众的将军。见理不明，因而没主义可说；志行薄弱，因而没宗派可指；再加上个"唯吃饭主义"，就决定他的飘萍转蓬的终身了。这不仅少数人如此，实在中国的大大多数是这般。民国元年，遍天下都是革命党，到了四年，遍天下都是官僚派。这类滑稽的风气迁流，确是中国人易于改变的征验。又如袁世凯篡国的时代，有位大人先生上表劝进说，"赖大皇帝之威灵，军未浃旬，而江表戡定"。转眼之间，帝制取消，他又劝退，劈头便是，"慰庭先生阁下"。这不是举个二端的例，少数的例，实在可以形容中国人的普通而又普通的心理啊！所以我平日总以为在中国提倡一种新主义的精神狠难得好——因为中国人遗传性上有问题——然而提倡一种新主义的皮毛没有不速成的，因为中国人都以"识时务"为应世上策。由此看来，白话文学介壳的发展，顺着时势的迁流，几年以内，总会有点小成绩，可以无疑了。

然而白话文学内心的命运却很有问题。白话文学的内心应当是：人生的深切而又著明的表现，向上生活的兴奋剂（近来看见《新青年》五卷一号里一篇文章，叫做《人的文学》，我真佩服到极点了。我所谓白话文学内心，就以他所说的人道主义为本）。这真难办到！第一层，我们的祖先差不多对于人生都没有透彻的见解，会说什么"圣贤"话、"大人"话、"小人"话、"求容"话、"骄人"话、"妖精"话、"浑沌"话、"仙佛侠鬼"话，最不会的是说"人"话，因为他们最不懂得的是"人"，最不要求的是人生的向上。第二层，我们所居的社会，又是这般——大家醉生梦死，少数人也难得觉悟。受那样恶浊历史的压迫，被这样恶浊空气的包围，想把向上的生活当做文学的本旨——"去开辟人荒"——真是"难于上青天"的事。老实说，一千年来中国人的思想，总算经过无数的变化了，然而脾胃的本质依然如故。唐朝诗赋是时尚的，他们就拼命弄诗赋；宋朝制艺是时尚的，他们就拼命弄制艺；明清八股是时尚的，他们就拼命弄八股；现在英文是时尚的，他们就拼命弄英文。现在的学生学英文，和当年的童生学八股，其心理乃毫无二致。他们对于文学的观念只有两层：一层是用来满足他的肉欲；一层是用来发挥他的肉欲。由前一层，才有非奴隶而似奴隶，非囚犯而似囚犯的献谀文、科场文；由后一层，才有非妓女而似妓女、非娈童而似娈童的感慨文。所以用"曾子曰吾日三省吾身"做题目去作八股，和用"怎当他临去秋波那一转"做题目去作八股，是一种性情的两面，其脾胃乃毫无二致。他们正在那里经营猎取名利的妙用，研究乘兴遣怀的韵事。你偏引着他们去开辟成败祸福未可知的"人荒"，他们如何情愿呢？苟不至于革面洗心的地步，必超不过"高头讲章白话文"的境界。然则白话文学内心的成功，颇有点不可期了。

但是把白话文学分做内外两面也是不通的办法。所谓真白话文学，必须包含三种质素：第一，用白话做材料；第二，有精工的技术；第三，有公正的主义。三者缺一不可。美术派的主张，早经失败了，现在文学上的正宗，是为人生的缘故的文学。譬之于人物，人物所由成是两面的：一才具，二德行。加特林、拿破仑、叶赫那拉氏、袁世凯未尝无才具，然而总不能说他是人，人物史不必论了。易卜生是近代戏剧的革命家，一半由于他革戏剧的艺术，一半由于他革人生的观念（参看 Bernard Shaw's *The Quintessence of Ibsenism*）。俄国在近代文学界中放了个大异彩，一半由于他的艺术，一半由于他的主义。所谓世界的文学出产品者，何尝不是用一种特殊的语言写出的呢？但是经过各国翻译之后，艺术上的作用，丧失十之六七了，依然据有第一等的位置，只为他有不朽主义的缘故。我们为什么爱读《孔雀东南飞》呢？因为他对于人生做了个可怕的描写。为什么爱读杜甫的《石壕吏》、《兵车行》呢？因为他也对于人生做了个可怕的描写。为什么重视王粲的《七哀诗》而轻视王粲的《登楼赋》呢？因为《七哀诗》是悲悯人生的，《登楼赋》便不相干了。林纾揣度现在主张白话的人必以为"《水浒》、《红楼梦》不可思议"，真是妄以小人之心度人的话。我们固不能说《红楼梦》、《水浒》不是文学，然亦不成其为真有价值的文学；固不能不承认《红楼梦》、《水浒》的艺术，然亦断断乎不能不否认他们的主旨。艺术而外无可取，就是我们应当排斥的文学。平情而论，中国人用白话做文，已经好几百年了，然而所出产的都是二、三等以下的事物，这都由于没有真主义的缘故。现在大家所谈的文学革命，当然不专就艺术一方面而论——若是就艺术一方面而论，原不必费此神力——当然更要注重主义一方面。文学革命第一声炮放去，其中就有一种声浪说道：灭信仰，造信仰；灭道德，造道德；灭生活，造生活。所以据我看来，胡适之先生的《易卜生主义》、周启孟先生的《人的文学》和《文学革命论》、《建设的文学革命论》等，同是文学革命的宣言书。我现在看到许多不长进的白话——如我所作的——真是不能乐观，如此办下去，势必有"骈文主义的白话"、"八股主义的白话"、白话的墓志铭、神道碑。我们须得认清楚白话文学的材料和主义不能相离，去创造内外相称、灵魂和体壳一贯的真白话文学！

所以我们现在为文学革命的缘故，最要注意的是思想的改变。至于这文学革命里头应当有的思想是什么思想，《人的文学》中早已说得正确而又透彻，现在无须抄写了。

但是单说思想革命，似乎不如说心理改换包括些，因为思想之外，还有感情，思想的革命之外，还有感情的发展。合感情与思想，文学的内心才有所凭托，所以泛称心理改换，较为普遍了（思想原有广、狭两层意思。狭意的就是心理学上所谓"思想"，广意的就是心理的总称。《思想革命》一篇里所谓思想，当然不是狭意的。我现在不是格外立异，是为说明的方便起见，分别讲去，免大家误会）。思想一种心理作用，发达最后，因而力量比较的薄弱。必有别种动机，然后有思想，而思想所得，又多不能见诸行。思想固然有一部分创造的力量，然而不如感情更有创造的力量；感情主宰思想，感情决定行事，感情造成意志。感情是动力，因而影响一切的效果很大——这是思想所不及的。我们与其说中国人缺乏"人"的思想，不如说他缺乏"人"的感情；我们与其说俄国近代文学中富有"人"的思想，不如说他富有"人"的感情。思想尽管高明，文章尽管卑劣，一旦有深沉挚爱的感情发动，自然如圣灵启示一般，欲罢不能（宗教徒所谓圣灵启示，就是感情的大发动）。中国人是个感情薄弱的民族，所以从古以来很少伟大的文学出产。现在希望一种有价值的新文学发生，自必发挥我们大家的人的感情，受一件不良社会的刺激，便把这刺激保持住，来扩大起来，研究起来，表现出来，解决了来——于是乎有正义的文学。

我现在有一种怪感想：我以为未来的真正中华民国，还须借着文学革命的力量造成。现在所谓中华民国者，真是滑稽的组织；到了今日，政治上已成"水穷山尽"的地步了。其所以"水穷山尽"的缘故，想由于思想不变，政体变了。以旧思想运用新政体，自然弄得不成一件事。回想当年鼓吹革命的人，对于民主政体的真像，实在很少真知灼见。所以能把满洲推倒，一半由于种族上的恶感，一半由于野心家的投机。我仿佛记得孙中山在《民报》上拿唐太宗比自己，章太炎在《訄书》上居然有"后王者起"的话头。唐太宗是什么人，还不是杨广一流的人才而又败类的吗？章太炎在当年并不主张共和，是大家知道的。至于有人竟自把"饮冰内热"、"一卧沧江惊岁晚，几回青锁点朝班"两个典故，当做名字，去鼓吹"开明专制万能"的主义，更全是旧思想了。革命的主动人物既已如此，被鼓吹的人也就可想而知。学者的心里忘不了"九世之仇"，一般人的心理又要借着机会躁进。所谓民主主义，只好当幌子罢了。所以民国元、二年间像唐花一般的"怒发"和民国三、四年间像冰雹一般的摧残，都是专制思想的表现，都是受历史上遗传思想的支配，都是用"英雄"、"豪杰"、"宦达"、"攀权"的人生观弄出来的。想"宦达"、要"攀权"的人固不足深责，至于"英雄"、"豪杰"又何尝不是民贼的绰号呢？用这种精神去造民国，不用平民的精神去造民国，岂有弄成不政治昏乱、四方割据的呢？到了现在，大大应该有一种根本的觉悟了：形式的革新——就是政治的革新——是不中用的了，须得有精神上的革新——就是运用政治的思想的革新——去支配一切。物质的革命失败了，政治的革命失败了，现在有思想革命的萌芽了。现在的时代恰和光绪末年的时代有几分近似：彼时是政治革命的萌芽期，现在是思想革命的萌芽期。想把这思想革命运用成功，必须以新思想夹在新文学里，刺激大家，感动大家，因而使大家恍然大悟。徒使大家理解是枉然的，必须唤起大家的感情；徒用言说晓喻是无甚效力的，必须用文学的感动力。未来的真正中华民国靠着新思想，新思想不能不夹在新文学里，犹之乎俄国的革命是以文人做肥料去培养的。我们须得认清楚我们的时代，认清楚了，须得善用我们的时代。

二十年里的各种改革，弄到结果，总是"葫芦题"；这都原于不是根本改革。放开思想去改革政治，自然是以暴易暴，没有丝毫长进。若是以思想的力量改造社会，再以社会的力量改造政治，便好得多了——这是根本改革。更有一层，若果不作征服的决心，而取迁就的手段，又是枉然。中国人的革新事业多半如此。我们须得立定志愿去克服旧主义（不适时的主义）——这是改革的根本手段。天地间事，不是东风压倒西风，就是西风压倒东风；各不相下，便成旋风，旋风是最讨厌的。所以调和是迁就的别名，迁就是糟糕的绰号。政治上讲调和，才有今日的怪现状，学术上讲调和，才有所谓"古今中外党"。

梁任公先生能发明新文体，因而有所谓"新民派"，是极好的事了，然而偏要和策论的调头调和，其末流便成一种浪飘飘的、油汪汪的报纸文。——这是文学上的调和。须知天地间的事物不是一件一件、一段一段的独立的，是互相关连的，所以西洋成西洋的系统，中国成中国的系统，动摇一件，牵动多种。调和是没成效的，必须征服，必须根本改换。改革的作用是散布"人的"思想，改革的武器是优越的文学。文学的功效不可思议，动人心速，入人心深，住人心久，一经被他感化了，登时现于行事。用手段高强的文学包括着"人的"思想，促动大家对于人生的自觉心，是我们的使命。我们须得认清楚我们的使命！认清楚了，须得竭力完成我们的使命！

总而言之，真正的中华民国必须建设在新思想的上面。新思想必须放在新文学的里面；若是彼此离开，思想不免丢掉他的灵验，麻木起来了。所以未来的中华民国的长成，很靠着文学革命的培养。文学原是发达人生的惟一手段，既这样说，我们所取的不特不及与人生无涉的文学，并且不及仅仅表现人生的文学，只取抬高人生的文学。凡抬高人生以外的文学，都是应该排斥的文学。

民国八年四月五日

（原载 1919 年 5 月 1 日《新潮》第一卷第五号）

毛子水《国故和科学的精神》识语

两三个月以前，我就想做篇《国故论》，大旨是：

（1）研究国故有两种手段：一、整理国故；二、追摹国故。由前一说，是我所最佩服的。把我中国已往的学术、政治、社会等等做材料，研究出些有系统的事物来，不特有益于中国学问界，或者有补于"世界的"科学。中国是个很长的历史文化的民族，所以中华国故在"世界的"人类学、考古学、社会学、言语学等等的材料上，占个重要的部分。或者因为中华国故的整理的发明，"世界的"学问界上，生一小部分新采色——如梵文的发明，使得欧洲言语学上得个新生命；婆罗门经典入欧洲，便有叔本华派的哲学；澳洲生物界的发明，进化论的原理上得些切实的证据等等——亦未可知。我不是说中华国故里面有若干完全的系统，为近代欧洲所不及的；我是说中华国故里面或者有几项可以提醒我们（Suggestions）。至于追摹国故，忘了理性，忘了自己，真所谓"其愚不可及"了。

（2）所以国故的研究是学术上的事，不是文学上的事；国故是材料，不是主义。若是本着"大国故主义"行下去——一切以古义为断——在社会上有非常的危险。

（3）国粹不成一个名词（请问国而且粹的有几），实在不如国故妥协。至于保存国粹，尤其可笑。凡是一件事物，讲到保存两字，就把往博物院去的运命和盘托出了。我们若真要做古人的肖子，也当创造国粹（就是我们自己发明点新事物），不当保存国粹。天地间事，不进则退，没有可以保存得住的。

（4）研究国故必须用科学的主义和方法，决不是"抱残守缺"的人所能办到的。

（5）研究国故好像和输入新知立于对待的地位。其实两件事的范围、分量需要，是一和百的比例。

现在有毛君这篇文章，意思固然是妥当万分，就是文章也极畅快。我佩服的很，自己的文章大可不做了。

斯年附识

（原载 1919 年 5 月 1 日《新潮》第一卷第五号）

《新潮》之回顾与前瞻

自从《新潮》出世到现在，已经八个月整了。

这八个月中，我们觉得很满意，因而发生无穷的希望；然而也颇遇着几层困难，使我们感受些苦痛。苦痛原是该有的，如此些小的苦痛更没有说他的价值，将来希望也没有说出的必要。不过，爱读《新潮》的人，不免想要知道我们杂志的起原、经过和将来。所以现在略说一回，作为和读者诸君闲谈罢了。

我先有一句话提醒诸君：我们杂志纯是由觉悟而结合的。至于将来，若不死于非命，我敢保必定放个光彩——大小未可知——决不会"寿终正寝"，更不会寂寞老成下去。

民国六年的秋天，我和顾颉刚君住在同一宿舍同一号里，徐彦之君是我们的近邻，我们几个人每天必要闲谈的。

有时说到北京大学的将来，我们抱很多的希望，觉得学生应该办几种杂志。因为学生必须有自动的生活，办有组织的事件，然后所学所想，不至枉费了；而且杂志是最有趣味、最于学业有补助的事，最有益的自动生活。再就我们自己的脾气上着想，我们将来的生活，总离不了教育界和出版界。那么，我们曷不在当学生的时候，练习一回呢。所以我们当时颇以这事做谈话的资料。颉刚的朋友潘介泉君，我的朋友罗志希君，常加入我们这闲谈。不过当时仅仅是一种希望的意思，觉得赤手空拳，何从做起，简直和戏论差不多。中国的读书人有一种"群居终日，言不及义"的习惯。这个希望也是我们群居的一种消遣品。

七年的秋天，子俊和我又谈起这层事。子俊说："何如竟自尝试一回呢？不成功也没甚么不可以。"于是乎作了个预算，最难的是经济方面，社员分配担任外，不够还多；至于文稿，或者不至于很拮掘［据］。

我们想，我们都是北大的学生，学校或者可以帮我们成功。子俊就和文科学长陈独秀先生商量了一次。陈先生说："只要你们有办的决心和长久支持的志愿，经济方面，可以由学校担负。"这是我们初料所不及的，就约集同人，商量组织法了。最先和罗志希、康白情两位研究办法，其后有十多位同学加入，对这事都很有兴味。胡适之先生做我们的顾问，我们很受他些指导。十月十三日，开第一次预备会，决定我们要办甚么样的杂志，不使他杂乱无章，不使他有课艺性质，定他的原素是：

(1) 批评的精神；

(2) 科学的主义；

(3) 革新的文词。

子俊要把英文的名字定做 The Renaissance。同时，志希要定他的中文名字做《新潮》。两个名词恰好可以互译。十一月十九日，开第二次会，把职员举妥，着手预备稿件。李守常先生把图书馆的一个房间拨给了新潮社用。李辛白先生帮助我们把印刷发行等事布置妥协。本年一月一日，第一号出世了。

从一月一日到五月四日，几个月里，我们经过了许多次困难，较大的有三层。第一层是经济方面的波折。在第一号未出世以前，已经摇了一摇。出世以后，不免有和我们不表同情的，常以学校补助《新潮》为题目，责备校长。加以北大的杂志团体一时出了几个，更有许多在蕴〔酝〕酿中的，学校方面既没有一一补助的力量，又不能有重有轻，于是乎评议会议决了一个议案，一律改为垫款前三期。《新潮》当时已出了二期，第三期在印刷中，卖出的一时收不回书价来，照此议案，第四期便生危险。第一期一经出版，就很受社会的欢迎，转眼再版。所以我们当时若托一家书店包办发行，赔赚不管，若《新青年》托群益的办法，一定可成，不过我们终不愿和这可爱的北京大学脱离关系，总想维持学校原来答应我们的办法。

当时就有外人要来资助我们，我们自然是简截拒绝。我们在创办之先，有一种决心，除北京大学的资助外，决不受私人一文钱的帮助。后来我们把我们的情形写信给评议会，评议会了解《新潮》的情形，又知道议案在后，学校答应我们的在先，就把原定办法维持住了。从现在看来，这简直没有丝毫关系。因为照第一卷的销路，学校并不赔钱，到第二卷里，敢保销路必然更广，必有盈余。但是当时没有十分把握，觉得万一印刷费不继了，出版停滞了，大家没精神了，岂不可惜？所以才有这一番——从现在看起来，可以叫做——过虑。

第二层是发生了许多反动，有几家报纸天天骂我们，几几乎像他们的职业。甚而至于我们学校的某某几个教员休息室里，也从此多事。我们不免有受气负苦的地方，甚而至于拊若干敌，结许多怨，前两月志希和我的被诬，也未尝不以此为根源。

第三层是惹出了一个大波浪。有位"文通先生"，惯和北大过不去，非一次了。有一天拿着两本《新潮》、几本《新青年》送把地位最高的一个人看，加了许多非圣乱经、洪水猛兽、邪说横行的评语，丛恿这位地位最高的来处治北大和我们。这位地位最高的交给教育总长傅沅叔斟酌办理。接着就是所谓新参议院的张某要提查办蔡校长、弹劾傅总长的议案。接着就是林四娘运动她的伟丈夫。接着就是老头们啰唝当局，当局啰唝蔡先生。接着就是谣言大起，校内校外，各地报纸上，甚至辽远若广州、若成都也成了报界批评的问题。谁晓得他们只会暗地里投人几个石子，骂上几声，啰唝几回，再不来了。"这原不算大侮蔑，大侮蔑也须有胆力。"酿成这段事故，虽由于《新青年》的记者，我们不过占一小小部份，但是我们既也投入这个漩涡，不由得使我们气壮十倍，觉着此后的希望，随着艰难的无穷而无穷。

读者诸位批评《新潮》，有许多精透的话，我们感谢的很。我也想自反一回。我想，我们所表现出的有三种长处，同时和这三种长处相伴有三种对待的短处。第一，我们敢自信，有点勇猛的精神。冒冒然就出版，毅然决然的定了这样一个宗旨，不曾丝毫犹疑。诸位当知道，在我们筹备第一号出版的时候，只有有五卷寿命的《新青年》和方出世的《每周评论》，是我们的同道，此外若《国民公报》常有和我们的思想同流的文章。我们这一类的思想、文词、态度，很受一般社会的嘲笑怒骂——自然也有很欢迎我们的——我们却是把方针定准了，守住了。到了现在，虽然不过八个月，社会的空气却是大改了，有几十家同志。回想八个月前，另是一副面目，我们所受社会的待遇，自然和现在不同。至于我们的议论，总是有甚么说甚么，不懂得甚么叫客气，甚么顾忌——总而言之，甚么教［叫］不可说。要说就说，说还要说尽。第二，我们是由于觉悟而结合的。每人觉得以前的生活上、思想上，有些不是，决计以后不如此了：因为彼此都在同一时代，受同样教育，所以以前的错误大致同类，所觉悟的差不多一样。这可谓知识上的同一趋向。用这知识上的接触做根本，造成这个团体。我以为最纯粹、最精密、最能长久的感情，是在知识上建设的感情，比着宗教或戚属的感情纯粹得多。恩怨造成的感情是不可靠的，因为恩怨容易变化，容易掺杂；独有知识造成的感情，随着知识进化。我们同人结合之先，多没有什么交情。若颉刚、子俊和我的关系，原是例外。我们当时集合同志的时候，只凭知识上的一致，虽是我们极好的朋友，而觉悟上有不同时，我们并不为感情而请他。一旦结合之后，大家相敬相谅，团结的很牢，做起事来很有勇气。志希和我，因为彼此都有好吵闹的脾气，几乎每天打嘴仗，甚而至于气忿忿的，不谈话了。然而过五六分钟，仍然一切如常，任凭吵上多少次，我们总是最好不过的朋友。或者因为吵闹多了，友道上更觉趣些。所以我敢大胆着说，新潮社是最纯洁的结合，因为感情基于知识，同道由于觉悟。既不以私交为第一层，更没有相共同的个身利害关系。第三层，我们很有些孩子气。文词上有些很不磨炼的话，同时觉着他是些最有真趣的话；思想上有些很不磨炼的思想，同时觉着他是些最单纯可信的直觉。我们既是一群孩子，所以彼此相待，也和孩子的喜怒哀乐差不多。至于对于殊样社会的态度，用个不好的典故，便是"爱之欲其生，恶之欲其死"；用个好典故，便是"见善若惊，疾恶如仇"。

至于我们的短处，据我看来，恰恰和这三项在一起。我们有点勇猛的精神，同时有个武断的毛病。要说便说，说得太快了，于是乎容易错。观察研究不能仔细，判断不能平心静气——我不敢为我自己讳。我不是说我们要"战战兢兢"的发议论，"庸德之行，庸言之谨"，已经是乡愿了，"战战兢兢"，便不成人形。我是说，天地间的事物，情形复杂的很，简直和乱麻一样；我们若不一条一条的搂开，而用"快刀斩乱麻"的手段，那里能够得"事理之平"？我们的结合是纯由知识的，所以我们的结合算是极自由的。所以我们所发的言论是极自由因而极不一致的，虽有统一的精神，而无一体的主张。我们看别人的杂志很杂，焉知后人看我们的杂志不说很杂呢？我们有孩子气，能以匠心经营的文艺品，繁复错综的长篇研究，比较得不如自然成就的文艺品，简括有力的短篇批评，占胜些。我们要说便说，要止便止，虽则是自然些，有时也太觉随便。况且我们是学生，时间有限，所以经营不专，因而不深。

缺憾没有不可弥补的，我们不知道则已，既经知道，自然有弥补的必然。若是别位肯责备我们，发觉我们所不自觉的，我们尤其感激。有我们这一群最可爱的同社，必成一件最可爱的事业。

自从五四运动以后，我们的杂志停顿了。因为北京大学几个月里事故很多，同社诸君多在学校里服务，也有往上海的，就无暇及此了。现在大学恢复旧状，我们社员又集在一起，把几个月的苦斗生涯放下，再弄这笔杆下的苦斗。从今以后，我们得个新生命。五四运动过后，中国的社会趋向改变了。有觉悟的添了许多，就是那些不曾自己觉悟的，也被这几声霹雷，吓得清醒。北大的精神大发作。社会上对于北大的空气大改变。以后是社会改造运动的时代。我们在这个时候，处这个地方，自然造成一种新生命。况且现在同学入社的多了，力量自然比先厚些。又有《新青年》记者诸位先生，答应给我们投稿，更是可以欢喜的。同社毕业的有几位在京，有几位在外，加上一番社会上的实地考练，再做出的文章，当然更要成熟些。杨振声君往美国去，俞平伯君和我往英国去。虽有在外的，在内的，然而精神上一气，所以第二号第一期，不是泛泛的一回换卷数，是我们的一个新扩张。

近两年里，为着昏乱政治的反响，种下了一个根本大改造的萌芽。现在仿佛像前清末年，革命运动、立宪运动的时代一个样，蕴酿些时，中国或又有一种的平民运动。所以我们虽当现在的如此如此的南北两政府之下，我们的希望并不减杀。不过就最近两三个月内的情形而论，我们又生一种忧虑。这忧虑或者是一种过虑；但是如果人人有这过虑，或者于事业的将来上有益些。我觉得期刊物的出现太多了，有点不成熟而发挥的现象。照现在中国社会的麻木、无知觉而论，固然应该有许多提醒的器具，然而厚蓄实力一层也是要注意的：发泄太早太猛，或者于将来无益有损。精深细密的刊物尤其要紧。就现在的出版物中，能仔细研究一个问题而按部就班的解决他，不落在随便发议论的一种毛病里，只有一个《建设》。以多年研究所得的文艺思想、人道主义精切勇猛的发表出来，只有一个《新青年》。此外以《星期评论》、《少年中国》、《解放与改造》和短命的《每周评论》、《湘江评论》算最有价值。然而第一流的虽有多种，我总觉着为应现时所要求，为谋方来的扩展，还嫌实力薄些。我们原是学生，所以正是厚蓄实力的时候。我不愿《新潮》在现在铮铮有声，我只愿《新潮》在十年之后，收个切切实实的效果。我们的知识越进，人数越多，而《新潮》的页数越减，才见我们的真实改善。

至于新潮社的结合，是个学会的雏形。这学会是个读书会，将来进步，有些设备了，可以合伙研究几件务事。最后的目的，是宣传一种主义，到这一层，算止境了。我们决不使他成偌大的一个结合，去处治社会上的一切事件。发布些小册子，编辑一种人事学科的丛书，一种思想潮流的丛书，一种文艺丛书，和其他刊物，是我们的事业；此外也没有我们的事业。中国的政治，不特现在是糟糕的，就是将来，我也以为是更要糟糕的。两千年专制的结果，把国民的责任心几乎消磨净了。所以中国人单独的行动什九卑鄙龌龊，团体的行动什九过度逾量——这都由于除自己之外，无论对于甚么都不负责任。我常想，专制之后，必然产成无治；中国既不是从贵族政治转来的，自不能到贤人政治一个阶级。至于贤人政治之好不好，另是一个问题。所以在中国是断不能以政治改政治的，而对于政治关心，有时不免是极无效果、极笨的事。我们同社中有这见解的人很多。我虽心量褊狭，不过尚不至于对于一切政治上的事件，深恶痛绝！然而以个人的脾胃和见解的缘故，不特自己要以教书匠终其身，就是看见别人作良善的政治活动的，也屡起反感。同社中和我抱同样心思的正多。常有一种极纯洁的结合，而一转再转便成政党的小体。如此一般人的结合，自然没有一转再转的危险。那么，我们是"专心致志"，办"终身以之"的读书会了。

我希望新潮社员从今以后，时时刻刻不忘《新潮》的改善。知道他的缺陷极透彻了，然后可以"日新月异而岁不同"。一团体和一个人一样，进步全靠着觉悟——觉悟以前如何如何的不好，以后该当如何如何，然后渐渐的到好的地界去。天地间没有没有缺陷的人，所以我们对于我们自己，应该严格的自反，对于我们的缺陷，不特不必回护，而且无所用其恨恍。如此固是很好，不过仍不到理性的景界——应该即时从从容容的补上，改好。

《新潮》的将来大约也是宣传文艺思想、人道主义的，不是个专研究现日中国社会问题的；也是各人发挥各人的主张的，不是有一致的主义壁垒整严的。这可就我们同社的情性、品质、知识、兴趣上断出。我觉得我们同社很多个性主义和智慧主义的人。这样性情，自然也不免有很大的流弊，但是我总相信天地间没有一件好务〔物〕事没有坏效果的，没有一件坏物事没有好效果的。凭我们性情的自然，切实发挥去，就是了。

我不久要往英国去了。我在《新潮》杂志里多半年，跟着三十几位最敢决、最透彻、最可敬爱、最有希望的同学，办些事件，满〈足〉不了同人和自己的希望，很是抱歉。我只盼我去中国以后，新潮社日日发展。我的身子虽然在外国，而我的精神留在北大里。因为我觉得我一生最有趣味的际会是在北大的几年，最可爱的是新潮社，最有希望的是北大的文化运动。我对于读者诸君所要求的，是给我们个严格的批评。我希望同社诸君的是：（1）切实的求学；（2）毕业后再到国外读书去；（3）非到三十岁不在社会服务。中国越混沌，我们越要有力学的耐心。我只承〈认〉大的方面有人类，小的方面有"我"，是真实的。"我"和人类中间的一切阶级，若家族、地方、国家等等，都是偶像。我们要为人类的缘故，培成一个"真我"。

八年九月五日

（原载 1919 年 10 月 30 日《新潮》第二卷第一号）

时代与曙光与危机

"时代是一个甚么东西？"真是一句很难回答的话。想解决这个答案，不免牵动了许多方面，从形上学的见解，到常识。现在姑且以我这不曾学问的见识——因为我不曾学过社会学——下个解说，权当为这篇文章而作的设想罢了。

一个民族，或一团互相接触而具有大共同生活的若干民族，忽然生活上失了一个大渊源，或得了一个渊源，或由遭变（Mutation）的缘故和遗传下的现状不尽合了，于是知觉界里起了一番对待的了解：这了解先从小小的地方漫漫散延，到了一个时期，便影响到一切上，而发生破坏与建设双扇的影响人生的运动；这个或这些民族所据的时候，就被这个了解染上颜色了，其中自不免还有别的颜色一齐下进染色缸里，不过染成的结果是个虽然夹杂而有一种"主要的"颜色。这个主要的颜色定这个时代。所以我们可以说时代是一种异样的——就是不和以前、以后同的——生活所占据的垂直领域。

天地间的事物和道理没有一件是绝对的，是永久的，因为他们都随着时代染颜色，而时代又是不住的，所以为谋一身或一团或一族的生活，第一要认清时代，然后是非有标准可据。

请问现在是什么时代？我再做个不假学问的回答：是在一步一步以理性为根据、要求平等的长时期中的一级。近世史是要求平等的历史。最初一步的宗教改革，是觉悟的宗教信徒，本着理性，向教会要求平等的运动。后来的政治革命，是觉悟的人民，本着理性，向政权的僭窃者要求平等的运动。然而僭窃者何尝专是帝王贵族绅士的高号呢，我们不劳而衣食的人，对于社会牺牲的无产劳动者也是僭窃者。将来他们革我们的命，和我们以前的人革帝王贵族的命是一种运动。所以这以前过了一小点，以后放着一大部的社会改造运动，不过是以往政治革命的补充，其意味没有两样。未来的究竟，仿佛悬着个无治的族。这有始有终的政治社会改造运动，从千年后看来，必然自成一个段落而号一个时代。至于运用这一个时代的精神在那里呢？就是人人以"社会为家"的理解。这句成语是希腊人的遗产，据我分析看来，有几层意思，第一，负社会的责任，拿做当唯一的责任，远在个人的家庭的责任心之上；第二，觉得社会有和家庭同样的恋爱力，不特不能离，且断乎不忍离，为他出力，不专希望成就取得报答，有不止不倦的心境；第四，把家族的亲密、诚实、无间、无拘无伪的意味推到社会上。有这番理解，然后人的动力可以充量发泄，而换到要求平等的效果。

罗马人说得好："我们罗马人是一家人。"他们觉着罗马城里的事，大大琐琐都极切己，然后起了"朴雷伯之争"，然后成就了历史上的一番伟壮事业。希腊人有　种特别采色，是极有趣味一句话。他们觉得一身的官能所接触的都是极有味的，所以凡事便奈何他一番，结果他们才变成极有趣味的人。他们的趣味是以宇宙的和自然的情绪为渊源，这情绪蕴积生衍的结果是个泛平等观，感情刺激动性，然后为平等的努力和要求。希腊各城内部的历史，就是这样的历史，把这副精神遗传到近代，才有近代史。近代民族在大体上说，不过是把希腊的和罗马前半的历史重新演一番，虽然近代比古代范围广些，问题复些，社会上摆列的次第颇不一样，而物质方面更有深浅的分别，但是其以"以社会为家"的理解为平等的努力和要求，却没有两样。"以'以社会为家'的理解为平等的努力和要求"——这一句话，是使历史的踪迹留得住的；请看东方民族所建的大国家，如成吉思的帝国，铁木真的帝国，钦察汗，莫窝儿，何以不留踪迹呢？只因为不是这一幅民族的真精神，所以民族的踪迹留不住。历史上有个很动人注意的现象，就是凡一个亚利安民族，当开化之始必把这一副精神大大的发挥一番，希腊、拉丁、日耳曼各族不消说了，东方的印度族为平等的努力和要求，造成了许多恩物，他那副自然的、宇宙的、精灵的情绪，几乎比希腊人还深些，更把泛平等观推到超于物质的精神上，虽免不了渺渺冥冥，然更可表出亚利安族精神的伟大。再看近来开化的斯拉夫族——姑以俄罗斯人为代表——那一种和宗教精神一样魄力，而理解相反的郁结的泛爱，恰似希腊方开辟的年代。但历史上的亚利安人发挥这个精神，又和近代和现世有个不一样的现象，历史上的亚利安人最先是如此的，到后来吃饱了、发肥了、快乐了之后，便渐渐的变成个东方民族，就把这副民族的真精神丢掉。近代的亚利安各族和受亚利安化的各族，因为交通带着他们调和文化，使得他们平衡经济的享受和压迫，使得他们循一定的方向，科学使得他们了解群类生活的前因后果，更替他们开了一个奋兴的希望的大统系，所以他们能把这副精神保持住，不因为物质膨胀而丧失，并且推到已经销歇过的民族，使他返老为童，而且推到原不曾有这精神的民族，最后的结果——现在固未尝到——是各民族同赋了这个精神，而且永远保持。所以历史上的文化是一个民族独担的，担不起了，再让给别个。近代的文化是一些民族合伙担的，到后来谁也不许说"担不起了"。这个在文化上民族精神的共活，是近世、现在和将来的时代的特征。

历史是记人的动作的。人的动作不外两种方向：一、优越的要求，二、平等的要求。罗马城内的争是下级对上级平等的要求，罗马城外的争是罗马人对外族人优越的要求。希腊各城内部的争是平等的要求，各城的互争是优越的要求。优越的要求是生物学上的遗传，所谓竞争之后最适者得余生。人却有个超于动物的理性和人的同情心，所以在前一种以上又有平等的要求，这两种要求在近代、古代都有的，不过有消长的关系。在古代，事迹多从优越的要求而出；平等的要求虽然力量和意味极大且长，而所占据的面积非常的小。近代是平等的要求向最大的面积伸张的时代，最后的结果——现在离着尚远——是社会上的"山渊平"，而一切的意味，差不多又和不曾进化的原人有个共同的根据地，至于精粗的不同是不消说的。所以世界的进化从原人到未来的究竟不是照着圆圈周而复始的进行，也不是直线的进行，乃是个抛物线。起点终点都在平地上，不过地点不同罢了。

转过来，看看中国现在是个甚么时代。第一层，我们要粗略晓得他的前因；第二层，我们看看他的横切面；第三层，我们就民族的质性上，诊断诊断他的意义。就第一层说，我们须得从远处大略说起。凡研究中国社会上任何问题都不要忘现在的中国社会，和运用他的质素，是被二千年的专制历史陶铸成的。从封建跳入新潮流，和从专制跳入新潮流，所得结果当然不同。封建诚然不是一个好制度，却还存着几分少数人自治的精神，不至于把粘土变成沙漠，把生长体变成机械，把社会的发育换作牛马群的训练。顾亭林论封建，几乎要把郡县变作土司一般的制度；这个主张在外表看来仿佛迂得可笑，若就他立论的意思想想，实在是"有感而发"，土司还比专制好。土司纵不能帮助社会的滋长，也还不至于把社会变成散沙一般的群众。在专制之下只有个个人，没有什么叫做"公"的，所以在个人的责任心之外，不负个社会的责任心，原是当然。所以中国的社会大半是机械似的，不能自生自长、自持自动，一切全由外力。《中庸》上孔丘说"人存政举，人亡政息"，这话很可推到中国社会上的现象。我并不是到现在还骂专制，我是因为专制的名字虽然被人唾弃了，而中国社会仍然是专制陶熔的，况且运用专制的质素，还深深的印在社会里人人心中，人人的习惯上，不得不把他指明，免得他瞒混过去，再去演罪恶。请看中国人崇拜政治的心理，可以知道他还不忘专制了。他总希望大人物出来，有所凭藉而去转移社会，仿佛看得改造像运机器一般，而与培植树木发展体力的办法远。我说句卤莽的话，凡相信改造是自上而下的，就是以政治的力量改社会，都不免有几分专制的臭味；凡相信改造是自下而上的，都是以社会的培养促进政治，才算有彻底的觉悟了。至于武人官僚、卖国团、安福俱乐部，都是历史上相传下来的积毒大发作——信机械力的人，其行事的结果必至于大溃决。现象是这样的，内质又是那样的，虽然把他的名字铸成众矢之的了，把他的流毒看作废气了，然而他的质素既已化作习惯，潜着运行而不及觉察，则我们不得不留他的神，以便处置他。我常时有个比喻，现在的中国人远远的望着了曙光，然而身上穿着袁世凯的祭服，要去跳进世界流去，这是中国现在的时代被他的前因支配的大概。

习惯的势力，是不能不承认的。他能使你觉着不是而改不了，或者竟把你的不是瞒蔽着不及察觉，"放下屠刀，立地成佛"——这是说觉悟的强大功能，这话我不能不承认他也有几分理由，然也有不尽然的。在有绝顶坚强意志的人或者可以如此，至于就大大多数人而论，觉悟是不可全靠的，觉悟是未必停得住的，觉悟未必能另换一个人格出来，必把所觉悟的养成习惯，然后"见诸行事"，所以觉悟之后不直接着就是完全的改行，其间免不了这习惯养成的一级。中国人从发明世界以后，这觉悟是一串的。第一层是国力的觉悟，第二层是政治的觉悟，现在是文化的觉悟，将来是社会的觉悟。前两层——过去的——并不曾踏下根，养成习惯，还没有弄出点成绩出来，而已经急转直下了，自甲方面说，进步不可说不快；自乙方面说，觉悟还不曾养成行事的习惯，轻飘飘的，更不曾造出成绩，到现在所得的结果——就是从第二层觉悟入到第三、第四次——只是一个精神的大解放，积久的权威能突然坠地，而新建设的活动力不能受前一层觉悟的恩物的帮忙。兼程并进的进取，何尝不是中国此刻所要求的，不过，分别看来，快走则可，隔着个墙跳过去，则不能。我以前很觉得跳墙的进取最便当，现在才知道社会的进化不能不受自然律的管辖，从甲级转到乙级，必须甲阶级试验失败了，试验他的人感觉着不彻底、不圆满了，然后进入乙级，乙级的动作方有魄力，否则乙级建立在空中，力量必然薄弱。读者不要误会我的意思：我绝对不主张不要急进要缓进，我是说我们不可不晓得前两层觉悟的无结果，很有些影响于后来的觉悟，这话很容易明白，中国人关于政治的觉悟所办出的成绩，不如理想所期之多，现在转到社会的觉悟上了，就甲方说，社会的改造不能凭藉着政治革命所建立的成绩而厚其力量。就乙方说，政治革命还在葫芦提着，还算不曾做过彻底的试验。所以社会改造在政治改造身上找不到一个明白的目标而行其推翻。请把日本做榜样，日本是在政治改造上有成效的，现在转到社会改造上了。就甲方看，政治上的建设有许多可借社会改造之用，如：因政治的力量、资本的经济大发展而有大工厂，一转就成了社会主义的发祥地——是一个好例。就乙方看，他们的人民眼看着政治改造彻底试验了，国也强了、富了，穷人更要没米吃，于是乎待政治而起的社会改造运动，必有极大的威猛，所以日本将来的社会改造定有力量。我们晓得有这一层道理，那么，既知道社会改造运动的根基薄弱了，更要大家努力将持他，不可使他再随便葫芦题下去。原来中国人既受很长久的专制，逢事葫芦题也是在长久专制的支配之下，当然的现象，再加上中国人每于觉悟之后善于反动，到了现在，社会上真七岔八乱了。自从欧化到中国来，还不曾深深习染，先起了很强烈的反动。学术思想上的反动，可以章太炎为代表，政治上的反动当然以袁世凯为代表，远远的驼着专制精神的压力。近来又逢着思想政治的大反动，兼以中国人不曾有很强固的魄力搬运新潮流的思想，又极少以行事合着思想的一致精神，所觉悟不过仅在知觉界里放光明。于是乎现在这个时代所受之于历史的支配的显出个浮而紊的状态，浮是无根基，紊是若干头绪、若干趋向涌于一时，直到了这番的无领袖，不用手段的不计算结果的五四运动，才算真社会运动，才算把处置社会的真方法觉悟了。以后若抱着这个头绪，而以坚强的觉悟做根基，更须加上一番知识的大扩充做下去，便可渡过现状的难关了。

以上是就现在的前因上说，以下转到上文说的第二层，就是现在时代的横切面，说一说。

以前中国社会上有个很奇异的现象，就是上级的社会和下级的社会，差不多可以说是不接触，上级社会的政治法律礼俗等，影响不到下级社会；下级社会有他们自治的方法。现在这现象稍须变了，而另有一个可注意的现象出来，就是大城市和乡村或小邑的生活，在经济上、思想上、生活状况上、组织上、文化阶级上、习俗上……截然不同，两者之间竟很少一些流通的脉胳。为这个缘故，现在，定一个改造社会的——这个两截社会的——运动的方针，也竟非双扇不可——就是说办法上不能一致。我们在学校读书的人，每每把社会改造当件容易事；记者这次乡居和劳动者与农民交接了一番，才知道做去颇不容易。城市的劳动者恶习极深，农民的生活倒是很纯洁，其价值远在城市的劳动以上，不过经济上大不发展了，将来伴着他们经济的发展，就是恶习的增加。记者现在主张，对于改造农民生活，尽可"卑之无甚高论"，只要帮助他们维持和发展他们固有的自治的意义，再灌上最小限度的智识，而以发展他们的经济状况为唯一目的，就够了，其他尽可暂缓。一则因为他们的经济状况太低下，所以别的谈不上；二则因为他们固有的自治组织是散开而几乎不相接触。若老子所期望的，既没有集中的团结，则社会改造运动不得其口而入。所以此后改造社会的主义，当然是对着一般城市社会的状况而发的。农民社会的情形和这不同，当然要另具一副法子，然而暂不能兼顾，只好暂且放在一边。不过使城市社会和农民生活接触——原来接触很少——却是要紧的，因为若不促进中国人文化的大略一致和生活的相触接，便不能增进中国民族的健康。至于就大城市的一般社会说来，又犯了互不接触的毛病，职业一有不同，生活上便生差异，思想上必不齐一。在一个大城里，异样的社会很少社会的关系，至于联合起来而营社会的共同生活，造出一个团结的组织，又就着这组织活动去，更是谈不到的。所以有人说，中国的社会只有群众，并不是社会；这都由于一切的社会之间，太没有联贯的脉胳，就太少有动的力量了。现在促进社会的办法，第一步便是疏通脉胳：一方把大城市的社会和农民的社会联络起来，一方把城市中的各类社会互相联络起来，一方把城市中的各类社会互相联络，而生动作出来。——这是因为就中国现在社会的横切面看来，散立的分子太多，脉络太少了，而横切面中所以有如此现象者，仍为着（1）原来的社会就散漫；（2）而且和西洋人接触以后，经济上生了大变态，彼此相悬太甚，便把原来的"合拍"破坏了。又因为新思想进来，化了一部分原留着些毫不化过的，其间心神情意上相离必然更远了。

　　一民族的社会文化，有人分做四部看去，一、普遍质，二、中心质，三、遗剩质，四、突［特］出质。倘若这四部分位置得合法，然后有了社会的康健，第一、第二两种仿佛是一件事，其实也还有分别，在未曾发达到极高度的国家，普遍质虽有极大的影响，然而未必居一国文化的中心，较少有使他的文化前进或后退的势力，而能力使他的文化前进或后退者，乃另是一种原素，根基较为薄弱而有很好的凭藉，所以能居中心的地位——中国就是一个好例。遗剩质是前一个时代的遗产，就一方说来，他也有调节生活剧变的好效力，在一个经济不发达的国家，他更在分配上能维持一部分的公平。但是人是进化的动物，这种原素其中纵含有一部分的养料，也因为化合的不妥，没法存着，只好打在老废物里洗刷去。特出质是染未来的时代的色彩的，他若有厚蓄的力量，而发展上快而且固，便可证明这社会至少有一部分的健康。看看这四部在中国社会里配置的情形，不由得令人难受。普遍质和遗剩质几乎混合为一——就是，在中国最普遍的文化，仍然是前一个时代的文化，中心的文化是什么，差不多指不出来。姑且以大城市的文化当他，我们很容易看得这大城市的文化，在经济上是个被人狠狠剥夺，而又不能消化物质成养分的；在思想上是个极沉滞，而又极浅陋薄弱的；在生活上是极无滋味的，就是有力奢侈的人一味浪费，无力生活的人坐待枯槁。——总而言之，这种文化所造就出的最大部分，是只为浅近物质生活的奴隶的人，简直的说，中国此刻的社会，除去农民的部分，另是一状态外，其余的社会——有力量的城市中社会——是用着历史上传下来的老脾胃，换个新款式尽量发挥出来的。至于特出的文化，当然是这一般觉悟的青年所据有的了，不过所可虑者，这一类文化的发展培养出的部分少，激动来的部分大。试举一个例，在有眼光的政治家治下所培成的革新运动，和在倪嗣冲、张作霖、张敬尧、陈树藩治下所激成的革新运动，自然有根基厚薄的不同。

　　至于就中国的民族上看：他影响时代的情形如何，也可略说一二。中国的民族富于感觉性而薄于把持感觉性，是个聪明的民族，可惜有个民族的神精衰弱症。这现象很容易看出，一般人早成早谢，崇拜小聪明，贪图目前的小利益，以苟且为处置事务的办法，注意点不能持久，而又不能专一，怕根本的改革法，都是很明白的征验。社会上明达的见解比较的还不算绝少，而绝少强固的精神。凡号称聪明的人，多半神经过敏，神经过敏就是神经衰弱。特立独行和智力卓绝的人极难遇到，一般人的能力知识都和他的职业一样，可以随便转换，更和他的生活一样，左右离不了那么一套。这样民族所支配出的时代，自然是个很显得疲劳的时代，偏偏世界要打到一窝去，想不合伙不能，于是乎在很可乐观的潮流变化之内，不免现出点强打精神的色泽。

但精神衰弱在个人不是不能医治的病症，在民族也是如此。所以使个人或民族的精神衰弱，总不外两个原因：一、精神上的约束，二、生活上的压迫。好在精神解放现在已有了一部分的成绩，就用这解放了的积聚得久的精神去谋生活改善，又当这样的一个世代，自然要变了，以前静默的光景，社会的旧组织死了，所以没有维系与发展社会的中心能力，所以社会上有个散而且滞的共同现象，现在的时代就是一个新中心，能力渐渐升高蔓延的发端。

照以上所说，虽有些悲观的现象，但良好的动机固已有了；这动机就染这个时代的颜色。为经济的压迫，觉悟上的促动，这个时代现出他的真活动力来，就内部说是变化社会，就外部说是加入世界流。总而言之，以前的加入世界团体是国家的，以后要是社会的这一转移，就现出现在的时代。

所谓社会的加入世界团体，换句话说，就是以世界的社会趋势做榜样，去改造我们固有的社会。改造社会靠两层力量：一、社会的了解，二、社会的责任心。社会的了解含着：（1）固有社会的病证［症］，（2）理想社会的标的，和（3）应机进行的程续。譬如我们知道中国人——和世界的人——所受的苦痛和压迫，根本上由于这个资本私有的制度，要是想好非达到资本公有的目的不可，并且还要知道从旧状态到新状态应该怎样办去，大题目是这样，小事件也是这样。要想做去，非先知道不可做去的分数永远赶不上知道的分数，没有不知道能做出的，但仅仅知道——不能创作的知道——是没有丝毫用处的。要是把中国人知道的事都行出来，必不会有这样的现状。中国人知道的虽然不多，毕竟比他做出的还多得多，中国人早知道恶政府要不得，然而恶政府至今存着，这都由于知道以外确欠一个责任心。去年我在一本英国杂志上见到一篇批评波斯人的文章，大略说波斯人中上阶级的教育也还勉强过得去，有知识的士人颇不少，但是几乎人人是小气的，所以明明知道的事，偏偏做不出来，有了解心，无责任心，结果就造成了波斯的腐败。这话简直和批评中国人一样，中国人的没有社会责任心，可以从积极、消极两方看去，现在有一种最普通的现象，就是人人不安于位，刻刻想着一身的地位增进；人人不自揣不知道自己的价值几何，偏要以侥幸的手段求过分的收获，把人的肉拿来自己吃，就不问影响于社会的是怎样了。我们可以说这一般人的心理是不惜亡国灭种以逞其私，多数人求侥幸、求躁进、求过分的收获，就是亡国灭种的根源，这是没有社会责任心的积极方面。睁着眼睛看人卖国乱政、涂炭地方、破坏代议制，绝了中华民族一线不断的人格，不过是长吁短叹而已，顾着身家，怕着势力，一丝也不动，明知道他们偷了我们的东西去，还宣告我们的死刑，终是一丝也不动，这是没有社会责任心的消极方面。袁世凯就利用这个缺点演了一出大悲剧，其结果这缺点更膨胀了，就有了现在的局面。可是在这样一个时代之内，这局面是不能常的，所以才有了五四以后的几个社会运动。五四运动可以说是社会责任心的新发明，这几个月里黑沉沉的政治之下，却有些活泼的社会运动，全靠这社会责任心的新发明。我们很知道这社会责任心的发明的里面，包着很多热闹事，现在这个时代的第一曙光，远不在智觉的开展，就在这个。

所以从五月四日以后，中国算有了"社会"了。

紧跟着社会责任心的发明，便要是社会道德的发明。以前一般中国人所以为道德的——哲学家的不能实行的理性道德不计外——只是个政治的和资本的道德。忠字只有一个权威的意味，孝字只有一个金钱的价值，什么廉节、报恩、好施等等，自然也有一部分的真理，不过就他们解释这些，位置这些上，都有一个很重的政治的和资本的意味。以后要转为社会的道德了，要有一个重新的组织。社会道德学说的传布和社会道德的培成，都不是很容易的事，非到时机成熟不可。道德问题乃是一个社会的、经济的、政治的问题，在前一个时代里，把后一个时代的道德理解宣布出来，势必因社会状态、经济状态的不相容，不能使他深入人心。一旦社会的责任心发明了，大家对着社会"动"了，自然因"动"的结果，就一件事的成功或失败上追求其根源，悟到社会道德的必要，这时候人人心里有个新道德的觉悟，于是乎社会道德就渐渐的养成，凭空以新道德说贯注给人，是使人用演绎的法子领会，其根基比较的薄弱；任他们在事业上、生活上自己体会出来，是用归纳的法子觉悟，其根基自然要深固的。所以就这时代看来，新道德观念必然要自动的即刻从个个青年脑中溢出，而社会道德必成此后这个时代的一个最大问题。

转来再就思想上说。近代的思想有两种趋向：一、个性的，二、社会的。前几个世纪是个性的发展，近几十年是社会性发展。中国人在这个时候自然免了不加入最近的趋向，不过前一时代的个性发展，也是我们所必须要求的事情。不经个性充分发达的一个阶级，文化上必觉得干燥无味，而且突然转到社会性上，文化上又很觉得根基薄弱，所以中国此后的思想运动应该是双管齐下的，文化的发展全靠着敢想、能想、想得自由。我看中国此刻新旧两方面的人，都有点不大敢想，想得不很自由。旧的方面不消说了，新的方面的人也有大略一致的现象，所介绍和创作的思想多半是很平通的，很平通的思想固然是极有用的，不过使近代思想史上放火花闪光的，极新的思想自然应该引进。为求有用而想去，必成一种社会性的思想；为求安顿我们的心识而想去，必成一种个性的思想，前一种免不了有一部分的不自由，后一种乃是极自由的。中国在晚周时代，思想五花八门，所以有那样的纷杂状况，都为着他们不肯强就他们精神上所不安，一心求解决了他们心上所感的境界。希腊的当年也是这般，这般才能活泼、才有趣味，而且不止于有趣味，还有绝大的不期而得的用处呢。凡是我们先抱一种求适宜、求有用的心理，组织思想去每每想不到很奇僻的道路里去，最自由的个性思想，能辟人不能辟的路，所以无意之中，时常得着人不能得的效果——从崎岖闭塞危险的路里探出真理来。有用没有用简直是事后因时变化的事，决不是能预先断定的事。中国人此刻关于安顿他们精神上太不忠诚了，明明的要这般做，却不敢照他所做仔细想成条理发表出来，没有承认他的行事和他的思想一致的胆量，先承认他心之所安和他身之所适是矛盾的。遍社会上是些极端为我的人，为浅近物质生活的奴隶的人，却没有一部把这思想组成统系，大胆发表出来的书，因为他们只敢如此做，不敢照着做的样子想去求得个理性的证明。我看他们不敢想的毛病比他们敢想做的毛病还大，现在正该介绍些发明些敢想的思想，好让一般人大着胆儿一想。一方自然要养成平实有用的社会性思想，一方发挥个性的思想，也于文化上有绝大补助，两样合成才能就〈是〉这个所谓文化运动。

　　但是个性的自由思想决不是无边际无着落的妄想所能冒充的；能自由思想的人，必是能了解和使用科学性的人。科学在人心里手上，因人的性质不同而异其意味。同是一个电学，汤姆生·约瑟心里的电学，和普通电学家心里的电学，和电气工师心里的电学，和电机修理匠心里的电学截然不同。有的人看得科学是真理，有的人看得是发挥精灵活动最有趣味的事物，有的人看得是"利用厚生"的器具，他也因为人待他不一样也就异其效用。中国人以前对于科学只承认了他的物质的效用，不知道他的精神的效用，所以他也不和中国人亲切起来，勉强给中国人很少些的物质的效用，毫不帮助中国的文化发展。现在人渐渐于机械的科学观以外，有个精神的科学观，知道科学不特是狭义的有用，并且是个精神的兴奋剂。所以此后中国人对于科学脱了"制造局的主义"了，入了……（下缺）

（前缺）……国人群的活动力最后的一次试验，中国人是不是能不能为世界的一部分，惟一的一次。我们既是这个时代的人，自然负了完成这个时代的意义的责任。

（原载 1996 年 12 月《中国文化》第 14 期"傅斯年未刊残稿之一"，此稿系台湾"中研院"史语所王汎森博士提供）

卷二　历史学

与顾颉刚论古史书

颉刚足下：

我这几年到欧洲，除最初一时间外，竟不曾给你信，虽然承你累次的寄信与著作。所以虽在交情之义激如我们，恐怕你也轻则失望，重则为最正当之怒了。然而我却没有一天不曾想写信给你过，只是因为我写信的情形受牛顿律的支配，"与距离之自成方之反转成比例"，所以在柏林朋友尚每每通信以代懒者之行步，德国以外已少，而家信及国内朋友信竟是稀得极利害，至于使老母发白。而且我一向懒惰，偶然以刺激而躁动一下子，不久又回复原状态。我的身体之坏如此，这么一个习惯实有保护的作用，救了我一条命。但因此已使我三年做的事不及一年。我当年读嵇叔夜的信，说他自己那样懒法，颇不能了解，现在不特觉得他那样是自然，并且觉得他懒得全不尽致。我日日想写信给你而觉得拿起笔来须用举金箍棒之力，故总想"明天罢"。而此明天是永久不来的明天，明天，明天……至于今天，或者今天不完，以后又是明天，明天，明天……这真是下半世的光景！对于爱我的朋友如你，何以为情！

私事待信末谈，先谈两件《努力周报》上事物。在当时本发愤想写一大篇寄去参加你们的论战，然而以懒的结果不曾下笔而《努力》下世。我尚且仍然想着，必然写出寄适之先生交别的报登。窃自比季子挂剑之义，然而总是心慕者季子，力困若叔夜，至今已把当时如泉涌的意思忘到什七八，文章是做不成的了，且把尚能记得者寄我颉刚。潦草，不像给我颉刚的信，但终差好于无字真经。只是请你认此断红上相思之字，幸勿举此遐想以告人耳。

第一件是我对于丁文江先生的《历史人物与地理的关系》一篇文章的意见。（以下见《评丁文江〈历史人物与地理的关系〉》文，不复载。）

其二，论颉刚的古史论。三百年中，史学、文籍考订学，得了你这篇文字，而有"大小总汇"。三百〈年〉中所谓汉学之一路，实在含括两种学问：一是语文学，二是史学、文籍考订学。这两以外，也更没有什么更大的东西，偶然冒充有之，也每是些荒谬物事，如今文家经世之论等。拿这两样比着看，量是语文学的成绩较多。这恐怕是从事这类的第一流才力多些，或者也因为从事这科，不如从事史学、文籍考订者所受正统观念限制之多。谈语言学者尽可谓"亦既觏止"之觏为交媾，"握椒"之为房中药。汉宋大儒，康成、元晦，如此为之，并不因此而失掉他的为"大儒"。若把"圣帝明王"之"真迹"布出，马上便是一叛道的人。但这一派比较发达上差少的史学考订学，一遇到颉刚的手里，便登时现出超过语文学已有的成绩之形势，那么你这个古史论价值的大，还等我说吗？这话何以见得呢？我们可以说道，颉刚以前，史学考订学中真正全是科学家精神的，只是阎若璩、崔述几个人。今文学时或有善言，然大抵是些浮华之士；又专以门户为见，他所谓假的古文，固大体是假，他所谓真的今文，亦一般的不得真。所有靠得住的成绩，只是一部《古文尚书》和一部分的《左氏》、《周官》之惑疑（这也只是提议，未能成就），而语文那面竟有无数的获得。但是，这语文学的中央题目是古音，汉学家多半"考古之功多，审音之功浅"，所以最大的成绩是统计的分类通转，指出符号来，而指不出实音来。现在尚有很多的事可作，果然有其人，未尝不可凌孔黣轩而压倒王氏父子。史学的中央题目，就是你这"累层地造成的中国古史"，可是从你这发挥之后，大体之结构已备就，没有什么再多的根据物可找。前见《晨报》上有李玄伯兄一文，谓古史之定夺要待后来之掘地。诚然掘地是最要事，但不是和你的古史论一个问题。掘地自然可以掘出些史前的物事、商周的物事，但这只是中国初期文化史。若关于文籍的发觉，恐怕不能很多。（殷墟是商社，故有如许文书的发现，这等事例岂是可以常希望的。）而你这一个题目，乃是一切经传子家的总锁钥，一部中国古代方术思想史的真线索，一个周汉思想的摄镜，一个古史学的新大成。这是不能为后来的掘地所掩的，正因为不在一个题目之下。岂特这样，你这古史论无待于后来的掘地，而后来的掘地却有待于你这古史论。现存的文书如不清白，后来的工作如何把他取用。偶然的发现不可期，系统的发掘须待文籍整理后方可使人知其地望。所以你还是在宝座上安稳的坐下去罢，不要怕掘地的人把你陷了下去。自然有无量题目要仔细处置的，但这都是你这一个中央思想下的布列。犹之乎我们可以造些动力学的 Theorem，但这根本是 Newton 的。我们可以研究某种动物或植物至精细，得些贯通的条理，但生物学的根本基石是达尔文。学科的范围有大小，中国古史学自然比力学或生物学小得多，但他自是一种独立的，而也有价值的学问。你在这个学问中的地位，便恰如牛顿之在力学，达尔文之在生物学。去年春天和志希、从吾诸位谈，他们都是研究史学的。"颉刚是在史学上称王了，恰被他把这个宝贝弄到手；你们无论再弄到什么宝贝，然而以他所据的地位在中央的原故，终不能不臣于他。我以不弄史学而幸免此危，究不失为'光武之故人也'。几年不见颉刚，不料成就到这么大！这事原是在别人而不在我的颉刚的话，我或者不免生点嫉妒的意思，吹毛求疵，硬去找争执的地方；但早晚也是非拜倒不可的。"

颉刚，我称赞你够了么！请你不要以我这话是朋友的感情，此间熟人读你文的，几乎都是这意见。此时你应做的事，就是赶快把你这番事业弄成。我看见的你的文并不全，只是《努力》、《读书杂志》九、十、十一、十二、十四（十三号未见过，十四后也未见过）所登的。我见别处登有你题目，十四号末又注明未完；且事隔已如此之久，其间你必更有些好见解，希望你把你印出的文一律寄我一看。看来禹的一个次叙，你已找就了，此外的几个观念，如尧、舜、神农、黄帝、许由、仓颉等等，都仔细照处理禹的办法处置他一下子。又如商汤、周文、周公虽然是真的人，但其传说也是历时变的。龟甲文上成汤并不称成汤。《商颂》里的武王是个光大商业，而使上帝之"命式于九围"的，克夏不算重事。《周诰》里周公说到成汤，便特别注重他的"革夏"，遂至结论到周之克殷，"于汤有光"的滑稽调上去（此恰如满酋玄烨谀孝陵的话）。到了孟子的时代想去使齐梁君主听他话，尤其是想使小小滕侯不要短气，便造了"汤以七十里兴，文王以百里兴"的话头，直接与《诗·颂》矛盾。到了嵇康之薄汤武，自然心中另是一回事。至于文王、周公的转变更多。周公在孔子正名的时代，是建国立制的一个大人物。在孟子息邪说距诐行的时代，是位息邪说距诐行的冢相。在今文时代，可以称王。在王莽时代，变要居摄。到了六朝时，真个的列爵为五，列卿为六了，他便是孔子的大哥哥，谢夫人所不满意事之负责任者。（可惜满清初年不文，不知"文以诗书"，只知太后下嫁。不然，周公又成满酋多尔衮，这恐怕反而近似。）这样变法，岂有一条不是以时代为背景。尤其要紧的，便是一个孔子问题。孔子从《论语》到孔教会翻新了的梁漱溟，变了真正七十二，而且每每是些剧烈的变化，简直摸不着头脑的。其中更有些非常滑稽的，例如苏洵是个讼棍，他的《六经论》中的圣人（自然是孔子和其他），心术便如讼棍。长素先生要做孔老大，要改制，便做一部《孔子改制托古考》，其实新学伪经，便是汉朝的康有为做的。梁漱溟总还勉强是一个聪明人，只是所习惯的环境太陋了，便挑了一个顶陋的东西来，呼之为"礼乐"，说是孔家真传。主义是前进不能，后退不许，半空吊着，简直使孔丘活受罪。这只是略提一二例而已，其实妙文多着哩。如果把孔子问题弄清一下，除去历史学的兴味外，也可以减掉后来许多梁漱溟，至少也可以使后来的梁漱溟但为梁漱溟的梁漱溟，不复能为孔家店的梁漱溟。要是把历来的"孔丘七十二变又变……"写成一本书，从我这不庄重的心思看去，可以如欧洲教会教条史之可以解兴发喙。从你这庄重的心思看去，使一个中国思想演流的反射分析镜，也许得到些中国历来学究的心座（Freudian Complexes）来，正未可料。

你自然先以文书中选择的材料证成这个"累层地"，但这个"累层地"的观念大体成后，可以转去分析各个经传子家的成籍。如此，则所得的效果，是一部总括以前文籍分析，而启后来实地工作的一部古史，又是一部最体要的民间思想流变史，又立一个为后来证订一切古籍的标准。这话是虚吗？然则我谓他是个"大小总汇"，只有不及，岂是过称吗？

大凡科学上一个理论的价值，决于他所施作的度量深不深，所施作的范围广不广，此外恐更没有甚么有形的标准。你这个古史论，是使我们对于周汉的物事一切改观的，是使汉学的问题件件在他支配之下的，我们可以到处找到他的施作的地域来。前年我读你文时，心中的意思如涌泉。当时不写下，后来忘了一大半。现在且把尚未忘完的几条写下。其中好些只是你这论的演绎。

一　试想几篇《戴记》的时代

大小《戴记》中，材料之价值不等，时代尤其有参差，但包括一部古儒家史，实应该从早分析研究一回。我从到欧洲来，未读中国书，旧带的几本早已丢去。想《戴记》中最要四篇，《乐记》、《礼运》、《大学》、《中庸》，当可背诵，思一理之。及一思之，恨《乐记》已不能背。

见你文之初，思如涌泉，曾于一晚想到《大学》、《中庸》之分析。后来找到《戴记》一读，思想未曾改变。又把《礼运》一分量，觉得又有一番意思。今写如下：

《大学》　孟子说："人有恒言，皆曰天下国家。天下之本在国，国之本在家，家之本在身。"可见孟子时尚没有《大学》一种完备发育的"身家国天下系统哲学"，孟子只是始提这个思想。换言之，这个思想在孟子时是胎儿，而在《大学》时已是成人了。可见孟子在先，《大学》在后。《大学》老说平天下，而与孔子、孟子不同。孔子时候有孔子时候的平天下，"九合诸侯，一匡天下"，如桓文之霸业是也。孟子时候有孟子时候的平天下，所谓"以齐王"是也。列国分立时之平天下，总是讲究天下定于一，姑无论是"合诸侯，匡天下"，是以公山弗扰为"东周"，是"以齐王"，总都是些国与国间的关系。然而《大学》之谈"平天下"，但谈理财。理财本是一个治国的要务，到了理财成了平天下的要务，必在天下已一之后。可见《大学》不见于秦皇。《大学》引《秦誓》，书是出于伏生的，我总疑心书之含《秦誓》是伏生为秦博士的痕迹，这话要真，《大学》要后于秦代了。且《大学》末后大骂一阵聚敛之臣。汉初兵革扰扰，不成政治，无所谓聚敛之臣。文帝最不会用聚敛之臣，而景帝也未用过。直到武帝时才大用而特用，而《大学》也就大骂而特骂了。《大学》总不能先于秦，而汉初也直到武帝才大用聚敛之臣，如果《大学》是对时而立论，意者其作于孔桑登用之后，轮台下诏之前乎？且《大学》中没有一点从武帝后大发达之炎炎奇怪的今文思想，可见以断于武帝时为近是。不知颉刚以我这《盐铁论》观的《大学》为何如？

《中庸》　《中庸》显然是三个不同的分子造成的，今姑名为甲部、乙部、丙部。甲部《中庸》从"子曰君子中庸"起，到"子曰父母其顺矣乎"止。开头曰中庸，很像篇首的话。其所谓中庸，正是两端之中，庸常之道，写一个 Petit bourgeois 之人生观。"妻子好合，如鼓瑟琴；兄弟既翕，和乐且耽。"不述索隐行怪而有甚多的修养，不谈大题而论社会家庭间事，显然是一个世家的观念（其为子思否不关大旨），显然是一个文化甚细密中的东西——鲁国的东西，显然不是一个发大议论的笔墨——汉儒的笔墨。从"子曰鬼神之为德"起，到"治国其如示诸掌乎"止，已经有些大言了，然而尚不是大架子的哲学。此一节显然像是甲部、丙部之过渡。至于第三部，从"哀公问政"起到篇末，还有头上

"天命之谓性"到"万物育焉"一个大帽子，共为丙部，纯粹是汉儒的东西。这部中所谓中庸，已经全不是甲部中的"庸德之行，庸言之谨"，而是"中和"了。《中庸》本是一家之小言，而这一部中乃是一个会合一切，而谓其不冲突——太和——之哲学。盖原始所谓中者，乃取其中之一点而不从其两端。此处所谓中者，以其中括合其两端，所以仲尼便祖述尧舜（法先王），宪章文武（法后王），上律天时（羲和），下袭水土（禹）。这比孟子称孔子之集大成更进一步了。孟子所谓"金声玉振"尚是一个论德性的话，此处乃是想孔子去包罗一切人物：孟荀之所以不同，儒墨之所以有异，都把他一炉而熔之。"九经"之九事，在本来是矛盾的，如亲亲尊贤是也，今乃并行而不相悖，这岂是晚周子家所敢去想的。这个"累层地"，你以为对不对？

然而《中庸》丙部也不能太后，因为虽提祯祥，尚未入纬。

西汉人的思想截然和晚周人的思想不同。西汉人的文章也截然与晚周人的文章不同。我想下列几个标准可以助我们决定谁是谁。

（一）就事说话的是晚周的，做起文章来的是西汉的。

（二）研究问题的是晚周的，谈主义的是西汉的。

（三）思想也成一贯，然不为系统的铺排的是晚周，为系统的铺排的是西汉。

（四）凡是一篇文章或一部书，读了不能够想出他时代的背景来的，就是说，发的议论对于时代独立的，是西汉。而反过来的一面，就是说，能想出他的时代的背景来的，却不一定是晚周。因为汉朝也有就事论事的著作家，而晚周却没有凭空成思之为方术者。

《吕览》　《吕览》是中国第一部一家著述，以前只是些语录。话说得无论如何头脑不清，终不能成八股。以事为学，不能抽象。汉儒的八股，必是以学为学，不窥园亭，遑论社会。

《礼运》　《礼运》一篇，看来显系三段。"是谓疵国，故政者之所以藏身也"（应于此断，不当从郑）以前（但其中由"言偃复问曰"到"礼之大成"一节须除去）是一段，是淡淡鲁生的文章。"夫政必本于天……"以下是一段，是炎炎汉儒的议论，是一个汉儒的系统玄学。这两段截然不同。至于由"言偃复问曰"到"礼之大成"一段，又和上两者各不同，文词略同下部而思想则不如彼之侈。"是为小康"，应直接"舍鲁何适矣"。现在我们把《礼运》前半自为独立之一篇，并合其中加入之一大节，去看，鲁国之乡曲意味，尚且很大。是论兵革之起，臣宰之僭，上规汤武，下薄三家的仍类于孔子正名，其说先王仍是空空洞洞，不到《易传》实指其名的地步。又谈禹、汤、文、武、成王、周公而不谈尧舜，偏偏所谓"大道之行也"云云，即是后人所指尧舜的故事。尧、舜、禹都是儒者之理想之 Incarnation，自然先有这理想，然后再 Incarnated 到谁和谁身上去。此地很说了些这个理想，不曾说是谁来，像是这篇之时之尧、舜尚是有其义而无其词，或者当时尧、舜俱品之传说未定，尚是流质呢。所谈禹的故事，反是争国之首，尤其奇怪。既不同《雅》、《颂》，又不如后说，或者在那个禹观念进化表上，这个《礼运》中的禹是个方域的差异。我们不能不承认传说之方域的差异，犹之乎在言语学上不能不承认方言。又他的政治观念如"老有所终"以下一大段，已是孟子的意思，只不如《孟子》详。又这篇中所谓礼，实在有时等于《论语》上所谓名。又"升屋而号"恰是墨子引以攻儒家的。又"玄酒在室"至"礼之大成也"一段，不亦乐乎的一个鲁国的 Petit bourgeois 之 Kultur。至于"呜呼哀哉"以下，便是正名论。春秋战国间大夫纷纷篡诸侯，家臣纷纷篡大夫，这篇文章如此注意及此，或者去这时候尚未甚远。这篇文章虽然不像很旧，但看来总在《易·系》之前。

《易·系》总是一个很迟的东西，恐怕只是稍先于太史公。背不出，不及细想。

二　孔子与六经

玄同先生这个精而了然的短文，自己去了许多云雾。我自己的感觉如下：

《易》　《论语》："夏礼吾能言之，杞不足征也。殷礼吾能言之，宋不足征也。文献不足故也；足，则吾能征之矣。"《中庸》："吾说夏礼，杞不足征也。吾学殷礼，有宋存焉。吾学周礼，今用之，吾从周。"《礼运》："吾欲观夏道，是故之杞，而不足征也，吾得夏时焉。吾欲观殷道，是故之宋，而不足征也，吾得坤乾焉。坤乾之义，夏时之等，吾以是观之。"附《易》于宋，由这看来，显系后起之说。而且现在的《易》是所谓《周易》，乾上坤下，是与所谓归藏不同。假如《周易》是孔子所订，则传说之出自孔门，决不会如此之迟，亦不会如此之矛盾纷乱。且商瞿不见于《论语》，《论语》上孔子之思想绝对和《易·系》

不同。

《诗》　以《墨子》证《诗》三百篇，则知《诗》三百至少是当年鲁国的公有教育品，或者更普及（墨子，鲁人）。看《左传》、《论语》所引《诗》大同小异，想见其始终未曾有定本。孔子于删诗何有焉？

《书》　也是如此。但现在的《今文尚书》，可真和孔子和墨子的书不同了。现在的今文面目，与其谓是孔子所删，毋宁谓是伏生所删。终于《秦誓》，显出秦博士的马脚来。其中真是有太多假的，除《虞、夏书》一望而知其假外，《周书》中恐亦不少。

《礼》、《乐》　我觉玄同先生所论甚是。

《春秋》　至于《春秋》和孔子的关系，我却不敢和玄同先生苟同。也许因为我从甚小时读孔广森的书，印下一个不易磨灭的印象，成了一个不自觉的偏见。现在先别说一句。从孔门弟子到孔教会梁漱溟造的那些孔教传奇，大别可分为三类：一、怪异的，二、学究的，三、为人情和社会历史观念所绝对不能容许的。一层一层的剥去，孔丘真成空丘（或云孔，空）了。或者人竟就此去说孔子不是个历史上的人。但这话究竟是笑话。在哀公时代，鲁国必有一个孔丘字仲尼者。那末，困难又来了。孔子之享大名，不特是可以在晚周儒家中看出的，并且是在反对他的人们的话中证到的。孔子以什么缘由享大名虽无明文，但他在当时享大名是没有问题的。也许孔子是个平庸人，但平庸人享大名必须机会好；他所无端碰到的一个机会是个大题目，如刘盆子式的黎元洪碰到武昌起义是也。所以孔丘之成名，即令不由于他是大人物，也必由于他借到大题目，总不会没有原因的。不特孔丘未曾删定六经，即令删定，这也并不见得就是他成大名的充足理由。在衰败的六朝，虽然穷博士，后来也以别的缘故做起了皇帝。然当天〔大〕汉盛世，博士的运动尚且是偏于乘障落头一方面；有人一朝失足于六艺，便至于终其身不得致公卿。只是汉朝历史是司马氏、班氏写的，颇为儒生吹吹，使后人觉得"像煞有介事"罢了。但有时也露了马脚，所谓"主上所戏弄，流俗所轻，优倡之所蓄"也。何况更在好几百年以前。所以孔丘即令删述六经，也但等于东方朔的诵四十四万言，容或可以做哀公的幸臣，尚决不足做季氏的冢宰，更焉有驰名列国的道理。现在我们舍去后来无限的孔子追加篇，但凭《论语》及别的不多的记载，也可以看出一个线索来。我们说，孔丘并不以下帷攻《诗》、《书》而得势，他于《诗》、《书》的研究与了解实在远不及二千四百年后的顾颉刚，却是以有话向诸侯说而得名。他是游谈家的前驱。游谈家靠有题目。游谈家在德谟克拉西的国家，则为演说家，好比雅典的 Demosthenes、罗马的 Cicero，都不是有甚深学问，或甚何 Originality 的人。然而只是才气过人，把当时时代背景之总汇抓来，做一个大题目去吹搰，于是乎"太山北斗"，公卿折节了。孔丘就是这样。然则孔丘时代背景的总汇是什么？我想这一层《论语》上给我们一个很明白的线索。周朝在昭穆的时代尚是盛的时候，后来虽有一乱，而宣王弄得不坏。到了幽王，不知为何原因，来了一个忽然的瓦解，如渔阳之变样的。平王东迁后的两个局面，是内面上陵下僭，"团长赶师长，师长赶督军"，外边是四夷交侵，什么"红祸白祸"，一齐都有。这个局面的原始，自然也很久了，但成了一个一般的风气，而有造成一个普遍的大劫之势，恐怕是从这时起。大夫专政，如鲁之三桓、宋之华氏，都是从春秋初年起。晋以杀公族，幸把这运命延迟上几世（其实曲沃并晋已在其时，而六卿增势也很快）。至于非文化民族之来侵，楚与鲁接了界，而有灭周、宋的形势；北狄灭了邢、卫，殖民到伊川，尤其有使文化"底上翻"之形势。应这局面而出来的人物，便是齐桓、管仲、晋文、舅犯，到孔子时，这局面的迫逼更加十倍的利害，自然出来孔子这样人物。一面有一个很好的当时一般文化的培养，一面抱着这个扼要的形势，力气充分，自然成名。你看《论语》上孔子谈政治的大节，都是指这个方向。说正名为成事之本，说三桓之子孙微，说陪臣执国命，论孟公绰，请讨田氏，非季氏之兼并等等，尤其清楚的是那样热烈的称赞管仲。"管仲相桓公，九合诸侯……微管仲，吾其披发左衽矣。"但虽然这般称许管仲，而于管仲犯名分的地方还是一点不肯放过。这个纲目，就是内里整纲纪，外边攘夷狄，使一个乱糟糟的世界依然回到成周盛世的文化上，所谓"如有用我者，吾其为东周乎"。借用一位不庄者之书名。正所谓"救救文明"（Salvaging the Civilization）。只有这样题目可以挪来为大本，也只有这个题目可以挪来说诸侯，也只有以这个题目的原故，列国的君觉着动听，而列国的执政大臣都个个要赶他走路了。颉刚：你看我这话是玩笑吗？我实在是说正经。我明知这话里有许多设定，但不这样则既不能解孔子缘何得大名之谜，又不能把一切最早较有道理的孔子传说联合贯串起来。假如这个思想不全错，则《春秋》一部书不容一笔抹杀，而《春秋》与孔子的各类关系不能一言断其为无。现在我们对于《春秋》这部书，第一要问他是鲁史否？这事很好决定，把书上日食核对一番，便可马上断定他是不是当时的记载。便可去问，是不是孔子所笔削。现在我实在想不到有什么确据去肯定或否定，现在存留的材料实在是太少了。然把孔子"论其世"一下，连串其《论语》等等来，我们可以说孔子订《春秋》，不见得不是一个自然的事实。即令《春秋》不经孔子手定，恐怕也是一部孔子后不久而出的著作，这著作固名为《春秋》或即是现在所存的"断烂朝报"。即不然，在道理上当与现在的"断烂朝报"同类。所以才有孟子的话。这书的思想之源泉，总是在孔子的。既认定纲领，则如有人说"孔子作《春秋》"，或者说"孔子后学以孔子之旨作《春秋》"，是没有原理上的分别。公羊家言亦是屡变。《传》、《繁露》，何氏，各不同。今去公羊家之迂论与"泰甚"，去枝去叶，参着《论语》，旁边不忘孟子的话，我们不免觉得，这公羊学的宗旨是一个封建制度正名的，确尚有春秋末的背景，确不类战国中的背景，尤其不类汉。三世三统皆后说，与公羊本义无涉。大凡一种系统的伪造，必须与造者广义的自身合拍，如古文之与新朝政治是也。公羊家言自然许多是汉朝物事，然他不泰不甚的物事实不与汉朝相干。

大凡大家看不起《春秋》的原因，都是后人以历史待他的原故，于是乎有"断烂朝报"之说。这话非常的妙。但知《春秋》不是以记事为本分，则他之为断烂朝报不是他的致命伤。这句绝妙好词，被梁任公改为"流水账簿"，便极其俗气而又错了。一、《春秋》像朝报而不像账簿；二、流水账簿只是未加整理之账，并非断烂之账。断烂之账簿乃是上海新闻大家张东荪先生所办《时事新报》的时评，或有或无，全凭高兴，没有人敢以这样的方法写流水账的。"史"之成一观念，是很后来的。章实斋说"六经皆史"，实在是把后来的名词、后来的观念，加到古人的物事上而齐之，等于说"六经皆理学"一样的不通。且中国人于史的观念从来未十分客观过。司马氏、班氏都是自比于孔子而作经。即司马君实也是重在"资治"上。郑夹漈也是要去贯天人的。严格说来，恐怕客观的历史家要从顾颉刚算起罢。其所以有鲁之记载，容或用为当时贵族社会中一种伦理的设用，本来已有点笔削，而孔子或孔子后世借原文自寄其笔削褒贬，也是自然。我们终不能说《春秋》是绝对客观，或者因为当时书写的材料尚很缺乏，或者因为忌讳，所以成了春秋这么一种怪文体，而不得不成一目录，但提醒其下之微言大义而已。这类事正很近人情。鲁史纪年必不始于隐公，亦必不终于哀公，而《春秋》却始于东迁的平王，被弑的隐公，终于获麟或孔丘卒，其式自成一个终始。故如以朝报言，则诚哉其断烂了；如以一个伦理原则之施作言，乃有头有尾的。

孟子的叙《诗》和《春秋》虽然是"不科学的"，但这话虽错而甚有注意的价值——从来有许多错话是值得注意的。把《诗》和伦理混为一谈，孔子时已成习惯了。孔子到孟子百多年，照这方面"进化"，不免到了"《诗》亡《春秋》作"之说。孟子说"其事则齐桓晋文，其文则史，其义则丘窃取之矣"，头一句颇可注意。以狭义论，《春秋》中齐桓、晋文事甚少。以广义论，齐桓、晋文之事为霸者之征伐会盟，未尝不可说《春秋》之"事则齐桓晋文"。孔子或孔子后人做了一部书，以齐桓、晋文之事为题目，其道理可想。又"其文则史，其义则丘窃取之矣"，翻作现在的话，就是说，虽然以历史为材料，而我用来但为伦理法则之施用场。

《春秋》大不类孟子的工具。如孟子那些"于传有之"的秘书，汤之囿，文王之囿，舜之老弟，禹之小儿，都随时为他使唤。只有这《春秋》，大有些不得不谈，谈却于他无益的样子。如谓《春秋》绝杀君，孟子却油油然发他那"诛一夫"、"如寇仇"、"则易位"的议论。如谓"春秋道名分"，则孟子日日谈王齐。春秋之事则齐桓晋文，而孟子则谓"仲尼之徒无道桓文之事者"。这些不合拍都显出这些话里自己的作用甚少，所以更有资助参考的价值。

当年少数人的贵族社会，自然有他们的标准和舆论，大约这就是史记事又笔削的所由起。史决不会起于客观的纪载事迹，可以由宗教的意思，后来变成伦理道德的意思起，可以由文学的意思起。《国语》自然属下一类，但《春秋》显然不是这局面，孔子和儒宗显然不是戏剧家。

总括以上的涉想，我觉得《春秋》之是否孔子所写是小题，《春秋》传说的思想是否为孔子的思想是大题。由前一题，无可取证；由后一题，大近情理。我觉得孔子以抓到当年时代的总题目而成列国的声名，并不是靠什么六艺。

孔子、六艺、儒家三者的关系，我觉得是由地理造成的。邹鲁在东周是文化最深密的地方，六艺本是当地的风化，所以孔子与墨子同诵《诗》、《书》，同观列国《春秋》。与其谓孔子定六艺，毋宁谓六艺定孔子。所以六艺实在是鲁学。或者当时孔子有个国际间的大名，又有好多门徒，鲁国的中产上流阶级每牵引孔子以为荣，于是各门各艺都"自孔氏"。孔子一生未曾提过《易》，而商瞿未一见于《论语》，也成了孔门弟子了。孔门《弟子列传》一篇，其中真有无量不可能的事。大约是司马子长跑到鲁国的时候，把一群虚荣心造成的各"书香人家"的假家谱抄来，成一篇《孔子弟子列传》。我的意思可以最简单如此说：六艺是鲁国的风气，儒家是鲁国的人们；孔子所以与六艺儒家生关系，因为孔子是鲁人。与其谓六艺是儒家，是孔学，毋宁谓六艺是鲁学。

世上每每有些名实不符的事。例如后来所谓汉学，实在是王伯厚、晁公武之宋学；后来所谓宋学，实在是明朝官学。我想去搜材料，证明儒是鲁学，经是汉定（今文亦然）。康有为但见新学有伪经，不见汉学有伪经，即子家亦是汉朝给他一个定订。大约现行子书，都是刘向一班人为他定了次叙的。墨子一部书的次叙，竟然是一个儒家而颇芜杂的人定的，故最不是墨子的居最先。前七篇皆儒家言，或是有道家言与墨绝端相反者（如太盛难寄），知大半子书是汉朝官订本（此意多年前告适之先生，他未注意），则知想把古书古史整理，非清理汉朝几百年一笔大账在先不可也。

三　在周汉方术家的世界中几个趋向

我不赞成适之先生把记载老子、孔子、墨子等等之书呼作哲学史。中国本没有所谓哲学。多谢上帝，给我们民族这么一个健康的习惯。我们中国所有的哲学，尽多到苏格拉底那样子而止，就是柏拉图的也尚不全有，更不必论到近代学院中的专技哲学，自贷嘉、来卜尼兹以来的。我们若呼子家为哲学家，大有误会之可能。大凡用新名词称旧物事，物质的东西是可以的，因为相同；人文上的物事是每每不可以的，因为多是似同而异。现在我们姑称这些人们（子家）为方术家。思想一个名词也以少用为是。盖汉朝人的东西多半可说思想了，而晚周的东西总应该说是方术。

禹、舜、尧、伏牺、黄帝等等名词的真正来源，我想还是出于民间。除黄帝是秦俗之神外，如尧，我拟是唐国（晋）民间的一个传说。舜，我拟是中国之虞或陈或荆蛮之吴民间的一个传说。尧、舜或即此等地方之君（在一时）。颛顼为秦之传说，喾为楚之传说，或即其图腾。帝是仿例以加之词（始只有上帝但言帝），尧、舜都是绰号。其始以民族不同方域隔膜而各称其神与传说，其后以互相流通而传说出于本境，迁土则变，变则各种之装饰出焉。各类变更所由之目的各不同，今姑想起下列几件：

（一）理智化——一神秘之神成一道德之王。

（二）人间化——一抽象之德成一有生有死之传。

又有下列一种趋势可寻：

满意于周之文化尤其是鲁所代表者（孔子）。

不满意于周之文化而谓孔子损益三代者。

举三代尽不措意，薄征诛而想禅让，遂有尧舜的化身。

此说又激成三派：

（1）并尧、舜亦觉得太有人间烟火气，于是有许由、务光。与这极端反背的便是"诛华士"，《战国策》上请诛於陵仲子之论。

（2）宽容一下，并尧、舜、汤、武为一系的明王。（《孟子》）

（3）爽性在尧、舜前再安上一个大帽子，于是有神农、黄帝、伏牺等等。

这种和他种趋势不是以无目的而为的。

上条中看出一个古道宗思想与古儒宗思想的相互影响，相互为因果。自然儒宗、道宗这名词不能安在孔子时代或更前，因为儒家一名不过是鲁国的名词，而道家一名必然更后，总是汉朝的名词，或更在汉名词"黄老"以后。《史记》虽有申不害学"黄老刑名以干昭侯"的话，但汉初所谓黄老实即刑名之广义，申不害学刑名而汉人以当时名词名之，遂学了黄老刑名。然而我们总可为这两个词造个新界说，但为这一段的应用。我们第一要设定的，是孔子时代已经有一种有遗训的而又甚细密的文化，对这文化的处置可以千殊万别，然而大体上或者可分为两项：

一、根本是承受这遗传文化的，但愿多多少少损益于其中。我们姑名此为古儒宗的趋势。

二、根本上不大承认，革命于其外。我们姑名此为古道宗的趋势。

名词不过界说的缩短，切勿执名词而看此节。我们自不妨虚位的定这二事为 AB，但这种代数法，使人不快耳。造这些名词如尧、舜、许由、务光、黄（这字先带如许后来道士气）帝、华士、神农，和《庄子》书中的这氏那氏，想多是出于古道宗，因为这些人物最初都含些道宗的意味。《论语》上的舜，南面无为；许行的神农，是并耕而食。这说自然流行也很有力，儒宗不得不取适应之法。除为少数不很要紧者造个谣言，说"这正是我们的祖师所诛"（如周公诛华士）外，大多数已于民间有势力者是非引进不可了，便把这名词引进，加上些儒家的意味。于是乎绝世的许由成了士师的皋陶（这两种人也有共同，即是俱为忍人）；南面无为的舜，以大功二十而为天子，并耕的神农本不多事，又不做买卖，而《易·系》的神农"耒耨之利，以教天下"，加上做买卖，虽许子亦应觉其何以不惮烦也。照儒宗的人生观，文献征者征之，本用不着造这些名词以自苦；无如这些名词先已在民间成了有势力的传说，后又在道宗手中成了寄理想的人物，故非取来改用不可。若道宗则非先造这些非历史的人物不能资号召。既造，或既取用，则儒宗先生也没有别法对付，只有翻着面过来说，"你所谓者正是我们的'于传有之'，不过我们的真传所载与你这邪说所称名一而实全不同，词一而谓全不同"。反正彼此都没有龟甲钟鼎做证据，谁也莫奈得谁何。这种方法，恰似天主教对付外道——外道出来，第一步是不睬。不睬不能，第二步便是加以诛绝，把这书们加入"禁书录"上。再不能，第三步便是扬起脸来说，"这些物事恰是我们教中的"。当年如此对付希腊哲学，近世如此对付科学。天主教刑了盖理律，而近中天文学、算学在教士中甚发达。

我这一篇半笑话基于一个假设，就是把当年这般物事分为二流，可否？我想大略可以得，因为在一个有细密文化久年遗训的社会之下，只有两个大端：一是于这遗训加以承认而损益之，一是于遗训加以否认。一般的可把欧洲千年来的物事（直至 19 世纪末为止）分为教会的趋向与反教会的趋向。

何以必须造这一篇半笑话？我想，由这一篇半笑话可以去解古书上若干的难点。例如《论语》一部书，自然是一个"多元的宇宙"，或者竟是好几百年"累层地"造成的。如"凤鸟不至"一节，显然是与纬书并起的话。但所说尧舜禹诸端，尚多是抽象以寄其理想之词，不如孟子为舜象做一篇越人让兄陈平盗嫂合剧。大约总应该在孟子以前，也应该是后来一切不同的有事迹的人王尧舜禹论之初步。且看《论语》里的尧舜禹，都带些初步道宗的思想。尧是"无能名"，舜是"无为"。禹较两样些，"禹无间然"一段也颇类墨家思想之初步。然卑居处，薄食服，也未尝违于道宗思想。至于有天下而不与，却是与舜同样的了。凡这些点儿，都有些暗示我们：尧、舜一类的观念起源应该在邻于道宗一类的思想，而不该在邻于儒宗一类的思想。

尧、舜等传说之起，在道理上必不能和禹传说之起同源，此点颉刚言之详且尽。我想禹与墨家的关系，或者可以如下：禹本是一个南方民族的神道，一如颉刚说。大约宗教的传布，从文化较高的传入文化较低的民族中，虽然也多，然有时从文化较低的传到文化较高的，反而较易。例如耶稣教之入希腊罗马；佛教之由北印民族入希腊文化殖民地，由西域入中国；回教之由亚剌伯入波斯（此点恐不尽由武力征服之力）。大约一个文化的社会总有些不自然的根基，发达之后，每每成一种矫揉的状态，若干人性上初基的要求，不能满足或表现。故文化越繁丰，其中越有一种潜流，颇容易感受外来的风气，或自产的一种与上层文化不合的趋向。佛教之能在中国流行，也半由于中国的礼教、道士、黄巾等，不能满足人性的各面，故不如礼教、道士、黄巾等局促之佛教，带着迷信与神秘性。一至中国，虽其文化最上层之皇帝，亦有觉得中国之无质，应求之于印度之真文。又明末天主教入中国，不多时间，竟沿行于上级士大夫间，甚至皇帝受了洗（永历皇帝）；满洲时代，耶稣会士竟快成玄烨的国师。要不是与政治问题混了，后来的发展必大。道光后基督教之流行，也很被了外国经济侵略武力侵略之害。假如天主耶稣无保护之强国，其销路必广于现在。我们诚然不能拿后来的局面想到春秋初年，但也难保其当年不有类似的情形。这一种禹的传说，在头一步传到中国来，自然还是个神道。但演进之后，必然向别的方面走。大约墨家这一派信仰，在一般的社会文化之培养上，恐不及儒家。《墨子》虽然也道《诗》、《书》，但这究竟不是专务雅言。这些墨家，抓到一个禹来作人格的标榜，难道有点类似佛教入中国，本国内自生宗派的意思吗？儒家不以孔名，直到梁漱溟才有孔家教；而墨家却以墨名。这其中或者是暗示墨子造作。孔丘没有造作。又《墨经》中传有些物理学、几何学、工程学、文法学、名学的物事，这或者由于当年儒家所吸收的人多半是些中上社会，只能谈人文的故事，雅言诗书执礼，为墨家所吸收的，或者偏于中下社会，其中有些工匠技家，故不由得包含着这些不是闲吃饭的物事下来，并非墨家思想和这些物事有何等相干。大约晚周的子家最名显的，都是些游谈之士，大则登卿相，小则为清客，不论其为是儒家或道家，孟轲或庄周。儒家是吸收不到最下层人的，顶下也是到士为止。道家也是 leisured 阶级之清谈。但如许行等等却很可以到了下层社会。墨家却非行到下层社会不为功。又墨家独盛于宋，而战国子家说到傻子总是宋人，这也可注意。或者宋人当时富于宗教性，非如周郑人之有 Sophistry，邹鲁人之有 Conventional？

至于汉朝思想趋势中，我有两个意思要说。一、由今文到纬书是自然之结果。今文把孔子抬到那样，舍成神道以外更无别法。由《易经》到纬书不容一发。今文家把他们的物事更民间化些，更可以共喻而普及，自然流为纬学。信今文必信孔子之超人入神；信孔子如此加以合俗，必有祯祥之思想。二、由今文及［反］动出古文，是思想的进步。造伪经在现在看来是大恶，然当时人借此寄其思，诚恐不觉其恶，因为古时著作人观念之明白决不如后人重也。但能其思想较近，不能以其造伪故而泯其为进步。古文材料虽伪，而意思每比今文合理性。

不及详叙，姑写为下列两表：

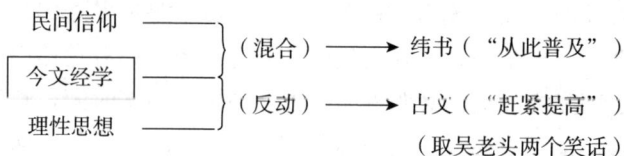

民间信仰
今文经学　　　　（混合）——→ 纬书（"从此普及"）
理性思想　　　　（反动）——→ 古文（"赶紧提高"）
　　　　　　　　　　　　　　　　　（取吴老头两个笑话）

（专反者之例）
一切弃世，所谓　　　墨子（《非命》）
道家。（《论语》　　荀子（《非相》）　　　古文学　　　　桓谭、王充等
多记此等人物。）

人文　——→　命运　——→　祯祥　——→　谶纬

（专为者之例）　　　邹衍（终始五德）　董仲舒（今文）　哀平后人物
孔子

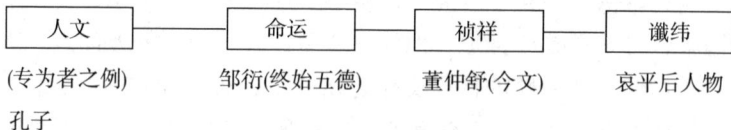

四　殷周间的故事

十年前，我以子贡为纣申冤一句话，想起桀、纣传说之不可信，因疑心桀、纣是照着幽王的模型造的，有褒姒故有妲己等等。这固是少时一种怪想。后来到英国，见英国爵虽五等而非一源，因而疑心中国之五等爵也有参差，有下列涉想（德国爵亦非一源）：

公　公不是爵名，恐即与"君"字同义。三公周召宋公及王畿世卿都称公，而列国诸侯除称其爵外亦称公。公想是泛称人主之名，特稍尊耳。犹英语之 Lord 一称，自称上帝以至于世族无爵者之妻或仆称其夫或主。如德国语之 Herr 亦自上帝称到一切庶人。宋是殷后，王号灭犹自与周封之诸侯不同，故但有泛称而无诸侯之号。其所以列位于会盟间

次于伯而先于其他一切诸侯者，正因其为殷后，不因其称公。如若传说，一切诸侯自称公为僭，则《鲁颂》"乃命周公，俾侯于东"，岂非大大不通？

子　遍检《春秋》之子爵，全无姬姓（除吴）。姬姓不封子，而封子爵者，凡有可考，立国皆在周前，或介戎狄，不与中国同列。莒子、郯子、邾子、杞子，古国也。潞子、骊子，不与中国之列者也。楚子，一向独立之大国也。吴子虽姬姓，而建国亦在周前。见殷有箕子、微子，我遂疑子是殷爵，所谓子自是王子，同姓之号，及后来渐成诸侯之号，乃至一切异姓亦如此称。我疑凡号子者大多是殷封之国，亦有蛮夷私效之。要均与周室无关系（吴子、楚子解见后）。

且看子一字之降级：

诸侯　　　　　——微子、箕子。

诸侯之大夫　——季文子、赵简子。

士人　　　　——孔子、孟子。

乃至于　　　——小子、婊子。

这恰如老爷等名词之降级。明朝称阁学部院曰老爷，到清朝末年虽县知事亦不安于此而称大老爷。

至于侯，我们应该先去弄侯字古来究如何写法，如何讲法。殷亦有鬼侯、鄂侯、崇侯；鬼、鄂、崇，皆远方之邑，或者所谓侯者如古德意志帝国（神圣罗马帝国）之边侯（Markgraf）。在殷不特不见得侯大于子，而且微子、箕子容或大于鬼侯、鄂侯。周定后，不用子封人而一律用侯。以"新鬼大，故鬼小"之义，及"周之宗盟，异姓为后"之理，侯遂跑到子上。

同姓侯甚多，凡姬姓的非侯即伯。其异姓之侯，如齐本是大国，另论；如陈是姻戚，如薛也是周"先封"，都是些与周有关系的。

伯　这一件最奇。伯本与霸同字，应该很大。且受伯封者，如燕伯，召公之国也；如曹伯，"文之昭也"；如郑伯，平王依以东迁者也；如秦伯，周室留守，助平王东迁者也。然而爵均小于侯，岂不可怪？我疑心伯之后于侯，不是由于伯之名后于侯，而是由于封伯爵者多在后；或者伯竟是一个大名，愈后封而号愈滥，遂得大名，特以后封不能在前耳。

男　苦想只想到一个许男，或者由来是诸侯之诸侯？

以上的话只是凭空想，自然不能都对，但五等爵决非一源，且其参差耳。

太伯入荆蛮，我疑心是伦常之变。伦常之变，本是周室"拿手好戏"，太王一下，周公一下，平王又一下。因太伯不得已而走，或者先跑到太王之大仇殷室，殷室封他为子爵，由他到边疆启土，所以武王伐纣时特别提出这件事，"唯四方之多罪逋逃是崇是用"。言如此之痛，正因有他之伯祖父在也。（《牧誓》亦正不可信，此地姑为此戏想耳。）吴既不在周列，周亦莫奈他何，遂于中国封虞。吴仍其子爵，至于寿梦。吴民必非中国种，只是君室为太伯虞仲后耳，虞仲应即是吴仲。

齐太公的故事，《史记》先举三说而不能断。我疑心齐本是东方大国，本与殷为敌，而于周有半本家之雅（厥初生民，时惟姜嫄），又有亲戚（爰及姜女，聿来胥宇），故连周而共敌殷。《商颂》"相土烈烈，海外有截"，当是有汤前已有了北韩辽东，久与齐逼。不然，箕子以败丧之余，更焉能越三千里而王朝鲜；明朝鲜本殷地，用兵力所不及，遂不臣也。齐于周诸侯中受履略大，名号最隆——尚父文王师一切传说，必别有故。且《孟子》、《史记》均认齐太公本齐人，后来即其地而君之。且《史记》记太公世家，太公后好几世，直到西周中晚，还是用殷法为名，不同周俗，可见齐自另一回事，与周之关系疏稀。《檀弓》所谓太公五世返葬于周，为无稽之谈也。（如果真有这回事，更是以死骨为质的把戏。）齐周夹攻殷，殷乃不支，及殷被堪［戡］定，周莫奈齐何，但能忙于加大名，而周公自命其子卜邻焉。

世传纣恶，每每是纣之善。纣能以能爱亡其国，以多力亡其国，以多好亡其国，诚哉一位戏剧上之英雄，虽 Siegfried 何足道哉。我想殷周之际事可作一出戏，纣是一大英雄，而民疲不能尽为所用，纣想一削"列圣耻"，讨自亹父以下的叛房，然自己多好而纵情，其民老矣，其臣迁者如比干，鲜廉寡耻如微子，箕子则为清谈，诸侯望包藏阴谋，将欲借周自取天下，遂与周合而夹攻，纣乃以大英雄之本领与运命争，终于不支，自焚而成一壮烈之死。周之方面，毫无良德，父子不相容，然狠而有计算，一群的北房自有北房的品德。齐本想不到周能联一切西戎南蛮，《牧誓》一举而定王号。及齐失望，尚想武王老后必有机会，遂更交周，不料后来周公定难神速，齐未及变。周公知破他心，遂以伯禽营少昊之墟。至于箕子，于亡国之后，尚以清谈归新朝，一如王夷甫。而微子既如谯周之劝降，又觉纣死他有益耳。

这篇笑话，自然不是辩古史，自然事实不会如此。然遗传的殷周故事，隆周贬纣到那样官样文章地步，也不见得比这笑话较近事实。

越想越觉世人贬纣之话正是颂纣之言。人们的观念真不同，伪《孔子之歌》上说："内作色荒，外作禽荒。甘酒嗜音，峻宇雕墙。"此正是欧洲所谓 Prince 之界说，而东晋人以为"有一必亡"。内作色荒是圣文，外作禽荒是神武；甘酒嗜音是享受文化，峻宇雕墙是提倡艺术，有何不可，但患力不足耳。

周之号称出于后稷，一如匈奴之号称出于夏氏。与其信周之先世曾窜于戎狄之间，毋宁谓周之先世本出于戎狄之间。姬、姜容或是一支之两系，特一在西，一在东耳。

鲁是一个古文化的中心点，其四围有若干的小而古的国。曲阜自身是少昊之墟。昊容或为民族名，有少昊必有太昊，犹大宛小宛，大月氏小月氏也。我疑及中国文化本来自东而西：九河济淮之中，山东、辽东两个半岛之间，西及河南东部，是古文化之渊源。以商兴而西了一步，以周兴而更西了一步。不然，此地域中何古国之多也。齐容或也是一个外来的强民族，遂先于其间成大国。

齐有齐俗，有齐宗教，虽与鲁近，而甚不同。大约当年邹鲁的文化人士，很看不起齐之人士，所以孟子听到不经之谈，便说是"齐东野人之语也"，而笑他的学生时便说，"子诚齐人也，知管仲、晏子而已矣"，正是形容他们的坐井观天的样子。看来当年齐人必有点类似现在的四川人，自觉心是很大的，开口苏东坡，闭口诸葛亮，诚不愧为夜郎后世矣。鲁之儒家，迂而执礼；齐之儒家，放而不经，如淳于、邹衍一切荒唐之词人，世人亦谓为儒家。

荆楚一带，本另是些民族，荆或者自商以来即是大国，亦或者始受殷号，后遂自立。楚国话与齐国话必不止方言之不同，不然，何至三年庄岳然后可知。孟子骂他们臭舌，必然声音很和北方汉语不类。按楚国话语存在者，只有"谓乳，毂，谓虎，於菟"一语。乳是动词，必时有变动；而虎是静词，尚可资用。按吐蕃语虎为 Stag，吐蕃语字前之 S 每在同族语中为韵，是此字易有线索，但一字决不能为证耳。又汉西南夷君长称精夫，疑即吐蕃语所谓 Rgyal-po，《唐书》译为赞普者。《汉书·西南夷传》有几首四字诗对记，假如人能精于吐蕃语、太语、缅甸语，必有所发现，这个材料最可宝贵。楚之西有百濮，今西藏自称曰濮。又蛮闽等字音在藏文为"人"，或即汉语"民"字之对当？总之，文献不足，无从征之。

秦之先世必是外国，后来染上些晋文化，但俗与宗教想必同于西戎。特不解西周的风气何以一下子精光？

狄必是一个大民族。《左传》、《国语》记他们的名字不类单音语。且说到狄，每加物质的标记，如赤狄、白狄、长狄等等。赤白又长，竟似印度日耳曼族的样子，不知当时吐火罗等人东来，究竟达到什么地方？

应该是中国了，而偏和狄认亲（有娀、简狄）。这团乱糟糟的样子，究竟谁是诸夏，谁是戎狄？

中国之有民族的、文化的、疆域的一统，至汉武帝始全功，现在人曰汉人，学曰汉学，土曰汉土，俱是最合理的名词，不是偶然的。秦以前本不一元，自然有若干差别。人疑生庄周之土不应生孔丘，然如第一认清中国非一族一化，第二认清即一族一化之中亦非一俗，则其不同亦甚自然。秦本以西戎之化，略收点三晋文俗而统一中国。汉但接秦，后来鲁国、齐国又渐于文化上发生影响。可如下列看：

统一中国之国家者——秦。

统一中国之文教者——鲁。

统一中国之宗教者——齐。

统一中国之官术者——三晋。

此外未得发展而压下的东西多得很啦。所以我们觉得汉朝的物事少方面，晚周的物事多方面。文化之统一与否，与政治之统一与否相为因果，一统则兴者一宗，废者万家。

五　补说（《春秋》与《诗》）

承颉刚寄我《古史辨》第一册，那时我已要从柏林起身，不及细看。多多一看，自然不消说如何高兴赞叹的话，前文已说尽我所能说，我的没有文思使我更想不出别的话语来说。现在只能说一个大略的印象。

最可爱是那篇长叙，将来必须更仔细读他几回，后面所附着第二册拟目，看了尤其高兴，盼望的巴不得马上看见。我尤其希望的是颉刚把所辨出的题目一条一条去仔细分理，不必更为一般之辨，如作《原经》一类的文章。从第二册拟目上看来，颉刚这时注意的题目在《诗》，稍及《书》。希望颉刚不久把这一堆题目弄清楚，俾百诗的考伪孔后更有一部更大的大观。

我觉得《春秋》三传问题现在已成熟，可以下手了。我们可以下列的路线去想：

（一）《春秋》是不是鲁史的记载？这个问题很好作答，把二百多年中所记日食一核便妥了。

（二）左氏经文多者是否刘歆伪造？幸而哀十四年有一日食，且去一核，看是对否。如不对，则此一段自是后人意加；如对，则今文传统说即玄同先生所不疑之"刘歆伪造"堕地而尽。此点关系非常之大。

（三）孔子是否作《春秋》？此一点我觉得竟不能决，因没有材料。但这传说必已很久，而所谓公羊春秋之根本思想实与《论语》相合。

（四）孟子所谓《春秋》是否即今存之断烂朝报？此一段并非不成问题。

（五）"春秋"一名在战国时为公名，为私名？

（六）公羊传思想之时代背景。

（七）公羊大义由《传》、《繁露》，到何氏之变迁，中间可于断狱取之。

（八）穀梁是仿公羊而制的，或者是一别传？

（九）《史记》与《国语》的关系。

（十）《史记》果真为古文家改到那个田地吗？崔君的党见是太深的，决不能以他的话为定论。

（十一）《左氏传》在刘歆制成定本前之历史。此一端非常重要。《左传》决不是一时而生，谅亦不是由刘歆一手而造。我此时有下一个设想：假定汉初有一部《国语》，又名《左氏春秋》，其传那个断烂朝报者实不能得其解，其间遂有一种联想，以为《春秋》与《国语》有关系，此为第一步。不必两书有真正之银丁扣，然后可使当时人以为有关系，有此传说，亦可动当时人。太史公恐怕就是受这个观念支配而去于《史记》中用其材料的，这个假设小，康崔诸君那个假设太大。公羊学后来越来越盛，武帝时几乎成了国学。反动之下，这传说亦越进化，于是渐渐的多人为《国语》造新解，而到刘向、刘歆手中，遂成此《左氏传》之巨观。古文学必不是刘歆一手之力，其前必有一个很长的渊源。且此古文学之思想亦甚自然。今文在当时成了断狱法，成了教条，成了谶纬阴阳，则古文之较客观者起来作反动，自是近情，也是思想之进化。

（十二）《左传》并不于材料上是单元。《国语》存本可看出，《国语》实在是记些语。《左传》中许多并不是语，而且有些矛盾的地方。如吕相绝秦语文章既不同，而事实又和《左传》所记矛盾，必是当年作者把《国语》大部分采来做材料，又加上好些别的材料，或自造的材料，我们要把他分析下去的。

（十三）《左传》、《国语》文字之比较。《左传》、《国语》的文字很有些分别，且去仔细一核，其中必有提醒人处。

（十四）东汉左氏传说之演进。左氏能胜了公羊，恐怕也有点适者生存的意思。今文之陋而夸，实不能满足甚多人。

（十五）古《竹书》之面目。

现在我只写下这些点。其实如是自己作起功来，所有之假设必然时时改变。今文古文之争，给我们很多的道路和提醒。但自庄孔刘宋到崔适，都不是些极客观的人物，我们必须把他所提醒的道路加上我们自己提醒的道路。

现在看《诗》，恐怕要但看白文，训诂可参考而本事切不可问。大约本事靠得住的如硕人之说庄姜是百分难得的，而极不通者一望皆是。如君子偕老为刺卫宣姜，真正岂有此理。此明明是称赞人而惜其运命不济，故曰"子之不淑"，犹云"子之不幸"。但论白文，反很容易明白。

《诗》的作年，恐怕要分开一篇一篇的考定，因为现在的"定本"，样子不知道经过多少次的改变，而字句之中经流传而成改变，及以今字改古字，更不知有多少了。《颂》的作年，古文家的家论固已不必再讨论。玄同先生的议论，恐怕也还有点奉今文家法罢？果如魏默深的说法，则宋以泓之败绩为武成，说"深入其阻，裒荆之旅"，即令自己不觍厚脸皮，又如何传得到后人？且殷武之武，如为抽象词，则哀公亦可当之，正不能定。如为具体词，自号武王是汤号。且以文章而论，《商颂》的地位显然介于邹鲁之间，《周颂》自是这文体的初步，《鲁颂》已大丰盈了。假如作《商颂》之人反在作《鲁颂》者之后，必然这个人先有摹古的心习，如宇文时代制诰仿《大诰》，石鼓仿《小雅》，然后便也。但即令宋人好古，也未必有这样心习。那么，《商颂》果真是哀公的东西，则《鲁颂》非僖公时物了。玄同先生信中所引王静庵先生的话，"时代较近易于摹拟"，这话颇有意思，并不必如玄同先生以为臆测。或者摹拟两个字用得不妙。然由《周颂》到《商颂》，由《商颂》到《鲁颂》，文体上词言上是很顺叙，反转则甚费解。

《七月》一篇必是一遗传的农歌，以传来传去之故，而成文句上极大之 Corruption，故今已不顺理成章。这类诗最不易定年代，且究是《豳风》否也未可知。因为此类农歌，总是由此地传彼地。《鸱鸮》想也是一个农歌，为鸟说话，在中国诗歌中有独无偶。《东山》想系徂东征戍者之词，其为随周公东征否则未可知。但《豳风》的东西大约都是周的物事，因为就是《七月》里也有好些句与《二南》、《小雅》同。《大雅》、《小雅》十年前疑为是大京调、小京调。风雅本是相对名词，今人意云雅而曰风雅，实不词（杜诗"别裁伪体亲风雅"），今不及详论矣。

《破斧》恐是东征罢敝，国人自解之言如是。后人追叙，恐无如此之实地风光。《破斧》如出后人，甚无所谓。下列诸疑拟释之如下：

如云是周公时物，何以周诰如彼难解，此则如此易解？答，诰是官话，这官话是限于小范围的，在后来的语言上影响可以很小。诗是民间通俗的话，很可以为后来通用语言之所自出。如蒙古白话上谕那末不能懂，而元曲却不然，亦复一例。且官书写成之后，便是定本，不由口传。诗是由口中相传的，其陈古的文句随时可以改换，故显得流畅。但虽使字句有改换，其来源却不以这字句的改换而改换。

周公东征时称王，何以……（未完）

抄到此地，人极倦，而船不久停，故只有付邮。尾十多张，待于上海发。

抄的既潦草，且我以多年不读中国书后，所发议论必不妥者多，妥者少，希望不必太以善意相看。

弟斯年

颉刚案：傅孟真先生此书，从一九二四年一月写起，写到一九二六年十月卅日船到香港为止，还没有完。他归国后，我屡次催他把未完之稿写给我，无奈他不忙便懒，不懒便忙，到今一年余，还不曾给我一个字。现在《周刊》需稿，即以此书付印。未完之稿，只得过后再催了。书中看不清的草书字甚多，恐有误钞，亦俟他日校正。

一九二八、一、二

（原载 1928 年 1 月 23 日、31 日《国立第一中山大学语言历史学研究所周刊》第二集第十三、十四期）

历史语言研究所工作之旨趣

历史学和语言学在欧洲都是很近才发达的。历史学不是著史——著史每多多少少带点古世中世的意味，且每取伦理家的手段，作文章家的本事。近代的历史学只是史料学，利用自然科学供给我们的一切工具，整理一切可逢着的史料，所以近代史学所达到的范域，自地质学以至目下新闻纸，而史学外的达尔文论，正是历史方法之大成。欧洲近代的语言学，在梵文的发见影响了两种古典语学以后才降生，正当十八十九世纪之交。经几个大家的手，印度日耳曼系的语言学已经成了近代学问最光荣的成就之一个，别个如赛米的系，芬匈系，也都有相当的成就，即在印度支那语系也有有意味的揣测。十九世纪下半的人们又注意到些个和欧洲语言全不相同的语言，如黑人的话等等，"审音之功"更大进步，成就了甚细密的实验语音学。而一语里面方言研究之发达，更使学者知道语言流变的因缘，所以以前比较言语学尚不过是和动物植物分类学或比较解剖学在一列的，最近一世语言学所达到的地步，已经是生物发生学、环境学、生理学了。无论综比的系族语学，如印度日耳曼族语学等等，或各种的专语学，如日耳曼语学、芬兰语学、伊斯兰语学等等，在现在都成大国。本来语言即是思想，一个民族的语言即是这一个民族精神上的富有，所以语言学总是一个大题目，而直到现在的语言学的成就也很能副这一个大题目。在历史学和语言学发达甚后的欧洲是如此，难道在这些学问发达甚早的中国，必须看着他荒废，我们不能制造别人的原料，便是自己的原料也让别人制造吗？

论到语言学和历史学在中国的发达是很引人寻思的。西历纪元前两世纪的司马迁，能那样子传信存疑以别史料，能作八书，能排比列国的纪年，能有若干观念比十九世纪的大名家还近代些。北宋的欧阳修一面修《五代史》，纯粹不是客观的史学，一面却作《集古录》，下手研究直接材料，是近代史学的真工夫。北南宋的人虽然有欧阳修的《五代史》，朱熹的《纲目》，是代表中世古世的思想的，但如司马光作《通鉴》，"遍阅旧史，旁采小说"，他和刘攽、刘恕、范祖禹诸人都能利用无限的史料，考定旧记，凡《通鉴》和所谓正史不同的地方，每多是详细考定的结果，可惜《长篇》不存在，我们不得详细看他们的方法，然尚有《通鉴考异》说明史料的异同。宋朝晚年一切史料的利用，及考定辨疑的精审，有些很使人更惊异的。照这样进化到明朝，应可以有当代欧洲的局面了，不幸胡元之乱，明朝人之浮夸，不特不进步，或者退步了。明清之交，浙东的史学派又发了一个好端涯，但康熙以后渐渐的熄灭，无论官书和私著，都未见得开新趋向，这乃由于外族政府最忌真史学发达之故。言语学中，中国虽然没有普日尼，但中国语本不使中国出普日尼，而中国文字也出了《说文解字》，这书虽然现在看来只是一部没有时代观念，不自知说何文解何字的系统哲学，但当年总是金声玉振的书，何况还有认识方言的辎轩使者？古代的故事且少论，论近代：顾炎武搜求直接的史料订史文，以因时因地的音变观念为语学，阎若璩以实在地理订古记载，以一切比核辨证伪孔，不注经而提出经的题目，并解决了他，不著史而成就了可以永远为法式的辨史料法。亭林百诗这样对付历史学和语言学，是最近代的，这样立点便是不朽的遗训。不幸三百年前虽然已经成就了这样近代的一个遗训，一百多年前更有了循这遗训的形迹而出的好成就，而到了现在，除零零星星几个例外以外，不特不因和西洋人接触，能够借用新工具，扩张新材料，反要坐看修元史修清史的做那样官样形式文章，又坐看章炳麟君一流人尸学问上的大权威。章氏在文字学以外是个文人，在文字学以内做了一部《文始》，一步倒退过孙诒让，再步倒退过吴大澂，三步倒退过阮元，不特自己不能用新材料，即是别人已经开头用了的新材料，他还抹杀着，至于那部《新方言》，东西南北的猜去，何尝寻扬雄就一字因地变异作观察？这么竟倒退过二千多年了。

推绎说去，为甚么在中国的历史学和语言学开了一个好的端绪以后，不能随时发展，到了现在这样落后呢？这原故本来显然，我们可以把一句很平实的话作一个很概括的标准：（一）凡能直接研究材料，便进步，凡间接的研究前人所研究或前人所创造之系统，而不繁丰细密的参照所包含的事实，便退步。上项正是所谓科学的研究，下项正是所谓书院学究的研究。在自然科学是这样，在语言学和历史学亦何尝不然？举例说，以《说文》为本体，为究竟，去作研究的文字学，是书院学究的作为。仅以《说文》为材料之一种，能充量的辨别着去用一切材料，如金文、甲骨文等，因而成就的文字学，乃是科学的研究。照着司马子长的旧公式，去写纪表书传，是化石的史学。能利用各地各时的直接材料，大如地方志书，小如私人的日记，远如石器时代的发掘，近如某个洋行的贸易册，去把史事无论巨者或细者，单者或综合者，条理出来，是科学的本事。科学研究中的题目是事实之汇集，因事实之研究而更产生别个题目。所以有些从前世传来的题目经过若干时期，不是被解决了，乃是被解散了，因为新的事实证明了旧来问题不成问题，这样的问题不管他困了多少年的学者，一经为后来发见的事实所不许之后，自然失了他的成为问题的地位。破坏了遗传的问题，解决了事实逼出来的问题，这学问自然进步。譬如两部《皇清经解》，其中的问题是很多的，如果我们这些以外不再成题目，这些以内不肯捐弃任何题目，自然这学问是静止的，是不进步的。一种学问中的题目能够新陈代谢，则所得结果可以层层堆积上去，即使年代久远，堆积众多，究竟不觉得累赘，还可以到处出来新路，例如很发达的天文物理化学生物等科目；如果永远盘桓于传留的问题，旧题不下世，新题不出生，则结果直是旋风舞而已，例如中国的所谓经学中甚多题目，如西洋的哲学。所以中国各地零零碎碎致力于历史或语言范围内事的人也本不少，还有些所谓整理国故的工作，不过每每因为所持住的一些题目不在关键中，换言之，无后世的题目，或者是自缚的题目，遂至于这些学问不见奔驰的发展，只表昏黄的残缺。（二）凡一种学问能扩张他所研究的材料便进步，不能的便退步。西洋人研究中国或牵连中国的事物，本来没有很多的成绩，因为他们读中国书不能亲切，认中国事实不能严辨，所以关于一切文字审求，文籍考订，史事辨别，等等，在他们永远一筹莫展，但他们却有些地方比我们范围来得宽些。我们中国人多是不会解决史籍上的四裔问题的，丁谦君的《诸史外国传考证》，远不如沙万君之译《外国传》，玉连之解《大唐西域记》，高几耶之注《马哥博罗游记》，米勒之《发读回纥文书》，这都不是中国人现在已经办到的。凡中国人所忽略，如匈奴、鲜卑、突厥、回纥、契丹、女真、蒙古、满洲等问题，在欧洲人却施格外的注意。说句笑话，假如中国学是汉学，为此学者是汉学家，则西洋人治这些匈奴以来的问题岂不是虏学，治这学者岂不是虏学家吗？然而也许汉学之发达有些地方正借重虏学呢！又如最有趣的一些材料，如神祇崇拜、歌谣、民俗、各地各时雕刻文式之差别，中国人把他们忽略了千百年，还是欧洲人开头为规模的注意。零星注意，中国向来有的。西洋人作学问不是去读书，是动手动脚到处寻找新材料，随时扩大旧范围，所以这学问才有四方的发展，向上的增高。中国文字学之进步，正因为《说文》之研究消灭了汗简，阮、吴诸人金文之研究识破了《说文》，近年孙诒让、王国维等之殷文研究更能继续金文之研究。材料愈扩充，学问愈进步，利用了档案，然后可以订史，利用了别国的记载，然后可以考四裔史事。在中国史学的盛时，材料用得还是广的，地方上求材料，刻文上抄材料，档库中出材料，传说中辨材料。到了现在，不特不能去扩张材料，去学曹操设"发冢校尉"，求出一部古史于地下遗物，就是"自然"送给我们的出土的物事，以及敦煌石藏，内阁档案，还由他毁坏了好多，剩下的流传海外，京师图书馆所存摩尼经典等等良籍，还复任其搁置，一面则谈整理国故者人多如鲫，这样焉能进步？

（三）凡一种学问能扩充他作研究时应用的工具的，则进步；不能的，则退步。实验学家之相竞如斗宝一般，不得其器，不成其事，语言学和历史学亦复如此。中国历来的音韵学者审不了音，所以把一部《切韵》始终弄不甚明白，一切古音研究仅仅以统计的方法分类，因为几个字的牵连，使得分类上各家不同，即令这些分类有的对了，也不过能举其数，不能举其实，知其然不知其所以然，如钱大昕论轻唇、舌上古来无之，乃自重唇舌头出，此言全是，然何以重唇分出一类为轻唇，舌头分出一类为舌上，竟不是全部的变迁，这层道理非现在审音的人不能明白，钱君固说不出。若把一个熟习语音学的人和这样一个无工具的研究者比长短，是没法子竞争的。又如解释隋唐音，西洋人之知道梵音的，自然按照译名容易下手，在中国人本没有这个工具，又没有法子。又如西藏、缅甸、暹罗等语，实在和汉语出于一语族，将来以比较言语学的方法来建设中国古代言语学，取资于这些语言中的印证处至多，没有这些工具不能成这些学问。又如现代的历史学研究，已经成了一个各种科学的方法之汇集。地质、地理、考古、生物、气象、天文等学，无一不供给研究历史问题者之工具。顾亭林研究历史事迹时自己观察地形，这意思虽然至好，但如果他能有我们现在可以向西洋人借来的一切自然科学的工具，成绩岂不更卓越呢？若干历史学的问题非有自然科学之资助无从下手，无从解决。譬如春秋经是不是终于获麟，左氏经后一段是不是刘歆所造补，我们正可以算算哀公十四年之日食是不是对的，如不对，自然是伪作；如对了，自然是和获麟前春秋文同出史所记。又譬如我们要掘地去，没有科学资助的人一铲子下去，损坏了无数古事物，且正不知掘准了没有，如果先有几种必要科学的训练，可以一层一层的自然发现，不特得宝，并且得知当年入土的踪迹，这每每比所得物更是重大的智识。所以古史学在现在之需用测量本领及地质气象常识，并不少于航海家。中国史学者先没有这些工具，那能使得史学进步？无非靠天帮忙，这里那里现些出土物，又靠西洋人的腿，然而却又不一定是他们的脑袋，找到些新材料而已。整理自己的物事的工具尚不够，更说不上整理别人的物事，如希拉艺术如何影响中国佛教艺术，中央亚细亚的文化成分如何影响到中国的物事，中国文化成分如何由安西西去，等等。西洋的东方学者之拿手好戏，日本近年也有竟敢去干的，中国人目前只好拱手谢之而已。

由上列的三项看来，除几个例外算，近几世中中国语言学和历史学实不大进步，其所以如此，自是必然的事实。在中国的语言学和历史学当年之有光荣的历史，正因为能开拓的用材料，后来之衰歇，正因为题目固定了，材料不大扩充了，工具不添新的了。不过在中国境内语言学和历史学的材料是最多的，欧洲人求之尚难得，我们却坐看他毁坏亡失。我们着实不满这个状态，着实不服气，就是物质的原料以外，即便学问的原料，也被欧洲人搬了去乃至偷了去。我们很想借几个不陈的工具，处治些新获见的材料，所以才有这历史语言研究所之设置。

我们宗旨第一条是保持亭林、百诗的遗训。这不是因为我们震慑于大权威，也不是因为我们发什么"怀古之幽情"，正因为我们觉得亭林、百诗在很早的时代已经使用最近代的手段，他们的历史学和语言学都是照着材料的分量出货物的。他们搜寻金石刻文以考证史事，亲看地势以察古地名。亭林以语言按照时和地变迁的这一个观念看得颇清楚，百诗于文籍考订上成那末一个伟大的模范著作，都是能利用旧的、新的材料，客观的处理实在问题，因解决之问题更生新问题，因问题之解决更要求多项的材料。这种精神在语言学和历史学里是必要的，也是充足的。本这精神，因行动扩充材料，因时代扩充工具，便是惟一的正当路径。

宗旨第二条是扩张研究的材料。

第三条是扩张研究的工具。这两层的理由上文中已叙说，不再重复了。这三件实在是一句话，没有客观的处理史学或语言学的题目之精神，即所谓亭林、百诗的遗训者，是不感觉着扩充材料之必要，且正也扩充不了，若不扩张工具，也不能实现这精神，处置这材料。

关于我们宗旨的负面还有几句话要说。

（一）我们反对"国故"一个观念。如果我们所去研究的材料多半是在中国的，这并不是由于我们专要研究"国"的东西，乃是因为在中国的材料到我们的手中方便些，因为我们前前后后对于这些材料或已经有了些研究，以后堆积上研究去方便些。好比在中国的地质或地理研究所所致力的，总多是些中国地质地理问题，在中国的生物研究所所致力的，总多是些中国生物问题，在中国的气象研究所所致力的，总是些中国各地气象观察。世界中无论那一种历史学或那一种语言学，要想做科学的研究，只得用同一的方法，所以这学问断不以国别成逻辑的分别，不过是因地域的方便成分工。国故本来即是国粹，不过说来客气一点儿，而所谓国学院也恐怕是一个改良的存古学堂。原来"国学"、"中国学"等等名词，说来都甚不详，西洋人造了支那学"新诺逻辑"一个名词，本是和埃及脱逻辑、亚西里亚逻辑同等看的，难道我们自己也要如此看吗？果然中国还有将来，为什么算学、天文、物理、化学等等不都成了国学，为什么国学之下都仅仅是些言语、历史、民俗等等题目？且这名词还不通达，取所谓国学的大题目在语言学或历史学的范围中的而论，因为求这些题目之解决与推进，如我们上文所叙的，扩充材料，扩充工具，势必至于弄到不国了，或不故了，或且不国不故了。这层并不是名词的争执，实在是精神的差异之表显。（二）我们反对疏通，我们只是要把材料整理好，则事实自然显明了。一分材料出一分货，十分材料出十分货，没有材料便不出货。两件事实之间，隔着一大段，把他们联络起来的一切涉想，自然有些也是多多少少可以容许的，但推论是危险的事，以假设可能为当然是不诚信的事。所以我们存而不补，这是我们对于材料的态度；我们证而不疏，这是我们处置材料的手段。材料之内使他发见无遗，材料之外我们一点也不越过去说。果然我们同人中也有些在别处发挥历史哲学或语言泛想，这些都仅可以当作私人的事，不是研究所的工作。（三）我们不做或者反对所谓普及那一行中的工作。近百年中，拉丁文和希腊文在欧洲一般教育中之退步，和他们在学问上之进步，恰恰成正比例，我们希望在中国也是如此。现在中国希望制造一个新将来，取用材料自然最重要的是欧美的物质文明，即物质以外的东西也应该取精神于未衰败的外国。历史学和语言学之发达，自然于教育上也有相当的关系，但这都不见得即是什么经国之大业不朽之盛事，只要有十几个书院的学究肯把他们的一生消耗到这些不生利的事物上，也就足以点缀国家之崇尚学术了——这一行的学术。这个反正没有一般的用处，自然用不着去引诱别人也好这个，如果一旦引了，不特有时免不了致人于无用，且爱好的主观过于我们的人进来时，带进了些乌烟瘴气，又怎么办？

这个历史语言研究所，本是大学院院长蔡先生委托在广州的三人筹备的，现在正计划和接洽应举的事，已有些条随着人的所在小小动手，却还没有把研究所的大体设定。稍过些时，北伐定功，破虏收京之后，这研究所的所在或者一部分在广州，一部分在北京，位置的方便供给我们许多工作进行的方便。我们最要注意的是求新材料，第一步想沿京汉路，安阳至易州，安阳殷墟以前盗出之物并非彻底发掘，易州、邯郸又是燕赵故都，这一带又是卫邶故域。这些地方我们既颇知其富有，又容易达到的，现在已着手调查及布置，河南军事少静止，便结队前去。第二步是洛阳一带，将来一步一步的西去，到中央亚细亚各地，就脱了纯中国材料之范围了。为这一些工作及随时搜集之方便，我们想在洛阳或西安、敦煌或吐鲁蕃、疏勒设几个工作站，"有志者事竟成"！因为广州的地理位置，我们将要设置的研究所要有一半在广州。在广州的四方是最富于语言学和人类学的材料，汉语将来之大成全靠各种方言之研究，广东省内及邻省有很多种的方言，可以每种每种的细细研究，并制定表式，用语音学帮助，作比较的调查。至于人类学的材料，则汉族以外还有几个小民族，汉族以内，有几个不同的式和部居，这些最可宝贵的材料怕要渐渐以开化和交通的缘故而消灭，我们想赶紧着手采集。我们又希望数年以后能在广州发达南洋学：南洋之富于地质生物的材料，是早已著明的了；南洋之富于人类学材料，现在已渐渐为人公认。南洋学应该是中国人的学问，因为南洋在一切意义上是"汉广"。总而言之，我们不是读书的人，我们只是上穷碧落下黄泉，动手动脚找东西！

现因我们研究所之要求及同人之祈向，想次第在两年以内设立下列各组；各组之旨趣及计画，以后分列刊印。

一、文籍考订；

二、史料征集；

三、考古；

四、人类及民物；

五、比较艺术。

以上历史范围。

六、汉语；

七、西南语；

八、中央亚细亚语；

九、语言学。

以上语言范围。

历史学和语言学发展到现在，已经不容易由个人作孤立的研究了，他既靠图书馆或学会供给他材料，靠团体为他寻材料，并且须得在一个研究的环境中，才能大家互相补其所不能，互相引会，互相订正，于是乎孤立的制作渐渐的难，渐渐的无意谓，集众的工作渐渐的成一切工作的样式了。这集众的工作中有的不过是几个人就一题目之合作，有的可就是有规模的系统研究。无论范围大小，只要其中步步都是做研究工夫的，便不会流成"官书"的无聊。所有这些集众工作的题目及附带的计划，后来随时布白。希望社会上欣赏这些问题，并同情这样工作的人多多加以助力！果然我们动手动脚得有结果，因而更改了"读书就是学问"的风气，虽然比不得自然科学上的贡献较为有益于民生国计，也或者可以免于妄自生事之讥诮罢！我们高呼：

一、把些传统的或自造的"仁义礼智"和其他主观，同历史学和语言学混在一气的人，绝对不是我们的同志！

二、要把历史学、语言学建设得和生物学、地质学等同样，乃是我们的同志！

三、我们要科学的东方学之正统在中国！

中央研究院历史语言研究所筹备处

中华民国十七年五月　广州

（原载 1928 年 10 月《国立中央研究院历史语言研究所集刊》第一本第一分）

考古学的新方法

今天（十一月十九日）所讲的题目，诸位大概已经知道了。这个题目，虽然很平常，但是所讲的事实，却是很重要，尤其是研究历史的人应当特别注意。

考古学是史学的一部分，这个部分与其他部分不同，因其与自然界有关；与地质学是不能分开的，如离开了地质学，考古学就失其效用，考古学就根本不能成立的。所以考古学在史学当中是一个独异的部分。

所谓方法，无所谓新旧。所谓新方法，不是在好高，不是在务远。假定这个方法，用来可以得到新的知识，就是好的方法。若是用来得不到新知识，即不可靠，就不算是好的方法，也就不是新的方法。一时代有一时代的变迁，一时代有一时代的进步，在转换的时候，常有新观念、新方法产生。以方法为抽象的东西去讲，本无所谓新旧之分了。

讲到考古学的本身，及考古学的事情，须注意下列各点：（一）历史这个东西，不是抽象，不是空谈。古来思想家无一定的目的，任凭他的理想成为一种思想的历史——历史哲学。历史哲学可以当作很有趣的作品看待，因为没有事实做根据，所以和史学是不同的。历史的对象是史料，离开史料，也许成为很好的哲学和文学，究其实与历史无关。（二）古代历史，多靠古物去研究，因为除古物外，没有其他的东西作为可靠的史料。我国自宋以来，就有考古学的事情发生，但是没有应用到历史上去；盖去古愈近，愈与自然界接近，故不得不靠古物去证明。

古代史的材料，完全是属于文化方面，不比现代材料，多可注意于人事方面，因为文化史，特别是古代史的着意点，不是单靠零碎的物件，一件一件的去研究，必定有全部的概念方可。用一件一件的东西去研究，固然有相当的结果，所得究竟有限，况其物的本身，间有可怀疑之处，所以应当注重整个的观念。譬如在两千年后，在地下掘得现在所用的火柴，各处有各样不同的见解，就是所代表的文化不同：在欧洲是表示文化的发明，在中国是表示文化的接触，在南洋群岛是表示文化的进步。同属一物，在各处所表现的意义，就各不相同；如后来不以全体的观念去研究，就不能得到很多的意义和普遍的知识。所以要用整个的文化观念去看，才可以不致于误解。

我们大概都可以知道，古代历史多不可靠，就是中国古史时期，多相信《尚书》、《左传》等书，但后来对于《尚书》、《左传》，亦发生怀疑，不可信处很多很多，于是不能不靠古物去推证。中国最早出土的东西，要算是钟鼎彝器了。周朝钟鼎文和商代彝器上所刻的文字去纠正古史的错误，可以显明在研究古代史，舍从考古学入手外，没有其他的方法。在光绪末年以前，尚无人注意到发掘古物；就是有的，亦无可考。在光绪末年河南安阳（彰德）西北，洹水以南的小屯，有甲骨发现，甲骨上刻有卜辞。最先得者为商人刘铁云。（记者按：刘铁云名鹗，镇江人，天资聪颖，虽好学而不就范。精畴人术，尤长于治河。《老残游记》，就是他在治黄河的时候做的。其品行恶劣，人多不愿与之交接；他所交游的，都是一班浮荡的少年。后来以岐黄术游上海，但是无人过问，乃丢去医生不做，去做生意，把资本蚀完了回家。后投效到吴恒轩面前治河，颇有效验。后又到北京计划建筑津镇铁路未成；又谋开山西铁矿，同外国人订约，与外国人往来，用外国人款项，所以当时人都称他为汉奸，几乎被捕正法。在联军入都的时候，米粮缺乏，他从俄人占据的太仓地方，用贱价把米买回来卖给老百姓吃。后来国事平定，有个大臣控告他私售仓粟，判他从军到新疆去的罪，他也就在新疆死了。他家中所藏的甲骨，多半为潍县范姓估人买去，罗振玉又在范姓买得甲骨不少。刘铁云的事实，《雪堂丛刻》内有一卷名《五十日梦痕录》，写的很详细。傅先生说刘铁云是商人，大概是指他在上海失意的一段事实。）他虽搜罗的不少，但是以龟甲为古董，所以没有什么贡献。其次得者就算是孙诒让了，他把甲骨文考订出来，断为商朝古物；他考订的成绩，足与钟鼎相印证。再其次为罗振玉、王国维二人。罗振玉收有一万多片，他的著作，有《殷虚书契考释》等书。王国维更应用于历史方面，确有不少的贡献，如对于帝系文字，有极大的帮助：如王恒王亥，为《史记》上所无，现在已把他补正；又如商代世系表上外丙之外字系讹误，又已把他修正了。所以我们研究古史，完全怀疑，固然是不对的；

完全相信，也是不对的。我们只要怀疑的有理，怀疑的有据，尽可以怀疑；相信的有理有据，也尽可以相信的。要是这样，就不能不借重考古了。

我们中国考古学家，还是用旧法整理，已有这样发展和成绩（所谓旧方法只限于陶器）。若用新方法去考察，所得当不止此。首用新方法的人，为瑞典人安特生（Anderson），完全用近代西洋考古方法去研究。在奉天发现史前时代的人迹；在河南渑池仰韶村发现石器铜器；在甘肃洮县也发现了不少的古物，这个地方所发现的，较其他地方更为重要。安氏说其所发现的遗物，最早时代在七千多年以前，最晚也有三千多年，多是些新石器时代的东西，铜器也有少许。在河南方面，所发现的铜器是很进步的。此外法国的教师，在河套地方，也发现旧石器时代的遗物。

中国人考古的旧方法，都是用文字做基本，就一物一物的研究。文字以外，所得的非常之少。外国人以世界文化眼光去观察，以人类文化做标准，故能得整个的文化意义。最近外国人在亚洲新发现的古物有几处，如印度西北部和小亚细亚，都有发现。最重要的，要算是在里海与黑海之间安奴（Auau）地方所发现的六七层的陶器了。这是很有趣味的一件事，因为这些古物，能表示各时代的文化。不过他们所研究的观点，在普遍的方面，所以对西洋文化无关的东西，他就不注意。在中国的外国考古学家，对于纯粹代表中国文化的，他们不注意，他所注意的，是在中西文化接触的产品。这是他们特别的他方，也是他们远大的地方。

陶器是最容易流传下来的，所以被发掘的陶器居多，我们就可以用掘出的去参订历史。用陶器考订历史，有三种便利的地方。

1. 易于保存——陶器不容易破坏，所以能在上古遗传下来。

2. 时代易分——陶器有时代性，一个时代有一个时代的陶器，我们可以因陶器的区分而为时代的区分，这是最容易、最妥当的办法。

3. 变化很快——陶器是因时因地而变的，并且因日常所用，变化很快。

我们从陶器的变化就可以知道古代文化的变迁，所以沙锅陶器等等，是研究古史唯一好史料。安奴地方的开掘物中有带彩色的陶器，花纹很大，不外红黑白三种，为中国所无；在中国河南奉天甘肃各处，也有带彩色的陶器。日本人在朝鲜也发现相同的东西，但是花样不同，因此可以证明史前安奴、朝鲜、中国各民族的生活及其变化。

安特生的考古方法，确实是比中国人有进步，所得的有趣味的材料，亦为不少；但是他的实际工作甚多可议之点：（一）不能利用中国的材料；（二）走马看花，不能充分的考验；（三）粗心挖掘，随便毁坏；（四）如掘不得，即随便购买。关于购买一层，最不可靠，因为不知道他的来源，不如亲自掘出来的较为确实可信。把掘出来的考订完竣，再把买来器物做个比较，是不能把买来的当作材料的。安特生对于考古的功劳，着实不小，但是他对于甘肃一带的古物，因发掘时的不细心而毁坏去的，却也是不少。

我（傅先生自称，以下皆仿此）在前两年，同几个同伴的到河南殷墟去了一次，想切实的研究一下，但有几种困难：一、前人已掘出不少，所剩的都是零碎不全；二、不是在短时间内所能办到的，因此没有得到什么大的效果。

我想考古学与人类学有关，所以于古器之外，应特别注意人骨之测量，再根据比较法来推测当时人类之形状与其变化。所以研究年代学（chronology）有两种方法：一种是比较的（relative），一种是绝对的（absolute）。先用直觉的、绝对的，定个标准时期，然后依照这个时期的东西，去推定其他地方的所发现的古物，是在这个时期以后，或在以前，因此年代的前后，也就弄清楚了。

考古学上最难定的是绝对的时期。而殷墟是考古学上最好的标准时期，便于研究的人去比较：因为这个时期，是史前的一个最后时期，以这个时期的人骨做标准，去比较其他地方所发现的人骨，来定他们的时代先后，可以知道人类的演进是怎样；同时以殷墟发掘的陶器做标准，推出其他地方的陶器变更情形，及其时代关系，可以断定其时文化是怎么样。又用比较的方法，并可以证明安特生所考据的，是否有误；中国向来所传说的，何处是误。这种工作，是最切要而最不容易的工作，总希望在二年以内，可以成功，用具体的著述报告出来。

最近发现唐宋时代及唐宋以前的房屋，直隶各处，都有发现。房屋的发现，却是为安特生所未曾注意，未曾做到。安氏以为古代人类在山洞中居住，或在森林里憩息，是没有房屋的；因为当时发现古代石器时，并没有屋子这样东西。后来无意中发现一个商朝的屋子，确是冶金的地方，地为长方形，屋子里面比外面要低一米突，一层一层的向下，在地上仍可以找到未熔化的铜条、碎金、有花纹的镶金和极薄的金叶等等。以镶金来说，可以证明商鼎是镶金，确实是不错的。商朝是铜器全盛时代，所以兵器也很有进步。刀箭都是用铜制成的，我们现在尚可以发现商朝骨制的箭头，是平时用作练习的，比欧洲古代所用箭头，要利害多了。因为箭头下部两旁，制有倒齿，射进人的身体的时候，是拔不出的。若是箭头配有毒药，射到人的身上，立刻可以致人死命。欧洲所发现的古箭头如 ⭷ 形，殷墟所发现的商代的古箭头如 ⭷ 形，所以我说商代的兵器，要比欧洲进步（记者按：甲骨文矢字作 ⭷，像镞，亦可为商朝箭头像 ⭷ 形之一证）。

这个时候的陶器极多，但是没有带彩色的，多属于纯纹的陶器，足以代表商代文化的特点。陶器之外，有不少的兽骨，兽骨的种类，有野马、野鹿、牛羊等等，猪骨很少，可以证明当年此地尚属游牧民族的地方，是毫无疑义。因为农业发达的地方，家畜也必繁盛。猪是家畜中的重要部分，如果当时是农业社会，当然猪骨存留下来的一定很多。所以断定此地与曾经发现过多量的猪骨的地方的民族情形不同，文化也就不同了。这个时候已有交易，我们曾经发现过当时所用的贝，每只上有小孔，可以用绳线穿起来的样子。此外又发现商代的衣冠形式，以及发镇（为压头发用的）等项，可以证明当时"衣裳之治"。当时的民族，决非断发民族，是毫无疑义的。种种发现的中间，尚有可以使我们注意的地方有两种：

一、铜器模型——在古代的坟墓中，掘出许许多多的铜器，制造亦很进步。铜器模型，是占这些铜器中间一大部分。

二、安葬方法——古代葬事，是不用棺椁的；安放的部位，有伏有立，有侧有偻，却是没有仰的。这是很奇特的一件事，足以耐人研究的地方。

殷墟所发现的东西，尚不敢断定完全是商代的，或许也有些周代的在里面，所谓之商，是商朝的末年。因纣与文王是同时的人，纣都彰德（即今安阳），文王是常去朝拜的；因为他们同时，所以分定商周是最难的一件事，只有待将来遇有机会再去考证。（记者以个人的推测，在殷墟发现周的东西，也有可能的事实。不外下列三种原因：一、据地质学家说，地层也时有错乱的，如果殷墟地层是错乱的，在殷墟发现周朝古物，是可能的事。二、是周所贡的方物，因为文王三分天下有其二，以服事殷，于此已可见周之文化所及，范围广大。况商朝把周所贡的东西，混在自己的东西以内，也是可能的事。三、纣囚文王于羑里，羑里是在彰德（今安阳）与朝歌（今淇县）之间，是包括在商都以内的地方。自从文王囚于羑里，他的臣子家人，常去探望他，因此把周的东西带到商都去，也是可能的事。）

殷墟的地层，最深的殷，在第四层；第三层是隋，第二层是唐，第一层是明。中间有断了不少朝代，这不过是一种显著的提示，并不是说丝毫不爽的分期。殷代文字的寄托，多在甲骨文之上，已是毫无疑义的。所刻的甲骨，只有两种：一种是牛的肩胛骨，一种是龟的腹骨。龟甲多刻卜字形（记者按：龟甲用火灼所得的裂纹，名之曰兆，兆有多种；如 Ꜿ、Ꝑ、卜、Ꝇ、Ꞁ、Ꞃ 等等，可以证明龟甲所刻，不一定卜字形），凡是君主有疑怀，或是国家有大事不易决定的时候，将龟甲用火烧之，那末没有着火的一面，必定因刻痕而拆裂，由裂痕向上向下，以决定凶吉。同事董君，专门研究龟甲，考订文字，用新龟甲去试验，是否照所说的一样，不久当有报告出世的，无须我细说。

有人说龟甲上所刻的文字，行列是颠倒错乱，其实他没有懂得原来用意，就以偏盖全，这是不对的。文字的方向，向上向下，向左向右，是看刻在什么部位而定，并不是随意乱刻的；不能以片面的认识，□□□错了。我们要从全部的考古学研究起来，不能抱残守缺，否则就犯以上所说的毛病；我们要用全副的精神，做全部的观察，以整个的文化为对象去研究，所以必比墨守陈规专门考订文字要□的多。所谓新方法，不过如是而已。今天所讲的，并没有什么特别的见地，不过把经过的事实略略的叙述了一遍。因为来去匆匆，缺乏时间去预备点材料，只就忆想所及，为诸君道之，挂漏之处，尚请诸君原谅。对于考古学的讨论，不久当用文字发表。

（这篇演讲稿子，没有经过傅先生修改，凡有漏误的地方，概由记者负责。再者傅先生讲演的时候，并画了许多古物图与地图，不能一一把它绘在记录当中，使讲演更加明显，应向傅先生道歉，更应向读者申明的，记者附识。）

十八年十一月十九日　记于致知堂

（原载 1930 年 12 月《史学》第一期）

史学方法导论

拟目

原编者按：此先生任教北京大学时之讲义稿。原书凡七讲，今仅存第四讲，姑以付印。他日访得所缺各篇时，当再补入。

史料论略

我们在上章讨论中国及欧洲历史学观念演进的时候，已经归纳到下列的几个结论：

一、史的观念之进步，在于由主观的哲学及伦理价值论变做客观的史料学。

二、著史的事业之进步，在于由人文的手段，变做如生物学、地质学等一般的事业。

三、史学的对象是史料，不是文词，不是伦理，不是神学，并且不是社会学。史学的工作是整理史料，不是作艺术的建设，不是做疏通的事业，不是去扶持或推倒这个运动，或那个主义。

假如有人问我们整理史料的方法，我们要回答说：第一是比较不同的史料，第二是比较不同的史料，第三还是比较不同的史料。假如一件事只有一个记载，而这个记载和天地间一切其他记载（此处所谓记载，不专指文字，犹史料之不以文字为限）不相干，则对这件事只好姑信姑疑，我们没有法子去对他做任何史学的工夫。假如天地间事都是这样，则没有一切科学了，史学也是其一。不过天地间事并不如此。物理化学的事件重复无数，故可以试验，地质生物的记载每有相互的关系，故有归纳的结论。历史的事件虽然一件事只有一次，但一个事件既不尽止有一个记载，所以这个事件在或种情形下，可以比较而得其近真；好几件的事情又每每有相关联的地方，更可以比较而得其头绪。

在中国详述比较史料的最早一部书，是《通鉴考异》。这是司马君实领导着刘攽、刘恕、范祖禹诸人做的。这里边可以看出史学方法的成熟和整理史料的标准。在西洋则这方法的成熟后了好几百年，到十七八世纪，这方法才算有自觉的完成了。

史学便是史料学：这话是我们讲这一课的中央题目。史料学便是比较方法之应用：这话是我们讨论这一篇的主旨。但史料是不同的，有来源的不同，有先后的不同，有价值的不同，有一切花样的不同。比较方法之使用，每每是"因时制宜"的。处理每一历史的事件，每每取用一种特别的手段，这手段在宗旨上诚然不过是比较，在迎合事体上却是甲不能转到乙，乙不能转到丙，丙不能转到丁……徒然高揭"史学的方法是以科学的比较为手段，去处理不同的记载"一个口号，仍不过是"托诸空言"，何如"见诸实事之深切著明"呢？所以我们把这一篇讨论分做几节，为每节举一个或若干个的实例，以见整理史料在实施上的意义。

第一章　史料之相对的价值

第一节　直接史料对间接史料

史料在一种意义上大致可以分做两类：一、直接的史料；二、间接的史料。凡是未经中间人手修改或省略或转写的，是直接的史料；凡是已经中间人手修改或省略或转写的，是间接的史料。《周书》是间接的材料，毛公鼎则是直接的；《世本》是间接的材料（今已佚），卜辞则是直接的；《明史》是间接的材料，明档案则是直接的。以此类推。有些间接的材料和直接的差不多，例如《史记》所记秦刻石；有些便和直接的材料成极端的相反，例如《左传》、《国语》中所载的那些语来语去。自然，直接的材料是比较最可信的，间接材料因转手的缘故容易被人更改或加减；但有时某一种直接的材料也许是孤立的，是例外的，而有时间接的材料反是前人精密归纳直接材料而得的，这个都不能一概论断，要随时随地的分别着看。

直接史料的出处大致有二：一、地下，二、古公廨、古庙宇，及世家之所藏。不是一切东西都可在地下保存的，而文字所凭的材料，在后来的，几乎全不能在地下保存，如纸如帛。在早年的幸而所凭借者是骨，是金，是石，是陶，是泥；其是竹木的，只听见说在干燥的西域保存着，在中国北方的天气，已经很不适于保存这些东西于地下。至于世家，中国因为久不是封建的国家，所以是很少的，公廨庙宇是历经兵火匪劫的。所以敦煌的巨藏有一不有二，汲冢的故事一见不再见。竹书一类的东西，我也曾对之"癙寐思服"，梦想洛阳周冢，临淄齐冢，安知不如魏安僖王冢？不过洛阳陵墓已为官匪合作所盗尽，临淄滨海，气候较湿，这些梦想未必能实现于百一罢？直接材料的来源有些限制，所以每有偏重的现象。如《殷卜辞》所纪，"在祀与戎"，而无政事。周金文偏记光宠，少记事迹。敦煌卷子少有全书。（其实敦煌卷子只可说是早年的间接材料，不得谓为直接材料）。明清内阁大库档案，都是些"断烂朝报"。若是我们不先对于间接材料有一番细工夫，这些直接材料之意义和位置，是不知道的；不知道则无从使用。所以玩古董的那么多，发明古史的何以那么少呢？写钟鼎的那么多，能借殷周文字以补证经传的何以只有许瀚、吴大澂、孙诒让、王国维几个人呢？何以翁方纲、罗振玉一般人都不能呢？（《殷虚书契考释》一书，原是王国维作的，不是罗振玉的）。珍藏唐写本的那么多，能知各种写本的互相位置者何以那么少呢？直接材料每每残缺，每每偏于小事，不靠较为普通、略具系统的间接材料先作说明，何从了解这一件直接材料？所以持区区的金文，而不熟读经传的人，只能去做刻图章的匠人；明知《说文》有无穷的毛病，无限的错误，然而丢了他，金文更讲不通。

以上说直接材料的了解，靠间接材料做个预备，做个轮廓，做个界落。然而直接材料虽然不比间接材料全得多，却比间接材料正确得多。一件事经过三个人的口传便成谣言，我们现在看报纸的记载，竟那么靠不住。则时经百千年，辗转经若干人手的记载，假定中间人并无成见，并无恶意，已可使这材料全变一翻面目；何况人人免不了他自己时代的精神，即免不了他不自觉而实在深远的改动。一旦得到一个可信的材料，自然应该拿他去校正间接史料。间接史料的错误，靠他更正；间接史料的不足，靠他弥补；间接史料的错乱，靠他整齐；间接史料因经中间人手而成之灰沉沉样，靠他改给一个活泼泼的生气象。我们要能得到前人所得不到的史料，然后可以超越前人；我们要能使用新得材料于遗传材料上，然后可以超越同见这材料的同时人。那么以下两条路是不好走的：

一、只去玩弄直接材料，而不能把他应用到流传的材料中。例如玩古董的，刻图章的。

二、对新发现之直接材料深固闭拒的，例如根据秦人小篆，兼以汉儒所新造字，而高谈文始，同时说殷墟文字是刘铁云假造的章太炎。

标举三例，以见直接间接史料之互相为用。

例一　王国维君《殷卜辞中所见先公先王考》

王静安君所作《殷卜辞中所见先公先王考》两篇（《观堂集林》卷九），实在是近年汉学中最大的贡献之一。原文太长，现在只节录前篇的"王亥"、"王恒"、"上甲"三节，下篇的"商先王世数"一节，以见其方法。其实这个著作是不能割裂的，读者仍当取原书全看。

王君拿直接的史料，用细密的综合，得了下列的几个大结果。一、证明《史记》袭《世本》说之不虚构；二、改正了《史记》中所有由于传写而生的小错误；三、于间接材料之矛盾中（《汉书》与《史记》），取决了是非。这是史学上再重要不过的事。至于附带的发现也多。假如王君不熟习经传，这些材料是不能用的；假如熟习经传者不用这些材料，经传中关涉此事一切语句之意义及是非是不能取决的。那么，王君这个工作，正可为我们上节所敷陈的主旨作一个再好不过的实例。

王亥

卜辞多记祭王亥事，《殷墟书契前编》有二事，曰：贞赛于王亥（卷一第四十九叶），曰：贞之于王亥卅牛辛亥用（卷四第八叶），后编又有七事，曰：贞于王亥求年（卷上第一叶），曰：乙巳卜□贞之于王亥十（下阙同上第二十叶），曰：贞赛于王亥（同上第十九叶），曰：赛于王亥（同上第二十三叶），曰：癸卯□贞□□高祖王亥□□□（同上第二十一叶），曰：甲辰卜□贞辛亥赛于王亥卅牛十二月（同上第二十三叶），曰：贞登王亥羊（同上第二十六叶），曰，贞之于王亥羊□三百牛（同上第二十八叶）。龟甲兽骨文字有一事，曰：贞赛于王亥五牛

（卷一第九叶）。观其祭日用辛亥，其牲用五牛，三十牛，四十牛，乃至三百牛，乃祭礼之最隆者，必为商之先王先公无疑。案：《史记·殷本纪》及《三代世表》，商先祖中无王亥。惟云：冥卒，子振立；振卒，子微立。《索隐》：振，系本作核，《汉书·古今人表》作垓。然则《史记》之振当为核，或为垓字之讹也。《大荒东经》曰：有困民国，句姓，而食有人，曰王亥。两手操鸟，方食其头。王亥托于有易，河伯仆牛，有易杀王亥，取仆牛。郭璞注引《竹书》曰：殷王子亥宾于有易，而淫焉，有易之君绵臣杀而放之。是故殷主甲微假师于河伯，以伐有易，克之，遂杀其君绵臣也（此《竹书纪年》真本，郭氏隐括之如此）。今本《竹书纪年》，帝泄十二年，殷侯子亥宾于有易，有易杀而放之。十六年，殷侯微以河伯之师伐有易，杀其君绵臣。是《山海经》之王亥。古本《纪年》作殷王子亥，今本作殷侯子亥。又前于上甲微者一世，则为殷之先祖，冥之子，微之父，无疑。卜辞作王亥，正与《山海经》同。又祭王亥皆以亥日，则亥乃其正字，《世本》作核，《古今人表》作垓，皆其通假字；《史记》作振，则因与核或垓二字形近而讹。夫《山海经》一书，其文不雅驯，其中人物，世亦以子虚乌有视之；《纪年》一书，亦非可尽信者。而王亥之名竟于卜辞见之，其事虽未必尽然，而其人则确非虚构。可知古代传说存于周秦之间者，非绝无根据也。

王亥之名及其事迹，非徒见于《山海经》、《竹书》，周秦间人著书多能道之。《吕览·勿躬篇》：王氷作服牛。案，篆文氷作𣲙，与亥字相似，王𣲙亦王亥之讹。《世本·作篇》，胲作服牛，（《初学记》卷九十引，又《御览》八百九十引《世本》，鲧作服牛，鲧亦胲之讹。《路史注》引《世本》胲为黄帝马医，常医龙。疑引宋衷注。《御览》引宋注曰：胲黄帝臣也，能驾牛。又云：少昊时人，始驾牛。皆汉人说，不足据。实则《作篇》之胲，即《帝系篇》之核也）其证也。服牛者，即《大荒东经》之仆牛，古服、仆同音。《楚辞·天问》：该秉季德，厥父是臧，胡终弊于有扈，牧夫牛羊？又曰：恒秉季德，焉得夫朴牛？该即胲，有扈即有易（说见下），朴牛亦即服牛。是《山海经》、《天问》、《吕览》、《世本》皆以王亥为始作服牛之人。盖夏初奚仲作车，或尚以人挽之，至相土作乘马，王亥作服牛，而车之用益广。《管子·轻重戊》云：殷人之王立帛牢服牛马以为民利，而天下化之。盖古之有天下者，其先皆有大功德于天下。禹抑洪水，稷降嘉种，爰启夏周。商之相土王亥，盖亦其俦。然则王亥祀典之隆，亦以其为制作之圣人，非徒以其为先祖，周秦间王亥之传说，胥由是起也。

卜辞言王亥者九，其二有祭日，皆以辛亥，与祭大乙用乙日，祭大甲用甲日同例，是王亥确为殷人以辰为名之始，犹上甲微之为以日为名之始也。然观殷人之名，即不用日辰者，亦取于时为多，自契以下，若昭明，若昌若，若冥，皆含朝暮明晦之意，而王恒之名亦取象于月弦。是以时为名或号者，乃殷俗也。夏后氏之以日为名者，有孔甲，有履癸，要在王亥及上甲之后矣。

王恒

卜辞人名于王亥外又有王亙。其文曰：贞之于王亙（《铁云藏龟》第一百九十九叶，及《书契后编》卷上第九叶）。又曰：亙王之于王亙（《后编》卷下第七叶）。又作王亙，曰：贞王亙□（下阙，《前编》卷七第十叶）案亙即恒字。《说文解字》二部：恒，常也，从心从舟，在二之间，上下一心以舟施恒也。亙，古文恒从月，《诗》曰：如月之恒。案，许君既云古文恒从月，复引《诗》以释从月之意，而今本古文乃作亙，从二，从古文外，盖传写之讹，字当作亙。又，《说文》木部，楁，竟也，从木恒声。亙，古文楁。案，古从月之字，后或变而从舟，殷虚卜辞朝暮之朝作𣇮（《后编》卷下第三叶），从日月在茻间，与莫字从日在茻间同意，而篆文作朝，不从月而从舟。此例之亙本当作亙。智鼎有字，从心从亙，与篆文之恒从亙者同，即恒之初字，可知亙亙一字。卜辞亙字从二从𝌆，（卜辞月字或作𝌆，或作𝌆）其为亙亙二字，或恒字之省无疑。其作亙者，《诗·小雅》：如月之恒。毛传：恒，弦也。弦本弓上物，故字又从弓。然则亙亙二字，确为恒字。王恒之为殷先祖，惟见于《楚辞·天问》。《天问》自"简狄在台喾何宜"以下二十韵，皆述商事（前夏事后周事）。其问王亥以下数世事曰：该秉季德，厥父是臧。胡终弊于有扈，牧夫牛羊？干协时舞，何以怀之？平胁曼肤，何以肥之？有扈牧竖，云何而逢？击床先出，其命何从？恒秉季德，焉得夫朴牛？何往营班禄，不但还来？昏微遵迹，有狄不宁，何繁鸟萃棘，负子肆情？眩弟并淫，危害厥兄，何变化以作诈，后嗣而逢长？此十二韵以《大荒东经》及郭注所引《竹书》参证之，实纪王亥、王恒及上甲微三世之事，而《山海经》、《竹书》之有易，《天问》作有扈，乃字之误。盖后人多见有扈，少见有易，又同是夏时事，故改易为扈。下文又云：昏微遵迹，有狄不宁。昏微即上甲微，有狄亦即有易也。古狄、易二字同音，故互相通假。《说文解字》辵部，逖之古文作逷；《书·牧誓》，逖矣西土之人，《尔雅》郭注引作遏矣西土之人。《书·多士》：离逖尔土，《诗·大雅》：用遏蛮方，《鲁颂》：狄彼东周。《毕狄钟》：毕狄不龏。此逖遏狄三字，异文同义。《史记·殷本纪》之简狄，《索隐》曰：旧本作易，《汉书·古今人表》作简遏。《白虎通·礼乐篇》：狄者，易也。是古狄、易二字通。有狄即有易，上甲遵迹而有易不宁，是王亥弊于有易，非弊于有扈，故曰：扈当为易字之误也。狄、易二字不知孰正孰借，其国当在大河之北，或在易水左右（孙氏之骙说）。盖商之先自冥治河，王亥迁殷（今本《竹书纪年》，帝芒三十三年，商侯迁于殷，其时商侯即王亥也。《山海经》注所引《真本竹书》，亦称王亥为殷王子亥，称殷不称商，则《今本纪年》此条，古本想亦有之。殷在河北，非亳殷，见余前撰《三代地理小记》），已由商丘越大河而北，故游牧于有易高爽之地，服牛之利即发现于此。有易之人杀王亥，取服牛，所谓胡终弊于有扈，牧夫牛羊者也。其云有扈牧竖，云何而逢，击床先出，其命何从者，似记王亥被杀之事。其云恒秉季德，焉得夫朴牛者，恒盖该弟，与该同秉季德，复得该所失服牛也。所云昏微遵迹，有狄不宁者，谓上甲微能率循其先人之迹，有易与之有杀父之仇，故为之不宁也。繁鸟萃棘以下，当亦记上甲事，书阙有间，不敢妄为之说，然非如《王逸章句》所说，解居父及象事，固自显然。要之，《天问》所说当与《山海经》及《竹书纪年》同出一源，而《天问》就壁画发问，所记尤详，恒之一人，并为诸书所未载。卜辞之王恒，与王亥同以王称，其时代自当相接，而《天问》之该与恒，适与之相当，前后所陈又皆商家故事，则中间十二韵自系述王亥王恒上甲微三世之事。然则王亥与上甲微之间，又当有王恒一世。以《世本》、《史记》所未载，《山经》、《竹书》所不详，而今于卜辞得之；《天问》之辞，千古不能通其说者，而今由卜辞通之：此治史学与文学者所当同声称快者也。

上甲

《鲁语》：上甲微，能帅契者也，商人报焉。是商人祭上甲微。而卜辞不见上甲。郭璞《大荒东经注》引《竹书》作主甲微，而卜辞亦不见主甲。余由卜辞有区丙曰三人名，其乙丙丁三字皆在匚或匸中，而悟卜辞中凡数十见之田（或作⊞），即上甲也。卜辞中凡田狩之田字，其囗中横直二笔皆与其四旁相接；而人名之田，则其中横直二笔或其直笔必与四旁不接，与田字区别较然。田中十字即古甲字（卜辞与古金文皆同），甲在囗中，与区丙曰之乙丙丁三字在匚或匸中同意。亦有囗中横直二笔与四旁接，而与田狩字无别者，则上加一作畗以别之。上加一者，古六书中指事之法，一在畗上，与二字（古文上字）之一在一上同意，去上甲之义尤近。细观卜辞中记畗或畗者数十条，亦惟上甲微始足当之。卜辞中云自畗（或作畗）至于多后衣者五（《书契前编》卷二第二十五叶三见，又卷三第二十七叶，《后编》卷上第二十叶各一见），其断片云自畗至于多后者三（《前编》卷二第二十五叶两见，又卷三第二十八叶一见），云自畗至于武乙衣者一（《后编》卷上第二十叶）。衣者，古殷祭之名。又卜辞曰：丁卯，贞来乙亥告自畗（《后编》卷上第二十八叶）；又曰：乙亥卜宾贞□大御自（同上卷下第六叶）；又曰：（上阙）贞翌甲豋自畗（同上第三十四叶）。凡祭告皆曰自畗，是畗实居先公先王之首也。又曰：辛巳卜大贞之自畗元示三牛二示一牛十三月（《前编》卷三第二十二叶）；又云，乙未贞其求自畗十又三示牛小示羊（《后编》卷上第二十八叶）。是畗为元示及十又三示之首。殷之先公称示，主壬主癸卜辞称示壬示癸，则畗又居先公之首也。商之先人王亥始以辰名，上甲以降皆以日名，是商人数先公当自上甲始。且畗之为上甲，又有可征证者，殷之祭先，率以其所名之日祭之，祭名甲者用甲日，祭名乙者用乙日，此卜辞之通例也。今卜辞中凡专祭田者皆用甲日，如曰：在三月甲子□祭畗（《前编》卷四第十八叶）；又曰：在十月又一（即十有一月）甲申□酌祭田（《后编》卷下第二十叶）；又曰：癸卯卜翌甲辰之田牛吉（同上，第二十七叶）；又曰：甲辰卜贞来甲寅又伐畗羊五卯牛一（同上，第二十一叶）。此四事祭田有日皆用甲日。又云：在正月□□（此二字阙）祭大甲豋畗（同上第二十一叶），此条虽无祭日，然与大甲同日祭，则亦用甲日矣。即与诸先王先公合祭时，其有日可考者，亦用甲日。如曰：贞翌甲□豋自畗（同上）；又曰：癸巳卜贞酌肜日自畗至于多后衣亡宅自□在四月惟王二祀（《前编》卷三第二十七叶）；又曰：癸卯，王卜贞酌翌日自畗至多后衣亡宅在□在九月惟王五祀（《后编》卷上第二十叶）。此二条以癸巳及癸卯卜，则其所云之肜日翌日，皆甲日也。是故畗之名甲，可以祭日用甲证之；畗字为十（古甲字）在□中，可以𠃊𠃌𠃍三名乙丙丁在匚中证之；而此甲之即上甲，又可以其居先公先王之首证之。此说虽若穿凿，然恐殷人复起，亦无以易之矣。

《鲁语》称商人报上甲微，《孔丛子》引《逸书》，惟高宗报上甲微。（此魏晋间伪书之未采入梅本者，今本《竹书纪年》武丁十二年报祀上甲微，即本诸此。）报者，盖非常祭。今卜辞于上甲有合祭，有专祭，皆常祭也。又商人于先公皆祭，非独上甲，可知周人言殷礼已多失实，此孔子所以有文献不足之叹欤?

商先王世数

《史记·殷本纪》、《三代世表》及《汉书·古今人表》所记殷君数同，而于世数则互相违异。据《殷本纪》则商三十一帝（除大丁为三十帝），共十七世;《三代世表》以小甲、雍己、大戊为大庚弟（《殷本纪》大庚子），则为十六世;《古今人表》以中丁、外壬、河亶甲为大戊弟（《殷本纪》大戊子），祖乙为河亶甲弟（《殷本纪》河亶甲子），小辛为盘庚子（《殷本纪》盘庚弟），则增一世，灭二世，亦为十六世。今由卜辞证之，则以《殷本纪》所记为近。案，殷人祭祀中有特祭其所自出之先王而非所自出之先王不与者，前考所举求祖乙（小乙）、祖丁（武丁）、康祖丁（庚丁）、武乙衣，其一例也。今检卜辞中又有 断片，其文曰:（上阙）大甲大庚（中阙），丁祖乙祖（中阙），一羊一南（下阙，共三行，左读，见《后编》卷上第五叶），此片虽残阙，然于大甲、大庚之间，不数沃丁、中丁（中字直笔尚存）、祖乙之间，不数外壬、河亶甲，而一世之中仅举一帝，盖亦与前所举者同例。又其上下所阙得以意补之，如左:

由此观之，则此片当为盘庚、小辛、小乙三帝时之物，自大丁至祖丁皆其所自出之先王，以《殷本纪》世数次之，并以行款求之，其文当如是也。惟据《殷本纪》则祖乙乃河亶甲子，而非中丁子，今此片中有中丁而无河亶甲，则祖乙自当为中丁子，《史记》盖误也。且据此则大甲之后有大庚，则大戊自当为大庚子，其兄小甲、雍己亦然，知《三代世表》以小甲、雍己、大戊为大庚弟者，非矣。大戊之后有中丁，中丁之后有祖乙，则中丁、外壬、河亶甲自当为大戊子，祖乙自当为中丁子，知《人表》以中丁、外壬、河亶甲、祖乙皆为大戊弟者非矣。卜辞又云，父甲一牡，父庚一牡，父辛一牡（《后编》卷上第二十五叶）甲为阳甲，庚则盘庚，辛则小辛，皆武丁之诸父，故曰父甲，父庚，父辛；则《人表》以小辛为盘庚子者，非矣。凡此诸证，皆与《殷本纪》合，而与《世表》、《人表》不合。是故殷自小乙以上之世数可由此二片证之，小乙以下之世数，可由祖乙、祖丁、祖甲、康祖丁、武乙一条证之。考古者得此，可以无遗憾矣。

附殷世数异同表

帝名	殷本纪	三代世表	古今人表	卜辞
汤	主癸子	主癸子	主癸子	一世
大丁	汤子	汤子	汤子	汤子二世
外丙	大丁弟	大丁弟	大丁弟	
中壬	外丙弟	外丙弟	外丙弟	
大甲	大丁子	大丁子	大丁子	大丁子三世
沃丁	大甲子	大甲子	大甲子	
大庚	沃丁弟	沃丁弟	沃丁弟	大甲子四世
小甲	大庚子	大庚弟	大庚子	
雍己	小甲弟	小甲弟	小甲弟	
大戊	雍己弟	雍己弟	雍己弟	大庚子五世
中丁	大戊子	大戊子	大戊弟	大戊子六世
外壬	中丁弟	中丁弟	中丁弟	
河亶甲	外壬弟	外壬弟	外壬弟	
祖乙	河亶甲子	河亶甲子	河亶甲弟	中丁子七世
祖辛祖乙子	祖乙子	祖乙子	祖乙子八世	

续前表

帝名	殷本纪	三代世表	古今人表	卜辞
沃甲	祖辛弟	祖辛弟	祖辛弟	
祖丁	祖辛子	祖辛子	祖辛子	祖辛子九世
南庚	沃甲子	沃甲子	沃甲子	
阳甲	祖丁子	祖丁子	祖丁子	祖丁子十世
盘庚	阳甲弟	阳甲弟	阳甲弟	甲弟十世
小辛	盘庚弟	盘庚弟	盘庚子	盘庚弟十世
小乙	小辛弟	小辛弟	小辛弟	小辛弟十世
武丁	小乙子	小乙子	小乙子	小乙子十一世
祖庚	武丁子	武丁子	武丁子	武丁子十二世
祖甲	祖庚弟	祖庚弟	祖庚弟	祖庚弟十二世
廪辛	祖甲子	祖甲子	祖甲子	
庚丁	廪辛弟	廪辛弟	廪辛弟	祖甲子十三世
武乙	庚丁子	庚丁子	庚丁子	庚丁子十四世
大丁	武乙子	武乙子	武乙子	
帝乙	大丁子	大丁子	大丁子	
帝辛	帝乙子	帝乙子	帝乙子	

例二　陈寅恪君《吐蕃彝泰赞普名号年代考》

例一所举虽系史学上之绝大问题，然或有人嫌其多半仍是文字学的问题，不是纯粹史学的问题（其实史学语学是全不能分者）。现在更举一个纯粹史学的考定。我的朋友陈寅恪先生，在汉学上的素养不下钱晓徵，更能通习西方古今语言若干种，尤精梵藏经典。近著《吐蕃彝泰赞普名号年代考》一文，以长庆唐蕃会盟碑为根据，"千年旧史之误书，异国译音之讹读，皆赖以订"。此种异国古文之史料至不多，而能使用此项史料者更属至少，苟其有之，诚学术中之快事也。文不长，兹全录之如下：

《吐蕃彝泰赞普名号年代考》（《蒙古源流》研究之一）（《国立中央研究院历史语言研究所集刊》第二本第一分）

小彻辰萨囊台吉著《蒙古源流》，其所纪土伯特事，盖本之西藏旧史。然取新旧唐书吐蕃传校其书，则赞普之名号，往往不同，而年代之后先，相差尤甚。夫中国史书述吐蕃事，固出于唐室当时故籍，西藏志乘，虽间杂以宗教神话，但历代赞普之名号世系，亦必有相传之旧说，决不尽为臆造。今二国载籍互相差异，非得书册以外实物以资考证，则无以判别二者之是非，兼解释其差异之所由来也。

《蒙古源流》卷二云："穆迪子藏（坊刊本作减，误）玛、达尔玛持（坊刊本作特，误）松垒、罗垒伦多卜等兄弟五人，长子藏玛出家，次子达尔玛持松（略一垒字，满文本已如是）自前岁戊子纪二千九百九十九年之丙戌年所生，岁次戊戌年十三岁，众大臣会议辅立即位，岁次辛酉年三十六岁，殁，汗无子，其兄达尔玛即位"云云。按小彻辰萨囊台吉以释迦牟尼佛涅槃后一岁为纪元，据其所推算佛灭度之年为西历纪元前二千一百三十四年，故其纪元前之戊子元年为西历纪年前二千一百三十三年。其所谓自前岁戊子纪二千九百九十九年之丙戌年，即西历纪元后八百六十六年，唐懿宗咸通七年。戊戌年即西历纪年后八百七十八年，唐僖宗乾符五年。辛酉年则西历纪元后九百零一年，唐昭宗天复元年。惟《蒙古源流》此节所纪达尔玛持松垒赞普之名号年代，皆为讹误，兹先辨正其名号，兼解释其差异之所由来，然后详稽其年代之先后，以订正中国西藏二国旧史相传之讹误，或可为治唐史者之一助欤？

名号之讹误有二，一为误联二名为一名，一为承袭蒙古文旧本字形之讹而误读其音。

何谓误联二名为一名？按《唐书·吐蕃传》："赞普（指可黎足即彝泰赞普）立几三十年死，以弟达磨嗣。"《资治通鉴考异》卷二十一《唐纪》十三文宗开成三年，吐蕃彝泰赞普卒弟达磨立条云"彝泰卒，及达磨立，实录不书，旧传及续会要皆无之，今据补国史。"坊刊本《蒙古源流考》卷二："汗（指持松垒）无子，其兄达尔玛癸未年所生，岁次壬戌，年四十岁，即位，因其从前在世为象时，曾设恶愿，二十四年之间，恶习相沿，遂传称为天生邪妄之朗达尔玛。"（按，藏语谓象为朗 glan）又藏文嘉刺卜经 rgyalrabs 者（闻中国有蒙文刊本，予未见），本书译本子注，及《四库总目提要》，皆言其与小彻辰萨囊台吉所纪述多相符合，今据 Emil Schalgiutweit 本嘉刺卜经藏文原文第十二叶第十二行，其名亦为 glan darma，即本书之朗达尔玛也。而本书之持松垒，在嘉刺卜经则称为 ral-pa-chan，与朗达玛为二人，章章明甚。又乾隆中敕译中文《首楞严经》为藏文时，章嘉胡图克图言此经西藏古译本为五百年前之朗达尔玛汗所毁灭云云（见《清高宗御制文集·藏译楞严经序》），持松垒与达尔玛孰为兄弟，及朗达尔玛汗是否生于乾隆前五百年，以至《首楞严经》乾隆以前有无藏文译本，皆不必论；而持松垒与达尔玛之为二人，则中国史籍、《蒙古源流》本书及西藏历世相传之旧说，无不如是。今景阳宫所藏《蒙古源流》满文译本，误联达尔玛、持松垒二名为一名，此必当日满文译者所据喀尔喀亲王成衮札布进呈之蒙文本，已有此误，以致辗转传讹，中文译本遂因而不改，即彭楚克林沁所校之中文译本（曾见江安傅氏转录本），亦误其句读。以予所见诸本，惟施密德氏 Isaac Jacob schmidt 之蒙文校译本，二名分列，又未省略，实较成衮札布本为佳也。

何谓承袭蒙文旧本字形之讹而误读其音？此赞普名号诸书皆差异，今据最正确之实物，即拉萨长庆唐蕃会盟碑碑阴吐蕃文（据前北京大学研究所国学门所藏缪氏艺风堂拓本）补正其省略讹误，并解释其差异之所由来焉。

按长庆唐蕃会盟碑碑阴吐蕃文，首列赞普名号，末书长庆及蕃彝泰纪元，其所载赞普之名号为 khri-gtsug lde-brtsan。近年西北发见之藏文写本亦同（见 F. W. Thomas：*Tibetan Documents concerning Chinese Turkestan* PP. 71. 72. 76. Journal of the Royal Asiatic Society of Great Britain and Ireland，Jan. 1928）。兹取此碑碑阴蕃文，历校诸书，列其异同于左。

《新唐书·吐蕃传》："元和十二年赞普死，可黎可足立为赞普。"按可黎可足即碑文 khri-gtsug，其下之 ldebrtsan 则从省略，且据此可知当时实据藏文之复辅音而对音也。

《资治通鉴》卷二百三十九唐纪五十五："宪宗元和十一年二月，西川奏吐蕃赞普卒，新赞普可黎可足立。"又卷二百四十六唐纪六十二："文宗开成三年吐蕃彝泰赞普卒，弟达磨立。"按会盟碑碑阴末数行吐蕃年号为 Skyid-rtag，即彝泰之义，然则可黎可足之号为彝泰赞普者，实以年号称之也。

《菩提末》（Bodhimör）此书纪赞普世系，实出于藏文之嘉剌卜经，据施密德氏蒙《蒙古源流》校译本第三百六十叶所引菩提末之文，此赞普之名为 Thi-atsong-ltebdsan。按此书原文予未见，此仅据施密德氏所转写之拉丁字而言，Thi 者藏文 khri 以西藏口语读之之对音，严格言之，当作 Thi o lte 者，据会盟碑蕃文应作 lde，蒙文 d t 皆作ᠲ形无分别，bdsan 即碑文及西北发现之藏文写本之 brtsan，此乃施密德氏转写拉丁字之不同（藏文古写经多一 r），非原文之有差异也。惟 atsong 一字，则因蒙文字形近似而讹，盖此字依会盟碑蕃文本，及西北发见之藏文写本，应作 gtsug，蒙文转写藏文之ᠭ（g）作⊸形，转写藏文之ᠠ（a）（或作 h）作 C 形，ug，ük 作ᠶ形，ung 或 ong 作ᠶ形，字体极相似故讹。或《菩提末》原书本不误，而读者之误，亦未可知也。

《蒙古源流》施密德校译本　据此本。此赞普名作 Thi-btsonglte，此名略去名末之 brtsan o 至 btsong 者，gtsug 之讹读，藏文ᠭ（g）字，蒙文作⌐，与蒙文 6（b）字形近故讹，蒙文之 ug 转为 ük 亦以形近误为 ong，见上文《菩提末》条。

《蒙古源流》满文译本　《蒙古源流》中文译本非译自蒙文，乃由满文而转译者，今成衮札布进呈之蒙文原本，虽不可得见（予近发见北平故宫博物院藏有《蒙古源流》之蒙文本二种：一为写本，一为刊本。沈阳故宫博物馆亦藏有蒙文本，盖皆据成衮札布本抄写刊印者也）。幸景阳宫尚藏有满文译本，犹可据以校正中文译本也。按满文本，此赞普名凡二见，一作 DarmakriltsungLui，一作 Darmakribtsung，皆略去 brtsan 字，此名误与达尔玛之名联读，已详上文。惟藏文之 khri，满文或依藏文复辅音转写，如此名之 kri 即其例；或依西藏口语读音转写，如持苏陇德灿（Cysurong tetsan）之 Cy（满文ᠴ）即其例。盖其书之对音，先后殊不一致也。un 乃 ug 转为 ük 之误，见上文《菩提末》条。又藏文 lde 所以讹成垒者，以蒙文 t 字 d 字皆作 d 形，o 字 u 字皆作 d 形，又 e 字及 i 字结尾之形作 ⅃ 及 �***，皆极相似，颇易淆混，故藏文之 lde，遂讹为满文之 Lui 矣。或者成衮札布之蒙文原本，亦已讹误，满文译本遂因袭而不知改也。

文津阁本及坊刊本汉译《蒙古源流》　中文《蒙古源流》既译自满文，故满文译本之误，中文译本亦因袭不改，此二本中，此赞普名一作达尔玛持松垒，一作达尔玛持松，满文 kri 作持者，依藏文口语读之也。按义净以中文诧为梵文 tha 字对音（见高楠顺次郎英译《南海寄归内法传》），则 thi 固可以满文之ᠴ（cy）字，中文之持字对音。又此本持字俱作特，乃误字，而先后校此书者皆未改正，松字乃满文 Tsung 之对音，其误见上文菩提末条。

蒙文书社本汉语《蒙古源流》　此本此赞普名一作（达尔玛）哩卜崇垒，一作（达尔玛）持松哩卜崇。第一名作哩者，依满文 kri 而对哩音，其作卜者，满文译本固有 b 字音也。第二名则持哩二字重声，松崇二字亦叠音，殆当时译者并列依原字及依口语两种对音，而传写者杂糅为一，遂致此误欤？余见上文。

此赞普之名号既辨正，其年代亦可得而考焉。《唐会要》卷九十七："元和十一年西川奏吐蕃赞普卒，十二年吐蕃告丧，使论乞冉献马十匹、玉带、金器等。"《旧唐书·吐蕃传》："宪宗元和十二年吐蕃以赞普卒来告。"《新唐书》："宪宗元和十二年赞普死，使论乞髯来（告丧），可黎可足立为赞普。"《资治通鉴》卷二百三十九唐纪五十五："宪宗元和十一年二月西川奏吐蕃赞普卒，新赞普可黎可足立。"《新唐书·吐蕃传》："赞普立（指可黎可足）几三十年，死，以弟达磨嗣。"《资治通鉴》卷二百四十六《唐纪》六十二："文宗开成三年吐蕃彝泰赞普卒，弟达磨立。"《资治通鉴考异》卷二十一唐纪十三，会昌二年十二月吐蕃来告达磨赞普之丧，略云"《实录》丁卯吐蕃赞普卒，遣使告丧，赞普立仅三十余年，据《补国史》，彝泰卒后，又有达磨赞普，此年卒者，达磨也。《文宗实录》不书彝泰赞普卒，旧传及《续会要》亦皆无达磨，新书据《补国史》，疑《文宗实录》阙略，故他书皆因而误。彝泰以元和十一年立，至此二十七年，然开成三年已卒，达磨立至此五年，而《实录》云仅三十年，亦是误以达磨为彝泰也。"《蒙古源流》卷二："持松垒岁次戊戌年十三岁，众大臣会议辅立即位，在位二十四年，岁次辛酉，三十六岁殁。"据小彻辰萨囊台吉书所用之纪元推之，戊戌为唐僖宗乾符五年，西历纪元后八百七十八年，辛酉年为唐昭宗天复元年，西历纪元后九百零一年。（诸书之文，前已征引，兹再录之以便省览而资比较。）按《蒙古源流》所载年代太晚，别为一问题，姑于此不置论。而诸书所记彝泰赞普嗣立之年，亦无一不误者。何以言之？唐蕃会盟碑碑阴蕃文，唐蕃二国年号并列，唐长庆元年，当蕃彝泰七年，长庆二年，当彝泰八年，长庆三年，当彝泰九年。又《新唐书·吐蕃传》长庆二年刘元鼎使吐蕃会盟还，"虏元帅尚塔藏馆客大夏川，集东方节度诸将百余，置盟策台上，遍晓之，且戒各保境，毋相暴犯，策署彝泰七年"云云。考《旧唐书·吐蕃传》，长庆元年十月十日命崔植、王播、杜元颖等与吐蕃大将讷罗论等会盟于长安，盟文末有大蕃赞普及宰相钵阐布尚绮心儿等先寄盟文要节之语，则是刘元鼎长庆二年所见虏师遍晓诸将之盟策，即前岁长庆元年之盟策，故彝泰七年即长庆元年，而非长庆二年。梁曜北《玉绳元号略》及罗雪堂振玉丈重校订《纪元编》，皆据此推算，今证以会盟碑碑阴蕃文，益见其可信。故吐蕃可黎可足赞普之彝泰元年，实当唐宪宗元和十年，然则其即赞普之位置迟亦必在是年。《唐会要》、新旧《唐书》及《资治通鉴》所载年月，乃据吐蕃当日来告之年月，而非当时事实发生之真确年月也。又《蒙古源流》载此赞普在位二十四年，不知其说是否正确，但宪宗元和十年，即西历纪元后八百十五年，为彝泰元年；文宗开成三年，即西历纪元后八百三十八年，亦即《补国史》所纪可黎可足赞普卒之岁，为彝泰末年，共计二十四年，适相符合。予于《蒙古源流》所纪年岁固未敢尽信，独此在位二十四年之说，与依据会盟碑等所推算之年代，不期而暗合，似非出于臆造所能也。

综校诸书所载名号年代，既多讹误，又复互相违异，无所适从。幸得会盟碑阴残字数行，以资考证，千年旧史之误书，异国译音之讹读，皆赖以订正。然中外学人考证此碑之文，以予所知，尚未有证论及此者，故表而出之，使知此逻逤片石，实为乌斯赤岭（此指拉萨之赤岭而言）之大玉天球，非若寻常碑碣，仅供揽古之士赏玩者可比也。

例三 《集古录》与《潜研堂金石文字跋尾》

以金文证经典虽为较近之事，然以石文校史事，宋朝人已能为之。如欧阳永叔《集古录跋尾》，其中颇有胜义，即如下例，可见其旨趣。

《魏受禅碑》……按，《汉·献帝纪》，延康元年十月乙卯，皇帝逊位，魏王称天子。又按《魏志》，是岁十一月葬士卒死亡者，犹称令。是月丙午（一本作寅），汉帝使张愔奉玺绶，庚午，王升坛受禅，又是月癸酉，奉汉帝为山阳公。而此碑云："十月辛未，受禅于汉。"三家之说皆不同。今据裴松之注《魏志》，备列汉魏禅代诏册书令群臣奏议甚详。盖汉实以十月乙卯策诏魏王，使张愔奉玺绶，而魏王辞让，往返三四，而后受也。又据侍中刘廙奏问太史令许芝，今月十七日己未，可治坛场；又据尚书令桓楷等奏云，辄下太史令，择元辰，今月二十九日，可登坛受命。盖自十七日己未，至二十九日，正得辛未。以此推之，汉魏二纪皆缪，而独此碑为是也。《汉·纪》乙卯逊位者，书其初命，而略其辞让往返，遂失其实尔。《魏志》十一月癸卯犹称令者，当是十月，衍一字尔。丙午张愔奉玺绶者，辞让往返，容（集本作殆）有之也。惟庚午升坛最为缪尔。癸卯去癸酉三十一日，不得同为十一月，此尤缪也。禅代大事也，而二纪所书如此，则史官之失，以惑后世者，可胜道哉？

北宋人的史学分析工夫到这个地步，所以才能有《唐书》、《通鉴》那样的制作。到了近代顾亭林、朱竹垞等，以石文校史书，时有精论，而钱竹汀"乃尽……出其上,遂为古今金石学之冠"(见《集古录跋尾·王昶序》)。《廿一史之考异》、《金石文之跋尾》,皆同一意义之工作,现在摘录两条,以见其精诣所至。其实竹汀此书论石各篇,皆是精能之作,原书易得,不复多举。

《后魏孝文帝吊比干文碑阴》……《北史》太和十九年,诏迁洛人死葬河南,不得还北,于是代人南迁者悉为河南洛阳人。又云,太和二十年正月,诏改姓元氏。今此碑立于太和十八年冬,宗室已系元姓,代人并称河南郡,则史所载岁月恐未得其实矣。诸臣称河南郡者,元氏而外,若邱目陵氏、万忸于氏、候莫陈氏、乙旃氏、叱罗氏、吐难氏、伊娄氏、独孤氏、拔拔〔拓跋〕氏、莫耐娄氏,并见《魏书·官氏志》,而译字小有异同。如邱氏目陵之目作穆,万忸于之万作勿,吐难之吐作土,莫耐娄之耐作那,是也。陆氏本步六孤氏。太和十九年,诏称穆、陆、贺、刘、楼、于、嵇、尉八姓,皆太祖已降,勋著当世,位尽王公者也。穆即邱目陵,于即万忸于,刘即独孤。诸人皆未改氏,而陆昕等已单称陆氏,而陆氏之改又在穆贺诸姓之先矣。大野氏、《郁久闾氏》、《俟吕氏》、《魏志》俱失载。以予考之,郁久闾乃蠕蠕姓,后亦单称闾氏。《周书》太祖赐韩褒姓俟吕陵氏(此《广韵》所引,今本俟讹作候),当即俟吕氏也。后魏末有南州刺史大野拔,大野亦代北著姓矣。又有俟文福一人,则未知其俟氏欤(《官氏志》俟奴氏后改俟氏),抑别有俟文氏也?苦干氏、贺拔氏不称河南而称代郡,盖代人之未南迁者。斛律氏称高车部人,虽入处中国,尚未有所隶州县也。冯诞以尚乐安公主拜驸马都尉,此但云驸马,而去都尉,从俗称也。史称傅永字修期,此直云傅修期,盖以字行也。公孙良据传为燕郡广阳人,此云辽东郡,则举郡望言之。于劲尝为司卫监,李预兼典命下大夫,皆本传所未载。陆昕传作昕之,当以石刻为正。其书姑臧为姑藏,河间为河涧,龙骧为骁骧,傅脩期作傅脩期,皆当时承用别体字,若万忸于之于或作乎,陆希道作怖道,则翻刻之讹。(此段以石文订史所记)

《后魏石门铭》 右《石门铭》,盖述龙骧将军梁秦二州刺史泰山羊祉开通石门之功。《魏书·宣武纪》:"正始四年,九月甲子,开斜谷旧道。"即其事也。碑云:"起四年十月十日,至永平二年正月毕功。"而史书于四年九月者,据奉诏之日言之耳。《北史·羊祉传》不书开斜谷道事,此史文之阙漏,当据石刻补之。碑云"皇魏正始元年汉中献地",即梁天监三年也。是岁夏侯道迁背梁归魏,梁史书"魏陷梁州"于二月，当得其实。魏收史书于闰十二月，温公《通鉴》据长历，梁置闰在次年正月后，遂移于后一年，非也（订历）。

《唐景龙三年法琬法师碑》　右《法琬法师碑》：法琬，中宗之三从姑，太祖景皇帝之玄孙女也。父临川公德懋，尝官宗正卿，兵部尚书，谥曰孝，皆史所不载。史称永徽二年，襄邑王神符薨。而碑云六年薨，与史不合。据碑，法琬以襄邑王薨之岁，奏请出家，时年十有三。垂拱四年卒，春秋卅有九。今以永徽六年年十有三推之，只四十六岁耳。窃意神符薨于永徽二年，史文未必误。其年德懋请舍所爱女为亡父祈福，奉敕听许，而法琬之出家则在其明年，年始十三也。碑以二年为六年，特书者之误尔。（此段以史所记订石文。）

最近三十年中，缪荃孙、罗振玉、王国维皆于石刻与史传之校正工夫上续有所贡献，然其造诣之最高点，亦不过如钱竹汀而已。

例四　流沙坠简

近来出土之直接史料，可据以校正史传者，尚有西陲所得汉简。此种材料，法人沙畹、德人康拉地皆试为考证，而皆无大功，至王静安君手，乃蔚成精美之史事知识。现录其一段如下（《流沙坠简补遗考释》第一叶）：

三、晋守侍中大都尉奉晋大侯亲晋鄯善、焉耆、龟兹、疏勒。
四、于阗王写下诏书到。

右二简文义相属，书迹亦同，实一书之文，前排比简文印本时，尚未知其为一书，故分置两叶中，今改正如右。亦行下诏书之辞也。晋守侍中大都尉奉晋大侯亲晋鄯善、焉耆、龟兹、疏勒、于阗王者，若析言之，则当云，晋守侍中大都尉奉晋大侯亲晋鄯善王，晋守侍中大都尉奉晋大侯亲晋焉耆王，以下仿此。盖晋时西域诸国王皆得守侍中大都尉奉晋大侯位号。以此十字冠于五国王之上，而不一一言之者，文例宜然，亦如亲晋二字之为五国王通号，此人人所易首肯也。案，中国假西域诸国王以官号，自后汉始。《后汉书·西域传》：光武建武五年，河西大将军窦融承制立莎车王康为汉莎车建功怀德王西域大都尉，五十五国皆属焉。十七年，更赐以汉大将军印绶。顺帝永建二年，疏勒王臣磐遣使奉献，帝拜臣磐为与汉大都尉，其子孙至灵帝时犹称之。（按，《传》但言拜臣磐为汉大都尉，汉字上无与。然下文云，疏勒王与汉大都尉于猎中为其季父和得所射杀，时疏勒王外，非别有汉大都尉，不得言与。疑与汉二字当连读，与汉犹言亲汉也。上云拜臣磐为汉大都尉，汉字上脱与字。）《魏略·西戎传》，魏赐车师后部王壹多杂守魏侍中，号大都尉，受魏王印，此西域诸王受中国位号之见于史籍者也。考汉魏时本无大都尉一官，求其名称，实缘都护而起。前汉时本以骑都尉都护西域（见《汉书·百官公卿表》及《甘延寿段会宗传》），后遂略称西域都护。新莽之后，都护败没，故窦融承制拜莎车王康为西域大都尉，使暂统西域诸国，惟不欲假以都护之名，又以西域诸国本各有左右都尉，故名之曰西域大都尉，使其号与西域都护骑都尉相若云尔。嗣是莎车既衰，而疏勒王称与汉大都尉，魏车师后部王又单称大都尉，皆不冠以西域二字，其号稍杀。故此简西域诸国王皆有此位号，疑自魏时已然矣。或以此简之晋守侍中大都尉与魏赐车师后王位号同，又下所举五土中无车师后王，疑此亦晋初车师后王之称，故此简之中实得六国。然魏时车师后王既受王印，则其号当云魏守侍中大都尉亲魏车师后部王，今但云晋守侍中大都尉，但举其所受中国官号，而不著其本国王号，必无此理。故曰，晋守侍中大都尉者，乃鄯善、焉耆、龟兹、疏勒、于阗王之公号也。奉晋大侯亦然。以国王而受晋侯封，故谓之大侯，以别于西域诸国之左右侯，亦犹大都尉之称，所以别于诸国之左右都尉也。亲晋某王者，亦当时诸国王之美称。案，汉时西域诸国王但称汉某国王，《汉书·西域传》云，西域最凡国五十，自译长至侯王皆佩汉印绶，凡三百七十六人。其印文虽无传者，然《匈奴传》云，汉赐单于印，言玺不言章，又无汉字，诸王已下乃有汉，言章。西域诸王虽君一国，然其土地人民尚不如匈奴诸王，则汉所赐印必云汉某某王章，无疑也。后汉之初，莎车王号尚冠以汉字，中叶以后，始有亲汉之称。《后书·西域传》，顺帝永建元年，班勇上八滑为后部亲汉侯。然但为侯号而非王号，其王犹当称汉某某王也。唯建安中封鲜卑沙末汗为亲汉王，魏晋封拜皆袭此称，如《魏志·外国传》有亲魏倭王，古印章有亲晋羌王、亲赵侯等是也。其官号上冠以魏晋字者，所以荣之，其王号上冠以亲魏、亲晋字而不直云魏晋者，所以示其非纯臣也。此简所举五国，西域长史所辖殆尽于此。案，西域内属诸国，前汉末分至五十，后汉又并为十余，至魏时仅存六七。《魏略》言且末、小宛、精绝、楼兰（此谓楼兰城）皆并属鄯善，戎卢、扜弥、渠勒、皮穴（《汉书》作皮山）皆属于阗，尉犁、危须山王国皆并属焉者，姑墨、温宿、尉头皆并属龟兹，桢中、莎车、竭石、渠沙、西夜、依耐、蒲犁、亿若、榆令、捐毒、休修（《后汉书》作休循）、琴国皆并属疏勒，且弥、单桓、毕陆（《汉书》作卑陆）、蒲陆（《汉书》作蒲类）、乌贪（《汉书》作乌贪訾离）诸国皆并属车师。此外汉时属都护诸国，惟乌孙尚存，仍岁朝贡，见于《魏志》。然乌孙国大地远，其事中国亦当与康居、大月氏同科，自后汉以来盖已不属都护长史。则魏时西域内属诸国，仅上六国而已。右简所举又少车师一国，盖晋初车师后部当为鲜卑所役属。《魏志•鲜卑传》注引王沈《魏书》云，鲜卑西部西接乌孙。《晋书•武帝纪》，咸宁元年六月，西域戊己校尉马循讨叛鲜卑破之。二年，鲜卑阿罗多等寇边，西域戊己校尉马循讨之。时鲜卑当据车师后部之地，故能西接乌孙，南侵戊己校尉治所矣。右简令诸国王写下诏书，而独不云车师王者，当由于此。然则晋初属西域长史诸国，惟鄯善、焉耆、龟兹、疏勒、于阗五国而已。此西域诸国之大势，得由右简知之者也。此简所出之地，当汉精绝国境，《后书》言后汉明帝时精绝为鄯善所并，而斯氏后十年在此地所得木简见于本书简牍遗文中者，其中称谓有大王，有王，有夫人，隶书精妙，似后汉桓灵间书。余前序中已疑精绝一国汉末复有独立之事，今此简中无精绝王，而诏书乃到此者，必自鄯善或于阗传写而来，可见精绝至晋初又为他国所并矣。自地理上言之，则精绝去于阗近，而去鄯善较远，自当并属于阗，而《魏略》则云并属鄯善，然无论何属，此时已无精绝国可知。此尼雅一地之沿革，得由右简知之也。二简所存者不及三十字，而足以裨益史事如此。然非知二简为一书，亦不能有所弋获矣。

例五　吴大澂"文"字说

以上所举的几个例之外，尚有其他近来出土之直接史料，足以凭籍着校正或补苴史传者。例如敦煌卷子中之杂件，颇有些是当时的笺帖杂记之类，或地方上的记载，这些真是最好的史料。即如《张氏勋德记》等，罗振玉氏据之以成《补唐书张义潮传》（丙寅稿第一叶至四叶）。可见史料的发现，足以促成史学之进步，而史学之进步，最赖史料之增加。不过这些文字，或太长，或太琐，不便举列，故今从阙。

近数十年来最发达的学问中，金文之研究是一个大端。因金文的时代与诸史不相涉（除《史记》一小部外），而是《诗》、《书》的时代，所以金文之研究看来似只有裨于经学，然经学除其语言文字之部分外，即是史学智识。不过金文与《诗》、《书》所记不相干者多，可以互补，可以互校文字、文体之异同，而不易据以对勘史事。虽金文中有很多材料，可以增加我们对于古代史事知识，但求到这些知识，每每须经过很细的工夫，然后寻出几件来。因此，关于金文学之精作虽多，而专于诗书时代史事作对勘之论文，还不曾有。此等发明，皆零零碎碎，散见各书中。现在且举吴大澂君文字说，以为一例。此虽一字之校定，然《大诰》究竟是谁的档案，可以凭此解决这个二千年的纷扰。《大诰》一类极重要的史料赖一字决定其地位，于此可见新发见的直接史料，对于遗传的间接史料，有莫大之补助也。

"文字说"　《书·文侯之命》，"追孝于前文人"。《诗·江汉》："告于文人。"《毛传》云："文人，义德之人也。"潍县陈寿卿编修介祺所藏兮仲钟云："其用追孝于皇考己伯，用侃喜前文人。"《积古斋钟鼎彝器款识·追敦》云："用追孝于前文人。"知"前文人"三字，为周时习见语。乃《大诰》误文为宁，曰："予曷其不于前宁人图功攸终。"曰："予曷其不于前宁人攸受休毕。"曰："天亦惟休于前宁人。"曰："率宁人有指疆土。""前宁人"实"前文人"之误。盖因古文文字有从心者，或作爻，或作仌，或又作𢥃。壁中古文《大诰》篇，其"文"字必与"宁"字相似，汉儒遂误释为宁。其实《大诰》乃武王伐殷，大诰天下之文，宁王即文王，宁考即文考，"民献有十夫"，即武王之乱臣十人也。"宁王遗我大宝龟"，郑注"受命曰宁王"，此不得其解而强为之说也。既以宁考为武王，遂以《大诰》为成王之诰。不见古器，不识真古，安知宁字为文之误哉？

以上所标七例，皆新发见的直接史料与自古相传的间接史料相互勘补的工作。必于旧史史料有工夫，然后可以运用新史料；必于新史料能了解，然后可以纠正旧史料。新史料之发见与应用，实是史学进步的最要条件；然而但持新材料，而与遗传者接不上气，亦每每是枉然。从此可知抱残守缺，深固闭拒，不知扩充史料者，固是不可救药之妄人；而一味平地造起，不知积薪之势，相因然后可以居上者，亦难免于狂狷者之徒劳也。

第二节　官家的记载对民间的记载

官家记载和私家记载的互有短长处，也是不能一概而论的。大约官书的记载关于年月、官职、地理等等，有簿可查有籍可录者，每校私记为确实；而私家记载对于一件事的来源去脉，以及"内幕"，有些能说官书所不能说，或不敢说的。但这话也不能成定例，有时官书对于年月也很会错的，私书说的"内幕"更每每是胡说的。我们如想作一命题而无违例，或者可说，一些官家凑手的材料，及其范围内之记载，例如表，志，册子，簿录等，是官家的记载好些，而官家所不凑手或其范围所不容的材料，便只好靠私家了。不过这话仿佛像不说，因为好似一个"人者，人也"之循环论断，我们还是去说说他们彼此的短处罢。

官家的记载时而失之讳。这因为官家总是官家，官家的记载就是打官话。好比一个新闻记者，想直接向一位政府的秘书之类得到一个国家要害大事之内容，如何做得到？势必由间接的方法，然后可以风闻一二。

私家的记载时而失之诬。人的性情，对于事情，越不知道越要猜，这些揣猜若为感情所驱使，便不知造出多少故事来。史学的正宗每每不喜欢小说，《晋书》以此致谤，《三国志注》以此见讥。建文皇帝游云南事，明朝人谈得那样有名有姓，有声有色，而《明史》总只是虚提一笔。司马温公的《通鉴》虽采小说，究竟不过是借着参考，断制多不从小说；而他采《赵飞燕外传》的"祸水"故事，反为严整的史家所讥。大约知道一件事内容者，每每因自己处境的关系不敢说，不愿说，而不知道者偏好说，于是时时免不了胡说。

论到官家记载之讳，则一切官修之史皆是好例，所修的本朝史尤其是好例。禅代之际，一切欺人孤儿寡妇的逆迹；剪伐之朝，一切凶残淫虐的暴举，在二十四史上那能看得出好多来呢？现在但举一例，满洲的人类原始神话，所谓天女朱果者，其本地风光的说法，必不合于汉族之礼化，于是汉士修满洲原始之史，不得不改来改去，于是全失本来的意义。（陈寅恪先生语我云：王静安在清宫时有老阉导之看坤宁宫中跳神处，幔后一图，女子皆裸体，而有一男老头子。此老阉云：宫中传说这老头子是卖豆腐的。此与所谓天女者当有若何关系。今如但看满洲祀天典礼，或但看今可见坤宁宫中之杀猪处，何以知跳神之礼，尚有此"内幕"耶？）犹之乎顺治太后下嫁摄政王，在清朝国史上是找不出一字来的。[其实此等事照满洲俗未可谓非，汉化亦未可谓是。史事之经过及其记载皆超于是非者也（"Jenseits von Gut und Böse"）。]清朝人修的《太祖实录》，把此一段民间神话改了又改，越改越不像。一部二十四史经过这样手续者，何其多呢？现在把历史语言研究所所藏的稿本影印一叶以见史书成就的一个大手续——润色的即欺人的手续。

论到私书记载之诬，则一切小说稗史不厌其例。姑举两个关系最大谬的。元庚申帝如非元明宗之子，则元之宗室焉能任其居大汗之统者数十年，直到窜至漠北，尚能致远在云南之梁王守臣节？而《庚申外史》载其为宋降帝瀛国公之子，则其不实显然。这由于元代七八十年中汉人终不忘宋，故有此种循环报应之论。此与韩山童之建宋号，是同一感情所驱使的。又如明成祖，如果中国人是个崇拜英雄的民族，则他的丰功伟烈，确有可以崇拜处，他是中国惟一的皇帝能跑到漠北去打仗的。但中国人并不是个英雄崇拜的民族（这个心理有好有坏。约略说，难于组织，是其短处，难于上当，是其长处），而明成祖的行为又极不合儒家的伦理，而且把"大儒"方止学等屠杀的太惨酷了，于是明朝二百余年中，士人儒学没有诚心说成祖好的。于是乎为建文造了一些逊国说，为永乐造了一个"他是元朝后代的"的骂语（见《广阳杂记》等）。这话说来有两节，一是说永乐不是马后生，而是硕妃生，与周王同母，此是《国榷》等书的话。一是说硕妃为元顺帝之高丽妾，虏自燕京者，而成祖实为庚申帝之遗腹子。（此说吾前见于一笔记，一时不能举其名，待后查。）按硕妃不见明《后妃传》，然见《南京太常寺志》。且成祖与周王同母，隐见于《明史·黄子澄传》，此说当不诬妄。至其为元顺帝遗腹说，则断然与年代不合。成祖崩于永乐二十二年（1424），年六十五，其生年实为元顺帝至正二十年（1360）四月，去明兵入燕尚有十年（洪武元年为1368），冒填年龄不能冒填到十年。且成祖于洪武三年封燕王，十三年之藩。如为元顺帝遗腹子其母为掠自北平者，则封燕王时至多两岁，就藩北平时，至多十二岁；两岁封王固可，十二岁就藩则不可能。以明太祖之为人，断无封敌子于胜国故都，新朝第一大藩之理。此等奇谈，只是世人造来泄愤的，而他人有同样之愤，则喜而传之。（至于硕妃如为高丽人，或是成祖母，皆不足异。元末贵人多蓄高丽妾，明祖起兵多年，所虏宦家当不少也。惟断不能为庚申帝子耳。）所以《明史》不采这些胡说，不能因《明史》的稿本出自明遗臣，故为之讳也。《清史稿》出于自命为清遗臣者，亦直谓康熙之母为汉人辽东著姓佟氏也。

官府记载与野记之对勘工夫，最可以《通鉴考异》为例。此书本来是记各种史料对勘的工夫者，其唐五代诸卷，因民间的材料已多，故有不少是仿这样比较的。因此书直是一部史料整理的应用逻辑，习史学者必人手一编，故不须抄录。

第三节　本国的记载对外国的记载

本国的记载之对外国的记载，也是互有短长的，也是不能一概而论的。大致说起，外国或是外国人的记载总是靠不住的多。传闻既易失真，而外国人之了解性又每每差些，所以我们现在看西洋人作的论中国书，每每是隔靴搔痒，简直好笑，然而外国的记载也有他的好处，他更无所用其讳。承上文第二节说，我们可说，他比民间更民间。况且本国每每忽略最习见同时却是最要紧的事，而外国人则可以少此错误。譬如有一部外国书说，中国为蓝袍人的国（此是几十年前的话），这个日日见的事实，我们自己何尝觉到呢？又譬如欧美时装女子的高跟鞋，实与中国妇女之缠足在心理及作用上无二致，然而这个道理我们看得明显，他们何尝自觉呢？小事如此，大者可知。一个人的自记是断不能客观的，一个民族的自记又何尝不然？本国人虽然能见其精细，然而外国人每每能见其纲领。显微镜固要紧，望远镜也要紧。测量精细固应在地面上，而一举得其概要，还是在空中便当些。这道理太明显，不必多说了。例也到处都是，且举一个很古的罢。

> 自大宛以西至安息国，虽颇异言，然大同俗，相知言。其人皆深眼，多须䫲。善市贾，争分铢。俗贵女子；女子所言而丈夫乃决正。（《史记·大宛传》）

这不简直是我们现在所见的西洋人吗？（这些人本是希腊波斯与土人之混合种，而凭亚里山大之东征以携希腊文化至中亚者。）然而这些事实（一）深眼，（二）多须䫲，（三）善市贾，（四）贵女子，由他们自己看来，都是理之当然，何必注意到呢？外国人有这个远视眼，所以虽马哥孛罗那样胡涂荒谬，乱七八糟的记载，仍不失为世上第一等史料；而没有语言学、人类学发达的罗马，不失其能派出一个使臣苔西涂斯（Tacitus）到日耳曼回来，写一部不可泯灭的史料（De Cermania）。

第四节　近人的记载对远人的记载

这两种记载的相对是比较容易判别优劣的。除去有特别缘故者以外，远人的记载比不上近人的记载，因为事实只能愈传愈失真，不能愈传愈近真。譬如李心传的《建炎以来系年要录》，其中多有怪事，如记李易安之改嫁，辛稼轩之献谀，文人对此最不平，我也曾一时好事将此事记载查看过一回，觉得实在不能不为我们这两位文人抱冤。这都由于这位作者远在西蜀，虽曾一度参史局，究未曾亲身经验临安的政情文物，于是有文书可凭者尚有办法，其但凭口传者乃一塌糊涂了。这个情由不待举例而后明。

第五节　不经意的记载对经意的记载

记载时特别经意，固可使这记载信实，亦可使这记载格外不实，经意便难免于有作用，有作用便失史料之信实。即如韩退之的《平淮西碑》，所谓"点窜《尧典》、《舜典》字，涂改《清庙》、《生民》诗"者，总算经意了罢；然而用那样《诗》、《书》的排场，那能记载出史实来？就史料论，简直比段成式所作的碑不如。不经意的记载，固有时因不经意而乱七八糟，轻重不衬，然也有时因此保存了些原史料，不曾受"修改"之劫。

例如《晋书》、《宋史》，是大家以为诟病的。《晋书》中之小说，《宋史》中之紊乱，固是不可掩之事实；然而《晋书》却保存了些晋人的风气，《宋史》也保存了些宋人的传状。对于我们，每一书保存的原料越多越好，修理的越整齐越糟。反正二十四史都不合于近代史籍的要求的，我们要看的史料越生越好！然则此两书保存的生材料最多，可谓最好。《新五代史记》及《明史》是最能锻炼的，反而糟了。因为材料的原来面目被他的锻炼而消灭了。班固引时谚曰："有病不治，常得中医。"抄账式的修史，还不失为中医，因为虽未治病，亦未添病，欧阳《五代史记》的办法，乃真不了，因为乱下药，添了病。

第六节　本事对旁涉

本事对旁涉之一题，看来像是本事最要，旁涉则相干处少，然而有时候事实恰恰与此相反。因为本事经意，旁涉不经意，于是旁涉有时露马脚，而使我们觉得实在另是一回事，本事所记者反不相干矣。有时这样的旁涉是无意自露的，也有时是有意如此隐着而自旁流露个线索的，这事并不一样。也有许多既非无意自露，又非有意自旁流露，乃是考证家好作假设，疑神疑鬼弄出的疑案。天地间的史事，可以直接证明者较少，而史学家的好事无穷，于是求证不能直接证明的，于是有聪明的考证，笨伯的考证。聪明的考证不必是，而是的考证必不是笨伯的。

史学家应该最忌孤证，因为某个孤证若是来源有问题，岂不是全套议论都入了东洋大海吗？所以就旁涉中取孤证每每弄出"亡是公子"、"非有先生"来。然若旁涉中的证据不止一件，或者多了，也有很确切的事实发见。举一例：汉武帝是怎么样一个人，《史记》中是没有专篇的，因为《今上本纪》在西汉已亡了。然而就太史公东敲西击所叙，活活的一个司马迁的暴君显出来，这虽不必即是真的汉武帝，然司马子长心中的汉武帝却已借此出来了。

第七节　直说与隐喻

我们可说，这只是上节本事对旁涉的一种；不过隐喻虽近旁涉，然究不可以为尽等于旁涉，故另写此一节。凡事之不便直说，而作者偏又不能忘情不说者，则用隐喻以暗示后人。有时后人神经过敏，多想了许多，这是常见的事。或者古人有意设一迷阵，以欺后人，而恶作剧，也是可能的事。这真是史学中最危险的地域呵！想明此例，且抄俞平伯先生《长恨歌及长恨歌的传疑》一篇（抄全实太长，然不抄全无以明其趣）。

长恨歌及长恨歌传的传疑

尝读元人《秋夜梧桐雨》杂剧写马嵬之变，玉环之尸被军马践踏，不复收葬，其言颇闪烁牵强。至洪昉思《长生殿》则以尸解了之，而改葬之时，便曰："惨凄凄一匡空墓，杳冥冥玉人何去！"两剧写至此处，均作曲笔，而《长生殿·雨梦》一折更有新说，惟托之于梦。其词曰："只为当日个乱军中祸殃惨遭，悄地向人丛里换妆隐逃，因此上流落久蓬飘。"而评者则曰："才情竭处忽生幻想，真有水穷山尽，坐看云起之妙。"洪君此作自为文章狡狯，以波折弄姿，别无深意；但以予观之，此说殆得《长恨歌》及《长恨歌传》之本旨。兹述其所见于后，佐证缺少，难成定论，姑妄言之，姑妄听之，亦所不废乎？

若率意读之，《长恨歌》既已乏味，而传尤为蛇足。歌中平铺直叙，婉曲之思与凄艳之笔并少，视《琵琶行》、《连昌宫词》且有逊色。至陈鸿作传，殆全与歌重复，似一言再言不嫌其多者然。其故殊难索解。夫以一代之名手抒写一代之剧迹，必有奇思壮采流布文坛，而今乃平庸拖沓如此，不称所期许，抑又何耶？

其间更有可注意者，马嵬之变，实为此故事之中心，玉环缢死，以后皆余文也。以今日吾人行文之法言之，则先排叙其宠盛，中出力写其惨苦，后更抒以感叹，或讽刺，如《长生殿弹词》之作法，称合作矣。

而观此歌及传却全不如此，写至马嵬坡仅当全篇之半，此后则大叙特叙临邛道士、海山楼阁诸迹，皆子虚乌有之事耳，而言之凿凿焉。且以钗盒之重还与密誓之见诉，证方士之曾见太真。夫太真已死于马嵬，方士何得而见之？神仙之事，十九寓言，香山一老岂真信其实有耶？其不然明矣，明知其必不然，而故意以文实之，抑又何耶？

即此可窥歌传之本意，盖另有所在也。一篇必有其警策，如《琵琶行》以"同是天涯沦落人，相逢何必曾相识"为主意；《秦妇吟》以"一身苦兮何足嗟，山中更有千万家"为主意；独此篇之主旨，屡读之竟不可得。必不得已，只以"天长地久有时尽，此恨绵绵无绝期"当之。既以"长恨"名篇，此两语自当为点睛之笔，惟仅观乎此仍苦不明白，曰"此恨绵绵"，曰"长恨"，究何所恨耶？若以仓卒惨变为恨，则写至马嵬已足，何必假设临邛道士、玉妃太真耶？更何必假设分钗寄语诸艳迹耶？似马嵬之事不足为恨，而天人修阻为可恨者，抑又何耶？在《长恨歌传》之末曰："夫希代之事非遇出世之才润色之，则与时消没，不闻于世，乐天深于诗多于情者也，试为歌之如何？乐天因为《长恨歌》，意者不但感其事，亦欲惩尤物，窒乱阶，垂于将来也。歌既成，使鸿传焉。世所不闻者，予非开元遗民不得知；世所知者，有《明皇本纪》在。今但传《长恨歌》云尔。"在此明点此歌之作意，主要是感事，次要是讽谏。夫事既非真，感之何为？则其间必明明有一事在焉，非寓言假托之匹；云将引为后人之大戒，则其事殆丑恶，非风流佳话也。乐天为有唐之诗史，所谓以出世之才记希代之事，岂以欣羡豪奢，描画燕昵为能事哉？遇其平铺直叙处俱不宜正看，所谓繁华，其淫纵也；所谓风流，其丑恶也。按而不断，其意自明。陈鸿作传，惟恐后人不明，故点破之。

至作传之故，在此亦已明言。若非甚珍奇之事，则只作一歌可矣，只作一传亦可矣，初不必作歌之传，屋上架屋，床上叠床也。使事虽珍奇而歌意能尽且易知者，则传虽不作亦可也。惟其两不然，此传之所以作也。可分三层述之：歌之作意，非传将不明，一也；事既隐曲，以散文叙述较为明白，二也；传奇之文体，其时正流行，便于传布，三也。其尤可注意者为"世所不闻者"以下数语，其意若曰当时之秘密，我未亲见亲闻，自不得知，若人人皆知，明皇贵妃之事，则载在正史，又不待我言，我只传《长恨歌》中所述这一段异文而已。总之，白陈二氏仅记其所闻，究竟是否真确，二君自言非开元遗民不得知，遑论今日我辈也？予亦只释《长恨歌》云尔，究竟歌中本意是否如此，亦无从取证他书，予只自述其所见云尔。

《长恨歌》立意于第一句已点明，所谓"汉皇重色思倾国"，是明皇不负杨妃，负国家耳。开门见山，断语老辣。至于叙述，若华清宫、马嵬坡皆陪衬之笔，因既载《明皇本纪》，为世所知，所感者必另有所在而非仅此等事，陈鸿之言本至明白。结语所谓此恨绵绵，标题所谓长恨，乃国家之恨，非仅明皇太真燕私之恨也。否则太真已仙去，而"天上人间会相见"，是有情之美满，何恨之有，何长恨之有？论其描画，叙繁华则近荒，记姝丽则近亵，非无雅笔也，乃故意贬斥耳。传所谓乐天深于诗，观此良确。综观此篇，其结构似疏而实密，似拙而实巧；其词笔似笨重而实空虚；其事迹似可喜而实可丑；家弦户诵已千年矣，而皆被古人瞒过了，至为可惜。

旁证缺乏，兹姑以本文明之。此篇起首四句即是史笔，"汉皇重色思倾国"，自取灭亡也。"杨家有女初长成，养在深闺人未识"，明明真人面前打谎语，史称开元二十三年冬十二月册寿王妃杨氏，至天宝四载秋七月册寿王妃韦氏，八月以杨太真为贵妃。太真为寿王妃十余年之久，始嫔于明皇，乃曰"初长成"、"人未识"，非恶斥而何？若曰回护，则上讳尊者方宜含糊掩饰，何必申申作反语哉？今既云云，则惟恐后人忽视耳。且其言与传意枘凿。传云："诏高力士潜搜外宫，得宏农杨元琰女于寿邸，既笄矣。"其中亦有曲笔，如不曰寿王妃而曰杨女，不曰既嫔而曰既笄；然外宫与深闺其不同亦甚矣。读者或以"宛转蛾眉"之句，疑玉环若未死于马嵬，则于文义为牴牾，请以此喻之，试观此二语，亦可如字解否？

可知《长恨歌》中本有些微词曲笔，非由一二人之私见傅会而云然，以下所言始不病其穿凿。上半节铺排处均内含讽刺，人所习知，惟关系尚少。最先宜观其叙述马嵬之变，歌曰："六军不发无奈何，宛转蛾眉马前死。花钿委地无人收，翠翘金雀玉搔头。君王掩面救不得，回看血泪相和流。"传曰："上知不免而不忍见其死，反袂掩面，使牵之而去，苍黄展转，竟就绝于尺组之下。"其所叙述有两点相同，可注意：（1）传称不忍见其死，反袂掩面，使牵之去，是玉环之死，明皇未见也；歌中有"君王掩面"之言，是白陈二氏说同。（2）歌称"宛转蛾眉马前死"，即传之"苍黄展转竟就绝于尺组之下"也。宛转即展转，而传意尤明白，苍黄展转，似极其匆忙捣乱，而竟就绝于尺组之下者，与夫死于马前之娥眉，究竟是否贵妃，其孰知之哉？而明皇固掩面反袂未见其死也。歌中"花钿"句，似有微意，此二句就文法言，当云花钿、翠翘、金雀、玉搔头委地无人收，诗中云云，叶律倒置耳，诸饰物狼藉满地，似人蝉脱而去者然。《太真外传》云："妃之死日，马嵬媪得锦袜一只，相逢过客一玩百钱，前后获钱无数。"不特诸饰物纷堕，并锦袜亦失其一，岂不异哉？使如正史所记，命力士缢杀贵妃于佛堂，舆尸置驿庭，召玄礼等入观之，其境况殆不至如此也。

窃以为当时六军哗溃，玉环直被劫辱，挣扎委顿，故钿钗委地，锦袜脱落也。明皇则掩面反袂，有所不忍见，其为生为死，均不及知之。诗中明言"救不得"，则赐死之诏旨当时殆决无之。传言"使牵之而去"，大约牵之去则有之，使乎使乎？未可知也。后人每以马嵬事訾三郎之负玉环，冤矣。其人既杳，自不得不觅一替死鬼，于是"蛾眉"苦矣。既可上覆君王，又可下安六军，驿庭之尸俾众人观者，疑即此君也。或谓玄礼当识贵妃，何能指鹿为马？然玄礼既身预此变而又不能约束乱兵，则装聋做哑，含糊了局，亦在意中；故陈尸入视，即确有其事，亦不足破此说。至《太真外传》述其死状甚悉，乐史宋人，其说固后也，殆演正史而为之。

玉环以死闻，明皇自无力根究，至回銮改葬，始证实其未死。改葬之事，传中一字不提，歌中却说得明明白白："马嵬坡下泥土中，不见玉颜空死处。"夫仅言马嵬坡下不见玉颜，似通常凭吊口气；今言泥土中不见玉颜，是尸竟乌有矣，可怪孰甚焉？后人求其说而不得，从而为之辞，曰，肌肤消释（《太真外传》），曰乱军践踏，曰尸解（均见上），其实皆牵强不合。予谓《长恨歌》分两大段，自首至"东望都门信马归"为前段；自"归来池苑皆依旧"至尾为后段，而此两句实为前后段大关键。觅尸既不得，则临邛道士之上天下地为题中应有之义矣。其实明皇密遣使者访问太真，临邛道士鸿都客则托辞耳；歌言"汉家天子使"，传言"使者"，可证此意。

观其访问之迹，又极其奇诡。传曰："方士乃竭其术以索之，不至；又能游神驭气，出天界，没地府以求之，不见；又旁求四虚上下，东极大海，跨蓬壶，见最高仙山上多楼阙，西厢下有洞户东向，阖其门，署曰玉妃太真院。"歌曰："排空驭气奔如电，升天入地求之遍。上穷碧落下黄泉，两处茫茫皆不见。忽闻海上有仙山，山在虚无缥渺间。楼阁玲珑五云起，其中绰约多仙子。中有一人字太真，雪肤花貌参差是。"最不可解者为碧落黄泉皆无踪迹，而乃得之海山，人死为鬼宜居黄泉，即诗人之笔不忍以绝代丽质付之沉沦，升之碧落可矣，奚必海山哉？且歌传之旨俱至明晰，传云旁求四虚，明未曾升仙作鬼，仍居人间也；歌云两处茫茫皆不见，意亦正同；"忽闻"以下，尤可注意，自"海上有仙山"至"花貌参差是"，皆方士所闻也。使玉妃真居仙山，则孰见之而孰言之，孰言之而孰闻之耶？岂如《长生殿》所言天孙告杨通幽耶？夫马嵬坡下泥土中既失其尸矣，碧落黄泉既不得其魂魄矣，则羁身海山之太真，仙乎？鬼乎？人乎？明眼人必能辨之。且歌中此节，多狡狯语，"山在虚无缥渺间"，是言此亦人间一境耳，非必真有如此之海上仙山也；"其中绰约多仙子"，似群雌粥粥，太真盖非清净独居，唐之女道士院迹近倡家，非佳语也；"中有一人字太真"，上甫云多仙子，而此偏曰中有一人，明明点出一"人"字；"雪肤花貌参差是"，是方士来去以前，且有人见太真矣。其境界如何，不难想见。

　　写方士之见太真，正值其睡起之时，传曰："碧衣云，玉妃方寝，请少待之。于是云海沉沉，洞天日晚，琼户重阖，悄然无声。方士屏息敛足拱手门下，久之而碧衣延入。"歌曰："闻道汉家天子使，九华帐里梦魂惊。揽衣推枕起徘徊，珠箔银屏迤逦开。云髻半偏新睡觉，花冠不整下堂来。"依传言，方士待之良久；依歌言，玉妃起得极仓皇，既曰："梦魂惊"，而"云髻""花冠"两句又似钗横鬓乱矣，其间有无弦外微音，不敢妄说。

　　传为传奇体，小说家言或非信史；而白氏之歌行实诗史之巨擘，若所闻非实，又有关碍本朝，乌得而妄记耶？至少，宜信白氏之确有所闻，而所闻又惬合乎情理；否则，于尚论古人有所难通。吾辈既谓方士觅魂之说为非全然无稽，则可进一步考察其曾见杨妃与否；因使觅杨妃是一事，而觅着与否又一事。依歌传所描写，委宛详尽明画如斯，似真见杨妃矣，然姑置不论。方士（姑以方士名之）持回之铁证有二：一为钿盒金钗，二为天宝十载密誓之语。夫钗盒或可偷盗拾取（近人有以"翠钿委地"句为钗盒之来源，亦未必然），而密誓殊难臆造。观传曰："夜殆半，休侍卫于东西厢，独侍上，上凭肩而立，因仰天感牛女事，密相誓心，愿世世为夫妇：此独君王知之耳。"歌曰："七月七日长生殿，夜半无人私语时。"曰"独侍"，曰"凭肩"，曰"无人私语"，是非方士所能窃听也。窃听既不得，臆造又不能，是方士确已见太真也。钿盒金钗人间之物，今分携而返，是且于人世见太真也。至于"天上人间会相见"，则以空言结再生之缘耳，正如玉溪生所云"海外徒闻更九洲，他生未卜此生休"，非有其他深意；"昭阳殿里恩爱绝，蓬莱宫中日月长"，明谓生离，不谓死别；况太真以贵妃之尊乃不免风尘之劫，贻闻壸之玷，可恨孰甚焉？故结之曰"天长地久有时尽，此恨绵绵无绝期"，言其耻辱终古不泯也。否则，马嵬之变，死一妇人耳，以长恨名篇，果何谓耶？

明皇知太真之在人间而不能收覆水，史乘之事势甚明，不成问题。况传曰："使者还奏太上皇，皇心震悼，日日不豫，其年夏四月南宫晏驾"。是明皇所闻本非佳讯，即卒于是年（肃宗宝应元年），而太真之死或且后于明皇也。按依章实斋氏所考，则其时太真亦一媪矣，而犹摇曳风情如此，亦异闻矣。吾以为其人大似清末之赛金花，而《彩云曲》实《长恨歌》之嫡系也。惟此等说法，大有焚琴煮鹤之诮耳。

爬梳本文，实颇明白而鲜疑滞，惟缺旁证为可憾耳。杜少陵之《哀江头》亦传太真事，曰："明眸皓齿今何在？血污游魂归不得。清渭东流剑阁深，去住彼此无消息。"曰去住，曰彼此，不知何指；若以此说解之，则上二句疑其已死，下二句又疑其或未死，两说并存欤？惟旧注以上指妃子游魂，下指明皇幸蜀，其说可通，故不宜曲为比附，取作佐证。且此事隐秘，事后渐流布于世，若乐天时闻之，在少陵时未必即有所闻也。他日如于其他记载续有所得，更当补订，以成信说。

今日仅有本文之直证，而无他书之旁证，只可传疑，未能取信。要之，当年之实事如何是一事，所传闻如何另是一事；故即使以此新说解释《长恨歌传》十分圆满，亦不过自圆其说而已，至多亦不过揣得作歌传之本旨而已（即此已颇夸大）。若求当年之秘事，则当以陈鸿语答之曰："世所不闻者，予非开元遗民不得知。"

（附记一）明皇与肃宗先后卒于同年，肃宗先病而明皇之卒甚骤，疑李辅国惧其复辟而弑之，观史称辅国猜忌明皇，逼迁之于西内，流放高力士，不无蛛丝马迹。唐人亦有疑之者，韦绚《戎幕闲谈》曰："时肃宗大渐，辅国专朝，意西内之复有变故也。"此事与清季德宗西后之卒极相似。亦珍闻也。

（附记二）又宋王铚《默记》："元献（晏元献）因为僚属言唐小说：唐玄宗为上皇迁西内，李辅国令刺客夜携铁槌击其脑，玄宗卧未起，中其脑，皆作磬声，上皇惊谓刺者曰：'我固知命尽于汝手，然叶法善劝我服玉，今我脑骨皆成玉，且法善劝我服金丹，今有丹在首，固自难

死，汝可破脑取丹，我乃可死矣。'刺客如其言，取丹乃死。"孙光宪
《续通录》云："玄宗将死云：'上帝命我作孔昇真人。'爆然有声，视之
崩矣，亦微意也。"此亦可与上节参看。

十六年十一月十五日（留）

这是一篇很聪明的文章——对不对却另是一回事——同时也是一篇
很自知分际的文章。此文末节所说甚诚实，我们生在百千年以后，要体
会百千年以前的曲喻，只可以玩弄聪明，却不可以补苴信史也。

第八节　口说的史料对著文的史料

此一对当，自表面看来，我们自然觉得口说无凭，文书有证，其优
劣之判别像是很简单的。然而事实亦不尽然。笔记小说虽是著于文字的
材料，然性质实在是口说，所以口说与著文之对当在此范围内，即等于
上文第二节所论列，现在不须再说，但说专凭口说传下来的史料。

专凭口说传下来的史料，在一切民族的初级多有之。《国语》（《左
传》一部分材料在内）之来源即是口说的史料，若干战国子家所记的故
事多属于此类。但中国的文化，自汉魏以来，有若干方面以文字为中
心。故文字之记载被人看重，口说的流传不能广远；而历代新兴的民间
传说，亦概因未得文人为之记录而失遗。宫帷遗闻，朝野杂事，每不能
凭口说传于数十年之后，反观古昔无文字之民族，每有巫祝一特殊阶
级，以口说传史料，竟能经数百年，未甚失其原样子者（《旧约》书之
大部分由于口传，后世乃以之著史）。故祝史所用之语，每非当时之普
通语言，而是早若干时期之语言。此等口传的史料，每每将年代、世
系、地域弄得乱七八糟，然亦有很精要的史事为之保留，转为文书史料
所不逮。汉籍中之《蒙古源流》，即其显例也。

古代及中世之欧洲民族所有之口传史料，因文化之振兴及基督教之
扩张而亡遗，独其成为神话作为诗歌者，以其文学之价值而得幸存，然
已非纯粹之口传史事矣。近代工业文明尤是扫荡此等口传文学与史事
者，幸百年之前，德俄诸国已有学者从事搜集，故东欧、西亚之此等文
学与史料，尚藉此著于文字者不少，而伊兰、高加索、斯拉夫封建之故
事，民族之遗迹，颇有取资于此，以成今日史事知识者焉。

中西史学观点之变迁（未刊稿）

这个题目可以分三方面讨论：一、中国历代对于史学观点之变迁，二、西欧历代对于史学观点之变迁，二、近代数种史观之解释。今依次说明于后：

一　中国历代对于史学观点之变迁

客观史学方法，非历史初年产物，而为后起之事，大概每一个民族历史的发展，最初都是神话与古史不分，其次便是故事与史实的混合，经过此二阶段后，历史乃有单独的发展，如希腊古史之记载，最初亦与神话传说混合，试问中国早年历史是否与神话有关？惜乎中国文化发达甚早，旁的民族、国家，无从替中国记载，因此中国历史黎明期，就少记载的机会，加以古史之保存与人民迷信程度有关，当周朝时，中国人民知识已早发达，对于古代之传说，加以怀疑，而将传说中之神和故事人格化、理智化，而创成新的理论的系统。所以历史的初年有三皇五帝之说，《论语》一书，不谈古代史，并且亦不愿谈古代史，以其不足征也。征而后言，这种态度对于研究学问，很有帮助，不过中国古代史料就因这种态度所抹去的不在少数，由此说来，难道中国古代史料竟消灭净尽了吗？不然，也有部分保存，大概与儒家相隔愈远、与乎未如何理想化之史料，其真确性愈大，如《孟子》不如《楚辞》，《楚辞》不如《山海经》。禹鲧故事，求之《孟子》，不如求之《楚辞》，求之《楚辞》，不如求之《山海经》。

中国古代，号称左史记言，右史记事，事为《春秋》，言为《尚书》。可怪者，近世发现两种东西——金文与甲骨——即与《尚书》、

《春秋》相映证。《尚书》中可信之材料，如《周诰》、《康诰》等篇，证诸钟鼎彝器所载而无讹。至于《春秋》乃一编年史，不外出于日记，由实录变为国史，系长期记载之产品，其特点即在编年以事系日，以日系月，以月系时，以时系年，记事仅标题而无内容。甲骨虽占卜之用，卜后必雕文其上而保存之。记注必有主，必有事，必有月日，依时屡积，久则可据以作编年史。又《春秋》记事仅一言，此种体裁，甚为特别，在早年记载之方式中与甲文相似更厉害，再以二者文法相比较，亦可窥出二者有甚大之关系，所以我们今日研究中国史，与其求褒贬之法于《春秋》，不如将其与甲文相关之处多多加以比较研究。

《国语》载楚庄王为其子聘叔时为师，叔时教之《春秋》，教之世，教之礼，教之乐，教之令，教之语，因有此种种教育，才能启发贵公子。所以早年历史就存在此种贵族教育之目的中。

古史编年系为晋之《乘》、楚之《梼杌》，及《墨子》所见百国《春秋》等，但诸书散佚，今所存者仅《汲冢周书》，于战国时埋藏，经数百年始出土，未经两汉儒家之点缀，其材料甚可贵，尤其对于战国记载特别清晰，中国古史与西欧古史之比较其优点，就在年代清楚，如史公作《六国表》根据《秦记》以秦为骨干，而忽略其余强国改元之事，记载年代，有时亦不免错误，因此《竹书纪年》大有助于年代之考订。综之，古史编年系统，今所存者，不外甲骨、《春秋》和《汲冢纪年》。

《左传》或称左丘所撰，或谓今本《左传》，乃汉人割裂《国语》以伪撰，何者为当，姑置勿论，今假定《左传》从《国语》而来，《左传》仿《国语》常多"诗曰"或"君子曰"之言以结尾，其作用就在总束故事，暗寓道德教育之义。此种体裁，《荀子》、《韩非子》、《吕氏春秋》亦多援用，所以中国历史真正记事而不怀教育、政治、社会诸作用者很少。是种"诗曰"、"君子曰"影响后来之文体甚大，后之著述者每多引诗为证，其体裁皆渊源于此。

晚周前，中国古史有编年之《春秋》与《国语》两系。后来凡带批评性之书，统称《春秋》，如《晏子春秋》、《吕氏春秋》、《虞氏春秋》等等，可见当时"春秋"之普遍性，孔子作《春秋》而乱臣贼子惧，并无旁的证明。《论语》中关于孔子与《诗》、《书》之关系多言之，而于《易》、《春秋》独否，且孟子所见之《春秋》，是否为今日吾人所见之《春秋》尚成问题，也许今日之《春秋》在早年与孔子并无直接关系，也说不定，不过一到汉朝，《春秋》便成为儒家最重要之书籍。

《吕氏春秋》即模仿《春秋》而作，虽不编年，却编月，不记其事，而却载其道理，将许多理论而纳之于十二月中，当时凡著书立说，必须遵守二条件，即持之有故，言之成理是也，换言之，著述必有所本而且能以古典之方式推出新论，此乃得成功。战国诸子著述无一例外，《吕氏春秋》既仿《春秋》而又合各种文体于一炉而冶之，实一集合诸种体裁之产物。继之而起者，后有《淮南子》。

《史记》并非客观历史，加入主观思想，不过有其特殊见解，为综合史体，其排列情形，根据《吕氏春秋》与《淮南子》。不过前者记事，后者记理而已，史公在其自序内虽明言不敢学《春秋》，而暗里即效法《春秋》，寓褒贬之意于著述中，总之，《史记》非客观历史，而是自成一家之言，《艺文志》归之于春秋家，《隋书·经籍志》乃独立一部，又史公非考订家，而是记录家，如《老子列传》叙述老子多至三人，究莫知其何指。《史记》之长处：A. 比较编年学之观念之早现；B. 《史记》八书即中国古代之文化史；C. 自《史记》以后纪传体即成立，后来史学界有编年、纪传两派，所有著述都不外此两种，虽工拙有别，而摹拟则一；D. 自《史记》而后，史始自成一派，实为承前启后之一大部著作，自汉迄唐，史学竞胜者只在文学与文法而已，子玄《史通》，即批评各史之史法，此风至宋乃为之大变。

当时史学最发达，《五代史》、《新唐书》、《资治通鉴》即成于是时，最有贡献而趋向于新史学方面进展者，《通鉴考异》、《集古录跋尾》二书足以代表：前者所引之书，多至数百余种，折衷于两种不同材料而权衡之；后者可以代表利用新发现之材料以考订古事，自此始脱去八代以来专究史法文学之窠臼而转注于史料之搜集、类比、剪裁，皆今日新史学之所有事也。《通鉴》一书于《春秋》正统思想亦有莫大解放，然其主观成分亦不能廓然去之，观"资治"之名可知。《五代史》、《新唐书》亦具同病。虽然，北宋史学因已超越前代远矣，惜乎南渡后无进展，元明时生息奄奄。

清朝之《明史》、地理学等亦有可观，大史学家亦有之，而史学终不发达者原因何在？一言以蔽之，殆政治关系使然。因之遏制史学之发展，清朝史学家为避免文网，不敢作近代史料之搜集编纂，而趋于考订史料之一途，《廿二史札记》、《十七史商榷》为贡献之最大者。朴学之兴，始于明，最初求博后求精，再后求精求博，而更求通，顾、黄集其大成，率因政治之影响，后之学者，不敢追踪前贤，乃专注于考证。当时学术界仅有专家之发展而无通人之培养。乾嘉间，汉学发达结果，从极端分析精神中变出今文公羊之学，以经学为名而有政治作用。乾嘉以后，史学有新要求：A. 边疆土地，B. 金石学（特别金鼎钟文之学），C. 辽金元史之讲求。然而有清一代始终未出一真史家与真史书。

现在中国史料由于地下之发掘与考古学之贡献，日益加多，作史较易，加以近代西洋史学方法之运用与乎社会科学工具之完备，今后史学界定有长足的进展。

二　欧洲历代史学观点之变迁

中国学问，自古比西洋继续性大，但最近千年来，反不如西洋之有继续性，此亦中国近代文化落后之一原因。欧洲历史，一方面分成几个阶段，另一方面西欧文化自罗马教会成立以来，从未经外力之扫荡，虽有革命，要不过内部之改革。中国不然，经永嘉、靖康两次南渡，许多学问，多成绝学。中国历代史籍，传者较少，失者反较多。因天灾人祸之交迫及外患之侵入，散失者更不知若干。且以学问方面，从无继续性之组织，由是专家之学，先生不得以传学生。西欧史料经教会与贵族之保存，于是史学方面，得以有继续性之进展。

欧洲史学，自教会兴起后，其继续性比中国史大，然而在希腊以前，其情形恰相反也。当时文化中心，一在尼罗河，一在美索不达米亚平原。史料来源有二，一为《旧约全书》，一为史学家与旅行家之记载。前者出自希伯来，后者出自希腊，虽亦有可贵处，然与中国古史比较则相去远矣。Herodotus、Xenophon 等关于埃及、近东之记载，其确性实亦不如近年学者之贡献。欧洲古史，初亦以神话为本，后更基于传说，当希腊诸城邦独立时，诸城市、贵族、教士，多有种种记载。此种记载，为西史之特色，为甚可宝贵之史料，希腊史头一阶段多带野蛮性，为半神半事之观念，著作以荷马之诗为代表，后来文化大进步，发出灿烂的光辉。当时历史记载方式多出之于采风问俗，这种历史很有可以批评的地方，始终有其浮夸处。欧洲史学有一特别现象，始自希腊即文史不能分离，史学独立，是晚年之事。为荷马之诗，文学兼史学，实则史学不过文学之一附庸而已。

罗马文化，处处受希腊影响，诗歌虽不及而历史实驾希腊而上之。

罗马政治有效能，军事优越性大，思想迷信与汉同，罗马文化之贡献，为法律、政治，而历史亦伟大贡献之一。就史学家言，希腊史学家多为写兴家、交学家，罗马史学家不是单独的史学家，而是当时一般大政治家或大将，记述之目的，不在文字之优美，而在事实之录存，所记之事，不在往昔，而在当年，成就一种较有确实性的历史。但自教会兴起后，史学界大有变动，纪元五六世纪之交，大思想家倍出，最要者为St. Augustine，彼以整齐之方法叙述过去史实，以埃及、波斯、亚力山大、罗马四帝国所以不能长久支持者，乃无宗教为之维系，彼更以教会为上帝之代表，而为拯救之仲介，组织一有系统之神学，而以历史证明之，使历史一改旧观，而为耶稣教神化之产物。奥氏所著之罗马教会以之作为典型书籍，解释不能出教义之范围，犹幸虽作法定解释，尚未禁人研究希腊之占学，在教会中亦不断的探讨。不过，终未有若何新的发现。罗马亦未禁止古学，但禁止对于古学离于教会之解释，遂使一切学问陷于停止状态。后来因有宗教狂之发生，青年求知欲大大增加，乃从事收求遗本于东罗马之流人与阿拉伯人，对于希腊学术发生极大兴趣，而新文学新史学于以发生，一脱宗教之色彩，此即所谓文艺复兴时期。当时史学，亦如希腊文史不分，亦以采访之史料编之，不过于St. Augustine 神道化之解释，至少可说是存而不论，抑且更进而攻击之。虽然，仍不以史为谈事之对象，而以史学为表现文学之工具，此种风气流传英、法，至今未替。

近代史学发展有二点：

A. 观点——近代史学观点，与其谓为出于思想之变化，毋宁谓为事实之影响，最大者为新大陆之发现，增加无穷传闻故事，发现许多不同之人、不同之地、不同之风俗、不同之事物，激起一个普通问题：人类为何分离发展。对于以前四个大帝国在前，基督教在后。上下古今一贯之学说，根本动摇。对于异样文明，发生新的观念，新解释的要求，换言之，即引起通史之观念、通史之要求，而通史学发展，德国实居于领导地位，最后之结晶，即红巴尔提（Humboldt）之贡献，其见解虽不无可诋处，然其作品实世界第一部通史。

B. 方法——欧洲自中世纪以来，教会所保存之史料不少，而各地亦有各地之记载，如德之汉堡、不来梅等市，皆有记载，加以欧人性喜记载自身事迹，办外交者都常写 Memoire。近代历史学之编辑，则根据此等史料，从此等史料之搜集与整理中，发现近代史学之方法——排比、比较、考订、编纂史料之方法——所以近代史学亦可说是史料编辑之学。此种史学，实超希腊罗马以上，其编纂不仅在于记述，而且有特别鉴订之工夫。自此种风气养成之后，各国皆有编纂史料之努力，重要之作品亦属不少，如德国之 *Monumenta Sermanae Historica* 是，此外法俄皆有同等之进步。过去史学与其谓史学，毋宁谓文学；偏于技术多，偏于事实少；非事实的记载，而为见解的为何。史学界真正有价值之作品，方为近代之事。近代史学，亦有其缺点，讨论史料则有余，编纂技术则不足。虽然不得谓文，但可谓之学，事实之记载则超前贤远矣。

此二种风气——一重文学，一重编辑史料——到后形成二大派别：一派代表文史学，一派代表近代化之新史学。前者如 Treischke 之《法国革命史》，不在史料本身之讲求，而惟文学、主观见解之是务，此书对世界影响虽大，终以文学价值为多。后者如 Mommsen 之《罗马史》，其记载之确实性，实较当年罗马人之作品而上之，因 Mommsen 所可得见之史料为当年罗马人所不及见也。

此外史料来源问题，亦使新史学大放异彩。如 Herodotus 之记载埃及古史，不过问诸庙宇住持，虽写得有声有色，而事之确切远不如今日挖掘之证明。至于希腊史，因现今希腊神话学、考古学、语言学之研究，昔年之记载亦不及今日远甚，罗马史更无论矣。由于史料之搜集、校订、编辑工作，又引起许多新的学问。中国先有金石学，后有考古学，欧洲情形亦复如是。中国金石学之对象，为钟鼎款志，欧洲为钱币，后有普遍考古学，如埃及考古之结果，而使二千余年人类历史中久已遗失部分复行发现。亚洲之底格里斯河与幼付拉底河沿岸所发现之纪念物，亦藉考古学之助而得知，西亚细亚之人类如何脱去草昧时代，自爱琴海发掘后，得知希腊文化非突然兴起，埃希文化之接触，爱琴海实为之桥梁，又小亚细亚半岛之考古，吾人得知纪元前 1500 年前赫梯人侵入该岛之状况，此为印度欧罗巴族之第一次出现于历史舞台，由各地发掘考古之贡献，今人对于世界知识实在古人以前。不仅此也，欧人史学之发展更进而利用东方史料，如阿拉伯、印度、中国是。欧洲人利用阿拉伯之史料，最早关于研究古地理及希腊、罗马诸问题，多靠之；其次关于西方史学问题之考订，印度文献亦有帮助。自中西接触后，西域、匈奴之问题与乎蒙古之源泉，还有赖于中国史料之解释，西人利用东方史料，发展东方学，于亚洲史贡献极大。

综之，近代史学，史料编辑之学也，虽工拙有异，同归则一，因史料供给之丰富，遂生批评之方式，此种方式非抽象而来，实由事实之经验。

三　近代数种史观之解释

因人类接触，发生世界史要求，以解决新问题，同时一般哲学家以为历史无非事实之记录，事实之演变，必有某种动力驱之使然，如能寻着此种动力之所在，则复杂之历史，不难明其究竟，因是而有史观之发生。所谓史观，即历史动力之观察。观点不同推论即异，今仅择其最有势力之三种而略论之。

A. 进化史观

进化论观点渊源于达尔文，十九世纪下半叶之学术界，受达尔文学说之影响极深，彼之思想甚为奇异，不出之于生物学，而得自马尔萨斯之《人口论》。马尔萨斯以为人口是按几何级数而增加，食物是按数学级数而增加，二者之间必失其调和，限制人口之增加，非斗争不足以言淘汰。后来达尔文将马氏学说用之于生物学方面，此即自然淘汰之来源。所谓优胜劣败，适者生存者，也由此中演出。此种思想盛极一时，人文科学、物质科学皆大受其影响，归纳拢来，达氏学说之优点，在将整个时间性把握住，于史学演进给一新的观点，同时文化人类学、人种学之兴起亦有帮助。自其流弊言之，西欧自文艺复兴以来，继续希腊文化，讲自由，斥暴君，暴君虽有，而学术思想之自由则不断言。但自十九世纪以来，人道主义趋于淘汰，武力主义逐渐抬头，此种思想于达尔文文学说未始全无影响。

B. 物质史观

以物质现象解释人类生活，亦即解释历史。此与唯物史观不同，唯物史观不过其中之一部而已，如新大陆之发现，许多不同之人，不同之事物，不同之风俗，皆以地理环境不同解释之，人类颜色之不同，亦因所居纬带而有差异。此种解释常有例外，马克斯之《剩余价值论》中曾有详细之批评，此派在英以 T. H. Buckle 为代表，所著《英国文化史》包罗万象，彼之主张，以为人类愈进化，天然之影响愈小，愈草昧，天然之影响愈大。天然影响人类之物，不外天气、食物、水、地理形势四种。对于早年西班牙文化，亦有许多解释，对于各地社会组织与地理影响也有许多讨论，此种学派，现盛行法国，称人文地理学派。Buhnes 之著作曾解释早年罗马村落生活之现象，彼以为古代人类之住居必在临河之高岸上，以地理环境解释文化之发展，对于历史之帮助甚大。

C. 唯物史观

唯物对唯心言，特别对黑格尔之哲学而发。黑格尔对于历史有两种解释：（一）玄学的解释，黑氏以为人类世界，全依正反合之辩证法演进；（二）黑氏以历史发展最初系由中国而印度而近东以及意、西、法、英、德，每一阶段有一 Idea，后者居上，德国最好。现在言之，虽觉可笑，而当时却风行一时，其弟子马克斯尽得其学而代以新名词，即成唯物史观。中国从无此种异说，对于历史只有将其伦理化，欧洲则使之抽象化，为 St. Augustine 之四帝国之说，早已见于五世纪。黑格尔之学说系统，大概亦受天主教之影响，尽管他要求解脱，而下意识早已受其支配。马克斯虽求改革黑格尔学说，而早受黑格尔学说影响，自尚不知如彼以历史进展靠阶级斗争，在两阶级斗争之后，必然产生一新的阶级，此与黑格尔之 Idea 进展何异？又马克斯分社会为农业社会、工业社会、资本主义社会……等亦无非在变黑格尔之横断发展为纵断发展，其名为唯物，实以唯心为后盾。马克斯之贡献一在《剩余价值论》，其中对于人文地理学派多所批评；其次为《共产主义宣言》。其弊端：（一）将整个世界进展视作直线过程；（二）马克斯之《唯物史观》根据工业革命前后史料，以历史片断现象，而欲概括通有之历史现象，是诚不可能。

（原载 1995 年 12 月《中国文化》第 12 期）

闲谈历史教科书

颇不幸，我没有作过中学历史教员，也没有在大学教过中国通史或西洋通史，所以我不曾受到这种极有价值的经验的好处。现在谈历史教科书，或者有时不免是悬想，这要请本文读者体察并原谅。

一 历史教科书和各种自然科学教科书之不同处

编历史教科书，在一点上与编算学、物理等教科书有绝不同之处，我们要看明白，才可以谈编历史教科书的宗旨。算学与物理科学是可以拿大原则概括无限的引申事实的。这个凭藉，在地质、生物各种科学已难，在历史几不适用。庞加赍（Henri Poincaré）说：

> 最有趣的事实是那些不止一次可用的，是那些有机会再出现的。幸而我们生在一个富于这样事实的世界内。姑假设说，我们这世界中不止六十元素（按，此数是三十年前的话），而有六千万元素，而众多的他们，又不是这些极希少，那些非常多，而是平均的分配着。那么，我们每次捡起一块石子使［便］得到一个新元素的机会，是很多的。我们知道别的石子的成分，不足以助我们知道这个新捡起来的。在遇到每一件新物体时，我们只好像一个婴儿一般，顺从我们一时的兴致与需要而行动。在这样一个世界中，科学是不会有的，也许思想与生命都是不可能的，因为照这样情形，天演不能发展出自身保存的本能来。多谢上帝，事实不如此，但这个福气，也同其他我们常有的福气一样，并未引人注意。生物学家也要同样的受窘，假如世上只有个体，没有种类，而遗传性不足以使儿子像父亲的话。（*Science et Méthode*，P. 11）

物质科学只和百来种元素办交涉，社会科学乃须和无限数的元素办交涉，算学家解决不了三体问题，难道治史学者能解决三十体？若史学家不安于此一个庞氏所谓"天命"。而以简单公式概括古今史实，那么是史论不是史学，是一家言不是客观知识了。在一人著书时，作史论，成一家言，本不无可，然而写起历史教科书来，若这样办，却是大罪过，因为这是以"我"替代史实了。

物质科学中，设立一个命题，可以概括（Mach 所谓述状）无限度的引申命题，所以编物理以及理论化学教科书，虽不必如 Hertz 的办法，把机力学变做一个几何原本，总可以拿原则概括事实，拿大命题统率小命题。所以编这些门类的教科书，大约有三个领导的原则：第一项，列定概括命题，以包函甚多引申的命题与无限的事实。第二项，举切近于读者的例，以喻命题之意义。第三项，在应用上着想。这些情形，一想到历史教科书上，几乎全不适用。第一项固不必说，历史学中没有这东西。第二项也不相干，历史上件件事都是单体的，本无所谓则与例。第三项，历史知识之应用，也是和物质知识之应用全然不同的。

我们没有九等人品微分方程式，所以人物只得一个一个的叙说。我们没有百行的原素表，所以行动只得一件一件的叙说。我们没有两件相同的史事，历史中异样石子之数，何止六千万，所以归纳是说不来，因果是谈不定的。因果二词，既非近代物理学所用，亦不适用于任何客观事实之解释，其由来本自神学思想出。现在用此一名词，只当作一个"方便名词"，叙说先后关系而已，并无深意。照这样说，历史教科书怎样写呢？

我想，我们对历史事件，虽不能作抽象的概括命题，却可以根据某种观点，作严密的选择。古今中外的历史事件多得无数，既不容归纳，只得选择了。至于选择的原则，又如何呢？

二　选择历史事件之原则

想回答这个问题，必须先问，我们为甚么应在中学中设历史一科？（据二十一年课程标准，小学历史虽并入社会科内，但历史仍为社会科的中心。）中学中设这一科，本有他的历史背景，中国、西洋没有大不同。中国人之读史习惯，在当年为的是科场、作文及一般知识。当年学问本以经史为大端，并没有自然科学，当年知识本以人文为贵重，物质知识是为人不看重的。西洋教育系统中，历史之占一位置，也是沿袭文艺复兴以来的习惯。所谓 liberal education 者，本舍不了历史。历史是供给士人以修饰及谈资的，没有这层装点，算是野人。到了现在，这话仿佛不该这样说了。物质界、生命界的知识无数，这在智慧上是无量价值；工艺界经济的知识无数，这在人生上是无量福利。以中小学生之时光精力，应付此等切身的知识，尚虑不及，还要谈历史吗？设若历史只是士人的装饰品、谈吐的资料、文艺的辅佐，胡思乱想所取材，还值得成一学校科目吗？

我以为历史仍应保存在中小学中，而其目的，应该与自文艺复兴以来的士人教育用意不同，因而作用不同。所有装饰性的、士流阶级性的、记诵性的，皆不与近代生活相干，所以可以一齐不采。只有三个意义，我们似当充分看重。

第一是对于"人类"（Mensch heit）及"人性"（Menschlichkeit）之了解，把历史知识当作"人学"。若能实现这一个意思，历史当然不比动物学次要。人性是难于抽象解释的，尤其是人的团体行动。如借历史说明生命界最近一段的进化论，当然是与我们现在生活有关的。

第二是国民的训练。把历史教科做成一种公民教科，借历史事件做榜样，启发爱国心、民族向上心、民族不屈性、前进的启示、公德的要求、建国的榜样；借历史形容比借空话形容切实动听得多。"托诸空言，不如见诸行事之深切著明也"。

第三是文化演进之阶段，民族形态之述状，在中国史更应注重政治、社会、文物三事之相互影响。

这三个要求既树立，其余一切物事，可以少论，"不食马肝，不为不知味"，中学生不知历代皇帝与年数，不为愚！

这三义在上文中再详说，现在另转到别一点上讨论。

三　教育部设定之标准

说到教育部颁布的历史课程标准，我当时看了，颇不敢恭维。现在手中无此物，无法细说，且就我记得的印象写下。此标准之作者，似未见到几个贯串上下的原则，但忙于一代一代的堆积题目，弄得读者觉得颇像一部《策府统宗》一类书的目录！还有一点很要紧，天下的事都不是可以不实验便完美的。此标准之作者，似乎并没有自己试着作一部历史教科书。先自己看看可行不可行，遽然成为定律，强书贾以必遵。书贾奉令承教，急急上市以图利，自然管不了许多。而且所定标准，节目太细，欲充分叙说，则限于字数；欲有所刊落，则不合定程。其中还有假想的节目，无人研究出的阶段，在书贾固只得将就敷衍，在大才也觉得手足束缚。我希望教育部把这种标准放宽些，而对于审查上更用心些，才可算是重其所重，而轻其所轻了。

近来教育部把中学历史分作本国史、外国史，我也莫测其用意。虽然中国与本国两名词不同，只有民国才是严格意义下的本国。但这层毛病还小，不要管它，专想想他所谓外国史。外国史一个科目，以我所见闻，诚不知道除中国外那一个有这样说法，这样教法。历史当然要有个地方范围。有地方范围，才能叙说人文演进、人事变迁之意义。外国真不成一个历史的体（entity）。以外国为范围，这历史怎样写法呢？这位制法者之心中，必以为外国史如下式：

世界史减去中国史等于外国史。

那么，我们看看这书怎么写。以国别为次，还以时代为次呢？若以国别为次，这样外国史简不成了一部通志的四裔传，显然不像话，也没法教人。无论何人，只要是试着编历史教科书的，当不如此。想来总是以时代为次的。既以时代为次，正在那里谈罗马全盛时代，忽然转到倭奴之耶马台国；正在那里谈罗马法王制服日耳曼族之罗马皇帝，忽然转到突厥之强大，如何可以免于语次无伦之病。诚然，在善于叙述者可以调剂一下，使这样的不使减少，然而文化的统绪、历史的继续性，必受此规定之障碍。须知世界上的国家民族虽多，而文化的统绪并不多。"西洋"一个名词，本来可包括欧、非、西亚，且印度与此系之关连也比与中国稍深些。然则历史尽可照旧分成中国史、西洋史。如此，既可以明了西方文化因革的脉络，并可以表显中国文化的地位，因为东亚、中亚的历史，大可附见中国史中。他们在文化上本是中国的四裔；在历史上，也仅是中国的卫星而已。若将这些个自中国史中删去而与西洋混入一书，既失自然之位置，又无端减削大汉之地位，诚不可解。

四　编历史教科书的一个基础则律

照常识说，十件事都说不明白，不如一件事说得明白，较为有益。凡一切有头无尾的事，不能启发的事，不能引人生深切印象的事，在教育的价值上都是很有问题的。然则历史一科，若想不使学生生反感，而收到设此一科的效用，与其多说些事，而说不明白，不如少说些事，而说得明白。现在编教科书者，格于制定标准，有些事，不得不说，其情可原。但因此发生的弊端，总要设法改正才好，无论由教部方面，或编者方面。

我觉得编历史教科书，应该依据上文第三节所说三种选择标准，运用下列一个原则：

在规定之字数及时限内，将历史事件之数减少到最少限度，将每一历史事件之叙述，充分到最大限度。

由此原则，自然要引申出下列几个方式：

一、所含之题目（Subjects）比现存者应大大减少，但字数或者应该增加。

二、人名、地名、官名都减少到最少限度。每一地名，必见于附图。其今不知其地理者，亦应在地图上注明"无考"。每一官名，必注明它的职掌或级品。

三、充分利用年表、系表、沿革表及其他各种图表，容纳纷纭的事实、中学生读来无兴味的材料。如此，则叙述的正文中可以不致如京都江海之赋，只是些私名，学生对之自然要增加兴味了。

四、一件重要事件，叙述上应该不惜详尽，应该把"故事"、"传记"的艺术作用，酌量引到教科书的正文中。

五、若干历史事件，前后相关者，可以据其意义联贯说之。如西汉初年的国内大事，第一段是削平异姓诸王，第二段是除诸吕，第三段是削弱同姓诸王。若把这些事都当作独立的事看去，自然要分节叙述；若把它们看作"汉初皇帝政权之安定化"过程中之三个阶段，由远及亲，一步一步的来，至武帝而完成，或者化零为整，读者不嫌破碎了。

五 活的教科书

照上节四五两项所说，我们所要求的是一部活的历史教科书。（一）将散碎的事件，连贯起来，执其要领。历史事件虽多，而一个时代的政治与文化之趋转，在大头绪本不多的，抓住要害，自可应付众多史实。（二）将民族中伟大人物的性格行事（皇帝却不可要或少要），选几个形容出来，将民族兴亡中的若干壮烈的事件选几条叙述清楚，才是把有意义的历史知识供给于学生，不强似说了一朝又一朝，提过一人又一人？（三）将文化演进的阶段，上下连贯起来叙说之；必要时，可以打破朝代的限制。

总而言之，学校中历史科固需辅助读物，教科书本身总当是一部有形体、有神采，能激发人、能锻炼人的书。不当将教科书本身编得难收效果，却把一切推在辅助读物上。

六　辅助书

辅助读物是一事，我今天不谈。教本的辅助书又是一事，我现在说出两种来。

一是读史图像。编历史教科书者，应该搜集一切最有助于了解史的图像，编为一书。列如石刻中的永乐中奴儿干都司碑、锡兰发见之郑和碑；金刻文中如令敦、宗周钟、小盂鼎（大致如郭沫若所释）、虢季子白盘、秦权、莽量等；其他文字品，如重要的汉晋木简、唐皇帝劳问沙州张氏的玺书、正德中在西边建喇嘛寺的诏书、万历中封日本国王的敕书，诸如此类，举不胜举。今人好谈造纸与印刷术，然则何不将自殷、商甲骨文字至当代报纸，一个大演进过程中（一）各种字体；（二）各种书写之材料，自甲骨至机器纸；（三）各种书式，如汉代简书、唐代写本、宋印宋装的《文苑英华》、活字本、明末线装书等等，一齐用图像形容出来？至于生活状态，美术演进，尤靠图像，是不消说的。如此一个辅助书，可以代替十万字的叙述，并且可以增加十倍的兴趣。不过编这书不是容易的事。胡乱剽窃一阵，什么孔子像咧，汉武帝像咧，前者本是后人想像，后者尤不知来历何若，是不信实，且没有作用的。

二是读史地图。这件东西的需要不消说的，可惜现在为学校中之中国史，没有一部适用的。杨惺吾的自然仍旧是最好的，虽然有些也是乱画，不过他的体例是绝不适用于学校教科的。日本图中，我见的有箭内亘者，这书比学校用的中国制造好得多，但错误仍多，且亦不适于中国人用。我随便举一点，以征中国人画此类图之不经意。一个朝代的疆域，前后变迁是很大的，如汉朝文帝时与武帝末年大不同，武帝末年又与《汉志》所载西汉末年颇不同。如画一个汉代疆域图，必须注明适用于何一年，岂可注明大约年数？不记年数的一代疆域图，是简直不通的。制读史地图，实在是一件极难作的事。然若没有一部好图，教科书如失左右臂一般，而教授上又必感受极大麻烦。

我希望编历史教科书者，同时编这两件东西。

七　编西洋史教科书时应注意的几个大题目

依上文第三节所举三个标准编西洋史，可以省略许多西洋人的西洋史中题目。本来我们既接受西洋文化，自应注重西洋历史。然而这是专门科目，中国人虽然绝不当自暴自弃，以为做不成西洋史学家，但我们学校的西洋史当然要和英、美人不同。即就欧洲论，各国的历史教本内外出入也不同。自西欧言之，五世纪以后的东罗马帝国，关系甚少，故教科书记载极略，每每的但在记十字军、记土耳其时带着一笔。然近代希腊与保加利亚、罗马尼亚等国之观点，当然与此不同。以此为例，封建的德意志中若干事件与我们什么相干？西罗马一代一代的皇帝世谱，与我们有何关涉？照抄西欧各国学校中的历史教科书，借用 Robinson 与 Breasted，似都不是办法。

照我们国家教育的立场言，学校用的西洋史，或者可以下列诸事为纲领：

远古史：说明各地远古文明之起源，及演进之阶段，以为希腊、罗马、波斯、大食诸史之基石。

古代史：希腊、罗马之政治的、社会的演进、文化之总积及其遗留于后来西欧、东欧、西亚、北非之人文的传袭（Legacy）。

中代史：旧文明族与新武力族之渐混合及其混合之效果；西方文物与东方（近东）宗教之接触；近代文明最基本层之建立。

近代史：（1）欧洲民族之稳定（言未为大食、蒙古所践踏）；（2）精神的解放；（3）物质的扩张；（4）科学思想之发展；（5）近代民族之长成；（6）人权思想与经济思想；（7）世界之缩小；（8）最近代文明之不安定形态。

这是我今夕所想到的一个纲领，不敢说无毛病。然中国学校的西洋史，总当是举大遗细的西洋史，并且是为中国用的西洋史，似乎是没有问题的。

八　民族主义与历史教材

本国史之教育的价值，本来一大部分在启发民族意识上，即外国史也可用"借喻"的方法，启发民族意识。历史一科与民族主义之密切关系，本是不待讨论的。当前的问题，只在用何方法使历史教育有效的、有益的启发民族思想。我觉得下列几条似乎人人都知道采用，如用得小心，也并无毛病。

（1）说明中国人对世界文化上的贡献。

（2）亲切的叙述历代与外夷奋斗之艰难。

（3）亲切的叙述国衰、国亡时之耻辱与人民死亡。

（4）详述民族英雄之生平。

（5）详述兴隆时代之远略。

不过，若是说过了火，既害真实，亦失作用。对青年是不应该欺骗的，治史学是绝不当说谎的。譬如造纸、印刷诸事，诚当大书特书，然若以为价值与发明蒸汽机相等，则近于妄。又如张衡的测地震器，固是一段佳话，然若与盖理律之发明并论，尤近于诬。好在中国历史本有其大光荣，爱国者不必言过其实，只说实话，即足以达到他的目的，又何苦在那里无中生有，说些不相干，培养国民的夸大狂呢？我们应该借历史锻炼国民的自重心（不是自大心），启发强固的民族意识，以便准备为国家之独立与自由而奋斗。同时我们也应该借历史陶冶文化大同思想，使中国人为世界文化之继承者、促进者。如此乃是泱泱大国之风，不为岛夷，不为索虏。

容纳民族思想于历史教材中，但当以事实启发，不当以言辞耳提面命。历史之用，本在借喻于行事，又何必于其中"托诸空言"。常常有很足以启发民族意识的事，或为教历史一科者所忽略。姑举几例。靳准、冉闵之品格本不足道，然其屠戮胡虏之行为，极足以形容西晋亡后胡晋相仇之情景，晋人民族意识之深刻化。作高中教科书者，对此等事皆一字不提。此犹可曰事属微细，请言其较大者。晋南渡后，自桓氏起，几以做皇帝为规复中原之酬劳品，而刘裕之功烈，实不在东罗马帝茹斯丁下。当时士人心中此一极重要之思想（规复中原），我一时所查到之教科书中似皆未充分叙述出来。此犹可曰其中支节太多，请言其更大者。明祖建国，本附韩宋。韩宋建国，虽托弥勒佛，终以恢复宋统为最大口号。虽世人皆知其非赵氏之裔，然建号系统，人心归附，本是一场民族革命。此中意义，绝不在清道咸中天德太平一派人运动之下。而且，韩宋兵力所及，亦有可观，在大都未下时，先打破了上京（多伦）。这一派是不当与张士诚、方国珍齐看的。郭子兴与明太祖原都是此一派中的将领，明太祖奉其朔十余年，虽王业已隆，犹于其国中发号施令时，用"皇帝圣旨吴王令旨"之公式。及韩氏沉于瓜步，朱氏仍吴王之称，未建国号，"事等于监国"，其曰吴元年者，犹是"古者诸侯各于其国称元年"之义。元之二臣降朱氏者，始教以不拜军中所设宋帝御位，以后此等二臣，恰是明初年立制修史之人，乃尽泯此民族革命的踪迹，而朱氏亦渐忘其革命的立场，自居于胡元之继承人矣。然此等事迹，实民族奋斗史中第一等重要材料，决不在太平天国革命之意义以下。今之作历史教科书者，竟于此一字不提，远袭元二臣降明者之自损尊荣，近取清人著述之帝胡寇汉。王鸿绪曰："元为正统，明为龙兴。"未免缺少认识。

九　结语

我答应了叶溯中先生写此一文，一月中非甚忙即小病，直到最后的今日，才赶两夕的工夫成此一篇闲谈，聊以塞责，决不敢以为定论。此题目中我要说者，写出不及一半，其余只好将来在别处写了。

最后一句话：编历史教科书，大体上等于修史，才、学、识三难皆在此需用，决不是随便的事。以榜样论，司马涑水的《通鉴》，本是一部教科书，是一部造诣到绝顶的教科书。不过那部书是为"资治"用的，今之教科为训练国民用，目的不同；那部书为皇帝、大臣、士大夫立言，今之教科对青年说话，对象不同而已。遵原则以选择史事，尽考索以折衷至当，正是作教科书者所当追步。"高山仰止，景行行之"，幸作教科书者留心焉！

（原载 1935 年 10 月 1 日《教与学》第一卷第四期）

性命古训辨证

读者注意：

一、本书上下二卷在上海排印，中卷在香港排印，故版式颇不一致（如中卷每章起页，其他则否，其一例也）。欲加以齐一，又恐增添错误，故仍其式以付印。

二、标点符号未及细检，排者于"读号"或作旧式之点，或作新式之钩，著者亦不解此分别何在，如加以改正，又恐增加错误，故一仍之。

三、引书之处每不及对原书，校时又无清稿在手，一切疏漏，读者谅之。

著者校毕记

序

此书自写成至今，已一年有半，写时感念，今多不能记忆。且清稿已先付商务印书馆，手中别无副本，可资检查。四邻喧嚣，行处不定，不能运思以为序，则姑述本书写就之始末，及求读者所见谅留意各事，以代自序之常例焉。

一、"生"与"性"，"令"与"命"之关系，及此关系在古代思想史上之地位，余始悟之于民国二十二三年间，始与同事丁梧梓先生（声树）言之，弗善也。二十五年初，移家南京，与徐中舒先生谈此，徐先生以为不误，劝余写为一文。遂于是年夏试写，初意不过数千字之篇，下笔乃不能自休。吾之职业，非官非学，无半月以上可以连续为我自由之时间，故原期国庆日前写就者，至是年之尾大体乃具。其下篇尤为潦草，其中有若干章，次年一月无定居时所写也。写成后，恳同事陈骧尘先生（钝）分忙为我抄成清本，骧尘则偶置其职务，或断或续以抄之。

自二十五年夏初写此书时，至次年八月上海战事起，一年之中，余三至北平，两候蔡子民师之病于上海，游秦蜀，顺江而下，至南京不两旬，又登庐山，七月末乃返京。不仅作者时作时辍，即抄者亦然。缘吾不能安坐校对，故抄者亦不能不若断若续也。陈钝先生所抄者为中下两卷，上卷仅抄数页，战事即起，同人心志皆不在此等无谓之事矣。二十七年二月，以中、下两卷，交商务印书馆，上卷拟自抄，终无暇也。适张苑峰先生（政烺）送古籍入川，慨然愿为我抄之，携稿西行，在停宜昌屡睹空袭中为我抄成，至可感矣。故上卷得于前月寄商务印书馆，一段心事遂了，此皆苑峰、骥尘之惠我无疆也。今详述此经历者，固以谢二君，亦以明本书文词前后绝不一致之故，以祈读者之见谅也。

一、写此书时，每与在南京同事商榷。益友之言，惠我良多，凡采入者，均著其姓氏。谨于此处致其感谢。

一、本书上卷第二章所引殷周彝器铭识，除诸宋人书外，皆录自《捃古录》、《愙斋集古录》、《陶斋吉金录》、《善斋吉金录》、《小校经阁金文》、《贞松堂集古遗文及补遗》、《殷文存》等习见之书，尤以《捃古》、《愙斋》、《贞松堂》三书为多（亦间录自今人郭沫若先生之《金文辞大系》等。此书本为通论，不属著录，然余信手引据，但求足证吾说而已）。盖写时《周金文存》为人借去，而某氏之《三代吉金文存》未出版也。当时凡引一条，必著其在此书中之卷页，以求读者便于检寻。文属急就，所引卷页不敢保其无误，而群书常见之器则不复注明。越一年有半，苑峰在宜昌为我抄成清稿时，其旅途中携有《三代吉金文存》，而诸书未备，乃将原引自《愙斋》、《捃古》、《贞松堂》等书并见于《三代吉金文存》者，一律易以《三代吉金文存》之卷页，复增此一书中可采入者三十余条。余至重庆初见之，深感苑峰觊我之深，然亦颇有改回之志。盖夫己之书，少引为快，一也。新书之价，本以欺人，学者未备，二也。旋以手中无书可查，原稿中注明之卷页未必无误，苑峰所录则无误，故徘徊久之，卒乃姑置吾之情感以从苑峰焉。

一、两年前始写上卷时，以引书较多，用文言写自较整洁，及写至本卷末章，乃觉若干"分析的思想"实不易以文言表达。写至中卷，尤感其难。终以懒于追改，即用文言写去，有此经验，深悟近代思想之不易以传统文言纪录之也。盖行文之白话正在滋长中，可由作者增其逻辑，变其语法，文言则不易耳。

一、引书之简繁，亦是难决之一事。盖引书愈约（或仅举出处，尤佳），则文辞愈见简练，而读者乃非检原书不能断其无误也。此利于作者而不利于读者。引书愈繁，则文辞愈见芜蔓，而在读者可省獭祭之劳。此利于读者而不利于作者。余思之久，与其使读者劳苦，毋宁使吾书具拙劣之面目耳。

一、本书标点，前后未能齐一，盖抄者非经一手，校对不在一时，即付之印者亦分两次，故不及画一之也。战时能刊此等书，即为万幸，无须苛求。读者谅之。

民国二十七年七月　傅斯年记于汉口江汉一路之海陆旅馆

引语

《性命古训》一书，仪征阮元之所作也。阮氏别有《论语论仁》、《孟子论仁》诸篇，又有论性、命、仁、智诸文，均载《揅经室集》中，要以《性命古训》一书最关重要。此中包有彼为儒家道德论探其原始之见解，又有最能表见彼治此问题之方法，故是书实为戴震《原善》、《孟子字义疏证》两书之后劲，足以表显清代所谓汉学家反宋明理学之立场者也。自明末以来所谓汉学家，在始固未与宋儒立异，即其治文词名物之方法，亦远承朱熹、蔡沈、王应麟，虽激成于王学之末流，要皆朝宗于朱子，或明言愿为其后世。其公然掊击程朱，标榜炎汉，以为六经、《论语》、《孟子》经宋儒手而为异端所化者，休宁戴氏之作为也（汉学家掊击宋儒始于毛奇龄，然毛说多攻击，少建设，未为世所重）。然而戴氏之书犹未脱乎一家之言，虽曰疏证《孟子》之字义，固仅发挥自己之哲学耳。至《性命古训》一书而方法丕变。阮氏聚积《诗》、《书》、《论语》、《孟子》中之论性、命字，以训诂学的方法定其字义，而后就其字义疏为理论，以张汉学家哲学之立场，以摇程朱之权威。夫阮氏之结论固多不能成立，然其方法则足为后人治思想史者所仪型。其方法惟何？即以语言学的观点解决思想史中之问题是也。

夫阮氏一书之不能无蔽者，其故有三。在阮氏时，汉学精诣所在，古训古音之学耳！其于《诗》、《书》之分析观念或并不及朱子、蔡沈，其于古文字之认识，则以所见材料有限之故，远在今人所到境界之下。阮氏据《召诰》发挥其"节性"之论，据《大雅》张皇其"弥性"之词，殊不知《召诰》所谓"节性"，按之《吕览》本是"节生"，《大雅》所谓"弥尔性"，按之金文乃是"弥厥生"，皆与论性论无涉。此所用材料蔽之也，一端也。孟子昌言道统，韩愈以后儒者皆以为孟子直得孔门之正传，在此"建置的宗教"势力之下，有敢谓孟子之说不同孔子者乎？

有敢谓荀子性论近于孔子者乎？此时代偶像蔽之也，二端也。自西河毛氏、东原戴氏以来，汉宋门户之见甚深。宋儒之说为汉学家认作逃禅羽化，汉学家固不暇计校宋儒性命论究与汉儒有无关系，亦不暇探讨禅宗之果作何说，道士之果持何论也。自今日观之，清代所谓宋学实是明代之官学，而所谓汉学，大体上直是自紫阳至深宁一脉相衍之宋学，今人固可有此"觚不觚"之叹，在当时环境中则不易在此处平心静气。此门户蔽之也，三端也。有此三端，则今人重作性命古训者固可大异于阮氏，此时代为之也。吾不敢曰驳议，不敢曰校证，而曰辨证者，诚不敢昧其方法之雷同耳。

"以语言学的观点解释一个思想史的问题"之一法，在法德多见之。自十九世纪中叶以来，研治柏拉图、亚里斯多德著书者，其出发点与其结论每属于语学。十年前余教书中山大学时，写有《战国子家叙论》讲义（此书旧未刊，今拟即加整理付印），其序意《论哲学乃语言之副产品》一节云：

> 世界上古往今来最以哲学著名者有三个民族：一、印度之亚利安人；二、希腊；三、德意志。这三个民族有一个共同点，就是在他的文化忽然极高的时候，他的语言还不失印度日耳曼系语言之早年的烦琐形质。思想既以文化提高了，而语言之原形犹在，语言又是和思想分不开的，于是乎繁丰的抽象思想，遂为若干特殊语言的形质作玄学的解释了。以前有人以为亚利安人是开辟印度文明的，希腊人是开辟地中海北岸文明的，这是大错而特错。亚利安人走到印度时，他的文化比土著低，他吸收了土著的文明，后来更增高若干级。希腊人在欧洲东南也是这样，即地中海沿岸赛米提各族人留居地也比希腊文明古得多多。野蛮人一旦进于文化，思想扩张了，而语言犹昔，于是乎凭藉他们语言的特别形质而出之思想，当做妙道玄理了。今试读汉语翻译之佛典，自求会悟，有些语句简直莫明其妙，然而一旦做些梵文的功夫，可以化艰深为平易，化牵强为自然，岂不是那样的思想很受那样的语言支配吗？希腊语言之支配哲学，前人已多论列，现在姑举一例。亚里斯多德所谓十个范畴者，后人对之有无穷的疏论，然这都是希腊语法上的问题，希腊语正供给我们这么些观念，离希腊语而谈范畴，则范畴断不能是这样子了。今姑置古代的例子，但论近代。德意志民族中出来最有声闻的哲人是康德，此君最有声闻的书是《纯理评论》，这部书所谈不是

一往弥深的德国话吗？这部书有法子翻译吗？英文中译本有二：一出马克斯·谬勒手，他是大语言学家；一出麦克尔江，那是很信实的翻译。然而他们的翻译都有时而穷，遇到好些名词须以不译了之，而专治康德学者还要谆谆劝人翻译不可用，只有原文才信实，异国杂学的注释不可取，只有若干本国语言中之标准义疏始可信。哲学应是逻辑的思想，逻辑的思想应是不局促于某一种语言的，应是和算学一样的容易翻译，或者说，不待翻译。然而适得其反，完全不能翻译，则这些哲学受他们所由产生之语言之支配，又有甚么疑惑呢？即如 Ding an sich 一词，汉语固不能译他，即英文译了亦不像，然在德文中则 an sich 本是常语，故此名词初不奇怪。又如最通常的动词，如 sein，及 werden 这一类的希腊字，曾经在哲学上作了多少祟，习玄论者所共见。又如戴卡氏之妙语 Cogito ergo sum，翻成英语已不像话，翻成汉语更做不到。算学思想，则虽以中华与欧洲语言之大异而能涣然转译，哲学思想，则虽以英德语言之不过方言差别，而不能翻译，则哲学之为语言的副产物，似乎不待繁证即可明白了。印度日耳曼语之特别形质，例如主受之分，因致之别，过去及未来，已充及不满，质之与量，体之与象，以及各种把动词变作名词的方式，不特略习梵文或希腊文方知道，便是略习德语也就感觉到这些麻烦。这些麻烦，便是看来仿佛很严重的哲学分析所自出。

此虽余多年前所持论，今日思之差可自信。思想不能离语言，故思想必为语言所支配，一思想之来源与演变，固受甚多人文事件之影响，亦甚受语法之影响。思想愈抽象者，此情形愈明显。性命之谈，古代之抽象思想也。吾故以此一题为此方法之试验焉。

语学的观点之外，又有历史的观点，两者同其重要。用语学的观点所以识性命诸字之原，用历史的观点所以疏性论历来之变。思想非静止之物，静止则无思想已耳。故虽后学之仪范典型，弟子之承奉师说，其无微变者鲜矣，况公然标异者乎？前如程、朱，后如戴、阮，皆以古儒家义为一固定不移之物，不知分解其变动，乃昌言曰"求其是"，庸讵知所谓是者，相对之词非绝对之词，一时之准非永久之准乎？在此事上，朱子犹胜于戴、阮，朱子论性颇能寻其演变，戴氏则但有一是非矣（朱子著书中，不足征其历史的观点，然据《语类》所记，知其差能用历史方法。清代朴学家中惠栋、钱大昕诸氏较有历史观点，而钱氏尤长于此。若戴氏一派，最不知别时代之差，"求其是"三字误彼等不少。盖"求其古"尚可借以探流变，"求其是"则师心自用者多矣）。故戴氏所标榜者孟子字义也，而不知彼之陈义绝与孟子远也。所尊者许、郑也，而不察许、郑之性论，上与孔、孟无涉，下反与宋儒有缘也。戴氏、阮氏不能就历史的观点疏说《论语》、《孟子》，斯不辨二子性说之绝异，不能为程、朱二层性说推其渊源，斯不知程、朱在儒家思想史上之地位。阮氏以威仪为明德之正，戴氏以训诂为义理之全，何其陋也！今以演化论之观点疏理自《论语》至于《荀子》古儒家之性说，则儒、墨之争，孟、荀之差，见其所以然矣。布列汉儒之说，以时为序，则程、朱性论非无因而至于前矣。夫思想家陈义多方，若丝之纷，然如明证其环境，罗列其因革，则有条不紊者见矣。

以上语学的观点与历史的观点两义，作者据之以成书者也。第一卷曰字篇，统计先秦文籍中之性命字，以求其正诂者也。第二卷曰义篇，综论先秦儒家及其相关连者论性命之义，以见其演变者也。第三卷曰绪篇，取汉以来儒家性说之要点分析之，以征宋儒性说之地位，即所以答戴、阮诸氏论程朱之不公也。

（方东树《汉学商兑》一书，于戴氏多所驳议，然彼亦是主张门户者，故与本书第三卷所论者非一事，余不能引为同调也。）

上卷　释字

第一章　提纲

本卷所论之范围，大体以先秦遗文中"生"、"性"、"令"、"命"诸字之统计为限，并分析其含义，除非为解释字义之必要，不涉思想上之问题。以此统计及分析为基础，在第二卷中进而疏论晚周儒家之性命说。

统计之结果，识得独立之性字为先秦遗文所无，先秦遗文中皆用生字为之。至于生字之含义，在金文及《诗》、《书》中，并无后人所谓"性"之一义，而皆属于生之本义。后人所谓性者，其字义自《论语》始有之，然犹去生之本义为近。至孟子，此一新义始充分发展。令之一字自古有之，不知其朔。命之一字，作始于西周中叶，盛用于西周晚期，与令字仅为一文之异形。其"天命"一义虽肇端甚早，然天命之命与王命之命在字义上亦无分别。兹为读者醒目计,在本书中严定"字"与"词"之界。所谓字者,指书写下之单位言,英语中所谓 character 者是。所谓词者,指口说中之单位言,英语所谓 word。字异词未必异,如粤之与越是两字而是一词,词异字未必异,如一字有其本训与众多假借义是也。

难者或以为此所论是字不是语,论古籍自当以语为对象,不当局于字形,王引之曰,"夫训诂之要在语音不在文字",是也。吾将答之曰,此言诚是矣,然有不可不察者。王氏父子时代,古文字学未发达,训诂学之所据,后人经籍写本与字书耳,故不能泥于文字之形也。今则古文字学之材料积累日多,自可进一步求其精审。在古时,一引申之词既未离原字而独立,在持论者心中口中自易混淆。今之职业的哲学家犹不能以逻辑严格之界律限辞说,遑论周世之人?两字未各立,即两词易混淆之故也。且生与性,令与命之语法之关系,吾固不敢忽略,将于本卷之末一章详加推索。此章乃本卷所统计与所分析之结果,读者幸留意焉。

第二章　周代金文中"生""令" "命"三字之统计及其字义

周代钟鼎彝器款识中,生字屡见,性字不见。生字之含义约有下列数事。

一、人名之下一字。例如:

盆　　卣　(《三代吉金文存》〔以下简称代〕一三·三四)

　　　　　　　　　宜生商(赏)盆,用作父辛尊彝。

中　　鼎　(《啸堂集古录》〔以下简称啸〕上·一一)

　　　　　　　　　中呼归生𩣑于王。

师　害　毁　(代　八·三四)　　麋生舀父师害。

城　虢　遣　生毁　(代　七·三四)　　城虢遣生作毁。

巽　仲　壶　(代一二·一三)　　巽仲作朋生歈壶。

格　伯　毁　(代　九·一四)　　格伯取良马乘于朋生。

周　棘　生　(代　七·四八)　　周棘生作𣪘娟娟剩毁。

周　生　豆　(代一〇·四七)　　周生作尊豆。

召伯虎毁一　(《捃古录·金文》三之二·二五,以下简称捃。)

　　　　　　　　　珊生又事召,来合事。

召伯虎毁二（代 九·二一）	伯氏则报璧琱生。
师 嫠 毁（代 九·三五）	宰琱生内右师嫠
单 伯 钟（代 一·一六）	单伯哭生曰……
单 哭 生 豆（啸 下·六三）	单哭生作羞豆，用高。
哭 生 钟（捃三之一·三〇）	哭生用作障公大𥂴钟。
番 生 毁（代 九·三七）	番生不敢弗帅井皇祖考不**杯**元德。
番 匊 生 壶（代一二·二四）	番匊生铸剩壶。
番仲吴生鼎（代 三·四三）	番仲吴生作尊鼎。
安伯異生壶（代一二·一〇）	安伯異生作旅壶。
伯君黄生匜（代一七·三六）	唯□伯君黄生自作匜。
无夌鲁生鼎（代 三·三九）	舞夌鲁生作寿母剩鼎。
貶大生宝鼎（啸 上·一八）	**貶大**宝生作其鼎。
颂 鼎（代 四·三七，毁壶同）	

王呼史虢生册令颂。

翏 生 盨（代一〇·四四）	王征南淮夷……翏生从。
武 生 鼎（代 三·三五）	武生毁方作其羞鼎。
禹 彝（代 六·四八）	隽生蔑禹层。
伊 生 彝（代 六·三九）	伊生作公女尊彝。
卣弗生甗（代 五·七）	卣弗生作旅甗。
厈 生 鼎（代 三·一六）	鲁内小臣厈生作𥂴。
彶 儦 生 毁（啸 下·九八）	彶儦生作尹姞尊毁。
威者生鼎（代 三·五二）	威者生□□用吉金作宝鼎。
须 炙 生 鼎（代 三·八）	须炙生之飤鼎。

按，生字在人名中虽常见，然尽属下一字（张苑峰曰：《西清古鉴》
八·四三，生辨尊："佳王南征，在序，王令生辨事厥公宗小子。生锡
金。"疑生字上有笔画缺落因而脱蓦，不能据以为生字可用作人名之上
一字也）。《左传》中人名类此者，有郑庄公寤生、齐悼公阳生、晋太子
申生、鲁公子彭生，亦尽属下一字，当与上文所举者为一式。此类命名
之谊今多不可确知。然寤生由于"庄公寤生，惊姜氏"。申生之母齐姜，
申则姜姓之巨族。彭生或即朋生，指孪生而言。然则所谓某生者，以其
生之所由或其初生之一种情态命之名也。果如此说，则此处生字之义是
生字之本训也。

二、"既生霸" "既生霸"一词为金文中最习见语之一，不烦举

例。"生霸"与"死霸"既为相对之二词，则此处生之一词犹是本训，即出生之意。

三、"生妣"　召仲鬲（代五·三四）云："召仲作生妣尊鬲。"此所谓生妣当是庶孽称其所自出之庶妣，亦即《诗》"夙兴夜寐，无忝尔所生"之生也。生字在此处亦为本训。（张苑峰曰：《贞松堂集古遗文补遗》上·三四有尊，铭曰："□作厥𤰞考宝尊彝。"原释"生考"，而字形体不类，当是皇字之别构，如陈逆簠邵王之諻鼎等铭，非生字也。）

四、"子偅"　鱳镈（代一·六七）云，"用旞寿老母死，保虘兄弟，用求万命弥生，𠭯𠭯义政，保虘子偅。"按"子偅"即典籍中所谓子姓，子孙男女之共名也，故加人旁。此器以形制字体论，当为春秋晚期或战国器，此时加偏旁之自由已甚发达矣。

五、"百生"　例如：

臣　辰　卣（代一三·四四，尊盉同）　丰百生豚。

善　　　鼎（代　四·三六）　余其用各我宗子雩百生。

兮　甲　盘（代一七·二〇）　其惟我诸侯百生厥贮母不即市。

史　颂　鼎（代　四·二六，殷同）　里君百生。

按，"百生"连"宗子"、"里君"为文，即典籍中所谓百姓也。徐沇儿钟（代一·五四）以形制字体论当为春秋中期或晚期物，徐亡前不久之作。其文曰，"龢逾（按此当即《康诰》"四方民大和会"之和会二字。）百生"，犹未加女旁。（张苑峰曰：秦公钟〔《薛氏钟鼎款识》七、六〕"万生是敕"，与秦公殷〔代九·三三〕"万民是敕"句相当，皆春秋末期物，已失古者称生与民之别，然仍未如女旁。）

六、"弥厥生"　例如：

叔倈孙父殷（啸　下·五五）　永令弥厥生。

𡧥　姑　殷（代　六·五三）　永令弥厥生。

鱳　　镈（代　一·六七）　用求万命弥生。

按，金文之"弥厥生"即《诗·卷阿》三见之"弥尔性"。据郑笺，"弥，长也"，此祈求长生之词也。参看孙诒让之《古籀拾遗》卷中第二十三页，及徐氏中舒之《金文嘏辞释例》。（《历史语言研究所集刊》第六本）

试将上列六项归纳之，则知金文中生字之用，虽非一类，要皆不离生字之本义。阮芸台以《诗经》之"弥尔性"为西周人论性说，乃由后世传本《诗经》之文字误之，可谓"无中生有"者矣。今再表以明之：

$$\left.\begin{array}{l}（一）人名\\（二）"生霸"\\（三）"生妣"\end{array}\right\}与后人用生字同$$

金文中生字

$$\left.\begin{array}{l}（四）"子甡"\\（五）"百生"\end{array}\right\}后人以姓字书之$$

（六）弥厥生——《诗》以性字书之，后人所改写也。

　　　　　　　　　　　　此即后人所谓"生命"。

令字在甲骨文字中频出现，其语意与金文同，命字则无之，足知命为后起之字也。甲骨文字中令字作下列诸形：

　　（《殷虚书契》一·四四）

　　（殷一·四九）

　　（殷四·二七）

　　（殷七·一○）

　　（殷七·三二）

　　（殷八·一四）

按，金文中之令字亦有作此形者，皆甚早期之器，或在周初，或当在殷世。例如：

令　　彝，（薛　二·一八，代六·一）仅一字

令斧父辛卣，（代一三·四）

　　文曰："令斧父辛。"

母辛卣，（代一三·四二）

　　文曰："乙子，子令小子先人于蕫。……子曰令人方雷。"

文父丁殷，（代　八·三三）

　　文曰："癸子……令伐人方雷。"

毓祖丁卣，（代一三·三八）

　　文曰："辛亥，王在廙，降命曰……"

伐　甬　鼎，（代　四·七）

　　文曰："丁卯，王令子迨西方于省。"

庚午父乙鼎，（代　四·一一）

　　文曰："庚午，王令辰省北田四品。"

子　令　彝，（代　六·四二）

　　文曰："子令作父癸宝彝。"

以上诸器固属于世所谓殷器之一格也。其皆为殷器否未可知，然字形既与甲骨文相应，其微有不同处由于刀法笔法之差异使然，则其中自必有殷器，至迟亦当在周初也。亦有确知为周创业时期器，其中令字之形态与此为一系者，例如：

㾟　臣　辰　卣，（代一三·四四，尊盂同）

文曰："王令士上眔史寅寏于成周。"

㿉　小臣传殷，（代　八·五二）

文曰："王在京，令师田父殷成周□师田父令小臣传……师田父令余。"

㿌　小臣遽殷，（代　九·一一）

文曰："白懋父承王令……"

㿍　周　公　殷，（代　六·五四）

文曰："王令然眔内史曰，……克奔走上下帝无终令于有周。……用册王令作周公彝。"

㿎　令　　彝，（代　六·五六，尊同）

文曰："王令周公子明保尹三事四方。……令矢告于周公宫。公令徒同卿事寮。……徒令舍三事令。……舍四方令，既咸令。……锡令鬯金小牛。……乃令曰，今我惟令女二人。……作册令敢扬明公尹人宜。"

㿏　令　　殷，（代　九·二七）

文曰："作册矢令障俎于王姜，姜商令贝十朋。……令敢扬皇王宜……令用于弃屒皇王，令敢屒皇王宜。"

㿐　太　保　殷，（代八·四〇）

文曰："王降征令于太保。用兹彝对令。"

据此可知，此令字之原形保存至于周初也。此自是令字之本式，像一人屈身跽于一三角形之下。作▲者其本形，作∧∧者从刀法而变也（举此数例，足征令字之本形。下文列举两周金文中令字，内亦间有类于此体者，盖新体虽已习用，旧体或仍有人偶一用之）。

《说文解字》卩部令字下云："发号也，从∧卩。"令字在小篆固从∧卩，而∧卩二文之解，许一失而一阙之。卩字下云："瑞信也。守邦国者用玉卩，守都鄙者用角卩，使山邦者用虎卩，土邦者用人卩，泽邦者用龙卩，门关者用符卩，货贿用玺卩，道路用旌卩，象相合之形。"按，此乃用战国以来符节之简字说字源，复强为类别，汉儒之陋说也。征之甲骨文及金文，卩之原始形乃像一人屈身而跽，与相合之义无关。亼字下云"从亼一，象三合之形"，然此三合何义，许亦无说。张苑峰曰：北平故宫博物馆藏一鼎，由形制纹缋铭文字体考之，皆可断为商器，其文曰"乃（仍）孙作祖已宗宝樽䵼，▢▢。"（代三·二一）"▢▢"二字即周代金文成语中习见之"▢令。"（如麦彝云"用作尊彝，用▢井侯出入，▢令。"麦尊云"麦扬，用作宝尊彝，用▢侯逆▢，▢明令。"史颂殷云"用作▢彝，颂其万年无疆，日▢天子颢令。"皆与此鼎铭文义相同。）又古文字中从亼、亼、仐、多互相变易，如甲骨文▢（殷六·二九▢）字或作▢（殷契佚存七二〇）▢（佚九五八），孟鼎▢字作▢，邾公钘钟宾字作▢（关于此字王国维与林浩卿博士论洛诰书曾详论之，虽未尽是，可供参考）。王人甗君簠（共四铭）宝字皆从亼。因知▢必为令字之变体，其从仐即由▲若亼两端下引而成，是▲亼亼与仐之义当相若。（说文："仐交覆深屋也，象形。"）盖本为屋宇或帐幕之原始象形，故、仐、介、㑊、㐭、京、高、仓、▢等文皆基于此以构成，而金文中从之者又有▢（代五·三父已甗。疑即令鼎噩侯驭方鼎静殷等铭中"卿射"之卿字，答也。）▢（代一二·五六父癸卣，又一六·三父乙爵。即虞书"金曰伯夷"之金字。）诸字也。古者发号施令恒于宫庙行之，凡受命者引领待于其下，是以令字如此作（以上张君说）。

自此原始形态演变乃有▢（见孟鼎）▢（见沈子宅殷）诸形。两周金文多数如此，于是像一人屈身而跽之义不明见矣。此后起之形，创始似亦不迟，然本体仍在使用。如令字从此形之明公殷，其文曰："惟王▢明公遣三族伐东国，在□，鲁侯又囙工，用作旅彝。"以明公及伐东国为证，知此器必在成王世，亦知令字之新体不后于成王世。惟此铭流传无原拓，今仅见者为摹刻（代六·四九）或缩临（《西清古鉴》一三·八）之本，是否有抚写上之差误，亦正未敢定耳。

两周金文中之令字除上文所举者外，兹依器别抄于下方。（既论一字形体，自应以时代为序，以资识其演变。不幸此理想的办法竟不能采用，则以各器之时代可知者固不少，徒知其大齐不能确断其年代者尤多也。且令字之形态，虽上文所举诸例差似异于一般习见之令字，然实亦此字之原始形状，自此原始形状演而为西周金文中通用令字之体，在各器可谓大体一致，并无类的差别。故依器别之排列法未足以引人误会也。）

班　　毁（《西清古鉴》〔简称西〕一三・一二）　　　"王令毛伯更
　　　　虢城公服。……令锡怜勒。咸。王令毛公以邦冢君，士
　　　　驭，戋人，伐东国㾖戎。咸。王令吴伯曰：以乃自左比毛
　　　　父。王令吕伯曰：以乃自右比毛父。遣令曰：以乃族从父
　　　　征。……公告厥事于上：惟民泯徥才（哉）彝忐天令，
　　　　故亡。"

沈子也毁（代九・三八）　　　"也曰：拜頴首，敢𢼒邵告朕吾考
　　　　令。……克成妥吾考以于显显受令。……用水霝令。"

静　　毁（代六・五五）　　　"王令静嗣射学宫。"

釆伯戎毁（代九・二七）　　　"王若曰：……惠宏天令。"

队贮毁（西二七・三〇）　　　"王令东宫追以六自之年。"

师　虎　毁（代九・二九）　　　"王呼内史吴曰：册令虎。王若曰：虎。
　　　　载先王既令乃祖事，啻官嗣左右戏緐刑。今余惟帅井先
　　　　王令，令女更乃祖考啻官嗣左右戏緐刑。敬夙夜勿法
　　　　朕令。"

燮　　毁（代八・一九）　　　"王令燮在（才）市旂。"

免　　毁（代九・一二）　　　"王各于大庙，井叔有免即令。王受作
　　　　册尹书，俾册令免。曰：令女足周师嗣㪘。"

叚　　毁（代八・五四）　　　"王蔑叚辱，念毕仲孙子，令龚烖遃大
　　　　则于叚。"

卯　　毁（代九・三七）　　　"㶊伯呼令卯曰：……昔乃祖亦既令乃
　　　　父死嗣葊人。……今余惟令女死嗣葊宫葊人。"

叔向父禹毁（代九・一三）　　　"勖于永令。"

望　　毁（捃三之一・八三）　　　"王呼史年册令望。"

夨　　毁（薛一四・一三二）　　　"王呼史先册令夨。王若曰：夨。
　　　　昔先王既令女作宰嗣王家，今余惟龏熹乃命，命女眔胥翻
　　　　正对各死嗣王家外内。……出入姜氏令。厥有见，有即
　　　　令。……敬夙夕勿法朕令。"

敬　　毁（啸下・五五）　　　"王令敬追御于上洛惄谷。"

大　　毁（代九・二五）　　　"王令善夫夋曰……䚌令夋曰……"

夨姞毁（代六・五三）　　　"用鼄匃眉寿绰绾，永令弥厥生，
　　　　霝终。"

师俞毁（代九・一九）　　　"王呼作册内史册令师俞。"

召伯虎殷(三之二·二五)　　"告曰：以君氏令。……召伯虎曰：余既噂（讯）戾我考我母令，余弗敢酓，余或至我考我母令。"

召伯虎殷(代九·二一)　　"召伯虎告曰：……亦我考幽伯幽姜令余告庆。……今余既噂有嗣，曰戾令。"

师 俗 簋(代九·三五)　　"王呼尹氏册令师俗。王若曰：……既令女更乃祖考嗣小辅，今余惟黼熹乃令。……敬夙夜勿法朕令。"

扬　　殷(代九·二四)　　"王呼内史先册令扬。……敢对扬天子不显休令。"

师 寰 殷(代九·二八)　　"王若曰：……今余肇令女達齐币，覔廥，□□，左右虎臣，征淮夷。"

番 生 殷(代九·三七)　　"番生不敢弗帅井皇祖考不杯元德，用黼圌大令。……王令辥嗣公族，卿事，大史寮。"

追　　殷(代九·五)　　"用簟匃眉寿永令。"

无 叓 殷(代九·一)　　"敢对扬天子鲁休令。"

师 酞 殷(啸下·五三)　　"伯龢父若曰：……余令女死我家。"

戡　　殷(啸下·九三)　　"王曰戡令女作嗣土。"

师 訇 殷(薛一四·一三七)　　"王若曰：师訇。不显文武，□受天命。……用夹召厥辟，莫大令。……今余惟黼熹乃令，令女惠離我邦小大猷。"

守　　殷(代八·四七)　　"守敢对扬天子休令。"

师 兑 殷(代九·三)　　"王呼内史尹册令师兑。"

师 兑 殷(代九·三〇)　　"王呼内史尹册令师兑。余既令女足师龢父嗣左右走马，今余惟黼熹乃令，令女辥嗣走马。"

奠　　殷(啸下·五一)　　"奠其湏湏，万年无疆，需终需令。"

虢 姜 殷(薛一四·一二八)　　"簟匃康龄屯右，通录永令。"

叔倈孙父殷(啸下·五五)　　"叔倈孙父作孟姜尊殷。绾绰眉寿，永令弥厥生，万年无疆，子子孙孙永宝用亯。"

陈 逆 殷(代八·二八)　　"以賀永令眉寿。"(战国初器。)

麦　　彝(西一三·一〇)　　"用酔井侯出入鍾令。"

小臣宅彝(代六·五四)　　"惟五月壬辰，同公在丰，令宅事伯懋父。"

献　　彝（代六·五三）　　"獻伯令厥臣献金车。"
吴　　彝（代六·五六）　　"王呼史戊册令吴。"
虘父鼎（拐二之三·二六）　　"虘父作□宝鼎。延令曰：有女多兄，母又遟女，惟女率我友以事。"
南宫中鼎（啸上·一〇）　　"王令大史兄裹土。……中对王休命。"
南宫中鼎（啸上·一一）　　"惟王令南宫伐反虎方之年，王令中先省南国。"
夌　　鼎（啸上·一〇）　　"王徙于楚麓，令小臣夌先省楚居。"
寲　　鼎（拐二之三·七九）　　"王令趞戜东反夷。"
史兽鼎（代四·二三）　　"尹令史兽立工于成周。"
师旅鼎（代四·三一）　　"懋父令曰……"
圀　　鼎（代四·一八）　　"㵑公令圀众史旟曰：……"
内史鼎（代四·七）　　"内史令㪣事。锡金一钧。"
盂　　鼎（代四·四二）　　"惟九月，王在宗周，令盂。王若曰：盂。不显玟王受天有大令。……我闻殷述（坠）令，惟殷边侯甸，㹎殷正百辟，率肄于酒，故丧自。……今我惟即井向于玟王正德，若玟王二三正。今余惟令女盂召㰥，敬雝德巠，敏朝夕入谰，宫奔走，畏天畏。王曰：永令女盂井乃嗣祖南公。……王曰：盂。若敬乃正，勿法朕令。"
小盂鼎（拐三之三·四二—代四·四四）　　"王令㰥……延王令赏盂。"
舀　　鼎（代四·四五）　　"王若曰：舀。令女更乃祖考嗣卜事。……则俾复令曰若（诺）。"
雝伯鼎（代三·三一）　　"王令雝伯图于生为宫。"
令　　鼎（代四·二七）　　"令㲱奋先马走。王曰：令㲱旧乃克至。……令拜頡首曰：小□乃学。令对扬王休。"（令人名。）
员　　鼎（代四·五）　　"王令员执犬休善。"
善　　鼎（代四·三六）　　"王曰：善。昔先王既令女左足㿩侯，今余唯肇䪼先王令，令女左足㿩侯。……"
史颂鼎（代四·二六，殷同）　　"王在宗周，令史颂……颂其万年无疆，日綏天子顯令。"
颂　　鼎（代四·三七，殷壶同）　　"尹氏受王令书。王呼史虢生册令颂。王曰：颂。令女官嗣成周。……颂拜頡首受令册。……通录永令。"

无 更 鼎(代四·三四)　"王呼史友册令无更。"

师 晨 鼎(捃三之二·二一)　"王呼作册尹册令师晨……晨拜頜首敢对扬天子不显休令。"

宂　鼎(代四·二一)　"遣中令龏嗣郑田。"

大　鼎(代四·三二)　"王召走马雁，令取雏嗎三十二匹锡大。"

克　鼎(代四·四〇)　"克曰：穆穆朕文祖师华父……疑克龏保厥辟龏王。……出内王令。……王呼尹氏册令善夫克。王若曰：克。昔余既令女出内朕令，今余惟䜌𩰪乃令。……敬夙夜用事，勿法朕令。"

䣄攸从鼎(代四·三五)　"王令眚史南以即虢旅。"

寰　鼎(薛一〇·九五)　"史斋受王令书。……寰拜頜首，敢对扬天子不显段休令。"

敚𧈪 鼎(薛一〇·九四)　"王令敚𧈪。……眉寿。永令霝终。"

史 頵 鼎(啸上·九)　"用鬓匄眉寿。永令终。"

伯硕父鼎(啸上·九)　"眉寿绾绰永令。"

晋 姜 鼎(啸上·八)　"勿法文侯頵令。"(按此为东周器。)

父 乙 甗(薛一六·一五六)　"王令中先省南国。……王令曰：余令女史小大邦。"

𪓐　钟(啸下·八二)　"公令宰仆锡𪓐金十匀。"

克　钟(代一·二一)　"王亲令克遹泾东至于京。……克不敢坠，专奠王令。……用匄屯段永令。"

通 录 钟(代一·一二)　"勖于永令。"

单㚔伯生钟(代一·一六)　"单伯㚔生曰：不显皇祖剌考速匹先王，爵董天令。"

䣄 羌 钟(代一·三二)　"赏于韩宗，令于晋公，邵于天子。"(按此是春秋末期器。)

孟　爵(代一六·四一)　"王令孟宁聂伯。"

麦　尊(西八·三三)　"王令辟井侯出护，侯于井。……用䣄侯逆𪊖，征明令。……𠭯旋走令。"

趞　尊(代一一·三八)　"王呼内史册令趞更厥祖考服。"

生 辨 尊(西八·四三)　"惟王南征在庐，王令生辨事厥公宗

　　小子。"

罬　　卣(代一三·四〇)　　　"王姜令作册罬安夷伯。"

貉 子　卣(代一三·四一)　　　"王令士道归貉子鹿三。"

叐　　卣(代一三·三九)　　　"公姞令叐嗣田人。"

采 茇　卣(代一三·四三，尊同)　　　"王令茇曰：叙淮夷敢伐
　　　　内国。"

农　　卣(代一三·四二)　　　"王颖令伯绍曰：……"

免　　卣(代一三·四三)　　　"王蔑免曆，今史懋易免载市同黄，
　　　　作嗣工。"

史 懋　壶(代一二·二八)　　　"王在莽京溺宫，颖令史懋路筮咸。"

曶　　壶(代一二·二九)　　　"王呼尹氏册令曶。……曶拜手頴首，
　　　　敢对扬天子不显鲁休令。……曶用匄万年眉寿，永令
　　　　多福。"

免　　盉(代一四·一二)　　　"王在周，令作册内史锡免卤百陵。"

免　　簠(捃三之一·二五)　　　"王在周，令免作嗣土。"

酙 从　盨(代一〇·四五)　　　"王在永师田宫，令小臣成友。……"

克　　盨(代一〇·四四)　　　"王令尹氏友史趯典善夫克田人。
　　　　……眉寿永令。"

杜 伯　盨(代一〇·四〇)　　　"用燮寿匄永令。"

大师虘豆(代一〇·四七)　　　"用匄永令。"

兮 甲　盘(代一七·二〇)　　　"王令甲政嗣成周四方责，至于南淮
　　　　夷。……敢不用令则即井屡伐。"

休　　盘(代一七·一八)　　　"休拜頴首，敢对扬天子不显休令。"

　　归纳上列令字之用，不出王令天令之二端，间有所令出自长上不专指君王者，然此固王令之一类也。曰"显令"，曰"丕显休令"，曰"天子鲁休令"，皆王令也。曰"文武受令"，曰"大令"，则天令也。"永令霝终"之祈语，即召诰所谓"祈天永命"也。当时人之天帝观实富于人化主义（anthropomorphism）之色采，皇天之命固"谆谆然命之"。此可以《诗·大雅·皇矣》为证，"帝省其山"，"帝度其心"，"帝谓文王"，"乃眷西顾"，此神之情欲与喜怒俨然如人情欲与喜怒。然则此时所谓天命当与王命无殊，而令之一字在此两处使用者，就辞义论固绝对无差别也。

　　金文中但用命字不用令字之器，列举如下：

君 夫 殷(代八·四七)　　"王在康宫太室，王命君夫曰，價求乃
　　　　　　　　　友。"（据本文，此器必在康王之后。）

贤　　殷(代八·二八)　　"公叔初见于卫，贤从，公命事。"

䰾　　殷(代九·四)　　"王曰：䰾。命女嗣成周里人。……敢对
　　　　　　　　　扬王休命。"（以上三器，字体不属西周晚期，然字形及行
　　　　　　　　　列皆整齐，亦非西周初期器也。）

命　　殷(代八·三一)　　"王锡命鹿。用作宝彝，命其永以多友
　　　　　　　　　殷飤。"（命人名）

滕 虎 殷(代七·二九)　　"滕虎敢肇作厥皇考公命中宝尊彝。"
　　　　　　　　　（王静安曰："此敦文字乃周中叶以后物。"）

同　　殷(代九·一七)　　"王在宗周，各于大庙，𤔅伯右同，……
　　　　　　　　　王命同差（左）右吴大父，嗣易林吴牧。……"（铭中有
　　　　　　　　　𤔅伯，当与康鼎为同时器。）

伯 康 殷(代八·四五)　　"伯康作宝殷。……受兹永命。"（以字
　　　　　　　　　体论与康鼎无别，疑是一人之器。）

豆 闭 殷(代九·一八)　　"各王于师戏大室，井伯入右豆闭，王
　　　　　　　　　呼内史册命豆闭……敢对扬天子不显休命。"

师毛父殷(啸下·五二)　　"师毛父即位，井伯右，内史册命。"

鄷　　殷(薛一四·一三四)　　"毛伯内门立中廷，右祝鄷，王呼
　　　　　　　　　内史册命鄷。王曰：鄷。昔先王既命女作邑䵼五邑祝，今
　　　　　　　　　余惟䰾棠乃命……敢对扬天子休命。"（毛伯即前器之师
　　　　　　　　　毛父。）
　　　　　　　　　［此上五器与趞曹鼎（代四·二四）　康鼎人名参午交错，
　　　　　　　　　故当约略同时，为共王前后之物。除豆闭殷外，其余四器
　　　　　　　　　命字口部皆为骈枝，附赘于令字结构之外，如𠵲。
　　　　　　　　　（同殷。）］

伊　　殷(代九·二〇)　　"王在周康宫……䰾季内右……王呼命
　　　　　　　　　尹（令尹）䵼册命伊。"（此器字体属于西周晚期。郭氏沫
　　　　　　　　　若曰"䰾季亦见大克鼎"。此器时代当以大克鼎之时代定
　　　　　　　　　之也。）

芇　　簋(代八·五〇)　　"王命芇众叔燹父归吴姬馈器。"（以字
　　　　　　　　　体论似为周中叶器。）

谏　　殷(代九·一九)　　"王呼内史先册命谏曰：先王既命女䵼

嗣王宥……今余惟或嗣命女。"

乖伯毁(恪斋集古录一一·二二)　"王命益公征眉敖。……王命仲致归乖伯嫠裘。王若曰：乖伯。朕不显祖玟斌受大命。乃祖克奉先王，异自它邦，又芇于大命。……用簟屯彔永命。"(郭氏沫若定为宣王时器。)

(以上二器字体相近，约当同时。)

害　毁(啸下·五六)　"王在犀宫……王册命害。……害頶首对扬王休命。"(唐氏兰以犀宫为夷王宫。)

秦公毁(代九·三三)　"秦公曰：不显朕皇祖受天命。……严龚夤天命。"(此春秋末期器。)

曶　盨(薛一五·一五一)　"王曰：曶。……勿事赋（暴）虐从（纵）狱，爰夺戯行道，厥非正命，乃敢庆（侯）嶽（讯）人，则唯辅天降丧，不廷惟死。……敬夙夕勿法朕命。"(此西周末期物。)

姬寏豆(薛一五·一五二)　"用簟眉寿就命多福。"［按此齐器(据考古图)，所奉列公至静公止，当为夷王时器也。］

陈逆簋(代一〇·二五)　"永命眉寿万年。"(战国初器。)

趞　鼎(代四·三三)　"内史即命。王若曰：趞。命女作龏伯冢嗣马。"(疑与藺簋同时，两器皆为季姜作，趞即彼器之叔燹父也。)

康　鼎(代四·二五)　"王在康宫，〲伯内右康，嗣王命死王家。……郑井。"

利　鼎(代四·二七)　"王客于般宫，井伯内右利。……王呼作命内史册命利。"

［以上二器字体非西周初期，般宫及井伯并见趞曹鼎(代四·二四)当为共王或其前后之器。命字之从口部分突出行外，似当时令字加口之式犹未用得自然，与此字之全体犹未融化也。此类口部突出行外者，当为命字初起之形。从此可知命字之起，盖在西周中叶也。］

师𡥉父鼎(代四·三四)　"嗣马井伯右师𡥉父。王呼内史驹册命师𡥉父。"

师望鼎(代四·三五)　"……出内王命。"

伯晨鼎(代四·三六)　"王命鄆候伯晨。……用夙夜事勿法朕命。"

成　　鼎（啸上·一三）　　"……自考幽大叔懿□命成……作命臣
　　　　　　　　　工。……王□命乃六自殷八自曰□成。"（文中有噩侯驭方，
　　　　　　　　　当与噩侯鼎为同时器。又字体与敄生盨，虢仲，宗周钟，
　　　　　　　　　无叀毁等极相似，盖同记厉王南征事也。）

毛 公 鼎（代四·四六）　　"王若曰：父厝。不显文武，皇天弘厌
　　　　　　　　　厥德，配我有周，雁受大命。……惟天埍集厥命。……劳
　　　　　　　　　堇大命。……不巩先王配命……余唯肇巠先王命，命女辥
　　　　　　　　　我邦我家内外。……龢圂大命。……専命専政。……历自
　　　　　　　　　今出入専命于外，厥非先告父厝，父厝舍命，母有敢韤命
　　　　　　　　　于外。……今余惟龢先王命，命女亟一方。……命女羁嗣
　　　　　　　　　公族。……（文中命字十二见，皆作命无作令者。郭氏沫
　　　　　　　　　若以为宣王时器。以多事证之，此说已成定论。又政字不
　　　　　　　　　作正，铃字作鋚，皆晚期字，亦可注意者也。）

郮孝子鼎（代三·三六）　　"郮孝子以康寅之日命铸飤鼎。"（春秋
　　　　　　　　　末期器。）

命　　甗（代五·四）　　"命作宝彝。"（命，人名。）

夆 伯 甗（代五·六）　　"夆伯命作旅彝。"（此器命字从口之部在
　　　　　　　　　行列之外。）

罘 生 钟（挶三之一·三〇）　　"王命……"（与单伯罘生钟为同人
　　　　　　　　　之器。）

齐 侯 镈（啸下·七五）　　"余命女政于朕三军。……公曰：夷。
　　　　　　　　　女敬共辝命。……余命女嗣辤鄻。……弗敢不对扬朕辟皇
　　　　　　　　　君之锡休命。……余用登屯厚乃命。……余命女裁差卿为
　　　　　　　　　大事，羁命于外内之事。……余弗敢法乃命。皲皲……成
　　　　　　　　　唐（汤）又敢在帝所，敷受天命。……用旂眉寿霝命
　　　　　　　　　难老。"

鎛　　镈（代一·六七）　　"用鞏侯氏永命万年。……用求匄命弥
　　　　　　　　　生。"（以上二齐器皆春秋时。）

公孙班镈（代一·三五）　　"霝命无其。"（春秋器。）

秦 公 钟（薛六·五六）　　"不显朕皇祖受天命。……严龚夤天
　　　　　　　　　命。"（春秋末期器。）

竞　　卣（代一三·四四）　　"惟伯犀父以成自即东命伐南夷"（似

属于西周中叶。)

齐 侯 壶(代一二·三三)　　"齐侯命大子乘遽□叩宗伯,听命于
　　　天子。……齐侯拜嘉命,于上天子用璧玉备一嗣,于大无
　　　嗣折于大嗣命用璧,两壶八鼎,于南宫子用璧二备,玉二
　　　嗣,鼓钟一肆。……洹子孟姜用气嘉命。"(春秋器。)

嗣 子 壶(代一二·二八)　　"命瓜君嗣子作铸尊壶。"　(战国
　　　初器。)

齐大宰归父盘(代一七·一四)　　　"以蔂眉寿霝命难老。"　(春
　　　秋器。)

晋 邦 盦(代一八·一三)　　　"晋公曰:我皇祖郳(唐)公□受大
　　　命,左右武王。……王命郳公,□宅京自。"　(春秋末
　　　期器。)

鱼 鼎 匕(代一八·三〇)　　"……下民无智,参蠢蚘命,帛命入
　　　歔,蒱入藉出,母处其所。"(春秋末期或战国器。)

子禾子釜(代一八·二三)　　"命訵陈导。……如关人不用命。"

陈 犹 釜(代一八·二三)　　"命左关市桊救成。"　(以上二器皆
　　　田齐。)

王命遳车键(代一八·三六)　　　"王命遳赁一稻飤余之。"　(战
　　　国器。)

以上各器用命字不用令字者,虽其时代多不可确知,然核其故实,
论其字体,无一可指实为穆王以前器者,而甚多属于厉宣之世。即如宣
王时之毛公鼎,文中命字十二见,无一作令字者,且铃字亦从命作鎓
(金文如番生殷师寰殷皆有铃字)。是知宣世命字之用已严整固定矣。至
其文义则与上节用令字者全无分别,依此可知此命字之演出仅系一词之
异字,非异词也。

更有一类,一器中令命二字并见,或同式异器中令命二字互见者,
综举之如下:

师 酉 殷(代九·二一著录三件,器盖拓片凡六)"王呼史墙册命
　　　(四作命两作令)师酉。……敬夙夜勿法朕令(皆作令)。
　　　师酉拜頴首对扬天子不显休命(五作命,一作令。此器花
　　　纹与毛公鼎同,以字体论当较早,盖西周中叶之物)。"

不 殷 殷(代九·四八)"白氏曰:不殷驭方。厰允广伐西俞,王令
　　　我羞追于西,余来归献禽,余命女御追于罺。"(此殷花纹

与史颂毁善夫克盨完全相同，时代当与善夫克诸器相近。郭氏沫若以为与虢季子白盘同时。）

（以上两器命字口部皆突出，附加于令字结体之外，未融为一。）

牧　　毁（薛一四・一三九）"王呼内史吴册令牧。王若曰：牧。昔先王既令女作嗣土，今余惟或廢改，令女辟百寮。……今余惟纛章乃命（考古图三・二四摹本亦作命）……敬夙夕勿法朕令。"（此毁花纹与大克鼎、小克鼎、虢季子白盘同，时代亦当相近。）

小 克 鼎（代四・二八著录凡七器）"王命（六作命一作令）善夫克舍令（皆作令）于成周遹正八自之年，克作朕皇祖釐季宝宗彝。……永令（皆作令）霝终。"（小克鼎之善夫克，即大克鼎之善夫克。大克鼎记善夫克之祖曰师华父"龚保厥辟龚（共）王"。按考为生父之专称，祖则自王父以上皆可称之，金文中有连记祖名至于二三者，如夐簋黢铸等器，又《诗・闷宫》本为僖公时诗，其辞有曰"皇祖后稷""周公皇祖"。是虽祖始亦与王父同称也。师华父与釐季是否一人而仅为名字之异，今不可知，如以为非一人亦自通。是则善夫克之王父或曾祖高祖仕于共王朝。善夫克氏不能先于夷王，至于下限则以不知师华父为善夫克之几世祖，不能确知矣。然此器之属于西周晚期据此可定也。）

此一类之器，论其时代俱不能上及昭穆之世，成康无论矣。据此诸器，足征令、命二字之为互用，且为同时并用者。然则在当时此二字必无异样之读法，仅为一词之异体耳。在一器中或在同式器中竟不画一，似是暗示此类器之时代正为始用命字之时代，后来因分化而画一，当时未分化故未画一也。果此解不误，则命字之起其在西周中叶耶？其差后于𠂤改为𠂤形而相去不远耶？命字之始作𠂤，口部全在行列之外者（如君夫簋、黢簋、命簋、兩簋、同簋、伊簋、鄂簋、利鼎、康鼎、夆伯命甋等器，最显）。其命字之最初式耶？曾试作一图以明此义，见本卷第十章。

第三章　周诰中之 "性" "命" 字

今如泛然统计《尚书》中之性命字而不于篇章加以别择，乃甚无谓。盖《尚书》者，来源最不整齐之书也。不特东晋古文出自虚造，即伏生所传益以《大誓》之二十八篇不可据者亦复不少。如《禹贡》、《洪范》，春秋战国时人聚集多方材料，凭臆想而成之典书，与周官同科者也。如《甘誓》、《汤誓》、《大誓》，亦春秋战国时人为三代之创业各造一誓，以论汤武革命者也。如《尧典》、《皋陶谟》，集若干异时异地相争相灭之部落之宗神于一"全神堂"上，大一统思想之表现，而非信史也。今姑舍是，专论周诰殷盘，此二者亦非尽可为典要。《商书》中《盘庚》、《高宗肜日》、《西伯戡黎》诸篇，固后人所信不以为伪书者，然诸篇文辞转比《周诰》易解，人不能无疑。夷考其辞，似非商之册典也。《高宗肜日》不知是何处之断简残篇，且儿子严辞教训其父，亦不近情理。《西伯》《微子》则纯依周人之立场说话，自称殷而诅咒之！《盘庚》视此为胜，然洋洋大篇，皆空语无事实，且未迁殷之前已曰"殷降大虐"，尤属不通（郑于此有解，然愈解愈见其不可通也）。殷商人自称曰商，绝不称殷，甲骨文中全无例外，所谓"大邑商"，即洹都也。周人乃称之曰殷。其曰殷商者，当为在殷之商之义。殷本故国，商人卜都，故商人不自称殷。今商书之称殷足以证其非殷代之书。若以《商颂》称殷土殷武为例，则宜知《商颂》实宋颂，作于襄公之世，或少前，彼时商代久亡，殷地为故国旧墟矣，其习于外国周人所用之称号亦固其宜。其曰殷土殷武，正遥念故国耳，此非所论于商代之书也。即专就《周诰》言，亦有不可据者，如《金縢》当是鲁人之传说，事关记事，不涉诰命。又如《吕刑》，乃是吕王之诰，南国之献，与周人全无干涉者也（余别有考）。今舍此可疑者，并去其与本文题旨无关者，凡所统计以《周诰》十二篇为限，即《大诰》、《康诰》、《酒诰》、《梓材》、《召诰》、《洛诰》、《多士》、《无逸》、《君奭》、《多方》、《立政》、《顾命》（所谓《康王之诰》在内），自周公称王至康王践阼，共约四十年间之书，正与西周初期之彝器铭词同时，亦与《雅》《颂》之时代相差不远。故此章所论可与上下两章为一系。

一　论《周诰》中本无性字

上列十二篇《周诰》中性字仅一见，在《召诰》，其文曰："节性，惟日其迈，王敬作所不可不敬德。"此乃周公训戒成王之词，勉之以节性，复申告以日月迁逝，不可不敬德也。节性之解在《召诰》中无证，当于他书中求证。幸《吕氏春秋》犹存此名词，并载其解故。《吕氏春秋·重己篇》曰：

是故先王不处大室，不为高台，味不众珍，衣不燀热。燀热则理塞，理塞则气不达。味众珍则胃充，胃充则中大鞔，中大鞔而气不达，以此长生可得乎？昔先圣王之为苑囿园池也，足以观望劳形而已矣。其为宫室台榭也，足以辟燥湿而已矣。其为舆马衣裘也，足以逸身暖骸而已矣。其为饮食醴醢也，足以适味充虚而已矣。其为声色音乐也，足以安性自娱而已矣。五者圣王之所以养性也，非好俭而恶费也，节乎性也。

《重己》一篇皆论养生之道，末节尤明显。凡所论节生之方，不出宫室、苑囿、饮食、衣服、舆马、声色诸端，于此数者必有所止，有所节，无逾于身体之需要，捐弃其放侈之享受，然后可以长生久视耳。此皆所以论养生，终篇之乱，应题"节生"，其曰"节性"，曰"安性"者，后人传写，以性字代生字耳（《吕子全书》皆然，详下）。节性之义既如是，则《召诰》之云"节性"，在原文必作节生明矣。周公以此教成王，正虑其年少血气未定，如穷欲极侈必坠厥命，故勉其节生，治其身也；教以敬德，治其心也。阮芸台不知节性之本作节生，于此大发议论，可谓在迩而求诸远矣。

二　统计《周诰》十二篇之命字

《周诰》十二篇既与西周早期彝器铭辞之时代相应，自当仅有令字，未有命字，今所见本乃全是命字并无令字，则传者以后世字体改写之也。兹撮录命字之出现处如下：

《大诰》

矧曰其有能格知天命？

敷前人受命。

绍天明即命。

不敢替上帝命。

克绥受兹命。

肆予曷敢不越卬敉宁王大命？（按《汉书·莽诰》作"予害敢不于身抚祖宗之所受大命"。又按"宁王"吴大澂谓是文王之误字，其说是也。）

亦惟十人迪知上帝命。（郑玄以十人为"乱臣十人"。）

尔亦不知天命不易。

天命不僭。

《康诰》

　　天乃大命文王，殪戎殷，诞受厥命。

　　不废在王命。

　　亦惟助王宅天命，作新民。

　　惟威惟虐，大放王命。（按放亦废字，其本字作法。）

　　惟命不于常。

　　明乃服命。

《酒诰》

　　明大命于妹邦。（按妹当与《诗》牧野之牧，沬乡之沬为一字。）

　　惟天降命。

　　克受殷之命。

　　酣身厥命。

　　今惟殷坠厥命。

《梓材》

　　王其效邦君越御事厥命。（按此谓教邦君及御事以此命也。）

　　用怿先王受命。

《召诰》

　　周公乃朝，用书，命庶殷侯甸男，邦伯。厥既命殷庶，庶殷丕
作。（按殷庶当作庶殷。）

　　皇天上帝改厥元子兹大国殷之命。惟王受命无疆惟休。

　　天既遐终大邦殷之命。

　　越厥后王后民兹服厥命。

　　其眷命用懋。

　　今时既坠厥命。（此语两见。）

　　王厥有成命。

　　曰有夏服天命，惟有历年。

　　乃早坠厥命。（此语两见。）

　　曰有殷受天命，惟有历年。

　　今王嗣受厥命，我亦惟兹二国命嗣若功。

　　自贻哲命，今天其命哲，命吉凶，命历年。

　　用祈天永命。

其曰我受天命。

受天永命。

保受王威命明德，王末有成命。

能祈天永命。

《洛诰》

王如弗敢及天基命定命。

今王即命曰，记功宗以功作元祀，惟命曰，汝受命笃弼丕视功载。

罔不若予不敢废乃命。

奉答天命。

命公后。

王命予来承保乃文祖受命民。

乃命宁。

王命作册逸。

王命周公后作册逸。

惟周公诞保文武受命惟七年。

《多士》

我有周佑命，将天明威，致王罚，敕殷命终于帝。肆尔多士，非我小国敢弋殷命。厥惟废元命。

乃命尔先祖成汤革夏。

有命曰，割殷，告敕于帝。

时惟天命无违。

殷革夏命。

时惟天命。

昔朕来自奄，予大降尔四国民命。（此谓昔者践奄之时，曾以大命降告于四国之民，非谓赐四国民以生命也。《多方》"我惟大降尔命"，大保毁"王降征命于大保"，皆其例，王维国说失之。）

予惟时命有申。

《无逸》

严恭寅畏天命。

文王受命惟中身。

《君奭》

　　殷既坠厥命。

　　我亦不敢宁于上帝命。

　　不知天命不易，天难谌，乃其坠命。

　　天不庸释于文王受命。

　　成汤既受命。

　　天惟纯祐命则。

　　今汝永念则有固命。

　　其集大命于厥躬。

　　惟时受有殷命。

　　我受命无疆惟休。

　　乃悉命汝作汝民极。

　　在亶乘兹大命。

《多方》

　　惟尔殷侯尹民，我惟大降尔命。

　　洪惟图天之命。

　　厥图帝之命。

　　乃大降显休命于成汤。

　　弗克以尔多方享天之命。

　　乃惟尔辟以尔多方大淫图天之命。

　　简畀殷命。

　　我惟大降尔四国民命。

　　尔曷不夹介乂我周王享天之命。

　　尔曷不惠王熙天之命。

　　尔乃不大宅天命，尔乃屑播天命。

　　乃有不用我降尔命。

　　尔不克劝忱我命。

　　尔乃惟逸，惟颇大远王命。

　　我惟祗告尔命。

《立政》

　　亦越成汤陟丕釐上帝之耿命。

　　式商受命。

《顾命》

> 兹予审训命汝。
>
> 用克达殷集大命。
>
> 兹既受命。
>
> 太保命仲桓南宫毛。
>
> 命作册度。
>
> 伯相命士须材。
>
> 御王册命。
>
> 道扬末命，命汝嗣训临君周邦。
>
> 皇天改大邦殷之命。
>
> 无坏我高祖寡命。
>
> 用端命于上帝。
>
> 乃命建侯树屏。
>
> 群公既皆听命。

统计以上命字之用法，知其与金文中命令字全同，其包函命字之成语亦多同，惟彼以王命为多，此以天命为多，是由《周诰》乃建国之谟训，金文乃王命之记荣，故成分上有差别也。

第四章 《诗经》中之"性""命"字

一 论《诗经》中本无"性"字

《诗经》中之"生"字，其用法与今日无殊，不需举例，今但论"性"字。《诗经》中之"性"字仅出现于《大雅·卷阿》，其文云：

> 伴奂尔游矣，优游尔休矣。岂弟君子，俾尔弥尔性，似先公酋矣。
>
> 尔土宇昄章，亦孔之厚矣。岂弟君子，俾尔弥尔性，百神尔主矣。
>
> 尔受命长矣，茀禄尔康矣。岂弟君子，俾尔弥尔性，纯嘏尔常矣。

笺曰，"弥，终也"，又曰，"乃使女终女之性命"。此固可证郑所见《诗经》已作性字，然此说实觉文义不顺。后世所谓惟命者，实即今人所谓生命。此章本为祝福之语，所谓"俾尔弥尔性"者，即谓俾尔终尔之一生，性固不可终，则此处之性字必为生字明矣。且此点可以金文证之：

> 叔㝎孙父殷(啸下·五五，薛一四·一二八)
> 绾绰眉寿，永令弥厎生，万年无疆。

> 姞　殷(愙一一·二二，代六·五三)　用祈匄眉寿绰绾，永令弥厥生，需终。

> 齐　鎡　鎛(愙二·二一，代一·六七)　用祈侯氏永命万年，鎡保其身。……用祈寿老毋死，保虡兄弟。用求考命弥生，肃肃义政，保虡子姓。

《诗》所谓"弥尔性"在金文中正作"弥厥生"，其出现全在祈求寿考之吉语中。从此可知弥生即长生，从此可知"诗三百"中不特无论性之哲学如阮氏所附会者，即性之一字本亦无之也(参看徐中舒先生《金文嘏辞释例》，见《历史语言研究所集刊》第六本)。

二　《诗经》中之"令""命"字

《诗经》中之"令"字与"命令"一义无涉者，有下列诸项：

一、《毛传》以"命令"为纓环声者：

> 《齐风·卢令》卢令令。

二、《郑笺》以"脊令"为雝渠者：

> 《小雅·常棣》，脊令在原。笺曰："雝渠，水鸟。"
> 《小雅·小宛》，题彼脊令。传曰："脊令不能自舍。"

三、《郑笺》以为训善者，或未明说，按其文义应与训善之"令"为一辞者：

> 《邶风·凯风》，我无令人。笺曰："令，善也。"
> 《小雅·蓼萧》，令德寿岂。
> 《小雅·湛露》，莫不令德。笺曰："令，善也。"
> 同、莫不令仪。
> 《小雅·十月之交》，不宁不令。笺曰："天下不安，政教不善之征。"
> 《小雅·车辖》，令德来教。笺曰："喻王有美茂之德。"
> 《小雅·宾之初筵》，维其令仪。笺曰："令，善也。"
> 《小雅·角弓》，此令兄弟，不令兄弟。笺曰："令，善也。"

《大雅·文王》，令闻不已。笺曰："令，善。"

《大雅·既醉》，高朗令终。笺曰："令，善也。"

同，令终有俶。

《大雅·假乐》，显显令德。笺曰："天嘉乐成王有光光之善德。"

《大雅·卷阿》，令闻令望。笺曰："令，善也。"

《大雅·烝民》，令仪令色。笺曰："令，善也。"

《大雅·韩奕》，庆既令居。笺曰："庆，善也。"（按此犹言善其善居也。）

《大雅·江汉》，令闻不已。笺曰："称扬王之德美。"

《鲁颂·閟官》，令妻寿母。笺曰："令，善也。"

以上因字义之绝异，知其与令命字无涉。所有郑笺以之训善之令字及其同类之令字，在《诗经》本书皆原作霝字，不作令字，其证如下。

上段所举"高朗令终"笺以其中之"令"字训善者，当即后世所谓善终。此一吉祝辞，屡见于金文，皆作霝终，且有与令字同出一器者。从此可知训善之令，在金文皆作霝，与令绝不相混，亦不相涉也。如：

奠　殳（啸下·五一）万年无疆，霝终霝令。（按以后世通行字写之，当作"令终令命"。）

微　繼　鼎（薛一〇·九四）屯右眉寿，永令霝终，其万年无疆。（以后世通行字写之当作"永命令终"。）

克　鼎（窸五·五）眉寿永令，霝终，万年无疆。

颂　鼎（窸四·二三）万年眉寿无疆，眈臣天子，霝终。（按此祝己福，非祝天子之福，犹云服臣于王，得保首领以没。眈臣当连下读。）

据此，《诗》中训善之令字古皆作平声之霝，不作去声之令。后人既以命字代令字，乃以令字代霝字。故凡此训善之令字皆可剔出，以其与命令之辞意无关也。兹更图以明之：

金　文　霝（平声）　　　令（去声）

　　　　↓　　　　　　　↓

今本《诗经》　令（当亦平声）　命（去声）

上图仅表示今本《诗经》对金文书式大体之转变，非全数如此。如"灵雨既零"，灵字未改写令。"自公令之"，令未改写命，是也。

此训善之令字既剔出，则知今本《诗经》中之令字存原义者，仅有两处，未改写命字：

> 《齐风·东方未明》，自公令之。上章言"自公召之"，则令即召也，即命也。
>
> 《秦风·车邻》，寺人之令。笺曰："必先令寺人，使传告之。"

此外皆作命字，动用名用无别。（霝冬即令终，宋人已如此释金文。王怀祖先生更证明之，见《广雅疏证》卷一上"灵善也"及卷四下"冬终也"条。诗笺以为训善之令字原作霝，段茂堂已揭之，见《说文》令字注。）

《诗》中所有作动用之命字如下：

> 《小雅·出车》，王命南仲。
>
> 同，天子命我。
>
> 《小雅·采菽》，天子命之。
>
> 《大雅·崧高》，王命召伯。（三见）
>
> 同，王命申伯。
>
> 同，王命傅御。
>
> 《大雅·烝民》，王命仲山甫。（再见）
>
> 《大雅·韩奕》，王亲命之。
>
> 《大雅·江汉》，王命召虎。（再见）
>
> 《大雅·常武》，王命卿士。
>
> 同，命程伯休父。
>
> 《周颂·臣工》，命我众人。
>
> 《鲁颂·閟宫》，乃命鲁公。

以上命自王。

> 《鄘风·定之方中》，命彼倌人。

以上命自君。

> 《小雅·绵蛮》，命彼后车。（三见）
>
> 《大雅·抑》，匪面命之。

以上泛言命自在上者。

> 《大雅·文王》，上帝既命。

《大雅·大明》，命此文王。

同，保右命尔。

《大雅·假乐》，保右命之。

《商颂·玄鸟》，天命玄鸟。

同，古帝命武汤。

同，方命厥后。

《商颂·殷武》，天命多辟。

同，命于下国。

以上命自天。

《诗》中所有自动词出而变作名词或形容词之命字，如下：

《郑风·羔裘》，彼其之子，舍命不渝。（据惠栋、戴震、王国维诸氏说，舍训释，命则君王之命，郑《笺》失之。）

《小雅·采芑》，服其命服。（笺云："命服者，命为将受王命之服也。"）

《大雅·卷阿》，维君子命。

《大雅·烝民》，明命使赋。

同，出纳王命。

同，肃肃王命。

《大雅·韩奕》，韩侯受命。

同，无废朕命。

同，朕命不易。

同，以先祖受命。

《大雅·江汉》，自召祖命。

以上王命，或泛言在上者之命。

《唐风·扬之水》，我闻有命。

《大雅·抑》，讦谟定命。

以上亦自在上者之命一义出，引申为政令。

《小雅·十月之交》，天命不彻。

《小雅·小宛》，天命不又。

《大雅·文王》，其命维新。

同，帝命不时。

同，假哉天命。

同，天命靡常。

同，永言配命。（又见《下武》）

同，骏命不易。

同，命之不易。

《大雅·大明》，有命既集。

同、有命自天。

《大雅·皇矣》，受命既固。

《大雅·文王有声》，文王受命。

《大雅·既醉》，景命有仆。

《大雅·卷阿》，尔受命长矣。

《大雅·荡》，其命多辟。

同，其命匪堪。

同，大命以倾。

《大雅·云汉》，大命近止。（再见）

《大雅·江汉》，文武受命。

同，于周受命。

《大雅·召旻》，昔先王受命。

《周颂·维天之命》，维天之命。

《周颂·昊天有成命》，昊天有成命。

同，夙夜基命宥密。

《周颂·思文》，帝命率育。

《周颂·敬之》，命不易哉。

《周颂·桓》，天命匪懈。

《周颂·赍》，时周之命。（又见《殷》）

《商颂·烈祖》，我受命溥将。

《商颂·玄鸟》，受命不殆。

同，殷受命咸宜。

《商颂·长发》，帝命不违。

同，帝命式于九围。

《商颂·殷武》，天命降监。（笺曰："天命乃下视下民："）故此句之命字为名用，与"天命玄鸟"之为动用者不同。）

以上天命。

《召南·小星》，寔命不同。

同，寔命不犹。

《鄘风·蝃蝀》，不知命也。

以上自天命之义引申而出，为"命定"之义。（"命正""命定"诸解，均详中卷。）

据上文所分析，《诗经》中命字之字义，以关于天命者为最多，其命定一义，则后来儒墨争斗之对象也。所有《诗》、《书》中之天命观，及东周时代此一线思想之演变，均详中卷。

第五章　《左传》、《国语》中之"性""命"字

《左传》、《国语》两书编成之时代未易断定，其史料价值亦多异见。欲详辩此事，非可丁此书中为之，姑举吾所信之假定。春秋时大国各有其献典，亦各有其嘉言故闻，传于当朝，遗之后代，后世说林、说苑一体之祖，吕氏、刘子所取资以成类书者，在古谓之"语"，而"故志"、"训典"或容纳其中，所以教国子也（见《楚语》上）。其国语一名，始见于汲冢书中（《晋书·束晳传》，"《国语》三篇言楚晋事"）。不专一国，故谓国语，犹言列国语也。汲冢书名《国语》者，虽不在今《国语》中（如在其中，《晋书·束晳传》及杜预《集解后序》当明言之），要为一类之书。夫列国各有其语，则必有人辑之，或并整齐之焉，始为《国语》。（传本《国语》中之《齐语》固为《小匡》篇文，其吴越语亦与他国文体词法不类。）至战国之世，春秋之学大显，春秋之号益尊，于是诸家著书每被春秋之名，晏子、虞卿、吕不韦皆是也。当有震于春秋之学，以《国语》改为编年者，合以当时列国纪年之书。墨子所谓百国春秋，乃成《春秋左氏传》，或曰《左氏春秋》。此书虽成，国别之国语犹存。后世所谓《国语》，其一本也，汲冢《国语》，又其一本也。此编年之书虽比附《春秋》，犹各有详略，并无书法，至刘歆欲夺公羊之席，乃将此书加之书法，且于《春秋》所详，此所略者，敷衍成文，此即《春秋左传》也。（吾尝试以刘申叔《左氏春秋考证》一书之规例遍检全传，觉襄公以前，传应经者，除大事外，皆空语，无事实，襄公以后则不然，未可一概论。如以改编年为刘歆事，则刘歆时何处得见列国（尤其是鲁国）纪年之书将其采入？故知据《国语》改为编年必在秦火之前，其加书法并使前数公之经文亦多有传可伍，则刘歆事也。）

如上文所说不误，则《左传》、《国语》者实为东周第一宝书，其成书虽在战国，其取材则渊源甚早，所举宪典话言或有沿自西周者矣。今于《诗》、《书》之后取材于《左传》、《国语》者，顺时代之序也。

《左传》、《国语》中生字除私名外皆作出生解，或其引申之义，今不举列。但论两书中之"性"字。性字见于《左传》者九处：

> 襄十四，"天生民而立之君，使司牧之，勿使失性。有君而为之贰，使师保之，勿使过度。……天之爱民甚矣，岂其使一人肆于民上，以从其淫而弃天地之性？必不然矣"。

按，"勿使失性"者，勿使失其生也。牧民所以保民之生，与性无涉，此本显然，不待索解。下文所谓"天地之性"亦必作"生"字然后可通，犹云，岂其使一人肆其暴行于民之上，以纵其淫欲而弃天之生斯民之德也？《易·系》云"天地之大德曰生"，正与此词相类。若以为性命字则与上文不合矣。

> 襄二十六，"夫小人之性，衅于勇，啬于祸，以足其性而求名焉者，非国家之利也"。

此语中下性字必作生字始可解，"足其性"者，犹谓利其生也。上性字固可作性字解，然以为生字尤顺，犹云小人之生也。动于勇，贪于祸，以图厚其生而求名焉。

> 昭八，"今宫室崇侈，民力凋尽，怨讟并作，莫保其性"。

此谓莫保其生也。

> 昭十九，"吾闻抚民者节用于内而树德于外，民乐其性而无寇仇"。

此谓民乐其生也。

> 昭二十五，"则天之明，因地之性……淫则昏乱，民失其性。……哀乐不失，乃能协于天地之性"。

独此节中之性字解作后世所谓性者为义较长，然解作生字亦可通。"因地之性"，犹云因地之所以生，即载物厚生者也。"民失其性"，犹云民失其所禀以生。"天地之性"，即所谓"天地之大德曰生"也。

> 《周语》上，"先王之于民也，懋正其德，而厚其性；阜其财求，而利其器用"。

"厚其性"者，厚其生也。

《左传》文七年，"正德，利用，厚生，谓之三事"。成十六，"民生厚而德正，用利而事节"。襄二十八，"夫民生厚而用利，于是乎正德以幅之"。文十六，"时以作事，事以厚生"。皆其证也。（此一证丁声树君所举。）

如上文所分解，《左传》、《国语》中之性字，多数原是生字，即以为全数原为生字，亦无不可也。从此可知性之一观念在《左传》、《国语》时代始渐渐出来，犹未完全成立，至于性之一字，彼时决无之，后世传写始以意加心字偏旁，而所加多不惬当。

《左传》、《国语》中"令"字频见，其用处与《诗经》无二。如下：

第一类为霝字之假借，所谓"令德"、"令名"、"令闻"、"令图"、"令终"、"令龟"、"令王"、"令主"皆是也。

第二类为令字之原始义，如"令无入僖负羁之宫"。《左传》、《国语》中凡此动用之令字多作命字；其偶作令者，恐是后人改写未尽者耳。

第三类为王令或君令之类名，即"政令"、"教令"之类也。如"未能行令"（宣十），"政令于是乎成"（成十六），"择楚国之令典"（宣十二），"以大国政令之无常"（襄二十二），"著之制令"（昭元），"夕以修令"（昭元），"先王之令有之"（《周语》上），"无以赋令"（《周语》上），或为单词，或为合词，皆是也。

第四类为第三类之一例，即"令尹"一词是也。既为专名自可别为一事。令尹亦见于金文，作"命尹"（伊敦，"王乎命尹甄册命伊"）。

《左传》、《国语》中之"命"字，其用法与《诗经》同。两书中出见繁多，不须遍举，今但论其可注意者五点：

一、两书中令、命两字混用，无甚界限，一如西周晚期金文及《诗经》。例如：

樊仲山甫谏曰："不可立也！不顺必犯，犯王命必诛，故出令不可不顺也。令之不行，政之不立，行而不顺，民将弃上。……若鲁从之而诸侯效之，王命将有所壅。若不从而诛之，是自诛王命也。"（《周语》上）

此语中令、命实为一事，乃忽曰令，忽曰命。两书中令、命两字之混用，不可胜数也。

二、以命（或令）为政典教制之称，在两书中极多。此时命（或令）为文书之具体名，用之已甚普遍矣。（后世大体以令为政典，以命为教敕，分别不严，在古则无此分别也。）

三、以命为复词之一节，在两书中已甚多，是彼时命字之用及其变化繁矣。以命为上节者，如"命夫"、"命妇"、"命服"、"命书"（按：册典也）、"命祀"。以命为下节如"好命"、"嘉命"、"时命"、"治命"、"后命"、"前命"、"共命"、"敬命"、"禀命"、"专命"、"用命"、"即命"（见文六年，谓就死也，犹云就身于天命之所定也）、"死命"、"成命"、"废命"、"逃命"（谓避身于命令之外也。宣十二"民闻公命如逃寇仇"，即其义。后世所谓亡命自此出）、"承命"、"违命"、"弃命"、"奸命"、"贰命"、"失命"、"听命"、"闻命"、"请命"、"待命"、"受命"、"辱命"、"将命"、"致命"、"复命"（诸子多作反命）、"改命"、"使命"、"发命"、"奔命"（谓奔赴王命无宁止也）、"一命"、"再命"、"三命"、"追命"、"坠命"（此词亦见金文，假述为坠）、"陨命"、"知命"（见文十三，谓知天命之正也）、"不堪命"，皆当时文告册书中之习语也。

四、动词之命，施用更广泛。在《诗经》中犹以上谓下为限，《左传》中乃有例外，如"叔向命晋侯拜二君"（哀二十六），叔向臣也而以命君，盖此命字犹言谓也。

五、命犹名也。例如下：

> 子同生，以大子生之礼举之。……公与文姜宗妇命之（按：谓议命名也）。公问名于申繻。对曰："名有五，有信，有义，有象，有假，有类。以名生为信，以德命为义，以类命为象，取于物为假，取于父为类。不以国，不以官，不以山川，不以隐疾，不以畜牲，不以器币。周人以讳事神，名终将讳之。故以国则废名，以官则废职，以山川则废主，以畜牲则废祀，以器币则废礼。晋以僖侯废司徒，宋以武公废司空，先君献武废二山。是以大物不可以命。"公曰："是其生也，与吾同物。"命之曰同。（桓六年）

按，"命之"者名之也。"以名生为信，以德命为义，以类命为象"者，后世传写错误，其原文应作"以生名为信"（洪亮吉《左传》诂云，"论衡作生名，下德命作德名，类命作类名"），记其实也。晋侯成师，郑伯寤生是也。"以德名为义"，"命以义"也，取义于正则曰平，取义于灵均曰原者是也。"以类名为象"，若孔子首象尼丘是也。如作"以生命为信，以德命为义，以类命为象"，俾上下文一致，亦通，独如今流传本之颠倒错乱者为不可通耳。下文云"大物不可以命"者，大物不可以名也。"命之曰同"者，名之曰同也。

> 初，晋穆侯之夫人姜氏，以条之役生大子，命之曰仇，其弟以千亩之战生，命之曰成师。师服曰："异哉，君之名子也！夫名以制义。……嘉耦曰妃，怨耦曰仇，古之命也。今君命大子曰仇，弟曰成师，始兆乱矣，兄其替乎？"（桓二年）

按，"命之"，名之也。"古之命"，古之名也。"命太子曰仇弟曰成师"，名太子曰仇，名弟曰成师也。

> 楚人谓乳"豰"，谓虎"於菟"，故命之曰斗谷於菟。（宣四年）

此谓名之曰斗谷於菟也。

依此三例，命有名之一解，名亦可称命。然则卫君如待孔子为政，孔子必先正名者，指整齐令典而言。苟仅如学究荀卿之正名，其指不过如今之审定名词，固可曰"名不正则言不顺"，不可说"事不成"，"刑罚不中"也。是则所谓名家者，亦法家之一类也。

至于天命之说，命正之解，在《左传》已有深远之思想，既不涉文字，当于中卷论之。

第六章　《论语》中之"性""命"字

《论语》中明称天命者，共七见，如下：

> 子曰："……五十而知天命……"（《为政》）
>
> 伯牛有疾，子问之，自牖执其手，曰："亡之，命矣夫！斯人也而有斯疾也，斯人也而有斯疾也！"（《雍也》）
>
> 子罕言利，与命、与仁。（《子罕》）
>
> 子夏曰："商闻之矣，'死生有命，富贵在天'。"（《颜渊》）
>
> 子曰："道之将行也与？命也！道之将废也与？命也！公伯寮其如命何？"（《宪问》）
>
> 孔子曰："君子有三畏：畏天命，畏大人，畏圣人之言。小人不知天命而不畏也，狎大人，侮圣人之言。"（《季氏》）
>
> 孔子曰："不知命，无以为君子也。"（《尧曰》）

亦有未明言天命而所论实指天命者，有下列三处：

> 子曰："天生德于予，桓魋其如予何？"（《述而》）
> 子畏于匡，曰："文王既没，文不在兹乎？天之将丧斯文也，后死者不得与于斯文也！天之未丧斯文也，匡人其如予何？"（《子罕》）
> 子曰："凤鸟不至，河不出图，吾已矣夫！"（《子罕》）

据此，《论语》书中明载命定之义，墨氏攻之，正中其要害。其曰孔子罕言者，或疑孔子言仁言命载于《论语》者既如是多矣，不得云罕，于是强为之解，谓"与命与仁"之"与"字为动词。孔子固与命，然此处文法实不能如是解。《国语》九："杀晋君，与逐出之，与以归之，与复之，孰利？"又《国语》十五："夫以回鬻国之中，与绝亲以买直，与非司寇而擅杀，其罪一也。"又十六："夏后卜杀之，与去之，与止之，莫吉。"皆与"子罕言利与命与仁"为同一文法，可知与字在此仍是联词，非主格之动词也。子罕言命，罕言仁，而《论语》所记者多，盖子所常言，每无须记，其罕言者乃记耳。孔子虽罕言，然其信天命则章章明矣。特孔子所信之天命仍偏于宗教之成分为多，非如孟子，此当于次卷中详之。

《论语》中性字仅两见：

> 子曰："性相近也，习相远也。"（《阳货》）
> 子贡曰："夫子之文章可得而闻也，夫子之言性与天道不可得而闻也。"（《公冶长》）

前一事可以解作生来本相近，因习而日异。"生"、"习"皆无定主动词，故下云"相"，如以性为表质之名词，则与习不对矣。后一事所谓夫子之言性者，其字究应作性或作生，不能于此语之内求之，《论语》中他事亦鲜可供解决此事者，必参考稍后之书始可决之。设如《孟子》书中生、性二义界然划分，则前于此之《论语》中生、性二字可以界然划分，亦不必定界然划分，设如《孟子》书中生、性二义并未界然划分，则前于此之《论语》中，生、性二字更不能界然划分矣。故此点应留待下数章中论之。

第七章　论告子言"性"实言生兼论《孟子》一书之"性"字在原本当作生字

《诗》、《书》、《左氏》、《国语》、《论语》中之性命字，既统计之矣，战国诸子书中之性命字，则不必尽数统计也。时至战国，命字之诸义皆显然分立，不烦疏别，其天命一义亦滋衍丰长矣，此当于次卷论思想变迁中详之。天命之说虽已发展，人性之论，其已自论述具体之生，演为辨析抽象之性乎？今《孟子》、《荀子》、《吕子》诸书中之论性者，果所论者是性不是生乎？纵使性之一义既成，其对于生字之本义果尽脱离乎？自此以下三章，为答此问题而作也。

一　论告子言"性"皆就"生"字之本义立说

> 告子曰："性犹杞柳也。义犹桮棬也。以人性为仁义，犹以杞柳为桮棬。"

> 孟子曰："子能顺杞柳之性而以为桮棬乎？将戕贼杞柳而后以为桮棬也？如将戕贼杞柳而以为桮棬，则亦将戕贼人以为仁义与？率天下之人而祸仁义者，必子之言夫！"（《孟子·告子篇》，下同。）

按，《告子》所谓性，即所谓天生，所谓义，即所谓人为。以天生与人为为对，故曰"仁内也，义外也"。寻告子之意，以为杞柳之生也，支蔓丛出，不循方圆，使之成器，非加以人工不可，人之生亦支蔓丛出，不辨善恶，使之就世间约定之仁义，亦非加以人工不可。所谓"戕贼人性以为仁义"，正荀子之说也。

> 告子曰："性犹湍水也，决诸东方则东流，决诸西方则西流。人性之无分于善不善也，犹水之无分于东西也。"

> 孟子曰："水信无分于东西，无分于上下乎？人性之善也，犹水之就下也。人无有不善，水无有不下。"

> "今夫水，搏而跃之，可使过颡；激而行之，可使在山。是岂水之性哉？其势则然也！人之可使为不善，其性亦犹是也。"

按，告子之说，与孔子"性（生）相近也，习相远也"之说合，孟子则离孔子说远矣。

> 告子曰："生之谓性。"
> 孟子曰："生之谓性也，犹白之谓白与？"曰："然。"
> "白羽之白也，犹白雪之白；白雪之白，犹白玉之白欤？"曰，"然。"
> "然则犬之性犹牛之性，牛之性犹人之性欤？"

寻上文之意，"生之谓性"之性字，原本必作生，否则孟子不得以

"白之谓白"为喻也。

> 告子曰："食色，性也。仁，内也，非外也；义，外也，非内也。"
>
> 孟子曰："何以谓仁内义外也？"
>
> 曰："彼长而我长之，非有长于我也。犹彼白而我白之，从其白于外也，故谓之外也。"
>
> 曰："异于（二字衍文）白马之白也，无以异于白人之白也，不识长马之长也，无以异于长人之长欤？且谓长者义乎，长之者义乎？"
>
> 曰："吾弟则爱之，秦人之弟则不爱也，是以我为悦者也，故谓之内。长楚人之长，亦长吾之长，是以长为悦者也，故谓之外也。"
>
> 曰："耆秦人之炙无以异于耆吾炙，夫物则亦有然者也，然则耆炙亦有外欤？"

寻告子之意，食色生而具者也，恻隐之心自内发，故曰内；至于是是非非贤贤贱不肖，必学而后知之，必习而后与人同，故曰外也。

> 公都子曰："告子曰，性无善无不善也。"

寻告子之义，善恶之辩，由于习俗，成于陶染，若天生之质，则无预于此外来者也。

二　论《孟子》书之"性"字在原本当作"生"字

《孟子》一书，言性者多处，其中有可作生字解者，又有必释作生字然后可解者，如下：

> 或曰："性可以为善，可以为不善。是故文武兴则民好善，幽厉兴则民好暴。"

此或人之言，谓人之生来可以为善可以为恶也。

> 孟子曰："牛山之木尝美矣。以其郊于大国也，斧斤伐之，可以为美乎？是其日夜之所息，雨露之所润，非无萌蘖之生焉。牛羊又从而牧之，是以若彼濯濯也。人见其濯濯也，以为未尝有材焉，此岂山之性也哉？"

所谓山之性，乃山之生来之状，其原文当作"山之生"，如此乃与上文"萌蘖之生"一贯。

孟子曰："尧舜性之也，汤武身之也，五霸假之也"。(《尽心》，下同)

此谓尧舜生来便善，不待人为；汤武力行，然后达于道也。若如今本作性字，则尧舜之圣为性之所生，汤武之身之独不由于性乎？如别古圣人以性之、身之之二类，即无异以性为不备，正与孟子说性相违矣。然则此处本作生字无疑也。

孟子曰："尧舜性者也，汤武反之也。"

此亦与上举一例同义，谓尧舜生而然，谓汤武反躬力行而几于道，非谓汤武所行不由于性也。

孟子曰："形色，天性也。"

此亦谓形色天生而有也。

孟子曰："口之于味也，目之于色也，耳之于声也，鼻之于臭也，四肢之于安佚也，性也，有命焉，君子不谓性也。仁之于父子也，义之于君臣也，礼之于宾主也，知之于贤者也，圣人之于天道也，命也，有性焉，君子不谓命也。"

此语之义，赵岐、朱子皆不尽得其解。今如以性字为生字，文义显然矣。孟子盖谓口之于味，目之于色，耳之于声，鼻之于臭，四肢之于安佚，皆生而然也；然而人之生也有所受于天之正命焉，即义理也，故君子不以此等五官为人生之全也。仁之于父子，义之于君臣，礼之于宾主，知之于贤者，圣人之于天道，皆天所命之义理也，然而人之能行此者其端亦与生而俱焉，故君子不以此等事徒归之于天所命也。此为性命一贯论之最早发挥者，此义待中卷第七章详说之。今说明者即此语中之性字本皆生字也。(《孟子》此一节中命字乃"命正"之义，非"命定"之义，赵解失之。详次卷。)

如上所论，《孟子》一书中虽有性之一义，在原文却只有生之一字，其作性字者，汉儒传写所改也。

第八章　论荀子《性恶》、《正名》诸篇中之之"性"字在原本当作生字

《荀子·性恶篇》之性字，在原书写本未经隶变之前，必皆作生

字，可以下列一事证明之。《性恶篇》首云："人之性恶，其善者伪也。"
杨注曰，"伪，为也，矫也，矫其本性也。"郝懿行曰："性，自然也；
伪，作为也。伪与为古字通，扬氏不了而训为矫，全书皆然，是其蔽
也。"（《荀子补注》）王先谦曰："郝说是。荀书伪皆读为，下文'器生
于工人之伪'，尤其明证。"（《荀子集解》）斯年按，《性恶篇》全篇所论
"其善者伪也"之伪，皆用人为之义，与矫义无涉。据郝、王二氏所考，
全篇之"伪"字，在原本必尽作"为"字，其作"伪"者，后人传写时
所改也。"伪"字既原作"为"字，"性"字亦原作"生"字欤？此亦可
考而知也。篇中有云：

> 今人之性，固无礼义，故强学而求有之也。性（此处必作生字
> 方可通）不知礼义，故思虑而求知之也。然则生而已，则人无礼
> 义，不知礼义，人无礼义则乱，不知礼义则悖。然则生而已，则悖
> 乱在己。用此观之，人之性恶明矣，其善者伪也。

卢文弨校本曰："'生而已'元刻作'性而已'，下同。"寻荀子此段
之意，如皆作性字，固勉强可解，如皆作生字，文义尤顺。今或作性
字，或作生字，乃不可解矣。今假定其皆作性字，绎其义如下：

人之天性之中，本无所谓礼义也。故待强学而求有此礼义。性中本
不知有礼义也，故待思虑而求识此礼义。既如是，若仅凭性之所有为已
足，则人无礼义，且不识礼义矣。人无礼义，且不识礼义，悖谬之甚者
也。既如是，若仅凭性之所有为已足，则悖谬暴乱出于己身矣。由此观
之，人之性之本为恶也明矣。其能为善者，人为之力也。

如此绎之固可解，究嫌勉强，然如全作生字，其意则显矣：

人之生也，本未挟礼义以俱来，故待强学而求有此礼义。人之生
也，本不识何谓礼义也。故待思虑而求识此礼义。既如是，若仅凭生来
所有为已足，则人无礼义且不识礼义矣。人无礼义且不识礼义，悖谬之
甚者也。既如是，若仅凭生来所有为已足，则悖谬暴乱出于己身矣。由
此观之，人之生也恶，其义甚明，其能为善者，人为之力也。

独或作性字或作生字，如今本所具者，在文义为不可通。从此可知
原本必皆是生字，后人传写，寻求文义，乃改其若干生字为性字，然句
如"然则生而已"者，势难改作性字，故犹留此原来形迹。元本校者见
此处独作生，与上下文不一贯也，乃一律改作性。今日据此未泯之迹，
可知原本全篇之皆作生不作性，其改写性字，经汉晋六代至于唐宋而未
曾改尽也。

　　且就《性恶篇》所持之旨论之，其作生也固宜。全篇反复陈说者，皆不外乎申明人之生也本恶，其能为善者人为之力。世之所谓善者，非生而有之者也，学而后有之。所谓恶也，生而具来者也，要在以礼法、教化、规矩、刑罚克服之耳。与其写作《性恶篇》，固不如写作《生恶篇》之足以显其义也。荀子之生恶论，正其以人胜天之主张之一面，其以劝学为教，人道为道，不愿"大天而思之"，而欲"制天命而用之"，皆与生恶说相表里也（参看胡适之先生《中国哲学史大纲》卷上第十一篇第二章）。

　　难者曰，《荀子·性恶篇》中所有性字在未经汉人改写前，固应一律作生字，如君所说矣，然荀书《正名篇》有云："生之所以然者谓之性，性之和所生，精合感应，不事而自然谓之性。"明明以生字解性字，今曰一律作生字，是何说乎？曰此正荀书中一律作生字之证也。请遍观《正名篇》之用辞，此义可晓然矣。《正名篇》曰：

　　　　散名之在人者，——生之所以然者谓之性；性之和所生，精合感应，不事而自然谓之性。性之好、恶、喜、怒、哀、乐，谓之情。情然而心为之择谓之虑。心虑而能为之动谓之伪；虑积焉，能习焉，而后成谓之伪。正利而为谓之事。正义而为谓之行。所以知之在人者谓之知，知有所合谓之智。"智"（据卢文弨校第二智字衍）所以能之在人者谓之能，能有所合谓之能。性伤谓之病，节遇谓之命。是散名之在人者也，是后王之成名也。

又曰：

　　　　故万物虽众，有时而欲遍举之，故谓之物。物也者，大共名也。推而共之，共则又（原作有，据王念孙改）共，至于无共，然后止。

　　循荀子之用语也，好用在语法上异其作用之同字于一句中，即如《非十二子篇》，"信信，信也"（上信字为动词，中信字为名词，下信字为谓词）。如不贯上下文以读之，几不可解。今《正名篇》曰，"所以能之在人者谓之能，能有所合谓之能"。如此句法，则正名之界说性也，固应作"生之所以然者谓之生，生之和所生，精合感应，不事而自然谓之生"。如将下生字改为性字，语法不类矣。今固不能改下一能字为别一字，即亦不当改下一生字为性字也。至于"知之在人者谓之知，知有所合谓之智"，智字应为知字，不应作智字，卢文弨校本中已说之矣。

又如"推而共之，共则又共，至于无共然后止"，亦是此等变化字义法。此种造语之法是否可为行文之法式，今不具论，然此种风格甚显意趣。《荀子》书有刻意造辞之迹，与前此子书之但记口语者不同，此其一证矣。

第九章　论《吕氏春秋》中"性"字在原本当作"生"字

晚周子书中，年代确可考者为《吕氏春秋》，此书明言成于"维秦八年，岁在涒滩"，此书固当为晚周诸子书中之最晚者矣。其《本生篇》泛载生字与性字，前文正在论生，后文乃直继以论性之语，忽又直继以论生之语，今日分写生性二字，若语无伦次然，然若知原本当皆作生字，性即生也，则上下文理通矣。今录而释之如下：

> 始生之者，天也。养成之者，人也。能养天之所生而勿撄之，谓之天子。天子之动也，以全天为故者也。此官之所自立也。立官者以全生也。今世之惑主，多官而反以害生，则失所为立之矣。譬之若修兵者以备寇也，今修兵而反以自攻，则亦失所为修之矣。

此所论者明明生也，而下文忽接以论性。

> 夫水之性清，土者抇之，故不得清。人之性寿，物者抇之，故不得寿。物也者所以养性也，非所以性养也。今世之人惑者，多以性养物，则不知轻重也。（按：此明明谓养生，下同。）……是故圣人之于声色滋味也，利于性则取之，害于性则舍之，此全性之道也。世之贵富者，其于声色滋味也多惑者，日夜求幸，而得之则遁焉；遁焉，性恶得不伤？

此虽著性字，所论实养生也。下文接此乃著生字。

> 万人操弓，共射其一招，招无不中。万物章章以害一生，生无不伤，以便一生，生无不长。故圣人之制万物也，以全其天也。天全则神和矣，目明矣，耳聪矣，鼻臭矣，口敏矣，三百六十节皆通利矣。若此人者，不言而信，不谋而当，不虑而得，精通乎天地，神覆乎宇宙，其于物无不受也，无不裹也，若天地然。上为天子而不骄，下为匹夫而不惛，此之谓全德之人。

其下文则上句著性字下句著生字，然所论者固为一事，承前文而说也。

> 贵富而不知道，适足以为患，不如贫贱。贫贱之致物也难，虽欲过之，奚由？出则以车，入则以辇，务以自佚，命之曰招蹶之机。肥肉厚酒务以自强，命之曰烂肠之食。靡曼皓齿，郑卫之音，务以自乐，命之曰伐性之斧。三患者贵富之所致也。故古之人有不肯贵富者矣，由重生故也，非夸以名也，为其实也。则此论之不可不察也。

此篇标题曰《本生》，文中所指，关养生者多，关养性者少。然则《吕子》此篇，原本必上下一贯用生字不用性字，其改作性字者后世写者所为也。

《重己》一篇亦如是。全篇皆论养生之道，篇末忽著"安性"、"养性"、"节性"诸词，按以上文，知即"安生"、"养生"、"节生"也。《贵生篇》正作"养生"，可证也（《庄子》亦作"养生"不作"养性"）。

《吕氏春秋》乃战国时最晚之书，吕书中无生、性二字之分，则战国时无此二字之分明矣。其分之者，汉儒所作为也。

第十章 "生"与"性"、"令"与"命"之语言学的关系

以上诸章，说明生、性、令、命诸字在先秦遗文及先秦经籍中如何出现及其如何演变，兹总括前文，约其旨要，以论其形与音。

一 字形

令字乃复体象形字，像一人跽于屋宇或帐幕之下，《说文》以为从A卩者。就战国时字体附会之说，非所以论此字之原也。在殷商及周初文字中，令字及从令之字皆作此形。后来像人跽形之部渐就省易，所像之形遂不可识。约当西周中叶，即昭穆以后，书者复加口字于令字之旁。初则从口之部在行列之外，后乃与令字溶为一体（参看本卷第二章）。在西周晚期金文中，一器中或专用令字，或专用命字，或命、令二字互用，可知此时令、命二字虽作两体，实是一字，不应有截然不同之两音，如今日令从来母、命从明母者也。历西周末至春秋，两字虽字体不同，其用法则实无分别可以窥见。此两字之读音究竟至何时始分化，不可详矣。兹为图以明其演变之迹。

生字乃金文及先秦经籍中所普用之字，
虽有时借眚为之（如"既眚魄"），然后代
"百姓"之姓，"性命"之性，在先秦古文皆
作生，不从女，不从心。即今存各先秦文籍
中，所有之性字皆后人改写，在原本必皆作
生字，此可确定者也。后世所谓性命之性字，
在东周虽恍惚若有此义，却并无此独立之字
也，吾作此语，非谓先秦无从心之性字之一
体。战国容有此字，今不可考，然吾今敢断
言者，战国纵有此字，必是生字之或体，与
生字可以互用。准以文王之文字从心作忄，兼
以战国文字好加偏旁，从心之性字成立于彼
时固为可能，特此字对生字并非独立，仅是
其异文而已。其分别生、性二字者，秦后
事也。

或以为生死之生与性善之性在晚周既有
文义的分别，则虽作一字不必以为一字也。
不知此解似是而实误。字者，语词之代表也；
词者，语义之发音也。凡一名在字在词尚未
分判为二体之时，纵有相联而异之语义，亦
不易界画井然，无所淆混。今日受哲学之训练，守逻辑之纪律者，尚不
易在用重要名词时谨守其界说，遑论晚周诸子？故生性二字之未相互独
立，即生性二词之未相互独立，生性二词未互相独立，即生性二义之未
能不淆也。试看孟荀所著，此情显然。荀子所谓性恶者，即谓生来本恶
也。孟子所谓性善者，亦谓生来本善也。在其论"性"时，指天生之具
体事件耶？抑指禀赋之抽象品德耶？按其文义，忽谓此，忽转谓彼，今
诚不易严为界画。其实二子心中固未将此二事尽量分别清楚。二字之未
到相互独立地步，即致此现象之一因也。

二　字音

字形（可简称字）者，一词或一系词之符号也。字形本身并非语言
之枝节或体躯，其作用仅如人之有名字。名字固一人之符号，然一名字
与其所代表之实体无关也。故今日可以罗马字母写汉语，亦可以汉字记
英语。汉语之用汉字书写之者，其始出于一事之偶然，其后成于数千年

之习惯，今日混汉字汉语为一事，诚未可也。然汉语历数千年用汉字为其符号，汉语之变化惟有借汉字之符号求之，故今日舍字形之学而论字音之变，亦必有所不通矣。称中国语言学为中国文字学者，误也，舍文字之语言学，亦必遇其所不可通者焉。

字音者，一词或一系词之本身也。故一词之认识在其音不在其形（戴、段、王、孔诸氏皆申明此说）。其演变即其音之迁动也。今审求生性令命诸字之音如下。

生，《广韵》下平声，十二庚，所庚切。又去声，四十三敬，所敬切，是此一字有平去两读。性，去声，四十五劲，息正切。所为审母三等字，息为心母字。心为舌头磨擦音，当等于国际音标中之 S，审在照穿床审禅一列（或称部）中，此列乃稍后于舌头之音，而审又与心为同行（或称位。举例说之，重唇轻唇，部之别也，在表中可以横行之列容之。磨擦破裂，位之别也，在表中可以直行之行容之。行列易称亦可），故二母最易相变，高本汉氏以 S. 表之。生性二文本是原字孳乳字之关系，今按之《广韵》，二字虽异纽，而二字之纽实相近而易互变者也。至于二字之韵亦可识其古同。盖劲为清之去声，而庚、耕、清、青、蒸、登六韵（以平括上去入）在等韵中本为一类也（参看陈澧《切韵考·外篇》卷二）。庚、耕、清、青以大齐言之，古为一类，此类即戴氏之第十三部婴，段氏之第十一部庚，王念孙氏之第六部耕，江有诰氏之第十三部庚也。

令，《广韵》去声，四十五劲，力政切。命，去声，四十三映，眉病切。映、劲固同韵类，同声调矣，而纽则令为来母，命为明母，全不同也。按之金文，一器之中，同样用法之下，令命二字互写，知此二字在古初必无不同之读如今日所见者，此其故何耶？又据《诗经》、《左传》借令字以写霝字，霝为平声，《诗经》之令字、苓字、零字大体与平声字为韵，知令字古必有平去二读，如生字之有平去二读，此亦待解者也。

欲审辩此事，有一先决之问题在，即汉字在古初是否一字仅有一音一声调是也。试览《说文音韵表》、《说文声类》诸书，吾辈可将同所从声之字及所从声之原字认为音读大同或极近，而依不易识出之法式微变其音读，然不能冒然认为绝同也。又试思一字之音异其声调者，如颜之推、陆德明所论，《经典释文》及诸古字书所载，其故何耶？颜之推曰：

夫物体自有精粗，精粗谓之好恶；人心有所去取，去取谓之好恶。（上呼号、下乌故反。）此音见于葛洪、徐邈，而河北学士读《尚书》云，"好（呼号反）生恶（於谷反）杀"，是为一论物体，一就人情，殊不通矣。（《颜氏家训·音辞篇》）

陆德明曰：

> 夫质有精粗，谓之好恶（并如字）；心有爱憎，称为好恶（上呼报反、下乌路反）。当体即云名誉（音预），论情则曰毁誉（音余）。及夫自败（蒲迈反）败他（蒲败反）之殊，自坏（呼怪反）坏撤（音怪）之异。此等或近代始分，或古已为别，相仍积习，有自来矣。余承师说，皆辨析之。比人言者多为一例。……莫辨复（扶又反，重）复（音服，反也），宁论过（古禾反，经过）过（古卧反，超过）。……如此之俦，恐非为得。

如斯之例，寻之于古字书及释文，为数极多。此之分别究为后起而古无之耶？抑古本有之，后来渐失，仅存若干例于书中耶？颜、陆对此，并无断定。颜氏举葛洪、徐邈为言，信旧有此别矣，乃同篇中论焉字两读云："河北混同一音，虽依古读，不可行于今也。"又以"江南学士读《左传》，军自败曰败，打破人军曰败（补败反）……为穿凿"，似心中摇摇未定也。然《公羊传》成于西汉，有曰：

> 春秋伐者为客，伐者为主。

何休注曰：

> 伐人者为客，读伐长言之，齐人语也。见伐者为主，读伐短言之，齐人语也。

知此特质之存在早矣！何休以为齐人语者，非齐人造之，乃齐人承古未变耳。古者词句简，字中含此变化，后来表示语法作用之副词增多，如"见伐"、"所生"、"以告"之类，于是古汉语中此一特质逐渐消失，另以副词代此多项语法作用矣。

细审之，如此类者，不可以为一字有不类之两读，乃一词缘语法之作用，因其在句中之位置，而有两读。此两读者，乃一源而出之差异，或仅异其声调，或并微异其音质，或缘声调之异而微异其音质。颜说未彻，何例诚精，此固古汉语中之绝大问题，当俟语学家解决之也。

此类变化，所表者必为语法作用，可以无疑，其表示何种语法则未易理解。意者所表者乃多种之语法作用，不限一类，故其头绪不易寻也。如王之读去声（《孟子》可以王，《中庸》王天下之王），是一名用词、一动用词之差异也。伐之急言短言（此别必为声调的），是一主呼、一受呼之差异也。好恶之读去声，是一静用词（与名用本为一类）、一动用词之差异也。正字有征政二读（金文中三字不分），告字有入去二读，疑是一示动作、一示所动作之结果之差异也。如斯之例，求之于释文，当甚多矣。

今所论生与性、令与命之音的关系，当不出上列诸类之一。幸有《荀子》一节可以证明此事。

> 生之所以然者谓之生（传本作性，今改正，说见本卷第八章，以下同）。生之和所生，精合感应，不事而自然谓之生。……心虑而能为之动谓之为（传本作伪，据郝氏说改正）。……所以知之在人者谓之知，知有所合谓之知（传本作智，据卢改）。所以能之在人者谓之能，能有所合谓之能。

上为字平声（远支切），下为字读伪，去声（于伪切）。上知字平声，下知字读智，去声。上能字平声，下能字据杨注读耐，去声。（按《乐记》："故人不耐无乐，乐不耐无形，形而不为道，不耐无乱。"郑注曰："耐，古书能字也，后世变之，此独存焉。"）同样句法皆如此，生之一字当不异。生字本有平去两读，则此处上生字当为平，下生字当为去，其读去之生字即后世所谓性字也。性与生字之异读，除声调外，性字多一齐齿介音，此介音如何来，或受声调改变之影响，或受前加仆音，如西藏语此种变化（李方桂先生疑其或如此），当俟语言学家解决之矣。

若言其语法上差异，则上文生、为、知、能四字作平读者，动词之正格，表动作者也。下文同样四字作去读者，缘动词而成之名词，表动作之所成（resultative）者也。今可举其大齐简言之曰，"生（去读），所生（平读）也"，如以后代分化字体写之，则"性，所生也"。

古书中语法类此者甚多，如：

> 孔子对曰：君君、臣臣、父父、子子。公曰：善哉！信如君不君，臣不臣，父不父，子不子，虽有粟，吾得而食诸？（《论语·颜渊》）

> 老吾老，以及人之老；幼吾幼，以及人之幼。（《孟子·梁惠王》上）

信信，信也；疑疑，亦信也。贤贤，仁也；贱不肖，亦仁也。
（《荀子·非十二子》）

似此之例，如辑类之，可至于无穷。在后世摹拟此种文句者，固不辨其读音依语法而变化，在古初自是语言中之一自然现象，有音差可征。因汉字记音不细密，此等微细处未尝有别，乃为后人所不识耳。

依生与性之关系，以察令与命之关系，两者为一类。令字古有平去二读，如上文所说，韵部又同，所差在纽及介音耳。令开口而命合口者，疑命字之介音或出于纽之影响，纽变为重唇，乃出合口之介音。此处纽之差别为来、明二母。来、明二母古本交错，如来之为麦，蛮之为蛮，是其例也。故令命两字之纽如此差异，本非不可想像者，然究缘何事有此差别，亦当虑及也。意者此一词两字之纽，古为复合仆音，或 ml 或 bl，受音调变化之影响，一失其 m 而为后世读令之音，一失其 l 而为后世读命之音，或本为 l，因语法变化加 m 为前支，久而前支 m 成为纽之本身，原有之纽 l 变后混于介音中。凡此涉想，吾将俟语言学家理之。今可质言者，即令命实为一词，因语法变化，虽为一词而有两读，古者令命两体固为一词，亦各有 l、m 两组，非令从 l 命从 m，后来乃分化为断然不同之二音，复以二体分别表之耳。今依释生字之例，释令命两字之关系曰：令作平声读者，动词之正格，表动作者也；作去声读者（后为命字），缘动词而成之名词，表动作之所成者也。举其大齐简言之，"令（去声），所令（平读）也"，以后代分化字体写之，"命，所令也"。

尚有一事须提及者，即令命二字之收声在古必为 n 不为 ŋ，此可以令命两字在《诗经》与天人诸字为韵求之。此两字在古音中应居段氏第十二真部，王氏第七真部，江有诰氏第十二真部，不与阳、庚、蒸等部相涉也。

兹附假定之图以明此变。

	主动词　动词主格 平声	所成名词　因主动词所示之动作，而成就者，亦即动词受格之变为名词用者。 去声
"生""性"一词	saŋ（平）	saŋ（去）或 siaŋ（去）
"令""命"一词	mlin（平）或 blin（平）	mɯin（去）

〔附志〕按：诸词之王音，其细密之分别与本节论旨无关，故仅用知其相近之音符书之，不必严格定之也。参看高本汉氏书。

三 字 义

因形识字，因音识词，因一词之音之微变识词性之作用，因词性之作用可以辨字义矣。一词之众义，在枝蔓群生之后，似觉其离甚远，有时或并不觉其有关系，然由词性作用以求之，其关联多可通或皆可通也。令命之本义为发号施令之动词，而所发之号、所出之令（或命）亦为令（或命）。凡在上位者皆可发号施令，故王令、天令在金文中语法无别也。殷世及周初人心中之天令（或作天命）固"谆谆然命之"也，凡人之哲，吉凶，历年，皆天命之也（见《召诰》）。犹人富贵荣辱皆王命之也。王命不常，天命亦不常；王命不易，天命亦不易（解见次卷）。故天命、王命在语法上初无别，在宗教意义上则有差。天命一词既省作命，后来又加以前定及超于善恶之意，而亡其本为口语，此即后来孔子所言之命，墨子所非之命。从此天命一词含义复杂，晚周德运之说，汉世谶书之本，皆与命之一义相涉矣。

生之本义为表示出生之动词，而所生之本，所赋之质亦谓之生（后来以姓字书前者，以性字书后者）。物各有所生，故人有生，犬有生，牛有生，其生则一，其所以为生者则异。古初以为万物之生皆由于天，凡人与物生来之所赋，皆天生之也。故后人所谓性之一词，在昔仅表示一种具体动作所产之结果，孟、荀、吕子之言性，皆不脱生之本义。必确认此点，然后可论晚周之性说矣。

春秋时有天道人道之词，汉儒有天人之学，宋儒有性命之论。命自天降，而受之者人，性自天降，而赋之者人，故先秦之性命说即当时之天人论。至于汉儒天人之学，宋儒性命之论，其哲思有异同，其名号不一致，然其问题之对象，即所谓天人之关系者，则并非二事也。

中卷 释义

第一章 周初人之"帝""天"

在论周人"上帝"、"皇天"之观念以前，宜先识太古之"帝"、"天"为何如之物。

上古中国人之"上帝"、"皇天"观念何自来乎？如何起源？如何演进？此一问题极大，非本书所能悉论。其专属于历史或古代民族学者，当于他处论之（此类文稿多写成于六七年以前，以后分期在本所集刊登载），其与周人天道观有涉各事，则于此章说之。此类问题待说者有三：
一、抽象之"帝""天"何自演出？二、殷人之"帝"是人王抑是天神？
三、周初之"帝""天"是否袭自商人？此三问题中，以第三题为本章
之基础，为解答此题，第一、第二两题亦不可无说。

抽象之上帝皇天决不是原始时代之天神观念。早年之图腾标识，自
然物与自然力，以及祖先，乃是初民崇拜之对像。从此演进，经若干步
程，方有群神之主宰，方有抽象之皇天，方有普照之上帝。由宗神进为
上帝，由不相干之群神进为皇天之系统，必经过甚多政治的、社会的、
思想的变化，方可到达。此种发展之步程，可于印度、美索布达米、埃
及、希腊、以色列各地古宗教史征之。就中国论，古来一切称帝之神王
皆是宗神（tribal gods），每一部落有其特殊之宗神，因部落之混合，成
为宗神之混合，后来复以大一统思想之发达，成为普遍的混合。《尧典》
所载尧廷中诸人，舜、四岳、禹、弃、契、皋陶、垂、益、伯夷、夔、
龙、以及殳斨、伯与、朱虎、熊罴，《左传》文十八年所载苍舒、隤敳、
梼戭、大临、龙降、庭坚、仲容、叔达、伯奋、仲堪、叔献、季仲、伯
虎、仲熊、叔豹、季狸以及帝鸿、少皞、颛顼、缙云，其来源皆是宗
神，即部落之崇拜。后来或置之于一堂，或列之于多系，其混合方式要
不出于战伐的，文化的，思想的。两民族或两部落攻战之后，一败一
胜，征服人者之宗神固易为被征服者所采用，有时被征服者之宗神，亦
可为征服人者所采用。文化高者之宗神固可为文化低者因文化接触而采
用，有时亦可相反。本非一系一族之部落，各有其宗神，后来奉大一统
思想者，亦可强为安置，使成亲属。此等实例累百累千，世界各地之古
史皆有之，不以中国为限矣。今举三例以明其变化之大。古者中国南方
有拜火教，诸部落奉此教者之宗神，以象物言之曰祝融（后称炎帝），
以象功言之曰神农（农融古当为一词）。此一崇拜，其祠祀中心，原在
江汉衡湘，后来秦岭山脉中姜姓部落（即上古之羌），奉此祠祀，于是
有炎帝神农氏之混合号，于是神农为姜姓之祖矣（说别详）。又如鲧、
禹平水土之创世论本为居处西土诸夏部落所奉信，后来以诸夏文化之声
威远被，百越奉此祠祀，匈奴受此传说，于是勾践、冒顿皆祖夏禹，而
胡、越一家矣。又如耶和华一神本是以色列诸部之一宗神，浸假而为以
色列全族之宗神，复以犹太教、耶稣教之抽象思想进展，耶和华一神，
在后来全失其地域性，在今日为世上一切奉耶稣教各派者之普遍天
父矣。

殷周人之帝天，其观念之演变及信奉之流传，自亦不免走此一路。余在《新获卜辞写本后记跋》中论此事较详（载《安阳发掘报告》第二期，民国十九年出版），兹移录其数段于下：

（周人）在这样的接受殷化中最重要的一件事，是竟自把殷人的祖宗也认成自己的祖宗了。周人认娘舅的祖宗本有明例。如："厥初生民，实为姜嫄。"这是认了太王的妻的祖宗。至于认商的始祖，尤其是中国人宗教信仰之进化上一个大关键。这话说来好像奇怪，但看其中的情形，当知此说大体是不误的。

初民的帝天，总是带个部落性的。旧约的耶和华，本是一个犹太部落的宗神。从这宗神演进成《圣约翰福音》中的上帝，真正费了好多的事，决不是一蹴而成。商代的帝必是个宗族性的，这可以历来传说商禘帝喾为直证，并可以商之宗祀系统中以帝俊（即帝喾）为高祖为旁证。周朝的上帝，依然和人一样，有爱眷，有暴怒（见《诗·皇矣》），然而已经不是活临活现的嫡亲祖宗，不过是"践迹"而生。且将在此一事上商周的不同观念作一比较：

商　"有娀方将，帝立子生商。"这是说，商为帝之子，即契为喾之子。

周　"履帝武敏歆。攸介攸止。载震载夙，载生载育，时维后稷。诞弥厥月，先生如达。不坼不副，无菑无害，以赫厥灵。上帝不宁，不康禋祀，居然生子。"这是说，稷为姜嫄之子，而与上帝之关系是较含糊的。

这样看来，虽说殷周的上帝都与宗姓有关系，然而周的上帝确是从东方搬到西土的，也有诗为证。

皇天上帝，临下有赫。监观四方，求民之莫。维此二国，其政不获。维彼四国，爰究爰度。上帝耆之，憎其式廓。乃眷西顾，此维与宅。

把这话翻译成后代的话，大致便是：

大哉上帝，明白的向下看着。监看四方的国家，求知道人民的疾苦。把这两国看，看得政治是不对的。把那四方之国再都一看，看来看去，考量了又考量，上帝觉得他们那样子真讨厌。于是转东西看，看中了意，便住在这里了。

这个上帝虽在周住下所谓"此维与宅"，然而是从东方来的（二国，《毛传》以为夏殷，当不误）。这话已经明说周人之帝是借自东土的了。进一步问，这个上帝有姓有名不呢？曰：有，便是帝喾。何以证之？曰：第一层，"履帝武敏歆"，《毛传》曰："帝，高辛氏之帝也。"因为我们不能尽信《毛传》，这话还不算一个确证。第二层，《鲁语》上："商人禘喾而祖契，郊冥而宗汤。周人禘喾而郊稷，祖文王而宗武王。……上甲微，能帅契者也，商人报焉，高圉，大王，能帅稷者也，周人报焉。"这句话着实奇怪，照这话岂不是殷周同祖吗？然殷周同祖之说，全不可信，因其除禘帝喾以外全无同处。且周人斥殷，动曰"戎商"、"戎殷"，其不同族更可知。然《鲁语》这一段话，又一定是可靠的，因为所说既与一切记载合，而商之禘喾，上甲之受报祭，皆可由殷虚卜辞证明。一个全套而单纯的东西，其中一部分既确切不移，则其他部分也应可信。那么，这个矛盾的现象，如何解释呢？惟一的可能，足以不与此两个都可信的事实矛盾者，即是：商人的上帝是帝喾，周人向商人借了帝喾为他们的上帝，所以虽种族不同，至于所禘者，则是一神。帝者，即所禘者之号而已。第三层，《世本》、《史记》各书皆以为殷周同祖帝喾。这个佐证若无《左传》、《国语》中的明确的记载，我们或者不相信的，但一有《国语》中那个已有若干部分直接证明了的记载，而我们又可以为这记载作一个不矛盾的解释，则《世本》、《史记》的旁证，也可引来张目了。

　　禘、帝是一个字，殷虚文字彝器刻词皆这样。帝郊祖宗报五者，人称、礼号皆同字，所在地或亦然。帝之礼曰帝（禘），帝（禘）时所享之神为帝。祀土之礼曰土（社），祀土之所在曰土（社），所祀之人亦曰土，即相土。殷之宗教，据今人研究卜辞所得者统计之，除去若干自然现象崇拜以外，大体是一个祖先教，而在这祖先教的全神堂（Pantheon）中，总该有一个加于一切之上的。这一个加于一切之上的，总不免有些超于宗族的意义。所以由宗神的帝喾，变为全民的上帝，在殷商时代当已有相当的发展，而这上帝失去宗神性最好的机会，是在民族变迁中。乙民族用了甲民族的上帝，必不承认这上帝只是甲民族的上帝。《周诰》、《周诗》是专好讲上帝三心二意的，先爱上了夏，后来爱上了殷，现在又爱上了周了。这样的上帝自然要抽象，要超于部落民族，然而毕竟《周诗》的作者，不是《约翰福音》的作者，也不是圣奥古斯丁，还只是说上帝是"谆谆然命之"的。

古经籍中之帝喾即甲骨卜辞中之夋（或曰"高祖夋"），而甲骨文中之夋，即《山海经》之帝俊，王国维已确证之（《观堂集林》九），在今日已成定论矣。试一统计甲骨卜辞中"帝"之出现数，尤觉殷人之单称"帝"者，必为其所奉为祖宗者之一，以其对此单称帝者并无祭祀也。据孙氏海波《甲骨文编》，共收帝字六十四，除重出者一条外，凡得六十三，其中单称"帝"者二十六：

今二月帝不令雨。（藏一二三，一）

庚子卜，□贞：帝令□（雨）。（藏二一七，四）

贞：帝令雨，弗其足年。（前一，五十，一）

帝令雨足年。（同上）

壬子卜，□（贞）：㞢自今至□（于）丙□，帝□（令）雨王□（受）□（又）。（前六，二十，二）

庚戌□（卜）㞢贞：□（不）雨，帝不我。……（藏三五，三）

□□□（卜）□贞：今三日，帝令多雨。（前三，十八，五）

□丑卜，贞：不雨，帝隹堇（馑）我。（甲一，二五，十三）

……日帝……堇我。（一五九，三）

庚戌卜，贞：帝其降堇。（前三，二四，四）

□□卜，贞……帝……降□（堇）。（前四，十七，六）

我其巳（祀）宾，乍（则）帝降若。（前七，三八，一）

我勿巳宾，乍（则）帝降不若。（同上）

丙子卜，㞢贞：帝弗若。（藏六一，四）

帝弗若。（后下十四，四）

贞王乍（作）邑，帝若。（藏二二〇，三）

贞王乍（作）邑，帝若。（后下十六，十七）

贞勿伐呂，帝不我其受又（祐）。（前六，五八，四）

……伐呂方，帝受（授）我又。（甲一，十一，十三）

帝弗凸于王。（藏一九一，四）

贞帝弗其奠王。（后下二四，十二）

贞帝于令。（前三，二四，六）

庚戌卜，贞：山带亞隹帝令伇。（前五，二五，一）

贞帝弗□兹□。（前七，十五，二）

戊寅卜，宾贞：帝……（同上）

甲午卜，敝贞：帝……（菁十，八）

其用为动词即后来之"禘"字者十七：

贞帝于王亥。（后上十九，一）

戊戌□（卜）帝黄**夬**二犬。（前六，二一，三）

帝黄**夬**三犬。（同上）

戊戌卜，帝于**夬**□。（甲一，十一，六）

甲辰卜，宾贞：帝于……（后上二六，五）

辛酉卜，亘贞：方帝，卯一牛，**屮**南。（前七，一，一）

方帝。（甲一，十一，一）

勿方帝。（同上）

丁巳卜，贞：帝**蒸**（爰）。（前四，十七，五）

贞帝**蒸**三羊三豕三犬。（同上）

癸酉贞：帝五丰，其三牢。（后上二六，十五）

丙戌卜，贞：**叀**犬**屮**豕帝。（前七，一，二）

……帝既……于……豕二羊。（藏一七八，四）

帝佳癸其雨不（否）……（前三，二一，三）

……**兹**丁不佳帝曰……（藏二，一戬三二，五）

贞帝。（甲一，十一，十八）

往佳帝（甲一，二九，十一）

其用为先王之名号者六：

□□卜，贞：大……王其又……文武帝（即文武丁，即文丁）……王受又。（前一，二二，二）

乙丑卜，□（贞）：其又**人**□□（文）武帝……三牢正□（王）□（受）**人**。（前四，十七，四）

……文武帝……（甲二，二五，三）

……王……**人**……帝……又。（前四，二七，三）

己卯卜，**賓**贞：帝甲（即祖甲）**敚**……其**家**且丁……（后上四，十六）

□酉卜，**賓**□（贞）：帝甲丁……其牢。（戬五，十三）

其词残缺或其义不详者十四：

佳帝……**昌**西：（藏八七，四）

……帝……（藏八九，三）

壬□卜，宾贞：帝……（藏一〇九，三）

贞帝……（藏二五七，三）

丁亥□（卜），瞉贞：□佳帝……（藏二六七，一）

佳帝臣令。（余七，二）

壬午卜，寮土从田帝乎……（拾一，一）

……帝……（前一，三一，一）

□子卜，贞：□帝……（前五，三八，七）

……于□帝……（前六，三十，三）

贞……立帝……（后下九，六）

……帝……（后下三十，二）

□子卜……帝……（甲二，二五，五）

□□卜，贞……王其：帝……（后下三二，十五）

又有孙书收入合文之　片，关系重要，并列于此。

……兄……上帝……出……（后上，二十八）

依此统计（各条由同事胡福林君为我检出，谨志感谢。又，《甲骨文编》未收最近出版者及王氏襄书，故此统计不可谓备，然诸家著录之甲骨文多杂具各时代，皆非所谓"选择标样"，故在统计学的意义上，此一"非选择的标样"之代表性甚大。后来如广为搜罗，数量诚增加，若范畴之分配，则必无大异于此矣），知商人禘祭之对象有彼所认为高祖者，如王亥，有图腾，如帝（此以字形知其为图腾）。其称先王为帝者，有祖甲，有文丁，皆殷商晚世之名王，虽无帝乙，帝乙之名必与此为同类也（当由纣时卜辞不在洹上之故）。先王不皆受禘祭，受禘祭者不皆为先王。先王不皆号帝，号帝者不皆为先王。知禘礼独尊，帝号特异，专所以祠威显，报功烈者矣。其第一类不著名号之帝，出现最多，知此"不冠字将军"，乃是帝之一观念之主要对象。既祈雨求年于此帝，此帝更能降馑、降若、授祐，此帝之必为上天主宰甚明。其他以帝为号者，无论其为神怪或先王，要皆为次等之帝，所谓"在帝左右"、"配天"、"郊祀"者也。意者最初仅有此不冠字之帝，后来得配天而受禘祭者，乃冠帝字。冠帝字者既有，然后加"上"字于不冠字之主宰帝上，而有"上帝"一名。此名虽仅一见于甲骨卜辞，载此之片，仅余一小块，"上帝"之上下文皆阙，然此上帝必即上文第一类不冠字之帝，亦必即周人之上帝，见于《周诰》、《雅》、《颂》大丰敦宗周钟者，按之情理，不容有别解也。此上帝之必为帝喾，即帝俊者。有一事足以助成此想：如此重要之上帝，卜辞中并无专祀合祀之记载，是此帝虽有至上之神权，却似不受人间之享祀者然，固绝无此理也。然则今日所以不见祀此不冠字帝之记载者，必此不冠字之帝即在商人祭祀系统中，祀时著其本名，不关祀事者乃但称帝（或依时期而变易）。此"上帝"既应于殷商祭祀系统中求其名称，自非帝俊无以当之，此帝俊固为商人称作"高祖"，亦固即经典中之帝喾也。（商人祀典，自上甲以下，始有次序可考。此外称高祖者二，一为夒，一为亥；明知其非祖先者二，一曰河〔旧释娀乙〕，一曰岳〔即四岳之岳〕。此外每作动物形，此类似皆为自图腾演化而出之宗神，然其相互之关系则不易考也。）

周人袭用殷商之文化，则并其宗教亦袭用之，并其宗神系统中之最上一位曰"上帝"者亦袭用之。上帝经此一翻转移，更失其宗神性，而为普遍之上帝。于是周人以为"无党无偏"以为"其命无常"矣。今日读《诗》、《书》，心知其意者，或觉其酷似《旧约》矣。

一位治汉学之美国人语余曰，天之观念疑自周起，天子之称，疑自周人入主中夏始。按，周之文化袭自殷商，其宗教亦然，不当于此最高点反是固有者。且天之一字在甲骨文虽仅用于"天邑商"一词中，其字之存在则无可疑。既有如许众多之神，又有其上帝，支配一切自然力及祸福，自当有"天"之一观念，以为一切上神先王之综合名。且卜辞之用，仅以若干场所为限，并非记当时一切话言之物。《卜辞》非议论之书如《周诰》者，理无需此达名，今日不当执所不见以为不曾有也。《召诰》曰："皇天上帝，改厥元子，兹大邦殷之命。"此虽周人之语，然当是彼时一般人共喻之情况，足征人王以上天为父之思想，至迟在殷商已流行矣。夫生称"天君"，死以"配天"之故乃称帝，是晚殷之骄泰也，生称天子，死不称帝，是兴周之竞竞也。（天子之称，虽周初亦少见。今日可征者，仅周公敦中有天子一词，而作册大方鼎称王曰"皇天尹〔君〕"，其余称王但曰王。自西周中叶以后，天子之称始普遍，知称天以况王辟，必周初人承受之于殷商者也。然则天子之一思想，必不始于周人，其称谓如此，则虽周初亦未普遍也。）

第二章　周初之"天命无常"论

一　周诰、《大雅》之坠命受命论及其民监说　人道主义之黎明

《周诰》之可信诸篇中，发挥殷丧天命、周受天命之说最详，盖周

王受命说即是周公、召公、成王施政教民告后嗣之中央思想，其他议论皆用此思想为之主宰也。此思想之表见大致可分为反正两面：在反面则畅述殷王何以能保天之命，其末王何以失之；在正面则申说文王何以集大命于厥身。以此说说殷遗，将以使其忘其兴复之思想，而为周王之荩臣也；以此说说周人，将以使其深知受命保命之不易，勿荒逸以从殷之覆辙也；以此说训后世，将以使其知先人创业之艰难，后王守成之不易，应善其人事，不可徒依天恃天以为生也。虽出词之轻重有异，其主旨则一也。《周诰》诸篇及《大雅》若干篇皆反覆申明此义者，今引数节以明之，读者可就《周诰》反复诵思，以识其详焉。（西周金文中亦言"受命"、"坠命"，引见上篇第一章，虽所说与《周诰》、《大雅》所说者为一事，而鲜有发挥，故今所举但以《周诰》、《大雅》为限。）

其论殷之坠命曰：

> 我闻惟曰，在昔殷先哲王，迪畏天，显小民，经德秉哲，自成汤咸至于帝乙。成王畏（从孙诒让读，疑畏下脱天字。）相惟御事厥棐（《周诰》中，棐字皆应作非或匪，孙说）。有恭（共）。不敢自暇自逸，矧曰其敢崇饮？……我闻亦惟曰，在今后嗣王酣身，厥命罔显，于民祗保（两句并从孙诒让读），越怨不易。诞惟厥纵淫泆于非彝，用燕丧威仪，民罔不尽伤心，惟荒腆于酒。不惟自息，乃逸，厥心疾很不克畏死，辜在商邑，越殷国灭无罹。弗惟德馨香祀登闻于天，诞惟民怨庶群自酒腥闻在上。故天降丧于殷，罔爱于殷，惟逸。天非虐，惟民自速辜。

> 王曰，封，予不惟若兹多诰，古人有言曰，人无于水监，当于民监。今惟殷坠厥命，我其可不大监抚于时。（以上《酒诰》）

> 周公曰：呜呼！我闻曰：昔在殷王中宗，严恭寅畏天命，自度，治民祗惧，不敢荒宁。肆中宗之享国七十有五年。其在高宗，时旧劳于外，爰暨小人。作其即位，乃或亮阴，三年不言。其惟不言，言乃雍。不敢荒宁，嘉靖殷邦，至于小大，无时或怨。肆高宗之享国五十有九年。其在祖甲，不义惟王，旧为小人。作其即位，爰知小人之依，能保惠于庶民，不敢侮鳏寡。肆祖甲之享国卅有三年。自时厥后，立王生则逸。生则逸，不知稼穑之艰难，不闻小人之劳，惟耽乐之从。自时厥后，亦罔或克寿，或十年，或七八年，或五六年，或四三年。（《无逸》。此处汉石经在宋世犹存一块，洪氏据之，谓："独阙祖甲，计其字当在中宗之上。"段懋堂《尚书撰

异》云："是《今文尚书》与《古文尚书》大异。……此条今文实
胜古文。"此言诚是，然《隶释》所载仅一小块，无从据之恢复原
文，兹仍用开成本。）

凡此皆谓殷之先王勤民毋逸，故足以负荷天命。及其末王，不述祖
德，荒于政事，从于安乐，乃丧天命。

其论周之受命曰：

　　昔我丕显考文王，克明德慎罚，不敢侮鳏寡，庸庸，祗祗，畏
威（今本作威威，据汉儒遗说改，即《诗》之"畏天之威"也。）
显民，用肇造我区夏（周人每自称夏，除此处自称区夏以外，《立
政篇》亦言"伻我有夏，式商受命"，《诗》亦言"我求懿德，肆于
时夏"，"无此疆可界，陈常于时夏"。说详拙著《夷夏东西说》），
越我一二邦以修我西土。惟时怙冒闻于上帝，帝休，天乃大命文王
殪戎殷，诞受厥命。（《康诰》）

　　周公曰：呜呼！厥亦惟我周大王王季克自抑畏。文王卑服，即
康功田功，徽柔懿共，怀保小人，惠于鳏寡。（以上三句中字，据
汉石经残片改。）自朝至于日中昃，不遑暇食，用咸和万民。文王
不敢盘于游田，以庶邦维正之共。文王受命惟中身，厥享国五十
年。（《无逸》）

　　昔君文王、武王，宣重光，奠丽陈教，则肄肄不违，用克达
（挞也，《诗·商颂》"挞彼殷武"）殷集大命。（《顾命》）

　　惟此文王，小心翼翼，昭事上帝，聿怀多福。表德不回，以受
方国。（方，西方。国，四国。《大雅·大明》）

凡此皆谓文王之所以受天大命者，畏天、恤民、勤政、节俭，以致
之也。

其告嗣王以敬保天命之义（周公告成王）曰：

　　旦曰：……节性（生），惟日其迈，王敬作所不可不敬德。我
不可不监于有夏，亦不可不监于有殷。我不敢知曰，有夏服天命惟
有历年，我不敢知曰，不其延。惟不敬厥德，乃早坠厥命。我不敢
知曰，有殷受天命惟有历年，我不敢知曰，不其延。惟不敬厥德，
乃早坠厥命。今王嗣受厥命，我亦惟兹二国命嗣若功。王乃初服。
呜呼！若生子，罔不在厥初生，自贻哲命。今天其命哲，命吉凶，
命历年。今我初服，宅新邑，肆惟王其疾敬德。王其德之用祈天

永命。

此谓应以明德为永命之基，后王不可徒恃先王之受天命而不小心翼翼以将守之也。

其告亡国臣民以服事有周之理由曰：

> 王若曰：尔殷遗多士！弗吊旻天（吊、淑，古一字。）大降丧于殷。我有周佑命，将天明威致王罚，敕殷命终于帝。肆尔多士！非我小国敢弋（孙以弋为翼，本之《释文》，并以为训教。按：如训敬，文义难通。疑即代字。代字古当为入声，以从代之怠为入声也。高本汉说）殷命，惟天不畀允罔固（从孙读），乱弼我，我其敢求位？惟帝不畀，惟我下民秉为，惟天明畏。我闻曰，上帝引逸。有夏不适逸则，惟帝降格向于时。夏弗克庸帝，大淫佚有辞。惟时天罔念闻，厥惟废元帝，降至罚。乃命尔先祖成汤革夏，俊民，甸四方。自成汤至于帝乙，罔不明德恤祀。亦惟天丕建，保乂有殷。殷王亦罔敢失帝，罔不配天其泽。在今后嗣王，诞罔显于天，矧曰其有听念于先王勤家？诞淫厥泆，罔顾于天，显民祗。惟时上帝不保，降若兹大丧。惟天不畀不明厥德，凡四方小大邦丧，罔非有辞于罚。（上文乱字，率之讹也。）

> 王若曰，尔殷多士！今惟我周王丕灵承帝事，有命曰，割殷，告敕于帝。惟我事不贰适，惟尔王家我适。予其曰，惟尔洪无度，我不尔动自乃邑。予亦念天，即于殷大戾肆不正。王曰，猷告尔多士！予惟时其迁居西尔。非我一人奉德不康宁，时惟天命。（以上《多士》。《多方》辞大同，旨无异。）

> 穆穆文王，於缉熙敬止。假哉天命，有商孙子。商之孙子，其丽不亿，上帝既命，侯于周服。

> 侯服于周，天命靡常。殷士肤敏，裸将于京。厥作裸将，常服黼冔。王之荩臣，无念尔祖。

> 无念尔祖，聿修厥德。永言配命，自求多福。殷之未丧师，克配上帝。宜鉴于殷，峻命不易。（《大雅·文王》。胡适之先生谓"王之荩臣，无念尔祖"云云，皆对殷遗士言，勉此辈服事新朝，无怀祖宗荣光之想，但求应天之新命，自求多福耳。其说甚当。）

此以革命之解告示殷遗，谓昔者殷先王能尽人事，故能膺天命。今既以淫佚遭天之罚，天既改其大命，命周以王业矣，尔辈不当犹恋恋前王之烈也。凡此革命之解，以人事为天命之基础，以夏殷丧邦为有应得之咎者，果仅周公对殷逸之词，用以慑服之，用以信喻之耶？抑此本是周公之一贯思想耶？按之前所引《无逸》诸篇及《诗经·大雅》、《周颂》之"峻命不易"论，当知周公对自己、对亡国，虽词有重轻，乃义无二说。设若殷多士中有人起而问曰："准公所言，若周之后王不能畏天显民，亦将臣服他姓乎？"周公如舍其征服者尊严之不可犯，必将应之曰"然"。如此则类似清汗雍正与曾静之辩论矣。此等辩论究不可常见，此辈殷多士中似鲜忠烈之人，方救死之不暇，不特不敢作此问，恐亦无心作此想。然而周公以此语告其同姓同僚矣。《君奭篇》云：

> 周公若曰，君奭！弗吊天降丧于殷，殷既坠厥命，我有周既受。我不敢知曰，厥基永孚于休？若天棐（非之借字也，孙诒让说，见《骈枝》及《述林》）忱〔诚也，"天非忱（或作谌）"，"天难谌斯"皆谓天不可信其必然也〕，我亦不敢知曰，其终出于不祥？呜呼！君已曰时我，我亦不敢宁（安也）于上帝命，弗永远念天威越（与也，孙说）我民。罔尤违，惟人。在我后嗣子孙，大弗克共上下，遏佚前人光，在家，不知天命不易，天难谌（难谌即棐忱也），乃其坠命，弗克经历嗣前人共明德（作一句读，孙说。余疑此十字应在"在家"下），在今予小子旦，非克有正，迪惟前人光施于我冲子。又曰天不可信（又曰有曰也，有人曰天不可信。孙说），我迪（原作道，迪之误字也。据王引之说改）惟宁（文之误字）王德延，天不庸释于文王受命。

此论现身说法，明切之至。此辞之作，盖当周公将归政于成王，勉召公以勤辅弼之，故下文历陈前代及周初之贤辅，而结以"祗若兹往，敬用治"也。伪书序以为"召公不悦，周公作《君奭》"，真闭眼胡说矣。

寻周公此论之旨，可以归纳于"天命靡常"一句中，所谓"峻命不易"，"其命匪谌"，亦皆此语之变化也。"天命靡常"者，谓天命不常与一姓一王也。"峻命不易"者，言固保天命之难也。〔按，郑《笺》云"天之大命不可改易"，《大诰》有"尔亦不知天命不易"句，《莽诰》作"岂亦不知命之不易乎"，师古曰："言不知天命不可改易。"今寻释《诗》、《书》中此类词句之上下文，知此解非是。《周颂·敬之章》曰："敬之敬之，天维显思，命不易哉！无曰高高在上，陟降厥士（疑本作土），日监在兹。"岂可以不易为不可改易乎？朱传，"不易，言其难也"，此用论语"为君难为臣不易"之训以解此。朱传超越毛郑者多矣，此其一事也。（按，朱从《释文》。）]"天命匪谌"者（《大诰》"天棐忱辞"，《大明》"天难谌斯"，皆与此同义。孙说），言天命时依人事而变易，不可常赖，故曰"靡不有初，鲜克有终"也。周公将归政时，天下事既大定矣，周公犹不能信周之果能常保天眷也，而致其疑辞曰，殷既坠命，周既受命，果周基之可永耶？周其亦将出于不祥如殷商夏后之末世耶？复自答此问曰：我不敢安于上天之命，嗣王其永念天威，以民为监，毋尤人，毋违命，凡事皆在乎人为耳。设若我之后嗣子孙不能协恭上下，反遏失前王之光烈，而不知保固天命之不易，不知天命之难谌，则必丧其天命矣。凡此所云，可用求己勿尤人，民监即天监两语归纳之。如是之"人定胜天"说，必在世间智慧甚发达之后，足征周虽小邦，却并非野蛮部落也。

一切固保天命之方案，皆明言在人事之中。凡求固守天命者，在敬，在明明德，在保乂民，在慎刑，在勤治，在无忘前人艰难，在有贤辅，在远憸人，在秉遗训，在察有司，毋康逸，毋酗于酒。事事托命于天，而无一事舍人事而言天，"祈天永命"，而以为"惟德之用"。如是之天道即人道论，其周公之创作耶？抑当时人本有此论耶？由前一解，可以《周诰》为思想转变一大枢纽；由后一解，周公所言特是人道黎明中之一段记载，前此及同时相等之论不幸失其传耳。今有两证，足明后解之近实。

> 古人有言曰："人无于水监，当于民监。"（《酒诰》）
> 有曰"天不可信"，我迪惟宁（文）王德延。（《君奭》）
> 孙曰："谓有是言曰，犹云有言曰。"

据此，知民监而上天难谌之说，既闻于当时，更传自先世，其渊源长矣，周公特在实际政治上发挥之耳。至于此古人为何时之人，谓"天不可信"者为何人，今固不可考，要以所谓商代老成人者为近是。商代发迹渤海，奄有东土（说详拙著《东北史纲》卷一，及《夷夏东西说》，载《历史语言研究所集刊》外编第一），臣服诸夏，载祀六百。其本身之来源固为北鄙杀伐之族，其内服外服中，则不少四方多识多闻之士。《多士》所谓"夏迪简在王庭，有服在百僚"者，其一类也。此辈饱经世变，熟识兴亡，非封建制度下之奴隶，而为守册守典之人，故有自用其思想之机会。不负实际政治之责任，故不必对任何朝代族姓有其恶欲。统治阶级不能改换思想，被统治阶级不能负任何思想之责任，赖他人启之，方成力量。凡思想之演变，其发端皆起于中流，世界史供给我辈以无数实例矣。殷墟记载所表示之思想系统乃当时王家之正统思想，虽凭借之地位至高，却不必为当时最进展之思想，且必较一部分王臣之思想为守旧。世已变矣，而统治者不能变其心也。变其心者，新兴之族，新兴之众，皆易为之，而旧日之宗主为难。按之历史，此理至显也。

虽然，周之兴也，亦有其特征焉。惟此特征决不在物质文明，亦未必在宗法制度耳。何以言之？中央研究院发掘殷墟之工作已历八年，于累经毁损之墓中获见不少殷商遗物，其冶金之术，琢玉之工，犹使今人为之惊佩。其品物形色之富，器用制作之精，兵器种类之众，亦未发掘前所不能预料者也。以此与世上已知之周初遗物，及中央研究院所发掘者比，知周之代商，绝不代表物质文化之进展。凡周初所有者，商人无不有之，且或因易代之际，战事孔炽，文化沉沦不少，凡商人所有者，周初人未必尽有之，或有之而未若商人之精也。从此之后，一切疑殷商文化不及周初之见解，应一扫而空。故曰，殷周之际，文化变转之特征，决不能在物质文明也。至于宗法制度，后人皆以为商人兄终弟及，周人长子承统矣。夷考其实，商末康祖丁、武乙、文武丁、帝乙、帝辛五世，皆传子，无所谓兄终弟及也。周初太王舍太伯而立王季，武王之兄伯邑考不得为大宗，周公且称王，则亦兄终弟及，仅立冲子为储，有后来授政之诺言耳（如鲁隐公所说）。且武王之卒，已登大耄，其长子成王乃仅在冲龄，亦似非近情之说。晋公盦云：

> 晋公云，我皇祖唐公，□受大令，左右武王，□□百蛮，广嗣四方，至于大廷，莫不事□。（王）命唐公，□**宅**京师。

唐公相传为成王之小弱弟，成王在武王殂落时尚在冲龄，则其小弱弟唐公必不能左右武王，征伐百蛮矣。唐公既能左右武王，则武王殂落时，唐公年岁至少在二十以上矣。然周公称王时成王实在冲龄，有《周诰》可证。是则唐公非成王之弟，乃成王之兄也（《召诰》："有王虽小，元子哉。"此即同篇"皇天上帝改厥元子兹大邦殷之命"之元子，谓天之元子，非谓武王之元子也。观上下文自明）。唐公之上尚有封于邢者（见《左传》），足征成王之立，容为立嫡，决非立长，或周公不免有所作用于其间，于是管蔡哗然，联武庚以变耳。从此可知周人传长子之法，是后人心中之一理想标准，周初并未如此实行，而周公之称王，大有商人遗风焉。故曰，殷周之际大变化，未必在宗法制度也。既不在物质文明，又不在宗法制度，其转变之特征究何在？曰：在人道主义之黎明。

年来殷墟发掘团在清理历代翻毁之殷商墓葬群中所得最深刻之印象，为其杀人殉葬或祭祀之多。如此大规模之人殉，诚非始料所及，盖人殉本是历史上之常事，不足怪，所可怪者，其人殉、人祭之规模如此广大耳。人殉之习，在西洋用之极长，不特埃及、美索不达米、小亚细亚等地行之，即至中世纪末，北欧洲犹存此俗。在中国则秦后不闻，而明初偶行之，明太祖诸妃皆殉，此习至英宗始革者，以承元之后，受胡化也（见《朝鲜实录》等）。清初未入关时亦行此制。人祭则久亡矣。殷商时期人殉、人祭犹如此盛行，而后此三四百年《左传》所记，凡偶一用此，必大受责难。秦染于西戎之俗，始用此制，中国遂以夷狄遇之（据《史记》，秦武公卒，初以人从死，献公元年，止从死）。宋哀公偶以人祭，公子目夷乃曰：“得死为幸。”下至孔子，时代非遥，然《孟子》述孔子之言曰：“‘始作俑者，其无后乎？’为其象人而用之也！”是春秋晚期已似完全忘却五六百年前有此广溥之习俗，虽博闻如孔子者，犹不得于此处征殷礼也。数百年中，如此善忘，其变化大矣，其变化之意义尤大。吾疑此一变化之关键在于周之代商，其说如下。

按之殷人以人殉以人祭之习，其用政用刑必极严峻，虽疆土广漠（北至渤海区域，西至渭水流域，南至淮水流域，说详《夷夏东西说》），政治组织弘大（“越在外服，侯田男卫邦伯，越在内服，百僚庶尹”），其维系之道，乃几全在武力。大约能伐叛而未必能柔服，能立威而未必能亲民。故及其盛世，天下莫之违，一朝瓦解，立成不可收拾之势。返观周初，创业艰难，“笃公刘，匪居匪康……乃裹糇粮……爰方启行……于胥斯原（胥地名，胡适之先生说）……于豳斯馆，涉渭为乱”。“古公亶父，陶复陶穴，未有家室。……率西水浒，至于岐下。爰及姜女，聿来胥宇”。至于文王，“小心翼翼，昭事上帝”，“克明德慎罚，不敢侮鳏寡，庸庸祗祗，畏威显民”。综合数代言之，自“大王王季，克自抑畏，文王卑服，即康功田功，徽柔懿共，怀保小人，惠于矜寡”。如此微薄起家，诚合于所谓“旧为小人，作其即位，爰知小人之依，能保惠于庶民”者。盖周之创业，不由巨大之凭借，其先世当是诸夏之一小部，为猃狁压迫，流亡岐周，作西南夷中姜姓部落之赘婿，“险阻艰难，备尝之矣。民之情伪，尽知之矣”。一面固能整齐师旅，一面亦能收揽人心，于是“柔弱胜刚强”，斗力亦斗智，西自阻共，南被江汉，所有西南山中之部落"庸、蜀、羌、髳、微、卢、彭、濮人"皆为所用。东向戡黎，而殷王室恐矣。矢于牧野，无贰厥心，虽"殷商之旅，其会如林"，亦无济于事矣。此其所谓"善政（政古与征为一字，含戡定之义）不如善教之得民"耶？此其所谓"纣有亿兆人，离心离德，予有率（乱）臣十人，同心同德"者耶？凡此恤民而用之，慎刑以服之，其作用固为乎自己。此中是否有良心的发展，抑仅是政治的手腕，今亦不可考知。然既走此一方向，将数世积成之习惯，作为宝训，谆谆命之于子孙，则已启人道主义之路，已至良心之黎明，已将百僚庶民之地位增高。于是商人仲虺"侮亡"之诰，易之以周人史佚"勿犯众怒"之册。为善与为恶一般，无论最初居心何在，一开其端。虽假亦可成真，此亦所谓"久假而不归，恶知其非有也"？

此路既开，经数百年，承学之大儒孔丘、孟轲，竟似不知古有人殉、人祭之事！

二　敬畏上帝之证据

或曰，如君所言，是周初之帝天观仅成一空壳，虽事事称天而道之，然既以为万事皆在人为而天命不可恃，其称天亦仅口头禅耳，其心中之天不过口中之一符号，实际等于零矣。其然，岂其然乎？

吾将申吾说曰，决无此事也。以为既信人力即不必信天力者，逻辑上本无此必要，且人类并非逻辑的动物，古代人类尤非逻辑的动物。周初人能认识人定胜天定之道理，是其思想敏锐处，是由于世间知识饱满之故，若以为因此必遽然丧其畏天敬天之心，必遽然以为帝天并无作用，则非特无此必然性，且无此可然性，盖古代人自信每等于信天，信天每即是自信，一面知识发达，一面存心虔敬，信人是其心知，信天是其血气，心知充者，血气亦每旺也。如苏格拉底，柏拉图，其智慧何如？其虔敬又何如？如牛顿，如戴嘉，其智慧何如？其虔敬又何如？后代哲人尚如此，遑论上古之皇王侯辟？遍观中国史，凡新兴之质粗部落几无不信天称天者，此适足以坚其自信，而为成功之一因也。所有关于匈奴、蒙古、满洲信天之记载今犹班班可考，今举饶有意味者一事。徐霆《黑鞑事略》云：

> 其卜筮则灼羊之枚子骨，验其文理之逆顺，而辨其吉凶。天弃天予，一决于此，信之甚笃，谓之烧琵琶。事无纤粟不占，占不再四不已。（原注，霆随一行使命至草地，鞑主数次烧琵琶，以卜使命去留。想是琵琶中当归，故得遣归。烧琵琶，即燔龟也。）其常

谈必曰："托着长生天的气力，皇帝的福荫。"彼所欲为之事，则曰"天教恁地"；人所已为之事，则曰"天识着"。无一事不归之天，自鞑主至其民无不然。

又云：

> 其行军……则先烧琵琶，决择一人统诸部。

此所说者，蒙古建国时之俗。玩其辞意，乃令人恍忽如在殷周之际。

《大雅》所载周王之虔敬帝天，事神，重卜，上帝皇天俨然"如在其上，如在其左右"者，今引数章以为证。其关于上帝"改厥元子大邦殷之命"，命周绍治下民者，如下：

> 皇矣上帝，临下有赫。监观四方，求民之莫（瘼）。维此二国，其政不获。维彼四国，爰究爰度。上帝耆之，憎其式廓。乃眷西顾，此维与宅。
>
> ……帝迁明德，串夷载路。天立厥配，受命既固。帝省其山，柞棫斯拔，松柏斯兑。帝作邦作对，自太王王季。
>
> ……帝谓文王，无然畔援，无然歆羡，诞先登于岸。
>
> ……帝谓文王，予怀明德。不大声以色，不长夏以革，不识不知，顺帝之则。
>
> 帝谓文王，询尔仇方，同尔兄弟，以尔钩援，与尔临冲，以伐崇墉。（《皇矣》）

此真所谓"谆谆然命之矣"。似文王日日与上帝接谈者然，事无巨细，一听天语，使读者如读《旧约》，或读《启示录》，或读《太平洪王诏书》一般。其言上帝赫赫下监者则云：

> 明明在下，赫赫在上。天难忱斯，不易维王。天位殷适，使不挟四方。（"天难忱斯"，论天；"不易维王"，论人，正接上文之"在下"、"在上"。谓天不可恃其必为己，王业之创守并非易事，天位自殷他适，使其不复制四方也。）
>
> ……天监在下，有命既集。（《大明》）

其言文王翼翼，上承天命者则云：

> 维此文王，小心翼翼。昭事上帝，聿怀多福。厥德不回，以受方国。

> 殷商之旅，其会如林。矢于牧野，维予侯兴。上帝临女，无贰尔心！（《大明》）

此即金文所谓"严在上，翼在下"，言上令而下承也。其言先王在天、在帝左右者则云：

> 文王在上，於昭于天。周虽旧邦，其命维新。有周不显，帝命不时。文王陟降，在帝左右。（《文王》）

> 下武维周，世有哲王。三后在天，王配于京。（《下武》）

其祈福之词则云：

> 昭兹来许，绳其祖武。於万斯年，受天之祐。（《下武》。《周诰》中多祈天降福辞，不遍举。）

其用卜之辞则云：

> 爰始爰谋，爰契我龟。（《绵》）

> 考卜维王，宅是镐京。维龟正之，武王成之。武王烝哉！（《文王有声》）

其言"天命匪谌"者，则有《大明》之首章（引见前）、《荡》之首章。

> 荡荡上帝，下民之辟。疾威上帝，其命多辟。天生烝民，其命匪谌，靡不有初，鲜克有终。（按，此为周初诗，下文皆载文王斥商之词，绝无西周晚期痕迹。荡荡即《洪范》"王道荡荡"之荡荡，亦即《诗》"汶水汤汤"之汤汤，言其浩大也。上辟字训君，《诗》、《书》之辟字多此训。下辟字训法，即"如何昊天，辟言不信"之辟。后世刑辟之辟，亦即此训所出。此章言：此广大之上帝，是下民之君也，此严威之上帝，其命多峻厉也。天之生斯民也，其命未尝固定。初曾眷顾者，后来皆弃之，夏殷是也。称上帝之严威，为下文斥商之张本；称天命匪谌，为下文殷鉴在于夏后之基论。"靡不有初，鲜克有终"二句，正以释"其命匪谌"者。如此解之，本章文义固顺，与下文尤顺，乃毛《传》、郑《笺》固执诗之次序，以为此诗既在《民劳》、《板》之后，必为西周晚年刺诗，于是改下辟字之音以为邪僻字。于是谓全篇之"文王曰咨"为设辞，以上帝为厉王，可谓"道在迩而求诸远，事在易而求诸难"矣。）

其言固守天眷之不易者，则有《周颂·敬之篇》：

> 敬之敬之，天维显思，命不易哉！无曰高高在上，陟降厥土，日监在兹。

所有天命匪谌，峻命不易，皆与《周诰》陈说之义全合。《雅》、《颂》中此若干篇与周公之《周诰》，论其世则为同时（此举大齐言），论其事则皆言殷周易命，故相应如此。其详略不同者，《周诰》为论政之书，《大雅》为庙堂之乐章，既以论政为限，故人事之说多；既以享祀为用，故宗教之情殷。若必强为分别，则《大雅》此若干篇，其时代有稍后于周公诰书之可能，决无先之之可能，岂有帝天已成空壳，忽又活临活现之理乎？推此意而广之，吾辈今日亦不能据殷商卜辞认为殷人思想全在其中，以为殷无人谋，只有卜谋也。殷人"有册有典"，此典册若今日可得见者，当多人谋之词，而不与卜辞尽同其题质，亦因文书之作用不同，故话言有类别也。然则今日若遽作结论曰，殷商全在神权时代中，有神谋而无人谋，自属不可通。以不见不知为不存不在，逻辑上之大病也。

周初人之敬畏帝天，其情至笃，已如上所证矣。其心中之上帝，无异人王，有喜悦，有暴怒，忽眷顾，忽遗弃，降福降祸，命之讫之，此种之"人生化上帝观"本是一切早期宗教所具有，其认定惟有修人事者方足以永天命，自足以证其智慧之开拓，却不足以证其信仰之坠落。就《大诰》所载论之，周公违反众议，必欲东征，其所持之理由凡二：其一为周后嗣王必完成文王所受之天命，其二为东征之谋曾得吉卜，故不可违。其言曰：

> 已予惟小子不敢僭（不信也，又废也）上帝命。天休于宁（文）王，兴我小邦周，宁（文）王惟卜用，克绥受兹命。今天其相民，矧亦惟卜用。……天命不僭，卜陈惟若兹！

是则周公之大举东征，固用人谋，亦称天道（《周语》引《大誓》云，"朕梦协朕卜，袭于休祥，戎商必克"，与此同义），所以坚人之信，壮士之气。周公诰书中仅《大诰》一篇表显浓厚之宗教性，盖此为成功以前表示决心之话言，其他乃既成功之后，谋所以安固周宗之思虑也。然"尔亦不知天命不易"正在《大诰》中，天鉴下民以定厥命之旨在《大雅》、《周颂》、《周诰》中弥往而不遇。参互考之，知敬畏上帝乃周初人之基本思想，而其对于上帝之认识，则以为上帝乃时时向下方观察着，凡勤民恤功者，必得上帝之宠眷，凡荒逸废事者，必遭上帝之捐弃。周代殷命，即此理之证据，宜鉴于殷，知所戒惧，必敬德勤民，然后可以祈祷皇天，求其永命不改。必自身无暇，民心归附，然后可以永命霝终也。《大学》引《康诰》"惟命不于常"，而释其义曰，"道善则得之，不善则失之矣"，可谓一语道破。夫自我言之，则曰"峻命不易"，就天言之，则曰"天命靡常"，盖亟畏上天，熟察人事，两个原素化合而成如是之天人论。此诚兴国之气象，亦东周诸家思想所导源，亦宋代以来新儒学中政论之立基点也。（明代之宝训有四事：敬天，法祖，勤政，爱民。此种政本的"成文宪法"，非明太祖所能为，乃是宋元以来儒家政治论之结晶，亦即《周诰》之总括语也。）

三 本章结语

总括上文所论，今日犹可推知周初统治阶级中之天道观为何如者。

此时此辈人之天道观，仍在宗教的范畴内，徒以人事知识之开展，故以极显著的理性论色彩笼罩之，以为天人相应，上下一理，求天必先求己，欲知天命所归，必先知人心所归。此即欧洲谚语所谓"欲上帝助尔，尔宜先自助"者也。此说有一必然之附旨，即天命无常是也。惟天命之无常，故人事之必修。此一天人论可称之曰："畏天威、重人事之天命无常论。"（下文引此论时，简称"命无常论"。）

此一命无常论是否为周宗统治阶级所独具，抑为当时一般上中社会所共信，今不可知。准以周之百僚多士，来源复杂，或为懿亲，或为姻亚，或为亡国之臣，其文化之背景不同，其社会之地位悬绝，自不易有同一思想。然金文所载祈福之词，每作"永令（命）灵终"者，人必信命之不易永，然后祈永命；人之不易灵终，然后乞灵终（即善终）。设永命灵终为当然之事，则无所用其祈祷矣。既用此为祈祷语，足征命无常论之流行广矣。

第三章　诸子天人论导源

古史者，劫灰中之烬余也。据此烬余，若干轮廓有时可以推知，然其不可知者亦多矣。以不知为不有，以或然为必然，既违逻辑之戒律，又蔽事实之概观，诚不可以为术也。今日固当据可知者尽力推至逻辑所容许之极度，然若以或然为必然，则自陷矣。即以殷商史料言之，假如洹上之迹深埋地下，文字器物不出土中，则十年前流行之说，如"殷文化甚低"、"尚在游牧时代"、"或不脱石器时代"、"《殷本纪》世系为虚造"等等见解，在今日容犹在畅行中，持论者虽无以自明，反对者亦无术在正面指示其是非。差幸今日可略知"周因于殷礼"者如何，则"殷因于夏礼"者，不特不能断其必无，且更当以殷之可借考古学自"神话"中入于历史为例，设定其为必有矣。夏代之政治社会已演进至如何阶段，非本文所能试论，然夏后氏一代之必然存在，其文化必颇高，而为殷人所承之诸系文化最要一脉，则可就殷商文化之高度而推知之。殷商文化今日可据遗物遗文推知者，不特不得谓之原始，且不得谓之单纯，乃集合若干文化系以成者，故其前必有甚广甚久之背景可知也。即以文字论，中国古文字之最早发端容许不在中土，然能自初步符号进至甲骨文字中之六书具备系统，而适应于诸夏语言之用，决非二三百年所能达也。以铜器论，青铜器制造之最早发端固无理由加之中土，然制作程度与数量能如殷墟所表见者，必在中国境内有长期之演进，然后大量铜锡矿石来源之路线得以开发，资料得以积聚，技术及本地色彩得以演进，此又非短期所能至也。此两者最易为人觉其导源西方，犹且如是，然则殷墟文化之前身，必在中国东西地方发展若干世纪，始能有此大观，可以无疑。因其事事物物皆表见明确的中国色彩，绝不与西方者混淆，知其在神州土上演化长久矣。

殷墟文化系之发现与分析，足征殷商以前在中国必有不止一个之高级文化，经若干世纪之演进而为殷商文化吸收之。殷墟时代二百余年中，其文字与器物与墓葬之结构，均无显然变易之痕迹，大体上可谓为静止时代。前此固应有急遽变转之时代，亦应有静止之时代。以由殷商至春秋演进之速度比拟之，殷商时代以前（本书中言"殷商"者，指在殷之商而言，即商代之后半也。上下文均如此），黄河流域及其邻近地带中，不止一系之高级文化，必有若干世纪之历史，纵逾千年，亦非怪事也。（或以为夏代器物今日无一事可指实者，然夏代都邑，今日固未遇见，亦未为有系统之搜求。即如殷商之前身蒙亳，本所亦曾试求之于曹县、商丘间，所见皆茫茫冲积地，至今未得丝毫线索。然其必有，必为殷商直接承受者，则无可疑也。殷墟之发现，亦因其地势较高，未遭冲埋，既非大平原中之低地，亦非山原中之低谷，故易出现。本所调查之遗址虽有数百处，若以北方全体论之，则亦太山之一丘垤也。又，古文字之用处，未必各处各时各阶级一致。设若殷人不用其文字于甲骨铜器上，而但用于易于消毁之资料上，则今日徒闻"殷人有册有典"一语耳。）且就组成殷商文化之分子言之，或者殷商统治阶级之固有文化乃是各分子中最低者之一，其先进于礼乐者，转为商人征服，落在政治中下层（说见《夷夏东西说》、《新获卜辞写本后记跋》等）。商代统治者，以其武力鞭策宇内，而失其政治独立之先进人士，则负荷文化事业于百僚众庶之间。《多士》云"殷革夏命……夏迪简在王庭，有服在百僚"，斯此解之明证矣。周革殷命，殷多士集于大邑东国雒，此中"商之孙子"固不少，亦当有其他族类，本为商朝所臣服者，周朝若无此一套官僚臣工，即无以继承殷代王朝之体统，维持政治之结构。此辈人士介于奴隶与自由人之间，其幸运者可为统治阶级之助手，其不幸者则夷入皂隶之等，既不与周王室同其立场，自不必与之同其信仰。周初王公固以为周得天命有应得之道，殷丧天命亦有其应失之道，在此辈则吾恐多数不如此想，否则周公无须如彼哓哓也。此辈在周之鼎盛，安分慑服，骏臣新主而已。然既熟闻治乱之故实，备尝人生之滋味，一方不负政治之责任，一方不为贵族之厮养，潜伏则能思，忧患乃多虑，其文化程度固比统治者为先进，其鉴观兴亡祸福之思想，自比周室王公为多也。先于孔子之闻人为史佚，春秋时人之视史佚，犹战国时之视孔子。史佚之家世虽不可详，要当为此一辈人，决非周之懿亲。其时代当为成王时，不当为文王时，则以《洛诰》知之。《洛诰》之"作册逸"，必即史佚，作册固为众史中一要职，"逸"、"佚"则古通用。《左传》及他书称史佚语，今固不可尽信其为史佚书，然后人既以识兴亡祸福之道称之，以治事立身之雅辞归之，其声望俨如孔子，其书式俨如五千文之格言体，其哲学则皆是世事智慧，其命义则为后世自宋国出之墨家所宗，则此君自是西周"知识阶级"之代表，彼时如有可称为"知识阶级"者，必即为"士"中之一类无疑也。（按，史佚之书〔其中大多当为托名史佚者〕引于《左传》、《国语》、《墨子》者甚多，皆无以征其年代，可征年代者仅《洛诰》一事。《逸周书·克殷》、《世俘》两篇记史佚〔亦作史逸〕躬与杀纣之役，似为文武时之大臣。夫在文武时为大臣，在成王成年反为周公之作册〔当时之作册职略如今之秘书〕，无是理也。《逸周书》此数篇虽每为后人所引，其言辞实荒诞之至，至早亦不过战国时人据传说以成之书，不得以此掩《洛诰》。至于大小《戴记》所言〔《保傅篇》、《曾子问篇》〕，乃汉人书，更不足凭矣。《论语·微子篇》，孔子称逸民，以夷逸与伯夷、叔齐、虞仲、朱张、柳下惠、少连并举。意者夷逸即史佚，柳下惠非不仕者，故史佚虽仕为周公之作册，仍是不在其位之人，犹得称逸士也。孔子谓"虞仲夷逸隐居放言，身中清，废中权"，果此夷逸即史佚，则史佚当是在作册后未尝复进，终乃退身隐居，后人传其话言甚多，其言旨又放达，不同习见也。"身中清"者，立身不失其为清，孟子之所以称伯夷也，"废中权"者，废，法也。"法中权"犹云论法则以权衡折中之，盖依时势之变为权衡也。凡此情景，皆与《左传》、《国语》所引史佚之词合。果史逸即夷逸一说不误，则史佚当为出于东夷之人，或者周公东征，得之以佐文献之掌，后乃复废，而名满天下，遂为东周谈掌故、论治道者所祖述焉。）

当西周之盛，王庭中潜伏此一种人，上承虞夏商殷文化之统，下为后来文化转变思想发展之种子。然其在王业赫赫之日，此辈人固无任何开新风气之作用，平日不过为王朝守文备献，至多为王朝增助文华而已。迨王纲不振，此辈人之地位乃渐渐提高。暨宗周既灭，此辈乃散往列国，"辛有入晋，司马适秦，史角在鲁"（汪容父语），皆其例也。于是昔日之伏而不出，潜而不用者，乃得发扬之机会，而异说纷纭矣。天人论之岐出，其一大端也。

东周之天命说，大略有下列五种趋势，其源似多为西周所有，庄子所谓"古之道术有在于是者"也。若其词说之丰长，陈义之蔓衍，自为后人之事。今固不当以一义之既展与其立说之胎质作为一事，亦不便徒见后来之发展，遂以为古者并其本根亦无之。凡此五种趋势，一曰命定论，二曰命正论，三曰俟命论，四曰命运论，五曰非命论，分疏如下。

命定论者，以天命为固定，不可改易者也。此等理解，在民间能成牢固不可破之信念，在学人目中实不易为之辩护。逮炎汉既兴，民智复昧，诸子衰息，迷信盛行，然后此说盛传于文籍中。春秋时最足以代表此说者，如《左传》宣三年王孙满对楚子语：

> 成王定鼎于郏鄏，卜世三十，卜年七百，天所命也。周德虽衰，天命未改。鼎之轻重，未可问也。

此说之根源自在人民信念中，后世所谓《商书·西伯戡黎篇》载王纣语曰："呜呼！我生不有，命在天。"此虽非真商书，此说则当是自昔流传者。《周诰》中力辟者，即此天命不改易之说。此说如不在当时盛行，而为商人思恋故国之助，则周公无所用其如是之喋喋也。

命正论者，谓天眷无常，依人之行事以降祸福。《周诰》中周公、召公所谆谆言之者，皆此义也。此说既为周朝立国之宝训，在后世自当得承信之人。《左传》、《国语》多记此派思想之词，举例如下：

　　季梁……对曰："夫民，神之主也，是以圣王先成民而后致力于神。"（桓六年）

　　宫之奇……对曰："臣闻之，鬼神非人实亲，惟德是依。故《周书》曰：'皇天无亲，惟德是辅。'又曰：'黍稷非馨，明德惟馨。'又曰：'民不易物，惟德繄物。'如是，则非德，民不和，神不享矣。神所凭依，将在德矣。"（僖五年）

　　是阴阳之事，非吉凶所生也。吉凶由人。（僖十六年）

　　惟有嘉功以命姓受祀，迄于天下。及其失之也，必有慆淫之心间之，故亡其氏姓。……夫亡者岂繄无宠？皆黄炎之后也。惟不帅天地之度，不顺四时之序，不度民神之义，不仪生物之则，以殄灭无胤，至于今不祀。及其得之也，必有忠信之心间之，度于天地，而顺于时动，和于民神，而仪于物则。……其兴者必有夏吕之功焉，其废者必有共鲧之败焉。（《周语》下）

　　举此以例其他，谓此为周人正统思想可也。此说固为人本思想之开明，亦足为人生行事之劝勉，然其"兑现能力"究如何，在静思者心中必生问题。其所谓贤者必得福耶，则孝已伯夷何如？其所谓恶者必得祸耶，则瞽瞍、弟象何如？奉此正统思想者，固可将一切考终命、得禄位者说成贤善之人。古人历史思想不发达，可听其铺张颠倒，然谓贤者必能寿考福禄，则虽辩者亦难乎其为辞矣。《墨子》诸篇曾试为此说，甚费力，甚智辩，终未足以信人也。于是俟命之说缘此思想而起焉。

　　俟命论者，谓上天之意在大体上是福善而祸淫，然亦有不齐者焉，贤者不必寿，不仁者不必不禄也。夫论其大齐，天志可征，举其一事，吉凶未必。君子惟有敬德以祈天之永命（语见《召诰》），修身以俟天命之至也（语见《孟子》）。此为儒家思想之核心，亦为非宗教的道德思想所必趋。

　　命运论者，自命定论出，为命定论作繁复而整齐之系统者也。其所以异于命定者，则以命定论仍有"谆谆命之"之形色，命运论则以为命之转移在潜行默换中有其必然之公式。运，迁也。孟子所谓"一治一乱"，所谓"五百年必有王者兴，其间必有名世者"，即此思想之踪迹。《左传》所载论天命之思想多有在此义范围中者，如宋司马子鱼云："天之弃商久矣。君将兴之，弗可赦也已。"（僖二十二）谓一姓之命既讫不可复兴也。又如秦缪公云："吾闻唐叔之封也，箕子曰，其后必大，晋其庸可冀乎？"此谓命未终者，人不得而终之也。此一思想实根基于民间迷信，故其来源必古，逮邹衍创为五德终始之论，此思想乃成为复杂之组织，入汉弥盛，主宰中国后代思想者至大焉。

非命论者，《墨子》书为其明切之代表。其说亦自命正论出，乃变本加厉，并命之一词亦否认之。然墨子所非之命，指前定而不可变者言，《周诰》中之命以不常为义，故墨子说在大体上及实质上无所多异于周公也。

以上五种趋势，颇难以人为别，尤不易以学派为类，即如儒家，前四者之义兼有所取，而俟命之采色最重。今标此五名者，用以示天人观念之演变可有此五者，且实有此五者错然杂然见于诸子，而皆导源于古昔也。兹为图以明五者之相关如下：

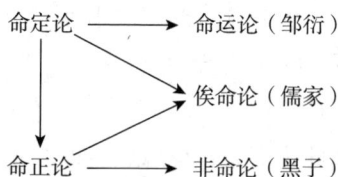

$$
\begin{array}{ccc}
\text{命定论} & \longrightarrow & \text{命运论（邹衍）} \\
& \searrow & \\
& & \text{俟命论（儒家）} \\
& \nearrow & \\
\text{命正论} & \longrightarrow & \text{非命论（墨子）}
\end{array}
$$

（相反以横矢表之，直承以直矢表之，从出而有变化以斜矢表之。）

第四章　自类别的人性观至普遍的人性观

以上三章论西周及其后来之天命观，本章所说，乃西周及东周开始时之人性观。

《墨子》曰："名，达、类、私。"三者之中，私名最为原始，次乃有类名，达名之生，待人智进步方有之矣。即如"人"之一普遍概念，在后代固为极寻常之理解，在初民则难有之。野蛮时代，但知有尔我，知有其自己之族姓与某某异族，普遍之人类一概念，未易有也。其实此现状何必以古为限，于今日犹可征也。在白人之殖民地中，日与土人接触者，每不觉土人与己同类也。忆英国诡趣文人且斯特有云："工人欲组织国际集合，殊不知英国工人只觉其自己为工人，只觉德国工人为德国人。"此虽言之过甚，然亦颇有此理也。岂特知识不广之工人如此，今日英国不犹有信其贵族为蓝血者乎？从此可知无上下之差等，无方土种性之类别，遍用"人"之一概念，以为圆颅方趾之达名者，必为人类知觉进步以后之事矣。

性之观念依人之观念以变化。古者以为上下异方之人不同，故其所以为人者不同，后世以为上下异方之人大同，故其所以为人者大同。以为人之所以为人者同，东周哲人之贡献也。前乎此者，虽当久有此动机，然如《墨子》、《孟子》明析肯定立论则未见也。盖必舍却"非我族类，其心必异"之思想，然后可有适用于一切人之性说也。今先述古初之类别的人观，以明人道主义之产生与演进盖非一蹴而至者焉。

古者本无"人"之一个普遍概念，可以两事征之。第一、征之于名号。"人"、"黎"、"民"在初皆为部落之类名，非人类之达名也。

人者，以字形论，其原始当为像人形者，如商代之"人乍父己卣"（捃二之一十叶）作 ⟩ 形，"人作父戊卣"作 ⟨⟩ 二形（同十一叶），二器同时同类，而前者末笔似屈，后者则申，似后来以不屈者为人，以屈者为尸（夷）之分别，然在此两器则不当有异解也。又甲骨文字中有人方，为殷王施其征伐之对象，经典中不见人方，而夷为习见之词，意者此一人方固应释作夷方欤？最近发见可解决此事。本年春（民国二十六年），安阳发掘出见甲文甚多，在一未动之坑中多为整版，按之董作宾先生五期分类法，此一批董氏定为第一期，其中有一辞云："贞王惠侯告从正……⟨。"又一辞云："……正⟨……"（此虽皆作反形，然甲骨文中之人字亦皆正反互用。盖当时此等字何者为正，何者为反，尚未约定。故此二字必即后人认为尸（夷）字者无疑也。此二版乃胡福林君示我，于此志谢。）此二辞中之"尸"（夷）虽皆下文残阙，然当与习见之人方为一事，因时期不同，而书有异形耳。然则此足为人方当释作夷方之证矣。人方亦见金文：殷甗"王⟨方。"（捃二之二，叶八六）小臣𦨲尊，"佳王来正⟨方"（捃十三，叶十）。前者近于夷，后者则为人字（此乃商器）。此亦足征人方、尸方可自由写也。据此各节，可知"人"、"尸"（夷）二字，在最早可见之文字中固无严界，皆象人形，一踞而一立，踞者后人以为尸（夷）字，立者后人以为人字，在其原始则无别也。其有别者，至西周中叶诸器始然，师酉簋其例也。人夷二词，字本作同形，音亦为邻近，其在太初为一事明矣。（参看吴大澂《夷字说》。又古籍中每有以夷字误为人或仁者，如《山海经》"非仁羿莫能上"，此亦"夷羿"之误，盖原作尸耳。《山海经》中他处习见"夷羿"一词，不见"仁羿"。）意者此一词先为东方族落之号，种姓蕃衍，蔚然大部，后来多数为人所征服（当即夏商），降为下民之列，又以文化独为先进，遂渐为圆颅方趾者之标准的普遍的名称耳（古籍中每以东夷为贵。《说文》、《后汉书·东夷传》皆然）。

黎之一词，初亦为族类之名，后来乃以为"老百姓"之称。《书·

秦誓》云："以保我子孙黎民。"后人托古之《尧典》云："黎民于变时雍。"此处所谓"黎民"，等于今人所谓"老百姓"。然黎为地名，春秋时犹有黎国。《卫风·式微》相传为黎庄公失国，其大夫所作（见《列女传》）。杜预以为黎在上党壶关县，是则与殷卫仅一太行山脉之隔耳。书序以为"殷咎周，周人乘黎，祖伊恐，奔告于王"，意者黎之初域尚及上党之西耶？据《郑语》，黎为祝融系之北支，其南支为重（即董姓），果黎之一词为一切奉祀祝融之北方部族之通称，则其分布广矣（参看《新获卜辞写本后记跋》）。此族后来历为人所征服，成为社会之最下阶级，故相沿呼下人为黎民耳。

"民"之一词亦疑其亦本为族类之名。民、蛮、闽、苗诸字皆双声，似是一名之分化。《国语》："百姓、千官、亿丑、兆民。"民最多，亦最下。

以上三词，由部落之类名成为人类之达名者，盖有同一之经历焉。其始为广漠之部族，曰人、曰黎、曰民，似皆为丁口众多之种类，及其丧师，夷为下贱，新兴者口少而居上。旧有者口多而居下，于是人也、黎也、民也皆成为社会阶级之名，即社会中之下层也。最后则黎民二字亦失其阶级性而为广泛的众庶之称，人乃更为溥被，成为圆颅方趾者之达名矣。自部落名变为阶级名，自阶级名变为达名，此足征时代之前进矣。

古者并无人之普遍概念，除征之于名号外，更可据典籍所载古昔论人诸说征之。盖古者以为圆颅方趾之辈，非同类同心者，乃异类异心者，下文所引《国语》、《左传》足为证也。

> 昔少典娶于有蟜氏，生黄帝、炎帝。黄帝以姬水成，炎帝以姜水成。成而异德。故黄帝为姬，炎帝为姜。二帝用师以相济也，异德之故也。异姓则异德，异德则异类，异类虽近，男女相及，以生民也。同姓则同德，同德则同心，同心则同志，同志虽远，男女不相及，畏黩敬也。（《晋语》四）

> 史佚之志有之，曰："非我族类，其心必异。"（成四，此语又见僖十）

> 神不歆非类，民不祀非族。（僖十）

> 卫迁于帝丘。……卫成公梦康叔曰："相夺予享。"公命祀相。宁武子曰："不可，鬼神非其族类，不歆其祀。"（僖三十一）

> 富辰谏曰："……耳不听五音之和为聋，目不别五色之章为昧，心

不则德义之经为顽，口不道忠信之言为嚚。狄皆则之。"（僖二十四）

据此，知《左传》、《国语》时代犹以此类别的人性论为流行见解也。《左传》中亦有与此相反之词，然春秋是一大矛盾时代，《左传》是一部大矛盾书，上所举之一说固当为当时通俗之论。盖用此说说人者，以为人因种族而异其类，异其类乃异其心，异其心乃异其行事，不特戎狄与华夏不同，即同为诸夏亦以异类而异心也。太古之图腾时代，以一大物之下为一类（物之始义即为图腾，说见跋陈槃君文，载《历史语言研究所集刊》第七本第二分），以为其为类不同者，其为人也亦不同。春秋时人道主义固已发达，此遗传观念仍自有力，亦彼时夷夏之辨，上下之等，有以维持之。若怪此等观念何以下至春秋尚存，则曷不观乎今日中欧之桀纣，其议论有过于此图腾制下之思想者乎？

讨论至此，有一事可注意者，即经典中"姓"、"性"二字，依上文所说，既知其本是一字，且识其本为一词也。经典中所谓姓者，表种族者也，词指为血统。所谓性者，表禀赋者也，词指为质材，不相混也。然而其音则一也（两字在《广韵》同切），其字形又一也（两字在金文皆作"生"），其原始必为一词明矣。本书上篇释生、性二字之关系曰：性，所生也，今益之曰姓，所由生也。后来"姓"、"性"二字，在古皆为生之一词之文法变化，生为主动词，姓则自主动词而出之，成由格名词（ablative），性则自主动词而出之，成就格名词（resultative）。后来以此三字表三义，古则以此一词兼三事。后来以为血胤与禀赋非一事，古则以为本是一物之两面而已。

以上所说，似足证明古者本无人之普遍观念，但有人之类别观念。至于如何由此阶段进为墨子、孟子之普遍的人论，必非一蹴而至，其步步形态今已不可知矣。至其助成此一进化者，大体犹有下列三事可说。第一，自周初以来，既以爱民保民为政治口号矣，而所谓民者包括一切杂姓，其种类虽异，其阶级为一，积以时日，则同阶级者大混合。第二，当时王公贵族既用严格之外婚制，则所有母系，皆所谓"异类"也，如是混合，久则不易见其何谓"异类则异心"也。第三，当时负荷文化遗传者，并非新兴之姬姜，此辈乃暴发户，文化之熏染不深，而应为夏殷之遗士，此辈在当时居中间阶级，担当文物之运行（说见上章）。故孔子曰："先进于礼乐，野人也，后进于礼乐，君子也。"先进者，谓先进于文化，在当时沦为田夫矣；后进者，谓后进于文化，在当时隆为统治者矣（说见《周东封与殷遗民》，载《集刊》第四本）。此辈虽不蔑视王朝，然亦必恶居下流，以为众民乃先代明德之胤，虽"湮替隶圉"，要"皆黄炎之后也"（见《周语》下）。后来思想之发展，多眷自此等阶级中人出，宜乎其不为上天独眷之谈，而为斯民一类之论矣。中国人道主义之发达，大同思想之展布，在东周为独盛，其来虽未骤，其进实神速，必有其政治的、社会的凭藉，然后墨子之人类一家论，孟子之人性一般解，得以立根，得以舒张。学人诚有其自由，而其自由之范围仍为环境所定耳。

第五章　总叙以下数章

有思想改动在前，而政治改动随之者，有政治崩溃在前，思想因政治崩溃而改动者。历史无定例，天演非一途，故论史事宜乎不可必，不可固也。春秋时之思想，其若干趋势已与西周创业时期大不同，此可于《左传》所征引者证之。虽《左传》之编者仍为传统彩色所笼罩，然时代之变，粲然明白，正统派与若干非正统派并见于录，即正统派口中亦每自相矛盾。此变动自何时起乎？今以西周之文献不足，此事未易断言。西周晚期之钟鼎彝器文字虽多，足征此事者则甚少。虽《诗经》所记厉幽以来之辞，怨天尤人者居多，孔子亦言"不怨天，不尤人"，似是针对当时怨天者而发，然此亦王政崩溃，生命无所寄托时之自然现象，若谓西周晚期竟有怨天尤人之哲学，亦无征也。故本章所言不上于春秋之先，盖西周晚期只有政治史之材料遗于今日，此一小书所讨论者，却为思想史之一问题，既于此时代无所取材，则付之阙如耳。

虽然，西周王政之崩溃，必影响及后来思想之分岐，则无疑者。当成周之盛，诸夏仅有一个政治中心，故亦仅有一个最高文化中心。及王政不逮，率土分崩，诸夏不仅有一个政治中心，自亦不仅有一个文化中心。即以物质事项论之，周代铜器，王室及王朝卿士大家之重器几尽在西周，而入春秋之后不闻焉（虢季子白盘，疑为平王时器，此周室大器之最后者。盖此器书手与曾伯霎簠之书手为一人，而曾伯簠又与晋姜鼎为同时，晋姜鼎可确知其为平王时器也。说别详）。列国宝器，时代可征者，绝多在宗周既灭之后，而属于西周鼎盛者甚少，此即物质文化之重心，由一元散为多元之证也。物质生活既如此，则凭藉物质生活而延绪而启发之思想，自当同其变化。且王室益贫，王官四散，辛有入晋（《左传》昭十五），史角在鲁（《墨子·当染篇》），抱其遗训以适应于新环境，自不免依新环境而异其端趋。兼以列国分政，各有新兴之士族，各育新变之社会，于是春秋时代东西诸大国在文化上乃每有其相互殊异之处焉。今取地理之观点，以推论春秋末下逮战国时诸派思想所由生。

论儒墨法道四派，分起于鲁、宋、晋、齐，因社会的政治的环境不同，而各异其天人论

晚周之显学，儒、墨、名、法、老子，似皆起于不同的社会政治环境。盖自大体言之，儒出于鲁，墨出于宋，名、法出于晋，托名老子之学则导衍于齐也。此义余将别写一文以论之，今先于此举其涯略，以征战国诸子言性与天道之不同者，盖有其地理的差别为之启导焉。

鲁与儒学

儒出于鲁一说，自来即无问题，在今日更可识其出于鲁之意义。鲁人之大体为殷商遗民，盖殷民六族，条氏、徐氏、萧氏、索氏、长勺氏、尾勺氏之后也。其统治者则为周之宗姓，其助治者则封建时所锡之祝宗卜史，即殷周时代之智识阶级也（《左传》定四年）。此种殷商遗民实为鲁国人民之本干，故《左传》记阳虎盟鲁"公及三桓于周社，盟国人于亳社"，明"国人"所奉之祠祀，仍是殷商之国祀也（此说及以下儒家来源说均详拙著《周东封与殷遗民》）。然而鲁为周公冢子伯禽受封之明都，在西周已为东邦之大藩，至东周尤为文化之重镇。丰镐沦陷，成周兵燹，于是"周礼尽在鲁"，于鲁可睹"周公之德，与周之所以王"，盖典册差存，本朝礼乐制度犹未尽失之谓也。

孔子之先，来自宋国，家传旧礼（见《鲁语》），自称殷人（见《檀弓》），故早期儒教中，殷遗色彩甚浓厚，尤以三年之丧一事为明显。所谓三年之丧，乃儒家宗教仪式中之最要义，而此制是殷俗，非周制也。然孔子非如宋襄公专寄托精诚于一姓再兴者，其少长所居，在邹鲁而不在宋，其对今朝之政治，盖充分承认其权能而衷心佩服之。故曰："周监于二代，郁郁乎文哉，吾从周。"又曰："甚矣吾衰也，久矣吾不复梦见周公。"夫未衰则梦见周公，将死则曰"丘殷人也"，是其文政以"东周"为目标，其宗教以殷商为归宿，此其受鲁国地域性之影响大矣。故早期儒教实以二代文政遗训之调合为立场，其为鲁国产品，乃必然者也。

宋与墨家

东周列国中，宋人最富于宗教性，亦最富于民族思想，当时称愚人者皆归之宋人（此义刘台拱、刘师培皆言之，前说见其《遗著》，后说见《国粹学报》）。东周诸子学说中，亦以墨家最富于宗教性，《墨子》书中虽对三代一视同仁，然其称宋亦偶过其量。（《备城门》篇，"禽滑厘问于子墨子曰：'由圣人之言，凤鸟之不出，诸侯畔殷周之国，甲兵方起于天下，大攻小，强执弱，吾欲守小国，为之奈何？'"此设论当时事也，而曰"诸侯畔殷周之国"者，盖宋自襄公而后以商道中兴自命，故曰"于周为客"〔见《左传》〕，是居然以周之匹偶自待矣。此一运动，似亦发生相当效力，《春秋》之书会盟，于鲁国王人伯主而外，宋人永居前列，盖当时列国亦间有以东方大统归之者也。称当时天下主为殷商之国，其为宋人语明矣。）今试绎墨子之教义，在若干事上，似与宋人传说直接矛盾者，如宋人宝贵其桑林万舞，而墨子非乐，宋人惟我独尊，而墨子兼爱天下，宋人仍以公族执政，而墨子尚贤，且反亲亲之论（《尚同》上："今王公大人之刑政则反此，政以为便譬，宗于〔"族"字之误〕父兄故旧，以为左右，置以为正长。"是墨子显以当时公族执政为不当，与孟子同姓卿说及其故国世臣说全相反也）。然此正激之如此，墨子决非但知承袭之教徒，而是革命的宗教家，若不在宋之环境中，其反应不易如是之强烈深切也。故墨子一面发挥其极浓厚之宗教信仰，不悖宋人传统，一面尽反其当世之靡俗，不作任何调和。犹之《新约》书中所载耶苏及保罗之讲说，力排犹太教之末流，其自身之绪，无论变化如何，仍自犹太出耳。

晋与名法

时代入于春秋，政治社会之组织在若干地域上有强烈之变动焉，即早年之家族政治突变为军国政治是也。此事可征者，一见于齐桓之朝，异姓为列卿；再见于曲沃之后，桓庄之族尽戮，晋无公族矣。此种转变，在小国不易出现。在新兴之大国亦不易出现。前者无所兼并，则尚功之义不能发达；后者组织未腐，则转变之机不易舒发。惟旧邦大国，可以兵戎之兴成此转变。晋自翼、曲沃分立之后，两门相争，垂数十年，及曲沃为君，翼宗尽夷，献公又以士芳之助，尽杀桓庄群公子，"自是晋无公族"，而献公朝中干城拓地之功臣皆为异氏矣（庄二十三至二十五）。文公不废此制，识郤縠以尚德，登先轸于下军，自是诸公子尽仕于外，不得安居于国。成公时表面上复公族之制，实则公族缘此制更不存在矣。

> 初，丽姬之乱，诅无畜群公子，自是晋无公族。及成公即位，乃宦卿之适子而为之田，以为公族，又宦其余子，以为余子，其庶子为公行。晋于是乎有公族、余子、公行。赵盾请以（赵）括为公族。……（公）使屏季以其故族为公族大夫。（宣二）

公族，余子，公行之名号虽复，其中乃尽是列卿之族，并无公室之子，列卿之宗据公族之位，而真正公族反须宦居于外。此一变动大矣。于是诗人讥之曰：

> ……彼其之子美无度。美无度，殊异乎公路。
> ……彼其之子美如英。美如英，殊异乎公行。
> ……彼其之子美如玉。美如玉，殊异乎公族。（《唐风·汾沮洳》）

盖以此辈"暴发户"，虽外貌美秀，而行止无法度，绝非世家风范，徒有公路、公行、公族之名，其实则非也。

晋国之政治结构既如此大变，其维系此种结构之原则，自亦当随之大变，于是尊贤尚功之义进，亲亲之义退，于是周代封建制度之正形，即一族统治者，从兹陵替，而代以军国之制矣。在此社会变化中，晋为先进，用此变化，以成伯业，天下莫强焉。

且晋自随武子问礼于周室，"归乃讲聚三代之典礼，于是乎修执秩以为晋法"。公孙周自周入承侯位，修范武子士芳之法，用以复霸。盖当时列国中，法令之修，未有如晋邦者也。下至战国，名法之学皆出三晋，吴起仕魏，申子在韩，卫鞅居梁，韩非又韩之诸公子也。即如儒家之荀卿，其学杂于法家，其人则生于赵土。名法之学，出于晋国明矣。法家多以为天道不必谈，其人性观则以为可畏以威，而不可怀以德，无论明言性恶与否，要非性善之论也。此一派思想之发展，固有待于晋国新政新社会之环境者焉。

齐与道家

老子为何如人，《老子》五千文为何人何时之作，皆非本文所论。兹所揭举者，乃谓战国末汉初黄老之学实为齐学，此学与管子学为一脉，而管子学又纯为齐人之学也。今先论管子学之当出于齐。

齐之为国，民众而土不广，国富而兵不强，人习于文华，好为大言，而鲜晋人之军法训练，故欲争雄于列国之间，惟有"斗智不斗力"之一术耳。试遍观《管子》一书，绝无一语如《左传》、《国语》所载之晋国武风，而多是奇巧谋略，操纵经济政策以制胜，利用地中富源以固国者。其中固颇有荒诞之辞，且间以阴阳禁忌，要其最特殊之义，则不出太史公所撮论者：

> 其为政也，善因祸而为福，转败而为功。贵轻重，慎权衡。……故曰："知'与之为取'政之宝也。"（《管晏列传》）

所谓"权衡"、"轻重"，皆计谋也。此与老子义固全合。《管子》书之释"与之为取"者，又云：

> 故刑罚不足以畏其意，杀戮不足以服其心。故刑罚繁而意不恐，则令不行矣，杀戮罪而心不服，则上位危矣。故从其四欲，则远者自亲，行其四恶，则近者叛之。故知"予之为取"者，政之宝也。

此正《老子》书中所谓"民不畏死，奈何惧之"者也。汉初，黄老之学盛极一时，其遗书自五千言外今鲜存者。然《管子》书中犹存若干当时奉持此学者之通义，曹相国孝文帝安民致富之术，皆有所取焉。《管子》在汉初为显学，故刘向所校"凡中外书五百六十四"，此中亦可识管老相邻，因而并盛之消息也。刘子政时，老学已变，管学已衰，刘氏犹识此派与申韩商君之不合，而列之道家，此亦足证此学之宗派也。后人乃竟以之列于法家，使与申韩商君并处，诚无识之极矣（《隋志》已然，《直斋书录解题》且谓管商用心同，直闭眼胡说也）。

且黄老之学中，不特托名《管子》之书出自齐地也，即老子学之本身在战国末汉初亦为齐学。《史记·乐毅列传》云：

> 而乐氏之族有乐瑕公、乐臣公。赵且为秦所灭，亡之齐高密。乐臣公善修黄帝、老子之言，显闻于齐，称贤师。
> 乐臣公学黄帝、老子，其本师号曰河上丈人，不知其所出。河上丈人教安期生，安期生教毛翕公，毛翕公教乐瑕公，乐瑕公教乐臣公，乐臣公教盖公，盖公教于齐高密胶西，为曹相国师。

老子之天道说为自然论，管书老子之人性观，皆与三晋法家极度相反，此当于他处论之。

齐地出产此一大派思想之外，又出产一派极有影响于后世之天道论，即阴阳五行说是也。后一派之出于齐地，观汉《郊祀志》，知其亦非偶然。盖齐地之上层思想集合成一自然论，其下层信念混融成一天运说，此两派入汉朝皆极有势力，溶化一切方术家言者也。

初写此册时，欲并入道家、阴阳家之天道论，故列此章。继以如是必将此书倍之，乃留待他日。此章所论，亦间与下文有关，遂不删也。

作者附记

第六章　春秋时代之矛盾性与孔子

春秋时代之为矛盾时代，是中国史中最明显之事实。盖前此之西周与后此之战国全为两个不同之世界，则介其间者二三百年之必为转变时期，虽无记载，亦可推想知之。况春秋时代记载之有涉政治社会者，较战国转为充富。《左传》一书，虽编定不出于当时，而取材实为春秋列国之语献，其书诚春秋时代之绝好证物也（《左传》今日所见之面目自有后人成分在内，然其内容之绝大部分必是战国初年所编，说别详）。春秋时代既为转变时代，自必为矛盾时代，凡转变时代皆矛盾时代也。

春秋时代之为矛盾，征之于《左传》、《国语》者，无往不然，自政治以及社会，自宗教以及思想，弥漫皆是。其不与本文相涉者，不具述，述当时天人论中之矛盾。

春秋时代之天道观，在正统派自仍保持大量之神权性，又以其在《周诰》后数百年，自亦必有充分之人定论。试看《左氏》、《国语》，几为鬼神灾祥占梦所充满，读者恍如置身殷商之际。彼自言"国之大事，在祀与戎"，则正是殷商卜辞之内容也。此诚汪容甫所谓其失也巫矣。然亦偶记与此一般风气极端相反之说，其说固当时之新语，亦必为《左氏》、《国语》作者所认为嘉话者也。举例如下：

> 季梁……对曰："夫民，神之主也。"（桓六）
> 〔宫之奇〕对曰："……如是，则非德民不和，神不享矣。神所凭依，将在德矣。"（僖五）
> 及惠公在秦，曰："先君若从史苏之占，吾不及此夫！"韩简侍曰："……先君之败德，其可数乎？史苏是占，勿从何益？"（僖十五）
> 〔周内史叔兴父〕对曰："……是阴阳之事，非吉凶所生也。吉

凶由人。"（僖十六）

邾文公卜迁于绎。史曰："利于民而不利于君。"邾子曰："苟利于民，孤之利也。天生民而树之以君，以利之也。民既利矣，孤必与焉。"左右曰："命可长也，君何弗为？"邾子曰："命在养民。死之短长，时也。民苟利矣，迁也，吉莫如之！"遂迁于绎。五月，邾文公卒。君子曰："知命。"（文十三）

晋侯问于士弱曰："吾闻之，宋灾，于是乎知有天道，何故？"对曰："……商人阅其祸败之衅，必始于火，是以日知其有天道也。"公曰："可必乎？"对曰："在道，国乱无象，不可知也。"（襄九）

楚师伐郑……〔晋〕董叔曰："天道多在西北，南师不时，必无功。"叔向曰："在其君之德也。"（襄十九）

有星孛于大辰。……郑裨竈言于子产曰："宋卫陈郑将同日火。若我用瓘斝玉瓒，郑必不火。"子产弗与。……戊寅，风甚。壬午，大甚。宋、卫、陈、郑、皆火。……裨竈曰："不用吾言，郑又将火。"郑人请用之，子产不可。子大叔曰："宝以保民也。若有火，国几亡。可以救亡，子何爱焉？"子产曰："天道远，人道迩，非所及也，何以知之？竈焉知天道？是亦多言矣，岂不或信？"遂不与，亦不复火。（昭十七年至十八）

此中所论固与周召之诰一线相承，然其断然抹杀占梦所示及当时之天道论，实比托词吉卜之《大诰》犹为更进一步。此等新说固与时人之一般行事不合，《左传》自身即足证明之矣。

春秋时代之人论，在一般人仍是依族类而生差别之说。左氏书既引史佚"非我族类其心必异"之语，又假郑小驷以喻之，以种言，则别夷狄华夏（富辰语，见僖二十四）；以等言，则辨君子小人（阴饴甥语，见僖十五）。然"斯民同类"之意识，亦时时流露，既称晋文听舆人之诵，复美曹沫鄙肉食之言，对于庶民之观念已非如往昔之但以为"氓之蚩蚩"也。且其时族类间之界画已不甚严，"虽楚有才，晋实用之"。绛登狐氏，秦用由余。其于吴也，固贱其为断发之荆蛮，亦奉之为姬姓之长宗。其于秦也，犹未如魏邦既建田氏篡齐之时以夷狄遇之也。再就阶级言之。《周诰》之词，固已认人事胜天定，犹绝无君侯之设乃为庶民服务之说，然此说在《左传》则有之。师旷曰："天之爱民甚矣，岂其使一人肆于民上？"宫之奇曰："夫民，神之主也，是以圣王先成民而后致力于神。"邾文公曰，"命在养民。"由此前进一步，便是孟子民贵君轻之谈，其间可无任何过渡阶级矣。

括而言之，春秋时代，神鬼天道犹颇为人事之主宰，而纯正的人道论亦崭然出头。人之生也，犹辨夷夏之种类，上下之差别，而斯民同类说亦勃然以兴，此其所以为矛盾时代。生此时代之思想家，如不全仍旧贯，或全作新说，自必以调和为途径，所谓集大成者，即调和之别名也。

孔子

孔子一生大致当春秋最后三分之一，则春秋时代之政治社会变动自必反应于孔子思想之中。孔子生平无著述（作《春秋》赞《周易》之说，皆不可信），其言语行事在后世杂说百出，今日大体可持为据者，仅《论语》、《檀弓》两书耳。《檀弓》所记多属于宗教范围，故今日测探孔子之天人论应但以《论语》为证矣。试绎《论语》之义，诚觉孔子之于天人论在春秋时代为进步论者，其言与上文所引《左传》所载之新说嘉话相同，而其保持正统遗训亦极有力量。然则孔子并非特异之学派，而是春秋晚期开明进步论者之最大代表耳。孔子之宗教以商为统，孔子之政治以周为宗。以周为宗，故曰："如有用我者，吾其为东周乎。"其所谓"为东周"者，正以齐桓管仲为其具体典范。故如为孔子之政治论作一名号，应曰霸道，特此所谓霸道，远非孟子所界说者耳。

孔子之言性与天道，一如其政治论之为过渡的，转变的。《论语》记孔子言性与天道者不详，此似非《论语》取材有所简略，盖孔子实不详言也。子夏曰："夫子之文章可得而闻也，夫子之言性与天道不可得而闻也已。"（据倭本增"已"字）《论语》又曰："子罕言利，与命，与仁。"（宋儒或以为与命、与仁之"与"字应作动字解，犹言许命许仁也。此说文法上实不可通。与之为连续词毫无可疑。《晋语》言："杀晋君，与逐出之，与以归之，与复之，孰利？"此同时书中语法可征者也。）今统计《论语》诸章，诚哉其罕言，然亦非全不言也。列举如下：

子曰："……五十而知天命。"（《为政》）

子曰："不知命，无以为君子也。"（《尧曰》）

子曰："君子有三畏，畏天命，畏大人，畏圣人之言。小人不知天命而不畏也，狎大人，侮圣人之言。"（《季氏》）

子曰："道之将行也与，命也。道之将废也与，命也。公伯寮其如命何？"（《宪问》）

子曰："天生德于予，桓魋其如予何？"（《述而》）

子畏于匡，曰："文王既殁，文不在兹乎？天之将丧斯文也，后死者不得于斯文也。天之未丧斯文也，匡人其如予何？"（《子罕》）

子曰："凤鸟不至，河不出图，吾已矣夫！"（《子罕》）

颜渊死，子曰："噫，天丧予，天丧予！"（《先进》）

伯牛有疾，子问之，自牖执其手，曰："亡之，命也夫！斯人也而有斯疾也，斯人也而有斯疾也！"（《雍也》）

子疾病，子路请祷，子曰："有诸？"子路对曰："有之。诔曰，'祷尔于上下神祇。'"子曰："丘之祷久矣。"（《述而》）

子夏曰："商闻之矣（此当是闻之孔子，故并引），'死生有命，富贵在天'。"（《颜渊》）

子曰："莫我知也夫！"子贡曰："何为其莫知子也？"子曰，"不怨天，不尤人，下学而上达，知我者，其天乎？"（《宪问》）

子曰："予欲无言。"子贡曰："子如不言，则小子何述焉？"子曰："天何言哉？四时行焉，百物生焉。天何言哉？"（《阳货》）

子不语怪、力、乱、神。（《述而》）

理会以上所引，知孔子之天道观有三事可得言者：

其一事曰，孔子之天命观念，一如西周之传说，春秋之世俗，非有新界说在其中也。孔子所谓天命，指天之意志，决定人事之成败吉凶祸福者，其命定论之彩色不少。方其壮年，以为天生德于予，庶几其为东周也。及岁过中年，所如辄不合，乃深感天下事有不可以人力必成者，乃以知天命为君子之德。颜回、司马牛早逝，则归之于命；公伯寮、桓魋见谋，则归之于命；凤鸟不至，而西狩获麟，遂叹道之穷矣。在后人名之曰时，曰会合，在今人名之曰机会者，在孔子时尚不用此等自然名词，仍本之传统，名之曰天命。孔子之所谓天命，正与金文《周诰》之天令（或作天命）为同一名词，虽彼重言命之降，此重言命之不降，其所指固一物，即吉凶祸福成败也。

其二事曰，孔子之言天道，虽命定论之彩色不少，要非完全之命定论，而为命定论与命正论之调合。故曰："一日克己复礼，天下归仁焉。"又曰："知我者其天乎！"夫得失不系乎善恶而天命为前定者，极端命定论之说也。善则必得天眷，不善则必遭天殃，极端命正论之说也。后说孔子以为盖不尽信，前说孔子以为盖无可取，其归宿必至于俟命论。所谓俟命论者，谓修德以俟天命也。凡事求其在我，而不责其成败于天，故曰"不怨天"，尽人事而听天命焉，故曰"丘之祷久矣"。此义孟子发挥之甚为明切，其辞曰，"修身以俟之"，又曰，"顺受其正"，又曰，"尽其道而死者，正命也"。此为儒家天人论之核心，阮芸台言之已详，今不具论。

其三事曰，孔子之言天道，盖在若隐若显之间，故罕言之，若有所避焉。此与孔子之宗教立场相应，正是脱离宗教之道德论之初步也。夫罕言天道，是《论语》所记，子贡所叹。或问禘之说，孔子应之曰："不知也，知其说则于天下犹运之掌。"是其于天也，犹极虔敬而尊崇，盖以天道为礼之本，政事为礼之用。然而不愿谆谆言之者，言之详则有时失之诬，言之详则人事之分量微，此皆孔子所不欲也。与其详言而事实无征，何如虔敬以寄托心志？故孔子之不详言，不可归之记录有阙，实有意如此耳。子不语"怪、力、乱、神"，然而"祭如在，祭神如神在"，又曰，"吾不与祭，如不祭"。其宗教之立场如此，其道德论之立场亦复一贯。孔子之道德观念，其最前假定仍为天道，并非自然论，亦未纯是全神论（Pantheism），惟孔子并不盘桓于宗教思想中，虽默然奉天以为大本，其详言之者，乃在他事不在此也。

如上所言，其第一事为古昔之达名，其二三两事亦当时贤智之通识，孔子诚是春秋时代之人，至少在天道论上未有以超越时代也。在彼时取此立场固可得暂时之和谐，然此立场果能稳定乎？时代既已急转，思想主宰既已动摇，一发之势不可复遏，则此半路之立场非可止之地。故墨子对此施其攻击，言天之明明，言命之昧昧，而孟子亦在儒家路线上更进一步，舍默尔而息之态，为深切著明之辞。孔子能将春秋时代之矛盾成一调和，却不能使此调和固定也。

孔子之天论立于中途之上，孔子之人论亦复如是。古者以为人生而异，族类不同而异，等差不同而异，是为特别论之人性说。后世之孟子以为人心有其同然，圣人先得人心之同然者也，是为普遍论之人性说，孔子则介乎二者之间。今引《论语》中孔子论人之生质诸事。

子曰："性相近也，习相远也。"（《阳货》）
子曰："惟上智与下愚不移。"（《阳货》）
子曰："中人以上可以语上也，中人以下不可以语上也。"（《雍也》）
孔子曰："生而知之者上也，学而知之者次也，困而学之又其

次也，困而不学，民斯为下矣。"（《季氏》）

子曰："民可使由之，不可使知之。"（《泰伯》）

子曰："惟女子与小人为难养也。近之则不逊，远之则怨。"（《阳货》）

孔子以为人之生也相近，因习染而相远，足征其走上普遍论的人性说已远矣，然犹未至其极也。故设上智下愚之例外，生而知，学而知，困而学之等差，犹以为氓氓众生，所生之凭借下，不足以语于智慧，女子小人未有中上之素修，乃为难养，此其与孟子之性善论迥不侔矣。

在人论上，遵孔子之道路以演进者，是荀卿而非孟子。孔子以为人之生也，大体不远，而等差亦见，故必济之以学，然后归于一路。孔子认为尽人皆须有此外工夫，否则虽有良才，无以成器，虽颜回亦不是例外，故以克己复礼教之。此决非如孟子所谓"万物皆备于我，反身而诚，乐莫大焉"者也。引《论语》如下：

子曰："我非生而知之者，好古，敏以求之者也。"（《述而》）

子曰："……好仁不好学，其蔽也愚。好知不好学，其蔽也荡。好信不好学，其蔽也贼。好直不好学，其蔽也绞。好勇不好学，其蔽也乱。好刚不好学，其蔽也狂。"（《阳货》）

孔子对曰："有颜回者好学，不迁怒，不贰过。"（《雍也》）

颜渊问仁。子曰："克己复礼为仁。一日克己复礼，天下归仁焉。为仁由己，而由人乎哉？"颜渊曰："请问其目。"子曰："非礼勿视，非礼勿听，非礼勿言，非礼勿动。"（《颜渊》）

颜渊喟然叹曰："……夫子循循然善诱人，博我以文，约我以礼。"（《子罕》）

子贡问曰："孔文子何以谓之文也。"子曰："敏而好学，不耻下问，是以谓之文也。"（《公冶长》）

孔子以为人之生也不齐，必学而后志于道。荀子以为人之生也恶，必学而后据于德。其人论虽有中性与极端之差，其济之之术则无异矣。兹将孔、孟、荀三氏之人性说图以明之。

类别	工夫
孟子性善说	以扩充内禀成之
孔子材差说	以力学济之
荀子性恶说	以力学矫之

后人以尊德性道问学分朱陆，其实此分辩颇适用于孟子、荀卿，若孔子，与其谓为尊德性，勿宁谓之为道问学耳。

孔子之地位，在一切事上为承前启后者，天人论其一焉。

第七章　墨子之非命论

《墨子》一书不可尽据，今本自《亲士》至《三辩》七篇，宋人题作经者，虽《所染》与《吕子》合，《三辩》为《非乐》余义，《法仪》为《天志》余义，《七患》、《辞过》为《节用》余义（皆孙仲容说），大体实甚驳杂。《修身》一篇全是儒家语，《亲士》下半为《老子》作注解，盖汉人之书也。《经》上下、《经说》上下，自为一种学问，不关上说下教之义。《大取》至《公输》七篇，可称墨家杂篇，其多精义。壹如《庄子》杂篇之于《庄子》全书。若其教义大纲之所在，皆含于《尚贤》至《非儒》二十四篇中，据此可识墨义之宗宰矣。

读《墨子》书者，总觉其宗教彩色甚浓，此自是极确定之事实，然其辩证之口气，有时转比儒家更近于功利主义。墨子辩证之方式有所谓三表者，其词曰：

> 子墨子言曰："有本之者，有原之者，有用之者。于何本之？上本之于古者圣王之事。于何原之？下原察百姓耳目之实。于何用之？发以为刑政，观其中国家百姓人民之利。此所谓三表也。"（《非命》上）

"本之"即荀子所谓"持之有故"，"原之"即荀子所谓"言之成理"，前者举传训以为证，后者举事理以为说。至于"用之"，则纯是功利论之口气，谓如此如此乃是国家百姓万人之大利也。孔子以为自古皆有死，孟子以为舍生而取义，皆有宗教家行其所是之风度，墨子乃沾沾言利，言之不已，虽其所谓利非私利，而为万民之公利，然固不似孟子之譬头痛绝此一名词也。其尤甚者，墨子以为鬼纵无有，亦必须假定其有，然后万民得利焉。

> 虽使鬼神请（诚）无，此犹可以合欢聚众，取亲于乡里。（《明鬼》下）

此则俨然服而德氏之说，虽使上帝诚无，亦须假设一个上帝。此虽设辩之词，然严肃之宗教家不许如此也。甚矣中国人思想中功利主义之深固，虽墨家亦如此也。然此中亦有故，当时墨家务反孔子，而儒家自始标榜"君子喻于义，小人喻于利"，"喻犹晓也"。故墨子乃立小人之喻以为第三表，且于三表中辞说最多焉，墨子固以儒家此等言辞为伪善者也。孟子又务反墨说，乃并此一名词亦排斥之。此节虽小，足征晚周诸子务求相胜，甲曰日自东出，乙必曰日自西出，而为东西者作一新界说，或为方位作一新解，以成其论。识此则晚周诸子说如何相反相生，有时可得其隐微，而墨子之非命论与儒如何关系，亦可知焉。

又有一事，墨子极与孔子相反者，孔子"博学而无所成名"，"无可无不可"，墨子则为晚周子籍中最有明白系统者。盖孔子依违调和于春秋之时代性中，墨子非儒，乃为断然的主张，积极的系统制作，其亦孔子后学激之使然耶？

墨子教义以宗教为主宰，其论人事虽以祸福利害为言，仍悉溯之于天。此与半取宗教之孔子固不同，与全舍宗教之荀子尤极端相反也。今试将墨子教义图以明之：

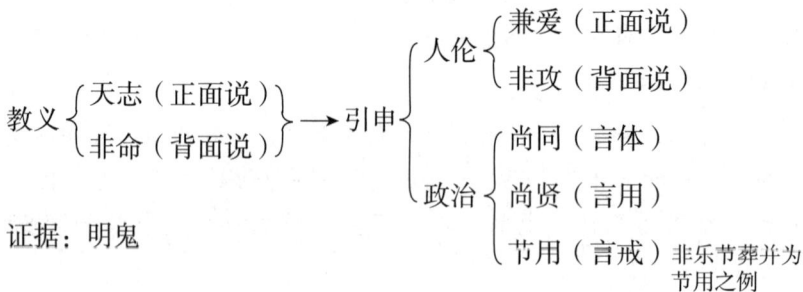

《墨子·鲁问篇》云：

> 国家昏乱，则语之尚贤，尚同。国家贫，则语之节用，节葬。国家喜音耽湎，则语之非乐，非命。国家淫僻无礼，则语之尊天，事鬼。国家务夺侵凌，则语之兼爱，非攻。（《鲁问》）

此虽若对症下药，各自成方，而寻绎其义理，实一完固之系统，如上图所形容也。墨孟荀三氏之思想皆成系统，在此点上，三家与孔子不同，而墨子之系统为最严整矣。墨义之发达全在务反儒学之道路上。当时儒家对鬼之观念，立于信不信之半途，而作不信如信之姿势，且儒家本是相对的信命定论者，墨家对此乃根本修正之。今引其说：

> 儒以天为不明，以鬼为不神，天鬼不说（问禘，答曰不知，性

与天道不可得闻，皆孔子不说或罕说天鬼之证也。说读如字）。此足以丧天下。……又以命为有，贫富，寿夭，治乱，安危，有极矣，不可损益也。为上者行之，必不听治矣，为下者行之，必不从事矣，此足以丧天下。（《公孟》）

公孟子曰："无鬼神。"又曰："君子必学祭祀。"（毕沅曰，祀当为礼。）子墨子曰："执无鬼而学祭礼，是犹无客而学客礼也，是犹无鱼而为鱼罟也。"（《公孟》）

立命而怠事，不可使守职。（《非儒》）

此皆难儒斥儒之词，既足以见墨义之宗旨，更足以证墨学之立场。儒家已渐将人伦与宗教离开，其天人说已渐入自然论，墨者乃一反其说，复以宗教为大本，而以其人事说为其宗教论之引申。墨家在甚多事上最富于革命性，与儒家不同，独其最本原之教义转似走上复古之道路，比之儒家，表面上为后于时代也。

然墨子之宗教的上天，虽抛弃儒家渐就自然论，渐成全神论之趋势，而返于有意志、有喜怒之人格化的上天，究非无所修正之复古与徒信帝力之大者所可比也。墨子之天实是善恶论之天神化，其上天乃一超于人力之圣人，非世俗之怪力乱神也。如许我以以色列教统相比拟，《旧约》中尚少此等完全道德化之帝天，四福音中始见此义耳。是则墨子虽以宗教意识之重，较儒家为复古，亦以其上天之充分人格化道德化，转比儒家之天道说富于创造性。盖墨子彻底检讨人伦与宗教之一切义，为之树立上下贯彻之新解，虽彼之环境使以宗教为大本，而彼之时代亦使彼为一革新的宗教家，将道德理智纳之于宗教范畴之下，其宗教之本身遂与传统者有别。墨子立论至明切，非含胡接受古昔者也。《天志》三篇为彼教义之中心，其所反复陈言者：一则以为天有志，天志为义，义自天出；二则以为天兼有天下之人，故兼爱天下之人；三则以为从天之意者必得赏，背天之意者必得罚，人为天之所欲，则天为人之所欲，人为天之所恶，则天为人之所恶；四则以为天为贵，天为智，自庶人至于天子，皆不得次已而为政，有天政之。据此，可知墨子之天，乃人格化、道德化之极致，是圣人之有广大权能在苍苍上者，故与怪、力、乱、神不可同日语也。

兹将墨义系统如前图所示者再解说之，以明其条贯。墨子以为天非不言而运行四时者，乃有明明赫赫之意志者，人非义不生，而义"自天出"。天意者，"上尊天，中事鬼神，下爱人"。行如此则天降之福，行不如此则天降之祸。墨子又就此义之背面以立论，设为非命之辨，以为三代之兴亡，个人之祸福，皆由自身之行事，天无固定之爱憎，即无前定之命焉，果存命定之说，万人皆怠其所务，"是覆天下之义"，而"灭天下之人矣"。今知天志非命为墨义系统中之主宰者，可取下引为证：

> 子墨子言曰："我有天志，譬如轮人之有规，匠人之有矩，轮匠执其规矩，以度天下之方圜，曰，中（读去声，下同）者是也，不中者非也。"（《天志上》）

> 故子墨子之有天之意也，上将以度天下之王公大人为刑政也，下将以量天下之万民为文学出言谈也。……故置此以为法，立此以为仪，将以量度天下之王公大人卿大夫之仁与不仁，譬之犹分黑白也。（《天志中》）

今又知墨子论人事诸义为天志非命之引申者，可取下引为证：

> 子墨子曰："天之意不欲大国之攻小国也，大家之乱小家也，强之暴寡，诈之谋愚，贵之傲贱，此天之所不欲也。不止此而已，欲人之有力相营，有道相教，有财相分也。又欲上之强听治也，下之强从事也。"（《天志中》）

> 顺天之意者兼也，反天之意者别也。兼之为道也义正，别之为道也力正。曰："义正者何若？"曰："大不攻小也，强不侮弱也，众不贼寡也，诈不欺愚也，贵不傲贱也，富不骄贫也，壮不夺老也。是以天下之庶国莫以水火毒药兵刃以相害也。……"曰："力正者何若？"曰："大则攻小也，强则侮弱也，众则贼寡也，诈则欺愚也，贵则傲贱也，富则骄贫也，壮则夺老也。是以天下之庶国方以水火毒药兵刃以相贼害也。"（《天志下》）

据此，则兼爱、非攻皆天之意向，墨子奉天以申其说。尚同则壹天下人之行事以从天志，虽尚贤亦称为天之意焉。其言曰：

> 故古圣王以审以尚贤便能为政，而取法于天。虽天亦不辩贫富、贵贱、远近、亲疏、贤者举而尚之，不肖者抑而废之。（《尚贤中》）

故天志非命为墨义系统之主宰，无可疑也。

墨子之天道观对儒家为反动者，已如上文所论，其对《周诰》中之天道论，则大体相同，虽口气有轻重，旨命则无殊也。此语骤看似不可通，盖《周诰》中历言天不可信，而墨子以天之昭昭为言，《周诰》以为修短由人，墨子以为志之在天。然疏解古籍者，应识其大义，不可墨守其名词。墨子所非之命，指命定之论而言，以祸福有前定而不可损益者也，此说亦《周诰》中所力排者也。墨子所主张之天志，乃作善天降祥，作不善天降殃之说，谓天明明昭昭，赏罚可必，皆因人之行事而定，而非于人之行事以外别有所爱憎，此说正《周诰》所力持者也。《非命篇》全是《周诰》中殷纣丧命、汤武受命说之注脚，而《天志篇》虽口气有轻重，注意点有不同，其谓天赏劳动善行，罚荒侠暴政，则无异矣。《周诰》为政治论，墨义为宗教论，其作用原非一事，故词气不同，若其谓天命之祸福皆决之于人事，乃无异矣。（参看本篇第二章）

墨子之天道论固为周初以来（或不止于周初）正统天道论一脉中在东周时造成之极峰，其辞彩焕发，引喻明切，又为东周诸子所不及。（希腊罗马之散文体以演说为正宗，中国之古演说体仅存于《墨子》。其陈义明切，辩证严明，大而不遗细，守而能攻击，固非循循讷讷之孔子，强辞夺理之孟子所能比，即整严之荀子，深刻之韩子，亦非其匹，盖立义既高，而文词又胜也。）然亦有其缺陷，易为人攻陷者，即彼之福善祸淫论在证据上有时不能自完其说，其说乃"无征不信，不信民弗从"也。请证吾说。

> 有游于子墨子之门者，谓子墨子曰："先生以鬼神为明知（智），能为祸福（据王孙二氏校），为善者富之，为暴者祸之。今吾事先生久矣，而福不至，意者先生之言有不善乎？鬼神不明乎？我何故不得福也？"子墨子曰："虽子不得福，吾言何遽不善？而鬼神何遽不明？子亦闻乎匿徒有刑乎？"（从俞校）对曰："未之得闻也。"子墨子曰："今有人于此，什子，子能什誉之而一自誉乎？"对曰："不能。""有人于此，百子，子能终身誉其善而子无一乎？"对曰："不能。"子墨子曰："匿一人者犹有罪，今子所匿者若此其多，将有厚罪者也，何福之求？"

> 子墨子有疾，跌鼻进而问曰："先生以鬼神为明，能为祸福，为善者赏之，为不善者罚之。今先生圣人也，何故有疾？意者先生之言有不善乎？鬼神不明知（智）乎？"子墨子曰："虽使我有病，（鬼神）何遽不明？人之所得于病者多方，有得之寒暑，有得之劳苦。百门而闭一门焉，则盗何遽无从入？"（《公孟》）

此真墨说之大缺陷矣。弟子不得福，则曰汝尚未善也，若墨子有其早死之颜回，则又何说？且勉人以善更求善，一般人之行善固有限度者，累善而终得祸，其说必为人疑矣。《旧约》记约百力行善，天降之祸，更善，更降之祸，虽以约百之善人，终不免于怨天焉。墨子自身有疾，则曰，病由寒暑劳苦也，此非得自天焉，且以一对百比天意与他故之分际，此真自降其说矣。不以天为全智全能，则天志之说决不易于动听也。夫耶苏教之颇似墨义，自清末以来多人言之，耶苏教有天堂地狱之说，谓祸福不可但论于此世，将以齐之于死后也。故善人得福在于天堂，恶人得祸在于地狱，恶人纵得间于生前，必正地火之刑于死后，至于世界末日，万类皆得平直焉。此固无可证其必有，亦无可证其必无之说。然立说如此乃成一完全之圆周，无所缺漏。如墨子之说，虽宗教意识极端发达，而不设身后荣辱说以调剂世间之不平，得意者固可风从，失意者固不肯信矣。墨家书传至现在者甚少，当年有无类于天堂地狱之说，今固不可确知，然按之《墨子》书，其反复陈说甚详，未尝及此也。其言明鬼，亦注重在鬼之干预世间事，未言鬼之生活也。墨子出身盖亦宋之公族（颉刚语我云，墨氏即墨夷氏，公子目夷之后。其说盖可信），后世迁居于鲁，与孔子全同，亦孔融所谓"圣人之后不得其位而亡于宋"者也。其说虽反儒家之尚学，其人实博极群书者，言必称三代，行乃载典籍，亦士大夫阶级之人也。其立教平等，舍亲亲尊尊之义，而惟才是尚，其教也无类，未有儒家"礼不下庶人"之恶习，故其教徒中所吸收者，甚多工匠及下层社会中人，而不限于士流，于是显然若与儒学有阶级之差异者。其人之立身自高于孔子甚远，然而其自身究是学问之士，兼为教训政治之人，非一纯粹之宗教家也。此其为人所奉信反不如张角者欤？

第八章　孟子之性善论及其性命一贯之见解

墨子亟言天志，于性则阙之，是亦有故。大凡以宗教为思想之主宰者，所隆者天也，而人为藐小，故可不论。务求脱去宗教色彩之哲学家，不得不立其大本，而人适为最便于作此大本者。此虽不可一概论，然趋向如是者多矣。墨学以宗教为本，其不作人论也，固可假设以书缺有间，然墨义原始要终，今具存其旨要，辩说所及，枝叶扶疏，独不及于人论者，绝不似天人之论失其一半。盖墨子既称天而示行，则无所用乎称人以载道也。

　　孟子一反墨家自儒反动之路，转向儒家之本而发展之，其立场比孔子更近于全神论及自然论，即比孔子更少宗教性。夫立于全神论，则虽称天而天实空；立于自然论，则天可归之冥冥矣。此孟子不亟言天而侈论性之故与？

　　孟子之言天道也，与孔子无殊，在此一界中，孟子对孔子，无所增损，此义赵岐已言之：

　　宋桓魋害孔子，孔子称"天生德于予"。鲁臧仓毁隔孟子，孟子曰："臧氏之子，焉能使余不遇哉？"旨意合同，若此者众。

　　其谓际合成败有待于天命者如此。虽然，孔子、孟子之所谓天命，非阴阳家之天命，其中虽有命定之义，亦有命正之义焉，所谓"修身以俟之"，"尽其道而死者正命也"（《尽心》上）。此以义为命之说，自谓述之于孔子：

　　弥子谓子路曰："孔子主我，卫卿可得也。"子路以告。孔子曰"有命"。孔子进以礼，退以义，得之不得曰有命。而主痈疽与侍人瘠环，是无义无命也。（《万章》上）

　　且以为天命之降否，纵一时有其不可知者，结局则必报善人：

　　苟为善，后世子孙必有王者矣。君子创业垂统，为可继也。若夫成功，则天也。君如彼何哉？强为善而已矣。（《梁惠王》下）

　　其命正论之趋向固如是明显，然命运论之最早见于载籍者亦在《孟子》中：

　　天下之生久矣，一治一乱。（《滕文公》下）
　　五百年必有王者兴，其间必有名世者。（《公孙丑》下）

　　此则微似邹衍矣。孟子固不自知其矛盾也。

　　今于说孟子性善论之前，先述孟子思想所发生之环境。墨翟之时，孔学鼎盛，"墨子学儒者之业，受孔子之术，以为其礼烦扰而不悦，厚葬靡财而贫民，久服伤生而害事，故背周道而用夏政"（《淮南·要略》），盖务反儒者之所为也。孟轲之时，"杨朱墨翟之言盈天下，天下之言不归杨则归墨"。孟子以为杨朱之言性（生），徒纵口耳之欲，养其一体即忘其全也，遂恶养小以失大，且以为性中有命焉。今杨义不存，孟子言之激于杨氏而出者，不可尽知，然其激于墨氏而出者，则以墨义未亡，大体可考。墨子立万民之利以为第三表，孟子则闻利字若必洗耳然，以为此字一出乎心，其后患不可收拾。其务相反如此。墨子以为上天兼有世人，兼而食之，遂兼而爱之。孟子以为："人之于身也兼所爱，兼所爱则兼所养。"其受墨说影响之辞气又如此。此虽小节，然尤足证其影响之甚也。若夫孔子，以为杞宋不足征，周监于二代，乃从后王之政。墨子侈言远古，不信而征，复立仪范虞夏之义，以为第一表。孟子在墨子之后，乃不能上返之于孔子，而下迁就于墨说，从而侈谈洪荒，不自知其与彼"尽信书则不如无书"之义相违也。故孟子者，在性格、在言谈、在逻辑，皆非孔子之正传，且时与《论语》之义相背，彼虽以去圣为近，愿乐孔子，实则纯是战国风习中之人，墨学磅礴后激动以出之新儒学也。

在性论上，孟子全与孔子不同。此义宋儒明知之，而非宋儒所敢明言也。孔子之人性说，以大齐为断，以中性为解，又谓必济之以学而后可以致德行，其中绝无性善论之含义，且其劝学乃如荀子。孟子舍宗教而就伦理，罕言天志而侈言人性，墨子以为仁义自天出者，孟子皆以为自人出矣。墨孟皆道德论者，道德论者，必为道德立一大本。墨子之大本，天也，孟子之大本，人也，从天志以兼爱，与夫扩充性端以为仁义，其结构同也。是则孟子之性善说，亦反墨反宗教后应有之一种道学态度矣。

当孟子时，论人生所赋之质者不一其说，则孟子之亟言性也，亦时代之所尚，特其质言性善者是其创作耳。当时告子以为"性无善无不善"，此邻于道家之说。又或以为"性可以为善，可以为不善，是故文武兴则民好善，幽厉兴则民好暴"，此似同于孔子之本说。又或以为"有性善，有性不善，是故以尧为君而有象，以瞽瞍为父而有舜"，此则孔子所指上智下愚不移之例外也（以上或说皆见《告子篇》上）。今孟子皆非之，与孔子迥不侔矣。

告子性超善恶之说，以为仁义自外习成，非生之所具，欲人之仁义，必矫揉之然后可。孟子性善之说，以为仁义礼智皆出于内心，即皆生来之禀赋，故以性为善，其为恶者人为也，《孟子》书中立此义者多，引其辨析微妙者一章：

> 孟季子问于公都子曰："何以为义内也？"曰："行吾敬，故谓之内也。"
>
> "乡人长于伯兄一岁。则谁敬？"曰："敬兄。"
>
> "酌则谁先？"曰："酌乡人。"

"所敬在此，所长在彼，果在外，非由内也。"

公都子不能答，以告孟子。孟子曰："敬叔父乎？敬弟乎？彼将曰敬叔父。曰，弟为尸则谁敬？彼将曰敬弟。子曰，恶在其敬叔父也。彼将曰，在位故也。子亦曰，在位故也。庸敬在兄，斯须之敬在乡人。"

季子闻之，曰："敬叔父则敬，敬弟则敬，果在外，非由内也。"

公都子曰："冬日则饮汤，夏日则饮水，然则饮食亦在外也。"

义者，是非之辩，所以论于行事者也，孟季子重言行事之本身，以为因外界之等差而异其义方，故认为义外，孟子重言其动机，以为虽外迹不齐，而其本自我，故认为义内。自今日视之，此等议论，皆字面之辩耳。虽然，欧洲哲学家免于字面之辩者又几人乎？

今更引《孟子》论性各章中最能代表其立说者之一章：

孟子曰："乃若其情，则可以为善矣，乃所谓善也。若夫为不善，非才之罪也。"

"恻隐之心，人皆有之；羞恶之心，人皆有之；恭敬之心，人皆有之；是非之心，人皆有之。恻隐之心，仁也；羞恶之心，义也；恭敬之心，礼也；是非之心，智也。仁、义、礼、智，非由外铄我也，我固有之也。弗思耳矣。故曰，求则得之，舍则失之，或相倍蓰而无算者，不能尽其材者也。"（《告子》上）

夫曰"可以为善"，即等于说不必定为善也，其可以为善者，仁义礼智之端皆具于内，扩而充之斯善矣。其不为善者，由于不知扩充本心，外物诱之，遂陷于不义，所谓不能尽其材也。此说以善为内，以恶为外，俨然后世心学一派之说，而与李习之复性之说至近矣。孟子既以人之为善之动机具于内，乃必有良知良能论：

孟子曰："人之所不学而能者，其良能也，所不虑而知者，其良知也。孩提之童，无不知爱其亲也，及其长也，无不知敬其兄也。亲亲，仁也，敬长，义也。无他，达之天下也。"（《尽心》上）

而此良知良能又是尽人所有者，人之生性本无不同也。

孟子曰："富岁子弟多赖，凶岁子弟多暴，非天之降才尔殊也，其所以陷溺其心者然也。

"今夫麰麦，播种而耰之，其地同，树之时又同，勃然而生，至于日至之时皆熟矣。虽有不同，则地有肥硗，雨露之养，人事之不齐也。

"故凡同类者举相似也，何独至于人而疑之？圣人与我同类者。故龙子曰：'不知足而为屦，我知其不为蒉也。'屦之相似，是天下之足同也。

"故曰，口之于味也，有同耆焉，耳之于声也，有同听焉，目之于色也，有同美焉，于心独无所同然乎？

心之所同然者何也？谓理也，义也。故义理之悦我心，犹刍豢之悦我口。"（《告子》上）

既以为天下之人心同，又以为万物皆备于我。以为万物皆备于我，而孟子之性善论造最高峰矣。

孟子曰："万物皆备于我矣。返身而诚，乐莫大焉。强恕而行，求仁莫近焉。"（《尽心》上）

古无真字，后世所谓真，古人所谓诚也。

至于为恶之端，孟子皆归之于外物：

孟子曰："牛山之木尝美矣，以其郊于大国也，斧斤伐之，可以为美乎？是其日夜之所息，雨露之所润，非无萌蘖之生焉，牛羊又从而牧之，是以若彼濯濯也。人见其濯濯也，以为未尝有材焉，此岂山之性也哉？虽存乎人者，岂无仁义之心哉？其所以放其良心者，亦犹斧斤之于木也。旦旦而伐之，可以为美乎？其日夜之所息，平旦之气，其好恶与人相近也者几希。则其旦昼之所为，有梏亡之矣。梏之反覆，则其夜气不足以存。夜气不足以存，则其违禽兽不远矣。人见其禽兽也，而以为未尝有才焉者，是岂人之情也哉？故苟得其养，无物不长，苟失其养，无物不消。孔子曰：'操则存，舍则亡，出入无时，莫知其乡。'惟心之谓与！"（《告子》上）

孟子既以善为内，以恶为外，故其教育论在乎养心放心，而不重视力学，其言学问亦仅谓"求其放心而已矣"。此亦性善说之所必至，犹之劝学为性恶论者之所必取也。

孟子之论性如此，自必有尽心之教育说，养生之社会论，民贵之政治论，此三事似不相干，实为一贯。盖有性善之假定，三义方可树立也。不观乎《厄米尔》之作者与《民约论》之作者在欧洲亦为一人乎？

孟子之性命一贯见解

依本书上卷字篇所求索，"命"字之古本训为天之所令，"性"字之古本训为天之所生。远古之人，宗教意识超过其他意识，故以天令为谆谆然命之，复以人之生为天实主之，故天命人性二观念，在其演进之初，本属同一范域。虽其后重言宗教者或寡言人性，求摆脱宗教神力者或重言人性，似二事不为一物然，然在不全弃宗教，而又走上全神论、自然论之道路之儒家，如不求其思想成一条贯则已，如一求之，必将二事作为一系，此自然之理也。孟子以前书缺不可知，孟子之将二事合为一论者今犹可征也。

> 孟子曰："口之于味也，目之于色也，耳之于声也，鼻之于臭也，四肢之于安佚也，性也。有命焉，君子不谓性也。
>
> "仁之于父子也，义之于君臣也，礼之于宾主也，知之于贤者也，圣人之于天道也，命也。有性焉，君子不谓命也。"

此章明明以性命二字相对相连为言，故自始为说性理者所注意。然赵岐（《孟子注》）、朱子（孟子章句或问语类）、戴震（《孟子字义疏证》第二十八条）、程瑶田（《论学小记》）诸氏所解，虽亦或有精义，究不能使人感觉怡然理顺者，则以诸氏或不解或不注意此处之性字乃生字之本训，一如告子所谓"生之为性"之性（孟子在此一句上，并不驳告子，阮氏已详言之矣），此处之命字乃天令之引申义，一如《左传》所称邾子"知命"之命，故反复不得其解也。此一章之解，程、朱较是，而赵氏、戴震转误。程氏最近，又以不敢信孔孟性说之异，遂昧于宋儒分辩气质义理二性之故。兹疏此章之义如下。

孟子之亟言性善，非一人独提性之问题而谓之善，乃世人已侈谈此题，而孟子独谓之善以辟群说也。告子之说，盖亦当时流行性说之一也。其言以为"生之谓性"，孟子只可訾其无着落，不能谓此语之非是，此语固当时约定俗成之字义也（如墨子訾儒之"乐以为乐"，谓之说等于不说则可，谓之非是则不可）。故孟子之言性，亦每为生字之本训，荀子尤甚（参看本书上卷第七、八章）。

孟子之言命，字面固为天命，其内含则为义、为则，不尽为命定之训也。其为义者，"孔子进以礼，退以义，得之不得曰有命，而主痈疽与侍人瘠环，是无义无命也"。此虽联义与命言，亦正明其相关为一事也。其为则者，孟子引《诗》，"天生蒸民，有物有则"，而托孔子语以释之曰："有物必有则。"孟子之物则二解皆非本训（物之本训为大物，今所谓图腾也。则之本训为法宪，今所谓威权也，说别详），然既以为天降物与则，是谓命中有则也，故谓"尽其道而死者，正命也"。

字义既定，今疏此一章曰：口之好美味，目之好好色，耳之乐音声，鼻之恶恶臭，四肢之欲安佚，皆生而具焉者也，告子所谓"食色，性也"。然此亦得之于天者。"天生蒸民，有物有则，民之秉彝，好是懿德。"（均从孟子所解之义）天命固有其正则焉，故君子不徒归口、耳等于生之禀赋中，故不言"食色，性也"。仁者得以恩爱施于父子，义者得以义理施于君臣，好礼者得以礼敬施于宾主，圣者得以智慧明于天道，此固世所谓天命之正则也。然世人之能行此也，亦必由于生而有此禀，否则何所本而行此？"仁、义、礼、智，非由外铄我也，我固有之也。"故君子不取义外之说，不徒言"义自天出"（墨义），而忘其亦自人出也。

故此一章亦是孟子与墨家及告子及他人争论中之要义，而非凭空掉换字而以成玄渺之说。识性命二字之本训，合《孟子》他章而观之，其义至显矣。此处孟子合言性命，而示其一贯，无异乎谓性中有命，命中有性，犹言天道人道一也，内外之辩妄也。（孟子云："尽其心者，知其性也。知其性则知天矣。存其心，养其性，所以事天也。夭寿不贰，修身以俟之，所以立命也。"亦言天道人道为一物一事之义者。口之于味一章既识其义，此章可不解而明矣。）西汉博士所著之《中庸》云，"天命之谓性"，盖孟子后儒家合言天人者已多，而西京儒学于此为盛焉。

古宗教立天以制人，墨子之进步的宗教，则将人所谓义者归之于天，再称天以制人。孟子之全神论的、半自然论的人本主义，复以人道解天道，而谓其为一物一则一体，儒家之思想进至此一步，人本之论成矣。

附论赵岐注

赵岐解此章，阮芸台盛称之，然赵氏释命字作命定之义，遂全不可通。赵云：

> ……此（口耳等）皆人性之所欲也。得居此乐者，有命禄，人不能皆如其愿也。凡人则触情从欲而求可乐，君子之道则以仁义为先，礼节为制，不以性欲故而苟求之也。故君子不谓性也。

> ……皆（仁义等）命禄遭遇，乃得居而行之，不遇者不得施

行。然亦才性有之，故可用也（按此语不误）。凡人则归之命禄，任天而已，不复谓性，以君子之道，则修仁、行义、修礼、学知、庶几圣人，矗矗不倦，不但坐而听命。故曰君子不谓命也。

〔章指〕尊德乐道，不任佚性。治性勤礼，不专委命。君子所能，小人所病。

此真汉儒之陋说，于孟子所用性命二字全昧其义。至以性为"性欲"，且曰"治性"、"佚性"，岂孟子道性善者之义乎？汉儒纯以其时代的陋解解古籍，其性论之本全在性善情恶之二元论（详下卷）。而阮氏以为古训如此，门户之见存也。

第九章　荀子之性恶论及其天道观

以荀卿、韩非之言为证，孟子之言，彼时盖盈天下矣。荀子起于诸儒间，争儒氏正统，在战国风尚中，非有新义不足以上说下教，自易于务反孟子之论，以立其说。若返之于孔子之旧谊，尽弃孟氏之新说，在理为直截之路。然荀子去孔子数百年，时代之变已大，有不可以尽返者。且荀卿赵人，诸儒名家，自子游而外，大略为邹鲁之士，其为齐卫人者不多见，若三晋，则自昔有其独立之学风（魏在三晋中，较能接受东方学风），乃法家之宗邦，而非儒术之灵土。荀卿生长于是邦，曾西游秦，南仕楚，皆非儒术炽盛之地，其游学于齐，年已五十，虽其响慕儒学必有直接或间接之邹鲁师承，而其早岁环境之影响终不能无所显露。今观荀子陈义，其最引人注意者为援法入儒。荀氏以隆礼为立身施政之第一要义，彼所谓礼实包括法家所谓法（《修身篇》，"礼者，法之大分，类之纪纲也"。如此界说礼字，在儒家全为新说）。彼所取术亦综核名实，其道肃然，欲壹天下于一政权一思想也。其弟子有韩非、李斯之伦者，是应然？非偶然？今知荀子之学，一面直返于孔子之旧，一面援法而入以成儒家之新，则于荀子之天人论，可观其窍妙矣。荀子以性恶论著闻，昔人以不解荀子所谓"人性恶，其为善者伪也"之字义，遂多所误会。关于"伪"字者，清代汉学家已矫正杨注之失，郝懿行以为即是"为"字，其说无以易矣。而《性恶》、《天论》两篇中之"性"字应是"生"字，前人尚无言之者，故荀子所以对言性伪之故犹不显，其语意犹未澈也。今将两篇中之"性"字一齐作"生"字读，则义理顺而显矣（参看上卷第八章）。

荀子以为人之生也本恶，其能为善者，人为之功也，从人生来所禀赋，则为恶；法圣王之制作以矫揉生质，则为善。其言曰（文中一切"性"字皆应读如"生"字，一切"伪"字皆应读如"为"字，荀子原本必如此）：

> 人之性（生）恶，其善者伪（为）也。今人之性（生），生而有好利焉，顺是，故争夺生而辞让亡焉。生而有疾恶焉，顺是，故残贼生而忠信亡焉。生而有耳目之欲，好声色焉（好上原衍"生"字，据王先谦说删），顺是，故淫乱生而礼义文理亡焉。然则从人之性（生），顺人之情，必出于争夺，合于犯分乱理而归于暴。故必将有师法之化，礼义之道，然后出于辞让，合于文理而归于治。用此观之，然则人之性（生）恶明矣，其善者伪（为）也。故枸木必将待隐括烝矫然后直，钝金必将待砻厉然后利。今人之性（生）恶，必将待师法然后正，得礼义然后治。

> 孟子曰："人之学者其性（生）善。"曰："是不然，是不及知人之性（生），而不察乎人之性（生）伪（为）之分者也。凡性（生）者，天之就也，不可学，不可事。礼义者，圣人之所生也，人之所学而能，所事而成者也。不可学，不可事，而在人者，谓之性（生）；可学而能，可事而成之在人者，谓之伪（为）；是性（生）伪（为）之分也。……问者曰，人之性（生）恶，则礼义恶生？应之曰，凡礼义者，是生于圣人之伪（为），非故生于人之性（生）也。故陶人埏埴而为器，然则器生于工人之伪（为），非故生于陶（据王念孙说补"陶"字）人之性（生）也。故工人斫木而成器，然则器生于工人之伪（为），非故生于工（据王念孙说补"工"字）人之性（生）也。圣人积思虑，习伪（为）故，以生礼义，而起法度，然则礼义法度者，是生于圣人之伪（为），非故生于人之性（生）也。若夫目好色，耳好声，口好味，心好利，骨体理肤好愉佚，是皆生于人之情性（生）者也，感而自然，不待事而后生之者也。夫感而不能然，必且待事而后然者，谓之（之下"生于"二字据王说删）伪（为）。是性（生）伪（为）之所生，其不同之征也。故圣人化性（生）而起伪（为）。伪（为）起而生礼义，礼义生而制法度。然则礼义法度者，是圣人之所生也。故圣人之所以同于众，其不异于众者，性（生）也，所以异而过众者，伪（为）也。……凡人之欲为善者为性（生）恶也。……故性（生）善则去

圣王，息礼义矣，性（生）恶，则与圣王，贵礼义矣。故隐栝之
生，为枸木也；绳墨之起，为不直也；立君上，明礼义，为性
（生）恶也。……"（《性恶篇》。篇中若干"性"字尽读为"生"
字，固似勉强，然若一律作名词看，则无不可矣。说详上卷。）

既知《荀子》书中之"性"字本写作"生"字，其"伪"字本写作
"为"字，则其性恶论所发挥者，义显而理充。如荀子之说，人之生也
其本质为恶，故必待人工始可就于礼义。如以为人之生也善，则可不待
人工而自善，犹之乎木不待矫揉而自直，不需乎圣王之制礼义，不取乎
学问以修身也，固无是理也。无是理，则生来本恶明矣。彼以"生"、
"为"为对待，以恶归之天生，以善归之人为。若以后代语言达其意，
则荀子盖以为人之所以为善者，人工之力，历代圣人之积累，以学问得
之，以力行致之，若从其本生之自然，则但可趋于恶而不能趋于善也。
此义有其实理，在西方若干宗教若干哲学有与此近似之大假定。近代论
人之学，或分自然与文化为二个范畴（此为德国之习用名词），其以文
化为扩充自然者，近于放性主义；其以文化为克服自然者，近于制性主
义也。

孟子曰："乃若其情，则可以为善矣，若夫为不善，非才之罪也。"
如反其词以质孟子曰："乃若其情，则可以为恶矣，若夫不为恶，非才
之功也。"孟子将何以答之乎？夫曰"可以"，则等于说"非定"，谓
"定"则事实无证，谓"非定"，则性善之论自摇矣。此等语气，皆孟子
之逻辑工夫远不如荀子处。孟子之词，放而无律，今若为卢前王后之
班，则孟子之词，宜在淳于髡之上，荀卿之下也。

其实荀子之说，今日观之亦有其过度处。设若诘荀子云：人之生质
中若无为善之可能，则虽有充分之人工又焉能为善？木固待矫揉然后可
以为直，金固待治者然后可以为兵，然而木固有其可以矫揉以成直之
性，金固有其可以冶锻以成利器之性，木虽矫揉不能成利器，金虽有良
冶不能成珠玉也。夫以为性善，是忘其可以为恶，以为性恶，是忘其可
以为善矣。吾不知荀子如何答此难也。荀子之致此缺陷，亦有其故，荀
子掊击之对象，孟子之性善说，非性无善无不善之说也。设如荀子与道
家辩论，或变其战争之焦点，而稍修改其词，亦未可知也。此亦论生于
反之例也。（《礼论篇》云："性者本始材朴也，伪者文理隆盛也。无性
则伪之无所加，无伪则性不能自美。……性伪合而天下治。"已与性恶
论微不同。）自今日论之，生质者，自然界之事实；善恶者，人伦中之

取舍也。自然在先，人伦在后，今以人之伦义倒名自然事实，是以后事定前事矣。人为人之需要而别善恶，天不为人之需要而生人，故善恶非所以名生质者也。且善恶因时因地因等因人而变，人性之变则非如此之速而无定也。虽然，自自然人变为文化人，需要累世之积业，无限之努力，多方之影响，故放心之事少，克己之端多。以大体言，荀说自近于实在，今人固不当泥执当时之词名而忽其大义也。

有荀子之性恶论，自必有荀子之劝学说。性善则"求其放心"，斯为学问之全道，性恶则非有外工克服一身之自然趋势不可也。孟荀二氏之性论为极端相反者，其修身论遂亦极端相反，其学问之对象遂亦极端相反，此皆系统哲学家所必然。不然，则为自身矛盾矣。

寻荀子之教育说，皆在用外功克服生质，其书即以《劝学》为首（此虽后人编定，亦缘后人知荀学之首重在此）。

此《劝学》之一篇在荀书中最有严整组织，首尾历陈四义。其一义曰：善假于物而慎其所立。

> 干越夷貉之子，生而同声，长而异俗，教使之然也……吾尝终日而思矣，不如须臾之所学也（此述孔子语）。吾尝跂而望矣，不如登高之博见也。登高而招，臂非加长也，而见者远；顺风而呼，声非加疾也，而闻者彰。假舆马者，非利足也，而致千里；假舟楫者，非能水也，而绝江河。君子生非异也，善假于物也。（《性恶篇》云："尧舜之与桀跖，其性一也，君子之与小人，其性一也。"）……西方有木焉，名曰射干，茎长四寸，生于高山之上，而临百仞之渊，木茎非能长也，所立者然也。……故君子居必择乡（《论语》："里仁为美。"），游必就士（此亦孔子损友益友之说），所以防邪僻而近中正也。……平地若一，水就湿也，草木畴生，禽兽群焉，物各从其类也。……君子慎其所立乎？

此言必凭借往事之成绩，方可后来居上，必立身于良好之环境，方可就善远恶。其二义曰：用心必专一。此言治学之方也。

> 锲而舍之，朽木不折；锲而不舍，金石可镂。螾无爪牙之利，筋骨之强，上食埃土，下饮黄泉，用心一也；蟹六跪而二螯，非蛇蟺之穴无可寄托者，用心躁也。是故无冥冥之志者，无昭昭之明；无惛惛之道者，无赫赫之功。……目不能两视而明，耳不能两听而聪。……故君子结于一也。

其三义曰：隆礼。此言治学之对象也。

> 学恶乎始？恶乎终？曰：其数则始乎诵经，终乎读礼，其义则始乎为士，终乎为圣人。真积力久则入学，至乎没而后止也。……礼者，法之大分，类之纲纪也，学至乎礼而止矣。……将原先王，本仁义，则礼正其经纬蹊径也。……不道（王念孙曰："道者由也。"）礼宪，以诗书为之，譬之犹以指测河也。以戈舂黍也，以锥飡壶也，不可以得之矣。故隆礼虽未明，法士也；不隆礼虽察辩，散儒也。

其四义曰：贵全。贵全者，谓不为一曲之儒，且必一贯以求其无矛盾，此言所以示大儒之标准也。

> 君子知夫不全不粹之不足以为美也，故诵数以贯之，思索以通之，为其人以处之，除其害者以持养之。使目非是无欲见也，使耳非是无欲闻也，使口非是无欲言也，使心非是无欲虑也。……是故权利不能倾也，群众不能移也，天下不能荡也。生由乎是，死由乎是，夫是之谓德操。德操然后能定，能定然后能应，能定能应，夫是之谓成人。天见其明，地见其光，君子贵其全也。

此虽仅示大儒之标准，其词义乃为约律主义所充满，足征荀子之教育论，乃全为外物主义，绝不取内心论者任何一端以为说。

荀子既言学不可以已，非外功不足以成善人，此与尽心率性之说已极相反。至于所学之对象，孟子以为求其放心，荀子则以为隆礼，亦极端相反。荀子所谓礼者兼括当时人所谓法（《修身》篇曰，"故学也者，礼法也"，又曰，"故非礼是无法也"。），凡先圣之遗训，后王之明教，人事之条理，事节之平正，皆荀子所谓礼也（参见《修身》、《正名》、《礼论》各篇）。故荀子之学礼，外学而非内也，节目之学而非笼统之义也。孟子"反身而诚，乐莫大焉"，荀子乃逐物而一一求其情理平直，成为一贯，以为学问之资（在此义上，程、朱之格物说与荀子为近）。至其论学问之用于身也，无处不见约律主义，无处不是"克己复礼"之气象，与孟子诚如冰炭矣。

荀子之论学，虽与孟子相违，然并非超脱于儒家之外，而实为孔子之正传。盖孟子别走新路，荀子又返其本源也（参见本书下卷）。自孔子"克己复礼"之说引申之到极端，必有以性伪分善恶之论。自"非生而知之，好古，敏以求之"之说发挥之，其义将如《劝学》之篇。颜渊曰："夫子博我以文，约我以礼。"此固荀子言学之方也（参见《劝学》、《修身》等篇）。若夫"非礼勿视，非礼勿听，非礼勿言，非礼勿动"，以及"好仁不好学其蔽也愚，好知不好学其蔽也荡……"等语，皆是荀学之根本。孟子尊孔子为集大成，然引其说者盖鲜，其义尤多不相干；若荀子，则为《论语》注脚者多篇矣。虽荀子严肃庄厉之气象非如孔子之和易，其立说之本质则一系相承者颇多耳。

言学言教，孔荀所同，言性则孔荀表面上颇似不类。若考其实在，二者有不相干，无相违也。孔子以为性相近，而习相远，此亦荀子所具言也。孔子别上智下愚，中人而上，中人而下，此非谓生质有善恶也，言其材有差别也。盖孔子时尚无性善性不善之问题，孔子之学论固重人事工夫，其设教之本仍立天道之范畴，以义归之于天，斯无需乎以善归之于性，故孔子时当无此一争端也。迨宗教之义既衰，学者乃舍天道而争人性，不得不为义之为物言其本源，不能不为善之为体标其所出，于是乃有性善性恶之争。言性善则孟子以义以善归于人之生质，言性恶则荀子以义以善归之先王后圣之明表。孔子时既无此题，其立说亦无设此题之需要，故孔荀在此一事上是不相干而不可谓相违也。若其克己复礼之说，极度引申可到性恶论，则亦甚有联系矣。

荀子之天道观

荀子之性论，舍孟子之新路而返孔子之旧域，已如上文所述。其天道论则直向新径，不守孔丘、孟轲之故步，盖启战国诸子中积极人生观者最新派之天道论，已走尽全神论之道路，直入于无神论矣。请证吾说。早年儒家者，于天道半信半疑者也，已入纯伦理学之异域，犹不肯舍其宗教外壳者也。孔子信天较笃，其论事则不脱人间之世，盖其心中之天道已渐如后世所谓"象"者，非谆谆然之天命也。孟子更罕言天，然其决意扫尽一切功用主义，舍利害生死之系念，一以是非为正而毫无犹疑，尤见其宗教的涵养，彼或不自知，而事实如此。自孟子至于荀子，中经半世纪，其时适为各派方术家备极发展之世。儒家之外，如老子、庄周，后世强合为一，称之曰道家者，其天道论之发展乃在自然论之道路上疾行剧趋。老子宗天曰自然，庄子更归天于茫茫冥冥。荀子后起，不免感之而变，激之而厉，于是荀子之天道论大异于早年儒家矣。其言曰：

> 天行有常，不为尧存，不为桀亡。应之以治则吉，应之以乱则

凶。强本而节用，则天不能贫，养备而动时，则天不能病，循道而不二，则天不能祸。故水旱不能使之饥渴，寒暑不能使之疾，妖怪不能使之凶。本荒而用侈，则天不能使之富，养略而动罕，则天不能使之全，倍道而妄行，则天不能使之吉。……惟圣人为不求知天。……

故君子敬其在己者而不慕其在天者，小人错其在己者而慕其在天者。君子敬其在己者而不慕其在天者，是以日进也。小人错其在己者而慕其在天者，是以日退也。……

雩而雨，何也？曰：无何也，犹不雩而雨也。日月食而救之，天旱而雩，卜筮然后决大事，非以为得求也，以文之也。故君子以为文，而百姓以为神。以为文则吉，以为神则凶也。……

大天而思之，孰与物畜而裁之？从天而颂之，孰与制天命而用之？望时而待之，孰与应时而使之？（《天论》）

读此论，使人觉荀子心中所信当是无神论。夫老子犹曰"天道好还"，"天道无亲，常与善人"，此所言比之老子更为贬损天道矣。

虽然，荀子固儒家之后劲，以法孔子自命，若于天道一字不提，口号殊有不便，于是尽去其实而犹存其名，以为天与人分职，复立天情、天君、天官、天养、天政等名词。此所谓天，皆自然现象也。荀子竟以自然界事实为天，天之为天者乃一扫而空矣。

荀子天道论立说既如此，斯遭遇甚大之困难。夫荀子者，犹是积极道德论中人，在庄子"舍是与非"，固可乐其冥冥之天，在荀子则既将天之威灵一笔勾销矣，所谓礼义者又何所出乎？凡积极道德论者，不能不为善之一谊定其所自，墨子以为善自天出，孟子以为善自人之生质出，荀子既堕天而恶性，何以为善立其大本乎？

于是荀子立先王之遗训，圣人之典型，以为善之大本，其教育法即是学圣人以克服己躬之恶。如以近代词调形容之，荀子盖以为人类之所以自草昧而进于开明，自恶而进于善者，乃历代圣人之合力，古今明王之积功，德义之成，纯由人事之层累。故遗训自尧舜，典型在后圣，后圣行迹具存，其仪范粲然明白而不诬也。（耶稣教亦性恶论者之一种，其称道"先天孽"，是性恶论之极致。然耶教信天帝，归善于天帝，故无荀子所遭逢之困难也。）

第十章　本卷结语

以上九章，具述先秦儒家性命说之来源、演成及变化，而墨家之天道观以类附焉。此一线外，犹有阴阳一派，老庄一流，今不详说者，以其与古儒家虽有关系，终非一物，非本书范围所应具也（参看本书叙语）。

先秦儒家较纯一，荀子虽援法家精义以入儒术，其本体仍是儒术，非杂学也。孟子虽为儒术中之心学，亦非杂学也。荀子訾孟子以造作五行之说，然《孟子》书中虽有天运之说（如其"一治一乱"及"五百年必有王者兴"诸语），终与五行论相去差远。《孟子》书辞遗传至今日者，在战国诸子中最为完纯无伪托，如造作五行，不容无所流露，然则五行是阴阳家托名子思、孟轲者耳。纵使孟子有世运之论，究非五德终始之说，五德论始于孟子后，太史公明言为邹衍一流人所创作也。

自阴阳家、儒家相混而有《易·系辞》，易学非儒家所固有也。今本《论语》有"五十以学易，可以无大过矣"之语，乃所谓古文将鲁论之"亦"字改作"易"字而变其句读者，文理遂不可通（见《经典释文·论语篇》，此一改字，盖据太史公语而发，《史记·孔子世家》："孔子晚而喜《易》，韦编三绝，曰：'假我数年，若是我于《易》则彬彬矣。'"然若史迁所见之《论语》作易字，何遽不引，转作此摹仿语耶？又《儒林传》所记易家传授年代地理皆不可通，盖田何伪造也）。孟子绝无一语及《易》，荀子偶道之，亦缘荀子博学多方，然所引既无关弘旨，而卜筮又荀子所弃斥，斯可不论也。吾疑儒与阴阳之混合，始于阴阳而非始于儒，儒家本自迷信天道中步步解放出来，其立学之动机先与阴阳家根本违异，不容先离后合也。阴阳家之援儒而入，于史有证。《始皇本纪》记坑儒士，所坑乃阴阳神仙之士，而谓之坑儒，太子扶苏曰："诸生皆诵法孔子。"据此可知战国末阴阳杂说之士以儒者自称也。自秦燔六经，卜筮不禁，儒者或亦不得已而杂入于阴阳。汉兴，儒术弛禁，而阴阳之感化已深。世或有不杂儒学之阴阳家，乃鲜有不杂阴阳之儒学，此类杂儒学亦著书立说，其成就者第一为《易·系》，第二为《中庸》（《中庸》一篇，自子曰"中庸之为德"，至"父母其顺矣乎"，当为先秦遗文，其"天命之为性"一段导语，及下篇大言炎炎之词，皆西京之作也。至于《大学》，虽成书或在汉武帝时，实祖述孟子一派者。

以上各说，皆详余十年前致顾颉刚书中，见《中山大学语言历史学周刊》），其含义多非先秦儒家所固有。故汉武名为罢黜百家，实则定于阴阳家之一尊。西汉学人自贾谊以来，亦无一不是杂家也。于是自迷信中奋斗而出之儒道两派天道观，急遽退化，再沦于一般民众之信仰中，人固有其司命之神，而朝代兴亡亦有符命天数。故西汉之儒学实为阴阳化之儒学，其天道论多为民间信仰传自远古未经古儒家之净化者。清代汉学家知周邵易说之不古，缘何不明汉代易学之非儒耶？（孙星衍之说性命，即用此等汉儒杂说。）

　　道家一名，亦汉代所立，循名责实，老子之学盖有不同之三期。其一曰关老，《庄子·天下篇》所述，盖老学之本体，道德之正宗，与庄周非一物者也。其二曰黄老，周末汉初权谋之士所宗奉。用世之学，君相南面之术也。其教则每忘五千文之积极方面（如"天道好还"、"佳兵不祥"等），力求发挥其消极方面（如"欲取姑与"、"守如处女"等），此以老子释黄帝也。（道与法本不相通，老子云"太上不知有之，其次亲而誉之，其次畏之"，此岂韩非之旨耶。然在汉世则两派连合矣。）其三曰庄老，尽舍五千文中用世之义，而为看破一切与时俯仰之人生观也。此以老子释庄周，魏晋之风习也（干宝《晋纪·总论》："学者以庄老为宗。"明庄在老前）。五千言中之天道观，徘徊于仁不仁、善不善之间，虽任自然，亦并不抹杀德义，惟以世儒为泥守不达耳（"上德不德，是以有德，下德不失德，是以无德"，是犹以有德为祈向耳）。庄子则逍遥于德义之外，为极端之自然论，二者之天道说，亦大有不同处也。

　　西汉杂儒学与晚周儒学之天人论不同，而"性命古训"应以早年儒学为域，故本篇所论止于荀卿，荀卿而后，政治挟学术以变矣。（凡先秦诸子，立说皆有问题，出辞多具对象，非文人铺排之文，而是思想家辩证之文也。西汉则反是，磅礴其词，立意恍惚，不自觉其矛盾。自董仲舒以下，每有此现象，故其天人论虽言之谆谆，而听之者当觉其谬乱不一贯耳。）

下卷　释绪

第一章　汉代性之二元说

先汉儒家之言性命也，皆分别言之：命谓天道，天道谓吉凶祸福也

（钱竹汀曰："经典言天道者，皆以吉凶祸福言。"〔《潜研堂文集》卷九〕。此言其初义狭义）。性（无此一独立之性字，后人分生写之。说见上卷）谓人禀，人禀谓善恶材质也。孟子虽言其相联，言其合，未遽以为一名词也。以性命为一词而表一事者，始见于汉儒之书。《乐记》云：

> 方以类聚，物以群分，则性命不同矣。

如言品物之生，所禀各有别，言材质而非言祸福也，言性（生）而非言命也。在先秦以一字表之，或曰性（生），或曰材（才），或曰情者，此处以性命二字表之，其实一也。《中庸》亦云（《中庸》之时代，说见前）：

> 天命之谓性，率性之谓道，修道之谓教。

"天命之谓性"者，谓人所禀赋乃受之于天，此以天命释性，明著其为一事，此解近于古训，古训性即生也，然亦有违于古训处，此所谓命非谓吉凶祸福也。"率性之谓道"者，率，循也，遵也（经典古注多用此训），言遵性而行者谓之道，此解差近于孟氏。"修道之谓教"者，修，治也（《中庸》郑注），夫言道之待治，治之在教，则又近于荀子矣。孔子所谓中庸者，取乎两端之中也，汉儒所谓中庸者，执两端而熔于一炉，强谓之为中和也。汉儒好制作系统，合不相干甚且相反者以为一贯，此其一例也。

汉人吉凶祸福之天道说虽为宗教思想史上一大问题，然与后来性命之学差少相干。后来所谓性命者，乃但谓性之一义，其中虽间联以不涉吉凶祸福之天体论，然主旨与其谓是论天，不如谓是论人。本卷拟为宋学探其原，故不论汉儒之言天道（此为整理纬学中事，盖汉人之天道说，乃以阴阳家言为主者也），姑以讨论性说为限焉。

汉儒性说之特点为其善恶二元论，此义今可征者，最早之书有《春秋繁露》。（按《淮南子》一书中，所言性情皆是道家任自然之论，此二元论之性说尚不可见。其语性则曰"全性"、"率性"、"便性"、"返性"、"通性"、"守性"、"存性"、"乐性"等，且曰"太上曰我其性与"，复比性于斗极。其语情则曰"适情"而已，未尝以恶归之。此所谓情与《孟子》书中所谓情一也。故今以《春秋繁露》为具此说之最早者。）《深察名号篇》云：

> 今世暗于性，言之者不同，胡不试反性之名？性之名非生与？
> 如其生之自然之资谓之性，性者质也。诘性之质于善之名，能中之

与？既不能中矣，而尚谓之质善，何哉？……栣众恶于内，弗使得发于外者，心也，故心之为名，栣也。人之受气苟无恶者，心何栣哉？吾以心之名得人之诚。人之诚有贪有仁，仁贪之气两在于身。身之名取诸天，天两，有阴阳之施，身亦两，有贪仁之性。天有阴阳禁，身有情欲栣，与天道一也。……

必知天性不乘于教，终不能栣（苏舆以《荀子》解此义，是也）。察实以为名，无教之时性何遽若是？故性比于禾，善比于米。米出禾中，而禾未可全为米也。善出性中，而性未可全为善也。善与米，人之所继天而成于外，非在天所为之内也。天之所为有所至而止，止之内谓之天性，止之外谓之人事。事在性外，而性不得不成德。

民之号取之瞑也，使性而已善，则何故以瞑为号？以賈者言，弗扶将则颠陷猖狂，安能善？性有似目。目卧幽而瞑，待觉而后见。当其未觉，可谓有见质而不可谓见。今万民之性，有其质而未能觉，譬如瞑者待觉教之然后善，当其未觉，可谓有善质而不可谓善，与目之瞑而觉一概之比也（此是修正荀子义）。静心徐察之，其言可见矣。性而瞑之未觉，天所为也。效天所为为之起号，故谓之民，民之为言固犹瞑也。随其名号以入其理则得之矣。是正名号者于天地。天地之所生谓之性情，性情相与为一瞑，情亦性也。谓性已善，奈其情何？故圣人莫谓性善。累其名也，身之有性情也，若天之有阴阳也。言人之质而无其情，犹言天之阳而无其阴也。……

天生民性有善质而未能善。于是为之立王以善之。此天意也。民受未能善之性于天，而退受成性之教于王，王承天意以成民之性为任者也（董子以为王承天，人兼爱，亦受墨学影响者也）。……今万民之性待外教然后能善，善当与教不当与性。与性则多累而不精，自成功而无贤圣（此全是荀义。《实性篇》词义大同，不具引）。

董子此论有两事可注意，其一为探字原以明义训，于是差若返于告子之说。然用此法以为史的研究则可，以为义之当然则不可。文字孳乳而变，思想引伸而长，后起之说，不得以古训诂灭之。深察名号者，可以为语言历史之学，不足以立内圣外王之论。性善性恶之说皆有其故，不寻其故而执字训以抹杀哲人之论，董子之敝也。其第二事大体取自荀义，而反复以驳孟子（驳孟子文未引）。然孟子之言性善，为善立其本也，今不为善立本，而言性未即善。若董子之立点为超于善恶也，则足以自完其说矣，若犹未超于善恶，而以善为祈向，则董子虽立阴阳善恶之二本，乃实无本矣。于是在彼之善之必然论中又援他义以入。《玉杯篇》云：

> 人受命于天，有善善恶恶之性，可养而不可改，可豫而不可去，若形体之可肥而不可得革也。

此则颇邻于孟子，甚远于荀义矣。夫孟、荀二氏之极端主张，其是非姑不论，其系统则皆为逻辑的，坚固的。孟子以为善自性出，其教在于扩内，荀子以为善自圣人出，其教在于治外。孟子以为恶在外，荀子以为恶在内。今董子虽大体从荀，然又不专于荀，盖荀氏犹是儒家之正传，董子则以阴阳家之二元说为其天道论，将善恶皆本于天也。（两汉儒学义之不关阴阳者，多出自荀子，少出自孟子。即如《礼运》云："何谓人情？喜、怒、哀、乐、爱、恶、欲七者，弗学而能。何谓人义？父慈、子孝、兄良、弟弟、夫义、妇听、长惠、幼顺、君仁、臣忠，十者谓之义。讲信修睦，谓之人利。争夺相杀，谓之人患。故圣人所以治七情，修十义，讲信修睦，尚辞让，去争夺，舍礼何以治之？"此亦荀子义也。）

董子之阴阳善恶二元论，上文所引足以明之，夫曰："人亦两，有贪仁之性。"谓性中兼具善恶也。曰："天两，有阴阳之施。"谓天道兼具两相反义也。谓人之必象天，则董子一切立论之本也。谓天人一贯，人有善恶犹天之有阴阳，则此篇中固明言其"与天道一也"。

汉代性二元说之流行，参看后于董子之文籍乃大明。许慎《说文》曰：

> 性、人之阳气，性善者也（按"性善"之性字，当为生字，谓人之阳气所以出善者也。传写既误，而段氏欲于性下断句，"阳气性"殊不解），情、人之阴气有欲者。

郑玄《毛诗笺》云：

> 天之生众民，其性有物象，谓五行仁、义、礼、知、信也。其情有所法，谓喜、怒、哀、乐、好、恶也。（《烝民笺》）

《白虎通德论·情性篇》云：

> 情性者，何谓也？性者阳之施，情者阴之化也。人禀阴阳气而

生，故内怀五性六情。情者静也，性者生也，此人所禀六气以生者也。

故《钩命决》曰："情生于阴，欲以时念也。性生于阳，以就理也。阳气者仁，阴气者贪，故情有利欲，性有仁也。"

五性者何谓？仁、义、礼、智、信也。……六情者何谓也？喜、怒、哀、乐、爱、恶、谓六情，所以扶成五性。性所以五，情所以六何？本含六律五行之气而生，故内有五脏六腑，此性情之所由出入也。乐动声仪曰："官有六府，人有五脏。"

以上经师之说也，再看《纬书》。《纬书》在东汉与经师之说相互为证者也。

《孝经援神契》云：

情者魂之使，性者魄之王。情生于阴以计念，性生于阳以理契（《御览·妖异部》二引。《诗·烝民·正义》引作"性生于阳以理执，情生于阴以系念"。又《孝经钩命决》所云与此大同，已见引《白虎通》一节中）。性者，生之质；命者，人所禀受也；情者，阴之数，精内附著生流通也。（《〈诗·烝民〉正义》引）

进而检讨鸿儒之论。王充《论衡》云（《论衡·率性篇》，《初禀篇》，《本性篇》，皆论性道，多属陈言，辞亦拙劣，今但引其有承前启后之用者）：

周人世硕以为人性有善有恶，举人之善性养而致之，则善长。性恶养而致之，则恶长，如此则性各有阴阳善恶，在所养焉。故世子作《养书》一篇。（世硕书佚）

宓子贱、漆雕开、公孙尼子之徒亦论情性，与世子相出入，皆言性有善有恶。（书佚）

孟子作性善之篇，以为人性皆善，及其不善，物乱之也。谓人生于天地，皆禀善性，长大与物交接者，放纵悖乱，不善日以生矣。……

告子与孟子同时，其论性无善恶之分，譬之湍水，决之东则东，决之西则西。夫水无分于东西，犹人无分于善恶也。……

孙卿有反孟子，作《性恶》之篇，以为人性恶，其善者伪也。性恶者，以为人生皆得恶性也，伪者，长大之后勉使为善者也。……刘子政非之曰："如此，则天无气也，阴阳善恶不相当，则人之为善安从生。"

陆贾曰："天地生人也以礼义之性，人能察己所以受命则顺，顺之谓道。"（书佚）

董仲舒览孙孟之书，作情性之说，曰："天之大经，一阴一阳。人之大经，一情一性。性生于阳，情生于阴。阴气鄙，阳气仁。曰性善者，是见其阳也，谓恶者，是见其阴也。……"（今存《繁露》诸篇中无此语）

刘子政曰："性，生而然者也，在于身而不发。情，接于物而然者也，出形于外。形外则谓之阳，不发者则谓之阴。……"（原书不可考）

自孟子以下，至刘子政，鸿儒博生闻见多矣。然而论情性竟无定是，惟世硕、儒公孙尼子之徒颇得其正。……实者，人性有善有恶，犹人才有高有下也。高不可下，下不可高，谓性无善恶，是谓人才无高下也。禀性受命，同一实也。命有贵贱，性有善恶，谓性无善恶，是谓人命无贵贱也。九州田土之性，善恶不均，故有黄赤黑之别，上中下之差。水潦不同，故有清浊之流，东西南北之趋。人禀天地之性，怀五常之气，或仁或义，性术乖也。动作趋翔，或重或轻，性识诡也。面色或白或黑，身形或长或短，至老极死不可变易，天性然也。余因以孟轲言人性善者，中人以上者也；孙卿言人性恶者，中人以下者也；扬雄言人性善恶混者，中人也。若反经合道，则可以为教，尽性之理则未也。

荀悦《申鉴》云：

或问天命人事。曰："有三品焉，上下不移，其中则人事存焉尔。命相近也，事相远也，则吉凶殊矣。故曰，穷理尽性以至于命。"（此以三品说命，取孔子说性者以说命也。）

孟子称性善，荀卿称性恶，公孙子曰："性无善恶。"（见《孟子》）扬雄曰："人之性善恶浑。"（《法言·修身篇》云："人之性也善恶混，修其善则为善人，修其恶则为恶人，气也者，所以适善恶之焉也钦？"）刘向曰："性情相应，性不独善，情不独恶。"（说无考）曰："问其理。"曰："性善则无四凶，性恶则无三仁。人（应作性）无善恶，文王之教一也，则无周公管蔡。性善情恶，是桀纣无性而尧舜无情也。性善恶皆浑，是上智怀惠，而下愚挟善也，理也未究矣。惟向言为然。"或曰："仁义，性也，好恶，情也，仁义常善而好恶或有恶，故有情恶也。"曰："不然。好恶者，性之取舍也。实见于外，故谓之情耳，必本乎性矣。仁义者，善之诚者也，何嫌其常善？好恶者，善恶未有所分也，何怪其有恶？凡言神者，莫近于气。有气斯有形，有神斯有好恶喜怒之情矣。故人有情，由气之有形也。气有白黑，神有善恶，形与白黑偕，情与善恶偕。故气黑非形之咎，情恶非情之罪也。

……有人于此，嗜酒嗜肉，肉胜则食焉，酒胜则饮焉。此二者相与争，胜者行矣。非情欲得酒，性欲得肉也。有人于此，好利好义，义胜则义取焉，利胜则利取焉。此二者相与争，胜者行矣，非情欲得利，性欲得义也。其可兼取者则兼取之，其不可兼者，则只取重焉。若苟只好而已，虽（疑是难字）可兼取矣。若二好钧平，无分轻重，则一俯一仰，乍进乍退（按，此解所以辩性情善恶二元说之不当，最为精辟）。

……昆虫草木皆有性焉，不尽善也。天地圣人皆称情焉，不主恶也。……

或曰："善恶皆性也，则法教何施？"曰："性虽善，待教而成，性虽恶，待法而消。唯上智下愚不移。其次善恶交争，于是教扶其善，法抑其恶。得施之九品，从教者半，畏刑者四分之三，其不移大数九分之一也。一分之中又有微移者矣。然则法教之于化民也，几尽之矣。及法教之失也，其为乱亦如之。"

或曰："法教得则治，法教失则乱，若无得无失，纵民之情，则治乱其中乎？"曰："凡阳性升，阴性降，升难而降易。善，阳也，恶，阴也，故善难而恶易，纵民之情使自由之，则降于下者多矣。"（此驳道家）

相干之资料既已排比，则汉儒性说之分野粲然明白。分性情为二元，以善归之于性，以恶归之于情，简言之虽可以性包情，故亦谓性有善恶犹天之有阴阳，析言之则性情为二事，一为善之本，一为恶所出者，乃是西汉一贯之大宗。经师累世所奉承，世俗所公认，纬书所发扬，可称为汉代性论之正宗说者也。此说始于何人，今不可确知，然既以二元为论，似当在荀卿反孟之后。秦代挟策为禁，宜非秦代所能作，董子反复言之，若其发明之义，或竟为董子所创，亦未可知，不然，则汉初阴阳家之所为。是说至汉末犹为经师所遵守者，有许叔重、郑康成为证。是说与纬书相应者，纬学乃阴阳家后学假托儒术者，两汉经师皆深化于阴阳家，而东汉之纬学尤极一时之盛，故群儒议定五经同异于白虎观，采其说为性论之通义焉。今揭此说之源，并明其在两汉之地位者，缘此说之影响甚大，与宋儒之造为气质之性者，亦不无关系也。

此说虽磅礴一世者四百年，成为汉家一代之学。通人硕儒稽古籍而考事情，则亦不能无疑，故刘向之性情相应说，扬雄之善恶混说，王充之三品说，荀悦之性情相应兼三品说，皆对此正统说施其批评，献其异议。彼虽差异于正统说，然既皆以此说为其讨论之对象，则此说之必为当时风行者可知矣。

汉代硕儒之反此说者，大体有同归焉，即皆返于孟荀分道之前也。《论衡》诸篇所反复陈说者，谓人性有差别，一如命运之前定，上贤下恶皆不移，中人则皆因习待教以别善恶者也。荀悦所论者，谓未可尽以善恶分性情，而人性一如天命，有三品之不同。王荀二氏虽词气有不同，轻重或别异，其祈求以孔子品差的性论代汉代之二元的性论则一也，其认上智下愚不移，中人待教而化则一也。论性之风气，在东汉如此变转者，亦有故。持善恶以论性之群说，左之右之皆备矣，若超于善恶以为言，犹有可以翻新其说者，然超于善恶乃道家之途，非儒学所能至，变极则反，孔子固儒者之宗也。故王充曰："孔子道德之祖，诸子之中最尊者也，而曰上智下愚不移，故知告子之言未得实也。"群说势穷，则反其朔以从至上之权威，亦思想演流之一式也。

括则言之，自晚周至魏晋之思想有三世。在晚周，学者认事明切，运思严密，各奋其才以尽其极，可谓为分驰之时代，性善性恶之异论皆此时生。在西汉以至东汉之初，百家合流，而不觉其矛盾，糅杂排合而不觉其难通，诸家皆成杂家，诸学皆成杂学，名曰尊诸孔子，实则统于阴阳。此时可谓为综合之时代，性情二元论此时为盛。自东汉下逮魏晋，人智复明，拘说迂论以渐荡扫，桓谭、张衡奋其始，何晏、王弼成其风，不特道家自愚妄中解放，即儒言亦自拘禁荒诞中脱离。此时可谓为净化之时代，在儒家，三品之性说以渐代二元之性说。

此后三品之性说乃为儒者之习言。《颜氏家训·教子篇》云："上智不教而成，下愚虽教无益，中庸之人不教不知也。"此虽述孔子之旧文，亦缘王荀之说在汉晋间已占上风，性论资以复古，历传至于梁隋也。至韩昌黎始用三品之名于其《原性》一文中。韩氏此文直是《论衡·本性篇》之节要约旨（韩昌黎受王充影响颇深，见其《后汉三贤传》），乃沾沾以新异自居者，唐代佛老盛行，韩氏复古者，转似创作。后人不寻其所自出，亦以为新说，陋矣（韩氏此文，今日犹可逐句以汉儒说注其来源）。

第二章　理学之地位

理学者，世以名宋元明之新儒学，其中程朱一派，后人认为宋学正统者也。正统之右不一家，而永嘉之派最露文华，正统之左不一人，而陆王之派最能名世。陆王之派，世所谓心学也，其前则有上蔡，渊源程门，其后则有泰州龙溪，肆为狂荡，公认为野禅矣。程朱深谈性理，以为"如有物焉，得于天而具于心"（戴震讥词），然其立说实为内外二本，其教则兼"尊德性"与"道问学"，尤以后者为重，故心学对朱氏备致不满之词。王文成竟以朱子为其学问才气著作所累，复妄造朱子晚年悔悟之说（见《传习录》）。然则清代汉学家自戴震以降攻击理学者，其最大对象应为心学，不应为程朱。然戴氏之舍去陆王力诋程朱则亦有故。王学在明亡后已为世人所共厌弃，程朱之学在新朝仍为官学之正宗，王学虽与清代汉学家义极端相反，然宗派式微，可以存而不论，朱学虽在两端之间，既为一时上下所宗，故辩难之对象在于此也。虽然，理学、心学果于周汉儒学中无所本源，如戴氏所说者欤？

凡言德义事理自内发者，皆心学之一式也。今如寻绎自《孟子》迨《易·系》、《乐记》、《中庸》诸书之说，则知心学之原，上溯孟氏，而《乐记》、《中庸》之陈义亦无可疑。夫性理之学，为得为失，非本文所论，然戴氏既斥程朱矣，《孟子》以及《易·系》、《乐记》、《中庸》之作者，又岂能免乎？如必求其"罪人斯得"，则"作俑"者孟子耳。有《孟子》，而后有《乐记》、《中庸》之内本论；有《乐记》、《中庸》之内本论，而后有李翱、有陆王、有二程，虽或青出于蓝，冰寒于水，其为一线上之发展则无疑也。孟子以为"万物皆备于我矣，反身而诚，乐莫大焉"，又以为"人之所不学而能者，其良能也，所不虑而知者，其良知也"，又以为"仁义礼智非由外铄我也，我固有之也"，"操则存，舍则亡，凡相倍蓰而无算者，不能尽其才者也"，又以为"学问之道无他，求其放心而已矣"，又以为"存其心养其性，所以事天也"（凡此类者不悉引）。凡此皆明言仁义自内而发，天理自心而出，以染外而沦落，不以务外而进德，其纯然为心学，陆王比之差近，虽高谈性理之程朱犹不及此，程叔子以为孟子不可学者此也。戴氏名其书曰《孟子字义疏证》，乃无一语涉及《孟子》字义，复全将孟子之思想史上地位认错，所攻击者，正是孟子之传，犹去孟子之泰甚者也，不亦颠乎？

设为程朱性气之论寻其本根，不可不先探汉儒心学之源。自孟子创心学之宗，汉儒不能不受其影响，今以书缺有间，踪迹难详，然其纲略犹可证也。《乐记》云（按《乐记》为汉儒之作，可以其抄袭《荀子》诸书为证）：

> 人生而静，天之性也。感于物而动，性之欲也。物至知知，然后好恶形焉。好恶无节于内，知诱于外，不能反躬，天理灭矣。夫物之感人无穷，而人之好恶无节，则是物至而人化物也。人化物也者，灭天理而穷人欲者也。

夫理者，以其本义言之，固所谓"分理、肌理、腠理、文理、条理"也（参看《孟子字义疏证》第一条）。然表德之词皆起于表质，抽象之词皆原于具体，以语学之则律论之，不能因理字有此实义遂不能更为玄义（玄字之本义亦为细微，然《老子》书中之玄字，则不能但以细微为训）。既曰天理，且对人欲为言，则其必为抽象之训，而超于分理条理之训矣。必为"以为如有物焉"，而非但谓散在万物之别异矣。故程朱之用理字，与《乐记》相较，虽词有繁简，义无殊也（郑氏注"天理"云"理犹性也"，康成汉儒戴氏所淑，亦未以理为"分理"也）。夫曰不能反躬则天理灭，明天理之在内也。以为人生而静天之性，人化物者灭天理，明义理之皆具于心，而非可散在外物中求之者也。《乐记》所言，明明以天理属之内，亦以修道之功夫（所谓反躬）属之内也。

《中庸》云（按《中庸》一篇非一时所作，其首尾当为汉儒手笔，说见前）：

> 喜怒哀乐之未发，谓之中，发而皆中节，谓之和。中也者，天下之大本也，和也者，天下之达道也。致中和，天地位焉，万物育焉。

夫喜怒哀乐之未发，是何物乎？未有物焉，何所谓中乎？设若《中庸》云"发而皆中节谓之中"，乃无内学之嫌疑。今乃高标中义于喜怒哀乐未发之前，其"探之茫茫索之冥冥"，下视宋儒为何如乎？心学色彩如此浓厚，程叔子不取也，更未尝以为天地位万物育于此也。《遗书》记其答门人云：

> 苏季明问："喜怒哀乐未发之前求中，可否？"曰："不可，既思于喜怒哀乐未发之前求之，又却是思也，既思即是已发。才发便

谓之和，不可谓之中也。"又问："吕学士言，当求于喜怒哀乐未发之前，如何?"曰："若言存养于喜怒哀乐未发之前则可，若言求中于喜怒哀乐未发之前，则不可。"又问："学者于喜怒哀乐发时，固当勉强裁抑，于未发之前，当如何用功?"曰："于喜怒哀乐未发之前更怎生求? 只平日涵养便是。涵养久，则喜怒哀乐发自中节。"曰："当中之时，耳无闻目无见否?"曰："虽耳无闻目无见，然见闻之理在始得，贤且说静时如何?"曰："谓之无物则不可，然自有知觉处。"曰："既有知觉，却是动也，怎生言静? 人说'复'其见天地之心，皆以为至静能见天地之心，非也。'复'之卦下面一画，便是动也。安得谓之静?"或曰："莫是于动上求静否?"曰："固是，然最难。释氏多言定，圣人便言止。如为人君止于仁，为人臣止于敬之类是也。《易》之《艮》言止之义曰：艮其止，止其所也。人多不能止。盖人，万物皆备，遇事时各因其心之所重者，更互而出，才见得这事重便有这事出，若能物各付物，便不出来也。"或曰："先生于喜怒哀乐未发之前，下动字，下静字?"曰："谓之静则可，然静中须有物始得，这里便是难处，学者莫若且先理会得敬，能敬则知此矣。"或曰："敬何以用功?"曰："莫若主一。"季明曰："昞尝患思虑不定，或思一事未了，他事如麻又生，如何?"曰："不可，此不诚之本也。须是习，习能专一时便好。不拘思虑与应事，皆要求一。"

此段最足表示程子之立点，程子虽非专主以物为学者，然其以心为学之分际，则远不如《中庸》此说为重，盖《中庸》在心学道路上走百步，程子又退回五十步也。程子此言，明明觉得《中庸》之说不安，似解释之，实修正之。彼固以为喜怒哀乐未发之前，无中之可求，其用功处，广言之，则平日涵养，狭言之，则主敬致一。此与今日所谓"心理卫生"者微相近，绝非心本之学，尤绝非侈谈喜怒哀乐未发之前者，所可奉为宗也。

《中庸》章末极言诚。所谓诚，固孟子所谓反身而诚之训，然《中庸》言之侈甚矣。

> 诚者，天之道也，诚之者，人之道也。诚者，不勉而中，不思而得，从容中道，圣人也。诚之者，择善而固执之者也。……
> 自诚明，谓之性，自明诚，谓之教，诚则明矣，明则诚矣。
> 惟天下至诚为能尽其性，能尽其性则能尽人之性，能尽人之性

则能尽物之性，能尽物之性则可以赞天地之化育，可以赞天地之化育则可以与天地参矣。

《中庸》成书远在《孟子》之后，其首尾大畅玄风，虽兼采外物内我两派之说，终以内我派之立点为上风，是盖由于孟子之后，反对之说有力，而汉儒好混合两极端以为系统也。其曰"诚者天之道"，犹云上乘也，曰"诚之者人之道"，犹云下乘也。曰"诚则明明则诚"，犹云殊途而同归也，曰"自诚明谓之性，自明诚谓之教"，亦示上下床之别也。其曰"天下之至诚"也，由己性以及人性，由人性以及物性，其自内而外之涂术可知矣。故如以此言论宋儒，则程叔子、朱文公之学皆"自明诚谓之教"者也。此义可于朱子补《大学·格物章》识之。

朱子之补《大学·格物章》，宋代以来经学中之大问题也。自今日思之，朱子所补似非作《大学》者之本心。然程朱之言远于心学而近于物学，比《孟子》、《乐记》、《中庸》更可免于戴氏之讥者，转可于错误中见之。《大学》原文云："……欲诚其意者先致其知，致知在格物，物格而后知至，知至而后意诚……"郑注云："格，来也。物，犹事也。其知于善深，则来善物，其知于恶深，则来恶物，言事缘人所好来也。"此解虽若上下文义不贯通，然实是格字之正训。《诗》所谓"神之格思"，《书》所谓"格于上下"，皆此训也。格又以正为训，《论语》所谓"有耻且格"，《孟子》所谓"格其君心之非"，皆谓能正之也。从前一义，则格物应为致物，从后一义，则格物应为感物（王文成所用即此说）。若朱子所补者，周汉遗籍中无此一训。上文有"物有本末，事有终始，知所先后，则近道矣"一言，似朱子所补皆敷陈此义者，然此语与格字不相涉，《大学》作者心中所谓格物究竟与此语有涉否，未可知也。汉儒著论好铺陈，一如其作词赋，后人以逻辑之严义格之，自有不易解处。程朱致误之由来在于此。朱子将此语移之下方，复补其说云：

> 右传之五章，盖释格物致知之义，而今亡矣。间尝窃取程子之意以补之曰：

> 所谓致知在格物者，言欲致吾之知，在即物而穷其理也。盖人心之灵莫不有知，而天下之物莫不有理，惟于理有未穷，故其知有不尽也。是以《大学》始教，必使学者即凡天下之物莫不因其已知之理而益穷之，以求至乎其极。至于用力之久而一旦豁然贯通焉，则众物之表里精粗无不到，而吾心之全体大用无不明矣。此谓物格，此谓知之至也。

　　试看格物致知在《大学》之道之系统中居诚意正心之前，即等于谓是修道之发轫。朱子将此根本之地说得如此，则准以王学称心学之例，朱学称"物学"自无不可。（朱子之究心训诂，名物，礼数，一如清代朴学家，"物学"之采色极重。朱子门人及其支裔诚多舍此但讲性命者。然东发深宁竟为清代朴学之远祖。此不磨之事实也。清代朴学家之最大贡献，语学耳〔兼训诂音声〕，至于经学中之大题，每得自宋儒，伪古文《尚书》其一也，其对于《诗经》一书之理解乃远不如宋人。五十年后，人之量衡两大部经解者，或觉其可传者，未必如通志堂之多也。）朱子如此解格物，自非孟子之正传，聪明之王文成岂肯将其放过？（见《传习录》）然而朱子之误释古籍，正由其乐乎"即物而穷其理"，而非求涂路于"喜怒哀乐未发之前"也。清代朴学家之立场，岂非去朱子为近，去孟子为远乎？

　　程朱之学兼受陆王及戴氏之正面攻击者，为其二层性说。是说也，按之《孟子》之义，诚相去远矣，若求其思想史上之地位，则是绝伟大之贡献，上承孔子而详其说，下括诸子而避其矛盾。盖程朱一派之宗教观及道德论皆以此点为之基也。程伯子曰（《遗书》卷一）：

> "生之谓性"，性即气，气即性，生之谓也。人生气禀，理有善恶，然不是性中元有此两物相对而生也。有自幼而善，有自幼而恶，是气禀自然也。善固性也，然恶亦不可不谓之性也。盖"生之谓性"，"人生而静"以上不容说，才说性时便已不是性也。凡人说性，只是说"继之者善也"，孟子言人性善是也。夫所谓继之者善也者，犹水流而就下也。皆水也，有流而至海，终无所污，此何烦人力之为也？有流而未远固已渐浊，有出而甚远，方有所浊，有浊之多者，有浊之少者，清浊虽不同，然不可以浊者不为水也。如此则人不可以不加澄治之功。故用力敏勇则疾清，用力缓怠则迟清，及其清也，则却只是元初水也。亦不是将清来换却浊，亦不是取出浊来置在一隅也。水之清则性善之谓也。故不是善与恶在性中为两物相对，各自出来。此理，天命也。顺而循之，则道也。循此而修之，各得其分，则教也。自天命以至于教，我无加损焉，此舜有天下而不与焉者也。

> 性出于天，才出于气。气清则才清，气浊则才浊。才则有善有不善，性则无不善。

朱子于此义复发明之云（《语类》四）：

孟子言性。只说得本然底，论才亦然。荀子只见得不好底，杨子又见得半上半下底。韩子所言却是说得稍近。盖荀杨说既不是，韩子看来，端的见有如此不同，故有三品之说，然惜其言之不尽，少得一个气字耳。程子曰："论性不论气，不备，论气不论性，不明。"盖谓此也。

孟子未尝说气质之性，程子论性，所以有功于名教者，以其发明气质之性也。以气质论，则凡言性不同者，皆冰释矣。退之言性亦好，亦不知气质之性耳。

道夫问："气质之说始于何人？"曰："此起于张程。某以为极有功于圣门，有补于后学，读之使人深有感于张程，前此未曾有人说到此。如韩退之《原性》中说三品，说得也是，但不曾分明说是气质之性耳。性那里有三品来？孟子说性善，但说得本源处，下面却不曾说得气质之性，所以亦费分疏。诸子说性恶，与善恶混。使张程之说早出，则这许多说话自不用纷争。故张程之说立，则诸子之说泯矣。因举横渠'形而后有气质之性，善反之，则天地之性存焉。故气质之性，君子有弗性者焉'。又举明道云，'论性不论气不备，论气不论性不明'，二之则不是。且如只说个仁义礼智是性，世间却有生出来便无状底是如何？只是气禀如此。若不论那气，这道理便不周匝，所以不备。若只论气禀，这个善，这个恶，却不论那一原处只是这个道理，又却不明。此自孔子、曾子、子思、孟子理会得后，都无人说这道理。"

程朱是说也，合孟轲韩愈以为论，旁参汉晋之性情二元说，以求适于孔子所谓"性相近习相远"，唯"上智与下愚不移"者也。孟子者，宗教的意气甚强大，宗教的形迹至微弱之思想家也。惟其宗教的意气甚强大，故抹杀一切功利论，凡事尽以其所信为是非善恶者为断；惟其宗教的形迹至微弱，故不明明以善归之天，而明明以善归之人，义内之辨，所以异于墨子之"义自天出"者也。故孟子之性善说，谓人之生质本善也，孟子之所谓才（例如"非才之罪也"之才字），与所谓情（例如"乃若其情则可以为善矣"之情字），皆性之别称也。当时生性二词未全然分立，孟子偶用比性（生）字更具体之各词以喻其说，故或曰才，或曰情，其实皆性（生）之一面之称也（关于此点，戴氏辩程朱与孟氏异者，不易之说也）。故程朱之将气禀自性中分出，或名曰"气质之性"（参看《论语集注》），或竟名之曰"才"（程伯子语），以为兼具善恶，与"性之本"、"皆善"者不同，诚不可以为即是孟子之正传，朱子于此点亦未尝讳言之。然则程朱之"性之本"果何物乎？

程朱之"性之本"，盖所谓"天命之谓性"也。程朱学之宗教的色彩虽与古儒家大致相同，即属于全神论的宗教观，而非活灵活现之鬼神论，然比之孟子，宗教之气息为重矣（程朱之主敬即为其宗教的工夫）。故程朱之天亦有颇异于孟子之天者也。孟子之天，孟子未尝质言其为全仁也。且明言其"未欲平治天下"，而使其不遇鲁侯也，程朱之天则全仁也，全理也，故天命之性，必为全善者也（详见《语类》卷四）。然则程朱复为善之一物立其大本于天，而名之曰"本性"，又曰："性即理也。"在此点上，程朱之立场恰当墨孟之中途，不过墨子言之极具体，程朱言之极抽象耳。且墨子未尝以义字连贯天人，程朱则以理字连贯天人物（墨子虽言义自天出，人应以天志为志，然其口气是命令的，所指示为应然的，未尝言天人一贯之理，如程朱之说理字也）。故程朱之言"理"，性与天道皆在其中，而为"天命之谓性"一语作一抽象名词以代表之也。既连贯天人于一义之中矣，则道德之本基当立于是，故程朱以为本性善。此一本性虽与孟子所言性不尽为一物，其为道德立本则一，其自别于释道者亦在此也（参看程朱辟佛诸说）。

然而性善之说，如孟子之兼括才质而言者，究竟不易说通。孟子之性善说恰似卢梭之生民自由论，事实上绝不如此，惟一经有大才气者说之，遂为思想史上绝大之动荡力，教育之基础观点受其影响，后人虽以为不安者，有时亦不能不迁就之也。韩文公即不安于性善说者最有力之一人，其三品说实等于说性不同耳。此所谓性，绝无天道论在其中，而是专以才质为讨论对象者也。扬雄之"善恶混"说，亦自有其道理，盖善恶多不易断言，而人之一生发展恒不定也。程朱综合诸说，作为气质之性，于是孟子性善说之不易说圆处，扬韩诸子说之错综处，皆得其条理。朱子以为张程此说出则"诸子之说泯"，此之谓也。

戴震以为气质之性说与孟子不合，是固然矣。然孟子固已与孔子大相违异，而张程此说，转与孔子为近。孔子之词短，张程之论详，故张程之论果皆合于孔子相近不移之用心否，今无从考知，然张程之立此说，固欲综合诸子，求其全通，调合孔孟，求无少违，移孟子之性说于天道上，而努力为孔子之"性相近习相远"说、"上智下愚不移"说寻其详解，斯固集儒家诸子之大成，而为儒家天人论造其最高峰矣。过此以往，逃禅篡道则有之矣，再有所发明则未有也。故戴氏以程朱与孟子不合，诚为事实，设若此为罪过，则戴氏与程朱惟均，若其以此说归之儒家思想直接发展之系统外，则全抹杀汉代儒家之著作，且不知程朱之说乃努力就孔子说作引申者也。（按，程朱与孟子之关系甚微妙。所有孟子道统之论，利义之辨，及其"儒者气象"，皆程朱不能不奉为正宗者。然孟子宗教气少，程朱宗教气较多，故其性论因而不同。此处程朱说根本与孟子不同，然程朱犹力作迁就之姿势，故朱子注《孟子》，遇性善论时，便多所发挥，似推阐而实修正，内违异而外迁就，或问亦然。两者治学之方亦大不同，若程朱之格物说，决非孟子所能许，或为荀子所乐闻，此非本书所能详论，姑志大意于此。）

兹列图以明程朱性说在儒家系统中之地位。

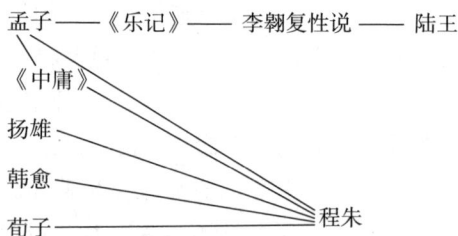

附：论李习之在儒家性论发展中之地位

李习之者，儒学史上一奇杰也。其学出于昌黎，而比昌黎更近于理学，其人乃昌黎之弟子，足为其后世者也（韩云，"从吾游者李翱、张籍，其尤也"，李则于诔韩文中称之曰兄。盖唐人讳以人为师〔见昌黎《进学解》〕，实则在文章及思想上李习之皆传韩氏者也）。北宋新儒学发轫之前，儒家惟李氏有巍然独立之性论，上承《乐记》、《中庸》，下开北宋诸儒，其地位之重要可知。自晋以降，道、释皆有动人之言，儒家独无自固之论。安史之乱，人伦道尽，佛道风行，乱唐庶政，于是新儒学在此刺激下发轫（新儒学起于中唐，此说吾特别为一文论之）。退之既为圣统说（即后世道统说所自来），又为君权绝对论，又以"有为"之义辟佛老，自此儒家乃能自固其藩篱，向释道反攻。习之继之，试为儒教之性论，彼盖以为吾道之缺，在此精微，不立此真文，则二氏必以彼之所有入于我之所无。李氏亦辟佛者，而为此等性说，则其动机当在此。遍览古籍，儒家书中，谈此虚高者，仅有《孟子》、《易·系》及戴记之《乐记》、《中庸》、《大学》三篇，于是将此数书提出，合同其说，以与二氏相角，此《复性书》之所由作也。戴记此三篇，在李氏前皆不为人注意，自李氏提出，宋儒遂奉之为宝书。即此一端论之，李氏在儒学史上之重要已可概见。清儒多讥其为禅学玄宗者，正缘其历史的地位之重要。夫受影响为一事，受感化为又一事，变其所宗、援甲入乙为又一事，谓《复性书》受时代之影响则可，谓其变换儒家思想而为禅学，则言不可以若是其哑也。

《复性书》三篇中，下篇论人之一生甚促，非朝夕警惕不足以进于道。此仅为自强不息之言，与性论无涉，可不论。至其上中两篇，立义所在，宜申详焉。

《复性书》上篇之要义可以下列诸点括之：

其一为性情二本，性明情昏说。此说乃汉代之习言，许、郑所宗述，而宋儒及清代朴学家皆似忘之，若以为来自外国，亦怪事也。此论渊源，本书下篇第一章已详叙之，今知其实本汉儒，则知其非借禅学也。禅学中并无此二元说，若天台宗性恶之论，则释家受儒家影响也。果必谓李习之受外国影响，则与其谓为逃禅，毋宁谓为受祆教、景教、摩尼之影响，此皆行于唐代之善恶二元论者。然假设须从其至易者，汉儒既有二元论，则今日不必作此远飏之假设矣。

其二为复性之本义。此义乃以《乐记》"人而生静至灭天理而穷人欲者也"一节为基本，连缀《易·系》、《中庸》、《大学》之词句而成其说也。所谓"寂然不动，感而遂通"者，《易·系》之词也。所谓"尽性"者，《孟子》之词、《中庸》之论也。所有张皇之词虚高之论，不出《易·系》则出《中庸》。铺张反复，其大本则归于制人之情以尽天命之性，犹《乐记》之旨也。今既已明辩古儒家有唯心一派之思想，则知李氏性说固未离于古儒家。李氏沾沾自喜，以为独得尼父之心传，实则但将《中庸》、《大学》等书自戴记中检出而高举之，其贡献在于认出此一古代心学之所在，不在发明也。

《复性书》中篇则颇杂禅学，此可一望而知者。此篇设为问答之词，仍是以《易·系》、《中庸》为口号，然其中央思想则受禅学感化矣。此篇列问答十二，末一事问鬼神，以不答答之，自与性论无干，其前十一问则或杂禅学，或为《复性书》上之引申。其杂禅者，第一问"弗思弗念"，第二问"以情止情"，皆离于儒说，窃取佛说以入者。第三问"不睹不闻"，第四问格物，第五问"天命之谓性"，第六问"事解心解"，皆推阐古心学之词。如认清古之心学一派，知其非借禅学以立义矣。第七问凡人之性与圣人之性，第八问"尧舜岂有不情"，皆《复性书》上之引申义。第九问嗜欲之心所由生，乃是禅说。第十问性未灭，似禅而实是《孟子》义。第十一问亦近禅。意者《复性》三书非一时所作，即此十一问恐亦非一时所作，故不齐一耶？

约言之，《复性》上下两书皆不杂禅学者，中篇诸问则或杂或不杂。李氏于古儒学中认出心学一派，是其特识，此事影响宋儒甚大。若其杂禅则时代为之，其杂禅之程度亦未如阮元等所说之甚也。戴、阮诸氏皆未认明古有心学之宗，更忽略汉儒之性情二元说，故李氏说之与禅无关于儒有本者，号称治汉学者反不相识矣。

《史料与史学》发刊词

中央研究院历史语言研究所之刊物，自创设以来，大致可分下列各目：

一、集刊　单篇论文编入之。

二、集刊外编　仅出第一册，即《庆祝蔡元培先生六十五岁论文集》是也。

三、单刊甲种　其式如集刊，长文可自成一册者列入之。

单刊乙种　其式为线装，亦长篇可自成一册者。

四、专刊　凡一著作可成为专著者列入之。形式不齐，自第十五种以后，不复编号。

五、史料　有《明清史料》及《史料丛刊》两种。

六、田野考古报告　此为《安阳发掘报告》之延续，仅出第一册，第二册原稿在上海沦陷。

七、中国考古报告　已出《城子崖》、《殷墟文字乙编》二种。

八、人类学集刊

九、中国人类学报告

自抗战军兴，因印刷技术关系，仍续由上海商务印书馆刊行，然该馆工潮频起，每年出书之数锐减矣。至太平洋战事起，未印之稿数百万言，连同图表，均在沪港沦陷。于是不得不在后方谋刊印之道。惟本所经费已极艰难，而印工纸价飞腾不已，兼以各种印刷术如影印、铜版、珂罗版、国际音符及表格等，在后方不易办理，故仅于三十一年度托中央文化驿站印成集刊第十本，凡四册。在成都印成人类学集刊一册。今年又在李庄自谋石印，以受印刷术限制之故，所有语言考古之论文专著，能付印者希矣。

今年又与商务印书馆约，集刊仍由其出版，已出第十一本第一第二两分合订册。然彼馆业务繁多，集刊不能按期出版，于是不能不分出一部分文稿另谋刊印之法。

今与独立出版社潘公展、卢逮曾两先生商妥，由彼社代为刊行史学论文之一部分，名之曰《史料与史学》，补助费甚有限，而独立出版社肯于此时印此类书，其盛意甚可感也。

此中皆史学论文，而名之曰《史料与史学》者，亦自有说。本所同人之治史学，不以空论为学问，亦不以"史观"为急图，乃纯就史料以探史实也。史料有之，则可因钩稽有此知识，史料所无，则不敢臆测，亦不敢比附成式。此在中国，固为司马光以至钱大昕之治史方法，在西洋，亦为软克、莫母森之著史立点。史学可为绝对客观者乎？此问题今姑不置答，然史料中可得之客观知识多矣。有所不足，不敢不勉，此命名之意也。

此为因应目前出版困难之临时刊物，一俟破虏收京之后，本所出版恢复常态，此中论文，当再编入集刊，与昔日刊布今已绝版者，连为一贯，再版刊行也。

中华民国三十二年十二月　记于南溪李庄

（原收入 1945 年 11 月《国立中央研究院历史语言研究所集刊》外编第二种《史料与史学》）

卷三 时评政论

中国现在要有政府

中国现在所处的危机，"国难"二字不足以尽之，国难是一个国家虽不常有而总当有过的事情。中国现在的危机却是有史以来的最大危机。从内说，是文化的崩溃，社会的分裂；从外说，是若干倍危险于一九一四年的局面。何以说现在是社会与文化的崩溃呢？有史以来，一国立国之本，最大者有三事，一、政治重心，二、国民经济，三、技术程度。中国现在政治没有有力而稳定的重心，国民经济整个分崩，而技术程度不及世界潮流者数百年……又请看中国的学潮，何尝是所谓牛津运动，与十九世纪之德国学潮，乃是政府不是政府，校长不是校长，教员不是教员，所以学生不是学生，而成之教育总崩溃现象。又请看所谓军阀，何尝成阀？只是叫化子头儿，国民总失业，然后军阀要有多少叫化子便有多少叫化子。中国本无皇室贵族，而士大夫阶级整个失其重心作用，故流氓苦力平分南北政府（此一隽语是我的一位朋友说的。）社会组织与文化效用整个崩溃，今又以天灾外患，加速度进行。何以说现在局面的危险若干倍于一九一四年呢？一九一四年仅是几个帝国主义以膨胀之故不能相容，故出于拚命，彼此各国国民潜蓄的实力甚大，而社会危局不如今日之深刻化。现在则四海凋零，列国疲敝，休息犹不能更始，而工业革命所种下的种子，民族主义所种下的种子，大战所种下的种子，都是愈酝酿愈深刻的，以疲敝的根基，运不制的感情，一旦爆发，其凶烈十倍于大战，其紊乱百倍于大战。而且上次大战是奥拓曼（土耳其）帝国之形势直接演成的，今后大乱之必是中华民国之形势直接演成的，现在已可推知，则中国万不能再以对上次大战的态度对后之大乱。

照这样形势，虽有一个最好的政府，中国未必不亡，若根本没有了政府，必成亡种之亡。人家正以其经济的、政治的、军备的一切最有组织之能力对付我，我若全然表示出原形质的状态出来，焉有生路？

所以好政府固是我们所希望，而没有了政府乃是万万了不得的。最可怕者，是中国此时大有没有政府的可能，因为在此时中国形势之下，能组织政府的花样是很少的。

第一，此时中国政治若离了国民党便没有了政府。国民党施政之成败另是一问题，然国民党在此时的中国中是比较上差有组织的一个政团，此外除共产党有一种潜势力以外，中国并没有第二个有组织的政团。请国民党交出政权，固不易，而接受政权为尤难。一切残余的政治组织，如安福系、研究系、政学系、江苏省教育会系等等，和一切的残余军阀，如所谓皖系、直系、奉系、陈炯明系等等，虽高官地盘至今犹有占据者，然比比他们过去的成绩，看看他们今日之力量，那一个能站起接受政权？两三月前演所谓"国难会议"一出戏时，有些人要以国难会议产新政府，要以国难会议与国民党算账，此事之是非居心都不论，这想头真正再幼稚也没有了！天下那有以做官的手段达到革命的目的的！且责国民党交出政权，给谁何人？给安福系？给研究系？给北洋系？给青红帮？给所谓"全民"？纵使国民党甘心禅代，其结果只是演一出子哙子之的故事，燕国亡得更快些。今日之局，国民党一经塌台，更要增加十倍的紊乱。

第二，此时国民党之中心人物，能负国家之责任者，已经很少了。国民党以历年的"家争"，中国人民出了一个死亡数十万、财产丧失数十万万的代价，而国民党自身之损失，亦不在少处。丧失它的信用，堕落它的领袖，紊乱它的组织。国民党今日之站得住者，不是它自身充分的有站得住的力量，乃是其他结合没有站得起来的力量。这不是国民党应该自喜，而是国民党应该自警的。我们至今犹同情国民党的人，尤其盼望国民党领袖认清这个危机，而深自策励。今日国民党的领袖，曰胡、曰汪、曰蒋。他们三人之有领袖地位，自然不是无因的。胡之人格坚固，汪之人物有吸引力，蒋之意志有强力，这是反对他们的人也不能不承认的。然而如说汪先生的政务精练，或蒋先生的近代知识充分，似乎不能言之成理，而政务之精练，近代知识之充分，确是今日主持一个国家之事务所应必有的。事实如此，这不能说不是今日中国的一大困难之一。现在胡先生是不会到南京的，汪蒋合作而以汪负政治责任正面的政府，似乎还不是在此日局势下的一个不好的事情。尤可顾虑者，是汪之行政院若塌台，我们颇想不出能更有一个政府出来，能够真有政府的效用，好坏且不论。这个意思，且分几层去说。

甲，汪精卫自做行政院长以来，颇负责任，而大体不误。上海事件之结局自不能很满我们的意思，然比起不负责任的拖延，国人损失尚小。且此事结局似乎是今日情况下的最多可得到者，此事之未附有政治条件，现在事实已足证明。汪之对付此事，事实上指出来他未存沽名避责之心。至于其他事件，都不见得有滑头的态度，不曾说大话做小事。目前外交问题，俄交、国联，等等，看来他是在有计划的进行中。综合起自有行政院以来的四个院长，谭组庵、蒋介石、孙哲生、汪精卫，汪尚是差强的。

乙，若干批评汪精卫的话，每不足为大病。我听人说，汪精卫上台两个月，只是位置分配忙，一切旧有同派人索求地位，闹得他头大，而出了无数的笑话。我以为这诚然是不幸的事，然而这是国民党的普通现象，且此现象不足为国民党的深病。国民党，或改组派，以在野革命的地位，自有它的部队，一旦上台，这现象是免不了的。这现象诚然不可以鼓励，而南京若以建设出一个"文官服务"（Civil Service）的系统出来，这办法是万做不得的。不过今日南京还不曾建设出此事来，而汪派此举尚不至使政务大不得了。且所新用之人，比其当年王正延、王伯群、孔祥熙辈所用者，算是高明得多。又有人说，汪之处理事务异常紊乱。这却不是等闲的事，然若施政之方策有计划，此事可以在各部分的组织上得点救济。

丙，我们诚不能说汪的政府是如何值得赞美的，然代替他者，正无其人。汪之行政院如塌台，则继承者当不出两个方式，一，出来一个居政府虚名而毫无政府效用的。这样是万万不得了的。二，蒋之复政。这是行不通的。前年去年蒋确曾有过把政治建设起来的机会，然而他把那个千载一时的机会放弃了。今日长江流域地方秩序之丧失，外交布置之忽略，极多用非其才之大官，国家实力之消耗，他负的责任至少不比任何一人小，所以他现在是不能单身出马的，他出来便是一阵大紊乱。《水浒》所说"一条棍棒等身齐，打得出四百座军州都姓赵"的方式，在中国的其他时候未必不是一个可用的政治实策，然而现在的中国此法是行不来了。愈顺民之欲者，愈能以强力专政，而求专政必先顺民之欲。我们姑且卑之无甚高论，亦应知道人民安居乐业，然后天下归心。现在国人对蒋公之感想又何如？

在如此的一个局面之下，所以我以为一有政潮，便有无政府之危险，而今日之局，岂是容许中国无政府的？即是法国式的"内阁危机"也是要不得的。一切不顾亡种灭国的人，幸勿此时兴风作浪，这不是可以苟且为之的！

不过汪的政府实在无多根基，而使汪精卫的行政院不倒，中国不至无政府者，负最大之责者仍是汪氏，他若不好生干，瓦解是不能很迟的。因此，我们希望他抖起精神来，应付此日之局面。第一要积极的布置外交形势，第二要建设社会的安宁秩序，第三要计算实力，并布置着，以备国际上的剧烈变化。

（原载 1932 年 6 月 19 日《独立评论》第五号）

"九一八"一年了！

今天是中华民国廿一年九月十八日，正是"九一八"事件一周年了！

"九一八"是我们有生以来最严重的国难，也正是近百年中东亚史上最大的一个转关，也正是二十世纪世界史上三件最大事件之一，其他两件自然一个是世界大战，一个是俄国革命。我们生在其中，自然有些主观的情感，我们以这一年的经验，免不了有些事实的认识。我们纵观近代史，瞻前顾后，免不了有些思虑。假如中国人不是猪狗一流的品质，这时候真该表示一下子国民的人格，假如世界史不是开倒车的，倭人早晚总得到他的惩罚。所以今天若把事情浅看出来，我们正是无限的悲观，至于绝望；若深看出来，不特用不着悲观，且看中国民族之复兴正系于此。

先说浅看中的失望。

第一失望是在如此严重的国难之下，统治中国者自身竟弄不出一个办法来。国民党在民国十六年以来，以历史的及领袖人格的品质的关系，在表面的成功之下，自身破裂其组织，以至于建国固谈不到，而碰到空前的国难，国民革命军打到山海关的时候，真是朱洪武打跑胡元以来中国民族的第一个好机会，国民党的领袖人物如有知识与人品，中国又何至出数十万万的资财，数万的性命，以供其"家争"。"家争"的结果，国民党所存之革命性尚存几何，及国民党是否站在人民的立场上，天下共知。其最惨酷的滑稽事，如冯玉祥"势逼处此"的走了"叛逆"之一途，而打出去的奉系被请进来做党国柱石！"九一八"事件一出，我们以为大家总要革面洗心，人尽其能，共赴国难，当时未尝不引"敌国外患所以安国"之谈以自慰。然而不然！起初是和会的一阵文章，党国领袖人物曾表示其"诚意"于天下，其继是仓皇辞庙，税驾东周，及南北军阀对沪战反应之百分冷淡，最近是以所谓抵抗计划引其来的汪精卫辞职，到了今天，不特抵抗的工作不曾办，并如此这般的一个政府也亦弄到不上不下，若有若无了。今天若想广州不做撤腿的文章，南京肯做积极的工作，汉口不谋局面的开展，北平有个振作的精神，恐怕没有多人相信罢？这样的渔阳鼙鼓惊不破北平的羽衣曲，引不出汉口的轮台诏，振不起广州的勤王意气，碎不了南京的六朝风度，则中华民国更有何希望呢？

第二失望是人民仍在苟安的梦中而毫无振作的气象。政府与统治集团之使人失望绝望，人民犹可望到别处，若一般国民都如此醉生梦死，尚有何说？元兵未渡江，临安已经给他预备好了；清兵未入关，燕京南都已经给他预备好了。所谓预备者是些甚么呢？靠天活着的心理，毫不振作的生活，做顺民或逃之夭夭的幻想，知命的哲学！所以人民虽众，如一群羊，社会虽繁杂，如一堆沙，以今日之局面比宋明亡时真正再像也没有了！自己先已准备好了亡国，做成一碗现成饭，人家为什么不来吃？俗语说得好，"天予不取，反受其殃"。试看今日南北人民对此局势如何反应？日本货是照旧买的，尤其以华北为甚。明明摆着，买他二角钱的东西便给他一个打我们的枪子，买他两块钱的东西便给他一个打我们的炮弹，存他一批五万元的货便给他一个炸我们的飞机。然而还是买的。劳苦的大众国家本不曾给他以生活保障，他们莫名其妙是可恕的，至于所谓中等阶级，真是与国休戚的，仍是专心致志的图谋他的小小安舒生活，尤其这个阶级中的太太小姐们，全不想到"国破家亡身又辱"！看看上海租界，以为亡国不过如此而已！

第三失望是世界上对此事件反应之麻木。中国人自己的事，而想到别人反应的态度，诚然是可耻的。不过，这篇文章不过叙述我自己的意见，我们在这一年中自然免不了想到些世界问题之牵连，我们如果知道依赖别人是最大之耻，而奉行此义，则亦无妨替人想想。倭人之暴举，不特给美国的太平洋政策一个正面打击，并且是积极胁迫大英帝国在海上存在之第一要着。且国际联盟从此失其效能，大战结局中之唯一可以值得保持发展的创设丧失了，于是大强国支配小国之一种调协的工具拆台了，英法皆感其困难，而尤以法国为甚。且日俄局面从此尖锐化，倭人在东北之横行迟早必引起对俄之纠纷。以如此凋零之世界，如此巴尔干化之欧洲，群策群力，以图经济恢复现状安定之不暇，则日俄一战所引起之波澜，真要将世界大战遗留之疮毒一齐溃烂。俄国在地势上是不可破的，一九一九至一九二二〈年〉之往事可证，然则虽反俄者若有意识亦不能希望以此得利。凡此形势，似甚明显，而列国舆论多昧于此，只以目前之自了为眼光视线所及，尤其使人失望的是英国，统治日本领导日本国民之日本军阀已明明表示其要建设大帝国于亚澳各洲，而英国多数舆论似乎以为满洲问题不关自己，眼光如豆者，必有祸事临头之一日。英国此日对远东之态度颇像大战前之态度。诚然，大战前英国的地位是与今日不同性质的，大战前英德暗斗已见，此日日本统治者虽明言吞并澳洲，统治印度，然而形势不如彼时之迫切，不过，大战前德国，虽也把英国来打的一笔账算在心中，却并不曾觉得英国在德法战时必战。英国人自己也有时在事后责备爱斯葵知的政府，说，假如那时英国的态度表示鲜明些，或者可以使德国自觉而免于一战。英人总是以自恃的手段行混过去的步骤的，因而救火每每救在燎原之后。今日英国，如欲放弃其苏彝士运河以东之势力则已，否则坐看日本攫到东北之金穴，用其天然供给，一步一步的在亚澳两洲扩充势力，先是扫荡英国的商场，次一步便是政治统治了。若谓此事尚远，则远而忽之，正是舆论麻木之象征，世界多事之缘由也。

第四失望是中国的政治似乎竟没有出路。国民党固曾为民国之明星者若干年；而以自身组织紊乱之故，致有今日拿不起，放不下之形势。于是一切残余的旧势力蠢蠢思动，以为"彼可取而代之也"。国民党诚然太对不起国民，其所以对不起国民之一件，即是过量的对得起这些残余势力，因为当年不曾自己努力，把这些东西根本拔去了，使他们今日尚在那里胡思乱想，胡言乱道。有一天一个人就所谓"国难会议"发议论，说国民党如何不好，非交出政权来不可。我便老实说，国民党对不起国民，事诚有之，然而以往失败的南北军阀及政客团体尤其对不起国民，国民党要交出政权来，容或有之，然而残余势力如北洋系、安福系、研究系、政学系等，都没有这个资格起来接受。这话说来，我们这专心同情于国民党及其前身二十多年的人最伤心，今日诚有哑子吃黄连的苦处。我们其将如唐明宗祷天，愿天生圣人于国民党中乎？今日之大难题，即在国民党自身弄得没有办法，而中国并没有任何政治力量可以取而代之。好比明朝亡国的时候，南京、北京的姓朱的都不高明一般。说到这里，有人要想到，"然则共产党是出路吗"？平情而论，果然共产党能解决中国问题，我们为"阶级"的原故，丧其性命，有何不可。我们虽不曾榨取劳苦大众，而只是尽心竭力忠其所职者，一旦"火炎昆冈，玉石俱焚"，自然当与坏东西们同归于尽，犹之乎宋明亡国时，若干好的士人，比贪官污吏还死得快些一样子。一从大处设想，即知如此运命真正天公地道，毫无可惜之处。所以我们是不应以个人之前提论这事的。不过，共产党自身的力量也正有限，以我前者同共产党共事的经验论，不能不觉得他们也是感情的发泄，而并无建国之能力，所做的工作很多还是洋八股。中国革命的形势与俄国大不同者至少有三。一、地理上截然不同。俄国是难打破的江山，背后靠着北冰洋，冰山便是他的泰山，又有冰雪及辽阔的地势做天然的保卫。中国有个大肚子伸在海中，真是一切帝国主义的最自由的战场。二、国民经济上截然不同。俄国在天然上，富力只下于美国，欧战前社会有相当的富庶，且地太广人较稀，而统治及地主阶级尤是大富，所以有田可分，有产可共，分田共产之后，国家仍能有大资本，国民以五年计划之故，不得不忍痛以输将，到底还有输将之余地。中国人至于今日，小小的些资本几乎皆在租界及经济上受租界支配之大城中，如北平受天津租界之支配，广州受香港之支配等。这地方的资本，不用转地方便"出国"，而中国乃成全无资本吃菜根嚼粃糠之乞丐国矣。以如此之经济形势，任何政治做不到，遑论经济发展？然而经济不发展是建不了国的，所以俄国如此勤劳于其五年计划。第三是革命人材上截然不同。俄国革命党历史将及百年，以如此长期之演进，如此长期之训练，不特革命的人格得以培成，即施政之人物亦在革命党中吸收不少，因为俄国革命党中本有不少小学教师、低级官吏、小商人、小工业家、工师、技员，政权到手，办得了事，如此乃是建国，不然乃是发疟子。国民党以中山先生伟大人格之吸引力及其前身二十多年的经过，吸收不到一套施政建国的人才来，遑论几年中专靠怨气及性欲解放的一队缺知识少训练的人们。共产党之一朝攫得政权虽可能，而共产党之建国是办不到的。

如此说来，失望至此，真正绝望，然而我们怎么办？因此不免想到：一、自杀，免得活着难过；二、暗杀，暗杀国贼巨丑，乃下至污吏奸商，或者自己的仇人也可以；三、穷极享乐，只顾今朝，快乐反正赚到，因而死了尤妙。这样办法以外，还有别的办法没有呢？

不过看深一步，以上的失望都不够使我们绝望的。中华民族自有其潜藏的大力量，三千年的历史告诉我们，中华民族是灭不了的，而且没有今日天造草昧之形势，民族是复兴不来的。这不是自己安慰的话，有事实为证。

第一，东北是亡不了的，所谓东北者，在历史上本非一个单纯的层次，狭义的辽东永是中国人居住地，其北部则多是荒地，最近百年中山东河北的健儿冒风雪，辟草莱，吃人类吃不了的苦，然后此地在民族上永为中国人。一朝日本人来，自然要对这些人加以排挤，然而三千万人岂能赶得许多？我们这三千万同胞中大多数是如何去的呢？我记得小时，常走由天津向南的一条大路，每每遇到成群结队的山东人"下关东"。他们背着一袋干食，即是干得比铁差不多的杂粮饼子，和几百文钱，以便路上买点水吃，一直走到黑龙江，或西伯利亚。有火车是坐不起的，而且京奉路上洋人管的火车，每每把他们闷死。这样远征，自然死许多，然而他们很多竟到了，后起者只以到者为劝，不以死者为戒。尤其可恨的是东北的军阀变成了大地主，要耕地者须先拿出一些大租金，而他们的生活乃真如农奴一般了。在这样情形之下，他们为中华民族开辟了若干万里的疆土！日本人可以攘取而势不能驱走，日本人虽能得其大利，而势不能夺其小利，则他们之存在依然，若以教育同化，则现有台湾之榜样在，试问台湾多数人民之汉人近于日本人乎，近于福建人乎？燕云十六州沦于北族者数百年，黄河流域各省沦于金元者数百年，一旦大明朝起来，这些地方是谁的呢？今日中国民族之有东北，乃是山东河北劳苦农民的功劳，今日中国政权之失东北，乃是东北军阀作恶误国的成绩，则将来关内的政治一有办法，暴虐的倭人一遭艰难，我们自可恢复故物。虽说，今日东北之卖国贼如许多，日本的教育又必不放松，然而日本之小器，适足以促成反感，卖国贼的子弟每有不少革命党。日本人不能使关东的中国人另成一种生活，则一朝小水银球碰到大水银球，是分不了的。

第二，中国的事情说难也难，说容易也容易。只要军队稍有纪律，地方便可以平安，只要政府能维持最低限度的秩序，人民便可以猛烈的进步。即以山东论，张宗昌几乎把山东全省的社会组织拆散，而今日以韩复榘之治法，竟能成一小康之局，若在外国，岂非怪事？但使中国的政权有少许的安定，中国政府有三分的清明，便可有开国的景象，所谓"饥者易为食，渴者易为饮"也。骤看中国此时的情势，真像社会的总崩溃，然而转移也是有望的。前人说"尧舜率天下以仁而民从之，桀纣率天下以暴而民从之"，这话像是极不通，不过，二千年的帝制训练，人众如羊群，一般风气转移决不是封建时代之固执了。今日之所以暮气沉沉者，正是二十多年政治失望之结局，人民向上之心，一摘，再摘，无数摘，焉得不如今日？这是虽可悲伤，然而总是一种变态，是可以改得过来的。记得二十一条交涉之后，北京中央公园开救国储金大会，数万人去了捐款，老婆子小孩子都多得不可数。然而不过半年，筹安会出来了，救国储金便为梁士诒等用作帝制费了。似此的摧残无数次出现，焉得不有今日之死气。不过这死气究是长期摧残之结果，非本性则然。一旦国人对社会略有半分希望，对大局略有半分期求，这个死气是可以改的。譬如我们住在北平的多数人眼看此间的"政治"，还去希望什么？眼看见有政权人物之公私行为，还计较什么抵抗排货？但这种死气并非本性，死气之内，包着热烈的怨气。一旦局势稍有一缕的出路，天良是泯灭不了的！二十年中，舆论清议每况愈下，以至于无，然而"野火烧不尽，春风吹又生"，春风一来，死气告退。从长看去，中国人不是惯坐在墓口中的。

第三，国际上的形势今日虽然混沌，除美国以外几没有说句公道话的，然而东北之大变关系世界大局者过于巴尔干，日本既以作鲸吞亚澳的发动，迟早必横生纠纷，且决是迟不了很多的。今日大家之所以踌躇犹豫者，一是没有准备，大家都不曾料到日本如此之突然大闹；二是怕苏俄，日本势力之消落是苏俄骤升的大机会，而苏俄之上升是资本主义国家所绝不愿见的。然而这样形势虽是使目下沉闷之背景，久而久之局面总要开展的。英国决不能放弃其辽东市场，美国之日本开关，合并檀香山群岛，合并菲律宾群岛，宣布中国领土保全门户开放主义，调停日俄战，开华府会议，数十年中一步一步的一贯政策，决无因日本在沈阳之一击而一朝放弃的。至于俄国，尤其不能割贝加尔湖以东以与人。假如中国真能自己稍稍振作，以后不患没有利于我们的机会，即如二十一条时代，我们是何等的困难，欧战罢了乃有华盛顿会议。历史自然是不能保其重现的，然而只要自己有办法，环境上免不了出有利于我们的机会。

第四，中国人不是一个可以灭亡的民族。历史上与中国打来往的民族，如匈奴、鲜卑、突厥、契丹、女真、蒙古等，固皆是一世之雄，而今安在？中国人之所以能永久存立者，因其是世界上最耐劳苦的民族，能生存在他人不能生存的环境中，能在半生存的状态中进展文化。这或者就是中国人不能特放异彩，如希腊人如犹太人的原故，然而这确是中国人万古长存的原故。论到智慧，虽不十分优越，却也是上等中的中等，固曾以工商业及美术文学及大帝国之组织力昭示于历史；论到政治力量，今天固然惭愧的很，不过今日之患，在乎没有政治重心，一有政治重心，中国是能有大组织的。诚然，以早早脱离了封建社会，在二千年帝制下的训练之故，社会如散沙一般，然而南北东西各有万里直径的方土中，人文齐一，不分异类，也不是没有有益的方面。东北在备极昏暴的军阀治下能骤进人口，南洋及新大陆能以猪仔式的进身开拓生财，在这样最平庸的形式中，包含着超人的精神，比起娇贵的西洋人，器浅的倭人，我们也自有我们的优越处。今日中国各事，从深里看出，皆不足悲观。说科学不发达呢？然而以如此之环境，有如此之科学已经是难能了；说实业不发达呢？然而政治摧残之下这里那里尚有几个飘萍，也是大不容易了。所没有办法者，只是政治，而政治之所以没有办法是没有政治的重心。只要这一层能以一种方式演出来，无论是国民党或其他乃至于一种能拿得起政治来的阶级统治，一切事都可望进步。在中国做事业说难固难，说易也易。

若说我这些话不免自己安慰自己，则试看在如此死气的一年国难中，何尝没有使人精神奋发的事？例如上海之抗日，真是"顽夫廉，懦夫有立志"。又如东北的义勇军，以那样的情势，做那样超人的奋斗。又如铁血除奸团，极少人不顾性命的组织竟有如许大的效力。然则中国的事是不可一概而论的。

浅看来是绝望，深看来是大有希望。这希望不在天国，不在未来，而在我们的一身之内。我们若以民族的希望为宗教的信仰，以自身之勤勉工作各尽其职业为这信仰之行事，则大难当前，尽可处之泰然，民族再造，将贡一份助力。宋明的道学先生尚能以四书五经养其浩然之气，我们不能以近代知识养我们的浩然之气吗？

我们的知识不使我们有失望之余地，我们的环境不许我们有懈惰的权利！

（原载 1932 年 9 月 18 日《独立评论》第十八号）

国联调查团报告书一瞥

国联调查团报告书发表后，称赞它的说它可以代表世界公论，不同情于它而不至于站在日本的立场者，也有甚至说它是件"含糊之杰作"（A masterpiece of ambiguity）者。我以为称它为"含糊之杰作"未必即是不公道的菲薄它，而其所以成为含糊之大作品者，也自有原故。作这报告的衮衮诸公，其中至少如李顿伯爵、麦骎将军实在是善人，以公道及世界和平为意者，不过，他们在国际联盟的纸老虎破掉之后到东亚，一面要顾到现在的事实，一面要顾到国联立场之面子及下台问题，而因现在的事实即日本人一手造成的事实，原与国联立场绝对矛盾，诸公徘徊于矛盾之间，欲求出一个公式，将矛与盾都对付过去，焉得不"含糊"呢？惟其如此，故此大著本身先有一基础的矛盾，即叙说事实之经过与其结论并不是一个精神所支配：叙说事实，如论"九一八"之责任及"满洲国"之两事，与我们所见并无不同，而其结论乃与此等事实全不相涉了。

这个大著似乎专向深处寻求，作些"探本追源"之论，而求"基础解决"之法，于是乎议论到中国二十年的政情，以为中国之不上轨道是世界的患害，而为此满洲事件之一个主因。真可惜，李顿诸公何不写一专章以叙述日本对于中国统一与近代化之贡献？袁世凯将有统一的样子了，日本把他打一大下子。我们恨袁世凯，因其背叛国家，日本怕袁世凯，怕他能统一中国，这并不同的。安福贼徒上台了，日本大大帮助一下子，于是乎种下这些纠纷，而中华民国几几乎断送。国民党打到北平了，张作霖被他杀了，他劝张学良不归南京。国民党将要成事了，便是这东北之一击，此外如分化南北各种浪人之行动，奉直战中之日本将官，石友三叛乱中之土肥原，等等一切，一部《十七史》真不知从何处说起？日本人真有大造于中华民国之统一哉！自徐世昌锡良时代算起，中国人要在东三省办些新事业，日本人总给以打击，无数的案子在那里，而最近几年之铁路建设竟为日本人趁早动手之动机与借口。日本人真有大造于中国之近代化哉！这些事，至少李顿、麦骒两公当然知道的，且当然知道他的重要。若谓，说了这些话徒动感情，无补实际，则中国不统一之局势，舍此重大的一个方面，而但看到地方观念及家族主义以为议论，又安能得其实在？一个大民族之统一与近代化，一面需要自身的努力，一面也要适宜的环境。若日本人专以分割中国为心，破坏中国统一为志，中国之统一大是困难的。我们诚然要自己努力，不过同时也要指明别人的责任。今此报告既以探本追源为号，而本源责任说不明白，对知道东北事件不多的中立国读者，似是危险的。我以为我们政府大可正面应付日本人訾骂中国非统一的近代化的国家之说，而直率的宣布日本在二十年中对这一层之贡献，看他算个什么东西，反正华盛顿《九国公约》久已假定我们贵国有些特别的。

这个报告中的解决办法，或者于中国不算无益吧，假如我们承认"辱者贱之常"的话！于日本真是大有利益了。造一个新约，承认以前一切日本的"条约"权利，法律的承认日本在东北之"特殊利益"。法律的大大限制中国在东北主权之行使，东北用外国顾问其中又是日本人最多，日本人治外法权之推广，东北中国铁路实际上在南满路支配，且日本并以改订商约之故，在东北以外之中国地方又有了经济特别地位，而抵货永远取消，以后中国如派兵到东北，便成侵略，而其他方面便可为所欲为。如此种种，只换得"满洲国"名义之取消，谁说西洋人之讲面子在中国人下？傻哉荒木，送这么大一块宝藏到嘴里，又注明是全世界公送的，反要喷回去，大骂一顿！老成帝国主义之精妙如此，新进帝国主义之鲁莽如此，孺子之不可教如此！读者以我这解释为过火吗？则请细细推求九、十两章中各项原则及办法之可能的各种结果如何，恐怕正不止此罢！

这篇大作中把日本、中国的意见几乎都分别轻重容纳了，例如对"九一八"事件，既已说了"是晚日方之军事行动不能视为合法之自卫办法"，而接着又说一句微妙的话，"惟当地官佐或以为彼等之行为系出于自卫，调查团于说明前话时（此处外交部译文有小误，故改之）不将此假定予以摈除"。这真敷衍到了好笑的程度了。其对于日本人强词夺理的话，并无正面之回答，只代他设想些困难，而微婉劝告。以这样一个兼容的态度，遂有这样子的含糊。其含糊普及于一切语气中。世界的人对东北事件已经够不清楚的了，而读此一部有深心的含糊著作，恐怕不能减少其原来之不清楚罢？世人愈以为东北问题复杂，愈于中国为不利，因为东北问题本是领土侵略，法律上、事实上何复杂之有？复杂之谈，正是日本宣传军之烟幕而已。

嗟乎，国联在去年的几次决议案是如何的，而今也到了这个田地，给日本一切利益，以求换得一个独立名义之取消，并完全超过日本民政党内阁所要求五条之上了。去年之累次决议，以《盟约》为前提，今年以既成事实为前提，并不高谈《盟约》了。看到这篇之〔大〕文，真不能无今昔之感！

至于提议之办法，在精神上将中日共管及国联委治之意义皆容纳了，而其名固是"自治"也。中国以条约为宣言，日本以其顾问为中国文官，于是何是内国，何是外事，一切纠缠不清，而中国人若进兵东北，不管以何理由，便是"侵略"，日本得自由行动焉。此外特种宪兵之头目是一国人，财政之头目是一国人，即多头政治，保护多种国民，白俄也要受一个金牛宪章了。如此的一大组织，似乎非真的世界大同不能工作，非如上海一切国人整个以榨取中国人利益为前提，亦不能工作。国联管奥国，奥国本身有个政治的底子，今东北之政治的底子在那里？

至于自治之说，胡适之先生以李顿、麦骧、施茵三君所属之英美德三国皆是联邦制，故易于有此想法，这话是对的。不过，中国东北决非不列颠帝国之加拿大之比，而是德意志民国之莱茵各省之比，更变本加厉者也。若美国日日在图谋吞并加拿大，加拿大恐怕不能以骑警为国防，而与母国轻其关系如今之状况罢？法国数年前之希望于莱茵河者，何尝不即是一个"自治的莱茵"，由法国军队驻防之？

反正这个办法是实行不了的，反正日本人要奋勇当前担负破坏这个计划书的责任的，则中国政府不可不取对此报告书有相当好意的态度。不过，同时也要步步有着，句句慎重，以免将来成为口实。其应特别保留者，一时想到有下列几件：

一、拟议之东北地方政府不得有对于普遍于全国之事项之立法权，例如刑法、民法之制定等。

二、拟议之东北地方政府不得限制关内人向东北移民之任何立法及行政措施。若没有这一项，则日本人能以我们的东北发展其经济而我们反无之。

三、拟议之东北地方政府不得对于关内中国居民往关东者有特别之待遇，如服务官署之限制，税率之不同等。

四、报告书中固明言使用外国顾问是过渡的办法，则应明定其年限，以免"过渡"永远不得过。且一独立国尚有革命之权，东北新制也总该在将来有个改变的可能，宜明白规定其条件。

五、中央保留在东北设置最高监察官之权，以监察东北行政是否有悖于中央职权之处，有违于中央允准东北自治宣言之处。查英国各自治领土之"总督"是母国政府即名曰英王之代表，而国务总理是地方自治政府之首领。今地方自治之首领既由中央以一种方式任命，自不适用此法，但此首领恐是对于地方议会负责者，故中央政权在东北者必有适宜之代表人，不列颠帝国之此制度，应变通而采用之。且中国历史上每将地方之行政监察分而为二；汉之刺史，明之巡按，最初皆监察官也。此制在其他各省行宪政时亦宜采用，依《建国大纲》所定省长由民选后，中央政权必有相当之代表在地方者，即以此项高等监察官为适宜；汉之刺史，明之巡按，初设之意大可为法。

总而言之，中国政府既不可抹杀此报告，以分日本之谤，也不便绝无说明不附条件的欣然承认，以陷自己之地位，只好加之以严重之保留，副之以详尽之宣言，而接受之。好在此路反正是不通的，无非做一种应有尽有的外交姿势而已。

国联报告书之弄到如此不上不下之地位者，其小因是调查团中或者有简直莫名其妙的人，故他人不得不迁就之，于是文章愈复杂了；其大因是国联碰到一个极明显极暴烈的破坏盟约以及《巴黎公约》、《华府九国公约》之事件，而又无力支持其地位。报告书未出之前，我们问各种公约与所谓既成事实谁得上风？既出之后，我们得到答案了，公约是个影子，阴天还不见，事实是一切的！这不是《国联盟约》之死刑宣告书，国联去年决议案的取消令吗？至于李顿诸君，其心可佩，其劳可感，徘徊于没有办法之中是可谅的，我们不应该责备！责备自己，另求出路罢！

（原载 1932 年 10 月 16 日《独立评论》第二十二号）

陈独秀案

最近陈独秀在上海被公共租界工部局捕去，移交中国官厅，又解到南京，押在军政部军法司候审。这事件引起南北舆论重大的注意，平津的几个重要日报都有社论，论这件事，而其结论皆不外乎政府处置此案应分别陈氏之功罪，给他一个合法的、公正的判决，不可徒然用一个"反动"的公式率然处分。舆论的这个态度我觉得是很可以佩服的。我们绝不能要求执政者法外徇情，同时也绝不能同意当官者之主观用事。我们对一切司法案件皆应如此主张，对陈案何独不然？

陈独秀案不是一件简单的事情，假如陈氏是在江西或湖北共党巢穴中捕去，他是一个现行犯，这事情简单得多了，然而他是在上海公共租界中捕去，而其本身与其同派的人又早已为苏俄背后之第三国际开除了党籍，且对于他们这些人的态度是拔刀相见的。假如陈氏在江西共党区域被共党捉了去，他登时便要明正了苏俄的典刑了，现在是国民党之政府捉到手，于是处置此事完全有考虑陈氏一生行迹，及近二十年中国革命历史之必要。

我们为要去论这件事，应该把陈氏行迹分作三段去看。

第一段是考虑国民党清共以前十年中陈氏在中国革命史上的地位。这里所论革命者，不只政治革命，应该概括一切社会的、文艺的、思想的改革而言。本来近代的革命不单是一种政治改变，而是一切政治的、思想的、社会的、文艺的相互改革，否则革命只等于中国史上之换朝代，试问有何近代意义呢？且就中山先生的《三民主义》看，其中含有无限的社会改造，何曾是"你去我来"的公式呢？所以我这一段中把革命用做广义的，必为读者所同意罢！

清末陈氏在日本时，加入革命团体，而与当时长江革命人士一派较亲密，与粤浙各部分较疏，又以他在学问上及著文的兴趣，与《国粹学报》、《民报》诸人同声之来往最多，然而因为他在思想上是胆子最大，分解力是最透辟的人，他永远是他自己。东南革命时，他先在南京，后到安徽都督府中做柏文蔚先生之秘书长。民国二年，反袁举义，失败逃亡，在日本度他那穷得只有一件汗衫，其中无数虱子的生活。袁世凯死了，他回来，在上海开始办《新青年》。要知道陈独秀对于革命的贡献，《新青年》便是最重要的证据。

《新青年》可以分做三个时期看，一是自民国四年九月创刊时至民国六年夏，这时候他独力编著的。二是自民国六年夏至九年年初，这是他与当时主张改革中国一切的几个同志特别是在北京大学的几个同志共办的，不过他在这个刊物中的贡献比其他人都多，且他除甚短时期以外，永是这个刊物的编辑。三是自民国十年初算起，这个刊物变成了共产主义的正式宣传刊物，北大的若干人如胡适之先生等便和这个刊物脱离了关系。现在从《新青年》中看陈氏之贡献与变迁是很明了的。

独秀是在反袁的立场上最努力的人，文字的和实际政治的皆然。袁氏代表什么呢？若把袁氏看做代表帝制，真正太把事情看浅了。蔡孑民先生的见解最彻底，他说：

> 袁氏之为人，盖棺论定，似可无事苛求。虽然，袁氏之罪恶非特个人之罪恶也。彼实代表吾国三种之旧社会：曰官僚，曰学究，曰方士。畏强抑弱，假公济私，口蜜腹剑，穷奢极欲，所以表官僚之黑暗也。天坛祀帝，小学读经，复冕旒之饰，行拜跪之仪，所以表学究之顽旧也。武庙宣誓，教会祈祷，相士贡谀，神方治疾，所以表方士之迂怪也。今袁氏去矣，而此三社会流毒果随之以俱去乎？（《旅欧杂志》第三号）

袁氏之死，虽不曾将这三种社会带了去，而反应之下却给反对这三种社会的分子一个阳春。《新青年》便应运而生于民国四年之秋。那时候的志士虽也知道中国的问题并不简单，然而总看见希望在前面，希望的寄托正在青年身上，在能以天所付给之体力智力为基础，西洋近代文明之贡献为工具，以刷洗这千年的瑕秽。独秀把这个意思透辟的、扼要的写在他的《新青年》发刊词中，他说：

> 欲救此弊，非太息咨嗟之所能济，是在一二敏于自觉，勇于奋斗之青年，发挥人间固有之智能，抉择人间种种之思想，利刃断

铁，快刀断麻，决不作迁就依违之想，自度度人，社会庶几其有清宁之日也！……若夫明其是非，以供抉择，谨陈六义，幸平心察之！

（一）自主的而非奴隶的，（二）进步的而非保守的，（三）进取的而非退隐的，（四）世界的而非锁国的，（五）实力的而非虚文的，（六）科学的而非想像的。

发轫于这个立点上，则后来之伦理革命论、文学革命论、民治论以及社会主义，都是自然的趋势，必然的产物。

而陈氏之发挥这个立点，尤有一个基本精神，即是他的猛烈的、透辟的自由主义。我们可于他的《法兰西人与近世文明》（《新青年》一卷一号）中看出他自己造成之来源，他的精神到底是法兰西革命的产品，并不是一个"普罗"的产品，这或者是他终究受不了第三国际的部勒，而做它的"异端"之缘故罢？

他在这个立点上发轫，自然要着眼到教育问题，他于教育问题上标出四个纲领：（一）现实主义，（二）唯民主义，（三）职业主义，（四）兽性主义（《新青年》第一卷第二号）。这样的一个教育纲领现在还不是过时的，而兽性主义尤其需要。他于"兽性主义"一节下说：

人间道德之活动，乃无道德的冲动之继续。良以人类为他种动物之进化，其本能与他种动物初无异致，所不同者，吾人独有自动的发展力耳。强大之族，人性、兽性同时发展，其他或仅保兽性，或独专人性，而兽性全失，是皆堕落衰弱之民也。

兽性之特长谓何？曰，意志顽很，善斗不屈也；曰，体魄强健，力抗自然也；曰，信赖本能，不依他为生活也；曰，顺性率直，不饰伪自文也。

其《抵抗力》（同书一卷三号）一篇痛论我国人"今日卑劣无耻退葸苟安，诡易圆滑之国民"，正和他的兽性主义相发明，在今天举国不振作之情况下看来，尤觉亲切。他的思想中这个"尼采层"是使他最不能对中国固有不合理的事物因循妥协的，也正是他的文学革命伦理改造两运动中之原动力。

文学改良之论创于胡适之先生，他在这个运动中第一篇文字是《文学改良刍议》（《新青年》二卷五号）。他在这篇文章中标举入手法八件：一、须言之有物，二、不摹仿古人，三、须讲求文法，四、不作无病之呻吟，五、务去烂调套语，六、不用典，七、不讲对仗，八、不避俗字俗语。照这个方案做下去，只有做白话之一路。他在这篇文字的末段中也露出这个意思，而未曾作绝对的主张。独秀接着在次一号（二卷六号）中发表了一篇响应的文章，叫做《文学革命论》，他说：

> 政治界虽经三次革命，而黑暗未尝稍减，其原因之……大部分，则为盘踞吾人精神界，根深蒂固之伦理、道德、文学、艺术诸端，莫不黑幕层张，垢污深积，并此虎头蛇尾之革命未有焉。此单独政治革命所以于吾人之社会不生若何变化，不收若何效果也。……文学革命之气运，酝酿已非一日，其首举义旗之急先锋，则为吾友胡适。余甘冒全国学究之敌，高张"文学革命军"大旗，以为吾友之声援。旗上大书特书吾革命军三大主义，曰，推倒雕琢的阿谀的贵族文学，建设平易的抒情的国民文学；曰，推倒陈腐的铺张的古典文学，建设新鲜的立诚的写实文学；曰，推倒迂晦的艰涩的山林文学，建设明了的通俗的社会文学。

这个讲台不仅注意在新文学之寄托物，白话，且高标新文学应有之风气，而说出新文学应有之风气是和中国政治与社会之改革不可分离的。这真是一个最积极的新文学主义，同时也是中国文学史及革命史上一个不磨的文件！以后文学改革的趋势多集中在白话问题，诚然，这是初步中最基本的问题，然而白话终不过是个寄托物。用白话来做写实主义的文学固然方便，用他来做古典主义也未尝不可，用他来写人道主义固然方便，用他来写萨胧生活也一样方便。当时有个《学衡》杂志，专攻击白话文，我有一次对朋友说他们真把这事看得浅了，他们接受了白话文主义，还可以固守他的古典主义呢！当时对于外国文学又每每没有别择，我有一次对一个谈外尔德的朋友说，你要打倒李义山，这是很有道德的了，然而要引进外尔德这是多么矛盾呢？我这里说上这些不相干，无非要形容当时在文学改革的运动若干混乱的现象。独秀开头便看得透辟，以为文学革命之凭借第一是用白话以代古文，第二是借欧洲新文艺之真实，以代中国传统文学之虚伪，所以当年文学改革运动不仅是个形式主义，且是一个质料问题。

独秀当年最受人攻击者是他的伦理改革论，在南在北都受了无数的攻击、诽谤、及诬蔑。我觉得独秀对中国革命最大的贡献正在这里，因为新的政治决不能建设在旧的伦理之上，支持封建时代社会组织之道德决不适用于民权时代，爱宗亲过于爱国者决不是现代的国民，而复辟与拜孔，家族主义与专制政治之相为因果，是不能否认的事实。独秀看出徒然的政治革命必是虎头蛇尾的，所以才有这样探本的主张。

独秀在《新青年》八卷以前对社会主义的倾向全没有具体化，但《新青年》自第六卷起渐注重社会问题，到第七卷的下半便显然看出马克斯主义的倾向了。自国民党清共以来的立场论，共产党是罪犯了。然清共以前，十三年改组以后，国民党自身对于民众运动之注意，特别在劳工运动上，不在共产党之下，则独秀当年之创此路径，只可看做前驱，不得视为反动。

凡以上三事——文学革命，伦理改革，社会主义——是民国五年至十一二年中最大的动荡力，没有这个动荡力，青年的趋向是不会改变的，青年的趋向不改变，则国民党之改组与国民革命军运动之成事皆不得其前提。这个历史的事实，不能因为陈独秀现在缧绁之中而抹杀之！

至于国民党清共以后，陈在法律上是罪犯了，那时节他若被捉到，这问题倒也简单了。然而他于清共以后，不久为正统派的共产党者开除，弄得中国既不能容，苏俄又不能容，姑且利用上海之多国政治潜藏于一时。在这几年中，我们一面偶然看到中国正统派共产党……对他之猛烈攻击，其重要口号之一便是"打倒陈独秀主义"，一面又偶然在朋友处看见他求卖一部中国语音学的稿子，辗转听到他的穷困颠连。他现在是不是现行犯自有法律决定，但他背后没有任何帝国主义，白色的和赤色的，是无疑的！

在记载他被捕事件之新闻中，颇有怪话。例如第一次北平各报登载他在工部局的口供，说：因反动被捕三次，第一次在北京，为警察厅捕去。这正是五四运动后一个月他在北平大世界散传单被捕，这算是"反动"，真正是工部局的话了。自工部局之基本立场看去，国民党全是反动，现在不得已而与之妥协罢了。然而我们中国人看去，陈独秀第一次被捕只是因为反对北洋安福之卖国行动，而捕他者恰是国民党所要打倒之军阀！今天又有一个报上说，"缘陈独秀前与李大钊同为中国共产党起初之重要人员，嗣李在北平被获就刑，而陈遂销声匿迹"。嗟乎，李在北京之死，是就刑呢，是被害呢？李虽是共产党员，然他是诚心与国民党合作之人，他死在帝国主义与张作霖合作的手中，死在国民党清共之前，然则他虽是为共产党而死，也为国民党的事业而死，是被害，不是就刑！否则今之国家岂不承袭了张作霖的正朔呢？

考虑陈独秀与中国改造运动的关系，与国民革命之关系，与中国二十年来革命历史的关系，我希望政府处置此事，能够（一）最合法，（二）最近情，（三）看得到中国二十年来革命历史的意义，（四）及国民党自身的革命立场。我希望政府将此事付法院，公开审判，我并不要求政府非法宽纵。我希社会上非守旧的人士对此君加以充分之考量，在法庭中判决有罪时，不妨依据法律进行特赦运动。政府以其担负执法及维持社会秩序之责任，决无随便放人之理，同时国民党决无在今日一切反动势力大膨胀中杀这个中国革命史上光焰万丈的大彗星之理！

（原载 1932 年 10 月 30 日《独立评论》第二十四号）

多言的政府

西汉文景时，鲁人申公以诗学负一时的盛名。汉武帝在初即位时，正是年少气壮，好侈务大，又是走儒家的一条路的，所以请了申公来，很想他能为朝廷做几个宣言，献几个计划，制几套标语。谁知这位八十多岁的老先生大大与一般好说话的儒家不同。他对武帝说："为政不在多言，顾力行何如耳！"武帝听了真扫兴，只好稍迟送他回家了。本来文景两代都是儒家与黄老明争暗斗的时候，儒家总受些压迫。武帝初即位，真个是儒家扬眉吐气的时候，真可以大大花俏一下子，然而申公偏偏这么老实。今之修庙救国论、长安王业论之柱国大儒，真要笑这老头子太不会做文章了！

汉武帝还不是一位说空话的呢！他要雪国耻，便和匈奴混战了几十年，通西域以断匈奴右臂，设度辽将军以断匈奴左臂，到底把匈奴"抵抗"得筋疲力尽，几十年后便降中国。河在瓠子决了口，他便自己截堵去。他的一生虽也有不少过失，但竟然造成了中国不亡于匈奴的局面，竟把现在汉人所居的地方都给汉人站住定了。他没有空言长期抵抗，他没有空言努力救灾。申公对他还说这样话，如申公生到现在，不知更要作何样感想呢？

中国的统治阶级之喉舌——即文人——向来是好说空话的，因而中国的政治无论在如何昏乱的时候，总有一篇好听的空话。近年来开会宣言贴标语的风气更盛，所以说空话更说到无以复加的程度，真所谓"颜之厚矣"。在"九一八"事件以前，我们最大的典礼时发宣言，简直要以全世界之前途自任，现在稽颡于国联之门，不用"一切帝国主义"一类的名词，而用"友邦"、"公道"了。这样在固有文化论者，犹可说君子居安而安，履危而危，真个是国粹的大道，然而凡百庶事，又何必都大吹特吹，吹时全不想到实行，吹完登时忘记了呢？这样的把戏，出之于口，等于念咒，写之于纸，等于画符，作之不已，等于发狂。这真是一个民族智力德力堕落的象征。

现在姑举两件事为例，以论"为政不在多言"的道理。

第一件是所谓行都，所谓陪都。原来一国有好几个都，似乎是帝王家的风度。若在民国，只有政府所在可以称都。其时帝王时代一国数都的风气，到明清已经改了。明有南京应天府，同时便在那里虚设六部各衙门，清有盛京奉天府，同时便在那里虚设五部。即在更远各朝，也每在它的所谓陪都所谓方京置留守，可见对于没有政府的都，虽皇帝对之，也颇歉然。我想，现在决不会因陪都行都而设政治分会，以数次大战取消的东西决不会再如此容易出来。然则所谓陪都，所谓行都，当不过是"开发西府"，"恢复中原昔日文化"，若干口号下的一个藻饰，一种盛典。我们何幸生此盛圣明世，稽古右文，猗欤盛哉！就是在这样的藻饰盛典上，我们也还希望他力行一下子，不必多言。行都陪都都不是一个委员会一篇计划书便能出来的，也不是修庙修陵便可将西北繁荣了的。姑无论破产的东南决无余财倾于西北的荒漠中，即令有之，而不自然的发展，如所谓沙漠种田也者，也决无维持、继续、发展之理。总要先使西北有可以发展的环境，然后人民自己可向发展的路上走。使得人民自己向发展的路上走，政府所负第一步的责任是：一、维持社会的秩序，二、澄清政治的腐恶，三、给与人民以一种苏息，四、便利交通。这个人民自行发展的先决条件，在各处皆适用，而在活地狱的西北为尤甚。我们试问，西北军人对人民之榨取如何，鸦片烟之强迫耕种如何，西北人在这样贫困生活中所供给之赋税如何，人民生产事项之被军、政、匪兵毁坏者如何，共产思想及组织在民间乃至军中潜伏之状况如何，这样问题当局者正不容易回答罢。据自西北来的人说，西安数十里外简直是地狱的世界。有一个旅行者，住在一个县署里，亲身听见受拷人民的夜间苦楚，少交一元便是几十板子，迟交一天便是几百板子，而所交者非赋非税，而是迫派种植的烟苗捐。在这样的现象之下，而拜佛者梦想乐游原上的清秋佳节，装点以杨家姊妹，好古者幻造咸阳府库，金柜石室，充实以周汉彝器，明清簿录，我诚不知我们贵国大人物痴脑筋是世界上古往今来何种痴麻药浸过的！在这个问题之下，政府还是少说几句空计划，在最低范围之内先做出一二件事来给人看看，例如恢复秩序，稍纾民困之类。若一直的总是空话，说自己并没有意去实行的大话，将来纵是说真话时，也要没有人相信了。

第二件是所谓建设。虽在最富的国家如英美，若建设专靠政府便也有限了，总要靠人民自己去建设，政府不过立于从旁协助的地位而已。在穷困到极度的今日之中国政府那有力量建设多种事业，而中国政府已往之成绩，并铁路航运都弄得这么糟，真不配再多量的去尝试国营事业。今日之政府，以人力，以财力，都不是能够"百废具举"的。他若尽他的责任，他的建设事业第一项是建设出社会的秩序来，社会有秩序，则人民可以自己去建设，不待政府去做这个，做那个。第二项是建设出官署及公务员服务之秩序来，有了这一层，然后国营事业不致一举办便沦落为腐化的结晶品，而旧有事业，亦可在这一层的大前提之下去整顿。这都是政府本分以内的事，都是可以做到的事，都是其他大事所凭借的事。几年前北伐到了北平时，全国统一，引起人民的很大希望。而侈谈建设者，更弄了好些文章出来。从今天算来，似乎在无线电以外成就的事项很少，这些固有一部分是政局不安定负责任，然而其最大弊病仍在说话太多，计划太多，开会太多，宣传太多，而过于不问实际，过于不求步骤，到了今天，国家已堕入这无底深渊中，那里还有再说大话的颜面？且把本分内最浅近的事做出来，不必再高谈建设事项咯！

中国人真是一个说话不算话的人群！我们中国人中，尝见有时有人受人扯谎的指摘时，似乎并不充分的生气，若在西洋，则 liar 一个徽号一经加之于人，恐免不了受人之掌。所以官府文章，说时本不是预备实行的。今政府之多言少行，似乎本不违背我们国粹的道理。不过，立国于现在，而这样子做，既坠落官常，又败坏民德，还是择该做能做的事，切切实实做几件，不要"危不忘安"的总是说大话罢！

（原载 1932 年 12 月 11 日《独立评论》第三十号）

政府与对日外交

　　中日外交在最近三数星期内，仿佛又进入一种含蓄而迫切的局面。国人对于这事的冷静，看来似是有点不责备，至少不计较政府措施的样子，然若细细分析看，也并不如此。我想，真正知道政府要怎样做的，实在不多，因为政府似乎并不曾表示他究竟有如何一个确定的见解，更不曾喻人以他究竟要怎样做。用一句俗语形容，正是所谓"莫名其妙"。唯其莫名其妙，故不敢率然信赖，唯其在莫名其妙中已久，故不复有若干奢望。然则在此情形下之沉寂，在朝若有爱国者，对之当不特不以为方便，反当以为莫大之疾痛，这是不待说的。

　　竭我们对政府诸公的敬意，终能不使我们敢于相信，政府对此日之整个外交形势，是能够真有清透的了解，并能固持其了解的。请举几个例。第一，西藏事件、滇边事件，无知识的报大大议论英国人的帝国主义，新疆内乱事件又使他们高谈所谓英俄白赤二色帝国主义之向我们迫害，桂边事件又同样及于法国人。我以为但凡稍有当代国际形势的常识者，当明白俄英法此日皆无向中国侵略之意，俄英且均有向中国博取善意之姿势。这本是支配在他们整个的外交方策之下者，毫无须乎假定他们对中国有所怜惜。然而我们闻见所及，在朝者或对此等事之过分看重，使我们不能无疑他们似未正确的注意谁是敌人。目前局面下，威胁我们国家生存的，只是日本，并非其他欧洲国家。今日对欧美国家真该作活动多方的、宗旨一贯的积极工作，而所不应为伪辞所诱惑，以至错乱了对救国目标的注意。第二，4 月 17 日日本外务省发表狂呓谈话之后，各国立即驳斥，其最软弱者，转为中国外部之谈话。人家已不啻公然宣言中国是日本的保护国了，列国一齐起来说不然，而中国偏说的不着边际，试一想想，成何景象？其第二次谈话自然好得多了，然而也嫌太晚了。其三，日本为准备其明日之事变，除其经常外交机能外，又加上好些特殊使节，名士访问，其在拉拢、缓和、结联上做工夫，无所不用其极。试看我们的外交是如何活动，不特经常以外的不闻有何大动作，而经常的使馆建置，尽其功能否？外部能以政策表率否？驻外使节能以工作发扬否？我们局外人殊不能作一回答。以此日局势之迫切而复杂，聚最上的智力，做最大的努力，犹虞不济，奈何使人疑其或者不免"以荡荡之德临之哉"！

现在舍去泛谈，专说对日事件这个具体的要点，我犹不能舍我一向所持之论。第一，对日本交涉的途径，只能是日本的外交官，而决不能是关东军、台湾总督府以及浪人策士之类。第二，我们断不可再重看"日本通"了，因为他们通日本的效果已经愈弄愈糟了。第三，我们对日本必树一个不可再退让的界线，不然，虽退步到云桂山中，问桃源之津于苗大哥，也不能算是退步到止境。请分别解说一下子。夫日本人之多线外交，在其外交人员之外，更有军部，甚至假手浪人。就日本的内政言，已是一件至不幸的事，就对中国的效果言，不消说更是一件受苦不过的事。自对日本决取半跪的态度之前后（即是那个大错特错的《塘沽协定》），对日接洽，五头六路，而一群左欺右诈的中日中间人，真表现好兴腾的景象。这个趋势不特使我们的外交不上正轨，并且增加日本外交之不上正轨，既成立了如此习惯，中日关系将永远不上正轨。从此小事化大，大事化得天大。我们的政府应该抹杀外交官以外一切日本交涉接洽者，不如此，自己永无立场可守的。至于我们的日本通，固不可以一概而论，其中也或者不少爱国之士，然而胡乱来的真正太多了，如有作两面人的则真正太危险了。我们的最危险处是，通来通去，无端通出许多问题来，传来传去，把对方的刁难深刻化、急切化。至于战区及其邻近小邑大城各地面上，中日问题之更难处置，这些日本通的贡献到如何一个地步，也是国人上下所熟闻的。政府若果然因某一事与日本之交涉不少而以所谓日本通者承其乏，乃真是自找麻烦哩！若说，不如此枝节对付着便不得了，则试问如此枝节对付着究竟到何处方能得了？苏明允论六国与秦之关系说："今日割五城，明日割十城，然后得一夕安寝，起视四境，而秦兵又至矣！"今日之国防已谈不到长城，若再步步退下，则明日之国防将谈不到黄河。日本人的身躯虽小，其野欲是无限的，中国之疆虽大，每日割一块是有尽的。

然则局势至于今天，政府与国人均不能不作"舍出去"的打算，才能有所保全。对于事件之知识，固不可不详尽，然在决定方策上，则不可有过多的顾虑，尤其不便以政府的安全算做国家的安全。果然势在不可遏止之地，宁为占，勿自交割，宁可看他非法到北平车站，不可与伪国作联运妥协，因为非法强占终是不安定的。即如东北四省，日本占之将三年，犹不能不为之殷忧思危，若一旦交割了，乃真永久的断送。且交割由我们，日本之地位舒泰之至，若其强占，彼亦焉得自了。4 月 17 日日本外务省狂言后所发生之世界的影响，岂不清清楚楚的指示我们，列强是不能容许日本进行其亚洲大陆征服政策者，《九国公约》等固非废纸也。以后日本之取消宣言，岂不更清楚的指示我们，日本岂真无所畏惧者。同时我们政府也该大大振作一下，对欧美之国交要处处着手，以备将来，充实外交之机能，增进外交之效率，而不取乎无动作的态度。若但以今日各使馆之机能，作自由式之动作或不动作，恐未必够应付这个风来雨来的形势。若论今日我们外交部之机能，则我更不愿多说。这一段话约为一句说，对日本要严定我们不可再退的防线，而准备着越此一线后之牺牲；对欧美要改进我们外交的机能，而努力于各项的联络与准备。混日子的态度是最不得了的。

报纸上说，日本公使有吉到南京谈悬案，我希望政府要明白的告诉他：中日问题案之大者，无过于东北四省之占据，而问题性质之简单，也无过于这个事。还我们四省，一切的悬案都容易谈，不还我们四省，一切都谈不到。世人哪有占人一大块田园，还向人讨无名的债务，求交易之特惠者？我政府不能如此明白坚决的表示，而引起他觉得似乎"也可谈"、"慢慢谈"，乃又是为将来生事故也。

我们不敢放言高论，求政府取过分强硬的态度，同时我们也有权利，要求政府充分的认识，极度的努力，不在麻麻糊糊中过日子，认清自己不可更让的态度，策动将来事变中各方的准备。今日之政府，不比北洋军阀时代，想最后定可以走上慰藉国人之路罢！

（原载 1934 年 6 月 10 日《大公报》星期论文）

政府与提倡道德

政府应该不应该利用他的特殊凭借，去提倡他所认为道德的，本是一件向来有争论的事。除去极端的自由论者和宗法主义的国家，大约都取一种中间之路。不过，在欧洲的这个争执是有一个明显的体态的，即是政治与宗教之关系，即二者之间之分合的程度。在中国则以本无所谓"建置的教会"及宗教义法之故，所以凡是政府所提倡的道德，每每不外下列两事：其一，宗法时代的仪文及其相关连物事；其二，法律所应当制裁而在中国则不能制裁的，转去乞灵于所谓道德。就前一项看，每似无知之表见，就后一项看，更觉无聊了。所以自民国成立以来，每次政府在那里制礼作乐，太息于世道人心之日下，而以一纸空文提倡道德，不特在正面所得结果直等于零，且在旁面适足以助成伪善与虚饰之增长而已。

政治责任与道德本是一个大题目，在这样一篇短文中我不能将纲领说得明白。现在但举出几点来讨论。

第一，近代国家决不能以宗法主义为建设国家组织社会之大原则。故凡宗法制度下所谓道德之崩溃，每是新时代之国家、新时代之经济所形成，正不必过为忧虑。在这些地方，政府只好任时代之自然演进。例如女子的贞操，本可不必成为道德问题，其所以成为道德问题者，本是男权社会所造就。这件"道德"，要依女子的经济地位之变动逐渐改化的。又如子女对于父母之独立性，近二十年来在都市大大改变了，在乡村尚不会有实质的改变。这个对映，明显的经济变动为道德变动之原因。道德变动之类乎此者，既非政府的力量所能左右，更非具有近代社会学知识者所应痛心。

第二，所谓公德与私德之分，本是一个绝对不通的流行观念。设如所谓德者，其作用不及于本人一身之外，这简直和一个人的饮食衣服居处的习惯一样，只要不扰乱到别人，便只是他个人的僻性，其中无所谓道德不道德。设如所谓德者，其作用固及于本人一身之外，这便是与公众有关的事了，这便是公德了。以前的中国社会，本以家族为组织单位，所谓国家者，不过是运用征服权能之上层绳索，所以在家庭中之孝弟，在朋友间之忠信，是道德系统之重心，而为公忘私，为国忘己，虽为一般作道德论者所提倡，且为不少理想家所实践，终不成为民众心理上道德之重心。所以损己服公，在西方富有国民训练的民族中，行之甚易，而损公益己，在我们这样缺少家族以外之锻炼之社会中，改之甚难。我们所缺少者，是近代国民之必要的公德素养，包括着为国家送自己的性命在内。认清这一点，则政府与其费许多的唇舌，提倡些社会习俗中的道德，毋宁利用政治的及法律的权能，陶冶国民的公德。这话即等于去说，用政治摒斥一切危害公德的，用法律干涉一切破坏公德的。欧美先进国家之国民训练，本是经过一个长期的政治与法律的陶冶，陶冶既成，才能够以畏法为向义之门，以服公为克己之路。

即如"礼义廉耻"的口号，在上位者登高一呼，自然有无量在下位者四面一应。应自应，而无礼、不义、鲜廉、寡耻，未必不一一仍旧。尤其大的患害是，一般原来鲜廉寡耻者，作此等呼号不已，仿佛托庇在这呼号之下，仿佛他也不算真的鲜廉寡耻者，这真不啻为此辈添一层护符。所以在位者若真的想提倡礼义廉耻，口号是没用的，只有自己做个榜样，把自己所能支配的无礼、不义、鲜廉、寡耻之徒，一举而摒弃之。古来有句格言，"以身教者从，以言教者讼"。教书匠的作用还是如此，何况运用政治之权能者？政府若真的想提倡德义，只好先作一个澄清自己的榜样，也只须这么一个榜样，就够了。

第三，中国人所缺乏者，是国民训练，不是抽象道德名词。抽象道德名词有时自然也很有用处，抽象名词之训练，自然也可在千百个口头禅中得到什一之忠实信行者。但这个究竟不能普及于大众，且在训练有效时分意识上总带些意气性，在躬行上不易于有方法。即如宋明晚年之理学，正是一个抽象道德观念之训练，其效力固能使若干理想家为民族牺牲性命。然而究竟与大众差少相干，而且这些理想家在举动上又是乱来的。现在不需要过于凌空的东西，而绝对需要坚实的、普遍的国民训练，不需要道德的口号，而需要以法律及政治"纳民于轨物"之劳作。

请先谈法律。古来所谓刑礼之不合，本是一种社会的畸形现象，而主张刑礼异趋者，又每是些懒用逻辑的竖儒。柳宗元见得透彻，他说："其本则合，其用则异。"看他那篇驳复仇议之所论，真能一扫礼刑二元论者之误谬。然则政府若果在人民的道德上有兴趣，正应以法律陶冶民德。在立法上固应引进若干反宗法部落的、公民契约论的近代思想（这层颇能办些），在执法上尤应养成服公从义的习惯，是是非非的良心（这层上却毫无成绩）。须知法律即是秩序，即是训练，这是自罗马以来一切有成的国家的标准。国民的训练者不是元首，不是辅相，不是大将军，而是公正的法官，这是英、美、法、德诸国的历史事实。若凭借法律的陶冶，将来的中国人公心发达，能做到"其子攘羊而父证之"，中国乃真的超越苏拉时代的罗马，而是一个十足的近代国家了。

请再谈政治在陶冶民德上的效能。孟子说："尧舜帅天下以仁而民从之，桀纣帅天下以暴而民从之。"这话在现在看来自然太简单些，然凭借居高临下的地位者，时机好，运用巧，有时真能移转风气。不过，若想行得通，必先自己做个榜样，即孟子所谓"帅天下"，决没有自己向东，劝人向西，而人肯听的。现在若以政治的力量提倡民德，真有好多事可以做，爱国心，服务心，廉洁的行谊，忧勤的劳作，一切等等，数不尽的。只是这些好东西又都不是空口劝人便能做到的，必须自己立个榜样。以我所见，自北平至南京，是不是有开代的气象，我愧不敢说。我只见天下熙熙，天下攘攘，若不想到国难之深，民困之极，只见到公务机关汽车之多，公务员应酬之繁，外宾招待之周，不相干的事计划的得意，也真够太平景象了。如此的政治的榜样，是能锻炼人民道德的吗？如果一面如此"帅天下"，一面又以制礼作乐，昭显德化，我恐所增进者，只是伪善与乡愿，希意与承旨，所没落者，转是国之四维礼义廉耻耳。

（原载 1934 年 11 月 25 日《大公报》星期论文）

"中日亲善"??!!

最近两个月真是"中日亲善"论最走运的时代。也许这个理论与行为在将来更时髦，更成国是，更不得了，本未可知。不过在现在走运到这个田地，已够使人忧心如剪［煎］的了。仿佛这番热闹恰是为纪念"一·二八"的第三周年！这真是历史上的最惨酷的幽默。

蒋委员长的两次对记者谈话，第一次之末了一笔及第二次之全旨都还使人满意，却还不忘国民党之革命立场。不过这些话或嫌空洞些，或者这也有不得已处，然而对外国人是不可虚与委蛇的，是要把明白的话说在头里的。中日国交之失常全在日本，全不在中国，欲更改正局面，须得日本一反其自"九一八"以来之行动。在日本易如反掌，在中国无从为力，排日并无此事实，东北必须还中国。

汪精卫先生在中政会的演说词诚是一篇花团锦簇的文字，非善于辞令如汪先生者莫办。至于其含义呢？则《大公报》有一段隽永的评语，以为此是中日通商以来数十年间最亲善的论调！并且假设汪先生若发此言于"九一八"以前，不愧为特识独见，而今言之恨晚！（原文不在手边，姑凭记忆。）外交官说空话，在相当范围内本亦无不可，与广田作竹枝词式之唱和，也未尝不可，不过汪先生在这段文章里有两个漏洞。第一，广田的空腔中有实件，汪先生的诚心上皆空谈。广田说些好听话，而归本于要求中国取消排日（这在今日本是见鬼的话，未免太看重中国人了）。汪先生何不也说些好听话，而归本于要求日本退还东北？如此乃是虚对虚，实对实。今也徒作一篇颂圣论，只是为人鼓气尔。第二，中国的外交立场，应该建设在列邦平等、东西同仁的原则上，绝不容许偏亲日本。因为偏亲一个弱邻，固有不利之嫌，而偏亲一个强邻，尤有望风归顺之弊。而且远东又不止中日两国，美俄英有同样的利害关系。中国与英与俄也都是壤地相连的，与美国也只一水相隔，现在水是通道不是隔人的。自"九一八"以来，日本对世界之妄暴理论，皆以自居东亚主人翁为出发点，而要求其在东亚有特殊立地，对中国有特权威权。这是中国的绝不当承认一丝毫的，中国只能承认大家一样。今汪先生之议论，谓赞扬中国与日本之特别亲密关系，似乎已渐诱到日本理论之道路上。我不免害怕！汪先生之又聪又明，且亲且和之态度，诚是其不可及处，亦是其政治上有力量之一因，不过，国际间的情景与国内不同，说话还是自己防卫一下子才好。无须乎过量的客客气气。

至于王宠惠博士之东渡攀亲善，诚不免令人齿冷。最妙的是昨天日本电通社的消息，他在看了些沈阳事变的罪魁祸首之后，重光葵饯别他，请的陪客是"满洲帝国驻日大使丁士源"！丁士源与王宠惠，同是英国老留学生，同服官历家于北京政府，直到张作霖时代的，想来总有相当熟识。今日同席于重光之堂，论此时东向怀"德"之情景，并非申包胥、伍子胥之异趋而走秦吴，想当年北庭作宦之往迹，或有诸葛瑾、诸葛亮之同气而别吴蜀。岂非东庭服远之佳话欤？若有书呆子以为这是王公自己跑去取辱，乃真是浅人不足以话深！夫王公之生平，《大公报》"巧宦"之评可以不待盖棺便足论定。据中国传统的训诂学，宦者买卖也，巧宦者，善运虚无于买卖也。在当年王公能一面列位北庭，一面犹不失为国民党人，又何怪乎此日逢闲回国，第一着是说粤，第二着是和戎。登陇首而左右望，此日行情，盖无过于此两市者也。如此看去，此人此事正与中日关系不相干，且不去论此罢了。

言归正传。在高谈中日关系之前，有几件不可忽略的事实。

第一，除非日本人改变其对东北之态度，中日亲善绝不可能。按伪国之作用是使中日两国万万不能"尔无诈，我为虞"的，伪逆的组织存在一日，则中国受暴之创痕日日新，又日新，中国人既不应忘情于三千万亡国之同胞，尤不能放心此个丑极的危险分子。

第二，中国此时并无可注意的排日之事实，所以日本人之借口适足以显其不可测之心肝。此日中国之全国萎靡，是中外共见的。在此情景之下，有志气的中国人，正当恨我们之不长进，具耳目之日本人，岂不见到这个普遍的事实。然而犹以此为言者，还不是明明坐人以罪，这算有诚意吗？在这种气焰态度之下，能有公平的来往么？《水浒》上记林冲被狱吏拷打，林冲问他自己犯了什么罪，狱吏说，你坐着也是罪，站着也是罪，醒着也是罪，睡着也是罪，一弯腰一挤眼都是罪。这岂不是此日现状的描写？伪国的事件姑不论，且看福建与河北非武装区的情景，治安之不易维持，社会之大成紊乱，谁实为之？谁令致之？此皆现实，乃舍而不谈，反说中国排日。难道中国政府能虚造几件排日的案件而惩办之，以应日本之要求吗？

第三，"中日经济提携"一路乃是中国灭亡之速路。凡是两国的经济提携，必须在实际上互惠，在原则上平等然后可，否则只是大并小，本邦对殖民地的关系。日本是一个近代化的工业国家，中国是一个生产落后、农村破产的国家。若中国不给日本以特惠，当然无所谓提携；若给以特惠，无非是使日本的工艺品进口得容易，使中国的原料品出口得便宜。关税已自主了，乃又反到受束缚的地域。这乃真使日本工业不致萧条，中国工业无从起手，不久之后，日本将多量吸收中国资本，将为"东亚之工场"，中国将见都市随农村以俱破，永为万世一系之苦力国民。这真不待征服，先已灭亡了。而且抽象之谈还不亲切，目下正有具体榜样在那里。所谓"日满经济合作"是怎样一回事，则"日华经济提携"也就可想而见了。所以"中日经济提携"之口号，只是要求中国做第二个"满洲国"。军部既建功于白山黑水间，以炫其国人，文官见猎心喜，更思不战而克人之朝廷也。

第四，广田非币原之比，论其背景煞是可疑。币原之背景为财阀与立宪政治，其政治思想又较近英美式，故西向兼并如东北事变之行为，在彼以为非事其国家之正道，乃有与中国和善之诚心。当时之外交部长王正廷君昏然无知，致使机会错过。至于广田，本属于玄洋社一派，玄洋社之行动，及其对中国之存心，是留心日本事情的人所知道的。（参看刘叔雅先生之《日本侵略中国之发动机》，载《独立评论》第十九、第二十两号，这是一篇值得国人永久注意的好文章。）中国若干革命志士被这一派人愚弄得不在少数了，即如头山满翁，他诚然帮助中国的革命党，然而最终目的总是为日本建业，为明治求归服者。此中故事我也听了不少，此地来不及说。总之，上当不是一次，不便再上大当了。去年春间，日本外务省官宣言，西洋各国不得问中国事，助中国政府，俨然封中国为日本保护国。于是惹起全世界的责难，日外务省只得取消。这样宣言，固是广田任内的事，而此番日议会开会，广田回答质问，固明明声称日本对华方针仍不改变那个宣言的道路。然则广田的空话尽管好听，广田所要求于中国者之实际条件，若拿出来，或者不免骇世界了。

第五，我们的政府不要忘我们此日不立即为日本人吞灭者，既不是由于自己的努力，也不由于日本人的"仁慈"，乃是由于中国之国际均势，虽动摇却并未扫地，虽在变化中却并未寿终正寝。果真在中国的国际均势扫地以尽，日本人会立刻来大规模的杀戮我们同胞，灭亡我们国家的。所有一切"共存共荣"、"东亚同种共济"欺人之谈，真是一套至无聊的口头禅，其行为早已证明此等口头禅全是其用心之反面。中国在国际均势之下生存了如此多年，华盛顿会议更给中国一个安息，果使我们善于利用那形势，不是没有图强的机会。不幸我们只是勇于内战，昏然无知，屡次的警告不注意，直到"九一八"日本人攻陷沈阳，然后此华盛顿之一章转入另一章。不过，日本虽以暴力摧毁《国联盟约》、《九国公约》、《非战公约》，终不敢一举而全部否认之，列强亦始终未曾承认其举动为合法。所以占了沈阳、长春之后，不敢立即用兵北满；用兵北满之后，不敢立即侵扰关内；侵扰关内之后，不敢立即入北京城。日军之顿兵于通州以外，岂是黄郛的《塘沽协定》所能停止的？日本人到底还是怕西洋人，所以才不长驱直入，黄郛的《塘沽协定》只是为日本人作个最荣誉的场面罢了。若是日本人无所畏惧于西洋各国，他定要立即请中国的驻外使节下旗回国；若是他们真的自觉着有力量抵抗英美，便没有广田的这一套把戏；若是他们真的自信再进扰华北仍不起世界的波澜，他们当然早就上下一心的把华北伪国组织成了。英美的接近越可能，广田的外交花样越翻新；美国的海军越增加，日本的和美议论越向上。果真日本真是敢于对世界作战的，内田的焦土外交何以不即成为国是，而易以广田之曲线外交？然则中国今日仍是存在于均势之下，只是此时之均势大不稳当，故此时中国之生存大感摇动耳。若以为均势真的已经全破了，乃真是荒谬糊涂之见。日本诚然向破坏此均势之道路上走，如其向中国之高谈亲善，便是他们这个工作之一，然而英美也正向维持此均势之道路上走，如其强化海军，谋互相接近，便是他们工作之二。

第六，"一失足成千古恨"，正是此日中国外交路径之警告。当国之高贤与外交之当局都不便以十年来对付国内情事之态度应之临之。国内的事情，尽管今天翻雨，明日覆云，反共有先后，不抵抗有早迟，国家诚为此等无定河边之立场斫丧无量元气。究竟君子犹可豹变，看戏的国人本不计较的。然而在国际的事件上，全不能容许这样的随随便便，一言则铁案如山，回头则魔鬼在后。果真今日我国为日本所提携，提之于股上，携之于胯下，以后只能照此一路步步入地狱，想转身是再也不能的。所以随便应付的态度，敷衍客气的姿态，忘其所以之心理，应机则变的希望，在此处是用不着的，一用则贻国家以莫大之害。

第七，没有一个国家能够不出代价便存在的，也没有一个民族能够不奋斗不牺牲便得自由的。设若我们的当局所努力只在政权之不移，那就不必谈下去了，如此用心，自然少一事好过多一事。设若他们未尝但为自己保全禄位计，而真的信他们自己之禄位不禄位正和国家之休戚为一事，也就不必谈下去了，如此设想，自然朕即国家。设若犹且觉得国家之存亡不即等于自身之升降——我深信今之当局在这一事上必能想得开的——则逢此生死关头，不必但做安闲的清梦，定要筹备爬山割股的工作。夫日本人之所以劫持我国者，岂不曰："你若不从我，我便更闹，华北、华南都可闹。"若骇于此语，怕有此事，不得不应承之，则其结果不做息夫人不止。看穿这一点，我们并不怕他闹，因为我们本是预备牺牲的，我们尤其欢迎他闹，因为他越多闹，世界上天明得越早些，则他不是技穷，便是自亡耳。若中国绝不准备牺牲，只有走朝鲜一条路，提携只是合邦之前一幕。若中国准备牺牲，看破他这一套，便得走比利时的一条路，生路是在死里出来的。

根据上列的认识，我希望政府当局在折冲此事上要取下列的立场：

一、绝不与日本说客气话，作敷衍态。劈头告诉日本说：欲中日关系上常轨，必须先解决东北问题，其解决之法，便是中国最大限度所能承认的国联调查团建议，过此以往是不能办的。

二、日本必须立即停止其干涉"排日"之要求。因为中国此时并无排日之事实，而此口号大含干涉内政之嫌疑。

三、中国只能"一视同仁"，对列邦取一样之态度，绝不能加入任何地域关系的或经济的集团。这是独立国的尊严，也即是弱国的性命。

四、中国不要日本的任何帮助。若要外助时，当诉之于全世界。

至于秉政者之存心与行事，希望他们看破自己的隆杀与进退，而努力于下列两路：

一、准备各种的变局，两国间的及世界的。

二、充实外交之机能，不便坐看驻甲国的使节不在任，驻乙国的使节不办事，驻丙国的使节不称职。自废其外交机用，是"九一八"前外交当局误国最大处。"殷鉴不远，在夏后之世！"

（原载 1935 年 3 月 3 日、10 日《独立评论》第一四〇号、第一四一号）

一夕杂感

现在中国的祸害又多又大，真个不得了到极度。外患之迫切，经济之崩溃……天灾之大，仿佛老天有意要一举而灭这个"文明古国"样的。这样情景，诚然不得了，然这些事还都是今日之处境，不是自内部组织出来的毛病。设若政治力强固，人众有向心力，还不失于有为。纵使奋斗终归无成，到底还可以奋斗一下子。无奈危害愈大，而内部愈散，这真不像事了。

今天不谈这些外境上的大患，只谈内身的几件大患。

第一件是政府机能之由散到更散，由弱到更弱。记得几年前汪精卫先生初负行政责任时，实"奉命于危难之际"，一部分国人很热心的期望他，他的初步设施也颇引起一部分无派别者，或不以派别为见识者之同情。当时不算不是争气的政府。虽淞沪退兵，和约签定，国人很少责备他，很多谅解他，因为那不是无步骤的总退却。前年春天再起之后，外交上的成绩固已天下共见，而政府情形，似乎使人觉得敷衍到所以然。诚然，政府的领袖不是全能，而在复杂的中国，尤不可苟然责人。然而确有好些事，似乎不在政府的能力之外者，姑举几例。其一曰失人。即以外交官一项论，近年来所进退，为国人称道者，有郭泰祺之使英，张乃燕之罢任两件事。此外则我们看报与风闻，每有笑话，甚至自称公使的领事、馆员索薪的妙闻，都不见有何处置。而驻德刘使之免任，闻其事者，每每废然长思。聚集好些这一类的事，使人不免觉得：仕而不优，则大使公使；学而不优，则领事参事。此虽绝不能说是全部的公例，然而果无此等的实例吗？试问如此情景，外交之效能能得几何？夫军事以自堕长城，外交又将尽废亭障乎？其二曰废官，即就北平政务会委员长说，其职守当北方内政外交之大任，偏偏此时北方如此紧急，总不能算是闲曹吧？又该委员长黄郛氏，兼有内政部长之任，这一部也不能算是骈枝机关罢？然而他总是在山上以"养病"闻于世。设若政府承认他是真病，不能从公，应该立即免其本职兼职，另派人以重官守。设若觉得这些官职都可空悬，即当裁撤此项官职，以节国用。设若不承认他的病状，应该促其即日到职。照目前的状态，北平保持着一个会，南京推荐着一个部，虽晋朝清谈时代，无如此之放逸！现在全世界都无这个榜样，这榜样我不知是能增加邻国的敬重呢？或者发扬国人的志气呢？此外如官职之不当冗滥，用钱之必生全分效力，有公心的政府，振作的政府，虽在危乱的时候，也能办到的，只要不推诿责任，克服自我的观点、门户的立场，便可大有为。政府不走上这一路，自然上上下下，一天比一天更无精打采的。国家局面已如此，势不容许我们无精打采多时了。假如有一个评论者，说我们此时的政务情形，叫做百官俱备，一事鲜功，我们能说他全不对吗？凡此等等，振作改善，似乎颇多在政府权能之中，大可当仁不让。汪院长之为爱国者、之为君子的政治家，世人皆知，想休养之后，必有一番大振作，一复数年前初任艰难时之朝气，更扩而充之；一改变两年来，国事内外没落之颓气，以慰国民之不坐待亡国者。事固有不由一人者，然非尽不由一人也。

第二件是无止境的退让。四年中，外交上之退步，敌上三十年，而数倍之不止，这两个月，又敌过最近四年。这样的加速度进行，深恐国家无如许多土地与主权供退让之用。前两期《大公报》上的星期评论中，丁文江、胡适之两先生说完一段苏俄教训，我们借鉴于那一段故事，当知我们为国家之不亡，总要有不可退让的防线。这防线在中国，当然不是云贵、希马拉耶山，也不能是长江，因为就经济及天然论，华北乃是我们的乌拉山、里海。况且列宁虽下那样的大决心，还是无济于事，苏联政权之延续与安定，是靠后来四方八面对各地伪政权，对波兰，对协约国战斗出来的。然则列宁此举，与其谓为可法，毋宁谓为可鉴。这一段故事，乃郑重的指示我们，虽满心和平，行事极端退让，终有逼到墙角上的可能。到那时候，拱手送头颅吗？且中国之被侵略，以百年的习惯而论，不仅割地而已，尤在不割地而夺主权。在这一点与苏俄创业时的情形大不同。我们总不能和平退让到把中国变成经济的、政治的、军事的保护国！不幸的很，似乎我们的当国者，并没有想好哪些可让，哪些不可让，一旦张皇起来，几乎充分表现给对方看，我们是无不可让的！且有些四边跑跑的人，或者还要走到头里，希意承旨，以致弄出节外文章！本来国家大事，靠见识勇敢与决断，不是靠些通来通去的走徒。处置得宜，靠预先计算好，不能专用临时穷对付方法。中国的情形，内外兼迫，本不堪再不和平。对政府的不恕道责备，本不应该。然鬼混的生活，无可无不可的立场，是灭亡中国的捷径。国民党如不愿失其四十年的革命立场，应当严定不可再让的界线以对国家，而廓清一切不负责任的"消息灵通"者以对国民。

第三件我要说的大祸害是，走了几十年革命的道路，忽然失却自信，以成败论是非，乃慕东邻，以徘徊代努力，乃演复古。记得袁世凯将窃国时，一切御用议员，及进步党大众，要把"宪法"中弄上个"中华民国以孔子之道为立国修身大本"。当时国民党对此事断然排击，以为既不合民国之国体，又妨碍信教之自由。不意国民党执政数年之后，忽然尊起孔来了。同时又听说一种议论，以为东邻祀圣，中国不可不尊孔，这真荒谬绝伦之谈。设若我们另有一个强邻，为我们提倡迷信，推行毒品，难道我们政府也必须照样炮制，以博愚民之同情，以取黑籍之赞助！行一事要靠自己的见识，决不靠模仿别人的，祀孔不祀孔，另是一回事，学人家却是最无聊的。三十年中，中国因受自由主义的影响，乃有辛亥革命之成功；受社会主义的动荡，乃有国民革命军北伐之建业，这一条路并未尝走错，且是历来环境所促成惟一可做之路。今日之贫弱，乃是自己在自己路上不振作之故。若不努力前征，反而徘徊歧路，事情必至更糟而后已。若看到东邻之一时富强，转而有心的或无形的回想到"中学为体，西学为用"一段文章上去，也是一种浅见。

历史形势之进展，本无所谓是非，只有可能与不可能之问题，适宜与不适宜之问题。中国与日本虽同居东亚，历史上的地位完全不同，这是世人共知的。到百年前，欧美人叩关时，两国虽也同一文化系中，即日本在中国之文化系中，两国的组织却完全不一样。日本当时可以"倒藩尊王"，中国当时却坐着一个"客帝"。日本始自封建状态中演化出来，易于组织，中国早以两千年之帝制而成"官国"；日本凭借其岛国之稳固，中国未尝忘其为文化之天朝，因此之故，其不能对欧洲文化同时作同样之反应，本是当然的。即使做同样的反应，也决不能出同样的效果，又是必然的。清末，中国盛行一种"中学为体，西学为用"之谈。以"客帝"之故，此体不能自固；以科举之积习，此用不能自用，结果是"以中华之无质，饰西土之虚文"（用我一位朋友的话）。无论中学西学，都变成科举八股。思想之透辟者，见到中国之体非再造不可，不然，不能用西学之用，乃有累次的政治革命，一步跟一步的思想改革。这诚然是增加一时的纠纷，或者坐失赶先的地步，然而算起长久账来，只有如此才可以接受世界的共有人文，才可以洗刷清古世中世的劣迹，建造一个泱泱大国风，与全世界为徒。况且今天我们吃亏，还不是因为邻人能学来西洋文明之用，即工业与战术，故我们招架不住。若果邻人没有这些，纵有接触，还不是重演一回万历故事？"东亚文化大本"是不足以打倒我们的。如果东亚无文化则已，要有，也就是我们的，在这些地方，要分辨何者相干，何者不相干，何者必不能，何者为应然。

若以一时的兴旺为合于大道，也是一种成败论人的误谬。所谓"东亚"者，常有顿起之雄风，每为观国者发见其民族的优点。秦之起，蒙古之起，风头比今天所见者更大。孙卿子观风于秦，称其国而誉其政，以其百姓为古之民，无朋党比周，私而忘公之习。《黑鞑事略》之序蒙古，称其各种良朴之俗、强国之政。六国人看秦，宋人看蒙古，强弱异形之处本来显然。经几阵上上下下，长存者还是我们这庞大的民族。在这一点上我们固不能从耶稣经上所说，"只有弱者才能承有这个世界"，却也不能作一定义，以为惟有一时最强者能存在。因为天然淘汰之结果，只是适者生存，适者固多不是弱者，亦并不必是强者。古往今来，大抵能宽容多弹性者长存。兴之暴者，每每昙花一现而已。而再以西洋近事说，普鲁士统一北德意志诸邦之后，其突进之形势，国民勤勇之表现，科学之进步，真比现在崛起者还了不得，只缘他要"超于一切"，而不乐与世界上人共作天民，使他的大帝国不在了。凡是一种力以小谋大，想入非非之民族，未有不遭堕落者。

我说这些话，不是主张我们要照旧混沌着过日子，我们本是应该知道别人的长处，并学人的长处的，我是主张，别人的一朝之功，不足以摇动我们四十年革命的自信心，不足以担保将来之永远成功，尤不足以使我们心悦诚服而投降。

（原载 1935 年 8 月 11 日《大公报》星期论文，又载 1935 年 8 月 19 日《国闻周报》第十二卷第卅二期）

地方制度改革之感想

现在流行关于行政之理论有两件呼叫得最响最高的，一件是所谓中央与地方之分权，一件是所谓行政效率。我以为这两件都不是什么有逻辑性的问题，在分解之后，或者问题先已不能存在，遑论他的答案？

现在的中国和帝政专制时代的中国一样是没有地方的。因为地方官吏都是任命于中央，即是在理论上，解免系于中央，这些地方官是对中央负责，不是对地方负责的。中国并没有民选的市长，如法德；没有民选的省长，如美国；没有民选的县参事会，如英国。所以在中国（至少在理论上），中央与"地方"之争仍是一家之事，并不真是中央与地方之争。譬如大唐天子调度不了他的河北、山东节度使，只好对他们加官进禄，这却算不得分权于地方。如这样的事，本是所谓"割据"。这名词虽不好听只是事实可惜如此，也只是依事实定方案了。对付这样事实的方案是不能一概而论的，从最文的说起，先把中央的机能造得完善了，不怕他不来朝奉土。用句古典，所谓"远人不服则修文德以来之"。再就最粗的说，便是用兵力来纠正。用句古典，所谓"一条棍棒等身齐，打得来四百坐军州都姓赵"。在这两极端中间，自然还有无数的法子，而其适用与否则在乎当前之形势。不过，实际问题既是如此，而避此则谈中央与地方分权，似乎未必能弭此日之内祸罢？

说到增加行政效率，似乎也有把这口号看得过重的地方。行政的手续要快，这是谁也不能否认的，如现在的若干行政机关及法院之耽搁事件，真是荒谬到极度的。但整顿这些事自有对症的药，如裁汰无用的人，减少无用的转折，变更党政双管的制度，督责官厅及人员之负责等等，不必因此并近代官署制之雏形而亦废止之，转向当年之幕府制复古去。现在地方制度中有两个大改革的趋势：一、所谓省府合署办公，

二、县政府中废局设科。省府合署办公究竟有什么好处，我至今莫能知晓，其有害处则是想得到的。既合署了，则厅中有事要先商之于省府秘书厅，省府秘书长对于省长是亲近的，省长是容易听他的话的，因此各厅本有奉承省政府秘书厅意见的趋势，如再合署而各厅不能直发公文了，则秘书厅之指挥各厅长更要加甚。于是各厅皆不成其为厅，皆成省府之科。有一次我以此一意询于一位亮节刚正的市长石衡青先生，他说："岂但如此而已，合署之后，各厅（或局）不能直发公事，厅长（或局长）还要仰承省署（或市署）科长的鼻息，自身只是一个科员，那够得上科长？"我对于他这话和对于他的对日意见一般的佩服！从此处看，可知此等改革，是极其根本的改革。不敢用当今的比喻，姑用明朝的比喻。好像把六部的权都集合在一个承宣太监身上一样。如此严重的改革，若徒因"行政效率"而起，真是小题大做了。不记得清末的事么？有的地方督抚同城，以致巡抚一无实权，当时主张行新政者，以此为诟病，于是废除之。又不记得官文、胡林翼的事吗？胡林翼是个极有才干的人，官文是个愚而好自用的人，只因官为总督，胡为巡抚，胡不得不用三分之二的精神去对付官文，三分之一乃是对付太平天国。现在开倒车者，似乎把这一类的经验都忘了，或者不知道。

至于废政府之各局，而县长可以自行派科长，也嫌有些笼统。夫县政府中之不该设财政、公安两局，而此两局之长尤其不应由省政府直派，在中国这样简陋的地方情形之下，这是当然的。至于教育，本当是全省齐一的，而其行政性质又与普通民政不同，这一局是不便裁的。县长若是熟习民政的，则在教育上其势不能内行。县长所派的教育科长，平均来决不如教育厅所派的教育局长，因为县长之选此等人当然远不如教育厅长在行。一切局之废止，势使县长有包办之权，县长固不是可以垂拱而治的，然也不是可以包办而治的。

我以为目前地方政治之不济，与其归罪于制度，毋宁归罪于人选。省主席、县长之人选若得当，在更好的制度下固然更好，在目前的制度下也还有很多事可做。若不得当，如一省之长永是由不能干城国家之武人充任，县长多是由护兵马弁无赖腐官为之，在现在的制度下固然好不了，在加权的制度下更容易把事弄坏。择人难而改制易，或者这就是现在不谈用人而注意在改制的原因罢？

老生不免常谈，话从远处说起。汉朝承袭秦朝的一个整整齐齐的行政系统，在地方制度上是很能划一的（此指郡县一部分说）。以郡统县，以中央统郡，虽设州刺史，以行监察权，州刺史却并不是个大官，不是郡守的上司。在天下乱时，邻郡兼并，不特州刺史大了，并且嫌刺史之名称不尊，于是设立了州牧。中央失权，州牧自辟掾属。这自辟掾属一件事本是要不得的，然以行政失了轨道既久，这样的风气，也就历魏晋而相沿成常规了。中央政府便加这样的地方官一个冠冕的名号，叫做"开府"。这不是在中央"开府作牧"的开府，而是在地方开府专征的开府。从此留下一个恶劣的封建式的幕府，制到了清末的督抚。不徒枉革了几场命，现在连知县也快要"开府"了。

"徒法不足以为政"，还是慎改制度，严求人选，何如？

（未刊稿，原收入《傅斯年全集》第五册，台北，联经出版事业有限公司，1980 年）

中华民族是整个的

中华民族是整个的!

这一句话怎么讲呢?原来二千几百年以前,中国各地有些不同的民族,说些多少不同的方言,据有高下不齐的文化。经过殷周两代的严格政治之约束,东周数百年中经济与人文之发展,大一统思想之深入人心,在公元前221年,政治统一了。又凭政治的力量,"书同文,车同轨,行同伦"。自从秦汉之盛时算起,到现在二千多年,虽有时候因为外夷之侵入,南北分裂,也有时候因为奸雄之割据,列国并立,然而这都是人力勉强的事实,都是违背物理的事实。一旦有适当的领袖,立时合为一家。北起朔漠,南至琼崖、交趾,西起流沙,东至鸡林、玄菟,这是"天然"赐给我们中华民族的田园。我们中华民族,说一种话,写一种字,据同一的文化,行同一的伦理,俨然是一个家族。也有凭傅在这个民族上的少数民族,但我们中华民族自古有一种美德,便是无歧视小民族的偏见,而有四海一家的风度。即如汉武帝,正在打击匈奴最用气力时,便用一个匈奴俘虏做顾命大臣;在昭帝时,金日磾和霍光同辅朝政。到了现在,我们对前朝之旗籍毫无歧视,汉满之旧恨,随清朝之亡而消灭。这是何等超越平凡的胸襟!所以世界上的民族,我们最大;世界上的历史,我们最长。这不是偶然,是当然。"中华民族是整个的"一句话,是历史的事实,更是现在的事实。

有时不幸,中华民族在政治上分裂了,或裂于外族,或裂于自身。在这时候,人民感觉无限痛苦,所渴望者,只是天下一统。未统一时,梦想一统;既一统时,庆幸一统;一统受迫害时,便表示无限的愤慨。文人如此,老百姓亦复如此。居心不如此者,便是社会上的捣乱分子,视之为败类,名之曰寇贼,有力则正之以典刑,无力则加以消极的抵抗。

中国经辛亥年的革命，由帝制进为共和，一统的江山俨然不改。只可惜政治上不得领袖，被袁世凯遗留下些冤孽恶魔。北廷则打进打出速度赛过五季，四方则率土分崩，复杂超于十国。中山先生执大义以励国民，国民赴之，如水之就下。民国十五六年以来，以北方军阀之恶贯满盈，全国居然统一。平情而论，统一后之施政，何曾全是朝气，统一后之两次大战，尤其斫丧国家之元气。中年失望，自甘于颓废；青年失望，极端的左倾。即以我个人论，也是失望已极之人，逃身于不关世务之学，以求不闻不见者。然而在如此情势之下，仍然统一，在如此施政之下，全国之善良国民，仍然拥护中央政府者，岂不因为中华民族本是一体，前者以临时的阻力，偶呈极不自然的分裂现象，一朝水到渠成，谁能御之？所以这些年以来，我们老百姓的第一愿望是统一，第一要求是统一，最大的恐惧是不统一，最大的怨恨是对于破坏统一者。

这个心理有最近的两个事实明白表示出来，段芝泉先生本是北洋耆旧，论其个人，刚性高节，本可佩服，论其政治的贡献，则师心自用，纵容群下，《春秋》责备贤者，正不必为之讳。然自其避地南归之后，无论何种政治思想者，除共产党外，无不钦佩他，他居然是无疑的民国之元功，社会之三老。所有安福政绩，在国民心中一齐消账。至其最近"股东不同意"（见《益世报》）之表示，尤为社会上称道不已。又如阎百川先生，虽在北方有最老之资格，其人之勤俭朴诚，爱惜地方，尤为国人所称道，然其见识与办法，亦有多人不以为然，且有嘲笑之者，自从他毅然决然飞到南京去，全国人都另眼相看，以为此老毕竟高人一筹，不待耕者有其田，他老先生已经有了全国人的心田！这种国民心理的转移，不是明白表示国人渴望国家不分裂吗？

然而这些天里，平津一带"空穴来风"，有所谓自治运动。若说这是民意，民在那里？若说这是社会上的事件，请问谁是出名领导的人？若问国人的心，他们只是希望统一，以便安居乐业。雇来的苦力不足为民众，租界上住着昔曾大量剥削人民后经天然淘汰之官僚军阀，不配算领袖，满街洒的黄纸条，都是匿名帖子！天下哪里有不具名的政治运动？黑市上哪里有正人？孔子有一句现成话："将谁欺，欺天乎？"

所谓要求自治，虽然闻其声（黑路上的怪声）不见其人，而发挥其良心之主张，在平津者有教育界（宣言见上星期日《大公报》），其他各界虽未宣言，居心无二。这个宣言，初签名者数十人，到了第二天，几有千人，这才是民意的负责表示。宣言中指明这是破坏国家领土完整的阴谋，这才是有识人民的明确认识！

我终不相信此间事情就此恶化下去了，因为此间地方最高当局宋商二公之人格与历史是国民信赖不疑的，就宋主任说，他是西北军中最忠实的将军，从冯焕章先生经过无数艰苦，不曾弃他，这地方最足以表显其忠心的气节。忠于主帅者，自易忠于国家，何况他的捍卫国家的勋绩，虽在妇人孺子，至今称道。就商主席说，他早年便是志士，后来在北方军阀罪恶贯盈的时代，他最先在绥远举义。至其卫国之功，正与宋公伯仲。所以我深信他们决无忽然改换其自身历史，堕于大海中之理，所以在此汹汹之局，我们穷学究尚在此地安心默祝国家多福！

不过，伪造民意，扰乱人心的各种阴谋，也是可虑的。负责当局，应以国家民族的立场，把背叛国家的败类，从严防范，尽法惩治！

（原载 1935 年 12 月 15 日《独立评论》第一八一号）

北方人民与国难

　　我是在学术教育界服务的。我是生长在黄河北岸，道地的北方人。在教育界服务的人，除去地方教育总是本地人居多数外，在大都会的高等教育及学术机关中，确是南方人居绝大多数的。我以一个北方人在这一个职业的社会中服务，实不曾感觉到受南方人的压迫。恰恰相反，我有好些最好的朋友是南方人。不错，我也常听到南方朋友笑话北方人，同时我尤其常听到北方人骂南方人，我自己尤其是一个好骂南方人的。其实这都是玩笑话。我常常引用蒲松龄"吴下只余半通，宜乎不足为害"的话，南方的朋友不以为忤。

　　我这样的经验是例外的呢，或是常规？是限于教育界的呢，或是不限？

　　我想，我这经验至少在教育界是普遍的，我从没有听说大学请教员要以地方为一种标准（或者邹鲁的中山大学除外）。教育界以外，自然比较落后，但严峻的省界偏见是很少有的。同一地方的人认识较熟，容易谈得通畅，容易拉拢交情，自然容易相交援引，但这只是一种地方观念，而非南方观念，这两件事是切不可混为一谈的。

　　在北洋军阀及东北军阀统治北京政府时代，似乎北方人的政治力量甚大。有所谓直系，所谓鲁系（分属直皖两系），所谓皖系（其中多数人的气味近于北方人）。自从民国十七年一度统一之后，中央政府在南京中央官吏的数目南方人比以前为多。于是有些头脑简单或失了职业的北方人，大大抱怨起来，以为北方人受了南方人的压倒。

　　在分解这个情绪之前，我们要先声明，有两种人没有发言权，第一是剥削人民的军阀，第二是助军阀剥削，得分赃实惠的官僚政客。

　　我们北方人自己要想想，当北洋军人，无论是哪一派把持政权的时候，我们北方人有什么贡献于国家人民？不消说，第一大贡献是内战，第二大贡献是搜括，第三大贡献是无耻的举动。把国家弄得七分八裂，然后国民党乘势而起。党军成功之易，与其谓为党军之优越，毋宁谓为对方之腐败。试请我们北方人平心想想，这样的历史值得留恋吗？他省的人物我不必说，我单说我们敝省山东。请问我们山东所出的"军事人物"：张宗昌，褚玉璞，张怀芝，王占元，孙传芳，哪一位给我们省赚到面子？诚然这里边分量也不全一样，孙传芳还有他的长处，张宗昌真做到魔王下凡的程度，但是，总而言之，我们山东人只有听到他们名字便惭愧。吴佩孚将军自然比这些人截然不同，若以人格及才气论，他自是希有的豪杰。然而以他的知识用他的方法，贡献给国家者是什么？说到这里，不必多说了，我们北方人除非为极不正当的私心所动，决不会恋恋于北洋时代的权势，尤不应该恋恋于北洋时代的涂炭生灵！

况且北洋时代的恶剧，并不是北方人独唱，大多数是南方人主谋，北方人尸其恶名而已，在北洋军阀时代，一切政客与官僚绝大多数是南方人，政局是他们操纵的，内战是他们煽动的，我们北方人到了今天，又何必独自包揽这个千秋万世之恶名！举例说：旧交通系多是广东人，新交通系多是苏浙人，安福系虽以安福胡同得名，巧得很，实在也是安徽福建人的合股公司。此外如政学系，根据地本在南方，如研究系，也是南方沿海各省的集团。诚然，北方也有些官僚政客，但这些大多是军阀的亲戚故旧，作用等于厮养，至于拨弄是非，鼓动政潮，北方人真不在行，只好让南方人办了。然则到了今天，往日受人利用的北方人，又何苦分人之谤？

若说国民政府忽略了北方人，看轻了北方人，用南方人统制北方人，可真是神经过敏之谈了。请看事实。已陷四省不论，就塞北之察绥宁三省，黄河流域之鲁冀豫晋陕甘青七省说，为省政府主席者，只有河南、陕西两省是南人，同时长江流域之安徽省，又以河南人为之主席。至于北方军队在中央军集团之下分驻长江流域者甚多，无所谓谁统制谁。以中央之官吏论，河北陕西两省人是很多的。若说多给北方人官做，多给北方军人以地盘，不算恭维北方人，尤其不算是看重北方土地人民，这话诚然不错。但我们要想，今日政府的施政，诚然不曾解放了北方人民的疾苦，挽救了北方地域的危难，然而对南方又何曾好些？安徽之频换主席，广东之横征暴敛，北方人还未受到。这是政府好不好的总问题，并不是政府偏重南方的问题。我们毫无证据政府曾经在何项大政上偏袒过南方，恰恰相反，南京有些领袖，时时觉得北方应该格外重视，如戴季陶院长即其一人。他的政论，我向不敢恭维，但他有一句话，我非常觉得有见地。他说，北方人若不起来担负政治上文化上之责任，中国无弘大之前途，政府若不能把北方人的同情唤起，政府终归失败。这不是戴先生一人的见解，这见解确可代表南京的清流。什么边疆教育啊，发展西北啊，建设陪都啊，把好些个中央的文武学校建设或分置在北方啊，这两年来反对北平的各大学南迁啊（此项议论我听到很多），都是由这一个"重视北方"的心理中发出。诚然，这些举动收效多少，很难说，前三项尤其有大海中扔钱之势，然而这是见解之不济，不是居心之不良。他们好心好意，看见了错题目，找到了错人，诚然可错，但终不能抹杀他们的居心。北方人应该指示他们的更好的路，不当以为他们是陌上的人。

说到政府好不好，也是一句比较的话。比起我们的理想来，比起我们所见进步的近代文物昌明国家来，我们的政府很不好；若是比起北洋时代的北京政府来，至少高明十倍！在那时候，政府的号令不出北京城，现在可以到云南。那时候预算案在报销之后起争执，现在有预算法规，并能实行。那时候政府所恃是逃军，现在中央有好些师颇近代化的劲旅。那时候政府只是古代式的衙门，现在的政府很办了些建设的工作。总而言之，那时候率土分崩，现在立着一个有权威的中央政府。且看那时候的中交停止兑现，是怎样一回事，现在的法币政策，又是怎么一回事，便可比政府力量之高下，及其近代见识了。

我说这些话，不是为政府辩护。若拿西欧洲各国的政府和我们的政府比，我们的政府真算不行透了，所以我们本当责备政府积极改善。然而若与北京政府比，真是进步得远了，一切称赞都是归于现在政府的。所以一切被淘汰的军阀官僚，现在对人民哪里还有发言权？

近年有两件事，颇使人怀疑政府不重视北方者，分述如下：

第一是今年初夏的"河北事件"，仓惶中无所不应，大有不爱此河北省一片土之势。这件事本是不能辩护的。但我们要想，那时候，南京的执政者以病的身体，惭的心理，误信些什么通的说话，以致乱了步法，政府正在"七擒孟获"的地方作所谓"安内"的工作，也并未发"割陇"的命令。诚然，这事弄到误了国家大事。若说他居心是轻视此一片土，决非平情之论，或者办交涉者如此料理，也有些苟且保全地方之意。我们诚当责备他以后再不可以如此，却不可以因此与他决裂。

　　第二是所谓古物南迁，大有"不爱江山爱古物"之慨。这一件事，因为我在教育界，听到的较清楚。当时及后来此类事之动议者，是主管的人，并不是政府。政府在后来是同意了。但在他同意之前，他得到了负责人的恳切建议。以当时的情景论，他若不搬，国人的责备必更大。况且古物搬与不搬，和疆土之守与不守，并不是一回事。在1914欧战开始德军快到巴黎城下时，法国的政府南迁了，路夫博物院的古物也有好些南迁了，法国人并不以此为法国政府不作守土计划的证据。古物不是炮台，并无国防价值，其保管者计划安全（空中的及陆地的），正是尽职的举动。难道我们可以说前年春天飞机队在北平城上表演时，纷纷南走的各人家，都是不爱国的吗？他们比起因土豪的地位作"自治"的想头者，心地清白得多呢！

　　归结此篇敬请我们北方中国人认清下列几点：

　　一、我们的处境已是站在全国家全民族最前线上的奋斗者，我们的中心要长存，我们的志气要永在。

　　二、我们只有在整个的国家民族中才能谋生存，我们一分裂便是俎上的鱼肉！

　　三、这时候，在此间空气中掩护着攻击政府，至少也是没出息。责备政府的话，要到南京说去。"兄弟阋于墙，外御其侮"。

　　四、这时候，这环境，说话不留意，极易为人利用，所以要小心，要顾大体。应知"自治"之说，现在做来，徒得"外治"之结果，此皆天下共知。难道亡国是"自决"的归宿？别有用心者，不足与谈。看不清楚者，要想一想。

　　北方虽然比南方受外族统制的时间更长些，但北方人并不是不争气的。亡国时之斗争，兴国前之革命，我们都积极参加的！明末，南都派了两位入燕使臣，正使左懋第，北人，终完大节；副使陈弘范，南人，反而做了汉奸！这类的事应是我们北方人牢牢记着的荣誉！我们爱国的志气应该比南人更抖起来！

　　　　　　　　　　（原载1935年12月15日《独立评论》第一八一号）

四川与中国——在成都军分校讲演

　　承李主任约我到这边来讲，觉得非常荣幸，我现在想把四川与中国整个的关系和各位说一说。

　　说到四川与中国，是有绵密不可分的关系，有一个特别的事实，便可以充分加以证明。我们须知道："汉人"这个名词，是和四川有深密的渊源。我们在后代自称被称做"汉人"，因为汉朝的先贤，驱逐匈奴以后，国防巩固，版权扩张，国威因之大振，以后人家便称我们为"汉人"。但是汉朝之所以得名，因为刘邦被封在汉中，兼王巴蜀，巴蜀即是现在的四川，所以我们可以说四川的地利，是使我们至今称做"汉人"的。汉家四百年后，别处都不是汉朝了，还只有四川更为正义奋斗四十年，独存汉朝之正统。这样看来，四川与整个的中华民族是有密切的历史的渊源，因此，我们可说，四川是有光荣的过去与特殊的历史意义。

　　可是，我们检查以往的历史，四川对于国家，也曾经几次发生不良的举动，即是这四川一隅几次割据局面的形成。例如，汉光武中兴，削平叛变，当时各处均纷纷归顺，拥戴汉室，惟有甘肃的隗嚣，与四川的公孙述，始终据险反抗，不肯听命中枢。后来隗嚣灭亡，公孙述犹不觉悟，一味顽强抵抗，以冀维持其封建的割据局面，而遂其称孤道寡的心愿。但是狭隘的落伍的部落思想，终于被伟大的进步的"天汉"意识所吞灭，猖獗的公孙述最后还是不免身败名裂，为贤明的光武帝所征服。其次，巴氏李氏，乘晋朝之乱，造反背晋，割据三州，大祸人民。等到晋朝在江南立脚定了，实力稍称充足了，桓温便把地这一国一鼓攻下，不费什么气力。这些不为正义而为自私的割据者，即速取灭亡又遗臭万年。

　　由于以上这些事实的明证，可知四川虽有光荣的历史，但亦有不幸的事迹，不过这些不幸的事迹，完全是由于少数几个野心家恶藉着四川地势的险阻与物产的丰富，所干出来的自私自利的勾当，四川全体民众是无丝毫责负的。事实上，川民自古迄今，对于割据或分裂运动，无时不在愤恨，或作强烈的反对。他们始终是维护国家的正统，祈求政治的团结。试看，东晋时川人之希望巴氏归晋，南宋时此地奉金正朔者之不旋踵灭亡，都可以明征川人之心，是向着国家的正统，不是向着据地自豪的人，是拥戴为民族国家而奋斗的领袖的，不是赞成不管大局的野心家的。

况且，四川与中国本分不开，四川虽可称作天府之土，却不能作为独立世界，四川之能发挥其天赋的凭藉，未尝不待外省人来，即如秦时李冰来川治水，解川民倒悬之厄，至今川西受其福。二千年来，直到现在，川人对于李冰父子，是如何感激崇拜呢？又如：山东人（当时琅琊郡）诸葛亮来治蜀，南征北伐，戎马扰攘，师行之时，民间自难免于徽发之苦，然而，当时种民不特毫无怨愤，反竭诚拥戴。迄诸葛死后，川民且到处设祠祭祀，数百年不绝，这是什么道理？原来诸葛是以复兴汉室为识志，挽救正统的国家为目的，他的高尚的道德，伟大的精神，川民早已认清楚了，被其所感化了。故川民劳而不怨，苦而不愤，崇拜敬仰，以迄于今，这都是表示川民对于真正为国家民族谋幸福的领袖的一种拥戴热诚。

所以，无论拿历史方面来说，或拿民意方面来说，四川只有在整个统一国家局面之下加倍努力，始可发扬过去的光荣历史，创造未来的伟大前途，否则，必欲维持割据局面，保持对封建势力，那只有自掘坟墓了。我们试看一看过去的史实，便知道这个论断是有事实的根据的，我们更看一看川民对于李冰之歌功颂德，及对于诸葛武侯之崇信敬仰，尤知川中民意之归向，是国家的统一，民族的团结，至于部落思想与封建观念，那是他们从古至今极少数有特殊情形者外，所极端厌弃的。

总之，以地理而论，四川的物产丰富，土地肥沃，所谓天府之国。以历史而论，"汉人"这个名字，是由于四川——汉中这个地方得来的，四川和整个的民族是有特殊的关系。我们可以说，四川是有良好的地利，光荣的历史，但是，我们要善于运用这良好的地利，以巩固民族复兴的根据地，决不当使这个肥美的处所作为野心家出没的营塞；同时，我们更要继续发扬四川光荣的史迹，以奠定国家统一的基础，决不当使这个富有历史意味的地方，随那些部落思想的人们而失其伟大。

（原载 1937 年 6 月 19 日《统一评论》第 3 卷第 24 期，又载 1937年《中央周报》第 473 期）

地利与胜利

从倭贼在卢沟桥寻衅起，到现在二十二个月的中间，我们根据经验，可以判定倭贼作战的总策略是这样的：用他认为最相应的代价，换取我们最重要的交通枢纽，而且在一处呈胶滞状态时，另从侧面袭攻，或在距争夺处甚远之另一区域进攻，使得我们感觉着调动上之困难。倭贼用这个方法侵略我们，自始至今没有例外。细细想来，他只能用这个方法，更无其他方法可用，因为，若是他想找一个地方和我们决战，是做不到的，若在交通于他不利的地方，和我们消耗，他必然更认为吃亏，所以他只有取这样一个策略。去年春天，我在汉口听到一位为我们效力的外国军事家说，"日本的战略，是欧战前德国陆军学校教科书上的办法"，这话形容倭贼的似有变化而实无变化处，再好不过了。倭贼之终必归于全败，也就要在这个战略上决定了。在德国，乃至在全部欧洲（除苏联外），所发达的这样战略，都是为国家较小，交通发达，工业繁盛，易于速战速决的地方而适用的。倭贼用这法子而不能决，更谈不到速决，则其失败的运命，便算注定了。

看清楚倭贼的不变动的战略是如此，则我们可以定出一个最少消费、最有便利的策略，在各地相互照顾着使用，使得倭贼这样的战略不发生效力，而早归于失败。我们这个策略的原则便是：充分利用我们现在所据地形上的优点，迅速补救我们地形上的弱点，使得我们的"腹里"成不可攻之地位，而运用我们在东南和西北的两臂，使他沿江的深入，沿海的占据，不发生任何效力。

这一个原则的具体实施项目，不是在这一篇短文中所能说完的，现在姑举其中的三个重要纲领。

第一，我们要充分发挥江南山地中地形的便利，使得倭贼沿江的深入失其重要。自抗战以来，最能利用地形上的便利者，可以拿山西的战事经过做例子。我们在山西，失去了正太、同蒲两路的时期颇早，但我们的主师决定，国军并不自山西退出，而且更派生力军时常加入，使得倭贼在此地，如同陷在大泽中。一年以来，倭贼之不能南向渡河以窥郑洛，西向渡河以扰秦夏者，以此为主要原因；倭贼人力物力在此一带消耗之大，亦以此为原因。以山西喻江南，现在倭贼虽在长江游弋，近来又得到南昌，但是如想在江南更有进展，可就做不到了。浙江全省，除了浙西三府杭嘉湖以外，都是山地，而桐庐以西，富阳以南的地势，尤使得敌人不敢在浙江进展，皖南大部分是山地，洎以江西之西北部山地，俨然等于山西的吕梁、中条，草木之掩护，水流之交错，更使其胜过山西，这一地带的据守，关系江南的战局甚大。所以我们的军民能合作在这些江南山地中利用地形以抗敌，一如山西的局面，不特南昌之失可以补偿，更使敌人无在江南发展之可能。看来地形最便利于日本者，是海岸，其次是长江，铁道已不甚便当，公路更差，所以他无论在哪一省，都不能离公路甚远的县镇活动。然则江南山地之扼守，是使他沿浙赣、南浔、粤汉北段，各种图谋，诚费力而真无效用的。即令他能在江上伸一臂到鄂西，我们却也在陆地上，尤其是山地里，伸一臂到浙东，他还不是江上逍遥而已！这些江南山地，在今后的战局中，关系更大，我们的主师和将士，必能发挥他的最大效用。所以南昌之失，事实上不算很重要。

第二，因为倭贼的战略，是没有变化的，我们大致可以料定，他在每下一步的攻击地是何处，而预谋对付。从他在大亚湾登陆算起，他之敢于在广东登陆，是他料定英国当时的心理，不是他愿在华南出大本钱。接着犯海南岛，也是同样的把戏。接着修水一带，也是要占交通形胜，而不肯出大价，不过事实上他出的钱比他预料的高多了。自今而后他的方向，我揣断如下：就华中、华南论，他决不会在北海登陆侵略广西，纵使在那一带的海岸上强力占个据点，其情形不过与占厦门一样，其作用无非空军海军在海南岛之对岸有个照应；他决无深入广西的志愿，因为广西的地形，既使他深入不利，而广西的民众组织为各省冠，尤使他深入即等于寻死。至于由广西境向百色攻以胁滇省之一说尤其是绝对不可能，这层忧虑，在后方的人，大可不想。为这层忧虑太近于幻想了。但，这不是说，我们可以不尽人力，坐着恃天险的。地形之便利，必须以人力运用，否则虽以三峡之险，如不拒守，历史上也曾有人一步一步进来。然则他之不敢自海上犯广西仍是怕我们在广西的布置，加以当地的地形，遂成不可犯之势。其实他在北海一带占个据点一件事，可能性也不大，因为他的海军炮火究不能达到海岸内五十里以外，他在海岸上不过得到沙鸥，一离开沙鸥的领域，便是他遭打的地方了，他决不肯出大代价的。然则倭国贼军下一季向他国民报销的是什么？我想来，仍是鄂中、鄂西及洞庭湖西岸一带。我们知道，自平汉、粤汉两路失其联络以后，我们的南北交通，在川省以外者，靠一线复杂曲折的公路，自洛阳至湘黔一带。他必图谋切断这一条联络，他可以趁洞庭湖水涨向西岸城市开炮，更要趁江水尚未大涨，在荆地水区活动。但这一层我们早料到了，当局早把精兵良将放在这些地方，来则送死而已。环顾长江以南全部形势，倭贼更无便宜可赚，南浔路上，算他最后的一个便宜了。常有人顾虑到的，由南昌到株洲，由岳阳到长沙，倭贼是决不得逼的，大致他也不会在这些道路上尝试。

第三，我们用作抗战复兴的根据的川滇黔桂四省，固有其地形地利上之绝大优点，亦有其缺点。发挥其优点，补救其缺点，是现在当务之急，亦是后方军民应日夜不息，合作进行之事。川省之东面、东南、北面，都有大山，层层叠叠的峙立。北面则汉中之北山形更佳，所以这几省的地域，可以说是不可侵犯的区域。但是，最好的形势是外面有崇山叠关不可侵犯，内面却要交通便利，我们的条件，合于上项而不合于下一项，目下由滇至川，及由川至陇，交通上之不便，大大的要补救。我不是说，我们对这一事上努力少，开辟这些山路实在千难万难，目下的成绩，已大有可观，但为将来长期抗战之便利，待办的事仍然很多。我们希望，滇川两省间的交通，至少要有两线，愈偏西愈好，既省运费，又少空袭之损失。目下叙昆间之公路，听说快要通车，这是云南人民对国家的又一个大贡献，我们希望这条路可以合于甲种路标准。此外，由滇省至西昌的公路，能早成就更好。至于大理以北直赴西康，也应该有一条公路。打开地图看，这一处的地形，自然甚不便于修路，但当年忽必烈由此路来率大军数十万，灭大理，灭缅甸，虽说蒙古兵以骑兵为主体，这一条路终非不可通的，不过沿途人烟稀少，征工太不容易了。由四川北出的公路，似乎也是太少，目下的局面，似乎过于集中南郑。而不经南郑，循嘉陵江上流至天水的一条路，也许在军事运输上同叙昆公路有同等的重要。总而言之，川滇间应有两条公路，愈西愈好；川陕川陇间也应有不同的公路，愈西愈好。"腹里"的交通网组织成功，然后外环的险要，得以利用。果然到了后来，日本人"狗急跳墙"，不避牺牲的集中攻打我们区域，我们在"腹里"调兵仍是很方便的，倭贼真要技穷了。以上是举例说地形，以下再举例说物利。川滇黔桂四省中，两富而两穷，幸而有一大好处，就民食平均来说，米大体可以自给。如不能自给，则是管理上的问题了。四省之中，只有贵州米不够吃，这是有法子调剂的。我们前方的战士，不少是吃小麦的，所以小麦的生产应速求其增加并当抑其高价。这个"腹里"，食虽大体无问题，衣上却须当局操心一下，如何屯积棉布，增加麻布，增种棉花，都是应该立刻努力进行的事。其次是药品，这也要大量屯积的（阔人的补药，以及一切介于有用无用之间的"注册药"，自然除外）。以上的一切要紧事，我在川省所见，似乎筹办的还不够快，而一切浪费如重庆及其他市上一望而见的汽油浪费，各种日用洋货的浪费，还不见厉行取缔，这是可惜的。尤其重要的是，在抗战期间，决不可任大多民众感觉到必要物价沸腾之苦痛。诚然，我们不是一个自给的国家，但是，四省中过半是出超的省分，粮食的产量又不少，使人民生活，尤其是劳苦大众，相当的安定，不是办不到的。举欧战作例，欧洲各国，皆不自给，英法虽有海上交通之便，却也大受德国潜艇之袭击，至于德奥，简直是捱饿。但是，他们在战争中涨价极微，尤其是食物。这都由于处理得严，处理得快，管理得密，管理得强。总而言之，在战争期间，国民经济应该自给自足，生活指数应该相当安定，这样才可以精神奋发，才可以努力奋战。抗战的大业，决不能在最近期间结束，至少还有三年。三年以后，我们必偕英法美以全胜，倭国必随中欧的桀纣以灭亡。在我胜利而他灭亡之前，苦是要吃，人力是要尽的。

以上所说，仅仅是举例，因为遍论在本文中是不可能的。不过这些例子的原则本是很明显的。这原则便是："必求尽其人力以运用地利，胜利之左券在此。"

（收入《傅斯年全集》第五册，217～223页，台北，联经出版事业有限公司，1980年）

抗战两年之回顾

自倭贼在两年前的 7 月 7 日，无端袭击我们的宛平县城（旧名芦沟桥），到了现在，恰满两年。这两年中，我们的同胞虽然饱受艰苦，大量死亡，但我们的民族充分表现其伟大的力量，不屈的精神。在这个表现中，看定了最后的胜利，光明的前途；以后的中国历史，要比四千年历史上任何时代都光荣伟大。所以这次的大艰难，已是缔造将来的大光荣的基石。

综合这两年中的事迹，可以看出几个重要的现象，现在分别来说：

第一，愈战愈疲的倭国，愈战愈强的我国。这虽是一句恒言，但也是铁一般的事实。本来中倭两国的力量大相悬殊，这也就是倭贼敢于屡次下手侵略我们的理由，但是倭贼却未料到我们在南京陷落后不瓦解，我们在武汉、广州陷落后不颓丧。在对我们无利的地形上和他摩擦了两年，而现在战事转到与我们有地利的地形上了。我们之所以越战越强，其原因不一，今举其主要者：第一，我们有全国一致非常信赖的领袖，而倭国没有。在我国，是上下一心的，人人感觉到亡国之惨；在倭国，老成人为国耽忧，少壮军人为国惹祸，实业家不得已而听从军人，却满怀着忧虑，一般民众，能听宣传，虽能甘从，却也莫名其妙，所以没有人能决定国策，没有人能统率全局。一个驻意、一个驻德的大使，竟能迫击内阁，使其改换严重决议。如此看来，倭国真不是一个现代有组织的国家，而我国的组织，经此抗战却远比他现代化了。第二，这个战争，在我们是自己救命的奋斗，在他们是侵略战。因为是救命，自然发动出所有的力量；既是侵略，虽然倭贼素受侵略主义的教育，素有侵略的经验，究竟侵略与救命在一般人心坎上是不同的。第三，倭贼的头目，每次告诉他的国民的，没有一次实现，他们总是说，某处某处可以不劳而获，某点某点可以少出代价，所以《动员法》不待全部实行，在目下状态中，当可兼与苏联英国起衅等等。然而这两年中的历史是何如？他出的人力物力的代价是怎样？他现在是不是能真与苏联英国开衅？他的头目，由此知道前言不符后语了，他的国民当也感觉万分无聊了。在我们，我们的领袖说：南京陷落无关大局，陷落后抗战精神及力量应当更强。事实正是如此。我们的领袖说：武汉广州之陷落无关大局，自此以后便转为优势，便要有大胜利。事实更是如此，乃有鄂北晋西晋南之大胜利。所以可以说，倭酋的宣言，无一确切实现；我们的昭示，无一成为虚语。在这情形进展中，自然他们越弄越疲困，我们越来越自信。第四，江海的沿线，平地的地形，是与我们不利的，所以以前固守，付出的代价多；自南昌陷落之后，此一局面告终，以后都是山地战，离开铁路，或且离开公路，我们发挥这个地形的便利，以后的斗争，决不需前者这样之代价了。况且我们在这两年中，一面抗战，一面练兵，目下尚有数十万的精兵未用，而且同时在更大的规模中继续训练着。所以西方半壁，固如金汤，倭贼不再来送死，则鄂北、晋南已开定例了。第五，我们的经济组织及工业化，原来固远不如日本，但这个斗争入于现阶段中一个有利的形势，所以我们能穷打，能苦打；日本则差得多，工业对于国力，是一个大贡献，却也是一个大担负。在此一点上，日本的忧虑，比我们要多得多。

第二，我们的军事力量，实有惊人的伟大。日本的新军力，有数十年的历史，当然是很有他的优点的，所以若以军队之近代化而论，我们的军力自然不及他。但是，我们这几年中，在蒋委员长领导之下，军力的进展，实在神速，尤其难得的，是一面战争一面增加军力。这个进步，以速度论，超过历史上任何时代，若舍去近代化而论，现在中国的军力，是比得上几个历史上的时代。这不特是我们的敌人未曾料到，即我们自己，事前的估量也未必如是之高。这个历史的考绩，是表示我们民族的伟大力最明显不过的。我们要记着，现在我们的军事力量，比前年上海战争时，增加了几多倍。至于在近代化上缺陷颇可以"攻守异体"、"哀兵者胜"抵偿。故在军事上，我们绝用不着忧虑。

第三，新教育之表现其力量。这里所谓新教育，专自清季以来之新制而言，尤其着重在五四以来之开明运动，近几年中之民族主义教育。在今天，回想我们在小学时代——前清光绪末年——真正是两个世界了。现在的青年，以考上空军学校、炮兵学校为荣，尤其是在好家庭中之青年，有此志愿；至于一般"老百姓"爱国心之发动，更可以看出时代的转变。诚然，受新教育者尚有不少的人去做汉奸，可见在教育上还要努力。但是，以百分比例算去，可见目下的局面出在二十年前，或十年前，汉奸要多好些倍。一切北洋军阀、无聊政客，今日知自爱者极多，足证时代之进步——所可耻者，还出来一个汪精卫。

第四，政治上也有好的开端。战事可以作为改良政治的准备，但政治不能在战时大量改革，这本是一个不可移的原则。所以，我们如果希望一下子到了儒家梦想的"唐虞三代"便也是做梦了。不过，这两年中，政治在精神上已有了大进步，国家意志成立，共信心成立，因共信而互信，遂有真正统一。在这里新国家之基石就奠定。夫共信不立，则互信不成，互信不成，则统一不固。战前之统一运动，成就的颇偏于表面；自抗战以来，乃有心理上统一，即是真正之统一。所以抗战是建国的训练，抗战是建国的基础。

综观两年中的趋势，我们是一天一天的上升，日本是一天一天的下降。自今而后，就国内论，地利、人和更好过以前；就国际形势论，慕尼黑的恶迹，已将结束，欧局将有大变动，而影响及于远东，倭贼将随其贼伙而没落。所以大光明的前途，正在不远。然而天下事总在人为，成功总在努力。现在我们要发挥我们的一切力量到最大限度，人尽其力而不偷闲，物尽其用而不浪费，人得其才而尽厥职，政治昭明而感大众，这是在最高领袖领导之下，必能办到的。

（原载 1939 年 7 月 9 日重庆《今日评论》第二卷第三期）

汪贼与倭寇——一个心理的分解

　　汪精卫的卖国行动，到了签订《日支新关系调整要纲》而登峰造极，自从前年 12 月底，汪贼发表了所谓"艳电"之后，其行动之荒谬，一步赛过一步，全世无不称奇，国人无不觉得可耻。然而总有很多人，以为其中总有几分上当，虽以深恶痛绝他这为人的人，也还在报上预料他要在几个月内死到倭奴手里，盖以为弄来弄去弄到山尽水穷，总还要和日本人扯皮起来，而遭了倭奴的暗算。谁知道虽是深知他痛恶他的人，也料不到他竟能迎合追赶日本人的志愿到这步田地，"虽是日本人，时而觉到汪之允许迁就之容易，大吃一惊"（报载高陶所说）。然则凡以为汪贼之动机，尚有半分上当者，都是错看了他，高抬了他，他是一个彻底的汉奸，甘心的卖国者。只有一个不可一天不做大官的欲望，而不惜断送他的四万万同种人，和他同种人的历史与子孙，以达到他这欲望。

　　所以汪贼的行动，只有用"罪犯心理"分析他，才能了解。我不是这一行的专家，姑且把我所知道的几点写下来，供心理学家检讨。

　　在国民革命军北伐的时候，我在广州两三年，颇听说他的家世，尤其是母系的情形，他不是嫡出，而家庭中不是极端的守旧，严父之后，又有严兄。最初便受了一个女儿式的教育，在这样情形下所造成的儿童，自然有正常心理者少，有变态心理者多，或可有聪慧的头脑，不容易有安定的神志，他要作"人上人"的欲望，而不知度量自己的本领，也许就是这样环境造成的罢。那时候，广东闹得如火如荼，血流满街，一多半是由于他，我也在其中几乎送了性命。后来"宁汉分裂"一幕，他又是主角。当时我听到一位党国前辈老先生说他过去的行动，而归结着说："精卫在政治上必做不出好事来，因为他从来说话不算话。"像有主义，又实无主义。同时我又听一位党国老先生说："精卫全无新知识，只学南宋人作诗词，这就是没出息。"当时我游西湖去，他的一个亲戚向我说："你们觉得汪有聪明吗？他在法国念书的时候，学法文一个字也学不进，活似老牛一样。"这些话，我虽觉得很有意思，然以当时并不识汪，不知其深刻到何程度，只见得一出一出翻云覆雨的戏，觉得其人可怕，其事可痛罢了！

二十六年夏在庐山聚会，汪作谈话会的主席，其言语举动甚不自然，回到南京，几个朋友闲谈，说这真有些不像政治家的样子。但同时还都有点可惜他，说唐有壬那个小子所造成的"心理疙瘩"，至今还存在。沪战将开，政府成立了一个国防参议会，汪作主席，我也在里边，每周至少开会一次，有时两次，在这会中，自然常听到汪的妙论，于是使我想到在"北伐"、"宁汉"时代所听到两位老先生对他的批评，觉得深切不过。当时我的印象如下。第一，他决不知政治。一谈政治，有时好听，却全无实质，只可骗初听高论之无辜者，决不能耸动听过两三次以上的人，而且遇事都是滑调，浮着而不进去。第二，他标榜的口号，无一不和他的性格矛盾。譬如他高谈民治而绝无容量，标榜理智而最好动感情，反对复古而自己是一个不良传统的文人。常看到他做着主席发气，却不明其气之对象，气之原因，那么只是些心中的"疙瘩"（Mental Complexes）在那里时时发动罢了。第三，他对于外国事情，莫名其妙之程度，诚可骇人。他每读文电，遇到外国人之名字，连法国人的名字在内，一齐念不出来，总使这会的秘书长代读。然则欧美国家之存在，在他心中，也比在同治年间军机大臣的心中，差不了许多。

这些观察，只可以证明他在政治上之决无希望，尚不足以证明他之必做汉奸，所以他今日之必作汉奸，尚须进一步求之。有人说：他的婆娘所谓"陈璧君者，太糟糕了"，这话颇有些不错。她也是专心要做"人上人"的人，做不到便气得了不得。汉光武的时代，彭宠造反，史家说是"其妻刚戾，不堪其夫之为人下"，陈璧君何其酷似！不过，这话虽可说是一个原因，却不能说是主要原因。此等大事，既受妻之影响，自须由其自己负责任。譬如武则天，后来做的事，当然要由唐高宗负其责任。谁要唐高宗宠她信她，何况汪贼之作汉奸是他自己现在做的事。

然则以上所说各项，只是助因，其主因决不在此。主因何在？在他蕴蓄的姜妇怨妒心理，发而为偏要作"人上人"的要求。上文说过，庶孽子弟，有时有他的特别心理组合，我这话并不是说庶孽子多如此。自古以来，庶孽子中，甚有清明高朗之人，可追延陵季子遗世克让之风者。只要母教好些，家庭的环境正常些。不过，以我所闻，汪贼之早年环境，决难说是正常，于是"人上人"之要求，成个人的心中，害了国家的大事。夫"不度德不量力"而求作"人上人"之要求，在家家乱，在国国乱，《春秋》中所记弑父弑君，有几个不是受这个心理所支配。

至于汪贼在政治上偏要做"人上人"，应该完全是他家庭环境所造成，而决不是政治活动所造成。何以呢？在中山先生逝世后，他便狂妄的以第二任总理自命，他夫妻两个，从中国到南洋，招摇来招摇去。中山先生当年绝不曾器重他到这样，只是他自己自命如此，是他自己的心理自命他如此。中山先生当年用他，大有分寸，总未交他政治的总则，施设的任务，用他之处，说来好听些，是"书记翩翩"，因为他的文章确是漂亮，说来不好听些，便只是使他"吊丧问疾"。因为他那一副对人似乎恳切的面孔，只好如此用，不料他竟妄自想象，以为"仲尼既没，文不在兹乎"，于是乎非做中国主人翁不可。当年与胡展堂先生之龃龉，何尝不由他之妄自尊大，由此心理，兴风作浪，十年前已经不恤生民涂炭，今天更不恤民族沦灭。大凡领袖之欲，压人之愿，本为人类所共有，然而用如此不顾一切狠毒到尽头之手段行之，则除具有罪犯心理、凶险疙瘩者，焉能做到这步田地。不晓得他小时在家如何为人看不起，到老时在国如此陷害人。

当年契丹有一个大可汗，把渤海国灭了，封他的儿子做东丹王，王渤海故地，却把小子立为太子。这东丹王便大怒。当他父亲死了，由辽东渡海逃到登莱，降了中国，并且做了一首诗，诗曰："小山压大山，大山全无力。羞见故乡人，从此投外国。"汪贼今日之投日本，正是这个投外国的心理，不过，东丹王毕竟是契丹的长子。在封建时代，他这心理还有点根据，在汪精卫之以中国主人翁自命，却全是自己狂妄梦想，毫无根据，那么东丹王的死鬼若有知觉，还要羞见这个后来人。

在妒妇狠毒要做"人上人"之心理上，汪贼倭寇大有相同处，或者这也就是汪贼倭寇可以"合作"之"精神条件"吧。原来日本小鬼也是最富于"卑贱疙瘩"（Inferiority Complex）的，看到自己那副猢猴形，更恨得非做"人上人"不可。我想，设若倭奴再长三寸，这疙瘩也许好些，便可少害人些。可惜不然，小鬼之要做"人上人"自古如此，当初识中国文化的时候，认做徐福的后代，误以为徐福是避秦的高人。稍知中国事，又妄称太伯之后，大有与中华世家争正统之姿势。到了唐朝知道中国多了，又造了一段故事，说是在隋炀帝的时候，他的倭王向中国致书，称"日出处天皇致书日没处皇帝"。（按，此事虽为欧阳修所采，决非实事，盖如此之文书，隋之边吏难以接受，且天皇之称呼，在唐高宗、武后前，倭奴向何处学来。）在这些时候，一面羡慕中国，先受封，且请乐浪郡守为他判断内部斗争，后又用中国年号（按日本古寺，颇有用唐代年号的遗物），却又一面自大，大得要说是天神下降。直到明朝，他那若有若无的"天皇"，虽然还在那里下一诏，称天下四海，他那实际执政的足利氏，便历世向中国求封为日本国王，即如丰臣秀吉，以欲借伐朝鲜而问鼎中原，为日本后世人所敬仰，却也受了中国之封（按，此事日本人不承认，然若未受封，万历之诰命何从留下而宝藏之），这样矛盾心理，譬如以庶孽要为长宗，进退失据，自然全是"卑贱疙瘩"所表现。这样心理，自古已然，于今为烈，一面模仿西洋人，一面要说东亚本位，凭他这样心理发挥起来，好比妒妇之灭人之门，绝嫡之子，一旦得志，是决不使中国民族存在的，岂只国家而已。

日本人二千年中之历史，从部落到帝国，所表显的心理有两面：一面是要学人，一面是要上过人，一面自觉不如人，一面偏爱凭凌人，由他发挥这个性儿，只能有己无人。试看他灭韩的步骤，先上来说是助他解放，后来便是政治经济独霸，俄日战后，还说是保护国，不久便兼并了他，在当年不是高谈日韩亲善，如这些年之高谈"日支亲善"一样吗？他起初不是谈尊重韩国主权，如现在与汪协定前文的滥调一样吗？他不是对朝鲜人说日韩同种吗？

日本鬼子的性情，完全的得步进步，他今天订的条件，若是明天可以进一步，便毫不含糊的废弃；他今夜说的话，若是回家一想，还可进一步，明早起来，便立刻不认账。几年前在北平听到现在的一位封疆大吏说，日本人的性情有三点：一多疑，二小气，三性急。这样性情，哪有中间妥协的可能，即以他最近的侵略而论，在"九一八"时，他只说要求条约的权利，照他解释条约的权利，转眼便树立傀儡伪国了。彼时还说，要求不过长城，不过一年，便闹所谓"华北问题"了。"华北问题"他自己还未下妥定义，于是广泛含糊的三原则来了。在上海战事初起时，犹宣言世界曰"不侵华南"，次年便先以厦门作试探，继之以广东登陆了。目下他在中国还是进退两难的时候，已经在与汪贼之协定中布置妥了侵略苏联，吞并整个印度支那半岛、整个南洋的根据了。这样的国家，若不在国外遭受败衄，其侵略必无止境，而且快得很，这完全是小人得志，狠妇称心的把戏，对这种人只有"有你无我，有我无你"两句话。

凡是甲乙两国订个中途妥协的条约，必须有两个条件，至少有其中之一：第一，定约的对方要守信义；第二，弱者之一方虽稍弱，总亦要有力量维持这条约。换句话说，如对面破坏了，此方还能抵抗，不这样，决不能维持。试看汪贼所定约之对方，是那样得步进步的，是那样说话不算话的。再看汪贼的本身，有一个姓周的色鬼，姓丁的屠户，虽高宗武亦逃之大吉，有这样的力量，还能对日本说"以此为限"。其实这话仍是泛论，《日汪协定》已经卖了中国整个的平面，并且卖了上苍天下黄泉之立体，无所不包，即无所谓限，政治经济军事文化乃至思想，无不订明使我永为奴隶。这又是何等条约，比之当年日本与韩国所订的条约，犹有君子小人之分了。然而汪贼的狗党，还在那里骗人，说："委曲求全"。试看这些文件，委曲真到了一万分了，求全却在哪里？若必说求全，乃是倭贼求得中国之全体，而非国人求得一息之全生。若是国人中还有觉得他这个代订的卖身契，而可一想希图苟存者，直是晋惠帝之劝人凶年食肉糜，白痴而已！

汪贼有己无人，发了邪火，便欲断卖同种；倭贼有己无人，动了狂念，便欲绝灭人类。二者都是一种罪犯心理，不过一个是孤兽，一个是狼群，有此差别罢了。若是世界上还应该有人类的话，便当快快把这些人类毒素扫荡去。

（原载 1940 年 2 月 25 日《今日评论》第三卷第八期）

盛世危言

《盛世危言》是所谓"同治中兴"后的一部论时政的书，我现在只是借用它这个名字，内容毫不相干。

清朝晚年可称为盛世吗？这在今天看来真是笑话了，要是盛世，何必去革命？这当然是中国传统文人的老调了。不过，为那个时候想想，也未尝没有一个可为盛世的机会。论地方，则二十年的大乱削平，封疆大吏，如曾、左、李者，皆近代之豪俊，他们都把握着积极接受西洋应用科学之要点。论中央，则恭王奕䜣之明识大体，用尽方法节制叶赫那拉氏之胡为，枢臣文祥之忠勤练达，在当时已知上下一心为立国之本，而遗折谓上议院即古所谓谋及卿士，下议院即古所谓谋及庶人，更见其识见之远。论建设，则新海军先日本而成，江南制造之弘规，福州船厂之经营，以及北洋之新政，皆先日本而创始。论事业，则西北戡定，海上无波。论政风，则陋规虽仍旧，大贪污并无所闻。上文所举诸人，仅李氏颇为子孙计，其实尚不如后来的京堂时代的盛宣怀。若其他诸人，则子孙但能作田舍郎吃一碗饭而已。而文祥之廉俭尤有可称道者。他在总理衙门多年，这个衙门在当时乃兼办外交与新政之设计者。一个公使驻北京多年，临行，文祥钱他，他说："我在贵国供职多年，深佩中堂之人物，很想往贵府拜辞一回。"文祥回答："实不相瞒，我总算是国之大臣了（按，当时恭王在政治上居第一位，他即居第二位，即代恭王办政事者），而敝寓寒陋，实不堪招待外宾。"这个公使肃然起敬，回国后把这事写在回忆录上。由此看来，贾充、杨素之一门极奢，未必即为晋、隋收到"怀庶民，来远人之效"；而亡清的最后一个满洲政治家，在中国史上也值得一笔。论史事是要公平的。闲话少说，言归正传，那"盛世"毕竟盛不起来，其根本的理由是满族实在办不下去了。醒觉的汉人，决无再受特殊阶级统治之理。

今日乃真是盛世，这迥与传统文人所说不同，我们不可因两千年的文化滥用这个名词而不用，因为我想不到一个更好的名词。而且古时所谓盛世者，到了下列所说，乃为极致，这就是民康物阜，海宴河清，弧矢东来（这就是库页岛的石器渔户来进贡），麒麟西至（这就是阿拉伯贡吉拉弗），越裳南归（这就是我们提携中南半岛的文化），獯狁于襄（这就是去了北方的威胁）。然而照盛极必衰的道理，一旦国家承平如此，必含着衰落的因素，例如大唐天宝时代，便是如此。所以历史上的盛世，每为盛之末，今日之盛乃为盛之始。抗战之实力，先世所稀，不平等之条约一朝而废。惟其为盛之始，故真是盛世，亦惟其为真盛世，乃真需要危言，更惟其为真盛世，乃可受危言。孔子曰："邦有道，危言。"韩昌黎曰："惟善人惟能受尽言，况盛世乎哉！"

"破题"先说了许多，岂不费辞？其故实由于我要说明盛世不可无危言也。至于本旨，实说不胜说，岂止如何者一，如何者二，如何者六而已？今姑以日内所常见于心上者，择要写下来：

其一曰：今日乃真卧薪尝胆剑及屦及之时，而决非事既定功已成之日也。同盟国未来之必然胜利亦即中国未来之必然胜利，这是绝无可疑的。我们必在几年内打回到老家，并且看见日本没落到明治维新以前的地步，而受到他应受的一切惩罚。又看见我们的国运远过汉唐明之盛世，而对世界将来之维新的、大同的文化上有绝重大的贡献。这都是无问题的。不过，实现的时间有早晚，实现的程度有深浅，这却全靠我们的努力来决定。早一年，好一年；深一层，好一层，这关系今后五百年的命脉。我尝想，我们这次抗战，好比唐僧取经，最后胜利是早经决定了的，一如唐僧取经之前，观音菩萨早在如来佛面前说好了的。但是，为功行之圆满，不得不经八十一难，因为不如此不能证真果，在将来即不能佛法常光，所以我们过了一难又一难。到了今天，长夜漫漫已算过去了，"东方明矣"，佛国在望，然而还有好些难，如火焰山、无底洞等等，仍待我们去拼命，若不拼命而坐待的呵，决无到达佛国之理。诚然，我们的领袖秉周公敬德之心，行诸葛武侯尽瘁之事，宵旰勤劳，乾惕震厉，而为其精诚所感以夙夜从公者，固可各处见到。但是整个的看来，我们今天努力是不是已经到了十成呢？这应该是一切人，尤其是一切在重要的地位者，各个反省一下的。目前的局面，原自显然：有百万的倭寇在我们国土之上，占据着我们的菁华，我们必须把他都赶出去。

这件事固然需要盟国的帮助，就海军论，这是盟友的责任，英美，尤其是美国，必须彻底解决日本的海军；就空战论，这也大部分需要西半球盟友的帮忙；即陆军一项配备也有待于盟友之处，这都不消说。然而陆地上的厮打死打，可全是我们的事。这一条上，别人帮不上我们的忙，我们也决不期待别人帮忙。我相信，在日本海军彻底打败之后，盟军能在中国地带得到空军优势之时，日本的军心是会动摇的，人心是要不稳的。但是，这次交战国家的经验，皆远超过上次大战的交战国，胜利之希望既绝之后，其支持之能力是大的，而且以食粮缺乏使日本溃败，是不可能的，所以我们更需准备反攻，提早反攻，长久反攻。这固有关于盟国之接济，也在乎我们的布置，我们的努力，我们的如何用尽力量而不浪费力量。我想，我们应该有一个口号，这口号便是：一切为反攻。既然一切为反攻，则凡与反攻无直接关系者理应从缓办理，而为反攻所需要者，不论事实如何困难，如有缺陷，皆当整顿；不论环境如何难办，如当改正，即须改正。一壮丁必得一壮丁之用，一加仑油必得一加仑油之用，一斤血汗必得一斤血汗之用。从背面说，其与反攻无直接关系者，纵有关于十年大计，百年树人，也不妨从缓。因为失地早收复一年，即等于十年建设之效力。瞻念沦陷区之痛苦，顿想到陆放翁有诗为证：

> 三万里河东入海，八千仞岳上摩天。
> 遗民泪尽胡尘里，南望王师又一年。

其二曰：一代之政风，每造于开国之时，而今日正开国之时造政风之日也。今后百年之气运即决于此时。故今日政风之厚薄，实为百年治乱之所系。就中国近代史论，纯由满洲人办事的一段，不值得说了，只从曾、胡时代说起。曾国藩、罗泽南之办湘军，虽说乡人部曲之观念极重，而且不敢"慨然有澄清天下之志"，究竟把握着儒家传统的要点，"言忠信，行笃敬"，诚而勿欺，慎终于始，所以农夫可以作勇卒，秀才童生可以为大将。此中道理，并无如何开新局面之处，因为曾之为人，本亦是皇甫嵩之伯仲，然而规模典型既在正轨之中，一时天辰颇似有一种清明之气。一到曾之继承人李鸿章手中，风气顿变。李于曾氏，亦曾用心效法，究以天性及少小环境之差别，大不相同了。李为一代之霸才，他的做法却也大杂霸气。我们可以说，曾氏正而不谲，李氏谲而不正。一谲之后，自有如袁世凯者出焉。自曾氏在乡办团算起，到袁世凯余孽消灭为止，约八十年，即自李氏创办淮勇算，也要七十年，然而李鸿章谲而不正之影响，直到北伐统一才算大体结束。由此可见风气造成影响之远，风气转变之亦易亦难。新中国本为国父中山先生所创造，而蒋委员长之创新军，纯为主义之发挥，其弘规亦非罗泽南辈所能想见。两公之创造新局面，民物为之一新，追想清末以及北洋军伐时代之日月，恍如隔着几百年，这诚然是中国史上之一奇迹。然而古人有句话"满招损，谦受益"，我们今日政界的风气是否皆可满意，这是要检讨，要改革，要以理想之局面遗留后人的。今日政界的风气，我一时以为大可以注意者有两件事：

第一，如何发动人民的力量。这事可以苏联近事为比拟，纳粹攻苏开始时，许多人认为苏联必早败，因为正在清党清军之后，斯氏政权是要遭严重试验的，然而事实证明绝不如此。这因为斯氏政权虽未给人民以自由，却曾给人民以平等，在封建势力部族杂压之下之人民得到平等，其忠勇是无量的。我这里并不是说苏联可完全为我们取法，但我们却不可不注意苏联是能发动人民力量的。我作一个小小的建议，我们的官，尤其是大官，可以一律"改善"其生活如平民。他们固已有许多如此了，但愿其全数如此。再进一步，"耕者有其田"，何不早些日子施行？今日政府之力量已甚强，根基已甚固，尽不必太多顾虑。如果官不成为阶级，则中国三千年之弊病一扫而空矣。现在官也要抽壮丁了，大是好消息，但愿一切高官之子弟，男则皆从军上前线，女则皆作军人医院之看护，此风推而广之，此意扩而充之，以至于官吏中无富人，有势者不役人，我们的子孙要几百年享受不尽了。

第二件事是如何发动在官者尽职奉公之心。诚然，今日奉公尽职之公教人员实不为少，中央如此，地方亦然。然而这个比例，似乎尚未达到理想之大多数，似乎有时与地位之高低，成反比例。做一录事则尽力抄写，做一科员则日夜办稿，此犹可合于孔子之道，曰会计当而已矣。一为司处之长，则有环境焉，有上司焉，有外面之人须考虑其"敌乎友乎"焉。至于长官，则"人事"之困难更多矣。当年胡林翼在湖北与太平军练兵厮打，有个文官是他顶头上司，他已经善于应付了，而犹不时自怨自叹的说："七分精神对付官制军，三分精神对付长毛。"今日之司处之长，以及更上层之官，究竟用几分精神来办事，几分精神来对付环境？假如用一番宋儒克己自省的工夫，或且偶有人要觉得胡林翼的比例，还不算太坏罢？或者可美罢？其实此等风气之充实也不算难事，只要有几个，或者十几个"其直如矢"之人，"惟仲山甫，刚亦不吐，柔亦不茹"，只是就事办事，不顾环境，不畏上下，社会上之风俗可以立刻醇厚些。

这尤在乎在上位者之提倡了。这中间自然也不免要有无故牺牲了自己的，然而当此盛世之始，总要成功的。更有进者，欲人尽职，则必先许人以尽言，假之以礼，而不责其言过，然后一机关之中，首长之与属从，可上下相通，如"鱼之得水"，不仅为主僚关系而已。试看历史上的大朝代，每一个大朝代之安定，总在一个偏于宽放的皇帝手中，例如汉之文帝，唐之太宗，宋之仁宗，明之孝宗，其时发言盈廷，好的坏的都有，有些话，我至今读史尚觉不耐，而当时的皇帝耐之。偏偏这四个皇帝的时代，是四朝中人才最盛的时代，为百年开太平，岂不可怪？昧昧我思之，此中大有道理在。常有人谓，此时人才多，彼时人才少，此皆半是半非不是不非之论。人得际会，得其施展，则为人才，所以邓禹当年所望不过文学，马武所望不过督邮。不得其机会不得其施展，则谁知其为人才？设若诸葛亮遇到明思宗，至多也不过几十个宰执中之一人，或至于断头而后已。然则人才之出，在柔性的时代容易，在刚性的时代艰难，只闻"鱼之得水"为佳话，不闻木之得火为美谈。以上所述四帝，盖以柔弱胜刚强为制造人才之道也。然则今日一部之首，一局之长，似皆可体会以上四帝培养人才之道。大凡中国历史上之治世，每每杂用儒术黄老名法，无儒术无所立心，无黄老无所为纲，无名法无所为用，然则以儒术之忠节为心，以黄老之运用为体，名法之事委之于人，"但持大体而已"，乃最便于培养人才之道也。此义又有书为证，《康诰》曰：

> 惟厥丕显考文王，克明德慎罚，不敢侮鳏寡，庸庸，祗祗，畏威，显民，用肇造我区夏。（按，其中有一二字，以金文习语改传本之失。）

此事为文王之事，此言为周公之言，所谓"不敢侮鳏寡"，按之《诗经》，乃当时习语，即一视同仁之谓，无关深义。若所谓庸庸祗祗，畏天之威，显民之生，其言何其恻隐而柔胜，不意其出于定功之嗣主，用以述其前王之创业者也。

以上所写姑止于此，若尽性写来，"日上数十简"，可为一个不尽的故事。写后自看一遍，顿觉其中但有敝同乡辕固生所称《老子》的话："此寻常家人言耳。"并无"危言"，只见"迂论"。欲改文题，已来不及，不过，《诗》之教有曰："言之者无罪，闻之者足以戒。"是耶，非耶，或者不相干耶？

（原载 1943 年 5 月 2 日重庆《大公报》星期论文）

"五四"偶谈

我从来不曾谈过"五四",这有个缘故:第一、我也是躬与其事之一人,说来未必被人认为持平;第二、我自感觉"五四运动"之只有轮廓而内容空虚,在当年——去现在并不远——社会上有力人士标榜"五四"的时代,我也不愿附和。

但,现在局面不同了,"五四"之"弱点",报上常有所指摘,而社会上似有一种心愿,即如何忘了"五四"。所以我今年颇有意思写写当年的事实和情景,以为将来历史家的资料。不意观光陪都,几乎忘了岁月。今天有一位西南联大的同学来强我写此一文,恍然一悟,今年的"五四"只有三天了,不禁感慨系之。于是在一小时写此一短文。

"五四"去今年是二十四年整,以近代中国局面变化之迅速而奇幻,若有人说,所谓"五四的精神"在今天仍可尽为青年所采用,是绝无这个道理的。时代已变,社会与政治的环境大有不同,若仍沉醉在这个老调,岂不近于傻,或近于情疑?不过,若有人说,"五四"全未留下好东西,应该忘了他,似乎也没有这个道理。就外交上说,有"五四"的动荡,而后巴黎和会上中国未签字,而后又华盛顿会议,而后有美日在远东之大不协,不协之久,至于开仗。这一线上固然有许多的原因,然而"五四"总不可不算是一个连锁的不可少的一节。"昔日即今日之原因",然则"五四"自有其历史的价值。就文化说,他会彻底检讨中国之文化,分别介绍西洋之文化,时所立论,在今天看来,不少太幼稚的话,然其动荡所及,确会打破了袁世凯、段祺瑞时代之寂寞。若说当年学生不该反对政府,则请勿忘当年政府正是穷凶极恶的北洋系,安福系。若问学生当年何以闹学潮,则亦是一种自然界之公式而已。昔日之事未必即可为今日之师,故今日自然绝不该是反政府闹学潮的时代,但，也不要忘了当年情景不同，若以今日之不当如此，岂是历史学之公道？"五四"在往年遭逢"不虞之誉"，今日又遭逢不虞之毁，我以为这都是可以不必的。

今天追想"五四"，我以为有几点似乎不可忘了。

第一、"五四"已经成就了他的使命了。当年蔡子民先生之就北大，其形势如入虎穴。蔡先生之办学，兼容并包，原非徒为国民党而前往（这个中间自然还有一段故事，恐怕是吴稚晖先生知道最清楚）。然而蔡先生提倡潜修，口号是"风雨如晦，鸡鸣不已"，其结果是出来一团朝气。犹忆"五四"以后有人说，北洋政府请蔡先生到他的首都去办学，无异猪八戒肚子中吞了一个孙悟空。"五四"之后，南至广州，北至北平，显然露出一种新动向，其中固是爱国主义与自由主义并行（后来又有共产党加入），然而此一动向，激动了青年的内心，没落了北洋的气焰，动荡了社会上死的寂静，于是当时各方从新起一新阵势，而北伐之役，甚至北伐以前的几年，革命的运动，得到全国有知识青年之多数拥护。虽然共产党也在中间摸了不少的鱼，而走入其他歧途者，亦复不一形态，然而其为颠覆军阀之前驱则一也。

第二、"五四"未尝不为"文化的积累"留下一个永久的崖层。因今日文化之超于原人时代之文化者，以其积累之厚也。积累文化犹如积山，必不除原有者，而于其上更加一层，然后可以后来居上，愈久愈高。若将旧者拆去，从新自平地建设起来，则人类之文化，决不会"后人胜过前人"的。试以今日欧美之文化论，今日所见者，有希腊人之遗物甚多，大多偏于哲学；有罗马人之遗物不少，大多偏于法律；有文艺复兴时代之遗物，大多以人之自觉为主；有开明时代之遗物，大多以人之求知寻理为主；有法兰西革命之遗物，即所谓"平等、自由、博爱"也。此中尽可这里修改一处，那里补进一块，然而必为层层堆积者，而后有今日之富也。"五四"之遗物自带着法兰西革命之色泽，而包括开明时代之成分。由前一点说，可以蔡先生一篇小文为证。当时之北洋军阀，以及其文化的发言人，指新士风为"洪水猛兽"，蔡先生在他那篇小文里说："不错，今日之士风，可以算是洪水，而今日之军阀，正是猛兽，即非用洪水淹此猛兽不可。"这话在当年是何等勇敢，何等切实。洪水是不可为常的，洪水过了，留下些好的肥土，猛兽却不见了。由此一点说，当时所提倡的是"科学与民主"，自民八至民十五左右，学自然科学人文科学者之增加，以学问为事业之增加，遂开民二十以后各种科学各有其根基之局，似与"五四"不无关系吧？即在今天说"科学与民主"，也不算是过时罢？

今日世界文化之灿烂，由于积累而成，□□所说。不过现在却有两种人要把自原人石器时代的文化起点，一齐拆去，重新盖起来，尽抹杀以前的累积。这两种人，一是布尔希维克主义者，一是纳粹主义者。我们当然是不走这两条路的，那么就是走积累一条路的了。

（原载 1943 年 5 月 4 日《中央日报》）

天朝——洋奴——万邦协和

.

在近一百年中，中国造成的伟大的失败固有好几件，而伟大的成就也有好几件，这伟大的成就之一，便是中国由一个古老式的国体，变其形态，加入了近代列邦之兄弟圈中。

这个改变的过程，自然都是过去的事，但其中的意义在现在还有启示性的，所以不妨简略说一下。中国历代的国体，只有罗马帝国大体上可以比拟，这就是说，他不承认甚且不知道有和他平等的国家之存在。罗马帝国固与当时的北方民族信使往还，但他只知道这些民族是些夷狄，他的使者塔西土斯写了一部他的《索虏传》（Tacitus de Germanes），他与东方波斯国的萨山涅王朝常在构兵中，这是东方文化很高的国家，但他也决不承认波斯是他的平等国。所以罗马帝国便是古代欧洲的"天朝"，他平衡四围一切的民族，全以他自己的标准为断，所谓"外国"，只是蛮夷的代名词，而非不管他的事之谓。同样道理，历代的中国，除去宋辽一段似乎有点平等国交以外，也是不承认且不了解世上可以列国分立，平等交往的。汉晋隋唐这样，近代的明清也不是例外。积累二千年之习惯，陶冶在普天率土、中国四夷之观念之中，更以过去的成功坚实其自信心，所以自明末远西人始到中国以来，求通商者总说他是入贡，派信使者总说他是来朝，这并不是当时人矫情造作，当时人的心中确如此想，且不能相信更有其他的观念可以存在。且看乾隆时期英国派遣玛加纳伯爵奉使来华，乾隆给英王的回信（两通上谕）所说的话，如"咨尔英王，海外输诚，重译向化……"一类的话，若译成白话的英文，便等于说"你这个野蛮的国度呵……你不安于你的僻陋的状态呵……羡慕天朝的文化呵"。这在今天读来，不免觉得这位弘历可汗真正糊涂，但在当时人却绝不能觉出他有万分之一的胡闹来。我记得

1922 年我在伦敦有一天听哲学家罗素演讲"中国问题"，他就把这诏书的直译读来，惹得会场笑死。他接着说："若是觉得这话可笑，便不了解中国对外关系之历史的背景；若了解中国，便应不觉得这话可笑。因为中国正如罗马帝国不知世上有他的平等者，这是在当时环境中所必然的。"中国自鸦片战争以后数十年间，与外国人的纠纷，常常由"天朝体制"而起。我看李鸿章在辛丑议和中的电奏，若干关涉主权的大事，在西安的流亡政府并不关心，只是严电李氏力争外使初觐坐黄轿一事，从此可知天朝的宝座，不肯轻易拆除，天朝人物的立场，不是轻易改变的。

但是，这立场，这宝座，终于几度在战舰火器之下拆除了。辛丑以后，办洋务者成为一个新的物种，住大埠者养成一种新的心理。这个顺应次殖民地地位之心理，赤裸裸的说出，便是洋奴。

天朝的心理是自大，也是所谓优越感（Superiority Complex）；洋奴的心理是自卑（Inferiority Complex），也是所谓劣贱感，这两种心理，都是不能与他国共处而能处得自然的。

国民革命军北伐以来，洋奴心理阶段应该告一结束，而抗战数年，不平等条约取消，这两种心理似乎全成过去。但是，我们不可大意，这两种心理因有他们长期的传统，并未在人人心中除尽。必须除尽，我们国家方才舒舒服服的繁荣在近代列国的兄弟圈中。读者以为我这是过虑吗？我想未必吧？我看见期刊中常常有妄自尊大的怪文，也每每听到变相"刚巴多"的怪论，这都是阻碍我们取一种自然态度的。

中国既已加入了近代列国的兄弟圈，自无取乎往者的两项态度。今后的外交态度，既非自恃，亦非倚赖，而应该是万邦协和。这一个名词在中国固是一个成语，在拉丁文亦有一个完全相同的成语，即 Commi-tasinter alias。所可惜者，朋友告我，倭奴也用这个名词，用得他全是倭奴的曲解，犹之乎他说"王道"全是"霸道"一样。我初闻此说，今晚又想不出一个更好的名词来，所以仍用这个名词作标题，只是界说明白，协和是自由意志的协和，非所谓"罗马和平"也。

协和主义之外交，本身是个明显的原则，不待具体的界说他，若必须举例说他的要点，我一时想有下列三点可说：一、协和主义之外交，是不树立任何敌人的，必不得已而有敌人，这敌人必须是世界之公敌，而非一己之私敌。所以相沿的纠纷，能解决者，总是尽早解决，必不得已，利害相衡，宁可忍痛。所谓悬案，只有国力至强者，方可负担得多多个。国力在培植中者，万不可多有，以免小患变成大害。此外，与人相处，最要是"诚"、"恕"二字。诚者，心口如一之谓；恕者，能为对方设身处地想之谓。日本人之失败，即失败于自其"开国"以来不取此二字。

二、以上的一义，仍是偏于消极防患的方面，积极方面，我们必须有极其可与深切合作的与国，否则虽少敌人，亦少与国，仍不免为孤立主义。此孤立主义，在将来之世界中无一国担负得起的，连同美国在内。我所谓极其可与深切合作之与国者，即谓在平时可与之取同一之步调，以维持世界和平，万不得已而有正义之抗战，可恃为盟邦，彼力与我力，可应一切变局也。

三、协和的外交，不仅是一个政府对一个政府的事，而是一个全国民对一个全国民的事，所以除非有关国体的事，只有"吾从众"是善策。文化的合作，是国民外交之基础，文化既合作，自不免相互的影响，且正需要此影响。若于此中有所别择，必先于此道细心体会，否则但看到一面别择等于杜塞，杜塞之结果必是疏交。即以中美过去关系论，美国固自海约翰起，树立其对华亲交政策，且自鸦片战争以来，即与英法异其步调，思与中国交好。正如曾国藩奏折上说："米夷资性淳厚，对天朝时思效顺，并英佛等夷构结似并不深。"——这调子在今天看来真可笑，然确是一件重要的史实。即美国从未参加对华之屈服争夺战也——然而这二十余年中，中美亲交之基础，并不在商务上、权益上，而在文化上。文化制造一种情感，是比国策纯洁的，且有时比国策还有效，因为国策有时摇摆，感情是不然的。

综括以上几项的意思，则我们今后至少三十年中的外交——建设国力中的外交——应该是"联美、善英、和俄，而与其他国家友谊相处"是也。所谓联美者，有经济上的联系，有文化上的联系，这皆极其重要，而最前要决定的是"世界政策"的联系。这就是说，美国对于战后世界改造之大小问题，我们要参与其决定，而积极的、有效的，加以赞助，助其实现。中美两国人不仅在战争中要做同志，即战后亦当建设长久高度的亲交。有这样的亲交，而中国的国力在滋长中，则太平洋真为太平之洋。就是说半边天下太平了。说到英国，我们先要知道英国不是一个很讲感情的国族，而是一个重理智的国族。惟其如此，故与英国做朋友的本钱不多是外交上的机智，而多是内政上的修饬。官府之效能甚大，经济之进步甚速，文化之开展可佩，社会道德之增进可睹，这样，就是你无意与英国做好友，英国会找上你的门来的。本来这个道理对一切国家皆适用，而对英国尤其适用者，因为对英国更无第二条基本方法也。苏联的外交是百分之百的现实主义者，大凡现实主义者，必作惊人之举，凡曾一度作惊人之举者，必在未来屡作惊人之举。而与现实主义者相处，强则只有也用现实主义，弱则只有充分认识现实，而现实的解决一切。总而言之，统而言之，我们今后五十年中，第一个心思是培植国力，第二个心思还是培植国力。在培植国力中，我们要避免一切可能的纠纷，并解决一切不安的因素，勿以善小而不为，勿以害小而忽之。试看历史上的伟大朝代，在建国之始，哪一个不是在外交上小心翼翼的。一位朋友听我说到此地，来问我："你的意思是不是说，我们现在姑且取老子的柔道，一旦国力建设起来，再发扬蹈厉——一下子？"我回答说，你这话全是战国阴谋之说，我们今天要协和，以建立国力，将来仍要协和，以持盈保大。否则今日之柔，以为他日之刚，便是不诚，不诚是必自食其果的。如日本之为方法改良的义和团也是。朋友又说，你这一些话都是平淡无奇的常谈。我回答说，这话太恭维了。要道理都是老生常谈，如辕固生之说《老子》为"寻常家人言"。

不过我要声明一句，协和的外交，不可解作无所事事坐而待之的外交，相反的，应该是极其积极极其活跃的外交。我又要附带一句，外交之基础全在内政，不过也有内政甚修饬，而以外交方针之错误招致大祸的，如上次欧洲之德国是也。但却没有离开内政而能运用外交的。

（原载 1944 年 4 月 2 日重庆《大公报》星期论文）

"五四"二十五年

今年的 5 月 4 日，是"五四"的第二十五年纪念。"五四"事件已经过去了一世纪的四分之一了。在这样变动剧烈的世界中，一世纪的四分之一，可以有无穷的大变化发生。即在中国，这变动也是空前的。所以若有人在今天依旧全称的、无择的讴歌"五四"，自是犯了不知世界演进国家演进的愚蠢，其情可怜。然而若果"五四"的若干含义，在今日仍有教训性而并未现实，或者大势正与之相反演进，自然不必即是国家之福，其事可虑。

"五四"在当时本不是一个组织严密的运动，自然也不是一个全无计划的运动，不是一个单一的运动，自然也不是一个自身矛盾的运动。这个情形明显的表现于其整个运动的成就上，所以消极方面的成就比积极方面的多。这正是许多人贬责"五四"运动的根据。我以为"五四"纵有许多弱点，许多未成熟处，但这个消极的贡献，却是极可宝贵的，也还是今天甚可警醒的。

何以呢？中国的存在有几千年，自有其长处，即是说，有使他寿命如此长久的缘故。但是，这个几千年的存在，论对外呢，究竟光荣的年代不及屈辱的年代多；论内政呢，内政的真正清明，直如四川冬天之见太阳，"生民多艰"，古今一致。所以恢复民族的固有道德，诚为必要，这是不容怀疑的。然而涤荡传统的瑕秽，亦为必要，这也是不容怀疑的。假如我们必须头上肩上背上拖着一个四千年的垃圾箱，我们如何还有气力做一个抗敌劳动的近代国民？如何还有精神去对西洋文明"迎头赶上去"？试问明哲保身的哲学、"红老哲学"（《红楼梦》、《老子》，世故之极之哲学）、虚文哲学、样子主义、面子主义、八股主义、官僚主义、封闭五官主义，这样一切一切的哲学和主义，哪一件不是建设近代国家的障碍物？在洗刷这些哲学和主义，自须对于传统的物事重新估价一番。这正如尼采所说，"重估一切的价值"。自然，发动这个重新估价，自有感情的策动，而感情策动之下，必有过分的批评；但激流之下，纵有旋涡，也是逻辑上必然的，从长看来，仍是大道运行的必经阶段。今人颇有以为"五四"当年的这样重新估价有伤民族的自信心；不错，民族的自信心是必须树立的，但是，与其自信过去，而造些未曾有的历史奇迹，以掩护着夸大狂，何如自信将来，而一步一步的作我们建国的努力？这就是说，与其寄托自信心于新石器时代或"北京人"时代，何如寄自信心于今后的一百年？把一个老大病国变成一个近代的国家，有基玛尔的土耳其是好例。土耳其原有回教的加利弗（Califate），这是土耳其几百年霸权的遗物，在上次大战中还有甚大的号召力，使土耳其虽败不亡，然而基玛尔胜利的进入君士坦丁后，毅然决然的废止这个制度，这因为这个制度之于土耳其，对外虽有号召的大力，在内却是彻底革新的阻碍。基玛尔务实不务名，所以在土耳其境内废止了他。又如中东、近东人民习用的红帽子，到屋子里也不脱的，他也为文化大同起见废除了他。至于文字的改革、习俗的改革，处处表现出他要彻底近代化土耳其的精神，他为什么不爱惜这些"国粹"呢？正因为这些"国粹"是土耳其走向近代化的障碍物。

我何以说"五四"的若干含义在今天仍有教训性呢？大凡时代的进展，总不免一正一反，一往一复。最近十五年，东西的若干强国——今日全是我们的敌人——各自闹其特殊的国粹运动，我们也有我们的国粹运动，我们的国粹运动自与他们的不同，这因为我们的"国粹"与他们的"国粹"不同。我们的国粹运动所以生于近来是很可了解的，在颇小限度内，有他的用处，然若无节制的发挥起来，只是妨碍我们国家民族的近代化，其流弊无穷。随便举青年一事作例说罢，不是大家都说今日的青年总是犯了消沉、逐利、走险三条路吗？要想纠正这些，决不是用老药方所能济事的，无论这药方是汉学的威仪齐庄，或是宋学的明心见性，这个都打不动他的心坎，你说你的，他做他的，要想打动他的心坎，只有以行动启发其爱国心，启发其祈求社会公道心，为这些事，舍生取义是容易的事。总而言之，建设近代国家无取乎中世纪主义。日本在维新之初，除去积极的走向近代化以外，又弄一套"祭政一致"、"国体明征"的神秘法门，日本之强，是他近代化之效，而把日本造成一个神道狂，因而把日本卷入这个自杀的战争中，便是这神秘法门的效用。

难道这是可以效法的吗？所以中世纪主义也许可为某甲某乙以忽不勒汗的过程成其为呼图克图，而于全国家，全民族，是全无意义的。

"五四"的积极口号是"民主"与"科学"。在这口号中，检讨二十五年的成绩，真正可叹得很。"民主"在今天，已是世界大势所必趋，这篇短文中无法畅谈，只谈谈"科学"。注意科学不是"五四"的新发明，今天的自然科学家，很多立志就学远在"五四"以前的。不过，科学成了青年的一般口号，自"五四"始。这口号很发生了他的作用，集体的自觉总比个人的嗜好力量大。所以若干研究组织之成立，若干青年科学家之成就，不能不说受这个口号的刺激。在抗战的前夕，若干自然科学在中国已经站稳了脚，例如地质、物理、生理、生物化学，而人文社会科学之客观研究，也有很速的进展。若不是倭鬼来扰，则以抗战前五年的速度论，中国今天可以有几个科学中心，可以有几种科学很像个样子了。即是说，科学的一般基础算有了。恰恰暴雨狂风正来在开花的前一夕。受战事的打击，到了今天，工作室中徒有四壁，而人亦奄奄一息，这全是应该的，无可免的，无可怨的。一旦复原，要加倍努力赶上去。不过，今天的中国科学确有一个极大的危险，这就是，用与科学极其相反的精神以为提倡科学之动力是也。今日提倡科学之口号高唱入云，而为自然科学的建设不知在哪里，其结果只是些杂志宣传，而这些杂志中的文字，每每充满反科学性。大致说来，有狭隘的功利主义，这是使自然科学不能发达的，然若自然科学不能发达，应用科学又焉得立其根本？又有狂言之徒，一往夸大，他却不知科学的第一义是不扯谎的。全部科学史告诉我们，若没有所谓学院自由（Academic Freedom），科学的进步是不可能的。全部科学史告诉我们，近代科学是从教条、学院哲学（Scholasticism）、推测哲学（Speculative philosophy）、社会成见中解放出来的，不是反过来向这些东西倒上去的。全部科学史又告诉我们，大科学家自然也有好人，有坏人，原来好坏本自难分，有好近名的，有好小利的，原来这也情有可原，但决没有乱说谎话的，作夸大狂的，强不知以为知的。大科学家自有一种共同性，这可在盖理律、牛顿、达尔文、巴斯德诸人传记中寻得之，这些人与徇禄的经生绝无任何质量的相同处，所以今日提倡科学的方法极简单，建设几个真正可以作工作的所在，就是说，有适宜设备的所在，而容纳真正可以作科学工作的若干人于其中就够了。此外，便只是科学家自己的事了。此外，更无任何妙法。工作的环境可以培植科学家，宣传与运动是制造不出科学家来的。

我要提出一个"五四"的旧口号，这个口号是，"为科学而研究科学"，读者以为我这话迂阔么？只有这才是科学的清净法门！

（原载 1944 年 5 月 4 日重庆《大公报》星期论文）

现实政治

现实政治是政治的方法论，不能说不牵涉到主义，但与主义不是一件事。任何主义都有他的现实政治。社会主义必有他的现实方法，否则将为幻想主义者；民主主义必有他的现实方法，否则必为无能的乱民主。诸如此类，这些现实方法是对于一切政治共同的。若只有现实而无主义，必成所谓机会主义，但若只谈主义而绝不把握着现实，必不能走上胜利之路。我所谓现实政治者，只是如此一套，其中绝不含有马加维利主义，或德国人所谓的"现实政治"。

我所谓现实政治可分三段说：一、认识现实；二、把握现实；三、操纵现实。现在分别说去。

所谓认识现实，必须具有下列要义：

（一）客观主义而非主观主义。客观者，以事实为根据；主观者，以假想为根据。假想的结果，也许可成一家之言（设如有才学，而其职业是文艺），但决不能把事情办好。

（二）智慧主义而非直觉主义。工程师造桥，是智慧的产物；蜜蜂造蜜，是直觉的产物。蜜诚然甚好，然而永远是那一样，何如桥之千变万化，因地制宜呢。何况老鸦吃死肉，而自以为美，也是直觉呢。

（三）多元主义而非一元主义。天下事总不能从一面看，从一面看是主观，是疏略，以至是错误。综合各面的观察，方可得到一个轮廓。我们固不当被头绪的繁多压倒在地下，也不当因头绪的繁多而只取其一线，以为天下之奥妙尽在乎是，总是把头绪理出来方好。若固执一元，以为天下事都是如此如此，最好的说法，也只是一个先天推断的固执论者（Doctrinaire）。学院中不少此等典型，广场上更多此等口号，但处理起事务来决不是如此简单的。

（四）实验室主义而非寺院主义。实验室的精神，是以科学纪律造成心中之疑点，而以实验方法证明或否定之。寺院主义是以起信为前提，起信以后，看到的一切事物，无非是大法之显扬了。实验室主义是充分利用五官，更把脑筋逻辑化；寺院主义则是封闭五官，横切脑筋，岂止"思而不学则殆"而已。

总括来说，那种主观主义、直觉主义、一元主义、寺院主义的人们，若是有学问呢，有风格呢，有天才呢，仍不失为历史上的艺术作品，在中世纪也许被教会列入圣人堂。在现在呢，办一事坏一事。今日之欲创造哲学者何其多？欲骋才情者何其多？欲天下事皆如己愿者何其多？自喜自信他的见解超越中外者何其多？因而不务本业者何其多？总而言之，把事实一切扔开，完全自我发挥者何其多？

要矫正这个风气，只有用客观主义、智慧主义、多元主义、实验室主义。这不是容易办到的，也许客观的事实看来很不好受，因为正和愿望相反；也许运用智慧太费气力，这里边要压制感情，压制愿望，压制冲动，乃至大大牺牲；也许实验室主义他根本无此耐性尝试，以为这些真是多事，更或误把经历当做实验了。但是，自我克服主观，无论如何烦恼，是认识现实之本。

所谓把握现实者，可以这样说：现实之于你我，不是风景可以留恋的，不是史迹可以凭吊的，你，我，人人，都在里边。在这巨流之中，要远远的看到他，要捉到他，要如何翻在他上面，而不为他压倒。那么如何可以把握住他呢？我想，下列几项是不可忽的：

（一）集体视听。一人之视听有限，众人之视听无量，但若这个集体只以孟子所谓"左右"为限，或以有求有赖于我者为限，是很容易上当的。若寄耳目于大众，乃可视听于千里之外。

（二）集体思想。西洋哲学中有一个名词是"辩证法"，这个名词颇有人以为是与马克思主义不可分的，那是错误了。这个名词古得很，是二千五百年前希腊思想家所造的名词，其原文即是"对辩"，二人正反相辩，理解便如此推衍，玄学家推而广之，遂用以名大道之运行。一个人心中运思的方法，是正反相较，果能若干人有组织的运用正反相较，无论其形式为英国的辩论会，或俄国的小组讨论，只要有真正发挥反面意思的自由，以及假设反面意见的自由，虽中才也可得到高等的智慧。

（三）不失时机。古人说："难得而易失者时也。"大凡一件事，若先时机而办，固可以坏事；若后时机而办，更无济于事。如何办得恰如时机，必须有先见，有远见，有决断，能立断。果真办得太迟，有些事可以毫无用处，有些事需要事倍功半，更有些事别生枝节。

（四）不省气力。"割鸡用牛刀"，固嫌不经济，割牛若用鸡刀，不知一割需要几年？"杯水车薪"一个比喻，差可以形容无效的改革。吃药要吃得够分量，方有效；办事要办得够分量，方有用。

既已充分了解现实，加紧把握现实，然后运用现实，以完成自己之政略，此之谓操纵现实。认识现实与把握现实，仿佛仍是现实为主，我为客，我是彻底了解现实的客人；操纵现实，则是我为主，现实为客，现实是我彻底的工具。操纵现实的要义，也可举四个例子：

（一）主动的而非被动的。被动者当然谈不到操纵，长久被动，苦矣苦矣。被动者必无先见，要主动必先有先见。

（二）发挥的而非防范的。天下之事，防不胜防。防之固者，无过马其诺防线，其效用何如？大凡一个政权，在其初建立时，防范有其用处，长久之后，力量全在发挥的政治功能中得来，防范是无益乃至有害的。

（三）大韬略而非小术数。小术数者，正如曾子固所说："莫不有利焉，而不胜其害也；有得焉，而不胜其失也。"

（四）进取而非保守。这个世界谈不到宁静，任何一事，不进取者保守不到些许。

再说一下现实政治之敌。他的敌可有下列四项：

（一）感情主义。看现在世界上的大人物，成功的，那个不是克服感情的，那些是凭感情而行的？他们的成功，都可证明他们的理智是如何不受感情支配的。

（二）官僚主义。官僚主义的界说，可以这样：1. 传事而非办事。所谓传事者，一件事由甲传到乙，乙又传到丙，传之不已，愈传愈无。2. 办公事而非办实事。我们是世界上的第一文字国，一切事都在纸上。3. 最大量的懒惰。反正事情坏了，国家亡了，与他无干。

（三）面子主义。面子主义有积极、消极两面，积极的面子主义是务名不务实，我们今后再务不得名了。消极的面子主义是蒙实害，避显辱，那真得不偿失了。

（四）鸵鸟主义。非洲的鸵鸟，在不可拒的敌人迫近时，便把头埋在沙子里，以不见为不有。这自然也是一种安慰，可惜为时太短！人之大患，无过于不见其所不愿见，不听其所不愿听，不信其所不愿信。

　　夜深意倦，写此"四四一十六"条，直不成文理，而千岁之忧历历现于心上。总而言之，统而言之，我们是个文字国，近代化差得太远，到处看见脱离现实的景象，到处见到脱离现实的有力人物，到处看到八股文字、中世纪主义。有一天走上现实之路罢！这是我日夜祷告的。

　　目前内政的最大现实，是彻底实行三民主义，尤其是民生主义，这样，政治的大发电机开动了。外交的最大现实，是强化一切大国的友谊，必须有可恃的朋友，必须无假想的敌人，必须友邦的力量我们可拿来用，这样，然后我们中国可以有个建国的机会，可以有二十年的光阴给我们培植实力。这话容我后来再说。

（原载 1944 年 11 月 19 日重庆《大公报》星期论文）

"第二战场"的前瞻

近代战术，大体可说是拿破仑、沙恩霍斯特、克劳塞维次建设起来的，以"国民战"代替了"偏兵战"，以动员供给为要点，以散布惶恐为策略，以速战速决为企图。发展这个战术的地理背景，正是西欧、中欧的国度，人烟稠密，实业发达，文化最高，交通便利。不消说，这就是法德陆军的传统。上次大战初期德国充分显示了这个战术的精彩，只缘马恩一战而败，成为持久战、消耗战，便夜长梦多了。这次大战中希特勒的进攻西欧，仍是这个战略。虽然在技术上作了许多的革命事。这战略一旦转移到攻俄罗斯，局面全变了，因为东欧不是西欧。然而希特勒仍旧以为近代的交通工具，空军坦克的威力，可以变东欧为西欧，殊不料在查理士第十二、拿破仑第一之后，又做一次更伟大的失败。

现在第二战场开辟了，恰是利用传统战术的好地方，这不消说是给德虏一个大便利，第二战场所欲进行决战的地方，恰是德国陆大教科书中的练习题。这也正是第二战场迟迟开辟的原因。但是，英美的海空军优势，兼以德虏这次仍旧受他历来最恐惧而也最免不了的"两面战场"之拘束，盟方陆海空军三方面之高度配合，造成了革命的新战术，就是在西欧登陆。以后的进展必然节节胜利，而且每段胜利必付重大代价的。其所以必然节节胜利者，以实力优越之故，最大的难题就是登陆，而登陆业已试验的成功；其所以必付重大代价者，以在这些地方打仗，在德虏是拿手好戏。

预测第二战场的进展，大致可分四段：（一）登陆，（二）扩充混合为大战线，（三）决战，（四）德虏无条件投降，下文分层说去。

先说登陆。在这次诺曼底登陆之先，我和几个朋友辩论，我说非在英国南部海岸对面的地方不可，却不能在海峡最窄处。这话，大致被我猜中了。这道理可以这样说：开辟第二战场的基地是英格兰东部南部，一切计算应从这个地点算起。登陆的时候，交通工具只有船，又非有空军伞兵不可。空军与船都要选一个近的目标，这样可以缩短飞行航行的路程，则船与飞机可以重复着穿梭着用去。其所以不能在海岸最窄处者，因为那个地方姑不论是否山岩，却是全部海面都在德方大炮射程中，无偷渡贴近之可能，这一带，即加雷—都佛，在将来容可登岸，那须是战争地面已经很扩大的时候，后面已受威胁，决不是初期登陆所应有。至于维诺曼底而登陆的地方在那里呢？我的推想如下：第一，挪威决不是登陆的地方。因为挪威不是决战的地方，盟方占据了挪威，虽与输苏航路有贡献，然今日供给苏联海陆两道均畅通，挪威的关系非头等重要，而且挪威海岸是以出名的"崖湾"（Fjord）构成，可以上陆的地方多在山曲中，兼以苏格兰海岸去挪威海岸甚远，所以在挪威登陆既不需要，又不可能。第二，荷兰也不是登陆的地方。因为荷兰的南部中部海岸，其近海陆地都是海面下的高度，登陆便遭灭顶的水淹。北部海岸及接连德国海岸的一带，直到丹麦，外有伏列士群岛（西部东部中部三群岛，Friesische Inseln），岛形如带，包着海面，岛内全是浅滩，登陆船可以用，护航的军舰却不能接近。其实这些地方，在不久的将来多可如荷兰之茹德海一样变成陆地的。这些地方的若干点，也许在法比一带进行大决战及大决战胜利之后有登陆的事实以为牵制之用，因为这个地带——由丹麦南部至荷兰北部——最近德虏的心脏，但决不是早期登陆所可尝试的。第三，比利时的海岸，也有大部分不可登陆。比利时的地形分为三区，东为山区，中为平原区，西欧大战每决于此，西为低地区，即所谓佛兰得者（Flanders），又有很多地方可以水淹，只有在奥斯登（Oscende）以南有些地方稍可免此。第四，法国西部海岸除不列坦尼半岛外（即卢阿河 Loire 以北的地方）也少登陆的便利，因为这一带在地形上虽是很可以登陆的，却离英国过远，将来战事假如发展到法国南部，此处也许有海军炮击小规模登陆之事，但这个可能性须在德国空军等于毁灭的时候，或者德虏已经丧失法国北部的时候，现在无此可能。如此说来，第二战场之扩充，应该是自奥斯登至不列坦尼南端之洛林或圣那最尔（St. Nazaire）线了，此中尚须除去若干可为水淹的地点，例如加莱的左近，西欧洲水利发达，到处筑堰，也就容易在战时放水。更须除去加雷、都佛线，此线防守太固，海面太窄。这个登陆可能长线，全是英国南海岸整个的对面，自泰晤士河口沿全部南海岸至布瑞斯涛尔湾（Bristol）沿岸，都是海军与商航的根据地。这一带，德虏的远程炮既接近不着，制海权又全在盟军手中，即德国的潜水艇也无甚作用。登陆以半岛及突出地为相宜者，因为这样地形可以发挥海军的大作用，应付一边上陆的德虏部队，易受后面的攻击。这一带的半岛中，其较小的诺曼底半岛，上端名瑟堡半岛，最大的是不列坦尼半岛，此半岛中有法国的五个州。甚小的是哈佛突出地，最小的是加雷布隆间，也是一个突出地。现在既以瑟堡半岛为登陆的中心，以后便当在两翼地带继续登陆了。陆地战事之旁行发展，也可以促成登陆的发展。

再论大战线之造成。我们切不可以为在小小的一地带登陆便可长驱而入巴黎，这样"流寇战"在近代战术上是不可能的。也不可以为占据了一段小小海岸便以为第二战场可以如此建立。第二战场是个大战场，须容纳一百至二百个师——这数目当然是由德虏防军的数目而定的。登陆战术实际上可以如此说：（一）稳定中点；（二）发展两翼；（三）两翼之外继续登陆，以图包抄敌人后路，于是两翼成为中点，另有两翼；（四）如此重复不已，即继续扩大不已。这个公式也只是陆地战术之变化型。现在既已在瑟堡半岛稳定着中心了，左翼即是哈佛区，此区本也是初步登陆之地，后遭失败，似乎还要继续在此登陆，右翼便是不列坦尼半岛之寇杜诺（Cotes-du-Nord）、芬尼斯特（Finistre）两州。左翼有接近巴黎之优势，右翼有半岛的便利；以后登陆及陆上的发展当在这两翼了。如此自塞恩河（Seine）口至卢阿河口大部海岸线占有之时，陆军也必深入内地了，下塞恩州之海岸（Seineinférieur，即哈佛以东的海岸地）当以陆地包抄而得之。有这样的一个海岸根据，然后几十师可得发挥作战力。这时的目标，便是直下巴黎，巴黎是法国北部交通的中心点，非得巴黎不能北向以而求决战。其实此次之历史上未有的扩大登陆战术，全靠空军破坏敌人后方交通线，若做不到，便无登陆之可能，若全破坏了，登陆便极容易，事实恰在两者之间。大概铁路交通破坏得很厉害，公路交通则极难破坏，这在德国汽车工厂受炸，汽油缺乏的时候，自然使它加倍困难。得到巴黎便可利用法国北部的公路网，却不是利用那个铁路网，因为车头车皮在德虏败退时必毁坏无余，登陆军又不能多带这些物事来。说到这里我们心中或者要问，盟军要不要在法国南部登陆？我想，这是南战场的问题，与意大利境的战场联为一气的。法国南部海岸除马赛、土伦是军港，无法登陆外，法南海岸在马赛以东者，颇多便于登阳［陆］的地方，科西嘉岛在盟军手里，以为登陆的根据地固然可以，只是离可以登陆的海岸太远，况且法国南部山地太多，要想发展为一大战场，是很不容易的事。不过，若是用它来牵制一部分德国兵力，却也有用处，这用处究竟不是急切的。

照这一段话的道理，在进行决战之先，必须解放法国，这因为战略上有此必要，不是政略上有此闲工夫，凡以为登陆之后不大扩充地盘便可进行决战者，诚皮相之言也。

现在说决战。到了完成上一阶段时，就是巴黎打下，法国大部分解放时，当年的马其诺防线便成德国的防线了，这防线对于德国之无用，当与它对与法国之无用同，因为在现代战术中，没有防线是最稳固的，况且这防线只在法国东边，北边没有，而进行决战正在北边。由法国直攻德国，只有萨尔桥（Saarbruecken）一条路，这也是小丘陵地带，前途不便得很。所以进行决战还只是那个古原古道古战场就是法国北端、比国中部，由巴黎至阿恨（Aachen，法名 Aix-la-chapelle）的一条路。到了这里，一个小难题来了，这些地方，可以水淹的不少。这些地形，自然双方的参谋部研究得极熟了，不足为大障碍，若为此小小有所牺牲，或者是不免的。这个决战必是一个空前伟大的决战，所以后方必须建立得广大稳固，必不是在意大利境的打法。

决战既定，德虏必在迅速败退中，一如 1918 年 8 月兴登堡攻势失败后的景象。到这时，在德国西部海岸登陆的事，方才或者可以有用。等到盟军到了莱茵河，或者占领了鲁尔区，德国便瓦解了，这是德国的第一资源区，用不着打到柏林的。德国若失去了鲁尔的煤，阿尔萨斯、洛林的钢，德国便完了。

附带说一说其他战场。意大利战场如何推行，究竟德虏是图固守意北平原郎巴地（Lombardia）南边的山区（自西北向东南的一个山脉），或者守波河（Po），或者一切不守，决以阿尔卑斯山脚作天然防线，现在还难断定。我看，他有守山区的可能性，若山区不守，便该直跑到阿尔卑斯山脚下，波河是很难用为防御线，如若干报纸所说的。这样的全盘放弃，德虏有它的好处，就是腾出兵力，为第二战场之用。在盟军也有便利，就是炸德国南部奥国巴尔干亦更便了。果真如此，对于盟军在法国南部发展也很有利，意法交界虽也是阿尔卑斯山，然若无重兵固守，还是可通的。

东战场的决战地应该在明斯克—华沙一路上，这是自古以来的东征决战地，全是平原。其南是大湿地区，绝不利于用兵，再南又是一条高地，由基也夫（基辅）通罗夫，只是这条平原比较窄些，可作一翼之用，而非展开主力的地方，更南又是山地，无从施展了。

以上所说，都是教科书式的看法，实际的进展是无人可以步步预料的。这道理可以这样说：地形决定了原则，力量的对猜造成了技巧，战略的对猜形式［成］了一个战场形态发展的决［次］序。不过，这次大战总是力量的决斗，重要的地方，彼此都看重，所以我颇自信这番猜谜大致不差。

至于第二战场进展的速度，我的看法如此：扩充阵地要三四个月，这必须在十月末海岸雾季到来之先。建立成大阵地，即解放法国，要在秋冬。决战要在冬季或明春。总之，明年夏天欧洲战事可以结束，若是东西战场之一有了决战，其地即不待决战，若是德国内部有了变化，也不待决战，所以进展还可以很快，这是一个最保守的估计。本文既以讨论地形为限，不再解说了。

第二战场开辟了，五六月我在重庆时，看见报上偶有论这一带地形的文章，似乎颇不扼要。所以回家后用两夜之力写此一文。第二战场一带，正是二十年前我在欧洲时旧游之地，今为之神往，欲罢不能。书生谈兵本是千古的笑话，明知故犯，借博朋友们一笑而已。

（原载 1944 年 7 月 12 日重庆《大公报》星期论文）

罗斯福与新自由主义

罗斯福总统突然谢世，引起全世上爱自由的人民的悲痛，不分种族，不分阶级，不分政见，不分主义，普遍的衷心痛悼。这固然由于世界缩小了，可以发生国际仰瞻的人物，也正因为罗斯福之伟大风格，有超越于不同的种族、阶级、政见、主义者。我们痛定思念，他这一生对美国，对远东，对世界，对人类前途的贡献，皆曾划一时代。他就任美国大总统时，正值空前的商业不景气，他推行"新政"——其中实在含有温和而有效的社会主义成分——安定了民生，更继续不断的创造些有利大众的制法，同时先天下人看到世界大祸之将临，搏斗孤立派，推行"大海军"，终于领导世界走到今天进步的战胜逆行的形势。假如这个世界上没有他这样一个伟大人物，理智与情感调和，现实政治与崇高理想兼备，我很难想像今天的世界是怎样？他虽然在世界运行的最紧要关键中忽然谢世，他已经成就了人类有史以来最伟大的人格之一，他这一生必是后来史家一个大题目。现在若问，在他的伟大贡献中最伟大的是什么？各人的重点不同，答案必不一致。我的答案是，他给自由主义一个新动向、新生命，并且以事实指证明白，这个改造的、积极的新自由主义有领导世界和平与人类进步的资格。

这话待我从远处说起。自由主义是美国独立、法兰西革命的产品，领导这两大事件的思想，在十八世纪中不止一家，前此的宗教革命也是一个远源，但最有效力的激动者还要算卢骚的政治哲学、教育哲学。诚然，我们现在检讨卢骚的思想，可以证明他的政治哲学并无历史的根据。他的教育哲学并无心理的根据。但哲学的时代正确性，是要看他能不能与时代的现实配合发生作用，不像几何物理一样，超于时间的。卢骚的哲学恰恰激动了新兴第三阶级，即所谓市民阶级的心坎，于是对封建宗教的势力之统治者发生革命，以自由为号召，以解放为归宿。法兰西革命虽震荡了全欧洲，却并未曾安定下去，终被个人主义者之拿破仑挟着走了岔路，在革命中也并未曾演化出一个切实具体的教条和方案来，虽有"平等、自由、友爱"的原则，这仍是空洞洞的。再看美国，政治虽然安定，自由虽然确立，若以现在的眼光看去，他那宝贵的《人权宣言》十条，仍多偏于政治的消极方面。十九世纪自由人道主义在英国之演进虽无赫赫的段落，却有不少零星而合于实际的进步。整个看来，在美国独立、法国革命之后的十九世纪，自由主义却因与资本主义配合而变质了！自由主义因反抗封建而产生，资本主义因工业革命而发展，这两件事原来毫不相干，前者是不愿受役于人，后者是因机器而役人，心情上更全是相反的。一八四八年的欧洲革命，确是法兰西革命的尾声，这中间何尝有资本主义？那些初在英国及他地推广工业革命，夺民田，役幼童，乃至跑到海外冒险去的"工业诸侯"，虽然建设了他的"财产自由"以外，又何尝有人道性的自由主义在念［呢］？历史上常常有两件事原不相干，因同时发生而纠缠不清的，这就是一个例。诚然，这中间也不无联系之处，因为这两件事都是凭藉十七八世纪第三阶级之渐渐生长而出来的，但是在心术上、在政治意义上，终于是两件不相干的事。从十九世纪之初，纯正的自由主义，尤其是偏于人道主义者，几乎全被赶入好事者的沙龙，作家的论撰，学校的课堂里去了。在一般的社会上，力量实在不大，白瞪着眼看着资本主义挟走的自由主义在社会上大发达，一切为着资本主义的利益！资本主义这样的利用自由主义，诚然得了很大的便宜，击破封建势力，建设"财产自由"。可惜的是，法兰西革命的人道主义色彩完全遮盖了。不过，沙龙、课堂与著作，也还不是不生产的田园，于是纯正自由主义也还有在理论上发达的趋势。不特激进的自由主义者演化出各种不同的社会主义，即纯正的自由主义者，如边沁、穆勒父子等，也认明机会均等在自由主义中之重要。所以忽略经济方面之自由主义者，我们可以说，不是真有见解的自由主义者，不是人道传统的自由主义者。

自从"第四阶级"出头，资本阶级及其挟带的变态自由主义，成了目下受击之对象，于是很有转而结合旧势力恶势力者。又自上次世界大战以后，不公正的和平及其经济影响，引起欧洲的各种反动力量对于亚洲之不变的殖民地概念，培养了日本的实力，于是两大战之间成了民主政治自由主义之没落期，其结果便是这次的世界大战。在此次世界大战之前夕，许多人怀疑自由主义之实用性，加以一切的攻击——"无能"、"虚伪"、"作恶"、"坏事"等等。

不过，在这四面受敌状况中的自由主义者，也有一部分人不甘居败北而检讨现实，回想百余年的进展，以为自由主义确有若干修正之必要，而不应该根本加以推翻。这一类的修正派大约限于文人及教授，他们的原则大致可分为两项：

一、继续法兰西革命的传统，即人道的自由主义，而解脱自由主义与资本主义及其相衍的帝国主义之不解缘，乃至反对资本主义。

二、取用社会主义的目的——这本不与法兰西革命时代的自由主义违反的——而不取一派的社会主义者之阶级斗争哲学。

自由主义本是一种人道主义，只缘与资本主义结合而失其灵魂，今若恢复灵魂，只有反对发达的资本主义。然若一面恢复原来的人道主义，一方又接受阶级斗争之理论，仍是把政治动力放在人之相恨上，仍是与人道主义相反的。人类的文明，总应该有继续性，有继续性然后便于发扬光大。试看欧洲的文明，在古代本以地中海为中心，北岸之欧洲，南岸之非洲，有同等重要，只缘非洲经过多次的彻底推翻，成了今天的落伍；北岸的欧洲文化，层层的建设上去，遂有近代文明的光辉。今天求人类的进步，总不该先推翻一切，从"青铜时代"重新做起，希特勒便是一个这样打算自原人从新做起者。所以新自由主义者应该不违反人道主义之传统，而考核现实，修正道路的错误。

这样的新自由主义者，在这次战前虽不乏其人，终无多大政治力量，总被右派呼为幻想者，被左翼呼为"乌托邦"！总为世人所忽略！

谁知罗斯福总统，不凭藉学究的理论，不从事教条的排演，以世事洞明，人情练达之故，竟把一种的新自由主义，在新大陆表证其成功，并指示此一主义可以领导世界和平，人类进步。

何以称他为一种新自由主义呢？美国的政治传统，本是自由主义，不待说，但传统的自由主义到今天太多保守性，例如"财产自由"，竟是其他一切自由的障碍。罗斯福总统在第一、第二两任总统时推行的一切社会立法，即所谓"新政"者，虽不揭社会主义之名，也并不是强烈性的社会主义，却是一个运用常识、适合国情的对资本主义现状之严重修正案，其中实在包含着不少温和的社会主义成分。这无怪乎保守的最高法院宣布他的最大制法为"不合宪法"，此中所谓"不合宪法"，即不合"财产自由"之意。更无怪乎"大买卖人"始终反对他。不过民众是支持他的，时代是支持他的，所以他四任当选。一九三二年，他第一次竞选总统，发表了一个《新民约》演说，他说：

> 人人皆有生存之权利，同时也应有安居乐业之权利。他也许因为懒惰和罪恶，放弃这天赋之权，可是他有自新的机会去行使他的。……老、弱、孩童，当受人爱护，不得加以摧残。我们一定要限制投机家、操纵者，甚至于金融家的活动。……总之，我们必须保障个人的自由和权利。（原译）

这个名号，这个立点，完全说明他是一位新自由主义者。而他在第一、第二任之立法与建设（如 TVA，田纳西建设工程），完全证明他这主义是成功者。

到他第三任时，他看到世界大战之不可免，进步分子必与退步分子搏斗，于是把备战作为他的最大新政。有这最大新政，其他社会立法转可缓办了（战时是最易于推行社会政策的时候，在英美的老牌资本主义国家尚如此，只有我们反其道而行之）。他看到世界上不能一国独自繁荣，又看到新自由主义之不能孤立，所以自第二任起，便运用国际的形势，反抗恶势力，发挥新力量。在一九四一年一月六日，他向国会宣布其未来世界观念，即是那个驰名的"四大自由"论，他说：

> ……在我们祈求的未来日子，我们望见一个建设在四种基本人类自由的世界。
>
> 第一是，言论及表示的自由——世界的一切地方。
>
> 第二是，每人各如其式崇拜其上帝之自由——世界的一切地方。
>
> 第三是，免于匮乏（的自由）——把这话说到世界上，就等于说，每个民族间，为他的人民获得一个健康的太平生活，需要相互的经济了解——世界的一切地方。
>
> 第四是，免于恐惧（的自由）——把这话说到世界上，就等于说，全世界的解除武装，到一种程度，使每一国均无力对其邻人施行侵略——世界的任何地方。这不是一个千年的远景，这是可以在我们这一世造成的世界之基础。这个世界，恰是与独裁者所欲造成的暴力的新秩序完全相反的。（新译）

后两项之称作自由，本是英文里舞弄字面，在中文里原是多事，即此可知他的自由论含有一半是新成分，以此新成分补充旧有者，而自由主义之整个立场为之改变，消极的变为积极的，面子的变为充实的，散漫的变为计划的，国际竞争的变为国际合作的。原来的自由主义与资本主义结合，实有助长帝国主义之咎，他的第三原则——免于匮乏——不特净化原来者，且正反其道而行之。他这两项新原则，实在得自上次大战后之教训，也正是他的"新政"之扩大，因为用心取术全是一贯的，我们不妨称他这四原则为"世界的新政"！只可惜这"世界的新政"方开始奋斗时，即旧金山将开会时，他便去世了。

人类的要求是自由与平等，而促成这两事者是物质的和精神的进步。百多年来，自由主义虽为人们造成了法律的平等，却帮助资本主义更形成了经济的不平等，这是极可恨的。没有经济的平等，其他的平等是假的，自由也每不是真的。但是，如果只问平等，不管自由，那种平等久而久之也要演出新型的不平等来，而且没有自由的生活是值不得生活的，因为没有自由便没有进步了，所以自由与平等不可偏废，不可偏重，不可以一时的方便取一舍一。利用物质的进步（即科学与经济）和精神的进步（即人之相爱心而非相恨心），以促成人类之自由平等，这是新自由主义的使命。

（原载 1945 年 4 月 29 日重庆《大公报》）

评英国大选

这次英国大选的结果，不但出于保守党意料之外，便是工党，也未想到胜利如此完全。自从邱吉尔首相宣布改选，我和若干朋友谈，包括我自己在内，多以为邱吉尔氏可以胜利，不过席次要大减，或者减到不能维持明显的绝对多数的状况。这个理由如下：若在平时，工党得绝对多数是不成问题的，但是战争还未结束，两党政纲之外，还有邱氏的一代威望，是大有助于保守党的。后来看见若干英国报，颇觉最初预料未尽可靠，似乎两者之命运系于天平之上，谁胜谁败未可知，但席次未必差别太多。今之结果乃如此，可见战争之未结束，邱氏之物〔威〕望都不足挽回保守党之颓势。英国人民之决心倾向温和的社会主义是毫无可疑了。这在整个世界政治上是很有他的重要性的。

现在先应说明英国选举制度的一点，和宪法的一点。照席次论，保守党对工党大致是一对二；照选票论，二千五百万选票中相差大约二百多万，即九对十一之比。英美选举法，都是用区域竞选制的，所以能将胜利的党，在席次数目上多多放大。德国当年威玛共和国宪法便与此不同，全国投党票而不投人票，无个人在区域竞选之制，所以胜利之党，仍不能在国会中显得优越的胜利，于是永远是混合内阁，左右两翼政纲相差甚远，行政总是一个模糊的妥协，内阁总是常在改换，这不能不说是威玛共和国失败的主要原因之一。英美的制度，能将胜利的党放大其胜利，于是执政者可以有权行事。又有一点，在英国当年两党竞选时，国会席次的多数，即是全国选票的多数，所以结果是很明显的。在竞选者不止两党时，问题就来了，在国会席次得到比较多数的党，不必在全国选票中得到过半数，即在席次上得到绝对多数（过半数）的党，也不一定在全国选票中得到过半数。得到选票过半数的，号称有委任权，得不到的则无有，在行使政权上应该有所不同的。前者可以自由发挥其政纲，后者须得更多的迁就舆论。即如第一、第二两次的工党内阁，都是没有得到选票的绝对多数的。这一个宪法观点，也和英国其他的宪法观点一样，是不成文法。这次工党内阁，据报载不完全的消息，已经得到总选票之半数，所以必是一个有权的内阁，和前两次的工党内阁大不同了。

有人说，保守〈党〉及工党在外交的政策上无不同，这话半对半不对。表面上，两党在组织混合内阁时，外交政策是一致的，这一次竞选，也不以外交政策为决斗题目，这由于英国政治水准甚高，政党的"党德"甚高之故。求其实际，两者之外交政策，虽在大原则上不悖谬，例如国际和平与合作等。然在兴趣上也大有不同之处，即如对苏联态度，邱氏也是主张合作的，但其中不无防御性，工党便要诚挚得多。又如英美关系，邱氏有时不免用其才气挟着朋友走，今天杜阿两位"以德胜"的先生的合作，必有不同的作风。又如中英关系，这些年来，在盟邦友好的大轮廓中，也不是没有小龃龉，这些小龃龉，以后可以希望大减，若干未决问题，当比较容易解决，或者包括邱氏认为不能成为问题之问题在内，战后之合作，应当更容易。不过，我们须得记着两件事。一、英国政治，不取"分赃主义"，即是政府改变，不改变事务官，与我们接头的人及其说法，不会有剧烈的改变。二、在这次世界大战前，同情中国者多是自由及左倾分子，在近几年，保守党的分子，对我们也多切实要好之人，但我恐怕仍以开明进步分子居主要，他们钦佩中国抗战之英勇，却也未必满意中国之政治现状。英国人是老练的，所以不如美国人批评之多，然若希望我们在国际合作上更顺适的话，我们的行政效能必须大有进步，我们的高官必须更使人可敬，我们的整个政治必须向开明向进步上走。

以上是论工党胜利后之英国外交趋势，一句话说，四强合作的局面，可以有进展。

无疑的，这次决战的主题是内政。在保守党方面，仍抄上次大战后路易·乔治混合政府的老调，例如盖住房、防失业、发展贸易等等，再加上普遍保险等等社会安定的政策，然而也说明了战后国家管制经济的必逐渐松弛。一句话概括之，即是在经济自由之原则下使用社会福利政策，又可谓之"经济复员"。这个，英国多数选民不同意，以其不充足，以其含糊。在工党方面，却拿出了一个明晰的、具体的社会经济方案，这方案比罗故总统的新政更多好几倍的含了社会主义，例如矿产国有、钢铁国有、内地交通国有、土地国管、银行国管、物资继续实行管制分配制等等，毫不含糊的是一个温和社会主义制度。工党的社会主义，是不革命性的，因为工党是个宪政党，不是革命党，而且其本身最大力量出自工团（Trade Unions），在各种社会主义中最富保守性，这是使英国工党永不会与英国共产党合作的，虽然后者屡次要求入党。但在老牌资本主义的英国，有这样一个明显的国有国营经济政纲，而以大多数当选，不能不算世界上头等的大事！这中间，可以象征英国人之有朝气，老大帝国人民之有觉悟。上次世界大战中，英国人最希望的是战后恢复战前的一切，所以路易·乔治——奥斯丁、张伯伦之联合政府应运而生。在这次战争中，英国人却不如此想了，这次选举的结果，证明英国多数人民要求战时各种经济政策与国家管制之继续，不特继续，且要在战后扩而大之，成为一个含有不少社会主义的经济制度，爱好一切自由的英国人，包括经济自由在内，难道真正要修正他对于自由的基本观念吗？不然，不然，他们的政治清明，社会守法，他们相信自由与国家管制可以并行的，这在战时已经试验得成功，他〈们〉相信在平时必然可以，因为这次工党组阁，人才有了，与麦唐纳第一次组阁大不同了。这个试验，在欧洲西北部的小国颇有成功，因为大陆上的社会民主党与英工党立点有甚多相似处，然在一等大国去实行，这要算第一次了，所以这个选举是有世界意义的。

介于内政外交之间的，是"帝国政策"。我想，这次选举也要有大影响，例如印度问题，保守党虽然也要解决，工党必然更积极。又如"帝国优先"（Imperial Preference），实际是在世界上立一个不合作的经济集团，在工党手中，也不会发展，所以工党的贸易政策必能和美国的民主党政策合作。

这一件大事，对于我们可以作为一剂"清凉散"，服之可使"神明开朗"。就理论言，国父中山先生之民生主义，实在是温和的，合于中国现状的社会主义。中英国情不同，他们当前要解决的问题是工业，我们当前要解决的问题是农民，问题虽不同，而其为温和社会主义的方案则同。中国的国民党与英国的工党，尤其是工党的开明左翼分子，在理论上很有共同点，在历史上也不像有与保守党的龃龉，国界不同，而政见相同之政府容易合作，这是一个鲜有例外的原则。但一切要以行动为准，无法以理论为准。假如政府今后实行前月国民党六全大会之政纲政策，——我想，没有客观的理由使他不实行——这次英国选举的结果，实在也给中国一个鼓励，看看世界大势，不是如此走吗？然而如果"之不能行"，其后患不堪言状，所谓"挂羊头卖狗肉"，固然不是办法，然而挂黄牛肉卖清茶又岂能发市呢？

末了说说邱吉尔先生。邱公之一生，以才气名，以善斗名，上次大战，他虽然立了特殊的功勋，而其前前后后之行事，虽然豪迈有为，有时也弄得一团糟，终究不为英国大众所喜，即在保守党中也很孤立。这次大战，确为世界人类立了大功，不仅救了英国而已。罗故总统与邱老先生，为人类的前途"挽狂澜于既倒"，《大公报》社论说他抗德联苏的各种英勇与毅力。此外尚有极其值得称许之一事，即邱公把英国武力重新整饬起来一件伟绩也。邱先生当政之宿将，多以家世与资历当位，甚不了解近代战术，很出了些岔子，即如威尔斯亲王号之沉没，其一例也。邱公好斗好战，其天才使他彻底了解近代战术，并多创造性，在近代战略史上是有头等位置的。他当政之前，认识陆海空军的将领多是和他同样属于英国统治阶级数百家的，某也贤，某也不称，他心中早有数，到他当政，迅速的调整，战略上、战备上、战资上，一切近代化，于是卒成大功。在一切特殊力能之上，他是一个不出世的大军人。不过，他在军略上的天才，并不能运用到政治上，他的政府，除艾登外相以"翩翩浊世佳公子"负盛名外，不大见特殊人物，仿佛一颗大星的周围，每每不见明星，究竟是这颗大星亮了呢，或者大星之外不容次大星的存在？英国的军事与外交在他手中大进步了，而保守党的政见却并未曾追上时代，这是他失败的原因。他极富于文学与艺术的兴趣，他的政治态度最为浪漫，说话则常常说出极文明的野蛮话，也常为此发生不必发生的纠纷。英国人在欧洲民族中，比较的最少英雄崇拜心理，这次邱相之落选，与当年兴登堡元帅之被选为威玛共和国大总统，反映英德两国人民政治意识之不同，一个极成熟，一个不成熟。若说英国选民不投他的票的人是厌恶他，可就错了，他将永为英人所崇爱，因为救英国于亡灭之中。不过崇爱他，和用他作公仆，在英国人心中不是一件事啊。

朋友见访，看我写此文，问我为何写到这种新闻学专题上去。我说，我平生的理想国，是社会主义与自由并发达的国土，有社会主义而无自由，我住不下去；有自由而无社会主义，我也不要住。所以我极其希望英美能作成一个新榜样，即自由与社会主义之融合，所以我才对此大选发生兴趣。至于邱吉尔先生之去职实不胜其感念，也因为我是一个极不讲究英雄崇拜的民族（中国）中稍有英雄崇拜意识的，这或者由于我之反儒学而受些西洋思想影响罢！

（原载 1945 年 7 月 30 日重庆《大公报》星期论文）

我们对于雅尔达秘密协定的抗议

傅斯年　任鸿隽　陈衡哲　王云五　楼光来
宗白华　范存忠　储安平　吴世昌　林　超
苏继颀　钱清廉　吴任之　吴思裕　陈铭德
罗承烈　赵超权　钱歌川　任美锷　张贵友

　　1946 年 2 月 11 日，华盛顿、伦敦、莫斯科三地同时公布了上年同日在雅尔达会议中由罗斯福、邱吉尔、史达林三人拟定的秘密协定，其中包括承认外蒙的独立，中苏共管中东、南满两路，租借大连、旅顺两港，以为苏联在德刚投降三个月后对日宣战的代价。中国在反侵略战争中，抗战的时间最久，所受的损失最重，不意美苏英三国竟订立这样的秘密协定，侵犯他们盟邦中国的领土主权，破坏了自华盛顿《九国公约》以讫开罗会议尊重中国领土主权的庄严诺言。这一秘密协定，违背了联合国共同作战的理想和目标，开创今后强力政治与秘密外交的恶例；影响所及，足以破坏今后世界的和平，重踏人类罪恶的覆辙。这一秘密协定，实为近代外交史上最失道义的一个记录。

　　雅尔达会议的召开，正在中国中原湘桂各次战役失利之后，原子弹尚未成功以前，罗斯福在两面作战的形势下，急于要求苏联对日宣战，其处境心情，我们容能了解；但不顾道义，违背本心，同意苏联的要求，侵犯中国的领土主权，其事绝不可恕。罗斯福及其领导的美国，在中国人民心灵上原占有极其友好的地位，但这种地位已因雅尔达秘密协定大受打击。我们绝不能因为罗斯福在这次整个的战争中所做的贡献，以及其他过去对于中国的同情及援助，就原宥他这次的过失和责任。

　　自"九一八"以来，英国对于中国的抵抗日本，从来缺乏公平而有效的援助，甚至于一度封锁中国的惟一国际交通，以求对日的妥协。这种态度，久已有失公道。邱吉尔在雅尔达会议以前，曾特意夸大美国对华的援助，他蔑视中国在这次战争中的贡献及其他应占有的地位，在雅尔达会议上，他显然背负了为英国盟邦的中国，这完全是一种不荣誉的行为。

苏联在雅尔达会议的要求，完全违反对侵略的法西斯国家共同作战的目的，违反列宁先生与中山先生共同建设的中苏友爱的新基础，违反苏联多次的对外宣言，尤其是对华放弃帝俄时代不平等条约的宣言，违反对《大西洋宪章》以来各重要文件的精神。苏联所标揭的是打倒帝国主义，然则今日苏联要求恢复其俄罗斯帝国之权利，又何以自解？苏联乘人之难，提出这种要求，其异于帝俄对中国之行为者何在？这种行为，难免造成今后世界战祸的因素。为中国，为世界，我们不得不提出严厉的抗议。我们认为这个雅尔达秘密协定，是这次战争中最失道义、最不荣誉的一个文件。它打消了联合国家参加反侵略战争的神圣性。苏美英三国应根据《开罗宣言》及莫斯科《四国宣言》的精神，勇敢而坦白地承认三国对于中国所犯的过失。苏联尤应自动放弃其帝俄时代的政策，以维护其素所主张的国际正义。中国政府应将这一问题及最近东北各种震惊人心的发展全部公开，要求联合国调查，用以断绝任何可能类似的秘密外交，并以避免东北重为世界大战的因素。关于目前的局势，中国政府除在苏联同样履行其条约义务的条件下履行其所签订的《中苏条约》中所应履行的义务外，不得再有任何丧失国家主权及利益的行为。我们希望全国上下，不分党派，一致团结，监督政府，督促政府努力争取中国在国际社会中的平等地位，及其主权、领土与行政之完整。

（原载 1946 年 2 月 24 日天津《大公报》星期论文）

中国要和东北共存亡

中国的东北（"满洲"），诚然是近代战史中最炫耀的因素。为它，起了日俄战争，而日俄战争是第一次世界大战的前奏。为它，起了"九一八"沈阳事变，而沈阳事变就是第二次世界大战逻辑的开始。虽然"九一八"到波德开战有好几年，而世界不安，公法破坏，走向大战之路，实自"九一八"开端。第一次世界大战结束后，国际的"安定"远比今天好，而北大营的炮火，竟将第一次世界大战后之小康局面震破。现在第二次世界大战方才结束，东北又闹起来了，亚洲的火药库又冒烟了，真比第一次大战后的景象还不如。今天的联合国远不如国联初立时的景象，正是一个证据。恰如张伯伦要避免战争反而培植出战争一样，罗斯福先生要迅速结束第二次大战，反而种下了第三次世界大战的决定种子，这就是《雅尔达协定》。除非世人充分了解这个重大意义而竭力避免，未来的历史，要证明这事的。

仿佛老天专和世界人，尤其是中国人开玩笑，把东亚的资源，集中在东北（"满洲"），以便"蚁蜗斗争"。中国号称地大物博，这真是夸大狂，地大须连外蒙、新疆、西藏算进，物博则全不是那一回事，只有东北是物博的。把中国画分几个经济区，可以这样说：第一区东北，重工业的资源占全国（新疆除外）百分之七十（约数），纤维工业几乎包办，化学工业占第一位；第二区华北，包括冀、鲁、豫、晋、察、绥，重工业资源占百分之二十，农业第一位，但也有不及东北处；第三区西南，包括川、滇、黔、湘、桂、粤，重工业资源占百分之七八，稀金属较富；第四区华中，还有甚少的重工业资源；第五区东南，只是有泥田，即是非人工不办的农业，此区在当年号称富甲天下，等中国工业化起来，科学化起来，是必然落后不堪的；第六区西北（新疆除外），妄人谈开发，知者谈复苏，因为地形须先改正，然后草可生，水可用；新疆矿产未可量，其他无办法，另成一单位。东北在整个中国中如此，再分析他的内容。东北的煤矿，质量超过全世界任何地方，不比山西红煤只是烧洋炉子用的。东北的铁矿中国第一，东亚第一。东北有矿金，中国他处只有沙金（因为唐努乌梁海，不是中国了），又有银、水银、铜、铅、铁等金属，一切质量并可观。又有若干稀金属，包括电铀在内（无人注意），他在金属方面的贫乏，只是铝而已，这也不是没有，只是质量欠佳。总合他的矿产说，只缺少石油，然而煤那样多，为国防用的人造石油，也是有办法的。中国广大可用的森林，只有东北有，因为西康、青海的木材是无法运出的，所以他在纤维工业上，在中国应居独占的地位。至于农业，他因为大半是平原之故，最易利用科学方法，又因为雨量丰富，他的畜牧也是无限的，决非西北垂死的状态可比，农业是化学工业之本，所以除非硫酸亚一类向天空取资源的工业，化学工业也应该在中国占第一位。尤有一件妙处，东北水电的地位极高，这在黄河各省是不可能的，因为黄河区雨量不均。扬子江虽有发展所谓 T·V·A 之可能，然用钱浩大。最省钱，最易收效的，是东北的水电建设。水力发达，电力便宜，一切工业成本小了。还有大豆，东北独占，这物事在将来有无穷的用处。原来头等国家要有头等国的资源，中国的资源，自比意大利好些，但比苏、美、大英帝国差得太远嘛。有东北，尚可使我们比于中欧全体。有东北，中国好比印度。无东北，中国只是意大利。读者或者不信我这话吗？请你问问了解中国资源的人，万勿轻听那些高谈开发西北以为"收之桑榆"的愚人！

再就东北的面积说，热河除外，共有一百二十万有余平方公里（据民国二十七年日人实测伪满疆域数，减热河，加"关东州"）。以他的极南端旅顺嘴到极北端的漠河，空中距离等于北平至厦门！从他的极东端混同江合流处到极西端贝尔池区边境的空中距离，等于上海到重庆！中国地图中，被外蒙新疆西藏占得太多了，每每忽略东北之广大。如不信，请拿尺子在地图上量一下，如此广大的区域，其中竟无废土，其中却有无限的平原，所以是中国人口的调剂所。现在在东北只有四千万人，而其他地区乃是四亿，所以移民的前途也未可量。

没有了东北，中国永不能为名副其实的一等国，中国永不能发展重工业，中国永不能大量造纸和建立其他纤维工业，中国的化学工业永不能居世界前茅班次。岂特如此，没有了东北，中国的电力（煤与水电）

没有太便宜的地方，即没有用工业在国际上取得地位的可能；中国必永为贫、病、愚之国。岂仅如此，没有了东北，中国迫切的人口问题没有解决，社会决不得真正安宁，即永不能走上积极建设之路。然则中国不惜为东北死几千万人，损失国民财富十分之九，不惜为东北赌国家之兴废，赌民族之存亡，岂仅是一个感情的行为，实在是绝对理智的行为。我们的历史使我们自知不是一个劣等民族，我们也不信世上有所谓劣等民族，我们决不为经济的、政治的奴隶，所以才有革命，所以才有抗战。吃了这些苦，几几乎亡国灭种，岂不因为如其永不翻身，毋宁以死拼之，如其生为奴役之身，毋宁死作自由之鬼？假如我们今天忽然改变了态度，任其经济外倾化，以为未来世界大战的导因；政治特殊化，以为今后政治永远不得安宁的原素，我们何以对得起十四年抗日数千万死亡的军民！

谈民主者，不可不谈自由，谈自由者不可不注意积极方面，这就是罗斯福所谓不虞恐惧、不虞困乏之自由。因为只有消极方面之自由，而无积极方面的，仍易为人操纵，仍或虚有其名，必有积极方面的自由，然后消极方面方得充分的保证。现在已因东北之国际纠纷而使中国人每人心中怀无穷的恐惧，若东北竟失掉了，或者名存实亡，中国的国民经济永不得解决，中国必永为贫民窟，永为困乏、疾病、愚昧之国，然则纵有消极自由之法律规定，又岂真是自由的民族？这又是今日一切谈自由者所不可忽略的。

东北问题至于今日之糟，其远景始于咸丰年间东海滨、外兴安岭之割让帝俄，经甲午战、八国联军、日俄战，遂成国际冲突的演习场。日俄战后，曾经收复，当时的政府还算卖气力。后来演变出张作霖朝代，对外大致还不差，对内却是出了许多祸事，也因国际注视，才维持到"九一八"，前后约一世纪之四分一；在其间，山东及其他各省在移民上尽了最大努力，日寇造出了"九一八"，经六年而有"七七"，遂由局部抵抗进为全国抗战，全国人民为东北赌国家与民族之存亡。在开罗会议，本明定东北归还中国，乃竟不幸的有雅尔达的协定。《雅尔达协定》虽是本月才宣布的，然两路两港的问题早成公开的秘密。雅尔达会议不久，罗斯福总统以脑溢血逝世，当时即有传说，他是"气死的"。我也看见雅尔达会议影片，罗斯福总统走时的像貌，全然不是平常的样子，形容憔悴，面目枯槁，心中若有所思，真是悲惨的象征。然则因此会而种下祸根，或者罗斯福总统心中正如此盘旋罢！以后的《中苏协定》，当然由此而出。然《中苏协定》虽成，而雅尔达密约之宣布乃给人以莫大之刺激者，至少有三点。①当时听到不过是一种默契，或者至多是一种记录，乃竟是一个秘密协定，我不知道美国参议院照法律如何处置？此等在患难中处置盟友之恶例如何善后？②既曰"必须征得蒋主席之同意"，又曰"罗斯福总统采取措施，以获得蒋主席之同意"，显然同意与否，不得自由，是用压力的。③最不堪的是提到苏联应恢复以前俄罗斯帝国之权利！帝俄之暴，帝清之愚，是中苏人民建立真正交情时所必须忘记的，中山先生与列宁先生正以如此而奠定中苏亲交之基础。不意当时放弃之原则，今天又为夺取之理由。

我在当时是赞成《中苏协定》的，今天仍如此，理由简截说来如下。①中苏共同疆界之长，是中苏必须和好的因素。②中国需要二三十年和平建设，故对外不惜委屈求全。③承认外蒙，以保全东北及内蒙新疆。④牺牲东北一层皮，即两路两港的办法，以保全东北主权。当时有朋友问我："你以为这样条约可以保证我们吗？"我还说：我们不能因为一纸条约便不努力，但这个条约虽然不是保护国运"充足的"，然却是"必要的"。不过，在《中苏协定》中，我们已经尽了最大之让步了，已经出了最大可能的代价了，过此以往，实在不能再让步了。自旅大不许中国军队登陆以后，事实上证明，苏联的行为完全与协定之精神及文字相反，例如①照会中，②苏联与中国行政当局关系协定，③附记录撤兵期等。这两三个月的现状，虽政府哑口不言，而据折回的人所说，正如报上所载莫德惠先生强调"治安问题"的话："农夫不能种田，工人不能做工，商人不能做生意，学生不能上课。"我再加上一句，妇女不能在长春街市上、长春铁路客车中，保全其贞节！诚然，我们的官员也有过失，他们不晓得吃了什么迷魂汤，不特自己不说，并且禁人向关内报告，而且妄造"接收相当顺利"的怪现象！有一位赴东北折回的朋友对我说："我们在那里（长春）看到国内报纸，说某处某处接收顺利，真是啼笑皆非。接收大约是如此的，我们说，我们要到某省市去接收，他们说，那个地方不大平静，我们先去照料。过了半月二十天回来，请就去。并且很关切的说，带着电台，带着密码。一到那里，应有尽有，连一封糊了口的信都不易带出，还说密码？"《大公报》以为接收了空衙门，这大约是长春罢，至于各省，简直是去坐软监！

在这样的"履行"《中苏协定》下，出了"达尔银行"，张嘉璈准其注册，于是大量向日人"收买"房屋地皮，在广义"战利品"之下，有了经济合作"非正式谈话"，原案竟是无所不包，而着重在重工业与电力。其实这些谈话，并不关涉得与不得，反正政治既已特殊化，有何不得？问题是，国民政府既是列国公认的政府，由他签字，说法多些，好比向一个破落户盗买其祖产，长房出名容易打官司些，尽管二房三房或许更是好朋友。

所以我们现在第一件是坚决反对东北特殊化、外倾化。现在所谓东北的"民主政权"、"民主联军"，来源是这样的："九一八"后两三年，东北游击队失败，最后一股的李杜将军所统帅之抗日联军，在事败后退入苏境，有几千人一直留在苏境，受了充足的训练，这次跟着苏军进来。他们还家是应该的，而由他们组织的"地方武力"、"地方政权"，我实不能了解他是如何"民主"，如何能代表地方。他们十多年在国外，不与中国通消息，他们的国籍先须查考。南边则是由关内，或热河，或海道由烟台到大连进去的八路军与"新八路"，总而言之，都是在苏联占领下进去的。反正伪军已溃，溃兵是多的；工厂已停，失业的工人是多的；农民败家，壮丁是多的；而且日军、伪军缴的械更是多的，所以可有"三十万"，以后要有多少便有多少。这中间也有上下床之别，李杜将军旧部更享受好的"协助"。假若承认了这样局势，这样局势出来的"地方政府"，谁来保证他的向心力？团结是向内的，不是向外的，统一不只是挂国旗的问题。

第二，与上一义同样重要的，我们要坚决反对东北经济特殊化、外倾化。东北经济建设，目的可以不同，即或为中国或为他国，方式也可不同，即或为和平，或为战争；为中国即为和平，为外国即为战争。中国今后只要和平，不要战争，我们也不要造大炮，也不要造坦克，更不要定个五年计划，比战前加五倍造军火。日本要把东北造成一个世界最大的兵工厂，其结果"有志未逮而没"，其死法真如"吞了一个炸弹"。我们是没有利用东北为世界最大兵工厂之心，也无此力。若到别人手中，又如日本之法炮制，甚而加紧炮制，必至四邻不安，而我们先受其祸！我们为我们的国家，有利用东北资源以建设和平的新中国之必要；我们为维持世界和平，有避免利用中国任何土地以酝酿国际纠纷以至世界大战之义务。俾士麦的德国及奥匈的资源不及东北，而造成了世界大战。希特勒的德国的资源不及东北，而又造成了世界大战。所以东北的工业化必以中国为本位，和平为目的，才能造福人类。

第三，我们要坚决反对东北疆域分割化。所谓"东蒙人民共和国"

以及类似之现象，我们要誓死反对。"东蒙人民共和国"之来源，决不如某报所引莫德惠先生的话，是由于争旗之存在而出，据莫先生对我说，全是另一回事。海拉尔的公民有的要求旗之存在，一切如"九一八以前"之现状，这是很合理的，而且可说偏于保守的（例如保存王公）。乃此方案竟不能到达中央，真是怪事。至于所谓"东蒙人民共和国"，报界竟以苏联的一位上将布鲁耶蒙古（苏联自治邦之一）人乌它禅为主席。这算怎么一回事？我记得报上也曾吵闹保加利亚与罗马尼亚的总理与伊朗亚尔拜然"人民领袖"的国籍问题，我们绝不能容许我们疆土中有这样事出现，这样的"民主"真使人齿冷！难道也要与他"联合""协商"吗？原来民主二字始见于《晋书》载记五胡十六国，刘曜、石勒皆称民主，以及以后的拓跋氏，我们决不容用字眼儿如此复古！至于国境内蒙民的问题，日前我一位朋友说过：要是东蒙之外是个大海，而独立如传统的解释，例如美国十三州之独立，我立刻赞成独立，岂特自治？如其不然，正所谓"邻之厚，君之薄也"，是为谁工作的。

现在再提出具体的方法：

一、东北的经济必须中国本位化、和平化、均沾化：（一）为中国全国之需要而建设东北工业，凡中国目前所不需要者，不须即办。（二）钢铁事业，管制其成品之用途，即只能用于制农具工具及建设材料上，大炮坦克之类，我们不用，即不为此目的生产钢、铁、铜及其他金属。（三）我们不作备战的五年计划，轻工业、手工业应占重要地位。（四）黄金必须国有。（五）我们欢迎一切外国投资，纯粹商业经营，竭力避免独占性以免造成势力范围。（六）航空必须国营。（七）一切均须对世界公开。（八）欢迎联合观察。

二、东北的政治必须统一化、无党化。派往东北的接收人员，我所知道，党性强的很少，饭桶却不少。然既有所谓党派争执，索性无党化，以避困难。（一）不承认苏军占领期间造成之一切政治机构。（二）东北人民皆能还老家，并确保其安全。（三）一切党派（包括国民党在内，以下同）均暂不得在东北公开或秘密活动，任何方面派往东北之人员须先停止党籍。（四）东北之统辖机构，须为民政的，而非军事的，国军受其节制。（五）苏联占领期间一切武力均须解除武装，另为安插职业。（六）每县治安恢复，即行普选。不承认操纵乌合之冒牌"民主"，尤其是自外国来而领导的。（七）为达到上列目的，国军须源源开入，同时提前实现新军之理想，使其免去一切党派性。（八）官僚资本不得侵入，商业官僚不得进去。（九）警察亦须无党派。总而言之，东北应该由国人尽全力经营，不容许就地表演政争，尤其是内外混乱的政争。

以上办法，很可以表示中国人和平和目的了，大家很可以放心了。中国并且可用事实保证，决不在任何地方作为反苏（或反美）的基地，这样，大家很可在《中苏协定》范围内培植交情了。若并此仍是不能，直是不能，直是逼人到墙角上，我只有引《左传》的一段来结束此文，这一段是郑国伺候晋国伺候不下，而发的愤懑与决心：

> 《书》曰："畏首畏尾，身其余几？"（按：这是订《中苏协定》的心情。）又曰："鹿死不择音。"（按：这是现在的心情。）小国之事大国也，德，则其人也；不德，则其鹿也。铤而走险，急何能择？命之罔极，亦知亡矣……惟执事命之。

（原载 1946 年 2 月 25 日重庆《大公报》星期论文）

论豪门资本之必须铲除

"大鱼吃小鱼，小鱼吃虾米，虾米吃滋泥"，这句俗话正是今天中国的现状。"滋泥"是劳苦大众，虾米是公教人员，小鱼是小生意人，大鱼便是大资本家。

但，大鱼也分好多类，有三尺长的大鱼，不堪鲨鱼一击；有鲨鱼，不堪长鲸一击。今天长鲸有两个，皆凭借政治成就；在生长中的还有几个，要看后来政治是不是落在他手。大有水中一切皆入鲸鱼腹中之势。

"官僚资本"一个名词是抗战时候的产物，还是我的朋友某教授造的。当时的中心对象是孔祥熙，现在大家注意宋子文多些了，但也决不当忘了孔祥熙。现在我解释这名词一下。

现在必须分辨三件东西。第一，国家资本。国家资本的发达是走上计划经济、民生主义、温性的社会主义必由之路，所以如果办得好，我是百分的赞成。这些年国家资本相当发达，但内容和表面大不相同。从表面说，铁路除中长为俄有外，几全是国有（除去宋家与洋人要修的成渝铁路等）；航业则招商局压倒一切民航；航空号称民营，实是国家资本；主要的银行全是政府的（四行二局）；又有资源委员会号称办理一切重工业。这样发达的国家资本，我们应该几乎要成社会主义国家了，然而内容大大不然。糟的很多，效能二字谈不到的更多。譬如两路局、资源委员会等，你不能说他贪污，但无能和不合理的现象更普遍。推其原因，各种恶势力支配着（自然不以孔宋为限），豪门把持着，于是乎大体上在紊乱着，荒唐着，僵冻着，腐败着。恶势力支配，便更滋养恶势力，豪门把持，便是发展豪门。循环不已，照道理说，国家必糟。英国现在工党所行的社会主义政纲，好多我们已经实行了，例如铁路、银行、主要工业之国有，我们都做了，然而结果不特愈弄得去社会主义愈远，而且去任何有效政体、像样社会也会愈远，其故皆在人事，不在国家资本之基础观念上。

第二，官僚资本。官僚资本在中国真发达极了，上自权门，下至稍稍得意稍能经营的公务员，为数实在不少，这几乎包括中国的资本阶级及上等布尔乔亚。西洋的布尔乔亚总是投资在股票或债券上，中国工业不发达，已有者又破产，谁玩股票？债券是靠国家信用的，今天还说得上吗？中国过去官僚总是投资在田地，今天田地是个大累赘，谁肯？于是乎小官僚资本托庇于大官僚资本，大官僚资本托庇于权门资本。小官僚大官僚资本有些是以"合法"方法聚集的，有些则由于鼠窃狗偷。无论如何，是必须依靠大势力的，尤其是豪门资本。

第三，权门资本。权门资本本是官僚资本之一类，然而其大无比，便应该分别看了。这些权门资本，一方面可以吸收、利用、支配国家资本，一方面可以吸取、保护（因保护而受益）次于他的官僚资本。为所欲为，愈受愈大。用着一批又一批的"机器"（这"机器"在宋氏门下很多是些美国留学生，自以为了解所谓 Sound Business 的，极肤浅的人）、爪牙、人狗（例如战前广东银行经理，已经枪毙了的）、家奴……其效能与注重工业远不如三菱、三井，而其支配力过之。

今天的官僚资本当然推孔宋二家，二家以外，有些在滋长中。两家的作风并不尽同。孔氏有些土货样色，号称他家是票号"世家"，他也有些票号味道，尤其是胡作非为之处。但"世家"二字，我曾打听他的故人，如严庄监察使，那就真可发一笑了。这一派是雌儿雏儿一齐下手，以政治势力，袭断商务，利则归己，害则归国，有时简直是扒手。我说到这里，我想，他该告我诽谤罪了，我却有事实证明。利则归己，害则归国者，例如某某几个私家银行，在战前不能支持了，由政府入官股维持，两三年前他准许这几家银行退还官股，以当时一元当战前一元！所有这些银行在收到官股后所获的利益都不算了，这简直是拿国家的利益直接的、毫无掩盖的送人；其实并不是送人，而是送己，因为其中某某几个银行他都有支配力。不幸事机不密，为若干参政员所知，于是参政会大闹几阵，"此说作罢"，但真正罢了未罢，以后谁来查过？扒手之说，决不冤他，即如中央银行国库局案，人证物证齐全，虽说政治上使其搁着，因为已经"退还"（试问小偷强盗退还赃物，是不是就算了事），法律上并未完结，因为原告并未撤消。所以他如以我为侮辱，必须告我于法院，我很愿对簿公庭。言归正传，我们能知道多少呢？尤其我这与经济无关之人。办这样事，哪有不严密的呢，然而八年参政会已经闹出那些事实来，铁幕也有漏缝之处，然而漏缝之处究竟所窥有限了。其实人既活着，既不留心，也不能无所见，请看扬子公司，进口那样好，他结外汇何以那么容易呢？资产遍中外，是他祖宗的钱吗？若说"久宦必富"（在天津因接收案被枪毙的故海军上校刘乃沂答辩的理由），我看，这些年来久宦，如何可以必富，尤其是满天的富，除非用某些某些办法。

宋氏的作风又是一样，他有时仿佛像是有政策的，战前也曾吸收过若干社会上认为可以有为之人。上海的"高等华人"战前有不少信服他。他的作风是极其蛮横，把天下人分为二类，非奴才即敌人。这还不必多说，问题最重要的，在他的无限制的、极狂蛮的支配欲，用他这支配欲，弄得天下一切物事将来都不能知道公的私的了。

国民党整天谈"民生主义"、"节制资本"、"国营"……宋子文做了国民党的沙赫特，尽管他相信他的 Sound business，也应该稍许有个样儿，然而完全与这些口号相反的。

不谈国有国营则已，要谈则第一件要国有国营的便是公用事业（Public utilities），偏偏我们要"宋营"。现在全国电气事业，除冀北由资源委员会接收外，其余均非国营，而且走上了集中垄断的路。如戚墅堰电厂（垄断京沪之间）、首都电厂以及武汉之既济水电公司等，均为建设银公司所有之扬子电气公司经营。人人皆知建设银公司姓甚么。

煤矿在原则上亦应由国家经营，因为他是动力的来源。中国煤矿除胜利后在东北及热河接收者外，皆非国营，北方的多为北洋军阀官僚所营，本是国民党北伐时打倒的呼声之一。现在扬子江东区之惟一大煤矿，即淮南煤矿，也是建设银公司所营。最近江西之鄱乐煤矿，又为建银所买到。四川某煤矿，又以另法支配。现在北方局面未平定，一经定了，北洋军阀多已破落倒出去，由谁买，是可想的。

说到这些事，煤矿、电厂，本由张静江先生之建设委员会而来，当时是国营，因为建设委员会是等于政府一部的。由准许私人投股之国营，一下而入于中国银行，又由中国银行而姓了宋，这中间，也许有他的"合法"手续，凡创朝代都是合法的。

再说到建银，由一个美国人来华造计，原为吸收外资的，尤其是美资的，美资并未吸收着，定了一个不利的成渝铁路借款。本来是官股，许私人入股，现在我不知道还有几分官？古人说"化家为国"，现在是

"化国为家"。以上的这些，政府若对得起人民，该去清算的。

难道宋子文不谈国营吗？他是谈的，现在有他的资源委员会。办资委会的人，确也认真办事，绝不能说贪污，然而赚钱的事业既已"另有办法"，看看他的事业单子罢！东北工业，在那样情势中！抚顺毁坏，北票不安。铜、铁、电气材料、机器，无一不是无办法，或非赔钱不可的。所以这些国营，这是"国赔"而已。资源委员会也得设法自食其力，于是经营到台湾糖（专利）、自行车、肥皂、蜡烛……资源二字定义如此！

宋也"为国家"营了一件"赚钱"的事，就是中纺公司。那些反对他这事的，本也多是要白接收（"抗战工业或非工业家"），又讲流动金的，并不可取，然而他营的成绩如何？号称去年1月一百亿归政府，今年1月三百亿，算是赚钱了罢？然而想想，一百五十万纱锭，全无代价，一切生财，是接收的，美棉用官价结，数目那样大，消耗外汇那样多，如是报效政府仅仅此数，真是得不偿失，这叫赚钱吗？说是平抑纱价吗？又不然，纱布价在生活必需品指数上为先锋。他又说了，中纺只占百分四十，商家涨了，他无法控制，这真左右前后均不能自完其说了。年底分红那么大，是有益于国？假如当年把这一百五十万锭卖了，不白送人，法币回笼，要比黄金政策多得多，纱价还不是一样高，反正他自己说他不能控制。还有一妙，因为"人民"为此事吵死，他又说，将来发股票卖给人。假如分开卖，有人买的，现在合成一个托拉斯，他捷足先登控制着，谁来买他，买就是捐款给他，这不又是自欺欺人之谈么？

这样说下去，多着呢，今天止于此。现在说结论。

豪门资本这样发达，中国几无国家的形象。三菱、三井把日本弄到这样子，太惨了（虽说是日军阀作祸首，然财阀如不发达，军阀无能为力）。他们还是几代（从江户时）辛苦建立的，不像我们的这样"直接"，天下人怨怒所集，如何下得去？今天欢迎孔宋当国者，只有一派人，即共产党和他的尾巴，因为二氏最可使中国紊乱的。我们不愿我们的国家成五胡十六国，成外蒙古，我们实在不能欢迎他。

在今天宋氏暴行之下，还有人说，孔比他好，这真全无心肝之论，孔几乎把抗战弄垮，每次盟邦帮助，他总有妙用，并且成了他的续命汤。

在今天宋氏这样失败之下，他必须走开，以谢国人。在位者要负责任的。他的自由买卖，彻底失败了。顶好的说，你总不能用甲思想作反甲思想的事，何况他的思想是由于他的 vested interest？

这还不能算完。今天我们要觉得晋惠帝不愚，因为他听到公园里蛤蟆声，他问是公的私的。今天一切事都引不出公的私的。我们必须清算十年的事物，那些是公而私的，那些是私而公的。总而言之，借用二家财产，远比黄金拢回法币多，可以平衡今年预算。（我在参政会如此说过。有些报纸说我说，二家财产够国人过一年美国人生活水准，那是他们说的，说过与不及一样坏。）所以要征用，最客气的办法是征用十五年，到民国五十一年还他们本息，他们要的是黄金美钞，到那时都可以的。你们晓国家十五年，给一个喘息的机会罢。这办法自须先有立法程序，我想立法院可以压倒多数（如非一致）通过。

有朋友问我，你说孔宋不好，张家璈何如？我说，何止张家璈，连那些"自由计划经济家"，无知低能的"民生主义哲学家"，等等，都是愈弄愈糟的！我对于过去的万忍不住，对于将来，我并是"政治经济病菌学"专家。

这篇文字全由我负责，与编辑无涉，另有在《世纪评论》两文（一卷七期、八期）可与此文参看。①

（原载 1947 年 1 月 3 日《观察》第二卷第一期）

---

① 编者按：即《这个样子的宋子文非走开不可》、《宋子文的失败》两文，均为 1947 年 1 月 3 日《观察》第二卷第一期"观察文摘"一栏转载。

这个样子的宋子文非走开不可

古今中外有一个公例，凡是一个朝代，一个政权，要垮台，并不由于革命的势力，而由于他自己的崩溃！有时是自身的矛盾、分裂，有时是有些人专心致力，加速自蚀运动，惟恐其不乱，如秦朝"指鹿为马"的赵高，明朝的魏忠贤，真好比一个人身体中的寄生虫，加紧繁殖，使这个人的身体迅速死掉。

国民政府自从广东打出来以后，曾办了二件大事：一、打倒军阀（这也是就大体说）；二、抗战胜利。至于说到政治，如果不承认失败，是谁也不相信的。政治的失败不止一事，而用这样的行政院长，前有孔祥熙，后有宋子文，真是不可救药的事。现在社会上若干人士，对于政府的忍耐，实在没有一个人可以忍耐现状，而是由于看到远景，怕更大的混乱，再死上几千万人，彻底的毁产，交通断绝，农业解体，分崩离析，弄出一个五胡十六国的局面，国家更不能有自由独立的希望。然而一般的人总是看现状不看远景的，看当前的政治，不看过去的功劳的，所以美英法政府，今天都不是他们抗战时代的组织。即是能看远景的少数人，久而久之，完全失望，彻底觉得在"魔鬼和大海之间"，也只有等死而已。《书》曰："'为政不于常'，道善则得之，不善则失之矣。"编者按："《书》曰……"这是引自《礼记·大学》的话，原文如下："《康诰》曰：'惟命不于常。'道善则得之，不善则失之矣。"《康诰》乃《尚书》篇名。

所以今天能决定中国将来之运命者，必须会悟今天政治的严重性不在党派，不在国际，而在自己。要做的事多极了，而第一件便是请走宋子文，并且要彻底肃清孔宋二家侵蚀国家的势力。否则政府必然垮台，而希望政府不垮台，以免于更大的混乱者，也要坐以待毙，所谓"火炎昆冈，玉石俱焚"，今天良善的人谁无"人间何世"之感？

宋子文第一次总持财政经济，本也看不出他有甚么政治家的风度，而为人所知的毛病实在不少，然而当时总还有人寄望于他。第一，他虽然也有钱的不得了，当时人的心中，还总以为他是用的政治地位，以"资本主义社会共同允许之方式"得来，仿佛像法国官僚，从穷小子到大富翁一样，还不曾直接作了扒手，在他手中财政政策改变时，没有先加上一阵混乱，如孔祥熙在改法币时上海金融市场的怪象，弄得中外腾丑。第二，那时候国内企业在自然进步中，上海银行业在发展中，他越借钱（就是公债票等），银行越要借给他（这是资本主义走上坡路时必有之事），挟着政府力量扩大的凭藉，一切满意称心。第三，那时候他虽然做到了财政经济的独裁者，如德国的沙赫特（这是说他的权力，不是说他的能耐），还并未作行政院长，"总率百揆"（孔祥熙作寿的话），他的深浅，世人未尽知。

接着，他走了，孔祥熙"十年生聚佐中兴"（这是一个什么人送孔的寿联），几乎把抗战的事业弄垮，而财政界的恶风遂为几百年来所未有（清末奕劻有贪污之名，然比起孔来，真正"寒素"得很，袁世凯时代所用的财政人员，如周自齐、周学熙皆谨慎的官僚，并没有大富），上行下效，谁为祸首罪魁？于是宋氏名声顿起，"饥者易为食，渴者易为饮"，与其说是宋的人望，毋宁说是对孔的憎恨。试想当时宋未上台前两年中重庆的街谈巷议，真正有今昔之感。又看他初次出席参政会，会场中的人，挤得风雨不通，连窗子外门外都挤上千把人，都城人士的心理，对他是怎么样热望的？稍有常识，稍知检点，稍通人情，何至于弄到今天，弄到国人"欲得而食之不厌"，而国家受他这样的摧残，不自爱的人，实在没有过于他的了。他在美国时，国人苦于孔祥熙，所以寄望于他，当时国内的一般人，总认为他对美国有办法，对经济有办法，而当时自美回来的人，颇说他在美国弄得一团糟，对经济不会有好办法，当时的人因为希望太渴了，还多不信，现在久已百分之万的证明了，还不止于此呢！

说他这几年走下坡路的行事（以前也未必走上坡路，只是大家不知道而已），国家人民也随着他走下坡路的损失，真是写不尽，我也不屑写，只把他最荒谬之点分解一下：

一、看他的黄金政策。他上台最初一件事，是给以前买金子者一个六折，这中间，有小公务员、小资本家，也有大商人、官僚资本家。当时《大公报》还是有条件的赞成，我也一样，写了一文，载《大公报》，强调政府在战时可以征用私人的资本，但须用累进的办法，尤其是再想法子找大户。前者的原则是，国家为战争筹款，必须有钱者出钱；后者的原则是，担负不能在穷人身上。现在想起来，真正做到"君子可欺以其方"了。累进办法，在参政会并且屡次提出过，我们强调他更改，财政当局说，大户买时化小户，无法子分，争执不得结果。假如照那时他的说话，已买者尚可收回，未买者如何可以不加管制？近来，有一天抛五吨，经常是每天几千条或几百条，真正做到他的"自由贸易"的原则。然而试问，如果今日如此"自由"，当年何必"充公"？金价的波动，寻常百姓是吃不消的，虽然各处集到上海的游资许多不易查考，然而一买几千条的大户是谁？岂皆不能查出？报载最近风波之掀起是山西帮，传说是孔宋斗法，二公本无好感，何不可查查，自己的人是不是也在中间？是不是因为自己的人，一家同姓，一派下属，一大组合（如美国报所说："Soong Combine"、"Kung Combine"）而无从下手？如其不然，中央银行卖金子的铁幕何不可以为立法院、监察院、参议会驻会委员会揭开？我们国家是不是一个金子国，取之不尽的？如其不然，是不是还有别的方法吸收游资？是不是能和整个经济政策配合？一旦用得差不多了之后，何以善其后？如果今日之"自由"是，则前年之"充公"非。如果前年之"充公"是，则今日之"自由"非。所以纵然"不是"黑暗重重，也是无办法、无见识、无原则。子子孙孙要还的黄金债，他这样子玩，玩得领导物价，不特不足平抑物价，反而刺激物价，紊乱物价，至少说来，他是彻底失败了。

二、看他的工业政策。抗战胜利，他宣言曰，后方工业，无法保持，这是事实，但总要仔细检点一下，哪些确有设备，哪些只是玩枪花，分别情形，捡好的收买其设备，所以答其赞助抗战自沪迁川之热诚，这也不是太难的事，正所谓"栽者培之，倾者覆之"。然而他一笔抹杀，不问青红皂白，于是共产党大得意，高喊民族资本家。所有收复区敌伪的工业，全部眼光看在变钱上，有利可图者收归"国有"，无利可图者"拍卖"，于是工厂一片停止声。去年一年，上海小工业停顿者百分之七十五以上，今年上半年恐怕要全部解决，他为政府筹款，办中纺公司之类，只要办得好，是可以的。那些闹的，也是要分赃的，不出代价，又借流动金。然而一般工业在水准上者总须加以维持，不好，改良他，不能坐视其死；更不好，不管他，不能连好带坏一律不问，政府是有责任的。这是失业的问题，即最严重的政治问题。他毫无根本办法，听说新任经济部长，本有一个"收购成品"的计划，如生产局。他置之不理，仅仅贷小款，这是把钱投入大海的；比投大海还糟，他们拿去，好的屯积，坏的又是黄金美钞，捣政府的乱。省小钱于前，花大钱于后，忽开头于前，无所措手于后，治病的办法不做，添紊乱的办法做去。年前年后，一切一跃一倍，最近一跃几倍，还不是更要多发钞票？听说他在做了行政院长后，第一次出席院会，说：计划不必行者，即不付钱，减了还是费钱；计划可行者，不必减他钱。这是神智开朗的话，何以行起来并不如此？为少用法币，抓得紧，是对的，然而要有经济政策，使人不失业，无经济政策之财政政策，是玩不转的。发大票子，专选年关，出口加补助，不看美英法律，前者毫无常识，后者毫无知识，再由他这样下去，三个月后，景象可想，也不忍想，今天连资本家也有许多同情共产党，开万国未有之奇。他把他的政府伺候得这样子的，人民不必说了，他心中反正没有人民的。

三、看他的对外信用。美国人有许多话也是乱说的，但严重的话，出于有地位之人，不能不弄个明白，为国家留体面。麦帅的经济顾问，说他如何如何，他愤然"更正"，那个人又说，宋如不承认，我举出事实来，所谓（Soong Combine）如何如何。他便不响了。又如美国纽约《下午报》，说他把联总送中国医院的调节温度器几架搬到自己家里，这几件东西究竟在哪里，他也不弄明白。诸如此类，我实在不忍多说下去。大凡一个上轨道的国家，原来经商的人一经从政，须摆脱商业，英国制度，不特阁员如此，即一个下院议员（上院是无作用的"辩论会"，故无此限）如其公司与政府签买卖合同，其议员资格自然无效。偏偏孔宋二公行为如此，公私难分。"大凡物不得其平则鸣"，而"以直道使人，虽劳不怨"。国家困难，上海经济难维持，假如自己有清风，仍旧可以有办法的，办人也可以取谅于人的，自己无 Vested interest 可以制人的，如自己（包括其一群人）又是当局，又是"人民"，他人不得到意外便宜的，皆要反抗的。我向社会广泛提议，如立法院，如参政会，以及一切人民，都该彻底调查，上海及他地以及国外，所有豪门权族之"企业"是些什么内幕。他们的营业范围如何？他们的外汇得自何处？

四、看看他的办事。他在行政院，把各部长都变成奴隶，或路人。一个主管部的事，他办了，部长不知，看报方知之，真正偏劳得很。各部长建议，置之不理是最客气，碰钉子更寻常。这是他有兴趣的部。如无兴趣的部，则路人相待，反正要钱无钱，说话不理。他可以说，行政院不是由他组织的，这也是事实，然而如由他组织，不知是哪些小鬼呢。他平常办事，总是三几个秘书，在上海，总是三几个亲信，还有他的三几个"智囊团"，行政大事尽于其中矣，国家命运如此决定矣。我看，他心中是把天下人分做两类：其一类为敌人，即现行的敌人和潜伏的敌人（Potential Enemies）；其一类为奴隶，中间并无其他。所以他管到哪个机关，哪个机关的长官便是他的奴隶，至于一切其他人，他都不愿见，见亦无可谈，开会不到，立法院参政会请他不来，至于人民请愿，更不待说，见人傲慢而无话，似乎奴隶之外全是他的敌人。这样行政，岂特民国"民主"不容有此，即帝国专制又何尝可以，只有中国是他的私产，他才可以如此做的。

五、当政的人，总要有三分文化。他的中国文化，请化学家把他分解到一公忽，也不见踪影的；至于他的外国文化，尽管英国话流畅，交些个美国人（有美国人说，看他交接的是些什么美国人，便知道他是什么人）是决不登大雅之堂的。至于他的态度，举两件一轻一重的事为例：他大可不请客，既请客，偏无话可说，最客气的待遇，是向你面前夹菜，此之谓喂客，非请客也。胜利后第一次到北平，时常在某家，一日，大宴会，演戏，文武百僚地方绅士毕集，他迟迟而来，来的带着某家之某人，全座骇然，此为胜利后北平人士轻视中央之始，因为当时接收笑话，尚未传遍，这事我只可说到此为止。在高位者，这些是要检点的。

说他不聪明罢，他洋话说得不错，还写一笔不坏的中国字（我只看到报载他的签名），说他聪明罢，他做这些事，难道说神经有毛病吗？

我真愤慨极了，一如当年我在参政会要与孔祥熙在法院见面一样，国家吃不消他了，人民吃不消他了，他真该走了，不走一切垮了。当然有人欢迎他或孔祥熙在位，以便政府快垮。"我们是救火的人，不是趁火打劫的人"，我们要求他快走。

各报载，今日之黄金潮是孔帮与他捣乱，他如退休在上海的"林泉"，焉知他的帮不与后任捣乱？后任未必行，即行，四行在几种势力下如何办事，何况另有他法捣乱？所以孔帮宋帮走得远，也许还有办法，因为假如整顿财政经济，必须向这几个最大的"既得利益"进攻的，如其不然，不堪再摘，"流共工于幽州，放驩兜于崇山"，是最客气的办法；"摒诸四夷不与同中国"，才是最小可能有效的办法。我虔诚希望有此事，不然，一切完了！共产党最欢喜孔宋当国，因为可以迅速的"一切完了"。……国人不忍见此罢？便要不再见宋氏盘踞着！

（原载 1947 年 2 月 15 日《世纪评论》第一卷第七期）

宋子文的失败

　　上期的《世纪评论》，有我的一篇论宋子文的，和本期同日出版的《观察》周刊，又有一篇我叙述孔宋二家豪门资本的若干事实，在铁幕缝中透出来的事实。连同这一篇，共计三篇，盼望发生兴趣的读者，取来全看，因为大体上没有什么重复。

　　论宋子文必须论到孔祥熙，他俩虽然是对头，然而确是今天悲剧里的双扇活宝贝。以下所论，有好些是孔时开端，并且走了好远的。

　　孔宋失败的第一个原因，由于他的"清廉"程度。孔则细大不捐，直接间接；宋则我生你死，公私一齐揽乱来把持。前者贪欲过于支配欲，后者支配欲过于贪欲。虽然形状这样不同，而有好多相同之点，从所以得地位算起，一、二、三……我今天只说一件，就是两个人绝对是以买卖为灵魂的，绝对相信他所相信那一种形态的自由买卖，尤其显著的色彩是自由在己，买卖在公。抗战时期，孔当政，大家要管制经济，孔连说不行，不行，不行。要是管制，还有买卖吗？没有买卖，还有国家吗？诸如此类。等到蒋主席也要管制了，大家吵的凶了，他是官僚派，也说管制，但心里全不如此，面从背违，弄得一阵一阵紊乱。最后还说：你看，原来不该管制。美国人借我们一批黄金，本是救济财政危机的，一到他手，便成他的续命汤。他拿来一文不值半文钱一卖。有钱者皆大欢喜，强心针成了刺激物价市场的扰乱品。黄金如此，外汇亦然。宋也是根本相信自由买卖的。相信国家的钱不该给人的（这倒是对的，可惜不一般应用），自己有兴趣的事和人，却另当别论。他的自由买卖的原则，在理论和实际上是这样：（一）中国人谈不到管制，凡谈管制的都不是财政政策。（二）理想的财政经济，是 Sound business，如第一次世界大战前的美国共和党的观念。（三）自由买卖在我是绝对的，我爱买你的什么，你便须卖什么，我爱卖国家的什么，我就卖什么。（四）财政政策必须基于经济政策之观念，他是没有的，而且他根本没有经济政策。只是对外买卖，我来控制一切外来物资和钱钞，无论是买的，借的，或捐的。在这样的理论和实际之下，今天的财政现象经济现象是必然的。平情说，自由经济，在中国不可能，因为并不是企业发达的国家。一切都管，在中国也不可能，因为中国并没有社会组织的经验。在战时，在今天，最好是干干净净的、坚强不移的管制几项生活必需品，一面不取全盘自由，一面也不要样样管制，偏偏孔宋那样的"自由"，而一切管制论者，又妄向苏联的办法看齐，忘了国体社会全不同，适足以助宋之自信与藐视。新方案是要管制了，宋的"哲学"失败了。但是，你赶着驴儿去做水牛的事，行吗？

财政政策必须以经济政策为基础，没有经济政策的财政政策是无根的。无论宋与孔，有经济政策吗？接收日本工业，应付沦陷区工业，无论官营民营，总要不让他大家关门。因为他只想收入，不想经济，除把有利的拿去外（如中纺）便任其死灭，经济走了绝路，财政必然也走绝路的。当胜利后，后方工业家要求这个那个，大多也是想分赃的，又有些人要分敌伪工厂，也是为私的。宋子文不给他们，可以，但须拿出一个办法来。这办法并不难，就是不要拆散日本人的生产系统，使各单位不存在，也不必组大托拉斯，如中纺。由政府收购其制造品，货有定价，样有标准。这当然选择若干主要的工业，不是一切都买，而且不行的厂也可天然淘汰。这样也许有贴补性质，但比起贷款来好得多，因为贷款不特不足以助工业的生存，反而助长囤积，助长黄金外汇的投机，这次黄金潮，其中用来的资本，不少国家行局借出去的。收购成品自然赔钱，但工业家维持着，能吸收游资，不会一翻几倍，弄得连印钞票都不够本。总而言之，只要工业能吸收游资，多发钞票影响小的。如不吸收，乃至根本崩溃，游资必使物价一翻一翻的转去。1923年沙赫特能把德国崩溃的经济转换来，还不是在工业上着眼？他对于工业漠不关心，真正到极点了，就是连印钞票的工业也不在乎，钞票要送美国印，因为要"好看"，其实土印钞票在今天价值上也够"好看"了。也许国货钞票贵，但总省了外汇，又省了运费保险。他对于正当用途的外汇是紧得可怕的，但是对于他发生兴趣的外汇，他又满不在乎。又如久大永利的工业，是些规矩人办的，是很替国家争面子的，因为他无利益，不予协助，反而摧残，这等于摧残国民经济。问题是这样，如果永利投到建设银公司的门下（宋家的托拉斯神经中枢），一切问题都解决了。他对于经济的无知与私心，是使中国经济非总崩溃不可的。经济崩溃了，还有什么财政？

现在姑且舍经济而论财政。财政是要多收入。中纺公司的组织，原与国民党历来标榜的口号"轻工业民营"违背，他的说法，是增加政府收入。去年一年，他平均每月输政府一百亿，全年一千二百亿，今年列的数字是每月三百亿，全年三百六十亿。社会上估计，去年盈余是一万亿，我们姑且说，一万亿之88％虽不归国，也还归"民"，"藏富于民"，也还是好的。我们就听他这样说罢，"民"哪国哪，只要赚钱便好罢。然而仔细看看，何尝有赚钱这回事？第一，美棉以法价结外汇，在中纺，利益极大，在国家，担负好大外汇。第二，机器（一百五十万锭子）全无代价，房子生财全是拿来的。第三，补充机件，外汇取之裕如。这样算赚钱，以裕财政，欺人乎，欺天乎？政府为他的收入之益，远不如为他外汇担负之害。中纺成立"赚钱"后，大家继续吵，他于是将计就计，说两年后改归民营。两年的说法，算到今年底，即应实现，他的妙法来了，不是各厂合理的分开标售，而是作为一个整单位出售，那么就是说，他的建银又来伸手抓住了。试问这样大组合，用人行政由于他，除非他自己或他一派，谁敢来投资？大凡托拉斯之组织，总是拿别人（小门小户）之钱，作他自己（豪门大户）之用的，只要能取得百分之五十股，便是绝对控制，事实上，有三分之一也足控制了。分开来卖（公正、不折扣），有人出钱，因为这是利之所在，可以收拢法币远在黄金之上（详下）。一百五十万锭的大组合，世界上还未有，合起来发股票，人存戒心，谁来捐款？这个股票说，和他要接收德商颜料商标，是他目前的两个大阴谋，仍是那些由经济委员会而中国银行而姓了宋的故技（看《观察》所载一文）。国人要事先严防，击碎他，更该是清算他的建银。

丝、毛、麻三种纺织工业，均为轻工业，照理也应归民营。胜利接收后的毛麻工业，均归中纺，而丝则单独成立中国蚕丝公司，仍是国营。所以未被人注意者，因为中蚕未如中纺之赚钱。假如今天把中纺各单位合理的分开标售，不许人凭势力要求减价，自己也不染指颠倒其办法，则一百五十万锭可以收回法币之数，大有可观。这是吸收游资最省事的一法，这数比黄金好多了。假如我们估计黄金原来共有三百万两，现在还剩了一百五十万两，这总算对政府很恕道的估计了。又假如一两等于五十万，也是比今天挂牌高的兑率了。那么一百五十万两全卖了，也不过收回七千五百亿，能当预算几何？远不如严格的、认真的分卖中纺。

现在说到最严重的关键了。自抗战以后，所有发国难财者，究竟是哪些人？照客观观察去，套购外汇和黄金最多的人，即发财最多的人。抗战期内，外汇为一与二十之比，行了好几年，直到胜利后，比起实际货币对外价值，相差极巨。战后初定为二二〇〇，复又改为三三五〇，也远不及实际价值。战时黄金售价仍仅万余元，后改为二万元，又改为三万五千元，战后乃至十万、二十多万，维持极长的时期，并且永远维持着比物价便宜很多的水准。这样办法，孔行于前，宋继于后，二人虽不对，但祸国的事，却也"萧规曹随"。这样办法之祸国，有直接间接两面。直接的说，这样低价的外汇，很少一般人所能买到，尤其是大量的，必须有力的始能购得，因为经过"审核"的。权贵势力愈大的，收购的愈多，这样便宜法，最便宜权贵。好多年来，因此不知道消耗了多少万万美金，纽约的中国贵妇随身手饰，有的为美国银行家羡慕。连带着黄金又消耗到这个程度。这都是我们子子孙孙的债，这也是盟邦为我们打仗的借贷，我们在二公这样办法之下这样消耗了。还有间接而更不了的呢。美金战前一元等于法币三元三角许，后来美金也稍贬值，今天美国生活指数也上涨百分之二十三十不等。这样算来今天一块美金在中国的购买力，应当等于战前法币至少二元五角，实尚不止此。今天假定生活指数是万倍，其实何尝只此，美金一块的购买力，应当等于二万五千倍，即法币二万五千元，然而今天定为一万二，大家还说太高。这是太骤，不是太高，三万也不为高。美金如此，金价亦然，因为两者有连系。在这样外币贱，国币贵的情形下，入口极易，出口极难，一悬数倍，简直要断绝中国货的出口，大开外国货的入口，岂特入超而已，简直要一个是无限大，一个是零，这真断送中国的经济命脉了，何年恢复，真不可知。谁开创这个局面？孔祥熙。谁继承这个遗志？宋子文。他俩这一着，简直把中国葬送在十八层地狱下了。我盼望研究经济学的人，多检讨检讨这个问题。

再说工商贷款，工款可贷，商款原是不可贷的。今天的工贷都成了商贷，而且都成了投机贷。假如认真实行工贷，必须适应工业现状，设法一贯予以维持，严格是可以的，应该的，"十寒一曝"则一曝也是白费。政府的四行两局的工商贷款，几乎全为有力之人获得，这所谓有力之人，当然这派那系，大大小小，决不止孔宋二行，中国的恶势力多着呢，规矩的工商业还有几许？有也在被摧残中。照道理，贷款应给有希望、有成绩、有作用、有信用、能自身规矩的工商业，尤其是能这样而环境上受窒息的。然而事实恰恰相反，举一个例。在今天各业萧条倒闭之中，只有纱厂无限幸运，年底职员分红以几百个月计，绝无贷款之理，然而某申纱厂最近竟获得政府二万亿之贷款。反之，不能维持的工业，政府绝少救济。惟有权门、霸户、豪势或与这些人有关系的，才能得到贷款。此虽不可一概论，绝大的成分如此。去年年终工商业贷款，几乎无人不知，全供收买黄金之用。这也难怪，试想一工业或商业，全年都受荒谬的高利贷和荒谬的低汇价之压迫，生产机能已萎缩到几乎不可救药，年底忽然得款，过年涨价可必，如以投之于本业，绝无利可图，不买黄金干什么？这些现状当然不由孔宋二氏负全责，然而他们的责任是很大的。

说不完，写的已经太多了。孔宋二氏这样一贯的做法，简直是彻底毁坏中国经济，彻底扫荡中国工业，彻底使人失业，彻底使全国财富集于私门，流于国外。也有人说，今天的经济，由于共产党作乱。当然共产党是要把政府拖垮的，是要立即取而代之的，是不惜彻底破坏中国经济的。但，对共产党何必寄希望，难道要他帮助政府吗？问题在政府何以要自己捣自己的乱？孔宋的这些办法，达到毁产的目的，和共产党的拆路烧城，效果全无二致。唐朝的秕政，是和黄巢相辅而行的，明朝的秕政，是和张李相辅而行的。今天孔宋二氏之流毒，是共产党莫大的本钱。还是先检讨一下自己罢！

（原载 1947 年 2 月 22 日《世纪评论》第一卷第八期）

卷四 教育

留学问题谈

一

本年正月初一二间，我在上海等船，每天所想的都是这个留学问题。当时如有相当的时间，定可作一长文，只因为七忙八乱，现在竟把那时的感想完全忘了。我早有对于留学一事的若干境界在心中，但都是就我个人着想，不曾把留学当个教育问题去观察。自从上船，到了现在，三个月整了，因为四周的接触，颇有客观的感想。现在把他写下来。至于主观的境界——就是我个人想我个人——仅有几层意思可以告朋友们的，但没有写出的必要了。

留学是一个教育问题，同时是一个社会问题，所以相连的范围极大，从教育方针，到国民经济的统计，都要着想的。我现在先把留学的种类分述如下：

（一）教育部官费　原来各省的官费不划一，后来教育部把他划一了，定第一试在本省，第二试在教育部，本省支费：教育部管理的法子。这是从民国五年以后的事。教育部的当事人，定了一个严格的标准。至于原是自费后来补费的办法，限制也是很严。因为从民国二年以后，社会上很多应取严格的主张，于是有此结果。

（二）各省津贴费　此项颇不划一：一来各省有各省的办法，一来每省并没有一定的办法。有时资送俭学生，有时资送失风的政客。

（三）各衙署津贴费　此项与教育上不生丝毫影响，因为营求之者颇多以差使为心。

（四）俭学生　此类与下一类国人皆知其详情，故不述。

（五）勤工俭学生

（六）非俭学的自费生　此项中各人的情形极参差。有的是富豪的子弟，读书原不过一种玩艺儿。有的奉家庭的命而来，自然也是有钱人家的子弟，刻苦求学的不能占多数。有的千辛百苦借贷而来，必然是刻苦的求学了。

上列几项，目的各有不同，途径自然大不一样，所以只能分别论去。

最无道理的是第三项。为什么呢？因为造就不了人才，反搅坏了留学界的空气。论理说，中央或外省各衙署，为技术或管理的必要，派人学习，何尝不是应该的呢？但中国现在的官厅，何曾配说这句话。官厅里边原不曾有造就人才的目的。有时也感于特种的必要，偶尔有这目的，但这不是通常的情形。就是本着这目的去做，而选派的时候，仍以私而不以公，所以结果必是当事者的亲族故旧或善于钻营的人得之，还有什么人才可说。

中国一般的人想和官场生因缘，必抱下列两目的之一：一是大发其财，二是鬼混其差使。怎么教大发其财？在求学或其他未与官场生缘的时候，抱着一种享受绝大生活的志愿，所以拼命前钻，以达最后的目的。怎么叫鬼混其差使？他本没有大发其财的志愿，所以也没有发奋卖国的魄力，但生活上必须舒服，衣食住总要为小小的讲究，又须有小小的嗜好，一家人必须有小小的快活？钱到手，饭到口，快活到身上。万事皆休，也没有作事的心，也没有志愿、思想、感情。这类鬼混的生活，在北京和各省城是常见的。照前一项——大发其财——留学生是一个很好的进身之阶，况且照汇业懋业的前例，熟习外国话，交接外国人，也于将来大发其财，就是大卖其国上，有很大的方便。照后一项，留学生的生活，在外国看来，就是简约在国内看法，也恍如登天，吃的穿的住的，大可顶上部署的小老爷，况且又没有因总长省长更动而坍台的危险，自然是一件好差使。由前一项，留学生是一个绝好的资格，由后一项，留学生是一个绝好的差使，自然有人钻营去。钻营的决赛，自然是最无耻者得之。最无耻者跑到国外去，自然仍是最无耻。最无耻者在国外的心理，看着公使如天人，领事也不减于大老官，若一旦有所谓总长次长也者，遨游欧美，自然须得郊迎三千里。有此心理，欧洲文化的精神，是再也听不到的。至于专门的技术，又因长于钻营之故，而短于预备，因没有预备之故，而不能学习。来到国外，名义上是学习、考察，实际上是学 abcd。从 abcd 到专门技术，相差何止一万八千里。而且年岁大了，心绪多了，还不能如小学生的专心。所以成就是极难望的。但官气官意官趣早已成就了。他们以语言不便 的缘故，只能和留学生往来，自然也有不长进的。乐于切近官气，或竟以为这般朋友，可以为作官之帮助。

所以结果是于己无益，于人有损的。自然也不少奋勉的人，全没有这样习气，我也曾亲见过，但如此的实不少了。

二

各省津贴费一项，因为其中等差很多，不能约略论断。资送俭学生当和俭学生一概论去，资送失风的小小人物是和上一类同列的。我现在觉得社会上有一种极不好的心理，就是以留学为一种投机的准备，有人在国内玩不转，然后往国外潜息，待些时再转回国内玩转去。所以必待社会上觉得留学生无以异于国内学生，不以留学生为特殊阶级，然后留学界的志趣，可以为全部的清洁。我并不是反对在国内作事多年的人，因失风而往国外求学，我是觉得在国内作事多年的人，除另有一番志趣的不算外，大半心绪太多了，心绪多就不能宁静，不能宁静就难于成就其学问。姑举一例：我的一位朋友告我，有一个这样留学的，从英往法，上车下车时都有许多同乡后辈接送，我的朋友劝他可以不必，他说，"很显威风啊"。这句话竟传为此间的一个笑谈。有此心理，自然于学问毫不相涉。

非俭学的自费生也不一致的，无□概括论列。况且他们拿着自己的或自己可得的钱去往国外读书，这是他们的绝对自由，与留学的政策可以说是毫不相涉，自然不必论去。而且他肯拿钱在国外花去，毕竟比拿钱在国内花好些，勤的可以多得些知识，惰的也还可以看看国外的大街，回国改改自己的大街，看看国外的街头厕所，回国改改自己的街头厕所。纵然所得不过九牛之一毛，毕竟九牛之一毛大过没有无数倍。至于勤苦奋勉的自费生，节饮食、菲衣服，而致力于买书纳学费的人，自然是最可敬的了。

所以现在所当详细讨论的，并不是上几项，而是教育部官费与俭学之对待问题。现在把教育部官费和与教育部官费同一办法的学生作一类，再以俭学和勤工生作一类，对待论去。

近几年来，社会上很多对于俭学会不同情的批评，英法的留学界中存此见解的也很多。他们既对于俭学的办法不同情，每每以教育部的办法为大致不差。他们的见解大致如下：

（一）俭学生的短处　（a）没有严格的选择；（b）没有成熟的预备；（c）没有求严重学问的资财，所以结果与学问上不能有所得，而妄耗钱财于国外。

（二）官费生的长处　（a）有较为严格的选择；（b）有较为成熟的准备；（c）有求严重学问的资财，所以是有目的的留学。

上列一种见解，自然不能说他完全不是，自然也有他的一番意思，但有一种根本的误解，就是把求专门名家的学问，和接受欧化混为一谈，而且太把贵族的学问看重了，太把专门名家的学问以外的事看轻了。平情而论，派官费学生的目的是一件事，俭学勤工又是一件事。派官费学生的目的、自然是求专门的技术，造学者的人格。俭学勤工其中也有本此志趣的，但大多数所能得到的，不过是有用的学问上的通常见解与技能，因环境社会等等而造成的较有力量的人格。因俭学的办法不易得最深最近的学问而失望，实在是犯了希望太奢的毛病了。必以求最深最近的学问为留学的唯一目的，而以此目的以下的事都没有留学的必要，我是不能相信的。为什么呢？现在请问容受欧化，是不是一件急要的事？如各对于这问题加以否认，那么官费留学也可不必，更何所论于俭学？如加以肯切急迫的承认，便应想到容受欧化决不直是专门研究最深最近的学问所能办到的事。一种文化有一种文化的系统，把最上层移来，是站不住的，必须移全部系统的大略。所以我们断不能以为二三最深最高学者的力量是全能的，若没有强健的普通分子，就是有一二天才，也难得发生效力。所以于研究最高最深的学问以外，造就些强健的接受欧化的普通份子，是无疑的必要，简直更可以说，比造就专门名家还必要。学问一件事，就普通立论，原不是人生的目的，原不过是达到发展人生的手段。精诣的学问自然是难能而可贵，自然我们普通人要在他们左右喝采，但决不能以此责之人人，而且我们若不相信资本的竞争世界是对的，而相信劳动的合作世界是绝对的是的，便应晓得这般学者，也只是合作中的一部分人，其价值不能说在通常的强健社会分子上。他们固然是社会所需要，但因为普通的强健社会分子应该有多多的数目，所以后一项更为需要。俭学勤工生正是应这般的需要的。一来他们的环境是在国外，无论多少，总晓得些外国事物，回来和中国的老样比较，自然因比较而生改造心。二来因为他们俭学的缘故，不能和欧洲的中级腐败社会接触，专能和肩任文明的劳动者接触，所以很多知道欧洲新运动机会，而少学腐败习气的机会。我实在见了不少的官费生和阔绰的自费生，学问在那里，尚未可知，而"外国牌子"已经很大。在中国有腐败牌子的人，来国外必学上外国牌子。在国外有外国牌子的人，回国去，必染中国牌子。双料的牌子造成双料的不成材。俭学生自然没有造这派〔牌〕子的机会。来俭学生的生活，是不舒服的，所以易生奋勉的心。因生计的有分寸，可以造成一种有分寸的精神。我每每想，人类不能太多物质的享受了，太多了，必懈怠，少了才能奋斗。安富的人，细胞的组织是松的。生活不扰心绪的人，精神是恍惚的。一般的阔绰留学生老爷，除自怠自荒者不计外，就是聪明，也每每是空聪明，就是有见解，也每每是不合实际的空见解，学来的东西，每每没有创造性，不过是些空东西，回国后看看一切概不切题，最容易变成一番糟生活。俭学生经过严霜烈日的锻炼，肢体与精神是强固的，就是学问智识不曾充分发达，但他所发达的一部分，都可化为有用。他们的智能不是空慧，是有创造性。只要有创造性，就是所得不多，也比得许许多多的空慧的好，因为有用就是有价值。所以我以为俭学不特不至为求学之累，而且可为炼身之方。我很相信他们对于未来的中国很能有所供献，因为我信空慧不能建设事业，只有强固敢行的人格，方能建设事业，我又相信一般俭学生的境地，不泰不绌，恰当可以成就这样人格的所在。辛勤的劳力，不倦的工作，才是文化的制造者。简单的生活，不安的境况，才是成就人物的动机。

三

况且有助于中国学术思想与否，也不尽在学问的精深，而全靠有(a) 强固发扬敢作的心神；(b) 和科学的条理；(c) 和宣扬的力量。我不是说我们不必为精深的要求，我只是说有时精深的流为无用，而有强固敢作的精神的永不会化为无用。请举实例。章行严先生当年于中国的思想有很大的功劳。但章先生的学问，未必就可称精深，而章先生当年确曾以敢作强固的精神而成功（现在如何另是一事）。胡适之先生是留学生中最少得的，他于文学和哲学的一部，极有精深的系统，但他每每推重赵元任先生，自以为不及。但他两位孰于中国为最有益，这可不待想而答了。与其说胡先生是个繁博的学者，不如说他是个精神贯彻，强固自信，富有毅力的思想家。精神贯彻的思想家，必较繁博的学者为有效。一般的俭学生，就是少有为繁博的学者的机会，却不少有为精神贯彻的思想家的机会，而且他们的境遇，更易使精神坚强，那么，他们的成就，又何以知其必不如官费学生呢？

而且繁博的学者，俭学生未必就不能做。在欧洲读书，较之中国，不知方便多少倍，小城尽多图书馆，若必于大城作研究，也有价廉的僻处。有公开讲演，有流通书社，但有奋勉的力量，不患无成就的凭藉。所接触的都是些科学的事物，自然思想易于精密。果有天才如弗兰克林，艰难正可造他的精神，俭学也能助他的力量，绝大发明是不对于这样人关门的。

我更有一层见解，以为早年留学，胜于成年留学，如教育部选送官费生的新法，都是成年后留学的。自然这办法也有这办法的长处，但是我想此后中国须有"世界式"的学者。甚么教作"世界式"的学者呢？就是能和欧美的学者通达情意毫无阻隔，能和欧美的学者有同等的学力，能和欧美的学者为竞争的发明。更具体着说，能和欧洲学者立于同等的地位。再具体着说，能和欧洲学者一样的娴熟欧文，能和欧美的学者，一样的向深处培植。要达到这个目的，自非早到欧美不可。就以我个人立论，我尚有自知之明，希望本不太奢，比上文所说小的很多。我只希望英文能写说流畅，不是中国气的英文，又希望有一科学的训练，于基本科学上打个根基，再专诣一部分。不是说要和欧美的学者立于同等的地位，只是要立于一个能领受欧美学者的发明，而无妨碍，不生隔膜、不至囫囵吞枣的地位。但此刻觉得力量太不济了，没有这个时间。二十几岁的人，从猎取零碎上看来，尚不为老，然欲达我的目的，已觉得大老而特老。这几天，想得悔恨欲死，常常的想，若我十年前因俭学会而来欧洲，学问脾气见识上，恐怕比现在好多罢。就是身体精神也能好得多。所以凭我理想若能于十三四岁时以俭学会来欧洲，待根基培成，再能稍增费用而为深切之研究，是最好的。如此办法，果是人才，必成"世界式"的学者，奉劝幼年有志的人，快快为往欧洲的准备，不要沉闷在中国的乌烟障气里。要是到了发"又二十五年则就木焉"之叹的时候，已经是大不得了，而特不得了了。

有人说，早年去国，容易把中国事忘得干干净净，回国后每每成废物。我说：这由于留学界中缺少组织的缘故。一有相宜的组织，这层危险是决无可虑的（理由详后）。再举实例，胡适之先生往美国去时只十七岁，何以成中国学的学者呢？这仍是"存乎其人"罢了。

再就现在教育部资送官费的办法而论，我也有一番意思。照现在的办法，有一个很不好的现象，就是很容易造就懒学生。竟有的人领用官费已经十多年了，仍然在此流荡，讨外国老婆，逛外国妓女，无所不至。用功也是这样，不用功也是这样，早毕业也是这样，晚毕业也是这样。这由于并不给他责任负。我尝听见人说，日本送留学生的办法，多半是由学校送，并责成他如何如何，须有著作，或其他的责任。我想现在教育部用的考取之后"万事皆休"的懒法子，似乎要改了才好。我对于这一项的意见，大致如下。

（1）须加官费留学生以著作或翻译的责任。

（2）须责成官费主为每月或每季的报告。

（3）学校派送毕业生或教员的办法，我以为很该提倡，恐结果较之官厅考送为相宜。

（4）应择学行最好的留学生，为再度之留学。

总而言之，不应对官费生取放任主义，不应以一条办法资送留学生。

就留学生的现状而论，总不能完全满意，所以社会上才有对于留学一事的若干议论。但这些议论都是就留学以前的选择上发的，很少就留学界中着想。我以为这样的个注意点，不免重其所轻，而轻其所重。政府或学校派学生留学，自然要有一个标准，但俭学勤工和其他自费等等实在没有严格的必要，而且有意留学，便应该鼓励，不应该阻止他。聪明不聪明，积学不积学，都与后来的成功上不必定有关系。我以为所应要求的，只是一个耐劳的身体和一副坚定的意志。况且人本应该受同等的教育，俭学生自费去留学，这是他们分所应受，而且是他们绝对的自由。国外预备和国内预备又是一样，或者国外更有效些。现在人每每以留学界的现状不好，归罪于送法的不周，我以为如归罪于留学界无组织，较为切题些。我现在有两层提议。

四

第一，我以为留学界中团体的精神与组织太少了，凡事都是各人干各人的。中国人的通性，本来是只知有个人，没有组织社会的耐心。但这毛病非大改不可。专就留学界而论，有组织之后，易于和外国的学者接触，易于考察社会情状，易于作有效的合作生活……省时间，而所得较多。譬如有一个共作的讲演社，每星期请一位外国的学者讲演或谈论，许多人就有了和这位学者作朋友的机会，要是个人的作去，必不易普遍的。又譬如与外国同学共办一个团体，长久了，便可多若干外国朋友，多习熟外国语言，多知道外国习惯，而且还可以增进群性，炼成批评的技能。中国人不是死不念书，就是死念书，这是最要不得的。又譬如相好的朋友，组成一个按时聚会的团体，每星期定一时间公聚，或作园林之游，或作社会上之考查，或作一种之游戏，平日相禁往来，如此可以发挥相亲切的感情，而不至因烦厌而生恶感，省时间，多趣味，多效力，较之"个人的"往来，既省时间，又多益处。无论大事小事，只要想成就自己，非于公共生活中求不可，决不能在个人生活中求得。

第二，我觉得在国外求学的人，应该对于国内的事有清白的知识。如不知道中国社会，便无从改造中国社会。北京大学的学生，终日与恶社会相处，知道他透彻，所以思想更激进，对于社会的态度最坚决。欧美的留学生，不终日与恶社会相处，所以对他每不能坚决。平时在国外，凭空着想，全不与中国现状相干，盖了许多空中楼阁，不免白费精神。一旦到国内，看看万事都与涉想的不同，先上来惊异，后来挫折，于是短气，于是颓唐，于是堕落，于是另换一副思想，另是一个人。假使先知道社会现状是怎样的，恐怕消极方面有得预防，积极方面有处下手，态度上坚决，见识上彻底，新运动不起于国外而起于国内，这都是有缘由的。所以留学界中应当组织一个团体，把中国所有的日报期刊都存列公览。虽在国外不能直接看社会是怎样的，但既有多多的报，也可得其大概，还可以从这些报的议论采色看出中国现在大致是怎样。如现在的情形，此间学会竟没有一份报。将来回国，或者竟如另一个世界无所措手足了。

第三，我以为留学界中应该借重留学界以外停留欧美的中国学者的感化。我这一层意思，是我上月在法国时所感触的。我在法国遇见了几位新朋友，都是极有志趣，思想与空气都能彻底澄清。比较在英国因常听见高谈政治而生的印象好的少。我觉得法国学生有一个较优的机会，就是法国常有中国学者居停，蔡子民、李石曾、张溥泉、汪精卫诸先生在那里，颇生一大部分影响。假使吴稚晖先生常在英国，英国留学界中，或者多几位志趣超越，刻苦励行的人。人格的感化人，最有结实的效果。不必听他的见识，不必看他的行为，能于默而无言，静而不动的里边，给你许多的暗示，这些暗示，能使心神动荡，有时竟使心理上生很大的变态。我何以主张在国外还要仰仗中国的人格呢？第一，拿中国的普通人和西洋的普通人比，西洋的普通人高一筹，拿中国的下等人和西洋的下等人比，西洋的下等人高一筹，但拿中国的大人格和西洋的普通人、下等人比，自然不能开比例。（我此处所谓上下专以教育非立论有阶级之心。）留学生所接触的外国人，大半都是中下等人，志趣学行全不能加点帮助。和学者接触的底层很难，所以每日所见，都是些与意志上很少关系的事。要是有中国的学者相感化，知识上虽不必借资，志趣上或有很好的影响。第二，纵然有与外国学者接触的机会，而外国学者对你的提示，终不能着边际，若就实施上立论，或者中国学者的精神所集处，更为透彻。英国学者偏明白英国人的心理，以为人性是渐进的，劝中国人也要渐进，而不知中国人的性情，大和条顿民族不同，只能骤变，不能渐进。英国学者高谈政党国会，中国学生就盲目的去跟着高谈国会政党，而忘了中国并不曾有"社会"，并不曾有"有组织的舆论"，政治运动简直是大梦。由此类推，还是彻底的中国学者影响较好的。第三，这类人在国外的力量，比学生大些，或者竟因他们的绍介关系，而能使中国学生与外国学者的交往多些。第四，我上文所说的留学界团体的组织，很难开始。自好的人，多趁时间力学，所以不有则已，有则出风头者往往每每乱混，若有这类人经营，或者收效最多。但我最后有句话说，和青年人志不同，道不合，无聊而遨游的人，我们老实不客气，可是绝不欢迎啊。

以上三层意思，是我偶然想到的，此外的事甚多，后来随时想起，随时写罢。但我总希望国人对于留学问题的注意点，应该丢开选送一层——因为在这层上讨论，无意味、无实效的，而注重在留学界中的事和回国后的安插法。（后一层也很要紧，我很知道几位学行极优的人，因回国后安插不当而堕落。）

我以为现在有使留学界变好的一个现象，就是国人对于欧美留学生的信用已堕。最初对于留学生钦仰之至，所以要出去留学的人，多半是要变成中国的一个特殊阶级，为自己造成一个好大身份的人。在国外时因国人相待之奢而引起的，很可为后来沉沦的媒介。当这容受欧化的时候，往西洋留学，只要机会容许，是人人应尽的义务，决不能自待太奢。直到中国社会上人觉得留学生与国内的学生不能就类别而分高下，于是乎，学界空气新鲜的日子到了。

（载 1920 年 6 月 9 日—12 日《晨报》）

要留学英国的人最先要知道的事

去年夏天，有几位同学写信给我，约我到英国后，把要留学英国所最要先知道的，如生活程度、入学考试等，告他。后来我在山东有朋友嘱托我，看看英国可否实行俭学的事，还有若干人要知道留学英国的情形的。我想，与其分头写信，不如总写在一块，可以写得完全些。而且据我揣想，今夏国内毕业的诸君要出来的必然很多，我写这篇文送给《晨报》登出来，或者是《晨报》的读者所乐闻。

既有留学的打算，先要有决心，再要选择国别，再要知道生活上读书上的事，再要知道出来的手续。这么，大略够了。至于要知道某科在那个学校里最发达，某科中最著名的教授是谁，某校的组织如何，某科的课程如何分配……一切远大无边的问题，除去把所有大学与所有学校的事务长集在一起，做一部和《古今图书集成》一般大小的大书以外，实无别样办法可以回答。各人所习的科目不同，颇不容易"越俎"相告。况且这些事都不是在国内所最要知道的事，到国外后再探访决定不迟。现在专说在国内所要知道的事。

第一事是下留学的决心。

这个问题里含着好几层意思。第一是"求学到那个时候，才有留学的必要"？第二是"留学必备的条件有几"？第一件里有人很反对早留学。这话固然也有道理，但这不过是在教育方针上说话，不是要留学的人所必要知道的。应以何种程度派送，或〔鼓〕励或帮助人去留学，言之甚长，我是不主张晚送与严格的，就是主张晚送与严格，这也与有志自费者不相干。我有一篇《留学问题谈》，登在《晨报》，固可以翻阅。总而言之，学有规模后出来深造，固好；早早出来，也有特别的利益。程度上不成问题，只看各人的决心与毅力就是了。大学毕了业而后来也好，如此可以节省时间与财力；中学不曾进过而即来也好，如此可以彻底的求学，彻底的探寻欧化。这个问题是有志留学的人对此踌躇满志的，其实不成问题。

第二件却要注意，就是留学必备的条件有几呢？官费便不生经济的问题，自费便要为经济的打算。固然不必有数层保险的周到，也要有点冒险的精神，但也不宜太卤莽，有旅费便出来，而全不为学费之打算。最少限度以有两年的学费的把握。如此办法，就是不幸两年后无以为继，而迫于回国，而此两年中也可学得不少的事物。

除此不论外，留学必备的条件，积极方面有两个，又有附带的一个，消极方面有一个。积极方面的两个：一个是身体上能耐劳苦，一个是心理上有坚忍性和集中力。附带的一个，是所往国之语言文字略有根底。消极的一个是：不可以留学为宦达之门径。在国外的生活，比在国内的生活刚硬得多。饮食衣服，固不能如在国内之随便，而一切用脚用手的地方，也要比在国内多得多。在国内有一种稀泥一般的软懒生活，在国外可没办法了。有秩序而不能苟率，自己做而不能役人，没有出门便是的人力车，旅行或迁居时，要自己负荷重载。从在上海上船的时候算起，直到将来回国在上海下船的时候为止，劳力的要求，时时有的。此外生活上、求学上虽有时极有爽快的境界，而劳苦固不可终免。

这是就身体上说，再就精神上说，更须有坚忍性。语言已经不是一件容易的事，专门的学问更不是草率得来的。有志而不能竟其志，立愿而不能赴其愿，都缘心理上不能坚定。大约初到国外，第一件着急的事是语言。因此便要以极短的时间，极少的劳力，收极大的效果。因此便以研究方法为最要，而忘了刻苦用功，结果是一场空想。求时间与劳力的经济固是必要的，但以不耐劳求速效的心理求他，是办不到的。总而言之，学问是刚性的，必须强记强思，强力戡定。必须有眠食俱废，死生皆忘的心理，他才被你征服。

附带的那个条件，有了有很多的方便处；但没有而有上两项的条件，补足也很容易。

消极的条件为什么必要注意呢？一来有了这种利达的心理，心思必是很多的，于是失了精神上的集中力，因此便难得坚忍。而又因以利达为志，便不以忍苦为当然，非特心理上不能坚定，即身体上亦难得奋斗，有此一条，便把积极的两条一笔勾销。二来因为留学的多了，国人对于留学的人也不如往时之迷信了，以留学达这目的，后来终不免于觉得"万事俱非"，不如及早罢休。我这话原可不必说，不过我在国外的经验，使我不能不这样想呵。

照上文说，这个条件很宽，只是一个纯粹求学的大决心，与坚忍的强意志就够了。才力俱备皆不成问题。至于身体康健与否？也不必挂虑。因为强意志可以指挥不康健的身体，如同康健的一般。

第二事是所去国的选择。

这固然是很当注意，而不该随便的事。但果然选择的不尽适宜，也不是没有补救的法子。所谓不尽适宜者，一是自己的性情与所去国的国民性不适；一是自己所要学的学问在所去国里并不最发达。但欧美的文化到现在已是大同的状态，就是不适宜，而以交通灌输的繁杂，所差实是有限，况且一种学问的最深层，谈来亦何容易！中国学子在初来的状况之下，此层还不易生问题。纵然后来感觉不便，然后转国，而打根基时，在英、法、德、美四国，任何一处都差不甚多。所以据我看来，所去国的选择，不但是语言上的问题居多。就是说曾学过法文的，该往法国去；曾学过德文的，该往德国去；曾学过英文的，该往英、美去。如此办法，是不合理的，但是最要的，就是因为可以节省出学语言的时间去学学问。要是这三种语言都不曾有根底，那么，比较的以往法国为最方便，德国为次方便，美国我不敢说，英国是很不方便。为什么呢？一来法国人的性情比较的于中国为近。二来在法国人群中，比较的当比在英国的人群中所得为多；因为法国人好把所有的所能的一泄无余，英国人太深沉了。三来英国有工党，便不能如在法之勤工。四来英国生活程度高，学费贵，镑价昂，便难得减学。五来英国颇有阶级性（法国亦然），不能如美国学生之为人服役而取学费。

我道一些话，好像劝人不要到英国来的，其实不然。我不过是就各方面比较一下，说句老实话。现在有许多人，促进中法间的智识关系，这是极好的现象。有的人说，"中法间国民性相同的很多，所以留学以法国为最宜"。这话在一种限度之内，我们绝对的承认。但若说得太过度了，而说，"拉丁人代表文化，条顿人代表野蛮"。一种限度以内的真实，竟不免被这全称的肯定与否定埋没了。我并且听见过一种极端的主张，说"只有法国可以留学，在别国留学，非特无益，而又有害"。又说"中国要学一种文化，就要为系统之学习，零星乱凑是不成功的"。现在既认定法国文化由中国学来最为方便，便应学法国文化之全部系统，而不宜再去零碎的取别国的，因为不在一个系统之内，不能熔化。

这可太过度了。所谓中法间国民性最接近者，乃此时观察所得之假定想，而非实验后之证据。况且所谓中法国民性相同者，张溥泉先生说得好："法国人的毛病，中国人都有；法国人的长处，中国人不大有。"毛病碰到毛病，真可谓"相得益彰"了。用一种国民性比较的相远，而可以纠正毛病的，是不是必要呢？况且中国人的个性是最参差不齐的，地方彩色的分别又很大。内里边先不一致，也很难作为一体，而说与某国一致。所谓中法文化相同者，我本承认。但本不过是泛论的一句话，而且是一句假定的话。细考起来，繁复的很，出入参差的许多。当年的中国维新家，主张中国改革的办法，惟一是吸收欧洲的帝国主义化与帝国主义的物质。后来又主张惟一的办法是改革政治。现在这两说都根本失败了。但这两说都是在当时的状况现局之下，造出的一种有一部分的可通的见解。现在的泛法国化主义，虽然就高底上说，远不可与上两项比，但也是在现在的状况之下，造出的一种有一部分可通的见解。至于试验后之结果如何？成效有多少分？所谓相同者，其范围有多大小？此时都不能预定。纵然退一步说，泛法国主义化是绝然可信，为此后中国知识界趋向的大本营，但就中国人之多，个性之不同，地方色彩之不同上说，恐怕也有向别国求点补助修正的必要。据我此时粗略设想，中国将来所受的欧化，仍然要成一个自己消化的欧化。其中尽可有一二国的文化分子，比他国的文化分子强些，但决不是一个单纯的学那一国。这都因为中国人的个性不齐一的缘故。

那么，在英国有什么特别的益处没有？据我粗想，也有一两条。文化的进取，本分两个大潮流：一是理想派，我们可以说是大陆派；一是实际派，我们可以说是英美派。这两派是"相得益彰"的。就我个人的个性而论，我很不欢喜后一派。但既为平情之言，即不能不尊重自己以外的道理。在英国留学，短处是思想难得向远处发挥，而满眼所见，皆是些致用的事物。一切事物都不重铺排布置，而但求其有实效。一寸之地、一件织芥的事都要变成有用，收方便的效果而后已。这一种性质自然也是建设新中国很重要的一件德素，可以救中国人的病的。平情而论，中国人的书生气，太轻蔑物质了，经济的观念薄弱，民族的力量断难得强。所恶于今世之工商业者，是因为今世之工商业是私人资本的，而不是合作的。不是说工商业简直不必要，社会主义是去困穷——须赖以全力增加生产额——而不是去财富。这一点是英国比大陆上之法、德占优胜的。我个人的性情最和工商的性质刺谬，但我决不敢以私见抹倒了多面的观察。

以上是以英国与大陆比较而言，如就英国与美国比较，有两件事，英国稍占便宜。第一、英国去欧陆极近，假期便可在欧洲住。英国留学生没有不住过大陆的。人的第一益处，是多见变态。变态见的多，不特多得若干材料境界，而且可使思想力去单简而为多方面。英国留学生的英语，平均分数恐远不如美国留学生。但兼晓德文、法文之一种或两种者颇不少。二、英国和中国同是老大国，美国是崭新的国家。英国人惯以迁就的手段为有益人生的建设，如学校，如工场，成就上绝不就简，而建设上力求因陋。这种状况很合中国的现状。如美国之一切崭新、浩大经营者，中国今日如何来得及？第三、英国学校的课程，较为繁重，读书研求的时间很多，学生交际的生活不重。英国人绝少美国人之群性，是其所短；英国人亦不如美国之无意识，是其所长。因为无谓的往远不多，学科的标准颇高，但能奋发力学，所得不能很少。但自治力较薄的人，就这样个人性、放任性的学校似不如就美国之合群性、管理性的学校好些（英国这样严格的、个性的、放任的教育，究竟对不对？另是一问题。这里专就外国人专意求学的方便上立论）。

第三事是略说几个英国的大学。

上文说过，这项是没法说的，现在只好略说一点我知道的就是。牛津与圜桥是两个最老的大学，那些仪式规矩还在中世纪里。但这两校的文学与纯粹科学，别的学校还比不上。教员都是最精深的、设备又最完全、收藏又最富，这两校为人诟病的地方，都因为它陈旧的很。这件事若为他们设想，实有急于改革之必要；但中国人来此求学，正不必定因其陈旧而陈旧。求学问但宜问某学校是否对这一科为最完全，至于思想如何，全是存乎其人的。牛津大学化学教授梭得，思想是最激的。中国大家知道的罗素，现在仍回圜桥为讲师。至于学生中思想激迫的也复很多。我有一层感想，我以为旧学校不害其生新空气不浅。因为学校本旧的过度，而生的反动亦大。最埋没新空气的是商业性质的学校和浮浅的学校。一个学校这样，一个民族也这样。北大向以陈腐著名的，但当年比北大"漂亮"的学校，后来怎样呢？法国在大革命前是世界最旧的，俄国在大战前也是世界最旧的。但一转之后，为最先进，英国从来不曾旧过，结果是从来不曾新鲜过。

伦敦大学原是因牛津、圜桥的反动而设，空气自比牛津、圜桥新的多。文、理、经济、医、工都好。因为他的历史不过百年，所以建设上当然不如牛津、圜桥的完备，但也有专长的科目，而各科教授也是第一等的学者。学文理科，而因经济上的问题，不能往牛津、圜桥，最好是在伦敦。又伦敦之经济学校，是世界著名的；而伦敦之帝国理工学校，也很著名。

伦敦比牛津、圜桥的优点有数项：一无宗教上之约束，二无古典主义。但若在牛津、圜桥专寻学问不问学位，则宗教之仪式，与拉丁、希腊及英国古文之骚扰，妨害不到自己。且宗教之仪式亦不过是具文而已。

满查斯特与葛拉斯与伯明罕是有新空气的，工科与教育科最著名。

爱丁堡的空气据说颇旧，但医科最著名，我对这个大学不很知道。

入学校不必问其学校全体之大小如何，但问我所学之科在某个学校最发达而已。常有小大学里，于某一科最发达，所聘之教员为最高等，故不能以学校为断。

中国留英学生，以在爱丁堡、葛拉斯哥、阿伯丁、里兹、圜桥、伦敦者居多。

工科以北美与南苏格兰为最发达，故中国学生往之者多。

第四事是用费。

这是因人而言的。但平均计算，也可略说一二。在牛津、圜桥可以花很多的钱。最俭大约三百六十镑可以够了；若做 Non-Collegiate 学生，听说三百镑也就够了（Non-Collegiate 学生于读书上无不利，和 Collegiate 一样）。伦敦大学的最廉的是文科，每年约三十镑；最贵的是工科，每年约五十镑。此外各校的学费不等，以苏格兰为最廉，北英次之，南英颇昂。兹举其最廉最昂，而分列之：

文科：每年由八镑至三十镑。

理科：每年由十五镑至五十镑。

法商经济科：每年由八镑至三十镑。

医科：每年由十五镑至五十镑。

工科：每年由二十镑至六十镑。

其间差别很多，但如法国学费之轻，乃极少有。

贵价学校未必就是最好的。

至于一切用费，总合起来说，在伦敦住，每月二十镑，一切在内，为节俭而无害身体之限度；最少每年二百镑，再少就不能入大学了。在外省也差不多，苏格兰与北英之较廉者，因为学费少，生活程度都差不多；也有一百五十镑在伦敦敷衍过者，但理工科则绝不可能，又须是身体素健最能耐苦的人。

总之，如来英国，然后预备入大学，在预备期中，每月十镑已足。如在中国，学已有本源，来此舍大学而入研究班，十五镑一月已足。最贵的是大学时代。

问在英俭学怎么样？我固不能说绝对不可能，但情形不如法国处正多。第一是英国学费重，没有学校不是商业性质的。法国的国立大学学费极廉，且有不取学位便不用学费者。第二、英国战后损失较少，镑价高于法郎。生活程度既高，兑换上又不如法郎便宜。

第五事是入学试验。

如有在中学毕业的文凭与科目分数单，在苏格兰与北英、西英各大学，可免入学试验之一部。但英文永远不能免的，如有在大学或国立专门之毕业文凭，可兼免第一学年之一部或全部。牛津、圜桥、伦敦三校是不能免的，而伦敦一校之入学考试尤其琐碎。他校考英文，每指定若干书。伦敦专好出小题目，又没有范围、科学之科目，偶然还要问科学、历史题。

大约各校入学考试所需要者为四种或五种。

（一）英文　须以文法熟习，行文明白，稍读数种文学书为合格（英文学史亦宜稍知）。

（一）数学　范围与我国中学毕业程度相等，但是要熟习的。

（三）外国语　以能与英文对译为合格，但几乎所有各大学皆许以中文代替，故此层可无虑。

（四）（五）两种文艺，或两种科学，均可。程度不必深，但须熟习。

这样看来，这入学考试是不必怕的。这些功课，我们并不是为考试而学，实在是为将来求学上作计。这类根本知识，不可不有。

（四）（五）的选择，如系学文、法的人，近代史或英国史、地理等选择来很好。如系学科学的人，应该就其所志以定选择。

我有几句话附带说一句。如是中学的科目不甚熟习的人，切不可急于入大学；因为就学问上说起，预备入大学的功课，比大学本身的功课还为要紧。英文熟习，一切方便。如是在中国大学已经毕业了的，切不可随便舍大学本级而入研究班。中国大学的程度，实在比国外差得多。还是要从根基上下手为好。如入大学，除非有特别情形，切不可随便选几科学去。要以入正级为宜。一来如此学有系统；二来有约束，便少中途怠懈的危险。如欲终身为学问的人，那么，大学三年不过是个始基，尤其要建筑得结结实实的。总而言之，不慕速成，专求实效。

在国内预备，要留心上文所说入学考试几样。在国外预备，此处可不必说了。

第六事是出来时之准备。

不消说得第一项要计画的是学费与川资。这项有头绪了，就要定船。现在定船颇不容易，所以是越早越好。上海的朱少屏先生是最热心为人尽力的，以这事托他，最为妥当。其次就是护照，在北京向外交部办，在上海向交涉署办。

最要紧的是治装，必要的物件如下：

（1）深色薄哔叽或相等材料之衣服一套。

（2）白布衣两套（因船行热带之故）。

（3）棕色或黑色雨衣一件，不可如中国式，使他下面极长。材料用橡皮布、绵麻物即可。式样以不甚长而有束带者为相宜。如能做材料好的，兼为春秋大衣之用，固为方便，但取价恐不免稍昂。

（4）竹布衬衫三件以上。

（5）半打领子。

（6）草帽一顶。

（7）里衣上下身各半打（棉制者即可）。

（8）深口黑色皮鞋一双。

（9）中国鞋一双（拖鞋用）。

（10）皮腰带一或髻带一。

（11）手绢至少一打。

（12）手包一个。

（13）衣服书籍箱子一个，一切须坚固，切不可随便用中国皮箱（但木制束铁筋者即可，不必用全皮的）。

（14）所有扣带等零件以两套为宜，因以备遗失。

（15）牙刷、牙粉、剃面刀、束头器之类。

（16）稍带助消化剂、泻剂、安眠剂之类。

有几件要注意的事！

（1）切不可多做衣服、多买东西。有人说，现在西洋物价贵，所以是在中国办好。这是不尽然的。西洋物价之贵，敌不上金价之贱。就是金价涨至六元，在西洋治西装，还要比在中国贱四分之一。况且这些东西都是西洋出产，运到中国，决无更贱之理。所以有人说在中国办为相应的缘故如下。在西洋住惯了的人，觉得一磅很贵，当年一磅十二元的观念未改，故见中国的市价以为很贱，而不知银价是大涨了（在中国初来的人，又另有四元一磅的观念，所认花金磅很随便，又犯了不忘旧观念的毛病）。有一位北京的阔部员在北京治装，用去千二百元，到英、法后，一算计，只须五百元就可在英、法作成了。

（2）我上文所说的只是应出国时之用，到英国后还要添补才够（须费三十磅）。

（3）切不可带些无聊的中国书、外国书。

（4）治装时与沿路用费，愈节省愈好。因省出钱来，达所抵地后，可以多买书看。但中国影印的古画之类，倒不妨带，可破旅居之寂寞。

此外还有几件事要知道的。

如有朋友在英国，最好是先期写信给他，说明要学的科目，他自当代你调查。如无朋友，可写信给留英中国学生总会，他们是最乐意为人帮忙的。

知道自己的船名了，便要把船名公司名与下岸地点，与约计之日期，写信告留英中国学生会书记。如在伦敦或其他有中国人的口岸，自然有人先时打听清楚，几时船进口岸，而去招待。

这些事如托私人的朋友，固然很好，但有几层要注意的：一是朋友的住址容或改过，信寄不到；二是朋友或不在所下船之处；三、如本不识此人，而由朋友介绍，在介绍的人当然熟识，但他所介绍及的人，未必好办这些事。所以于写信给朋友之外，还以面托学生会为最稳当。

下船的地方，以伦敦居多。如所搭系商船，或在利物浦、牛加稣下船。在伦敦上岸毫无问题，只须船将到岸前二三天，追一无线电至学生会，告以船到岸期，便毫无问题了。若不在伦敦上岸，那么，最好是下船时就决定几时赴伦敦，然后或住栈房，或不住栈房，查明火车时间与抵伦之站名，拍一电致学会，自有人往接。学会的住址如下：

Chinese Student Union.

36. Bernard Street

Russell Square

London. W. C. L.

England

如绕道法国来，可于巴黎少住。

沿路各埠，风景绝好，不可不看。但不要忘了回船的路，不要误了开船的时期。这话其实不必说，但我亲见中国人因此大吃其苦。

一切的事要请一位曾留英国的做顾问。

一切礼节事项，可参看清华出版的 *Information for Chinese Students Going to U. S. A*，这本小册子很有用处。

（原载 1920 年 8 月 12、13、14、15 日《晨报》，署名孟）

教育崩溃之原因

中国的学堂教育自满清末年创办的时候起到现在，从不曾上过轨道，而近来愈闹愈糟，直到目前，教育界呈露总崩溃的形势。中国现在正在全部社会的总崩溃状态中之一面，而与其他面分不开。不过，这样说去，牵涉太多，现在且先专说教育崩溃的一事。

欲知教育崩溃的范围，不应仅仅将眼光注射在中央大学、师范大学等，且并不应注射在高等教育。一看小学、中学，其糟糕的状态更远甚于中央大学、师范大学。就学的儿童及幼年人，全在"受教育"的标识下，学习一切紊乱的习惯、作恶的经验，不学不自知的意识，真正不堪设想呢！

教育崩溃的主要原因，据我看来，大致可分为五事：

第一，学校教育仍不脱士大夫教育的意味。中国在封建时代，"士"一个阶级不过是有统治权者之贵族阶级之工具，为他们办办命令下来的事。试看孔二先生所教出来的那些门徒，还不是专找季氏、孟氏寻出路？战国末年士人的地位高得多，然而士人用事者，终不如世卿贵门之数。自李斯相秦始皇，叔孙通相汉武帝封平津侯，挟书射策之人自然扬眉吐气，不过这些人才都不是考试得来的。而考试得来的董巫师，几乎以乱说阴阳送了老命。而汉魏晋南北朝总是一个门阀社会，门阀中人能读书，自然更有令誉，而专是读书的人不能组织统治阶级。自隋唐以来，考试的力量渐大，故士人的地位渐高，至宋朝而统治阶级的除皇帝外，皆是士人了。明朝野化承元朝，故宦官用事；文化承宋朝，故士人得意。明朝虽宦官每执大权，而士人总是统治阶级之组织者。清朝的统治阶级在满洲世族，而士人也颇有相当的地位，曾左以后，士人之力量更大。有这么样的两千年历史，故演成了下列一个公式："读书为登科，登科为做官。"一看中国的通俗文学，如传奇、弹词之类，更要觉得这个国民心理之根深蒂固。

而且中国社会有一点与欧洲近代社会之根本不同处，即中国社会之中坚分子是士人；欧洲社会中的中坚分子是各种职业（Trades）中人。故中国的中等阶级好比"师爷"，西洋的中等阶级是技术阶级（Professional class）。诚然，欧洲自中世纪以来也有一种知识阶级，这种阶级便是僧侣（Clerical）。不过这个阶级自成一个最有组织的社会，虽也久与贵族联合来剥削平民，不过它不专是统治阶级之伺候者。中世纪的欧洲有些大城市，这些大城市中有不少的"自由人"，那些"自由人"以其技能自成一种社会，以商业之发达及新地的发现，这些自由人很得些富力，于是在贵族之无常权力（Temporal power），僧侣之精神权力（Spiritual power）之外增了一种第三权力，这是中国历史上所绝无的。西洋科学之发达，大体上是这个阶级的贡献，因为这个阶级一面用技术的能力，一面有相当的自立，故既能动手，又有闲情。希腊的社会不如此，故希腊的思想都是些讲文、讲道的，而动手的事是奴隶的事。我们不得不幻想，希腊的奴隶中，不知道埋没了多少的科学家呢！中国的士人不能动手，中国的百工没有闲情，或者这就是中国自然科学不发达的原因罢。士人之只有舞文弄墨的把戏，没有动手动脚的本领，在中国是自古如此。《考工记》说："坐而论道，谓之王公。作而行之，谓之士大夫。审曲面势，以饬五材，以辨民器，谓之百工。"士大夫是办事的，不是做工的。古代尚且把"智者创物，巧者手之"谓之圣人，自汉以来，都放在儒林、文苑之下，而列在方技之中了。

然而近代的需要是百工，近代教育的作用大体上在乎训练出各种技术（广义的）人才，所以近代教育是欧洲的第三权力之创造品，以代替当年的精神权力之创造品者，一朝拿来，培植在"读书—登科—作官"的土田上，是不能不畸形发育的。自然的趋势既如此，不幸清末办学的人更把新教育与旧科举联上，于是学校毕业皆"赐"出身。我幸而不曾在满清时中学毕业，不然硬派一个拔贡做了二民呢（当时我有一个中学同学，因满清政府要取消这个奖励，他的家长便把他从学堂里叫回家）！所以子弟到学校读书，为父兄者，大大多数不抱着使他成就职业的心理，而希望他毕业后得到一官半职。我记得我当学生时，每次回家，总有乡党邻里来问："你几时出官，官有多大？"我自然愤愤的骂一顿。不过，这个引诱势力是如何大呢！看得出这道理最明白者，是吴稚晖老先生。他是士人出身，而在丽景街的多所学校做过工，深知此中奥妙，乃把一切弄文字者皆叫做洋八股，于是纸上的科学是洋八股，胡适之先生之以新方法治旧学者，也叫做洋八股，而胡先生是"戴着红顶子演说革命"者。大约胡先生很欣赏他这句话，遂把说空话的党义文叫做党八股。我今天这篇文章也是八股，胡先生逼着做出的每周课卷，其价值焉得过于王韬、冯桂芬之政论乎？惟其一切学问文章经济皆是八股，所以一切职业是做官，教书的是教官，办党的是党官，办工会的是工官。于是乎认字的人越多，失业者越多。学校办的越多，社会上寄生虫越多。

若想中国成一个近代国家，非以职工阶级代替士人阶级不可；若想中国教育近代化，非以动手动脚为训练、焚书坑儒为政纲不可。

第二，政治之不安定，是教育紊乱一个大主因。诚然，政治果永远安定，社会是只能在浮层增进的，不能在基本上改弦更张。不过，社会永不安定，一切事皆办不下去。袁世凯的阴谋政治激出来所谓新文化运动（这个名词本不通，今姑从俗），北洋军人与盗阀之横行激出来国民革命，假如中国政治变动只是这几个大纲，教育事业可以因时建设的。不幸大潮流之下，分成无数小潮流，来来往往，反反覆覆，事事皆成朝不保夕之局面，人人乃怀五日京兆之用心，上台是趁火打劫，下台是酝酿待时。校长不做上三年，办不出事业；教书不教上三年，做不成学问。试以山东、安徽两省论，自国民革命军到后，安徽换了好几十厅长，山东从未曾换过，故山东的教育比较差有秩序，而安徽是一团糟。革命的事业，不是革别人的命便成自己的事业，总要有相当时间的，试看苏俄。

第三，一切的封建势力、部落思想、工具主义，都乘机充分发挥。乱世造奸雄，奸雄造乱世。自袁贼世凯专用下等的走卒做封疆武臣，无聊的书办做地方大吏，以便自用，于是人人学他。现在的当局，其用人处有没有像袁世凯的呢？这个风气，影响到一切社会上，教育焉能成例外？清末办学者，尚且多存些公益事业的心，至不济，"门墙桃李"之观念是虚荣心作用，也不足害人的。而今呢？私立大学除办南开大学的张伯苓先生几个少数以外，有几个真正存心在教育事业呢？若是把办学当做买卖做，尚不是最坏的；若当做走狗制造场，乃真是乱国害政的大源。直弄到有政治野心者，非办大学不可。欲登门投靠者，非进大学不可，所以大学生选举校长，每举些权要与政客。因此我们真不能不佩服清华与中央大学的学生，他们选举校长——这诚然不是——还是几个读书人。

在这个办学的与从学的相互利用，以申张封建势力，发挥部落思想，充实工具作用之下，教育岂不是紊乱社会的根源？这样的事实可以写成一部一千页的大书，读者人人心中总有几个例子，我不用举了。

第四，哥伦比亚大学的教师学院毕业生给中国教育界一个最不好的贡献。我没有留学或行走美国之荣幸，所以我于哥伦比亚大学的教师学院诚然莫测高深。不过，看看这学校的中国毕业生，在中国所行所为，真正糊涂加三级。因此我曾问过胡适之先生："何以这些人这样不见得不低能？"他说："美国人在这个学校毕业的，回去做小教员，顶多做个中学校长，已经希有了。我们却请他做些大学教授、大学校长，或做教育部长。"这样说来，是所学非所用了，诚不能不为这些"专家"叹息！这些先生们多如鲫，到处高谈教育，什么朝三暮四的中学学制，窦二墩的教学法，说得五花八门，弄得乱七八糟。我现在有几句话敬告这些与前清速成法政学生比肩的先生们：第一，小学，至多中学，是适用所谓教育学的场所；大学是学术教育，与普通所谓教育者，风马牛不相及。第二，教育学家如不于文理各科之中有一专门，做起教师来，是下等的教师；谈起教育——即幼年或青年之训练——是没有着落，于是办起学校自然流为政客。第三，青年人的脑筋单纯，与其给他些杂碎吃，不如给他几碗大鱼大肉。这些教育家们奈何把中学、小学的课程弄得五花八门，其结果也，毕业后于国文、英、算、物理等等基本科目一律不通。其尤其荒谬者，大学校里教育科与文理科平行，其中更有所谓教育行政系、教育心理系等等。教育学不是一个补充的副科，便是一个毕业后的研究。英国有好些大学以大学文理科毕业者习教育，未习文理科者不得习教育；德国的教育训练是把大学的哲学科（文理、经济、政治皆在内）学生于高年级时放在特设的一种教育学修习所中，以便教师之养成。总而言之，统而言之，做校长的要从教员出身，〈否〉则无直接的经验、切近的意识，其议论必成空谈，其行为当每近于政客。然而要做教师，非于文理各科中有一专门不可。所谓教育行政、教育心理等等，或则拿来当做补充的讲义，或则拿来当作毕业后的研究，自是应该，然而以之代替文理科之基本训练，岂不是使人永不知何所谓学问？于是不学无术之空气充盈于中国的所谓"教育专家"之中，造就些不能教书的教育毕业生，真是替中国社会造废物罢！

第五，青年人之要求，因社会之矛盾而愈不得满足。今日中国的社会，是个最大的矛盾集团。时代的、地域的、阶级的、主义的，一切矛盾，毕集于中国之一身。在这个状态之下，国家无所谓"国是"，民众无所谓"共信"，人人不知向那里去。三十多岁的人尚且不能"而立"，更何所责于青年？在这样情形之下，青年学生自然不能得安定——身体的、心理的、意志的。于是乎最基本的冲动，向最薄弱的抵抗处发动，于是乎青年学生的事不是风潮便是恋爱。……所以青年的"安心丸"又是极不容易制造的。然而若想教育办好，这个"安心丸"又非造出不可。

以上的五项中，第一、第二两项是基本的原因，第三、第四两项是目下紊乱之直接原因，第五项是一种外感病，自身健康自然不染，自身不健康是免不了的。政府若想把教育彻底改革，非对这原因作有效的处置不可，否则改一回学制即增一回紊乱，作一次处分即种一次恶因。

至于改革的具体方案，下次再谈。

（原载 1932 年 7 月 17 日《独立评论》第九号）

教育改革中几个具体事件

关于教育改革之具体问题，原则上我们可以有些意见。其施行的详细方案乃是教育当局的事，我们局外人既无材料在手，自然无从悬推。

教育改革具体方案之原则，一时想来有下列数事。

（一）全国的教育，自国民教育至学术教育，要以职业之训练为中心的。这话不是江苏省教育会一系人之老调头，他们的办法是把学校弄成些不相干的职业的"艺徒学堂"。幼年人进学堂，如进工场一般，这是极其不通的。我们乃是主张学校中的训练要养成幼年人将来在社会服务的能力，养成一种心思切实，态度诚实，手脚动得来，基本知识坚固的青年。所以中小学虽有化学，然而如竟专心制起胰子来；虽有物理，然而专心做起电灯匠来，都是大可不必的。不过，化学虽不造碱，而必使中学毕业生在化学工厂中做起事来，能应用他在学校中学的化学知识；在农场中做起事来，能应用他在学校中学的动植物知识，然后这教育不是失败的。

在这"职业训练"的要求之下，我以为中小学的课程应注意下列数事：

甲、将中小学课程之门类减少至最低限度，仅仅保留国文、英文、算学、物理、化学、自然知识、史地知识、体育等，而把一切不关痛痒的人文科目一律取消。一面将党义的功课坚实的改良，使其能容纳些可靠的人文知识，不专是一年又一年的叫口号。当年黄炎培等人拟高中章程，竟有了文化史和人生哲学。这个题目在欧洲尚不会建设得能够包含着基本训练之意义，试问中国有谁配教这门功课？在高中又如何教法？……

乙、每一科目宁缺勿滥。在城市的学校可减除自然知识，在乡村学校亦可酌量减除些科目，只有国文、英文、算学是绝对不可少的。每一科目既设之后，必求有实效，国文非教得文理清通、文法不错不可，英文非教得文法了然，能有些实用不可，算学非教得有算术、几何、代数、最浅解析几何、最浅微分之基础知识，而能实用不可（此限度就高中言）。物理非教得对于电灯、肥皂泡、天气变化、化热力功用等等一切我们四围环境中遇到的事件，能与书本上的指示连起来不可，植物非教得能把我们园中的植物拿来分类认识出来不可。一切功课都步步跟着实验，教科书不过是一个参考的手本，训练的本身乃在动手动脚处。国文、英文也不能是例外的，历史要教到坚实而不盲目的民族主义深入心坎中，同时知道世界文化之大同主义，地理要教得知道世界各地物质的凭藉，及全国经济生活之纲领，若专记上些人名、地名、年代、故事，乃真要不得的。为实现这样的课程，教育部有设置几个专科的课程编定委员会之必要。

照这样做下去，然后以下列的标准考察一个学校办的成功与失败：一、学生的手脚是否有使用他的课本上的知识的能力；二、学生能不能将日常环境中的事与课本上的知识联贯起来。能，便是训练的有效；不能，便是制造废物了。这样的训练，不特可以充分发育一个人之用处，一个人将来在职业上的用处，并可以防止安坐享受的习惯，思想不清的涵养，做士大夫的架子。

（二）全国的教育要有一个系统的布置。民国以来的教育，真可谓"自由发展"了，其结果是再紊乱不过的。私立学校随便开，大学随便添，高中满了全国。即令这些学堂都好，也要为社会造出无数失业的人来，而况几乎都不成样子。现在教育部有下列的几个当务之急：第一，作一个全国教育的统计，同时斟酌一下，中国到底需要些那样人，然后制定各校各科的人数，使与需要相差不远。第二，使公立学校在上下的系统上及地方的分配上有相当的照应。第三，限制私立学校，使它不紊乱系统。第四，最要紧的——国民教育、普通教育、职工教育、学术教育，中间之相接、相配合处厘定清楚，务使各方面收互相照应之功效，而不致有七岔八错之形态。

（三）教育如无相当的独立，是办不好的。官治化最重之国家，当无过于普鲁士。试以普鲁士为例，虽说大学教授讲座之选补权亦操之教育部，一切教育行政皆由部或地方官厅令行之，然其教育界实保有甚大之自治力量，行政官无法以个人好恶更动之。当年以德皇威廉第二之专横，免一个大学校长的职，竟是大难；革命后普鲁士教育部长免了一个国立歌剧院院长的职，竟发生了大风波。如熟悉德国教育情形，当知高等教育权皆在所谓秘密参议手中，普通教育权皆在所谓学事参议手中，其用人行政，一秉法规，行政官是不能率然变更的。这样子固然有时生出一种不好的堕〔惰〕力，然而事件总不至于大紊乱。中国的教育厅长，特别是市教育局长可以随便更换，这犹可说他们是政务官，然而厅长、局长竟能随便更变校长，一年数换，于是乎教员也是一年数换了。服务教育界者，朝不保夕，他们又焉得安心教书？又焉得不奔竞、不结党营私？

所以政府的责任，第一是确定教育经费之独立，中央的及地方的。第二是严格审定校长、教员、教授的资格，审定之后，保障他们的地位。第三，教育部设置有力量的视学，教厅亦然，参以各种成绩之考核，纯然取用文明国家文官制度（Civil Service）之办法，定教育界服务人员之进退，及升级补缺。河南省的教育经费能独立，山东省的教育不曾换过长官，其结果便比江苏、安徽好得多，这真是值得注意的。

（四）中国的教育是自上腐败起，不是自下腐败起。民国二十年来的事实可以完全证实此说。教育部没有道理了，然后学制紊乱，地方教育长官不得人，校长不成样子。校长不成样子，然后教员不成样子，然后学生的风纪不堪问了。政府有时稍稍表示认真的决心，每收意想不到的效果。如民国十五年国府在广东时，把中山大学解散了，教授重行聘任，学生须经甄别，当时的中山大学真可谓党派斗争之大集合，亦是学潮的博物馆，然而政府一经表示决心之后，竟全无问题……于是中山大学有了三年的读书生活，以后仍是政府措施不当，然后风潮又起来的。又如此次政府表示整顿中央大学的意思，不特在中大办下去了，即远在北平的大学，也望风软化。虽以刘哲一样的人，尚能以决心平服北平教育界，而况其他？……所以我的看法是：教育之整顿，学风之改善，其关键皆自上而下，都不是自下而上。若大学校长永远任用非人，虽连着解散几次又何益？然则今之政府之责任，在整顿自己责任内的事。……所谓政府责任内事者，大致有下列二项：

甲、把教育部建设成一个有技术能力的官厅，以法兰西、普鲁士的教育部为榜样做去，不特参事司长不能用一无所能的人，即科长、科员亦必用其专门之长。此外更设统计处，以便全国教育事项了如指掌；设教材编纂处，不再审定些亡国的教科书。

乙、厅长、大学校长、教育局长必须用得其人。其人若有人品，有见识，有资望，自然没有学潮，有也不至为大害。以我个人教书的经验论，学生多数是好学生。我一向对学生极严厉，并未遇到反响，所见的学生捣蛋，皆自教员不振作而起。

（五）教育当局要为有才学的穷学生筹安顿。中国的家庭是世界上最腐败的，中国的家庭教育是世界上最下等的，所以严格说去，中国无"世家"之可言。惟其如此，故贤士干才多出于贫寒人家。环境之严苦锻炼出人才来，不是居养的舒服能培植德性的。科举时代，穷人是比较有出路的，一来由于当年读书本用不了许多钱，二来由于当年义学、宗塾、廪膳膏火、书院奖励、试馆等制度，大可帮助有才无钱的人。今日之学校教育，用钱程度远在当年之上，并无一切奖金、助金。国家号称民国，政治号称民权，而贫富之不平更远甚，成个什么样子？不特就人道的立场言，极其不平；即就政治的作用论，也是种下一个最大的危险种子。所以我来提议：

甲、把自大学至小学的经费抽出至少百分之五来作奖学金。

乙、把一切无成绩的省立大学停止了，改成奖学金（国外留学金在内）。

丙、把一切不成样子的私立大学停止了，收他们的底款为奖学金。

丁、一切私立学校不设奖学金者，不得立案。

戊、学费一面须收得重，奖学金额一面复设得多。

于是国家有国家的奖学金，省有省的奖学金，县有县的奖学金，学校有学校的奖学金，团体有团体的奖学金。于是学生用功了，穷学生尤其用功了，学校的风气自然好，社会的秩序自然改善。

此外关于学术教育的事项，后来再论。

（原载 1932 年 7 月 24 日《独立评论》第十号）

改革高等教育中几个问题

本文中所谓高等教育者，大体指学术教育而言，即大学与其同列机关之教育。此中自然也含些不关学术的事，例如大学学生人品之培养等，然而根本的作用是在学术之取得、发展与应用的。

在清末行新教育制以前，中国之学术多靠个人及皇帝老爷一时的高兴，其国家与社会之高等教育机关，只有国子监及各地书院，因为府州县学还近于普通教育。国子监只是一个官僚养成所，在宋朝里边颇有时有些学术，在近代则全是人的制造，不关学术了。书院好得多，其中有自由讲学的机会，有作些专门学问的可能，其设置之制尤其与欧洲当年的书院相似。今牛津、圜桥各学院尚是当年此项书院之遗留，其形迹犹可见于习俗及制度中也。不过，中国的书院每每兴废太骤，"人存政举，人亡政息"。而且一切皆系于山长一人，无讲座之设置，故很难有专科之学问。且中国学问向以造成人品为目的，不分科的。清代经学及史学正在有个专门的趋势时，桐城派遂用其村学究之脑袋叫道："义理、词章、考据缺一不可！"学术既不专门，自不能发达。因此我们不能不想到，假如刘宋文帝时何承天等，及赵宋神宗时王安石等的分科办法，若竟永远实行了，中国学术或不至如今日之简陋。

清末改革教育，凡旧制皆去之，于是书院一齐关门，而一切书院之基金及地皮多为劣绅用一花样吞没了。今日看来，书院可存，而书院中之科目不可存，乃当时竟移书院中之科目，即旧新各式八股于学堂，而废了书院，这不能说不是当时的失策。现在我们论高等教育，这个帽子可以不管，因为今日之高等教育，除洋八股之习气以外，没有一条是绍述前世的，而是由日本以模仿西洋的。因为如此，我们不能不说说欧洲近代大学的演成。欧洲的近代大学可以说有三种含素。一是中世纪学院的质素。这个质素给他这样的建置，给他不少的遗训，给他一种自成风气的习惯，给他自负。第二层是所谓开明时代的学术。这些学术中，算学、医学等多在大学中出，而哲学政治虽多不出于其中，却也每每激荡于其中。经此影响，欧洲的大学才成"学府"。第三层是十九世纪中期以来的大学学术化，此一风气始于德国，渐及于欧洲大陆，英国的逐渐采用是较后的。于是大学之中有若干研究所、工作室，及附隶于这些研究所、工作室的基金、奖金。当清末办新教育的时代，这一页欧洲历史是不知道的，以为大学不过是教育之一阶级。当时的教育既要"中学为体、西学为用"，更以富强之目前功利主义为主宰，对于西洋学术全无自身之兴趣，更不了解他的如何由来培养与发展。试看张之洞、张百熙的奏折，或更前一期王韬、冯桂芬的政论，都是这样子。他们本不知道西洋在发财造炮以外有根本的学术，则间接仿造西洋的学术建置，自然要不伦不类的。我们现在正也不能怪他们，以他们当时的环境做出那些事来，比其现在的教育界领袖以今之环境做出这些事来，则今之人十倍不如他们。直到民国初年，大学只是个大的学堂。民国五六年以后，北京大学侈谈新学问，眼高手低，能嘘气，不能交货，只挂了些研究所的牌子，在今天看来当时的情景着实可笑。然而昏睡初觉，开始知道有这一条路，也或者是一个可纪的事。从那时到现在，中国也有两三种科学发达，一般对大学及学术制度之观念进步得多了，不过，今之大学仍然不是一个欧洲的大学，今之大学制度仍不能发展学术，而足以误青年、病国家。即如以先觉自负之北大论，它在今日之浑沌，犹是十多年前的老样子哩！现在似乎政府及社会都感觉着大学教育有改革之必要，我也写下几件一时感觉到的事。

第一，大学教育不能置之一般之教育系统中，而应有其独立之意义。大学也是教育青年的场所，自然不能说他不是个教育机关，不过，这里边的教育与中小学之教育意义不同。中小学之教育在知识的输进、技能之养成，这个输进及养成皆自外来已成之格型而入；大学教育则是培养一人入于学术的法门中的。诚然，中小学教育需要教授法之功用，这教授法可以用来使学生自动接受训练，而大学中也不是能够忽略知识之输进技能之养成者。不过，中学教师对学生是训练者，大学教师对学生是引路者；中学学生对教师是接受者（无论接受的态度是自动的或被动的），大学学生对教师是预备参与者。虽大学各科不可一概而论，工、农、医等训练之步骤要比文、理、法、商为谨严，然而大体上说去，大学各科虽不同，皆是培植学生入于专科学术之空气中，而以指导者给予之工具，自试其事者也。因此情形，大学生实无分年的全班课程之可言，今之大学多数以年级排功课，乃将大学化为中学，不特浪费无限，且不能培植攻钻学术之风气。如大学不成为中学，下列办法似宜采用：

一、设讲座及讲座附属人员，以不布置中学功课之方法为大学课程。

二、除第一年级比较课程固定外，其余多采选习制（文、理、法、商之选习宽，工、农、医较有限定）。

三、每门功课不必皆有考试，但须制定一种基本检定。这种基本检定包含各若干及格证，得此项及格证之后，然后可以参与毕业考试。此项及格证在国文系者试作一例如下：

（甲）中国语言文字学；

（乙）中国文学史；

（丙）中国通史；

（丁）中国诗学（词、曲在内）或词章学；

（戊）一种西洋文学；

（己）若干部书之读习。

四、毕业考试由教育部会同大学行之。论文一篇，证明其能遵教授之指导，施用一种做学问之方法而已，不可不有，亦不可苛求。此外选择二三种最基本之科目考试之。

五、非满若干学期，不得参加毕业考试，但在学校中无所谓年级。

六、凡可有实习之科目，皆不可但以书本知识为限。

七、最普通的功课由最有学问与经验之教授担任，以便入门的路不错。

第二，大学之构造，要以讲座为小细胞，研究室（或研究所）为大细胞，而不应请上些教员，一无附着，如散沙一般。大学中的讲课，如不辅以图书之参用，或实验之训练，乃全无意义；而在教授一方面说，如他自己一个，孤苦伶仃的，无助手，无工作室，乃全无用武之地。虽有善者，无以显其长，致其用。故大学中现在尚多用不着高于大学本身一级之研究院，而每一系或性质上有关连若干系必须设一研究所，大学学生本身之训练，即在其中；大学教授之日进工程，即在其中。其中若能收些大学毕业继续受训练的，自然是好事，有时也很需要。不过，研究非专是大学毕业后事，而大学生之训练正是研究室之入门手续也。舍如此之组织而谈大学教育，只是空话。今之大学，各个都是职员很多，教员很多，助手很少，且有的大学教授一到校，非讲堂及休息室则无立足之地。此等组织，诚不知如何论学问。

大学本身之研究所，与大学外之研究院，也不应是没有分别的。今之研究院，有中央北平二机关，近年皆能努力，若凭理想论去，研究院与大学中之研究所应有下列之分别。凡集众工作（Collective work），需要大宗设备，多人作工，多时成就，与施教之职务，在工夫及时季上冲突者，应在研究院，例如大规模之考古发掘、大组织之自然采集等。凡一种国家的职任，须作为专业，不能以有教书责任之人同时行之者，应在研究院，例如电磁测量、材料试验等。至于一切不需要大规模便可研究的工作，大学中尽可优为之，研究院不必与之重复，且有若干研究，在大学中有学生为助手更便者，在研究院反有形势之不便。如此说来，研究院之研究，与大学中之研究，本非两截，不过因人因事之分工而已。

第三，大学以教授之胜任与否为兴亡所系，故大学教授之资格及保障皆须明白规定，严切执行。今之大学，请教授全不以资格，去教授全不用理由，这真是古今万国未有之奇谈。只是所谓"留学生"，便可为教授；只是不合学生或同事或校长的私意，便可去之。学绩即非所论，大学中又焉有励学之风气？教育当局如有改革高等教育之决心，则教授问题应该求得一个精切的解决。我一时提议如下：

一、由教育部会同有成绩之学术机关组织一个大学教授学绩审查会。

二、凡一学人有一种著作，此著作能表示其对此一种学问有若干心得者，由此会审定其有大学教授资格。

三、经上列第二项手［业］绩之后，此学人更有一种重要著作，成为一种不可忽略之贡献者，由此会审定其有大学教授资格。

四、凡有大学教师或教授资格者，任何一大学请其为教师或教授时，受大学教员保障条例之保护，即大学当局如不能据实指明其不尽职，不能免其职。

五、既得有上列两项资格之一，而任何三年中不曾有新贡献者，失去其被保障之权利。

六、凡无上列资格，在此时情况之下，不得不试用者，试用期限不得过二年。

七、凡不遵守上列办法之大学，教育部得停其经费，或暂不给予毕业证书之用印。

既澄清了大学教员界，然后学术独立、学院自由，乃至大学自治，皆可付给之。如在未澄清之先，先付此项权利于大学教授，无异委国家学术机关于学氓、学棍之手，只是一团糟，看他们为自身的利益而奋斗，而混乱而已。（此文写至此处，急须付印，尚有余义，且待后来再写。）

（原载 1932 年 8 月 28 日《独立评论》第十四号）

论学校读经

记得十七八年以前，内因袁世凯暴压后之反动，外因法兰西一派革命思想和英吉利一派自由主义渐在中国知识界中深入，中国人的思想开始左倾，批评传统的文学，怀疑传统的伦理。这风气在当时的先锋重心固然是北京，而中山先生在上海创办《建设》杂志，实给此运动以绝大的政治动向。我们从他当时所表现的议论中清楚的看出，他是觉得专是一种文化的革新是不足的，必有政治的新生命，中国才能自立，必有政治的新方案，中国才能动转。中山先生提倡"把中国近代化"之功绩是后来中国人所万不当忘的！……溯自建业建都以来，政治上要右转些，本为事理之自然，当为人情所谅解。不料中国人"如醉人，扶得东来西又倒"。一朝右转，乃至步步倾之不已，只弄到去年的祀孔！远史不必谈，姑谈近史。满清升孔子为大祀而满清亡，袁世凯祀孔而袁世凯毙。韩退之有句话："事佛求福，乃更得祸！"大凡国家将兴，只问苍生，国家不了，乃事鬼神，历史给我们无数的例。祀孔还不算完，接着又有读经的声浪，这事究竟演化到如何一步，我不敢知，我只替国家的前途担心。提倡革命的人们，无论左向右向的革命，总不免把主张说到极端，到极端才有强烈的气力，然而手操政权的人们，总应该用充分的知识、健强的理智，操持中道的，中道然后有安定！特别在这个千孔百疮的今日中国，应该做的是实际的事，安民的事，弄玄虚是不能救国的。

在批评读经政策之前，有几件历史事实应该知道。

一、中国历史上的伟大朝代都不是靠经术得天下、造国家的，而一经提倡经术之后，国力每每衰落的。我们且一代一代的看去，周朝还没有受这些经典于前代，那时候的学问只是些礼、乐、射、御、书、数的实际事件。秦朝焚书坑儒，更不必说。汉朝的缔造，一半赖高帝之武，一半赖文帝之文，高帝侮儒，文帝宗老，直到武帝才表彰六经，然而茂陵一生所行，无事不与儒术相反。宣帝以后，儒术才真正流行，东海边上的读经人作师作相，汉朝也就在这时节起头不振作，直到王莽，遍天遍地都是经学。李唐创业，最表彰的是老子；到了玄宗，儒学才在中天，玄宗亲自注《孝经》，玄宗也亲自听破潼关的渔阳鼙鼓。赵宋的太祖、太宗都是武人，真宗像个道士，仁宗时儒术乃大行，也就从仁宗时起仰契丹如上国，有蕃夏而不能制。赵普号称以半部《论语》治天下，我却不知道他之受南唐瓜子金，教太宗以夺嫡，在半部之外或在内？明朝是开头便提倡宋元新儒学的，其结果造成些意气用事的儒生，酿成燕变而不能制。若不是当时外国人不闹，若不是永乐真有本领，中国又要沉沦了。再看偏安的南朝。南朝的第一流皇帝，一个是纯粹流氓刘寄奴，一个是高超儒生萧老公。刘寄奴到底还灭燕、灭秦，光复旧物，萧老公却直弄到断送南渡以来的汉人基业。我说这些话并不是蔑视六经、《论语》、《孟子》等之历史的价值，他们在当年自然有过极大的作用，我们的先民有这些贡献犹是我们今日可以自豪自负的。我只是说，虽在当年简单的社会里，国家创业也不是靠经学的，而一旦国家充分提倡经学，一面诚然陶冶出些好人物，一面又造成些浮文诡化的儒生。不看宋明的亡国吗？儒生纷纷降索虏，留梦炎本是状元，洪承畴更是理学人望，吴澄、钱谦益则胜国之盖世文宗也。事实如此，可知在古时经学制造的人物已经是好的敌不过不好的了。或是当时若没有经术，事情更糟，也未可定，不过当时的经术并无六七十分以上的成绩，是件确定的史实。

二、当年的经学，大部是用作门面装点的。词章家猎其典话，策论家壮其排场，作举业的人用作进身的敲门砖。念经念到迂腐不堪的缺点虽极多，而真正用经文以"正心诚意"的，可就少了。这本也难怪，经文难懂，又不切后代生活。所以六经以外，有比六经更有势力的书，更有作用的书。即如《贞观政要》，是一部帝王的教科书，远比《书经》有用；《太上感应篇》是一部乡绅的教科书，远比《礼记》有用；《近思录》是一部道学的教科书，远比《论语》好懂。以《春秋》教忠，远不如《正气歌》可以振人之气；以《大学》齐家，远不如治家格言实实在在。这都是在历史上有超过五经的作用的书。从《孝经》直到那些劝善报应书，虽雅俗不同，却多多少少有些实际效用。六经之内，却是十分之九以上但为装点之用、文章之资的。我这些话不是我的议论，更不是我的主张，只是我叙述历史的事实。若明白这件事实，便当了然读经的效用，从来没有独自完成过。即就维持儒家的道德教化论，在当年五经大半也还是门面的，也还是靠别的书支持儒教。那么，在当年的社会中失败了的读经，在今日反能成功吗？

三、汉朝的经学是汉朝的哲学，"以《春秋》折狱"，"以《三百篇》当谏书"。哪里是《春秋》、《三百篇》本文之所有的事？汉朝的儒生自有其哲学，只拿五经比附出场面来而已。宋朝的经学是宋朝的哲学，自孙复、石介以下每人都是先有其哲学，再以经文傅会之，岂特王安石一人而已？汉朝、宋朝的经学在当时所以有力量者，正因本是思想创造的事业，本来不是纯粹的经学，所以才有动荡力。清儒之所谓汉学是纯粹的经学了，乾嘉的经学也就全无政治的、道德的作用了。清末，一面在那里办新学，一面在那里读经，更因今文为"康梁逆党"之学，不得用，读经乃全与现代隔开。上者剽窃乾嘉，下者死守高头讲章，一如用八股时，那时学堂读经的笑话真正成千成万。少年学生上此课者，如做梦一般。我不知今之主张读经者，为的是充实国文或是充实道德力量？如欲以读经充实国文，是最费气力不讨好的；如欲以之充实道德力量，还要先有个时代哲学在。不过据六经造这时代哲学，在现在又是办不到的事了。

据以上三类历史事实看去，读经从来不曾真正独自成功过，朝代的缔造也不会真正靠他过，只不过有些愚民的帝王用他笼络学究，使得韩文公发明"臣罪当诛，天王圣明"的公式；又有些外来的君主用他破除种族见解，弄到朱文公也在那里暗用"夷狄之有君，不如诸夏之亡"称赞金章宗！

难道相去不远的旧社会中试验二千年不曾完满成功的事，在相去如南北极的新社会中值得再去尝试吗？

以上是历史的考察，再就现在的情形论，尤觉这一回事断不可办。我的见解如下：

第一，现在中小学的儿童，非求身体健全发育不可，所以星期及假日是不能减的，每日功课是不能过多的。同时，儿童青年之就学，本为养成其国民的需要，谋生的资格，自然也该把知识教育的力量发挥到最大无害的限度，以便成就其为有用之人。况且现在的世界是列国竞进的，若是我们的中小学程度比起欧、美、日本同等学校来不如，岂非国家永远落后，即是永远吃亏？在这又要儿童青年健康，又要他们程度不比人差的难题之下，原有的功课已嫌难于安排，若再加上一个千难万难的读经，又怎样办？挖补自儿童的身体呢？挖补自儿童的近代知识呢？

第二，经过明末以来朴学之进步，我们今日应该充分感觉六经之难读。汉儒之师说既不可恃，宋儒之臆想又不可凭，在今日只有妄人才敢说诗书全能了解，有声音、文字、训诂训练的人是深知"多见阙疑"、"不知为不知"之重要性的。那么，今日学校读经，无异拿些教师自己半懂半不懂的东西给学生。若是教师自己说实话，"不懂"，或说"尚无人真正懂得"，诚不足以服受教者之心；若自欺欺人，强作解事，无论根据汉儒、宋儒或杜撰，岂不是以学校为行诈之练习所，以读经为售欺之妙法门？凡常与欧美人接触的，或者如我一样，不免觉得，我们这大国民有个精神上的不了之局，就是不求深解，浑沌混过；又有个可耻之事，就是信口乱说，空话连篇。西洋人并不比中国人聪明，只比我们认真。六经虽在专门家手中也是半懂半不懂的东西，一旦拿来给儿童，教者不是浑沌混过，便要自欺欺人，这样的效用究竟是有益于儿童的理智呢，或是他们的人格？

以上第一件说明中小学课程中"排不下"这门功课，第二件说明"教不成"它。我想，这也很够反对这件事的"充足原理"了。至于六经中的社会不同于近代，因而六经中若干立义不适用于民国，整个用他训练青年，不定出什么怪样子，更是不消说的了。以世界之大，近代文明之富，偏觉得人文之精华萃于中国先秦，真正陋极了！

至于感觉目下中小学国文及历史教材之浅陋荒谬，我却与若干时贤同意见，这是必须赶快想法的。政府或书店还应编些嘉言集、故事集、模范人格的传记以作教训，以为启发。国文、公民及历史的教材中，也当充实以此等有用的材料。这些材料不必以中国的为限，其中国的自不妨一部分取资于六经中之可懂的、有启发性的、不违时代的材料，这就很够了。

（原载 1935 年 4 月 7 日《大公报》星期论文，又载 1935 年 4 月 14 日《独立评论》第一四六号）

漫谈办学

现在全国学校在病态中，是无可讳言的。造成这个苦境的因素，当然原因不一，有的属于政治，有的属于经济，有的属于时代的动荡，但也有不少由于教育行政和学校当局的措施。诚然，在政治不上轨道、经济濒于崩溃的情况中，办学是很不容易的，但这并不能作为学校当局不努力、不尽责任的理由。因为天下太平，便不需要人的特别努力，越困难越要努力，人类的进步正在此！文化的积累都是由苦难中创设起来的。凡办一件事，要办好，只好不问它的大前题。只有哲学家好问大前题，所以事情就在大前题的思考中停住，办事的人若先问这个时代办这个事是不是合宜，是不是可以为环境使得全功尽弃，那只有不办好了。天下事都是从大处盲目中努力出来的。这时候办学的困难，诚然是极难，但也不能因办学难就不办。要想纠正现在的颓风，我想，要是从下列四项着手，也不是得不到结果的。

第一，政府应尽政府所当尽的责任。现在政府对于教职员的待遇，每月的收入，高级的不过可以够小家庭一家吃青菜淡饭之用，衣、住、疾病、子女教养，完全不在话下；低级的不过够十天二十天的吃饭。这样情形，希望他们能抖起精神来教书，实在是不合情理的。又如既办一个学校，必需有它的最低限度的设备，尤其是理、农、工、医各科。前几年抗战期中，在后方新办的学校，有时它的设备就是一张招牌而已。教员是灾官，学生是难民，衣食无着，又无课本可读，希望它不闹事，实在是不近情理的事。老子说："虚其心，实其腹，弱其志，强其骨"，现在竟是"实其心，虚其腹，强其志，弱其骨"，这样〈的〉文化膏药，是玩不灵的，政府在今天必须调整教职员之待遇，不要视之如草芥，这道理尤其应该请行政院院长宋公明白。此外又必须给各学校以最低限度的设备，否则名不副实，实在误人子弟，而且闹起事来，更自误了。我们北京大学的教授，自国民政府成立以来，从来没有为闹待遇而罢课、而发宣言，这是我们的自尊处。但若宋公或他人以为这样便算无事，可就全不了解政治的意义了。

第二，学校当局应尽学校当局的责任。现在的学校当局，实在等于几千人或几百人的家长，一天到晚，油盐柴米，啰嗦不穷，面对面黄肌瘦的教员，惨剧层出不穷，实在是难过的生活。虽然如此，校长与教授仍然必须拿出他们为青年、为人类的服务心来，如其不然，学校是假的。一个学校，不能名副其实，不如不办，免得误人子弟。所以学校当局在一切事上应尽最大的努力，苟利于学校，虽无所不为可也。对于学生，应存爱惜而矜悯的态度，他所要求，有理的，不必等他要求，就可以做；无理的，开导他，训诫他，乃至惩罚他，都可因事情之轻重而定，但决不可以疏远他，怕他。一怕，事情便颠倒了；一疏远，便不能尽教育的责任了。

第三，学校必有合理的纪律。这些年来，学校纪律荡然，不知多少青年为其所误，风潮闹到极小的事，学生成了学校的统治者。这样的学校，只可以关门，因为学校本来是教育青年的，不是毁坏青年的。大凡学生闹事可分两类：一、非政治性的，非政治的风潮，每最为无聊，北大向无此风；二、政治性的风潮，政治性的必须要问是内动的或外动的。……

第四，学校必有良好的学风。这个良好的学风，包括自由的思想，规律的行动，求学的志愿，求真的信心，师生相爱的诚意，爱校、爱国、爱人民的愿心。没有自由的思想，便没有学术的进步；没有规律的生活，便没有学校的安宁；没有求学的志愿（兼括师生），便是一个死症；没有求真的信心，一切学术皆无安顿处；没有师生相爱的诚意，那里还会发生任何作用？宽博的胸襟，爱人的气度，坚贞的风节，乐善疾恶的习惯，都是造成良好的学风所必需的。我这几个月负北京大学的责任，实在一无贡献，所做都是些杂务的事，只有一条颇堪自负的，便是"分别泾渭"，为北京大学保持一个干净的纪录。为这事，我曾对人说，"要命有命，要更改这办法决不可能"，所以如此，正是为北大将来的学风着想。学风一事，言之甚长，今姑止于此。

（原载 1946 年 8 月 4 日北平《经世日报》）

几个教育的理想

有关办学的几个意思，原想在一个小册子中写出。事忙，未能写成，现在提前说出。

一、平淡无奇的教育

老子说："善用兵者，无赫赫之功；善治国者，无赫赫之名。"这话的道理，随着经验而更加了解，办学也是一样的。办学有他的常规，常规是出不了名，说不到功的。等到有了赫赫之名与功，那个办学法就似乎是有些毛病了，譬如说，我能盖个大礼堂，我能盖一个纪念馆，我能招致一切有名人物，我能扩张，一句话，热闹的很，这个究竟对于学生的学业或学问的进步有什么用处，很难说的。我不敢说"善"办学，但"赫赫"的作风，是我所不取的。我只知道一步一步的实实在在的办，这样也许不能收速效，但速效我是不承认会有的。

我到台大来，已经满一年。我一来的时候便说，我不会创造奇迹。一年以来台大的进步，一半是三十八年度台湾总进步的一部分，一半是同人不辞穷〔劳〕苦的收获，我的贡献只是在那里诚心诚意的办事而已。

这个低调办法的程序是怎样呢？《论语》上有一段：

> 子适卫，冉有仆。子曰："庶矣哉！"冉有曰："庶矣，又何加焉？"曰："富之。"曰："既富矣，又何加焉？"曰："教之。"

翻译成现在的话，是这样：

> 孔子到卫国去，他的徒弟冉有跟随他。到了卫国的境地上，孔

子说："人多了！"冉有说："既然人多了又怎样办呢？"孔子说："使他生活改善。"冉有说："生活已经改善了，又怎样办呢？"孔子说："教育他。"

这一段道理的重心，就是教育是跟随着生活之后来的，要想一个学校办好，不能不了解学生的生活情形，而致其力。

《老子》又有一节：

> 是以圣人之治天下，虚其心，实其腹，弱其志，强其骨。常使民无智无虑，使夫智者不敢为也。为无为，则无不治。

把这话翻成现在的话就是：

> 聪明人的施政，是使老百姓心里面虚，肚子里面饱，野心小，身体好。常使得老百姓没有多的想虑，就是有了，"调皮"的人也不敢。捣乱并不作什么事，就太平了。

老子的话，从韩非子到章太炎，把他解释成很有权谋的气味，这也是很自然的。因为《老子》这部书，大约成于春秋战国之际，所以文调如此。但如把《老子》全部看完，可以知道老子是一个生在乱世，悲天悯人，而且富有宗教的意味的。就如这一段话，如果解释作愚民政策，实在把老子看浅了。这是一个治国的常经。老子自己也说过："以正治国。"我们要了解这是一个"正论"，而不是一个谋略，才能体会到这一段文章的本义。不过，老子总是把正话说成反话，所以才有这样的情调。老子自己也形容他的话是"正言若反"。

办学和施政有很多相同处，这一段就于办教育的人是很有用处的……纳粹是近代的一种病菌，只有以健康抵抗他。若果不健康，便容易是他的牺牲者。所以：健康自己的身体，是抵抗病菌的第一要义。

这道理在教育上是一样的，有历史为证。抗战以后，我们办了很多大学，很多国立中学，其中有不少只有学校其名而无学校之实。有的所谓国立中学，简直比难民收容所都不如。学校的牌子挂了，学生弄了一大堆，生活（衣食住三项）是不给他解决的，先生是不给他请好的，功课大体上是谈不到的，纪律更说不上。又苦又穷，于是又闷又气。……还有呢？生活，课业，纪律，一方面在那里搁着，却一方面来上一套政治理论的训育，偏偏作这训育的人，每每自己先不曾受到训育。甲一说，乙一说，大而化之，随便说说，又无方案在后头，并且不躬行实践……这样一来，大学、中学的学生政治底"窍"是开了……

鉴于这个道理，所以我到台大来的初步教育政策是三个原则：

第一，协助解决学生的生活问题。学生的生活问题，大致说起来有五件事：食、住、衣、书、病。说到住，台湾大学在本年三月左右可以住到60%以上，暑假前希望可以再作成20%的住处，还有20%是不要住校的。说到食，现在台湾大学的学生3 100多人，用公费奖学金、□□救济金（以上系政府规定）、工读、台湾省籍贫寒救济金（以上是本校自定的）得到补助的，有2 200多人，还正作少许增加的努力。论到衣，学校目前想不出办法来。论到书，学校也曾尽到最大之努力，能买到的，先给他们买到，下学期开学前还可以有几百本学生用书自美国寄来。论到病，最近正在把几个教室腾出，作为结核病较重的疗养室，可以和宿舍的学生隔离。办以上的事，真正艰难，东拉西扯，捐款求人。所有五项，没有一项根本解决。然而既然向这个道路走，学生求学的心绪便好得多。青年是有理性的，他们是容易满足的，只要你有诚意待他们。

第二，加强课业。……课业加紧之后，不能游手好闲……我听说以前台大的上课情形，很多班甚不齐整，现在一年级95%以上，三四年级虽然各院各科目不太相同，但最坏的也要在90%。……

第三，提倡各种课外娱乐。各种的运动、各种的音乐游戏、各种的美术欣赏，都是对于学生的身体或精神有利益的。健康的体格，健全的精神，不是专用加紧课业的办法所能达到的，必须配合各种身体的或精神的修养。

以上的话，总括起来，可以说一句笑话："有房子住，有书念，有好玩的东西玩。"……

二、性品教育的初步

教育的一个大目的，当要是陶冶学生的性品。所谓性品，本来是一个不容易界说的名词，现在为说明我下列的意义，姑且把这个名词界说为一个人对人对物的态度。上等的性品，是对人对物，能立其诚。这本是中国儒家的道理，但西洋的正统哲学，从苏格拉底到现在的非唯物史观、非极权论者，总多少站在这个立场上。……

把立诚这个道理用在教育上，必须要考察事实，辨别是非。而如何考察事实、辨别是非，必须要不欺人、不自欺。我以为学校的道德陶冶，是不能够"谆谆然命之"，必须用环境，用知识，用兴趣，陶冶他的。

我在台湾大学对于学生的性品教育，只说了一句"讲道"的话，就是"不扯谎"。因为这是性品教育的发轫。这一项做不到，以后都做不到。这一项我确实说了又说，我以为扯谎是最不可恕的。科学家扯谎，不会有真的发现；政治家扯谎，必然有极大的害处；教育家扯谎，最无法教育人。我常常对学生说，我们对这一道可以互相勉励。假如你们发现我有扯谎或者开空头支票，或者有意无意骗你们一下，你们应立刻向我说。假如是误会的话，我要解释明白；假如真是说话靠不住，你们可以用我责备你们的话责备我。凡是作学问的人，必须从不扯谎作起。我的"谆谆然命之"，只有这一项。

我所以重视这一个道理，因为作学问是为求真理的，一旦扯谎，还向哪里，用什么方法求真理去？没有智慧的诚实（Intellectual honesty）学问无从进步。至于做人，是必须有互信的，一旦互相诈欺起来，还有什么办法？将来学成了社会上的人物，无论是那种职业，包括政治在内，必须从立信做起。

假如这个道理不错，则扯谎的事，是万万不可恕的。个人扯谎的结果，必至于集体扯谎；遁词的扯谎，必引出故意的扯谎。扯谎成了风气，社会岂有不大乱之理？有扯谎的人或者自己觉得他为一个他自己尊贵的目的而扯谎。⋯⋯

三、公平

学校需要法治吗？我的回答是"对的"。学校只需要法治吗？我的回答是"不对的"。学校需要法治，而不能以法治为限。这又是算学家所谓"必要而非充足的原理"。学校只有法治，不能成其为教育；学校没有法治，不能上轨道。

假如承认学校在上轨道及维持在轨道上的过程中不可没有法治，则我们要认法治的第一要义是公平。不能达到公平，决不能成其为法治。

公平的第一义，是凡同样的人在一切法律或规则上平等。若果"同罪异罚"，在封建时代还说"非刑也"。在今天，"特权阶级"（即有罪可以不罚的）更是要不得的。

⋯⋯⋯⋯⋯

现在的攻击既已多半不涉学校的事，不理之或由我自了之，同人同学之关心，深所感谢，但不必继续注意此事了。惟尚有两事乞同学留意：

一、这次胡闹只是几个人闹，政府各层原无成见，且已了然也没有任何党或任何派系的主使。若果误会这事有背景，是上当的。这是确确实实的话，诸位务必相信。而且中国社会不是全不讲公理，只要有人奋斗，我是决不向胡闹的人妥协的。

…………

（原载 1950 年 2 月 6 日《台湾大学校刊》第五十六期）

一个问题——中国的学校制度

中国的新教育制度始于庚子年以后，当时的《学堂章程》是抄日本的。民国改元，稍许有些改变，但甚少。直到 1921 年光景，才大改特改，改的方向可以说是模仿美国，更正确些，是受美国的影响。以后经常有些小改动，改动的动力，大体来自教育部。凡是一位新任教育部长上任总当有一番抱负，经久之后，便有一番作为，这样作为，每每是发抒自己的理想，这理想或者来源于他的留学时代的环境，或者来源于他的哲学。此外一切可以影响教育部长的人，也多能如此发生效力。但全盘的改，乃至彻底的检讨，是不容易办的，所以也就因而不办，然在旧有的不改动一个大前提之下，再添上些新的，却是"轻而易举"，所以也就这样办。即如中学课程添了又添，添到世界无比的高深（章程上），大学制度又像美国（学分制），又像大陆（学期制），都由于这个原故。所以中国学校制度好比地层，要待地质学家查勘他是如何积累出来的。

我们现在在这个岛上，正是检讨过去一切的时候，正是我们出问题给自己的时候。我们的挫折的原故在哪里，我们要检讨。我们万万不可再不问不思的一味因袭旧脾气，因为实在因袭不下去了——假如要存在的话。在这一个局势之下，我用我相信的道理办台湾大学。因为办台湾大学，想到中国整个的学校制度，这一篇文，是出题不是作答案。

我们这些年来使用的学校制度既是累积的地层，而不是深思善改的结果。在今天，我们的教育是怎样影响社会？我们要先问，现在的学校制度有没有毛病，这当然就他的效果说。我想有的人回答这个问题时认为有毛病，也有的人认为大致可以。可以不可以，原是比较之词，假如中国走经济的上坡路，"天下太平"，有广大的新地可以移民，有工业可以缓进，我们也许觉得今天的学校制度无大毛病。即如美国，他的学校现状（不能说制度，因为没有划一的制度）也有很多很基本的毛病，许多教育家、社会学家、哲学家在忧心中检讨，然而美国一直飞腾的走经济的上坡路，加以美国社会没有中国的科举遗毒、官样文章、唯名主义、拖延困难主义，所以我们在远方的只见美国教育之发达。假如美国走下坡路，他那教育作风、学校办法，恐怕要千孔百疮的暴露出来。……

针对现局中之弊端，作为改革的原则，我一时想到的有五项，如下：

第一，现在是层层过渡的教育，应改为每种学校都自身有一目的。入国民学校为的是什么？当然是为升入初中了。入初中为的是什么？当然是为升入高中了。入高中为的〈是〉什么？当然是为升入大学了，入大学又为的是什么？当然为一张大学文凭，作为资格了。假如研究院设得多，还要政府公费入研究院。一句话，一切学校都是过渡学校，今天过渡到大学毕业为满足，不然不满足；将来"学术发达"，还要过渡到研究院毕业为满足，不然不满足。如此下去，社会是不会健康的，学校成了变相科举，是不能建立近代型的国家的。

这个事实，使得一切办学校的感觉困难，学生在校以升学为目的，不以求学为目的，于是应做的事不易做通，不必做的事，须做许多，这在中学尤其不了。

为改变这个风气，必须每一种学校有他自身的目的，毕业后就业而不升学者，应为多数；升学而不就业者，应为少数。每一种学校，既有他自身的目的，则在课程上、训练上，应该明明表现出来，必须使大多数学生毕业后不至于不能就业，才算成功。至于有业可就与否，则乃一社会问题。

第二，现在是游民教育，应当改为能力教育。因为一切学校成了过渡学校，一切教育成了资格教育（即当年所谓"混个功名"），自然所造出来的寄生者多，而生产者少了。唐朝的韩愈辟佛，专从社会问题出发，当时的和尚、尼姑、道士、道姑是逃避兵役、逃避劳动、逃避租税的人，弄得遍天下都是。于是韩愈大大叫苦说：

> 古之为民者四（士、农、工、商），今之为民者六（加上释、道）。……农之家一，而食粟之家六；工之家一，而用器之家六；贾之家一，而资焉之家六；奈之何民不穷且盗也？

他忘了一件，"士"也太多了，也是消费生产的。凡在社会上无用的，便是社会的寄生虫，寄生虫是要吃死他所寄生的主人的。

历史上的科举制度造出了些游民，为数究竟还少，然而在家也够鱼肉乡里的了。学校承袭科举制造游民的效能，学校越多，游民也越多。毕业之后，眼高手低，高不成，低不就，只有过其斯文的游民生活，而怨天怨地。这些高等游民有些忽然大"得意"，更鼓动一般人做游民。

针对这个毛病，学生在各级学校，应受到能力的训练。所谓能力的训练，就是生产力的训练，和文明社会必要的技能的训练。

第三，现在的学校是资格教育，应该改为求学教育和做人教育。

读者或者觉得我这一条说得奇怪，现在的学校难道不是为的求学吗？当然，无论如何坏的学校，总有一部分学生在求学，然而整个的看，这样艰难的课本，能达到求学的目的很大吗？这样的教法，能达到求学的目的很大吗？所以一入学校，第一件事是升级毕业，最后一件事也还是升级毕业。先生不好，无所谓，设备不好，更无所谓，只有毕业文凭乃真是要紧的，至于如何陶冶性情，更不在话下。这当然不可一概而论，但这样确是不少的。

第四，现在的学校是阶级教育，应当改为机会均等教育。

所谓一切人一齐平等，本是做不到的，因为天生来在禀赋上便不平等。一因为贫富的差别，或者既得利益的关系，使禀赋与学力能升学的不升学，不能升学的反而升了，确是不公道，而且在近代社会中必是乱源。因此，社会上的待遇和地位，虽无法求其绝对平等，也不应求之过远，然机会均等却应为政治的理想。所谓机会均等，并须先有教育机会均等作根本。

其实教育机会均等也是不容易的。国民学校是义务教育，当然可以说是相对的均等，虽然不能说是绝对的均等，因为学校也有好坏，有人是有选择力，有人是没有的。但政治总是论大致的，义务教育若真能普及，也可以说在这一阶段是均等了。以后呢？入初中无法均等，至少目前如此，因为这受家庭和地域的影响最大。但初中以后，总当尽力使其接近教育机会均等的原则。其办法一面是由地方、社会，或学校广设贫苦子弟升学奖助金，使穷人的子弟真好的能升学，一面是严格限制胡乱升学，使有钱有势的人而不够程度的不能升学。

第五，现在的学校颇有幻想成分，我们应当改为现实教育。

我们要问：

一、我们这一套学校，照他的性质，照他的数目比例，为的是甚么？

二、我们这套学校，抗战以来越来越多，可曾于创办前想到师资从那里出来否？

三、我们这一套学校，学生毕业之后，究竟能有多少就业？就业成效如何？可以不为社会之累赘否？

四、我们这一套学校，曾用何种方法使他一校有一校之作用，而不仅是挂牌子发文凭？

五、我们国家的人力物力能办多少？办了后，能否增进人力物力，以便再去办？

这些问题，不过举例而已，假如对这些问题不能作一自信的答案，那么其中含有幻想的成分大约不免罢？

以上的五个原则是一个大问题。由这个大问题，生产［产生］很多并不小的问题。这些问题，我以为在今天是值得想想的……我为这些问题近来写了一篇两万字的文，现在把其中的总问题一部分节略写下来就是这篇短文，希望大家对这问题想想。我自己也只是想到问题，还不能有满足自己的方案。

（原载 1950 年 11 月 29 日《中央日报》）

中国学校制度之批评

追忆在北京大学代理校长任内，事实和理想刺激我的思想，我很想写七八篇论大学的文字。卸任后，事忙，又连生病，除去一篇的大意以外，所有的意思忘得光光……

到台湾大学校长任内已一年又十个月，开始即想写一小册，叙说我的大学理想，一直没有工夫，虽然也有几个意思在杂文里偶然提到，却并无系统的推论。每天为现实逼迫着，我怕久而久之，理想忘了，须知现实每每是消灭理想的。所以我在三个学期中始终不曾教书，虽然每学期开始前总想教一门课，在大学不教书是不过瘾的。然而教书不可不预备，一课两小时，也要至少预备一天或两夜，便分去做校长的时间不少。本学期仍未教书，正为想写《大学理想》。我希望这学年可以写成这本小书，但也不敢必，因为台湾大学校长之事多，是不能想像的，其生活不是可以羡慕的，半年内写成与否，还要看出的事多不多。

在写《大学理想》时，我不是专论台湾大学。专论台湾大学不必写书，办事好了。我要"跑野马"，上下古今论大学制度，或者超于时空，这样才有理想。在写《大学理想》之前，觉得有写一篇泛论中国学校制度之必要，因为大学是不能独自生存的，它是学校系统中之一部，乃至可说社会之一部。大学要尽量成一"乌托邦"，说的硬些，与社会脱离，庶可以不受旧社会的影响，而去创造新社会，但这话终是写意的笔法。大学不能脱离学校系统，脱离社会，犹之乎一人不能脱离了人群。我去年在师范学院曾说过，台大要办好，必须师范学院先办好，因为台大的学生出自中学，中学的教员出自师范学院。师范学院好了，然后中学教师好了，中学教师好了，大学的学生才好。这是真话，不是笑谈。认清学校制度之一体性，所以写这一篇，作为《大学理想》第一序文。

我不是教育部长，所以敢写这一篇文。假如我是教育部长，便不敢写了，因为我现在"不在其位"，所说的话只是我个人的话，无关实行，至多也不过是一个对教育有些经验、有些理想的人一时的想法，所以敢大胆去说。若我在负责任的地位说这话，人家或者误会我想作王安石，天翻地覆，那就不得了了。究竟这一篇文的意思有无是处，要待社会批评；有无可取，要待当局考虑。即使可取，也不可造次，也应在讨论之后，扼要的"说服"之后。我以为政府改革一事，应先做"说服"的工作。当年在大陆上，若干机关常常以"下上谕"为第一着，所以行不通，或者行而不行。最好读者忘了本文作者现在台大任内，因而误以为可有影响，姑以为不过一篇普通报纸上文字好了。但是，我是经过深思的，有人为这题目深思一下，我便感激了。

一、史的略述

中国的历史上是有学校制度的，文明古国，这是当然。当年有私学，有官学。所谓私学，自宋以来，多为科举；所谓官学，唐、宋两代，尚有科别。近代的制度，则始于明太祖，一切一元化，设立的目的是在训练公务员，"敷施教化"，结果只是科举的附带品，无论中央的国子监，或府厅州县的官学，实在无多补益于学术，无多贡献于教化，反而不如书院。倒是四译馆、钦天监等等官署，用以训练专才的机构，有点专门训练的性质，然亦无一般教育的意义。

近代学校之设，始于北京政府的同文馆（训练译员）和南北洋的各种学堂，有文有武，全是为吸收欧洲物质文明的，这是应时代的需要而生，零零碎碎，全数也小的很。庚子以后，始普立近代学校制度，由管学大臣设计，出来所谓《奏定学堂章程》。这些章程简直可以说是翻译日本的，日本又是抄袭欧洲大陆的，尤其是普鲁士。尽管普鲁士是个军国主义、封建主义的国家，普鲁士的学校制度却是未可厚非的。第一，普鲁士人办事认真，学校的办法及标准，实事求是，为世界标准之冠。第二，普鲁士的学校制度是在十九世纪初年全部崭新计划出来的，不像英国那样一味因袭，从来没有"合理化"过。第三，最重要的，是这一套新计划是接受十八世纪开明主义 Aufklaerungszeitalter 的影响，贯彻这一套主义而制定的。其开始的人如 Wilhelm Von Humboldt 便是一个伟大的人文学者。尽管一面充分发挥军国主义，一面也充分发挥在学术上追求理智的精神，柏林大学便是在他手中建立。而柏林大学便为世上近代大学之模范，其中研究与教授相互为用。日本抄了这个制度，很有帮助他在学术事业上的速进。

中国人又从日本抄来，是很困难的，就是人才不够。这在明治维新初期，日本也是如此的。中国新制行了十多年，不无效果，当时官定教科书比后来的高明多（以后真是每况愈下），各省的高等学堂（即同于日本的高等学校）很有成果。自民国初年起改起来，一步一步，到十年而大改。这些改动，可以一句话归纳，就是说，受美国影响，学习美国。美国影响之来源有三。（1）美国退还庚子赔款，派了大批留学生，又创立了清华学校，清华学校便是一个典型式的美国 High School 或 Junior College。（2）教会各设学校，功课比较认真，而且遍及东西南北中，这自然很有影响。（3）留美学教育的回国，尤其是哥伦比亚教师学院的，大提倡美国制。当时的江苏省教育会便"把握时机"，大大鼓吹改制。这一段，我不在中国，不曾亲身体会，等我归来，听一位教育专家高谈"三三制"。我便问：什么是"三三制"？我以为他说的出奇，他以为我问的出奇，犹如 Galsworthy 小说中一段，一个年轻人说"OK"，一个老太婆问他"什么是 OK?"

我以为学外国是要选择着学的，看看我们的背景，看看他们的背景。当然，定一种制度也和定民法、刑法一样，完全求合于当前的环境，便不能促成进步，完全是理想，便无法实行，当然混合一下才好。即如在学校制度上学外国，要考察一下他们，检讨一下自己。欧洲大陆的学校制度，有很多的长处，然而我们没法全学，因为欧洲大陆（德、法等国）一般学术水准甚高，人才可以说是过剩，所以学校的标准，可以高之又高，如中国学这个标准，全国至多办三五个大学。德、法等国，学校官办，这极容易引起极权主义，然社会中的自由开明力量又限制着它。英国的学校，也有他的特长，即如牛津、圜桥，生活第一，学问次之，也未尝无他的道理，但中国是阶级性少的——至少应该如此——照英国式办学校，有些办不到，也不应办到。至于认真而又实践，节用而又收效，则是可学的。又如美国，新的规模、生动的气魄，是当学的，然而他的花钱法是我们做不到的。偏偏中国学生，一学外国，每先学其短处，这也因为短处容易学。学德国，先学其粗横；学法国，先学其颓唐；学英国，先学其架子；学美国，先学其花钱；学日本，先学其小气。

那么，自从民国十年前后，学校"美化"改制以后，便一直下去吗？这又不然。每一任教育部长必有新猷，亦必因其所留学国所学之科不同，而有崭新的见解。上任稍久，发展其抱负，便有一番作为，原来的固不便改动，新加的却无人阻碍。这也不限于教育部长，凡能影响教育部长的，也有此效力。于是一层之上，又加一层，旧的不去，新的又来，于是而中学课程之繁重，天下所无；于是而中学课本之艰难，并世少有；于是而大学之课程多的离奇；于是而中小学生之身心，大受妨碍。这是学外国吗？外国无一国如此。这是达一种理想吗？也不曾说出是何理想。加以中国文字之比较困难，外国文之应该早学（中国科学书不足之故），公民一科之标准奇高，小学常识竟比美国 College 常识还要高得多，等等。于是乎一切多成了具文，就是说，章程上高矣美矣，事实上是做不到——这一点到深合中国国情！

所以一九四九年前的学校制度，只可说是抄袭的，而不可说是模仿的，因为模仿要用深心，抄袭则随随便便。只可说是杂糅的，而不可说是偏见的，因为杂糅是莫名其妙中的产品，偏见尚有自己的逻辑。只可说是幻想的，而不可说是主观的，因为幻想只是凭兴之所至，主观还可自成一系，并模仿、偏见、主观还有些谈不到，便是中国学校制度。

其实我这话也说的过了火，因为做了将近两年的台大校长，深感苦痛，才有这些话，纵不无道理，也近于偏激。假如中国社会上轨道，就是现在的制度也不为大累赘。即如美国学校制度，毛病何尝不多，然而成就所以好者，因为社会不同于中国社会。但是教育制度不曾促成了社会上轨道，也是事实。

……教育确不曾弄好，教育界的人也未曾尽其最大之责任，这话是对的。若说一切祸害都出于教育界，是不能服人之心的。教育影响政治，远不如政治影响教育，历史告诉我们如此。抗战十年，兵疲民敝……教育界的千不是万不是，是在一个懒字，假如学会日本人之努力，四十年中，译成有影响于思想文化的大作千部，作成百部，最不济，打个对扣，高文典册，藏之名山的，不能计入，那么文化教育界也不至于如当代之真空状态。……只是教育学术界未免太懒，读书只在怡然自得，青年心中的问题，不给他一个解答，时代造成的困惑，不指示一条坦途。……教育界所负的责任在此，此外责任不在教育界。

二、针对现局设立五个原则

当前的教育局势可以这样简括的说：制度因积累而不免零乱，办理的时候又不顾及现实，或以官样文章出之，于是教育颇有不小一部分成为无结果的教育，此种无结果之结果，便是增加社会的混乱。

针对现局中之弊病，作为改革的原则五项，如下：

第一，现在是层层过渡的教育，应当改为每种学校都自身有一目的。

进国民学校为的是什么？当然是为升入初中了。进初中为的是什么？当然为的是进高中了。进高中为的是什么？当然为的是进大学了。进大学又为的是什么？当然是为一张大学文凭作为资格了。假如研究院设的多，还要用政府公费进研究院，不达不止。一句话，一切学校都是过渡学校，今天过渡到大学毕业为满足，不然不满足，将来还要过渡到研究院毕业为满足，不然不满足。其不幸的，乃走师范、职业、专科几条路，仿佛像五贡岁举，各种杂流，心绪也够烦恼了。这能怪学生吗？不能，他们当然不肯无故居人下。这能怪家长吗？不能，"既见其生，实欲其可"，谁愿自己的儿子是个"监生"、"未入流"！况且许多习惯，许多法令，只是官样的编资格，不是认真的问能力。这在国外，可有些不然。即如美国，作技术事业的非 College 毕业不可，目下且非有 Ph. D. 不可之势。至于社会上一般事业，可并不如此，有能力，自有出头之日。即如杜鲁门总统，他不曾在 College 中读过书，况且美国的 College 在大学与高中标准之间，他竟作了世界第一强国的总统。一切这个大王，那个大王，哪个不是穷光蛋出身，连"国学士"都未曾混上（"国学士"是台湾朋友告我的一个妙名词，指国民学校毕业生而言）。偏偏中国的社会过重形式，加以科举思想至今仍深入人心，像美国那样海阔天空的凭努力创造一生，原来不容易。

但是，虽说如此，若一直下去，社会是不会健康的，教育成了变相的科举，是不能建近代型的国家的。

这个事实，使得一切办学校的感觉困难，学生在校以升学为目的，不以求学为目的，于是应做的事，不易做通，不必做的事，须做许多。这在大学尤其不了。即以两年中台大招生论，台大已尽其最大努力，而标准已经降到无法办。大致情形是这样：去年新生招考录取八百〇三人，正标准四门主课加起来达二百分；今年招考录取八百六十六人，正标准是四门主课加起达一百六十五分，因为今年算学题难些，国文亦略难些，故降低三十五分。此外尚有补充标准，所以补救一科有特长者。招进来的学生是这样：以今年论，录取八百余人中至少有一百五十人英文奇劣，又有很多人算学零分。英文之劣，劣到不如好的初中毕业生的达百数十人（或者尚不止），准备给他读两年英文。然而第一年数、理、化、动、植等科课本都是英文的，因为中文的没有，有也买不到。这怎么办？真够伤脑筋了！再以中学毕业升入大学、学院、专科之人数论，据教育厅统计毕业生升学者约为二分之一强，这样高的比例，在国内是没有的，在美国则是只有四分之一入大学的。有这两样情形，可以说，升学不算一件大不满人意的事了，然而不然，我为此事便成众矢之的。至于大学内的感觉，可就完全不同了，好些先生经常叫苦，以为收了这么多学生，实验难，改练习也不易，尤其是不少成分学力太差的学生拖的程度好的学生颇难前进。想一个办法，不行，再想一个办法，又不通。累年淘汰吗？学校不能淘汰不进步的学生，好比人之不洗澡，是不能维持健康的，然若大量淘汰，又是纠纷。自我到台大以来，学生人数激增，转学生去年两次收了五百多，今年收了将近二百多，不知苦求了各系多少次，作揖打躬。以全部学生数目论，已增加百分之四十以上。这总算努力了罢，而批评的正是相反！假如以为入大学是在混资格，不在读书，自然好办，但这是我绝不能接受的；假如政府当局有此方针，我只有走开。假如办大学是为读书的，大学不是混资格的，这本来不成问题的，然而困难就来了。目下收学生，在教学上已经问题百出，有的已经解决了，有的还在伤脑筋！

然而我不能怨批评的人，因为一切学校是过渡学校，过渡到大学然后止，不到不止。当年生员、举人、贡生、还可以老死，现在是非得到所谓某种学士不止。可叹的很，光绪戊戌年，已经谈到废科举，庚子后，真废了，改学校，然而国民思想还是如此。现在各级学校的办法，又是助成这一条"本位文化"的。

为改变这个风气，必须每一种学校有他自身的目的，毕业后，就业而不升学者应为多数，升学而不就业者应为少数。每一种学校既有他自身的目的，则在课程上、训练上，应该明明表现出来，必须使其多数学生毕业后不至于不能就业，才算成功，若专为升学，岂不全变了预备学校？清朝的制度只有高等学校或大学预科是预备学校，现在几乎一切都是了。

第二，现在是游民教育，应当改为能力教育。

因为一切学校成了过渡学校，一切教育成了资格教育（即当年之所谓"功名"），自然所造出来的人，游民多而生产者少了。经济学家的传统学说，称一切不直接生产的人为非生产的人，当然，在文明社会中，不能如许行之道，每人躬耕而食，但无其必要而不能生产，坐食的人，实在多不得，因为他们多了，便是游民多了。唐朝的韩愈辟佛，专从社会问题出发，当时的和尚、道士、尼姑、道姑是逃避兵役，逃避租税，逃避劳动的人，弄得遍天下都是，于是韩公大叫苦："古之为民者四（士、农、工、商），今之为民者六（加上释、道）。……农之家一，而食粟之家六；工之家一，而用器之家六；贾之家一，而资焉之家六；奈之何民不穷且盗也！"他忘了一件，"士"也太多，也是消耗他人生产的。晚周思想发达，游宦也发达，寄生虫在一个豪家，便是"食客三千"，偏又不安分坐食，到处闹事，六国之衰耗与此大有关系。韩非《五蠹》之论，虽然偏激，也不是无谓而发的。

历史上的科举制度造出了些游民，为数究竟还少，然而在都邑也够奔走权门，在乡土也够鱼肉乡里的了。学校承袭科举制造游民，效能更大，学校越多，游民越多，毕业之后，眼高手低，高不成，低不就，只有过其斯文的游民生活，而怨天怨地。有些制造"高等华人"的大学，在抗战中，其贡献不与其名望相称，到是有的比较实际的，在抗战中颇有效能了。举一例，同济的工科，是德国高工型（Technikum），而不是工科大学型（Technische Hochschule），后来虽有改变，然原有的底子仍在，是注重实际与实习的。抗战时，兵工厂大增，他们就很受欢迎。那些高自位置的，可就无所用之。

游民在社会中原是寄生虫。假如仅仅是装饰品，还可，做了寄生虫，被寄生的主人就是国家，可受不了！今天的寄生虫何止儒、释、道而已，各种各类，不生产而又享受，不能作社会上有用的人而作农民工人的担负。有时偌大的一个机构几乎百分之八十以上是社会中寄生份子……

而且中国教育还有一个功能，就是制造"高等华人"。"高等华人"就是外国人。一个人和社会的下层脱了节，大众所感觉、所苦痛的，自己不能亲身了解，便成了"外国人"。这样"外国人"，尽管有的心意很好，是在空中楼阁中过日子的。我出身于士族的贫家，因为极穷，所以知道生民艰苦，然我所受的教育是中产以上的，是由于亲戚的帮忙。在中国、英国、德国的大学中，震于近代文明的烂灿，心中有不少象牙宝塔，对于大学的观念，百分之八九十是德国型，所以民国十五年回来以后，一切思路以欧洲开明主义时代以后的理想为理想，同情农民，而不了解农民。等到日本人打来，直跑到川藏边界上，和乡下老百姓住在一起，方才了解他们怎么样，他们需要什么。他们需要的是达到他们生活的生产力，他们最不需要的是游手好闲阶级，偏偏我们的教育不帮助他生产，而大批造成些剥削他的人。请问大学毕业，下乡的有几分之几，中学毕业肯作木工、铁工的有几分之几？

所谓游民，有的是因为无能力而游，有的是因为"不甘居下"而游。痛改这个毛病，是学校的严重课题。针对这个毛病，学生在各级学校，应该受到能力的训练。所谓能力的训练，就是生产的训练，和文明社会必要的技术的训练，而且还不要养成他高自位置的心情。在大学应该有些别样情形，此意后来再说。

第三，现在的学校是资格教育，应该改为求学教育。

读者或者觉得我这一条原则说得奇怪，现在的学校难道不是为的求学吗？当然，无论如何坏的学校，总有一部分学生在求学，然而整个的看看，这样的课本，艰难不通，能达到求学的很大目的吗？这样的教法，能达到求学的大目的吗（这当然不能一概而论）？所以入学校第一件事是在升级毕业，先生不好无所谓，设备不好更无所谓，只有毕业文凭乃真是要紧的，这究竟目的在学业还在资格，便很清楚了。假如中国人重视学业，轻视资格，或者重视学业过于重视资格，有好些学校是不会办下去的。

记得三十年前吴稚晖先生有个妙比喻，就是"麦筋学生，油锅学堂"。学生的质料本只那么大，然一入某一种学堂，一"炸"之后，变得奇大，外表很有可观，内容空空洞洞。现在还是这个样子，只要资格，就是说，炸得块头大大的，然而国家实在不应该老是开油锅的。

第四，现在的学校是阶级教育，应该改为机会均等教育。

所谓一切人一齐平等，本是做不到的，因为天生来在资质上便不平等的。但因为贫富的差别，或者既得利益的关系，使能升学的不能升，不能升学的反而升了，确是不公道，而且在近代社会中必是乱源。因此，社会上的待遇，虽无法求其绝对平等，然机会均等却应为政治的理想。所谓机会均等，并须先有教育机会均等为根本。

我以为待遇绝对平等是做不到的。也许经过二三百年后，人类进化——目下正在退化——各尽所能，各取所需，或是做得到的，现在还远得很。早期的理想主义者，原有平等待遇的说法，但自十九世纪下半叶以后，再没有这样学说。相当接近是应该的，绝对平均是有大害处的。目下资本主义的国家，不消说，即如自称为社会主义的国家，也并不如此，且其薪水差别转比美国为甚（如苏联）。自从十九世纪末期，连无政府主义者都放弃了同薪同酬的说法。现在世界上只有我们从抗战以来实行"许子之道"，大鞋、小鞋、新鞋、旧鞋、好鞋、坏鞋，卖一样价钱。孟子："巨屦小屦同贾，人岂为之哉？从许子之道，相率而为伪也！恶能治国家？"这事的结果，必然造成技术落伍、生产萎缩等等无以自存的现象。此意后来再说。

但教育均等，却是在中学以上必须做到的。做到的办法大略如下：

（1）国民教育必须做到宪法上的要求，凡是适龄儿童，除非因残废疾病，必须受到国民教育，这是国家在教育上第一件当努力的。在台湾省，初中四年，也应于十年内变为义务教育。

（2）在初中四年毕业后的层层升学，可要看他们的天赋和学力了。应该一步一步加紧。一面各地方各团体广大的创设辅助升学的名额，专给贫穷人家的子弟，远比办烂学校好得多；一面各级学校总要多多少少维持一个适宜的入学标准。由上一说，穷人而值得升学的，可以升学；由下一说，有钱有势的人的子弟，不值得升学的，不可升学。此外，各公立学校中尽量设置竞争式的奖学金，一切的努力在乎使贫富不同人家的子弟得到教育机会的均等。在资本主义的国家，钱为第一，即如大英帝国，在他"日之方中"时，一切人的价值似乎都以钱量他。十九世纪末老张伯伦便曾作过类此的一个"名言"。在朝党为筹党费，可以出卖爵号，众议院质问，何以某人原是贩卖南非人口劣行昭彰的人而得男爵？于是张伯伦回答：大英帝国，凡人能致大富，即值得政府考虑（大意如此，原文不尽记）。在资本主义未甚发达之落伍国家，另有些除金钱以外的怪势力支配着社会，所以我们现在必须把"有钱有势"作为一谈。其实"有钱有势"的人的子女，无论如何，总要得到些便宜。例如，在家不必操作，更有教师补课，等等，所以绝对的平等如"化学纯净"一件事，是做不到的，然而大原则的平等却是我们必须祈求的。

这一点我们还要打一个折扣，否则又成幻想者。这个折扣是这样，国民学校毕业后，如果"升学"，仍大体是受家庭环境的影响，无法以才学判别。中国人大多数是农人，城市中大多数为工人（至少应为工人），农家工人的子弟在国民学校毕业后，我们要设法拔擢特别好的，辅助他"升学"。但这数目是有限的，多数如果继续读书，总要走职业学校一条路。但职业学校出身而有天才者也应该给他一条"进修"的道路，说法详下章。至于中等学校以上，可就必须以天资学力为就学之原则，其他一切减之又减，以符教育均等的原则。

第五，现在的学校颇有幻想成分，我们应当改为现实教育。

幻想不是理想，尽管理想中可以包括幻想，也是时常包括着。理想者，有一个高标准，而不与现状相同，如何并能否由现状达到理想，便决定这个理想的价值。幻想者，妄作聪明，学而不思，思而不学，以至做梦，多半并无目的。假如说我们的学校制度不含幻想成分，我请以下列问题回答。

（1）我们这一套学校，照他的性质，照他的数目比例，为的是甚么？

（2）我们这一套学校，抗战以来，越来越多，可曾于创办之前想到师资从哪里出来否？

（3）我们这一套学校，学生毕业之后，究竟能有多少就业？就业后效果如何？可以不为社会之累赘否？

（4）我们办这一套学校，曾用何种方法使他一校有一校之作用，而不是仅仅挂牌子发文凭？

（5）我们国家的人力物力，能办多少？办了后，能否增进人力物力，以便再去办！

这些问题，不过举例而已。假如对这些问题不能作一自信的答案，那么其中含有幻想的成分，大约不免罢！

以上的五个原则，第四项的方案本段中已举大意，第五项在下文"基本条件"中说，所有第一、二、三三项，综合制为方案如下，这个方案也只是大略。

三、方案

（一）正名。中国人的思想中，"唯名主义"太发达，这是根深蒂固的。偏偏我们抄日本制度的时候，抄了些大、中、小、高、初等名词来，使得人心更为不宁，谁肯安于初？谁肯安于中？在其内者已如此，社会也一样看待，这真是助成一切学校为过渡学校的，大学专科为"油锅学校"的。看看西洋，名词中甚少大、中、小、高、初，各有其名，原自古语。即如 college 一字，在今天，最高的如罗马教庭之 College of Cardinal，是选举教皇的枢机主教集体，美国之 College of electors 是选举总统的各州代选人集体，可谓高了。然在美、英，有初中程度也称为 college 的。又如 academy 一字，最高者如各国之国家学院，最低者如美国私立之 military academy，naval academy，连国民学校五六年级都可在内，更等而下之。侦探跳舞学校，马戏班子，也如此"涣汗大号"。又如 lyceum 一字在法国专为女中用，在他国兼用在男中上。又如 gym-nasium 在德国是高小、初高中、大一的混合体，然在美国、英国则为健身房之用。school 的用法更广。这些名词皆源于希腊拉丁，用之久，大乱特乱。

中国的公私学校原来也有很多名称，学、校、庠、序、泮、塾、监、辟雍、书院、精舍，多着呢。当然太古老的名词不能再用，然若把现在的名词改上一套也不是没办法，在"唯名主义"的中国，这办法也不是一定不能减少过渡观念的，犹之乎当年的贡生，也是可以安慰人们自居于同"同进士出身"的。我的正名的提议如下：

国民学校。一国之中，莫大于国民，这名字好极了，不可改。

初级中学。改称"通科学校"，增为四年。通科者，普通之谓，若毕业者自以为通人，也好。

高级中学。这是现在学校系统中最麻烦的一点。我以为将来或者附于大学而称"预备学校"（只有这个名词不够高），或单独设立而称"书院"，或与初中联合一起，亦得称为"书院"。

初级职业学校。改称"术科学校"，此为类名。在每一学校名称中，不必加上，如加上，太啰嗦。按外国所谓中等学校是类名（Secondary Schools），一校之名称中并不加上，职业学校亦是类名（Vocational Schools），一校之名称中并不加上。所以会计学校便应称为会计学校，不必加上"初级……职业"等字样。台大医院设护士学校，依法应称为"国立台湾大学医学院附设医院附设高级护士职业学校"二十三字，我擅自删去"医学院附设"五字，其实"高级……职业"四字照样可删也。

高级职业学校。改称"艺科学校"，此为类名。在每一学校名称中，不必加上，如加上，太啰嗦。

专科学校。仍旧。与通科学校相对，典雅的很！而且专才通人，谁上谁下，谁也不知道！法国的数学考试有 mathematiques speciales 及 mathematiques generales，照名词看，应该前者浅、后者深，事实正相反。

大学。大学本是学院之集合体，故改称"联合学院"亦无不可，然此似是多余的。

"名者，实之宾也"，我们不能以改名称为满足，然改名称也许与我提的新制更配合些，以下即用此一套新名。

（二）每一种学校都有他自身的目的。这就是说，他在每一种学业，便得到了在那一种学校的智能与训练，便自成一个阶段。升学，要看情形，不升学，入那所曾毕业的学校也不为白费。一切种学校如不能每种都有其自身的目的，则必使一切学校成为过渡学校。

国民学校当然有他自身的目的，就是教育幼年人成为国民，凡未入国民学校的，很难尽他做国民的本分与力量。国民学校办得好的，便能使其毕业生成为能在社会上做有用的国民。这中间，包含六至十二岁儿童身体之发达，诚实爱人意识之发达，在大轮廓上了解人与人的关系，人与物的关系。学科的意义必须充实，而学科的程度万不可高，高了，无效果，且妨碍身心。

等到国民财富大有进步之后，我们可以希望一齐进入通科学校（初中加一年），即以国民学校及通科学校为义务教育，共十年。但这一句话十年二十年内说不上，所以义务教育只能以国民教育为限。国民学校毕业了，到哪里去？在这时候，援用教育机会均等之原则，是不行的，一切家庭、地域、财力不均等，那么在这一段上，只能受家庭及其所在的环境支配了。尽管国民学校特别优秀的学生可以地方及团体之公费升入通科学校（即初中加一年）。

在这一段，有两条路可循，一入通科学校，一入术科学校（初级职业学校），两条路皆不简单。通科呢，又是国民学校的继续，通科之后又如何呢？术科呢？此等学校以性质论，大多数与此时之学生年龄不合。

所以通科学校的制度（即初中）应当有些改革，以应此一阶段的需要。现制初中三年，高中三年，号称进一步，然大体是重复，不引人发生兴趣，且初中三年，实在太短，倏忽而过，颇为白费。我提议的改变如下：

改初中为通科学校，分为两个阶段。前一个阶段两年，后一阶段两年，其中科目，约有四类：

（一）语文科。汉文、英文，由浅入深，万万不可以求高相竞，必一步一步的实实在在的求进益。

（二）陶冶科。公民（或曰修身）、音乐、美术等。

（三）体育科。

以上三项，四年一贯。逐步为之。

（四）知识科。此中必须分为两段，如下：

前段。包括数学（含算术、浅近代数）、几何（先作图画）、地理（自然及人文二年）、博物（二年）。

后段。包括数学（含代数至二次方程基本式，平面几何，勾股等名之定义及施用），历史与社会（二年），化学（一年），物理（一年）。

前段所以接触外界，后段则是用心思之事，两段亦各自成一段落，第一段落圆满结束时，未尝不可另就术科学校省去一年。如此则第一段落实为国民学校之继续，若干国民学校有设备及成绩者，可以增设此两年于其中，称之为"进修科"。

通科学校中知识科各项，凡以后不须此类科目者，即不须重学，故科目须减少，而材料及教法必须切实。

我所谓术科、艺科（即初职、高职），大体可分为两类：一类是社会上一般需要的，如打字、速记、簿记、会计（浅近的）、开车（包括修车）、烹调、家事，等等，多得很，无法事前规定，只能因社会之需要而随时定立，这是少数；又一类是要附着在工厂、农厂、林厂、船厂、渔厂、铁路、矿山、医院等等机构而设立的，便拿他所在的机构为实习厂所，也因他所在的机构而定科目，这是多数。这多数的一类，应该以附着在事业机关为原则，这样才能有效，才能学了得到职业。这样的学校很难定何者为初级，何者为高级，当因其入学前之程度（例如国民学校毕业入学，或通科学校毕业然后入学），并因其所学之年数而定差别。其中并须附带着一部分普通教育，此等普通教育须与学生的年龄配合，以使之成为更有用之国民。

这是一个"商品陈列馆"、"博览会"，五花八门，然而也有一个基本原则。这就是：一面必须真正得到技能，一面仍附着一部分普通教育，使得他后来可以发展。这一类是没有法子定一个简单规则的。科目决定他的年限，年龄决定他的教法。二十年来，政府几乎禁止事业机构办学校，这是不对的。……我们必须以普通教育助其发达身心。

以前的职业教育，有些可笑的事情。所谓职业，有时社会并不需要，因而学了无以为生，即如造肥皂，在今天是大工厂的余业，单人学了不能自行生产，即等于白费，这是要在工业机关中办的。又如社会上一般中等而下的自由职业，假如社会不需要，或不多需要，学了又是白费，这是应当针对社会而办理的。

职业学校（我所谓术科、艺科）最大的困难，在乎年龄与学科不配合，十二、十三岁以上几年的一个阶段实在是无法学职业的。因为家贫，无法入通科学校，然后入此，因而更要办得好才可以，将来还须为他们设备补习学校之类。这一套计划，本文中不能详说，我也未曾细想。在台湾，因为人民已有百分之八十是国民学校毕业者，似乎可以定一个十年计划，使义务教育逐步延长四年，即至通科学校为止。

职业学校既然有这些困难，我们要在这困难中选择出最难解决的困难，先克服之。我以为最大的困难在乎职业一义与十二至十六岁的年龄不相应。既名职业，当然真是职业，十二至十六岁的学僮，连学作工匠、农夫的年龄都不相合。那么，是不是可以办一种"普通"的职业学校呢？假如这样办，这样学校可以名之为"实科学校"，也是四年，与通科学校相当，课程上格外注重心手相应的技能，语文科减少，知识科中人文部分也减少，数学及自然科则增加，毕业后可入两年的职业学校（我所谓艺科），不能升入高等教育（专科、大学）。现在姑举大意，我还不敢说这样办法一定好。

通科学校毕业后又怎么办呢？在这一关有四条路：第一条路是就业；第二条路是入大学，这要先进预备学校；第三条路是进专科学校；第四条路是入师范学校。师范学校制度我尚未细想，暂不说。

预备学校在年龄上相当于今之高中，然性质大不相同。第一、高中是自身无目的的，预备学校则专以入大学为目的。第二、高中是不分科的，预备学校至少须分文、理二科。第三、高中毕业，不能考入大学者，与其说是失学，毋宁说是失业，预备学校则不然。

既然如此，预备学校的人数大体应如大学的人数，或者更少，因为大学还可收专科学校毕业生、师范学校毕业生，预备学校则除入大学外，更无第二法门。因此之故，我以为预备学校最好附设于大学，果如此办，可请今天的大学教授教预备学校，两得其便。但这也不可一概而论，因为三年前在大陆上可有几个大学校长或教务长操心他的一年级课程（一年级本有预科性质），何况预备学校？所以我主张附属大学和独立设置，应两制并行。然而有一必要的条件，就是他的入学标准、毕业标准，必须取决于大学，而不能取决于自身。不然的话，你给我预备的，我不要，殊属不成办法。

预备学校中必须分文、理两路，这样，大学的课程才有办法。我的这一个理想，大体是日本的高等学校制度，这制度是使日本大学上轨道的必要条件。我以为民国十年的改制，是很可惜的。

预备学校之入学，必以材质为准，无钱而有此材质的，国家帮助他；有钱而无此材质的，无论如何说，不可以。至于既无钱又无资质的，更不必来打岔请国家养他作闲人了。

我想，读者必有多人以为我这一套"最反动"，在今天"民主"的时代，如何这样做呢？如何做得通呢？我说，如不如此，大学决办不好；如此，决不杜绝有资质的人进大学之路，只是不由预备学校一条路而已。

美国的 High School 在美国，是有道理的，社会很容许他在毕业后就业，中国的高中在中国，是没有道理的，社会不太容许他在毕业后就业，至少他要每人自觉如此。所以高中在中国，其作用已是预备学校，偏又不办成预备学校，一旦毕业之后，高不成、低不干，文不成、武不就，如何办呢？美国的 High School 毕业者大多数不要入 College，中国则不然，所以在心理上高中已是大学预备科，在事实上偏不然。今天中国教育是这样：国民学校，一大套普通，初级中学又是这一大套普通，高级中学又是这一大套普通，大学一年级又是这一大套普通，到二年级突然改变。三年中要成"专门名家"，这是办不到的。美国学校也是这样一套一套的大普通，但社会与出版界供给他些浅而有用的专门知识，所以可行。中国无此社会，无此出版界，所以不可行。

通科学校毕业入预备学校，应该是少数，大多数应该入专科学校。

专科学校应以职业为对象，但也有学术的意义，犹之乎大学应以学术为对象，然而在今天却也脱不了职业的意义。专科学校与大学之截然不同，有下列几点：

（一）大学必经预备学校，专科则不然。所以在年龄上预备学校与专科是平行的，预备学校期限两年，专科学校则大体为四年。在较高的科目，尤其是工、农的应用科，可以到五年。

（二）大学以每一种科学的中央训练（多为理论的）为主，专科则以每一种科目的应用为主。

（三）大学生在入学之始，至少在第一年级以后，即须流畅的看外国专门书报，专科则求毕业时能达此目的，所以专科的用书应编译。

（四）大学的实验，每每是解决问题的实验，不多是练习手技的训练，因为在预备学校练习成物理、化学、生物切片、看镜子等等技巧了；在专科则一切实验除了解原理的少数以外，以练习工作技巧为原则。

专科既与大学如此相对，如何又在年龄上一部分与大学平行呢？预备学校之一切为的是大学预备，专科则是一开头便实践在他的本行。

有些科目，在年龄上必须取专科制，如音乐、美术等，大凡有绘画、音乐以及数学的天才的人，常常要在十五岁以前流露。现在的高中制，简直是耽误他的青春，障碍他的成功。

大学的工、农各系，皆可成为专科学校，而专科学校不止于此。凡以职业为对象的，皆可取专科制。

那么高等教育不是显有上下床之别吗？上下床之别，在学术上原是不可免的，同为大学，同一大学，也是如此。但目下大家的注意只是资格，并不关心学业。假如考试法规及政府若干法规规定得大学与专科同等待遇，也就可以减少此阶级意识了。民国初年，正是如此，高等学校大学预科无投考高考的资格，大学与专科则同样有的，这是应当的。大学与专科只差两年，有的科目或只差一年而已。

况且专科不是全不能进大学的，虽然这是少数。凡在专科毕业，而大学又有同样或极接近之学系，他可以投考。这考试当然要严格的。

或者问，不经两年的预备学校，经四年的专科学校，去考大学，不是浪费吗？这不然。在专科，他已学到专门的技术，原可不入大学，资格也一样。其入大学，只是为理论或原理上的深造，是为学问而学问。

或者又问，预备学校的课程，是为大学准备的，专科则不然。专科毕业，不经预备学校，能进大学，有益吗？这是一个合理的问题，但专科中与大学相同的科目，其中课程自然也有一部分是为打基础的，虽然浅一些。所以这样的进大学，有些吃亏。但同时大学同科的课程，也学了不少，从深的方面再学一遍，也有省力的地方。吃亏处，便宜处，合起来算，虽然这一路不是最短的距离，也是可以行得通的，这当然是对资质特别好的而言。先打理论的基础，后作专门的训练，是一条大道；先习专门的技能，后作学术的深造，也不失为一条旁道。《中庸》说："自诚明，谓之性；自明诚，谓之教。明则诚矣，诚则明矣。"

第一次世界大战前，德国大学入学，非 Gymnasium 毕业者不可，大战后对 Realgymnasium 及 Oberrealschule 毕业者，亦开了门。当时（约在一九二〇以后几年中）大多数人不以为然，然久而安之，亦无大不了。这一段历史，可以参考。

师范学校毕业生在服务期限中补习，然后去考严格的大学入学考试，也与上说的有同样情形。这叫做"条条大路通罗马"。

大学入学，当然以预备学校毕业者为主体。专科及师范，也不是"此路不通"，当然也断不能畅通。科举时代，乡举礼部试之后，决于朝考，这是正途。同时五贡也可得到朝考的机会，这也是一途。正途、同正途，都是可以做县官的。我这说法意思也正如此。

大学的办法，我将来再论，现在只举出几点要义：

（一）大学万万不可糅杂职业学校的用意。

（二）大学是以学术为本位，专科是以应用为本位。

（三）大学的教学必然与专科学校大不同。这些年中国的专科好摹仿大学，这是无益的。同时多数大学的多数部门也不过是专科的程度，偏又不能作到专科学校的实践性。

（四）大学的资格除在大学或研究机关外，不应优于专科。

综括以上之说明，列为三表，以醒眉目。

第一表：各种学校之特征

类别	特征
国民学校	普及性
通科学校、实科学校	充实性
术科、艺科学校	能力性
师范学校	选择性
专科学校	实践性
预备学校	限制性
学院及大学	学术性

第二表：各种学校之联贯（表示升学道路，横线表示可以不升学）

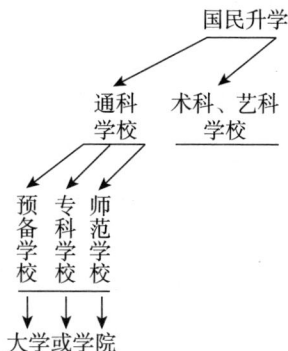

第三表：年龄与学校

类别						满岁之年龄
国民学校	国民学校	国民学校	国民学校	国民学校	国民学校	6
						7
						8
						9
						10
						11
通科学校	通科学校	通科学校	术科、艺科学校	通科学校		12
						13
						14
						15
专科学校	预备学校	专科学校				16
						17
						18
	大学					19
大学						20
						21
						22
						23
						24

每行之下作双线——者，表示可不升学。

虚线……表示毕业年限可因科别不同，在虚线阶段中已有若干科别已达毕业年限，但大学医科之延长年限未绘入。

表中年岁，表示其最低限，其最高限无法定，三十岁大学毕业亦无不可。

师范系统尚未细想，故不列入。

四、相对与均衡

读者读完我前半篇，或者觉得我是一个无保留的"计划教育"者，果然如此。我必须声明，一定是我的文章不曾写好，所以引起这个误会。我以为计划教育万万不可做的太过，太过了，使得学校无自由发展的机会，学校是不会好的。计划与不计划，必须适中，然后收效最大，毛病最少。其实适中的要求，何止在这一事上，许多事应求其适中。所谓适中者，并不是一半一半糅杂着，乃是两个相反的原则协调起来，成为一个有效的、进步的步骤。关于学校制度者，我提出下列几项相反的意义，而应该求其均衡的。

（一）计划教育与自由发展。

所谓计划教育者，先定方案，再按着方案逐步实施。这样方案，当然有几个先决的问题。第一，你究竟是打什么主意，或者说，用什么主义？第二，你所认识的事实是怎样？你用的资料是怎样？第三，你的方案是不是行得通的，尤其要紧的，是不是可以容易变为形式主义、官样文章的？假如经过这些考虑，大致不差，也就是说，你的原则由何处出发，手段如何运用，困难如何克服，目的如何达到，一切想好了，然后制成方案，这方案才不是胡闹的方案，实行以前先把命运注定的。

无疑的，我们今天的教育方案必须是针对着今天我们的"穷"、"愚"、"不合作"而作的，不应是助长"穷"、"愚"、"不合作"而作的。不过，若干社会上对于学校的要求，恰恰不是这样的。现在有很多有力的人提倡民生主义教育，这个口号是对的，若果这个口号下的方案切中时弊，可以实行，那是最好不过的。

不过，一切全在计划之中，计划得如盖房子的蓝图一样，也是很不好的。因为教育是个有机体，造机器、建房子，不是有机体。凡有机体必须有自由发展的机会，若果没有，一定流为形式主义，生命力是要窒息的。我们这十五年来一切设施所以计划不成，也许因为计划得太细，所以整齐不成；也许因为整齐得太过，所以统一的不成。也许因为统一的太死板，天下有许多事，是整齐不来，统一不来的，假如仅仅总持大体，也许更能整齐统一些。

无疑的，我们今天的学校制度必须有个计划，如其不然，便是无目的的，是浪费的，是无效果的，乃至是增加社会紊乱的。然而这样计划，只能是一个大纲，如果不留自由发展的余地，或者留的不够，一定不能得到好结果。一个人的成就，尤其是有特殊成就的，大多是自由发展出来的，一个学校也正如此。若果一切用刻板文章限制，毛病未必能够一一校正，然而长处却显不出来。须知自由发展是学校办得成功的最基本原则。凡在定章程时，不特不要限制得太多，而且应该鼓励他自动的应付环境，克服困难。这样，教育才有生命，学校才有朝气。

根据以上的说法，我认为下列各项应该予以肯定：

（1）学校分层推进的道路不必只是一条（我在方案中所拟，比起现制来，似乎现制单纯，我的提案错综得多）。

（2）同样的学校，不必只许有一个形态。

（3）都市和乡村的学校，不必用同样的章程。

（4）异地的学校，不必取一致的办法。

那么，大问题又来了，既然规程只综持大体，你如何保证办学的人不来胡闹，不至于每况愈下呢？我说，这在乎视学的制度。国民政府设立在南京二三年后，教育部的督学向上海一"督"，结果弄堂〔得〕大学都关了门——真是一件德政，又往北平一"督"，结果好些不上轨道的大学只好"黾勉如之"。到后来，督学多了，反而"督"得少了，这作何解释呢？或者督学之额既多，选才因而不易，不免为人谋事，于是分量小了。所督不过是看看曾否奉行大学规程、专科学校规程，更看看是否与他自己所想的"国策"相合，如此而已。果然这样，是没法解决坏学校的。

我现在提议，教育部或教育厅应该加重视学的任务。在部里，视学的地位要相当高，略等于司长；在厅里亦然，略等于科长。以专门名家有见解和经验者为之，并且延聘各地学校之优秀人才请其参加，或者作为委员会，必要时，由所视察之学校特别好的推选若干人参加。看到有问题，提出来共同讨论，不视其形式，而视其实质。少督其无过，多督其有功。主管的官署有人才，社会的专家有贡献，所督的学校也有自身说出其经验之机会——这样的机构才可补足法令之不备，才可助成学校之发展，才可肯定不同的办法而不致出了紊乱的结果。

有法，有人，法持大体，人用心思，这样才可把一件事办得好。好的法，不是不妥的人的代替品，好的人也不是不妥的法的代替品。说到这里，中国"治人"、"治法"的传统问题又来了，荀子说："有治人而后有治法。"黄梨洲说："有治法而后有治人。"我看这历史的争辩很像西洋的一句笑话：母鸡和鸡蛋谁在先呢？这真是"学院问题"。只知道法要紧的，一定弄得法令细如牛毛，结果仍是行不通；只知道人要紧的，一定弄得"万事在于一心"，结果是不上轨道的，我们不必辩母鸡和鸡蛋谁在先吧！不过，说到这里，牵入整个政治理论了，姑且不谈。

（二）理想与现实。

这又是相反而必须协调的。假如一切根据现实定学校制度，便不含着进步的要求；假如全凭理想，又不能实行。所以我们的学校方案必须又有理想，又合现实。我们的学校理想是什么？这当然各级各类学校应有不同的理想，然而综合来说，大原则是使得人像人，人能生活，人能生产，人能思想，人人助社会，社会助人人。不要以为我这个理想是低调，高得很呢！……

我说这是高调，请把我这话分析一下，这样的目的，绝对与士大夫的教育不合，于是便与传统冲突，人人助社会、社会助人人之一说，又须对现在社会上普遍的为我自私一切习惯奋斗。这可不是容易的一件事。

我们现在的现实是什么？这可就惨极了。第一件是穷。原来中国人就穷得要命……在这样经济情形之下办教育，本是很困难的。惟其如此，办教育更是需要聪明和毅力的。把穷克服了的本钱是更多的智慧，更多的毅力。像美国那样的国家，"安步当车"，便可办很多的事，在中国可就不然了。在我们这样的物质环境之下，我们万不可学美国人的用钱法，而必须学日本人的吃苦法。我们要想出各种心思来，用最小的代价得最大的收获，所以中等学校不能一格，不一格然后可以应付实际的需要，大学也不能一个型——有甲种大学，参加国际学术的进步；有乙种大学，制造专科教师和技术人员。一切国民学校要以精力补救简陋，不是因陋而就简的。

现实的第二件是愚。中国人的天赋，固然在今天赶不上战国时候人平均智力之高，然在今天列国之中也不算不如人。抗战以来所表现，精力甚强，智力不差，弄得结果不好是由于不上轨道，并不由于天资——即生来的禀赋——不如人。我们常觉到乡下人不如城市人聪明，这是习染之故。又如抗战初期初到云南，觉得那里的工人，五个人不敌一个上海工人之用，也是由于习染之故。都市生活，近代生活，是需要用脑筋、用手艺的，农村生活中，需要脑筋是少的。久而久之，便给你一个差别的印象，以为乡村人愚蠢的多。中国人在天生的禀赋上说，并不愚蠢，这正因为几千年天然淘汰之故，然在后天的习染上说，可就甚为愚蠢，这因为近代的科学技术生活，太落后了。上海的工人好得多，西南的工人差的多，正因为这个原故。内地人生了病，每每先考虑"中医"、"西医"，台湾人甚少如此，也正因为这个原故。又如中国现在一般机关办事，多数实在看不出聪明来，许多近代常识、办事常识，根本没有。这也难怪，中国机关所谓办事，不是抄字，便是等因奉此，向他的长官看齐罢。他的长官之所以为长官，也必由于智能，而且多不专心，久而久之，脑筋焉能不成刻版官样文章？要克服这些困难，第一是灌输科学与技能的知识，第二是练习用脑筋，这便是整个教育最大目的之一。

这一节所谓协调，与上一节不同，上一节大致可说中庸之道，这一节的协调，是认清困难而克服之。

（三）传统与改革。

传统是不死的，在生活方式未改变前，尤其不死，尽管外国人来征服，也是无用的。但若生产方式改了，则生活方式必然改；生活方式既改，传统也要大受折磨。中国的生产方式是非改不可的，无论你愿意不愿意，时代需要如此，不然的话，便无以自存。所以我们一方面必须承认传统的有效性，同时也不能不预为传统受影响而预作适应之计。现代社会的要求有两大项：（1）工业化；（2）大众化。中国非工业文明的教育意义是必须改正的，中国传统文明之忽视大众是必须修正的。《礼记·曲礼》："礼不下庶人，刑不上大夫。"这两句话充分表现儒家文化之阶级性。因为"礼不下庶人"，所以庶人心中如何想，生活如何作心理上的安顿，是不管的，于是庶人自有一种趋势，每每因邪教之流传而发作。……佛教、道教之流行，也由于此，这是儒家文化最不安定的一个成分。为矫正这个基本错误，文化（即古所谓礼）是要推及大众的。我所谓修正，并不是抹杀之谓，乃是扩充之谓。……因为传统是不死的，所以也并抹杀不了，俄国沙皇的无限权力，无限享受，和帝国主义，在今天的俄国更甚，只有把帝俄时代根基薄弱的小资产阶级算是抹杀了，这真可谓"不彻底的革命"了！与其残酷万状，作出些不可想像的事情，使得人类退化，其结果仍是"复古"，更确切些是"反革命"，何如承认文明是积累的，不必矫枉过正，也就不至于复古反动了。

中国的传统文化，尽管他的缺欠已经成为第二天性，抹杀是不可能的。然而必须拿现代的事实衡量一番，其中应改的东西，不惜彻底的改；应扩充的东西，不惜彻底的扩充。战前有"本位文化"之说，是极其不通的，天下事不可有二本，本位是传统，便无法吸收近代文明，这仍是"中学为体，西学为用"的说法。牛之体不为马之用，欲有马之用，当先有马之体。这实在是一种国粹论，是一种反时代的学说。与之相反便有"全盘西化"之说，这又不通之至，一个民族在语言未经改变之前，全盘化成别人是不可能的。前者一说是拒绝认识新时代，后者一说原不能自完其说。

教育要认清中国文化传统的力量，因而要认定他是完全抹杀不了的，同时也要认定他与时代的脱节，因而要做彻底的修正。

我所谓抹杀不了，并且不应抹杀的，就是人与人中间的关系。中国人的脾气，在和易、近人情、争中有让、富于人道性，等等地方，属于这一类。至于读书人之阶级观，对于外物之不注意，思想上之不求逻辑，是必须矫正的。为前者须要把文化推广到一切人，再不可以"礼不下庶人"；为后者须要纠正中国人用脑不用手的习惯和对物马马糊糊的观念。假如走这一路，是用力少而成功多的。我在这里仅说大意，其办法在本文中不能详写。

（四）技能与通材。

教育既为训练技能，也为陶冶通材。所谓通材，我在此文中用"通材"二字不用"通才"。"材"与"才"字在语文学上本是无别的，但现在人用来，"才"字多为才智之义，"材"字则为材料之义。我在此一段中，意义属于后者，故用"通材"二字。并不如当年所谓"通人"，而是指在他的技能之外有一般常识，能在生活所遭逢的事物上用思想的。我三年前到美国一看，觉得美国和中国最大的差别，也就是美国和欧洲的最大差别，不在他上层智慧之高低。而在他下层大众知识之差别，有时中国的上层人物比同样美国的上层人物智力高得多，这自然不是一般如此，至于大众可就不能比了。譬如在东海岸上任何一城市的加油站，和他的油夫谈谈，多能谈几句国事、天下事，纽约市的租车夫也是如此，这在中国二十年内是不可能的。至于他的上层人呢，可就常常有不可想像的愚蠢……美国人只知道美国人的想法，以为天下人都只有（至少应当只有）那一种想法。话虽如此，美国人常识之发达，尤其是生活技能之发达，在历史上算是空前。所以致此，我想，他的"大普通"的教育大有关系，一层一层"大普通"上去，加上一般出版物标准之好，所以普通知识如此发达。他的大学 College 也是大普通，到了研究院，才开始专门。这中间虽然有许多浪费，然也有很多好处：第一，身体不会被教育弄坏；第二，暮气不会随早成带来；第三，年龄与科目不合的不会因学习而遭精神打击。今天美国的 College 比起欧洲来，一面职业意义过发达，却也一面通才教育（Liberal Education）的意味更多。不过，这是中国不能学的，因为中国穷，中国办不到十四年的"大普通"教育；又因为中国社会上一般科学知识水准太低，如不靠学校灌输，而求补救于社会，是办不到的。

在中国，为克服困穷，为增加生产，技能的教育不能不在先。不过，技能是随时进步的，人是不应成为木头人的。若一切教育都是为了技能，所造出的人将是些死板不能自己长进的机器，则不久之后，技能随时代进步，便要落伍了，人成废物了。所以"通材"一个观念，在教育上是不与技术平等重视的。

在教育上如何均衡技术训练与通材训练，是一个很大的课题。

（五）教堂与商场。

学校是教堂吗？教堂有教条，自由社会的学校里，虽然做人及服务的大道理是必须成为教育的第一项任务，然并无其他教条，所以不应回答一个"是"字。学校不是教堂吗？至少在近五十年的社会中，学校的作用比教堂为大，教堂既因工业革命而成为"音乐银行"。此是 Samuel Butler 所作 *Education* 一书中之名词。于是教堂在当年的许多作用，现在由学校代行之，然则我们也不能直截回答一个"不"字。

学校是商场吗？读者或者说，千不该，万不该，你有此一问。然而请看。学生进大学，今日何以工、医最先，经济亦不落后，而纯学术性的科目甚少，这不是为的将来的职业吗？既是为将来的职业，不拿学校看作商场吗？那么这问题也就不简单了。

学校应该是一个近代主义的教堂，使人由此得到安身立命之所，而不应该是一个商场，使人唯利是图，这又是一个很大的课题。我在本文中强调技能教育、生产教育，这都不是为的个人赚钱，而是为的大众生产的。

五、编译

辅助学校的第一件要紧的事是编译。中国自清末由学部（今之教育部）办编译以来，成绩总算来不能说好，倒是清末出了几部标准颇高的书。国民政府成立后数年，创立编译馆，第一步是统一名词。这实在是要紧的工作，成就很好，自然也有还可以斟酌之事。今举几个例子：第一，天文名词中将 Issac Newton 从耶稣会士的译法译为"奈端"，物理名词中从一般教科书的译法译为"牛顿"。准以"约定俗成"之理，自然应该译为牛顿，而竟并用，这是该独裁而不裁的了。第二，算学与数学二词，明明上一词比下一词为合理，因为许多算学并不用数，而因投票相等，乃决用数学，这又是不该独裁而裁了的。第三，有机化学名词，除极常用的以外，就用原文好了。中国的化学书，也只能横行排印，即不妨汉文中加入拉丁字母。这是无穷无尽，不能译的，偏偏又要译。乃又取制造不见字典的单音字一套清末的办法，这是多事，又不能用。如此之例或者还有，然大体上说这个工作是很要紧而做得很好的。抗战以后，以编译馆容纳后方各大学不曾请的先生，这事可就难办了；到了编"国定本"教科书，可就闹笑话了。官家办事，其所以不容易之一个原因，是七嘴八舌，各有原则的指示。当时主持编"国定本"的陆先生也曾因我批评向我大诉苦，他的处境也实在值得同情。编一册，改一册，改了后，有人又改；下册未编，上册催着出版，出版之后又要改。国文当然要有字汇、词汇的，不然不成初级中级的教科书，然如一本一本的先出上一本后写下一本，乃至出版再改，如何容许字汇、词汇出来？但那些编的人中至少一部分不算高能——数学、自然等科，编不出来；历史一科，我当时看了几遍（因为教育当局派我看的），可就骇然了。直接的错误，例如年代不对，明朝人作为宋朝人之类，一本总有不少。至于取材之无道理，几乎一件事都未说清楚而成了无解释的人名、地名、字汇，更不待说。

现在教育部重整编译的阵容，一面与书店合作，一面聘专家专业之，这是极好的。所以我趁此机会贡献几个意见。

（一）属于初级中级教育者。

（1）这一类的教科书，至少要有两三套，以便因竞争而进步，免得因独占而不能进步。这和我主张各级学校不必取一个型态是基于同一的道理。

（2）这一类的教科书，可以由编译馆自办，或由书店自编，但在编时必须兼有一科之老手，和在所用之学校有良好经验的，前者即所谓专门名家，后者即所谓教育家，此两者缺一不可。如无专家，不知这个学问是什么，必闹笑话，至少不生作用。须知"深入浅出"一义，深入者未必能浅出，而浅出者必须深入，否则只是浅，浅就是不对，无所谓浅出也。如无教育家，也必然是不适用，两者合作，才能出来好教科书。诚然，外国的好教科书常常是中级教员所编，我们可不要忘，他们的中级教员，有些是很有学问的，哲学家如 Hegel 等，算学家如 Weierstrass 等，物理家如 Lorentz 等，都是一生大半在中学的。德国的中学教员有成绩的，其待遇仅略少于大学正教授，而比大学之额外教授高得多。即一般中学教员，也每有 Dr. Phil. 学位，在大学读过几年书，经过一次严整的国家教师考试。法国情形，大致也如此。这在中国是不可比的。

（3）一种教科书，不必分学期编，凡求审定的，必须全部编好，最好把教授书也编好，这才可以。以往"春秋应时新货"的办法，万万要不得，要采用，即须先编成一个整的。为保障学生的利益，凡一个学校采用一种审定的教科书之后，不得更换。如更换，学校要赔偿。

（4）一种教科书，凡中等程度的，无论在何一种学校，如四年中学

（我所谓通科）或四年初职（我所谓实科）未尝不可通用。这当然不可一概而论，如语文科、史地科等，是很不容易同一的，但大多科目可以通用。编入的内容多些，教授书中说明某种学校作某种选择，最后仍留不少的地步由教员于其中自选，这才是理想的教科书。我从没有见过一个用我们这样的中学课本办法的国家，每一种学校、每一种科目、每一学期，便是一个小册子！这在国民学校分学期是应该的，在中等学校，应该以一科成一书为原则——不消说，这书要好。

（5）当然，一科的取材要纲是由教育部规定或核准的，但以前教育部所定太仔细了，而且似乎未必有一个一贯的思想。大约以前教育部定这些事，不免犯三个毛病：①定者，或有力影响定者，以为应当要，不管如何去编，也不管学童能否领会，便列入，这是主观主义。②定的课义单位太多，几乎没有一件可以充分说清楚，结果，每件说得一点也不清楚。其实许多不必要的人文知识，许多在就业后自然会的科学知识，大可不必在内。③灌输性的课义多，启发性的课义少。我觉得今天如果部里认为有定此标准纲要之必要，似乎要定得课义单位少些，弹性多些，而在审查一部书时，要注意一部书的所长，不必专求一部书之合式不合式。一句话，给更大的自由于编者，编后再看其有无成就。

（6）至于编法，我认为是要与标准大纲相应的。标准定的好，编者然后可以施展其能力。我对于编法，有几个意思：①不可太深，与年龄不合。我的印象，我们的中小学教科书，在小学三年以后，每每高了一年，在高中可以高至一年半，尤以语文科为最混乱。②既说一件事物，便要说清楚；若说得单位很多，而每一单位都不清楚，硬是要不得了。我们的教科书，常常像个字汇，而又甚少解释，学童记这些，真如记喇嘛咒一般。③每说一事，要说得干干净净，最好能动学童的兴趣，一部书编得能够吸引学生，才算成功；若先加重了排斥性，是要不得的。我记得我在清朝光绪末年，初习笔算，用的是《笔算数学》，便大有吸引力，虽然那是为中等学校年龄的学生而用的。

（7）学生用的中文、英文字汇，自然常识字汇，其重要性不下于教科书，也是同样应当编纂或鼓励编纂的。

（8）最后说说我的经验吧。不成问题，我的经验很有限，但我的很有限的经验已使得我深感中小学用书之不妙。小学教科书是我教我儿子时用的，我只担任数学。我的印象是与年龄不合，若一本书之用处，非在家里请一个教师或以父母为教师不可，那部书，便不算成功。我妻担任英文，爽性自作了一种。国文呢，我们以《孟子》古文补充，这当然是一个特殊环境使然，不可一般采取的。不过，我觉得我们中等学校的国文，所选之分量每每不够，而文字又失之艰难，是很不好的。

我最用心的是中学历史。抗战前政府一机关找我编中学历史教本（是个军事机关），我就荐贤自代，所荐的是张荫麟先生。张君先自小学编起，成了三分之一部，是非常之好的，可为大学之用！已印出之外，尚有若干稿子似乎到三国或东晋。那半部书的好处，在乎能动人，文章好，而题目不多，说的透彻。我当时有个见解，小学、初中、高中、大学，全是那一套，有何意思？何如以下这样：小学只是故事，略加连串；初中是短传记，略加连串；高中才像一部教科书；大学则是领导人研究的读物。这个意思我现在还不放弃，我以为这样历史才能为学生所吸收。后来为穷，与商务有编高中历史之约，第一困难便是教育部所定的标准，我以为照那样标准绝对写不好的。我就请示了，结果"大变动恐怕不能审定"，我于是便不干了。

这两年为台大入学考试翻检高中历史，我以为一本比一本要不得，都是古人名、古地名字汇，不过也只好照他出题，学生依然多所不知。数学我也看了好些本，我的一般印象是中心思想太少，支节太多，过于拐弯抹角的习题，只可为极少数人用的。

（二）属于高等教育者。

属于高等教育者，即大学与专科，另是一套问题。大学的教本要编译吗？这是一个应有的问题。当然一个国家必须有他自己的教科书，何况大国？当然我们要编译。同时，我们的科学落后，假如一个大学生或专科生不能看英文书，学问实在无所得，天下的书岂能尽译？科学期刊尤其不能译。加以我们近年已与美国定了不能自行翻版或自行翻译之约，自然最好的办法是每一大专学生都能看英文的书，至少属于他本行的，理论是如此，事实可就不然。外边人吵闹台大收的学生太少，其实是收得太多，新生入学八百四十余人中，至少有二百人不能通畅的看英文教本！这真是难办的事。中文教本几等于无，有也买不到，买到也贵得要命，比英文原版贵一二倍。大学断无法自印教本，又不能自行翻印，这真是一件极其矛盾的事。一句话，中学英文太坏了。其所以坏，第一，教师不够。第二，待遇太差。第三，眼高手低。现在台大一年级英文多用高中教本，而高中用大学教本，似乎如此可以夸于人，然是误人子弟。不过，改正这一个事实决非短期所能奏效，那么这个难题至少还要好几年来缠你。为应付事实，我以为最低的要求是：大学一年级完后，应能读英文教科书与专门期刊；专科毕业后，应能读英文教科书与专门期刊。假如这个原则不错，我便作下列建议：

（1）大学一年级用书，包括二年级所谓"共同科"在内，须得编译。

（2）专科的共同科及范围较大者须得编译。

（3）当年在大陆上，这事本好办，尤其在教师穷困中好办，偏偏不办，或办而未生效。今天是很难了，然也未必一定无办法。这要由大学和学院自办，而由教育部指导辅助之，如此方可收效。

（4）可以翻译的还是翻译好，与作者商量，也似乎不必尽出甚大的报酬，但教科书之版权多在书店，或者是难说话的。若果此路不通，只有拿几本书来揉一下。原出版者虽注明引用也要同意，但这样官司在中国是不会打的。其实中国人不得自由翻译、翻印美国书，在美国之文化损失更大。

（5）凡是这一类书，页数不可太多（萨本栋《物理学》是本很好的书，可惜是页数太多，卖得贵了），而须多有征引（References），以便读者参考原书。

（6）大专用书，一部分可以通用，给教师一个在书内选择的方便好了。

（7）这样的书，必须每种二人以上作，出版前先印讲义试验，并多用征引，万不可用一人随便的稿子拿来卖钱。

大学教书先生本当一面教，一面写书。中国读书人固然懒些，然以前政府也未加以鼓励，若单靠书商的帮助是不能成事的。

（三）属于参考书者。

学校的参考书（Reference books）为师生均不可少，其应编辑，不在教科书教授书之下，目下教师最感觉困难的是这一项。在初级、中级学校，各科均应有参考书。在大学，除中国文史之外目下不是急务，因为可用外国书的。

六、余义

如欲改革学校制度，不可不有新风气。若风气不改，一切事无从改，不止教育而已。

但改成新风气确是不容易的。这一年中，台湾进步不少，改革不少，然应该改的更多。我们在大陆上一般的习惯……一切是官样文章，重视自己的利害，交朋友为的是联络，弄组织，为的是盘踞，居其位则便于享受支配，弄到和人民脱节，不知道老百姓心中想些什么。办事呢，全不以事之办好为对象，消极的以自己能对付下去为主义，积极的以自己飞黄腾达为主义，肯认真办事的有多少人？肯公事公办的有多少人？肯对事用心去想的有多少人？肯克服自己的无知有私的有多少人？吃苦得罪人已经不肯，牺牲更少了。假如这样的风气不彻底改变，则孟子有云："由今之道，无变今之俗，虽与之天下，不能一朝居也。"今天是在改革中，风气是在转变中，然而尚嫌不够顶快，不够彻底，一切都要洗心革面，是须得马上即来的，不可再等的。假如风气转移了，我相信教育改革必有办法，否则无论你说我说，是与不是，都是一场空而已。

这话实在是教育改革之前提，然若发挥此义，便说到本文题目之外，所说至此以为止。

还有一件，是教师待遇，这也是改革教育的一个基本条件，本文中也不能详说。

我对读者很抱歉，这一篇长文，有好些地方我还未曾细想，有好些我并未说得明白，希望读者原谅。不过，这一篇文是一个自己有理想而又身受苦痛的人写的，我的苦痛也未必以我为限；应付这些苦痛的责任，也不说专归之于教育界。

（原载 1950 年 12 月 15 日、12 月 31 日《大陆杂志》第一卷第十一期、第十二期）

傅斯年先生年谱简编*

1896 年（清光绪二十二年）　一岁

3 月 26 日（二月十三日辰时），诞生于山东省聊城县北门内祖宅，取名斯年，字孟真。父亲傅旭安，字晓麓。母亲李氏。祖父傅淦，字笠泉。斯年为长子，下有一弟斯岩，字孟博。

1897 年（光绪二十三年）　二岁

在聊城。

1898 年（光绪二十四年）　三岁

在聊城。

1899 年（光绪二十五年）　四岁

在聊城。

1900 年（光绪二十六年）　五岁

在聊城。

1901 年（光绪二十七年）　六岁

春，入聊城孙达宸之学塾。祖父傅淦课读于家。

---

　　* 在制作本年谱时，曾参考傅乐成：《傅孟真先生年谱》（台北，传记文学出版社，1979）；韩复智编：《傅斯年先生年谱》（载《台大历史学报》第二十辑《傅故校长孟真先生百龄纪念论文集》，231～306 页，台北，1996），特此说明。

1902 年（光绪二十八年） 七岁

在学塾攻读，祖父课读于家。

1903 年（光绪二十九年） 八岁

在学塾攻读，祖父课读于家。

1904 年（光绪二十九年） 九岁

在学塾攻读，祖父课读于家。

五月，父傅旭安病逝，享年三十九岁。

1905 年（光绪三十一年） 十岁

春，入东昌府立小学堂读书。祖父课读于家。

1906 年（光绪三十二年） 十一岁

在东昌府立小学堂攻读，祖父课读于家。是岁读毕《十三经》。

1907 年（光绪三十三年） 十二岁

在东昌府立小学堂攻读，祖父课读于家。

1908 年（光绪三十四年） 十三岁

在东昌府立小学堂攻读，祖父课读于家。

随侯延墣（雪舫）进士至天津，住孔繁淦（傅淦的门生）家，由父执吴树棠（筱洲）按时接济。

1909 年（清宣统元年） 十四岁

春，考入天津府立中学堂，开始接受新式教育。

1910 年（宣统二年） 十五岁

在天津府立中学堂读书。

1911 年（宣统三年） 十六岁

在天津府立中学堂读书。

腊月，与聊城县绅丁理臣之长女丁馥萃女士结婚。

1912 年（民国元年）　十七岁

在天津府立中学堂读书。

1913 年（民国二年）　十八岁

夏，考入北京大学预科，分在预科一类甲班。据 1913 年 12 月北京大学预科各班成绩表记载：国文 85 分、历史 80 分、地理 80 分、英文 95 分、英文 100 分、英文 93 分、德文 80 分、德文 95 分、外史 96 分，总计 804 分，平均 89.3 分，实得 89.3 分，全班排列第一名。

1914 年（民国三年）　十九岁

在北京大学预科攻读。

1915 年（民国四年）　二十岁

在北京大学预科攻读。据 1915 年 6 月预科各班成绩表记载：西洋史 90 分、英文文学 62 分、英文作文 83 分、法学通论 99 分、心理 92 分、论理 99 分、德文 69 分、德文 75 分、历史 98 分、地理 98 分、文章学 100 分、文字学 98 分、操行 100 分，总计 1 163 分，总平均 89.5 分，旷课扣分 1.5 分，实得 88 分，全班排列第二名。

1916 年（民国五年）　二十一岁

6 月，卒业于北京大学预科。其毕业考试成绩：西洋史 93 分、经济 85 分、心理 94 分、英文作文 94 分、论理 96 分、英文古文 98 分、法学通论 80 分、英文文学 98 分、德文文法读本 97 分、文章学 98 分、地理 100 分、历史 99 分、文字学 85 分、论理 95 分、拉丁文 70 分、操行 100 分、旷课扣分加 2 分，总计 1 482 分，总平均 92.6 分，实得 94.6 分。全班排列第一名。

秋，升入北京大学文本科国文门。

1917 年（民国六年）　二十二岁

在北京大学文本科国文门攻读。第一学年课业成绩：中国文学 160 分、文字学 180 分、中国史 90 分、中国文学史 85 分、论理学 100 分、操行 140 分，总计 755 分，平均 89.9 分，扣分 1 分，实得 88.9 分。

1918 年（民国七年）　二十三岁

1 月 15 日，《文学革新申义》一文载《新青年》第四卷第一号。

1 月 17 日，《文科国文门研究所报告》载《北京大学日刊》。

2 月 15 日，《文言合一草议》一文载《新青年》第四卷第二号。

4 月 15 日，《中国学术思想界之基本谬误》一文载《新青年》第四卷第四号。

4 月 17—23 日，《中国历史分期之研究》一文连载《北京大学日刊》。

在北京大学文本科国文门攻读。第二学年课业成绩：古代文学史 93.5 分、近代欧洲文学史 80 分、日文 67 分、文字学 80 分，总计 320.5 分，平均 80.1 分。

秋，约集北大同学罗家伦、毛子水、顾颉刚、俞平伯、康白情、徐彦之、张申府等二十人，创立新潮社，是为响应新文化运动的第一个学生社团。

8 月 9 日，所作《傅斯年致蔡校长函》载 10 月 8 日《北京大学日刊》，论哲学门隶属文科之流弊。

10 月 15 日，《戏剧改良面面观》、《再论戏剧改良》两文载《新青年》第五卷第四号。

12 月 3 日，《北京大学日刊》发布《〈新潮〉杂志社启事》，公布了新潮社 21 名社员名单及组织章程。

1919 年（民国八年）　二十四岁

是岁上半年，在北京大学文本科国文门攻读。

1 月 1 日，先生主编之《新潮》杂志创刊，在创刊号上发表《〈新潮〉发刊旨趣书》、《中国文学史分期之研究》、《蒋维乔著〈论理学讲义〉》、《清梁玉绳著〈史记志疑〉》、《马叙伦〈庄子札记〉》、《出版界评》、《宋郭茂倩〈乐府诗集〉》、《王国维〈宋元戏曲史〉》、《英国耶方斯之科学原理》、《人生问题发端》、《万恶之原》、《去兵》、《心气薄弱之中国人》、《自知与终身之事业》多文，几有包揽之嫌。

2 月 1 日，《新潮》第一卷第二号出版，发表《怎样做白话文?》、《社会——群众》、《社会的信条》、《破坏》、《深秋永定门城上晚景》、《中国文艺界之病根》、《顾诚吾〈对于旧家庭的感想〉附识》等文。

3 月 1 日，《新潮》第一卷第三号出版，发表《傅斯年启事》、《老头子与小孩子》、《汉语改用拼音文字的初步谈》、《译书感言》、《失勒博士的形式逻辑》、《答〈时事新报〉记者》、《致同社同学读者》、《答诚吾》、《答余裴山》、《答史志元》等文。

4月1日，《新潮》第一卷第四号出版，发表《答诚吾》、《故书新评》、《清代学问的门径书几种》、《宋朱熹〈诗经集传〉和〈诗序辩〉》、《朝鲜独立运动中的新教训》、《一段疯话》等文。

5月1日，《新潮》第一卷第五号出版，发表《白话文学与心理改革》、《对于中国今日谈哲学者之感念》、《毛子水〈国故和科学的精神〉识语》、《随感录》、《因明答诤》、《对于〈新潮〉一部分意见》、《前倨后恭》、《咱们一伙儿》等文。

5月4日，五四运动发生，当天参加北京学生运动，为北京大学学生游行总指挥。

夏，毕业于北京大学文科国文门。第三学年课业成绩：近代文学史87.5分、文字学85分、语言学96分、词曲82分、日文 C 班70分，总计420.5分，平均84.1分。

秋，以优异成绩考取山东省官费留学。

7月16日，《安福部要破坏大学了》一文载《晨报》。

8月31日，《新生活是大家都有一份的》一文载《新生活》第二期。

9月5日，所作《〈新潮〉之回顾与前瞻》一文载10月30日出版《新潮》第二卷第一号。

9月11日，《美公使与学生代表之谈话》一文载《晨报》。

11月1日，《中国狗和中国人》一文载《新青年》第六卷第六号。

11月23日，《济南一瞥记》一文载《晨报》。

11月29、30日，《讨论"的"字的方法》一文连载《晨报》。

12月1日，《心悸》、《心不悸了》两首诗载《新潮》第二卷第二号。

12月5日，《再申我对于"的"字用法的意见》一文载《晨报》。

12月26日，由北京起身去上海，赴英国留学。

是岁，留有遗稿《欧游途中随感录》、《时代与曙光与危机》（未完，后经王汎森先生整理，刊载1996年12月出版《中国文化》第14期）。

是岁，所作《心理分析导引》（未刊稿），拟收入《新潮丛书》，未果。后收入《傅孟真先生全集》第1册（台湾大学1952年12月出版）。

1920 年（民国九年）　二十五岁

1 月 1 日，《山东底一部分的农民状况大略记》一文载《新青年》第七卷第二号。

4 月 1 日，《阴历九月十五夜登东昌城》、《自然》两首诗刊载《新潮》第二卷第三号。

5 月 1 日，《寄同社诸友》一文载《新潮》第二卷第四号。

夏，入伦敦大学大学院（University College）研读实验心理及生理，兼治数学。

6 月 9—12 日，《留学问题谈》一文连载《晨报》。

7 月 3—5 日，《青年的两件事业》一文连载《晨报》。

7 月 7—10 日，《美感与人生》一文连载《晨报》。

8 月 6、7 日，《留英纪行》一文连载《晨报》。

8 月 12—15 日，《要留学英国的人最先要知道的事》一文连载《晨报》。

是年，《新教育》第三卷第四期刊载《国内与国外求学问题》一文，内收《傅斯年先生致蔡孑民先生书》和《吴稚晖先生致蔡孑民先生函》两信。

是年，英国作家韦尔斯（H. G. Wells）所著《世界史纲》（*The Outline of History*）出版。先生到伦敦第一年曾帮助韦氏撰写中国中古史部分。

1921 年（民国十年）　二十六岁

在伦敦大学攻读。

1922 年（民国十一年）　二十七岁

在伦敦大学攻读。

6 月，祖父傅淦去世，享年七十八岁。

1923 年（民国十二年）　二十八岁

1 月，为刘复著《四声实验录》作序，刘著于 1924 年 3 月由上海群益书店出版。

10 月，由英国至德国，入柏林大学哲学院攻读。

1924 年（民国十三年）　二十九岁

在柏林大学攻读，主修课程人类学。

2 月，祖母陈太夫人在家乡去世，享年八十岁。

1925 年（民国十四年）　三十岁
在柏林大学继续攻读，选修课程统计、或然率和梵文入门。

1926 年（民国十五年）　三十一岁
在柏林大学继续攻读，主修课程普通语言学。

9 月上旬与胡适在法国巴黎会面长谈。

秋，在柏林大学肄业。从德国经巴黎回国。

冬，返回山东聊城省亲。

12 月，接受广州中山大学朱家骅邀请，偕弟傅斯岩（孟博）去广州，任教于中山大学。

1927 年（民国十六年）　三十二岁
春，任中山大学教授，兼文科主任（文学院院长）及历史、中文两系主任。在中大任教期间，先生留有《中国古代文学史讲义》、《诗经讲义稿》和《战国子家叙论》等文稿，后经人整理，收入《傅孟真先生集》第一、二册（台湾大学，1952 年 12 月出版）。

夏，《"清党"中之"五卅"》一文载《政治训育》1927 年第 14 期。《我对于日本出兵山东的感想》一文载《政治训育》1927 年第 15 期。

秋，创设中山大学语言历史研究所。

11 月 1 日，《国立中山大学语言历史学研究所周刊》创刊。

11 月 8 日，《评秦汉统一之由来和战国人对于世界之想象》一文载《国立中山大学语言历史学研究所周刊》第一集第二期。

12 月 6 日，《论孔子学说所以适应于秦汉以来的社会的缘故》一文载《国立中山大学语言历史学研究所周刊》第一集第六期。

12 月 31 日，《评〈春秋时代的孔子和汉代的孔子〉》一文载《国立中山大学语言历史学研究所周刊》第一集第七期。

1928 年（民国十七年）　三十三岁
1 月 3 日，《评丁文江〈历史人物与地理的关系〉》一文载《国立中山大学语言历史学研究所周刊》第一集第十期。

1 月 23、31 日，《与顾颉刚论古史书》一文载《国立中山大学语言历史学研究所周刊》第二集第十三、十四期。

春，任国立中央研究院历史语言研究所筹备委员。

夏，中央研究院成立。

10月，历史语言研究所正式成立。

同月，《历史语言研究所集刊》创刊，先生所作《历史语言研究所工作之旨趣》、《周颂说》载《国立中央研究院历史语言研究所集刊》第一本第一分。

11月，被聘任为历史语言研究所所长，建议蔡元培院长收购明清档案，并且开始调查殷墟以及两广方言。

是岁，作《中山大学民国十七届毕业同学录序》。

1929 年（民国十八年） 三十四岁

春，历史语言研究所从广州迁至北平，所址设在北海静心斋。接收明清档案并开始整理。

秋，兼任北京大学教授。

11月，赴开封解决中央研究院与河南民族博物馆之间有关殷墟考古发掘纠纷。

12月，事毕返京。

1930 年（民国十九年） 三十五岁

是岁，主持史语所所务，历史语言研究所调查广东少数民族语言、河北方言。

是年，《战国文籍中之篇式书体——一个短记》，载《国立中央研究院历史语言研究所集刊》第一本第二分。

同年，在北大兼课。

11月，历史语言研究所第一次发掘山东龙山镇城子崖遗址。

5月，《论所谓五等爵》、《姜原》、《大东小东说——兼论鲁、燕、齐初封在成周东南后乃东迁》载《国立中央研究院历史语言研究所集刊》第二本第一分。

9月，《史学杂志》二卷四期刊载《中央研究院历史语言研究所傅斯年君来函》。

9月，《明清史料发刊例言》收入《明清史料》甲编第一册。

12月，《考古学的新方法》一文载《史学》第一期。

12月,《本所发掘安阳殷墟之经过》一文载《国立中央研究院历史语言研究所安阳发掘报告》第二期。

12月,《新获卜辞写本后记跋》一文载《国立中央研究院历史语言研究所安阳发掘报告》第二期。

1931年(民国二十年) 三十六岁

是岁,主持史语所所务。兼任北京大学教授。

春,自北平赴安阳小屯,检查殷墟发掘情形。

1932年(民国二十一年) 三十七岁

是岁,主持史语所所务。兼任北京大学教授。

5月22日,先生与丁文江、胡适、蒋廷黻等在北平合办《独立评论》(周刊)创刊。

6月5日,《邮政罢工感言》一文载《独立评论》第三号。

6月12日《监察院与汪精卫》一文载《独立评论》第四号。

6月19日《中国现在要有政府》一文载《独立评论》第五号。

7月10日,《法德问题一勺》一文载《独立评论》第八号。

7月17日,《教育崩溃之原因》一文载《独立评论》第九号。

7月31日,《教育改革中几个具体事件》、《教育崩溃的一个责任问题——答邱椿先生》两文载《独立评论》第十一号。

8月14日,《日寇与热河平津》一文载《独立评论》第十三号。

8月28日,《改革高等教育中几个问题》一文载《独立评论》第十四号。

9月18日,《"九一八"一年了》一文载《独立评论》第十八号。

10月2日,《再谈几件教育问题》一文载《独立评论》第二十号。

10月16日,《国联调查团报告书一瞥》载《独立评论》第二十二号。

10月30日,《陈独秀案》一文载《独立评论》第二十四号。

秋,自北平赴安阳及浚县检查考古发掘。

10月,出版《东北史纲》初稿第一卷,经李济节译成英文,送交国际李顿调查团(Lytton Commission)。

12月11日,《多言的政府》一文载《独立评论》第三十号。

12月18日,《这次的国联大会》一文载《独立评论》第三十一号。

是年，《明成祖生年记疑》收入《国立中央研究院历史语言研究所集刊》第二本第四分。

1933 年（民国二十二年） 三十八岁

是岁，主持史语所所务，历史语言研究所调查河南及关中方言。

是岁，兼任北京大学教授，本年度所授课程有：史学方法导论（历史系二年级必修课）。

建议北平图书馆移居延汉简于北京大学研究所，增加人员整理。

1 月，《夷夏东西说》收入《国立中央研究院历史语言研究所集刊·外编》第一种《庆祝蔡元培先生六十五岁论文集》。

1 月 15 日，《中国人做人的机会到了》一文载《独立评论》第三十五号。

2 月 26 日，《国联态度转变之推测》一文载《独立评论》第三十九号。

4 月，历史语言研究所由北平迁至上海。

夏，兼任社会科学研究所所长及中央博物院筹备主任。

1934 年（民国二十三年） 三十九岁

是岁，主持史语所所务。兼任北京大学教授，所授课程有：中国古代文学史（国文系二、三、四年级选修课）、中国上古史单题研究（历史系选修课）。

2 月 4 日，《不懂得日本的情形》一文载《独立评论》第八十八号。

2 月 18 日，《今天和一九一四》一文载《大公报》星期论文。

3 月 5 日，《所谓"国医"》一文载《大公报》星期论文，对"国医"作严苛之批评，引发争议。

3 月 11 日，《溥逆窃号与外部态度》一文载《独立评论》第九十一号。

4 月，中央研究院社会科学研究所分出，与北平社会调查所合并，傅斯年、李济辞兼代所长、副所长。

5 月，历史语言研究所调查浙南畲民。

5 月，社会科学研究所改组，民族学组并入历史语言研究所，改为人类学组，兼设人类学实验室、统计学实验室，从事西南人种调查。

6 月 10 日，《政府与对日外交》一文载《大公报》星期论文。

6月14日，《大学研究院设置之讨论》一文载《独立评论》第一〇六号。

6月，历史语言研究所调查安徽徽州方言。

夏，与原配丁夫人离婚，时丁夫人在济南。

8月5日，与俞大綵在北平结婚，俞毕业于上海沪江大学，长于文学、英语。

8月19日，《睡觉与外交》一文载《独立评论》第一一四号。

8月26日、9月16日，《再论所谓"国医"》一文载《独立评论》第一一五、一一八号。

9月2日，《日俄冲突之可能》一文载《独立评论》第一一六号。

9月30日，《青年失业问题》一文载《大公报》星期论文。

10月7日，《答刘学浚〈我对于西医及所谓国医的见解〉》一文载《独立评论》第一二一号。

秋，侯家庄西北冈殷代王陵出土。

10月，迁历史语言研究所至南京，建立语音实验室。

11月25日，《政府与提倡道德》一文载《大公报》星期论文。

是年，《周东封与殷遗民》一文载《国立中央研究院历史语言研究所集刊》第四本第三分。

《城子崖序》收入《国立中央研究院历史语言研究所中国考古报告集》。

1935年（民国二十四年） 四十岁

是岁，主持史语所所务。兼任北京大学教授，所授课程有：中国文学史（一、二，国文系二、三、四年级）、中国文学史专题研究（与胡适、罗庸合开）、汉魏史择题研究（与劳幹合开，历史系选修课）。

1月，成立《明清史料》复刊会。

3月3、10日，《中日亲善？？!!》一文载《独立评论》第一四〇、一四一号。

4月7日，《论学校读经》一文载《大公报》星期论文。

5月，自北平赴安阳检查殷墟发掘情形，法国汉学家伯希和（Paul Polliot）随先生同行。

6月2日，《中学军训感言》一文载《大公报》星期论文。

6月30日，《医生看护的职业与道德勇气》一文载《独立评论》第一五七号。

7月14日，中华教育文化基会第九次年会，聘胡适为国立北平图书馆委员会委员长，傅斯年为副委员长。

8月11日，《一夕杂感》一文载《大公报》星期论文。

9月15日，子仁轨出生。

秋，历史语言研究所开始调查南方及西南少数民族。

10月1日，《闲谈历史教科书》一文载《教与学》第一卷第四期。

10月7日，《一喜一惧的国际局面》一文载《大公报》星期论文。

10月27日，《国联与中国》一文载《独立评论》第一七四号。

11月，修订《历史语言研究所章程》，增设第四组（人类学组）。

12月15日，《中华民族是整个的》、《北方人民与国难》两文载《独立评论》第一八一号。

12月19—21日，《论伯希和教授》一文载《大公报》。

12月，丁文江在衡阳煤气中毒，移往长沙救治。先生自北平赶赴长沙，探视丁文江病情。

是年，伦敦中国艺术国际展览会展出部分殷墟出土古物。

是年，作《地方制度改革之感想》（未刊稿），后收入《傅斯年全集》第五册（台北：联经出版事业有限公司，1980年）。

1936年（民国二十五年）　四十一岁

是岁，主持史语所所务。殷墟第十三次发掘，YH127坑出土完整龟腹甲二百余版。

历史语言研究所调查湖北方言。

2月9日，《公务员的苛捐杂税》一文载《大公报》星期论文。

2月16日，《我所认识的丁文江先生》一文载《独立评论》第一八八号。

2月23日，《丁文江一个人物的几片光彩》一文载《独立评论》第一八八号。

3月，《跋〈明成祖生母问题汇证〉并答朱希祖先生》、《说广陵之曲江》两文收入《国立中央研究院历史语言研究所集刊》第六本第一分。

是年，《谁是〈齐物论〉的作者》一文收入《国立中央研究院历史语言研究所集刊》第六本第四分。

春，举家自北平移居南京。

5月，《跋陈槃〈春秋公矢鱼于棠说〉》一文收入《国立中央研究院历史语言研究所集刊》第七本第二分。

5月3日，《国联之沦落和复兴》一文载《大公报》星期论文。

5月15日，《国联组织与世界和平》一文载《中国国际联盟同志会月刊》第一卷第一期。

6月，《明清史料复刊志》收入《明清史料》乙编第一种。

夏，明清史料装箱，南迁至南京。

7月5日，《北局危言》一文载《独立评论》第二〇八号。

8月23日，《欧洲两集团对峙之再起》一文载《独立评论》第二一五号。

12月16日，西安事变发生后，作《论张贼叛变》一文，载《中央日报》，主张讨伐张学良、杨虎城。

12月21日，《讨贼中之大路》一文载《中央日报》。

1937年（民国二十六年） 四十二岁

是岁，主持史语所所务。

2月8日，《西安事变之教训》一文载《国闻周报》十四卷七期。

4月，洽购嘉业堂所藏《明实录》钞本。

6月9日，翻译《日本的军事冒险》一文，后载《政论旬刊》第一卷第十四期。

6月19日，《四川与中国》一文载《统一评论》第3卷第24期。另有同题异文载《中央周报》第473期、《西北导报》第3卷第1期。此文系据傅斯年在成都军分校讲演录整理而成。

7月7日，卢沟桥事变爆发，先生应邀参加政府召集之庐山谈话会及国防参议会。

7月，迁移史语所文物于南昌及长沙。

8月，历史语言研究所迁至长沙。

10月，将南昌之文物再转运至四川重庆大学。

1938年（民国二十七年） 四十三岁

是岁，主持史语所所务。

春，历史语言研究所迁至昆明。

7月6—15日，在汉口出席国民参政会第一次大会，被推为国民参政会参政员，向大会提出"请政府加重救济难民之工作案"。

9月，历史语言研究所迁往昆明市郊区以避空袭。

10月28日至11月6日，在重庆出席国民参政会第二次大会。

秋，移家昆明。

11月29日，《波兰外交方向之直角转变》一文载《中央日报》。

12月，作诗《悼山东省专员范筑先战死聊城》。

1939年（民国二十八年） 四十四岁

是岁，主持史语所所务。

1月15日，《英美对日采取经济报复之希望》一文载《今日评论》第一卷第三期。

1月29日，《政治之机构化》一文载《今日评论》第一卷第五期。

2月12—21日，在重庆参加国民参政会第三次大会，向大会提出"拟请政府制定《公务员回避法》案"。

5月，历史语言研究所参加莫斯科中国艺术展览会，展出部分安阳出土古物。

7月9日，《抗战两年之回顾》一文载《今日评论》第二卷第三期。

7月，开放历史语言研究所图书供迁徙于昆明之各学术机关使用。

8月，在昆明作《〈中国音韵学研究〉序》，收入《中国音韵学研究》（商务印书馆，1940年）。

9月9—18日，在重庆参加国民参政会第四次大会。

12月，调查贵州苗族。

是年，作《地利与胜利》一文（未刊稿），后收入《傅斯年全集》第五册（台北：联经出版事业有限公司，1980年）。

1940年（民国二十九年） 四十五岁

是岁，主持史语所所务。历史语言研究所调查云南方言、少数民族语言。

2月25日，《汪贼与倭寇——一个心理的分解》一文载《今日评论》第三卷第八期。

3月24日，《我所敬仰的蔡先生的风格》一文载《中央日报》。

4月2—9日，在重庆出席国民参政会第五次大会，向大会提出"为鲁省去岁迭遭水旱风电蝗虫之害，灾情惨重，民不聊生，拟请政府迅拨巨款从事赈济案"、"请严禁邪教，以免摇动抗战心理案"、"请屯积二年用之汽油，并购备汽车零件，以维持交通及军运案"。

8月，促成寄存于香港之居延汉简安全运抵美国国会图书馆，免遭战火。

冬，历史语言研究所迁至四川南溪县李庄镇。

11月，兼任中央研究院总干事，至第二年9月止。

12月，续任国民参政会第二届参政员。

是年，《性命古训辨证》由上海商务印书馆出版。

1941年（民国三十年）　四十六岁

是岁，主持史语所所务。历史语言研究所与中央博物院合作调查岷江沿线遗址。

3月2—9日，在重庆出席国民参政会第二届第一次大会。

3月，患高血压症，在重庆歌乐山中央医院养病，7月出院。

夏，历史语言研究所与中央博物院合组"川康民族考察团"，展开川西康东民族调查。

7月16日，《谁是〈后出师表〉之作者》一文载《文史杂志》第一卷第八期。

9月，辞去中央研究院总干事职。

10月21日，母亲李氏病逝于重庆中央医院，享年七十五岁。

历史语言研究所调查四川各县方言。

冬，移家南溪李庄。

12月，香港沦陷，历史语言研究所存于香港九龙之文物悉告损失。

1942年（民国三十一年）　四十七岁

是岁，主持史语所所务。

4月，历史语言研究所与中央博物院、中国地理研究所合组"西北史地考察团"，展开调查。

8月，成立"历史语言研究所管理委员会"，以照顾本所同仁的生活。

10月22—31日，在重庆出席国民参政会第三届第一次大会，向大会提出"鲁省灾情惨重拟请中央加拨巨款迅放急赈并实施根本救济办法以拯灾黎而固国本案"。

12 月 16 日，作《大明嘉靖三十三年〈大统历〉跋》。

12 月 16 日，《论性命说之语学及史学的研究》一文载《读书通讯》第五十六期。

12 月 27、28 日，向达著《论敦煌千佛洞的管理研究以及其他连带的几个问题》，连载重庆《大公报》，文前有先生为该文所作案语。

是年，《本所刊物沦陷港沪情形及今后出版计划》载《国立中央研究院历史语言研究所集刊》第十本第一分。

1943 年（民国三十二年） 四十八岁

是岁，主持史语所所务。历史语言研究所调查关中、洛阳陵墓与石刻，以及陕西考古遗址。

1 月 1 日，《论李习之在儒家性论发展中之地位》一文载《读书通讯》第五十七期。

3 月 1 日，《理学的地位》一文载《读书通讯》第六十一期。

5 月 2 日，《盛世危言》一文载重庆《大公报》星期论文。

5 月 4 日，《"五四"偶谈》一文载重庆《中央日报》。

5 月，作《跋〈人境庐诗草〉》。

9 月，赴重庆出席国民参政会第三届第二次大会。

11 月 29 日，《战后建都问题》一文载重庆《大公报》星期论文。

12 月，在四川南溪李庄作《〈史料与史学〉发刊词》，载《国立中央研究院历史语言研究所集刊》外编第二种《史料与史学》（1945 年 11 月出版）。

是年，作《丁鼎丞先生七十寿序》。

1944 年（民国三十三年） 四十九岁

是岁，主持史语所所务。历史语言研究所调查广西土语及其他少数民族语言。

4 月 2 日，《天朝——洋奴——万邦协和》一文载重庆《大公报》星期论文。

5 月 4 日，《"五四"二十五年》一文载重庆《大公报》星期论文。

5 月，历史语言研究所与中央博物院、北京大学、中国地理研究所合组"西北科学考察团"，发掘敦煌墓葬。

6 月，历史语言研究所在李庄自办子弟小学。

7月9日，《我替倭奴占了一卦》一文载重庆《大公报》星期论文。

7月12日，《"第二战场"的前瞻》一文载重庆《大公报》星期论文。

9月，赴重庆参加国民参政会第三届第三次大会。

11月19日，《现实政治》一文载重庆《大公报》星期论文。

1945年（民国三十四年） 五十岁

是岁，主持史语所所务。

1月，作《〈六同别录〉编辑者告白》一文，同年收入《国立中央研究院历史语言研究所集刊·外编》第三种《六同别录》上册。

4月，续任国民参政会第四届参政员。

4月，所作《〈殷历谱〉序》收入国立中央研究院历史语言研究所专刊《殷历谱》。

4月29日，《罗斯福与新自由主义》一文载重庆《大公报》。

7月1—5日，先生与黄炎培、褚辅成、章百钧、冷遹、左舜生参政员代表国民参政会访问延安，商谈和平建国问题。

7月7—17日，出席国民参政会第四届第一次大会，向大会提出"彻查中央信托局历年积弊，严加整顿，惩罚罪人，以重国家之要务而肃官常案"。

7月30日，《评英国大选》一文载重庆《大公报》星期论文。

8月9日，《黄祸》一文载重庆《大公报》。

8月15日，日本宣布无条件投降。

秋，被任命为北京大学代理校长。

9月20—25日，在重庆参加教育善后复员会议。

11月，昆明西南联合大学发生学潮。次月，先生以校务委员身份，前往处理。

1946年（民国三十五年） 五十一岁

是岁，主持史语所所务。历史语言研究所调查川南悬棺葬，及川滇交界之僰人文化。

1月，赴重庆出席政治协商会议。

3月，出席国民参政会第四届第二次大会。

5月4日，由重庆飞北平，办理北京大学迁校事。

5 月 12 日，《护士职业与女子理想》一文载重庆《中央日报》"南丁格尔女士诞辰纪念特刊"。

5 月，历史语言研究所离开李庄。

7 月 30 日，《中国要和东北共存亡》一文载重庆《大公报》星期论文。

8 月 4 日，《漫谈办学》一文载北平《经世日报》。

8 月，在北平接收日伪"东方文化研究所"、"东方文化事业总会"、"近代科学图书馆"图书，中研院成立"北平图书史料管理处"，先生兼任主任。11 月改由汤用彤接任。

9 月，胡适正式出任北京大学校长，先生随即卸去代理北大校长职务。

11 月，历史语言研究所自李庄迁返南京。

11 月，出席首届国民大会。

是年，《倪约瑟博士欢送辞》收入倪［李］约瑟（Joseph Need-ham）、张仪尊译：《战时中国的科学》（二）。

1947 年（民国三十六年）　五十二岁

上半年，主持史语所所务。

1 月 25 日，《内蒙自治问题》一文载《观察》一卷二十二期。

2 月 15 日，在《世纪评论》第一卷第七期发表《这个样子的宋子文非走开不可》，举国震撼，宋氏旋即辞职。

2 月 22 日，《宋子文的失败》一文载《世纪评论》第一卷第八期。

3 月 1 日，《论豪门资本之必须铲除》一文载《观察》第二卷第一期。

6 月，赴美就医，所务由副研究员夏鼐代理。

偕夫人与子仁轨同往，住波士顿（Boston）白利罕（Peter Bent Bringham）医院治疗，达三四个月之久。然后移居康涅狄格州（Connecticut）之纽黑文（New Haven）休养。

1948 年（民国三十七年）　五十三岁

3 月，当选中央研究院第一届院士。

夏，离美返国。

8 月，抵达上海。继续主持史语所所务。

9月，《论美苏对峙之基本性》一文载《正论》新十一号。

9月，《北宋刊南宋补刊十行本〈史记集解〉跋》、《〈后汉书〉残本跋》两文收入《国立中央研究院历史语言研究所集刊》第十八本。

秋，出席首届立法院会议，当选为立法委员。

11月，国民政府宣布傅斯年为台湾大学校长。

12月，迁历史语言研究所至台湾杨梅镇。

1949 年（民国三十八年）　五十四岁

是岁，主持台湾大学校务与史语所所务。

1月20日，在台北就任台湾大学校长。

年初，为台大黄得时教授书一短幅，文曰"归骨于田横之岛"。

4月20日，《国立台湾大学三十七年度第一次校务会议校长报告》载《台湾大学校刊》第二十八期。

7月14日，《傅斯年校长的声明》载台北《民族报》。

7月20日，《傅斯年校长再一声明》载台北《民族报》。

7月20日《两件有关台湾大学的事》一文载《台湾大学校刊》第三十四期。

8月15日，所作《台湾大学选课制度之商榷》一文载9月5日《台湾大学校刊》第三十七期。

8月24日，《台湾大学一年级新生录取标准之解释》一文载台湾《新生报》。

10月24日，《台湾大学与学术研究》一文载《台湾大学校刊》第四十一期附送。

10月31日，《大学宿舍问题》一文载《台湾大学校刊》第四十二期。

11月20日，《自由与平等》载台北《自由中国》第一卷第一期。

11月，历史语言研究所发掘台湾埔里大马璘遗址。

12月20日，《苏联究竟是一个什么国家？》一文载台北《自由中国》第一卷第三期。

1950 年　五十五岁

是岁，主持台湾大学校务与史语所所务。台大校内发生弊案，保管股长杨如萍盗窃大量仪器，先生为此事件精神深受打击。

2月6日，《几个教育的理想》一文载《台湾大学校刊》第五十六期。

2月16日，《我们为什么要抗俄反共》一文载台北《自由中国》第二卷第四期。

4月16日，《共产党的吸引力》一文载台北《自由中国》第二卷第八期。

4月，《〈台湾大学社会科学论丛〉发刊词》载《台大社会科学论丛》第一期。

春，作《台湾大学国文选拟议》一文，后收入《傅斯年全集》第六册（台北：联经出版事业有限公司，1980年）。

5月1日，《对办理本年度中基会资助本校教员出国进修事之报告》一文载《台湾大学校刊》第六十六期。

7月31日，《台大大失窃案之初步报告》载《台湾大学校刊》第七十九期。

9月7日，所作《出席参政会驻会委员会对所询台大开除学生之说明》一文载9月18日《台湾大学校刊》第八十五期。

10月16日，《致诸同学第一封信》载《台湾大学校刊》第八十九期。

11月6日，《致诸同学第二封信》载《台湾大学校刊》第九十二期。

11月16日，《关于台大医院》载台北《中央日报》。

11月16日，《我对萧伯纳的看法》一文载台北《自由中国》第三卷二期。

11月29日，《一个问题——中国的学校制度》一文载台北《中央日报》。

12月15、31日，《中国学校制度之批评》一文连载台湾《大陆杂志》第一卷第十一、十二期。

是年，作《台大办理本届一年级新生考试之经过》、《台湾大学附属医院组织章程草案说明》，后收入《傅斯年全集》第六册（台北：联经出版事业有限公司，1980年）。

12月20日，下午十一时二十分，以脑溢血猝逝于台湾省参议会议场。

12月21日，先生遗体大殓，送往火葬场火化。

12 月 31 日，治丧委员会及台湾大学假台大法学院大礼堂举行追悼会，蒋介石亲临主祭，并颁"国失师表"挽联，各界前往致祭者达五千余人。

1951 年

1 月 6 日，傅故校长筹委会作出决议：一，骨灰安葬于校园；二，建立铜像；三，编印遗著及纪念刊物。

4 月 8 日，在台大本年度第二次校务会议上，洪炎秋、洪耀勋、苏芗雨三教授提议，以先生在台大第四周年校庆演说词中所讲"敦品励学，爱国爱人"八字为校训。

6 月 15 日，台大出版《傅故校长哀挽录》一册。

12 月 20 日，台大安葬先生骨灰于台大植物园，后称之为"傅园"。

1952 年

12 月，台湾大学出版《傅孟真先生集》，共六册，胡适为之作序。

中国近代思想家文库

图书在版编目（CIP）数据

中国近代思想家文库. 傅斯年卷/欧阳哲生编. —北京：中国人民大学出版社，2014.5
ISBN 978-7-300-18722-8

Ⅰ.①中… Ⅱ.①欧… Ⅲ.①思想史-研究-中国-近代 ②傅斯年（1896～1950）-思想评论 Ⅳ.①B250.5

中国版本图书馆 CIP 数据核字（2014）第 005312 号

中国近代思想家文库

傅斯年卷

欧阳哲生　编

Fu Sinian Juan

出版发行	中国人民大学出版社			
社　　址	北京中关村大街 31 号		**邮政编码**	100080
电　　话	010 - 62511242（总编室）		010 - 62511770（质管部）	
	010 - 82501766（邮购部）		010 - 62514148（门市部）	
	010 - 62515195（发行公司）		010 - 62515275（盗版举报）	
网　　址	http://www.crup.com.cn			
经　　销	新华书店			
印　　刷	涿州市星河印刷有限公司			
开　　本	720 mm×1000 mm　1/16		**版　　次**	2015 年 1 月第 1 版
印　　张	38.25　插页 1		**印　　次**	2025 年 1 月第 3 次印刷
字　　数	610 000		**定　　价**	134.00 元